Norberto Bobbio

FUNDAÇÃO EDITORA DA UNESP

Presidente do Conselho Curador
Mário Sérgio Vasconcelos

Diretor-Presidente / Publisher
Jézio Hernani Bomfim Gutierre

Superintendente Administrativo e Financeiro
William de Souza Agostinho

Conselho Editorial Acadêmico
Divino José da Silva
Luís Antônio Francisco de Souza
Marcelo dos Santos Pereira
Patricia Porchat Pereira da Silva Knudsen
Paulo Celso Moura
Ricardo D'Elia Matheus
Sandra Aparecida Ferreira
Tatiana Noronha de Souza
Trajano Sardenberg
Valéria dos Santos Guimarães

Editores-Adjuntos
Anderson Nobara
Leandro Rodrigues

Mario G. Losano

Norberto Bobbio
Uma biografia cultural

Tradução
Erica Salatini
Gesualdo Maffia

Título original: *Norberto Bobbio: Una biografia culturale*

© 2022 Editora Unesp

Direitos de publicação reservados à:
Fundação Editora da Unesp (FEU)
Praça da Sé, 108
01001-900 – São Paulo – SP
Tel.: (0xx11) 3242-7171
Fax: (0xx11) 3242-7172
www.editoraunesp.com.br
www.livrariaunesp.com.br
atendimento.editora@unesp.br

Dados Internacionais de Catalogação na Publicação (CIP) de acordo com ISBD
Elaborado por Vagner Rodolfo da Silva – CRB-8/9410

L879n	Losano, Mario G.
	Norberto Bobbio: uma biografia cultural / Mario G. Losano; traduzido por Erica Salatini, Gesualdo Maffia. – São Paulo: Editora Unesp; Instituto Norberto Bobbio, 2022.
	Tradução de: *Norberto Bobbio: una biografia culturale* Inclui bibliografia. ISBN 978-65-5711-043-0
	1. Biografia. 2. Norberto Bobbio. 3. Filosofia do direito. 4. Filosofia da política. 5. Escola de Turim. I. Salatini, Erica. II. Maffia, Gesualdo. III. Título.
2021-1287	CDD 920 CDU 929

Editora afiliada:

Sumário

Prólogo   9

1. Um século de filosofia do direito em Turim: 1872-1972   17
   1.1. Existe uma "Escola de Turim"?   17
   1.2. As origens ressurgimentais: Pietro Luigi Albini, da "Enciclopédia jurídica" à Filosofia do Direito   24
   1.3. Entre idealismo e positivismo: a filosofia da história do direito de Giuseppe Carle   27
   1.4. Entre socialismo e idealismo: a filosofia social do direito de Gioele Solari   39
   1.5. Entre positivismo jurídico e filosofia analítica: a filosofia do direito de Norberto Bobbio   52

2. A vida de Bobbio, em linhas gerais   67
   2.1. As raízes piemontesas   67
   2.2. O início da carreira universitária nos anos do fascismo   77
   2.3. Os três anos de Camerino (1936-1938)   94
   2.4. Os dois anos de Siena (1938-1940)   97
   2.5. Os anos de Pádua, a "filosofia militante" e o cárcere (1940-1948)   98
   2.6. O retorno a Turim em 1948   108

2.7. Da ditadura à liberdade do pós-guerra:
   três viagens de Bobbio   *109*
2.8. Bobbio na nova China   *119*
2.9. Os escritos de Bobbio: um olhar de conjunto   *135*

3. As obras de Bobbio, em linhas gerais   *139*
   3.1. Estudos jurídicos e estudos políticos   *139*
   3.2. Bobbio como observador crítico da política
      italiana e europeia   *145*
   3.3. As obras até o final da Segunda Guerra Mundial
      (1934-1945)   *165*
   3.4. Bobbio na rua sem saída da fenomenologia e
      do existencialismo   *167*
   3.5. Bobbio advogado de Sartre   *170*
   3.6. Os decênios fecundos do pós-guerra   *173*
   3.7. Bobbio e a filosofia do direito na editora Einaudi   *188*
   3.8. Um itinerário bibliográfico mínimo para se aproximar
      do pensamento de Bobbio   *205*

4. Os temas jurídicos fundamentais de Bobbio   *223*
   4.1. As três virtudes do Bobbio estudioso: diálogo, clareza,
      compreensão   *223*
   4.2. Os anos universitários: Bobbio crociano   *226*
   4.3. Os anos universitários: Bobbio husserliano   *235*
   4.4. A analogia, reduzida a termos mínimos por meio da lógica   *251*
   4.5. O costume, colocado no mesmo nível do direito legislativo   *267*
   4.6. Bobbio e o positivismo jurídico de Hans Kelsen   *284*
   4.7. O direito como ordenamento jurídico: uma teoria geral   *292*
   4.8. Positivismo e jusnaturalismo em Norberto Bobbio   *300*
   4.9. A revisão do positivismo jurídico   *304*

5. Bobbio: da estrutura à função do direito   *311*
   5.1. A fase pós-positivista: em direção a uma visão
      funcional do direito   *311*
   5.2. Bobbio diante do desenvolvimento pós-bélico
      da Itália   *317*
   5.3. Liberalismo econômico e estatismo entre economia e política   *322*
   5.4. Genaro Carrió e a "gravíssima doença reducionista"
      da teoria jurídica   *324*

5.5. A função promocional do direito e o desenvolvimentismo sul-americano *330*
5.6. A função do direito entre Estado social e neoliberalismo *333*
5.7. A função do direito: um tema à espera de aprofundamentos *340*

6. Os temas políticos fundamentais de Bobbio *345*
    6.1. A definição da política e a lição dos clássicos *345*
    6.2. Os vinte anos de Mussolini e a democracia reconquistada *348*
    6.3. Os direitos humanos, fruto da evolução histórica, não de um valor absoluto *350*
    6.4. O socialismo libertário e as esquerdas unidas: uma aspiração não realizada *356*
    6.5. Paz e guerra: o pacifismo pode derrotar a guerra? *381*
    6.6. Federalismo entre iguais: paz duradoura e liberdades democráticas *394*
    6.7. Os vinte anos de governo Berlusconi e a democracia ofendida *401*

7. Democracia e laicidade em Bobbio, homem da razão e não da fé *409*
    7.1. Bobbio e a tradição italiana do laicismo *409*
    7.2. O laicismo: difícil de definir, ainda mais difícil de praticar *426*
    7.3. A hora da religião na escola pública: hora imaginária, de incômodo, de derrota *444*
    7.4. O referendo revogatório sobre o aborto e as razões de Bobbio contra o aborto *455*
    7.5. O encontro com a teologia da libertação *460*
    7.6. As dificuldades – não só semânticas – da "serenidade" *463*
    7.7. Religião e religiosidade: as últimas polêmicas em nome da coerência *468*
    7.8. O laicismo na vida privada de Bobbio: "Completei 90 anos" *475*

8. Despedida de Bobbio *479*

Elenco de livros citados *489*
Índice onomástico *511*
Índice remissivo *523*

Prólogo

Esta biografia cultural de Norberto Bobbio expõe os eventos de sua vida que acompanharam a sua produção intelectual, bem como as linhas essenciais dos seus principais escritos. Ter estado próximo do filósofo turinense por 45 anos não facilita esta tarefa, porque alguns elementos de sua biografia são também fragmentos da minha vida. A fronteira entre história e testemunho se torna, às vezes, evanescente. Quando escrevia sobre Nicola Abbagnano e outros amigos, Bobbio dizia que não podia fazê-lo "sem repensar os meus casos pessoais, sem refazer de modo indireto e furtivo a história paralela da minha vida".[1]

As nossas existências paralelas foram separadas por um fortuito ritmo de 30 anos: Bobbio nasceu em 1909, eu, em 1939; Bobbio entrou na Faculdade turinense de Jurisprudência em 1928, e eu, em 1958; Bobbio publicou seu primeiro livro em 1938; eu, em 1968. A essa simetria dos tempos, acrescenta-se uma coincidência de lugares: na juventude, tanto Bobbio como eu vivemos em Turim (sempre com 30 anos de distância) na casa dos pais, nos dois extremos da mesma rua, no bairro turinense da Crocetta.[2]

---

[1] Norberto Bobbio, *La mia Italia*. Pietro Polito (org.). Florença: Passigli, 2000, p.49.

[2] Os pais de Bobbio moravam na rua Montevecchio 1; rua que depois se tornou avenida, onde meus pais moravam no número 68. Massimo Centini (*Strade d'inchiostro. Scrittori, luoghi e storia a Torino*, coedição, Turim, 2015, p.213-4) indica, porém, "rua Montevecchio 3" (com foto do edifício) e, depois, "rua Sacchi 26" como residência de Bobbio. Esta última indicação está errada: quantas vezes estive na rua Sacchi 66!

Mais adiante frequentamos (sempre com 30 anos de distância) o mesmo Liceu Massimo d'Azeglio, inclusive na mesma seção, a "A". Fiz meu primeiro exame na Faculdade de Jurisprudência de Turim com Bobbio, no dia 3 de junho de 1959, e com ele preparei depois o meu livro para a livre docência; tornei-me assistente de Bobbio e mais tarde, obtida a cátedra de Milão, continuei a encontrá-lo em minhas frequentes viagens a Turim, onde se localizavam minhas raízes familiares e a nossa atividade comum na editora Einaudi.

Para mim, os contatos editoriais se entrelaçavam aos culturais, quase sempre mediados por Bobbio. Assim, entrei em contato com o historiador e jurista Alessandro Galante Garrone, com o musicólogo Massimo Mila (ambos relembrados em uma recente reconstrução do ambiente turinense de Bobbio)[3] e com o historiador Franco Venturi. Por outro lado, não conheci Leone Ginzburg (frequentemente relembrado com admiração por Bobbio), porque foi morto pelos alemães em 1944; porém – eis, ainda uma vez, o despontar de misteriosos laços geoculturais do nosso bairro turinense da Crocetta – sua irmã Maria foi minha professora de russo,[4] assim como o tinha sido (mas de alemão) de Mitì, a mulher de Alessandro Galante Garrone.[5] Quando ainda frequentava a escola fundamental, ouvira falar de Giaime Pintor, por meu pai, que o teria conhecido entre Vichy e Grenoble, na Comissão italiana de armistício com a França, onde, durante a guerra, ambos prestaram serviço com aqueles que depois seriam meus professores em Turim, ou seja, Alessandro Passerin d'Entrèves e Silvio Romano. Esse contato entre meu pai e Giaime Pintor emergia nebuloso da lembrança de distantes colóquios familiares e, ainda na minha maturidade, permaneceu sempre inexplicável para mim, até que uma entrevista de Bobbio evocou aquela comissão e, com ela, toda uma selva de lembranças familiares ligadas ao tempo da guerra.[6]

Bobbio também encontrava alguns paralelismos em certas datas de sua vida e tirava delas uma conclusão que não hesito em fazer minha:

---

3 Gastone Cottino e Gabriela Cavaglià (orgs.). *Amici e compagni. Con Norberto Bobbio nella Torino del fascismo e dell'antifascismo*. Milão: Bruno Mondadori, 2012, 246p. O título retoma uma obra de Bobbio: *Maestri e compagni. Piero Calamandrei, Aldo Capitini, Eugenio Colorni, Leone Ginzburg, Antonio Giuriolo, Rodolfo Mondolfo, Augusto Monti, Gaetano Salvemini*. Florença: Passigli, 1984, 299p.
4 Maria Clara Avalle (org.). *Da Odessa a Torino. Conversazioni con Marussia Ginzburg*, prefácio de Norberto Bobbio. Turim: Claudiana, 2002, 138p. (2.ed.; a primeira edição é de 1989).
5 Paolo Borgna. *Un Paese migliore. Vita di Alessandro Galante Garrone*. Roma/Bari: Laterza, 2006, p.149.
6 Giovanni Falaschi (org.), *Giaime Pintor e la sua generazione*. Roma: Manifestolibri, 2005, p.265.

Não atribuo nenhum significado particular a esta ordem casual de eventos necessários, cada um tomado em si mesmo, mas o meu "instinto das combinações" (para usar uma célebre categoria de um dos meus autores, Vilfredo Pareto) está satisfeito.[7]

Conheci Bobbio em 1958, quando ainda não tinha 19 anos e acabava de entrar em meu primeiro ano da Faculdade de Jurisprudência de Turim. Segui os seus seminários e me graduei em 1962 com uma tese em direito constitucional em dois volumes: o primeiro foi acompanhado por Bobbio e publicado em 1969, com o título *La teoria di Marx ed Engels sul diritto e sullo Stato* [A teoria de Marx e Engels sobre o direito e sobre o Estado], enquanto o segundo (sobre o direito constitucional das democracias populares europeias) está conservado em CD-ROM em algumas bibliotecas. Com Bobbio, tornei-me livre-docente em 1971, publicando *Sistema e estrutura no direito*,[8] que com o tempo se tornaria uma obra em três volumes. Em seguida, fui assistente de Bobbio até que ele foi para a Faculdade de Ciências Políticas, enquanto eu continuava a minha carreira na Universidade de Milão. Colaborei com ele também na editora Einaudi de Turim. Fomos muito próximos até os seus últimos dias.

Na vida de Bobbio, o estudo do direito e o da política sempre estiveram fortemente conectados. Todavia, em sua vida cultural e acadêmica, em uma primeira fase predominou o interesse pelos temas mais jurídicos que políticos, enquanto que, na segunda fase, predominaram temas mais políticos que jurídicos. Essa mudança de foco em seus estudos se traduz na passagem, em 1972, da Faculdade de Jurisprudência para a de Ciências Políticas, sempre em Turim. Portanto, eu o conheci nas salas de aulas turinenses quando vivia a "primeira fase" e se interessava pelo positivismo jurídico e pela filosofia analítica do direito. Por esse motivo, fui por ele direcionado ao estudo de Hans Kelsen quando, com um gesto de confiança que ainda hoje me surpreende, confiou a mim, ainda estudante, a tradução da segunda edição da *Teoria pura do direito*.[9]

---

7 Norberto Bobbio, *De senectute e altri scritti autobiografici*. Turim: Einaudi, 1996, p.81.
8 No Brasil, publicado pela Martins Fontes Editora, em 3 volumes. (N. T.)
9 As correções que Hans Kelsen me enviou, para a tradução italiana, foram incluídas apropriadamente em notas em italiano; além disso, foram incorporadas em alemão na *Reine Rechtslehre. Studienausgabe der 2. Auflage 1960*, MohrSiebeck, Wien, 2017, e comentadas pelo organizador, Matthias Jestaedt, nas p.LXXX ss.

Trabalhar com Bobbio sobre Kelsen: tentem imaginar o que poderia significar para um bom estudante traduzir um autor meticuloso como Kelsen sob a supervisão de um docente rigoroso como Bobbio, para quem a clareza da exposição era um imperativo categórico! Essa necessidade de clareza permanece até hoje como um tormento para mim e, temo, também para aqueles que trabalham comigo.

Quando comecei a tradução, era ainda estudante e aquela tarefa grandiosa deixou um duplo sinal em minha vida. Por um lado, com esse manuscrito atravessei reverente a soleira da editora Einaudi, que publicaria a obra. Bobbio era um influente conselheiro da editora e foi de novo graças a ele que, em 1964, iniciei ali como colaborador. Lá permaneci até 1985, nos anos em que aquela era uma das realidades mais vivas do mundo cultural italiano. Em particular, à curiosidade intelectual de Giulio Einaudi devo também a publicação de um livrinho meu, em 1969, que apresentou a informática jurídica na Itália. Por outro lado, a tradução de Kelsen fez da filosofia do direito alemã um tema que me acompanharia por toda a vida: além do mais, em 1998, Bobbio me confiou a tarefa de recuperar e publicar os manuscritos do debate entre Hans Kelsen e Umberto Campagnolo que se desenvolvera na década de 1930, durante o exílio deles na Suíça.

Bastam esses poucos acenos para documentar uma aproximação pessoal que durou 45 anos. Essa proximidade durante a vida se transformou em reserva após a morte de Bobbio, em 2004: uma impalpável devoção me impedia de falar dessa longa proximidade e por isso, até agora, escrevi bem pouco sobre ele, e com grande fadiga.

Os critérios que segui nesta biografia cultural requerem uma breve explicação preliminar, devida, também, às peculiaridades literárias de Bobbio. De fato, ele era um escritor de artigos, e não de livros. Salvo poucos livros escritos no início da carreira, como veremos, os volumes de sua maturidade são, de fato, coletâneas de artigos tematicamente interligados. Os milhares de títulos de sua bibliografia se apresentam, por isso, como o depósito das peças de um mosaico, cujo desenho completo estava presente na mente de Bobbio, mas que não tomou uma forma orgânica, que não se tornou nunca o *System* tão caro aos filósofos alemães clássicos. Os organizadores das várias antologias sobre seu pensamento jurídico e político utilizaram essas peças de mosaico, organizando-as segundo um desenho próprio, muitas vezes de prévio acordo com o próprio Bobbio. Porém, esses mosaicos temáticos não recolhem todos os escritos de Bobbio sobre cada um dos temas e podem, portanto, ser organizados segundo outros critérios.

Dessa situação do material de partida nasce a estrutura da presente biografia cultural, que pretende ser também um convite à leitura de Bobbio por meio de um mapa de sua vastíssima produção literária. Antes de tudo, pareceu-me oportuno deixar Bobbio falar diretamente, por meio do maior número possível de citações. Dessa forma, a avaliação dos eventos marcantes de sua vida e os trechos essenciais de sua doutrina estão expostos em primeira mão, sem a lente deformadora da interpretação alheia: e, por essa razão, mas também por exigências de concisão, as referências à literatura secundária foram reduzidas ao mínimo.

Na medida do possível, os dados biográficos recolhidos na literatura e em arquivo são complementados com os juízos que o próprio Bobbio dá sobre eles. A propósito de Augusto Del Noce, Bobbio adverte justamente que "não convém nunca dar crédito total às reconstruções autobiográficas".[10] Entretanto, no nosso caso, pareceu-me importante deixar a palavra a Bobbio, até porque, sobre si mesmo, ele sempre foi de um rigor inflexível: se procurarmos um juízo severo sobre Bobbio, é em Bobbio que o encontraremos. Em suma, avaliação por avaliação, as suas são mais iluminadoras que as dos outros; e, de qualquer forma, onde foi possível, os dados biográficos foram confrontados com documentos de arquivo.

Assim como os construtores das antologias bobbianas, eu também tive que escolher entre a miríade de textos a minha disposição. Estou consciente de que esta minha escolha é criticável pelo que inclui e pelo que exclui. Porém, também seria igualmente criticável outra escolha fundada em critérios diversos. É o que eu chamo de dilema do cartógrafo, dilema aplicável também ao presente mapa bobbiano: o mapa mais preciso é aquele em escala 1:1, mas dessa precisão ninguém tira vantagem; portanto, nos resta reduzir, cortar, escolher, aceitando menos exatidão na representação para adquirir mais praticidade no uso. As passagens assim escolhidas são organizadas seguindo a cronologia que levou Bobbio à cátedra de Filosofia do Direito e, depois, à de Filosofia da Política. O discurso se abre com a descrição do Piemonte como terra de suas raízes familiares e culturais, e prossegue com uma sequência de quadros de sua vida e de suas obras, ordenadas de acordo com uma reconstrução histórica que coloca seus escritos na moldura dos fatos que os acompanharam.

Enquanto para o Bobbio filósofo do direito, no início da carreira, esses fatos são predominantemente biográficos, nos capítulos seguintes a compreensão do Bobbio cientista político demanda alguma referência rápida

---

10 Norberto Bobbio, *La mia Italia*, op. cit., p.43.

também das situações políticas a que se referem suas análises. Esses esclarecimentos político-factuais estão presentes, em particular, no Capítulo 6, que expõe os principais conceitos políticos discutidos por Bobbio em seus escritos, tanto os militantes quanto os doutrinários. De fato, analisando, em revistas e jornais, fatos da atualidade bem presentes para seus leitores, Bobbio considera os eventos de domínio de todos; porém, mesmo com poucos anos de distância, nem sempre o leitor terá a lembrança dos fatos.

Quanto mais o tempo passa, mais se torna indispensável o apelo aos dados factuais puros aos quais se refere Bobbio: também a coletânea organizada pelo próprio Bobbio de seus artigos militantes, escritos entre 1989 e 1996, publicada em 1997,[11] é acompanhada por uma cronologia de cinquenta páginas, intitulada *La politica in Italia 1989-96* [A política na Itália 1989-96], sem a qual muitos de seus comentários resultariam obscuros hoje. Meus concisos e elementares apelos aos fatos políticos, já distantes, resultarão, talvez, supérfluos para muitos leitores, com os quais me desculpo desde já, mas espero que possam ser úteis aos leitores mais jovens ou a leitores estrangeiros.

Enfim, a "Despedida de Bobbio", que fecha o presente volume, é a única parte em que – como neste "Prólogo" – deixei conscientemente que aflorassem meus sentimentos em relação ao filósofo de Turim.

Na Escola de Turim, Gioele Solari e seu aluno Norberto Bobbio ensinaram – enquanto eu aprendi, e muito. Nesse sentido, sinto-me parte dela, e esta continuidade me permite agradecer a Bobbio usando, hoje, as mesmas palavras direcionadas por ele a Gioele Solari. Como Bobbio agradecia a Solari, assim eu também agradeço a Bobbio:

> que me iniciou no caminho dos estudos desde o primeiro ano de universidade [..] e depois me acompanhou, passo a passo, nos anos sucessivos, dando-me uma constante lição de rigor intelectual, de dedicação à escola, de simplicidade de costumes e de liberdade no julgamento de homens e coisas.[12]

Milão, setembro de 2017.

---

11 Idem, *Verso la Seconda Repubblica*. Turim: La Stampa, 1997, XVIII-203p.
12 Idem, *De senectute*, op. cit., p.93.

Primeira parte
Bobbio e o seu mundo

1
UM SÉCULO DE FILOSOFIA DO DIREITO EM TURIM: 1872-1972

1.1. Existe uma "Escola de Turim"?

No final do século XIX, Turim havia superado o trauma de não ser mais uma capital política, uma vez que já se considerava a capital industrial da Itália unificada. Mas, em relação às grandes nações europeias, o jovem Estado unificado chegou atrasado à Revolução Industrial, que se deu sobretudo nas regiões setentrionais. Nelas se afirmaram, também com atraso, as doutrinas filosóficas e sociais que constituíam o reflexo, respectivamente otimista e conflituoso, da industrialização, isto é, o positivismo e o marxismo. Turim se tornou, assim, "a cidade mais positivista da Itália",[1] justamente quando os estudos positivistas estavam declinando no resto da Europa; todavia, tornou-se, logo depois, um centro de reação do idealismo à breve temporada do positivismo. A intensidade e a fecundidade do positivismo turinense podem ser resumidas na figura de Cesare Lombroso, para citar um nome que naquela época era onipresente no mundo do direito.

A Turim industrial se tornou contemporaneamente o laboratório social da Itália, o berço dos movimentos operários e, portanto, um centro de efervescentes discussões sobre a questão social e sobre o socialismo como instrumento para resolvê-la. Em 1891-1892, nos congressos de Milão e de Gênova, tomou forma o Partido Socialista Italiano. Entre os pensadores, o positivismo

---

[1] Norberto Bobbio, *De senectute*, op. cit., p.63.

e o socialismo se apresentaram fortemente entrelaçados, e a questão social se manteve no centro do interesse dos intelectuais turinenses mesmo quando a temporada do positivismo acabou e foi substituída pelo neo-hegelianismo. Este era, portanto, o ambiente social e cultural em que se movia a Universidade de Turim e, nela, os filósofos do direito daquela que poderia se chamar a "Escola de Turim".

Todavia, a descrição do ambiente cultural turinense, especialmente nas primeiras décadas do século XX, seria incompleta sem relembrar o liceu Massimo d'Azeglio, viveiro de professores excepcionais e de alunos destinados a se afirmar não apenas na vida cultural da cidade. Entre os mestres, Augusto Monti e Zino Zini são os nomes que aparecerão citados frequentemente nos escritos de seus alunos, os quais se tornaram, depois, professores na universidade. Além disso, o liceu d'Azeglio foi uma escola de antifascismo não ligada a partidos, mesmo que muitos dos seus professores mais queridos tenham sido socialistas e, mais tarde, comunistas. Nos tempos da minha geração (que o frequentou no final de 1950) ainda era considerado o liceu "vermelho" de Turim. Todavia, essas definições devem ser usadas com cautela. O d'Azeglio era um liceu "vermelho", mas, sobretudo, era um liceu "bom": se tivesse sido apenas "vermelho", a burguesia de Turim não teria continuado a lhe confiar, por gerações, os seus herdeiros.

O velho liceu clássico italiano, se aproveitado com paixão, era uma escola difícil, mas formadora; e era natural que os alunos que nele se formavam procurassem a continuação daquela experiência modeladora também quando passavam para a universidade. Especificamente em Turim, lembra Bobbio,

> as aulas de filosofia do direito eram o ponto de encontro dos jovens que, não muito interessados nas profissões e carreiras para as quais o curso de jurisprudência os preparava, procuravam nos estudos universitários o revigoramento e a ampliação do seu horizonte cultural, para além e em continuidade do ensino humanístico do liceu.[2]

Mas isso não acontecia só em Turim. Com efeito, começada a universidade, a nostalgia dos temas humanistas se fundia com as novas noções e, hoje

---

2 Norberto Bobbio, *Italia civile. Ritratti e testimonianze*. Manduria: Lacaita, 1964, p.148. Bobbio deixou uma recordação dos seus professores do liceu d'Azeglio (Umberto Cosmo, Arturo Segre, Zino Zini) em *Tre maestri*, p.127-42. A atmosfera daquele liceu, também por meio dos livros de Augusto Monti, é relembrada por Bobbio, em *Autobiografia*, Alberto Papuzzi (org.), Roma-Bari: Laterza, 1997, p.11-4.

em dia, os juristas descobertos nos anos da universidade afloram até mesmo em alguns romances. Em *A cabeça perdida de Damasceno Monteiro*, o lusitanista Antonio Tabucchi (1943-2012) evoca Hans Kelsen e sua norma fundamental: a *Grundnorm* como símbolo de uma justiça inalcançável.[3] Bobbio, por sua vez, aparece no romance *Direito natural*, do espanhol Martínez de Pisón. O protagonista é um doutorando em Filosofia do Direito que mora na Espanha durante a transição pós-franquista, isto é, nos anos de 1970-1980. O que Bobbio representa para ele vale também para um grande número de jovens que começam a se mover em uma Espanha que havia pouco tempo voltara a ser democrática. O autor do romance, nascido em 1960, pode, portanto, atribuir autobiograficamente essas palavras ao personagem principal:

> O pensamento de Norberto Bobbio havia modelado o meu jeito de ver a democracia e a sua vida me parecia um modelo de coragem civil. [...] Para mim, Bobbio representava a figura do intelectual rigoroso, um herói do pensamento, e me agradava pensar que eu (que devido à idade não pude lutar contra o franquismo), teria a lucidez e a integridade de adotar uma atitude semelhante.[4]

Consultando os nomes de quem se graduou entre 1922 e 1938 com Solari,[5] encontramos amizades e afinidades eletivas que, das carteiras do liceu, prolongaram-se até a universidade e, depois, na luta armada da Resistência. As amizades do liceu continuavam, assim, para além das divisões das faculdades universitárias e eram retomadas nas atividades políticas e culturais, como na formação da editora Einaudi (sobre a qual voltaremos no item 3.7).

---

3 "*Grundnorm*, repetiu, entendeu o conceito? – Norma base, disse Firmino, tentando utilizar o pouco de alemão que sabia. – Certo, norma base, especificou o obeso [isto é, o advogado Fernando de Mello Sequeira, admirador de Kelsen], só que para Kelsen está situada no vértice da pirâmide, é uma norma base do avesso, está em cima da sua teoria da justiça, aquela que ele definia *Stufenbau Theorie*, a teoria da construção piramidal." Antonio Tabucchi, *La testa perduta di Damasceno Monteiro*. Milão: Feltrinelli, 1997, p.114. [Ed. bras.: *A cabeça perdida de Damasceno Monteiro*. Rio de Janeiro: Rocco, 1998.] Esse trecho já havia sido mencionado em Hans Kelsen; Umberto Campagnolo, *Diritto internazionale e Stato sovrano*, com um inédito de Hans Kelsen e um ensaio de Norberto Bobbio, organizado por Mario G. Losano, Milão: Giuffrè, 1999, p.9 [Ed. bras.: *Direito internacional e Estado soberano*. Org. Mario G. Losano. Trad. Marcela Varejão. São Paulo: Martins Fontes, 2002.]

4 Ignacio Martínez de Pisón, *Derecho natural*. Barcelona: Seix Barral, 2017, p.347.

5 Bobbio (*Italia civile*, op. cit., p.151-3) elenca as principais teses defendidas com Solari, entre 1922 e 1938, e conclui: "São os nomes daqueles que conheci nos anos da universidade, e depois reencontrei, praticamente todos, com funções de chefes políticos e militares, de guias intelectuais e morais, de combatentes, no período da luta de libertação" (p.153).

Mas essa forte homogeneidade social e ideológica – própria também de um mundo então menor, de uma economia mais fechada e de uma cidade elitista – não basta por si só para gerar uma escola, mesmo que possa ser um pressuposto para isso.

Por outro lado, é sempre difícil identificar uma escola, sobretudo a Escola de Turim: aos olhos do observador, esta toma forma quando a atenção se concentra nos elementos comuns aos estudiosos que poderiam compô-la; contudo, ela se dissolve quando se observam as diferenças entre eles. O grupo que se formou ao redor de Gioele Solari entre as duas guerras mundiais possuía um sentimento de pertencimento comum, e o exprimia no volume que deveria comemorar os 80 anos do próprio mestre, mas que, em vez disso, acabou sendo uma homenagem a sua morte. Assim, lê-se na apresentação:

> Ao redor dele, graças à seriedade que a sua vida havia inspirado, ao exemplo de rigor científico que ele oferecia e ao calor comunicativo que emanava de sua pessoa, constituiu-se, coisa rara, uma escola. Foram muitos os jovens que, sobretudo nos trinta anos de seu magistério turinense (1918-1948), direcionaram-se, sendo por ele estimulados e dirigidos, aos estudos científicos e, obtida a graduação, continuaram nos diversos campos cultivados pelo mestre, tornando-se, por sua vez, ou encaminhando-se para se tornar, eles também, professores universitários.[6]

Com referência aos economistas turinenses que se encontravam ao redor de Luigi Einaudi,[7] seu amigo fraterno, o próprio Gioele Solari definia *ex negativo* em que sentido o seu movimento intelectual podia ser considerado uma escola, e o que ele diz sobre o grupo einaudiano pode valer também para o solariano:

---

[6] AA.VV., *Studi in memoria di Gioele Solari*, dei discepoli Felice Balbo, Norberto Bobbio, Luigi Bulferetti, Mario Einaudi [filho do economista Luigi e irmão do editor Giulio], Luigi Firpo, Aldo Garosci, Bruno Leoni, Giuseppe Marchello, Alessandro Passerin d'Entrèves, Ettore Passerin, Uberto Scarpelli, Paolo Treves, Renato Treves, Giorgio Vaccarino. Turim: Ramella, 1954, 534p.; a citação no texto está na p.7. O elenco dos "discípulos" fornece, se não um quadro objetivo, pelo menos um autorretrato autêntico da escola formada ao redor de Solari; autêntico, mas não completo: "Nem todos os que foram convidados – adverte, com efeito, o prefácio – puderam enviar a própria contribuição. E talvez alguns [...] tenham sido esquecidos" (p.8).

[7] Nesse escrito, estão presentes três Einaudi: Luigi (1874-1961), economista, que foi presidente da República italiana, e os seus filhos, Mario (1904-1994), economista que emigrou para os Estados Unidos durante o fascismo e regressou à Itália no pós-guerra, e Giulio (1912-1999), fundador da editora turinense homônima.

Nenhuma intenção de criar uma escola econômica com método e doutrinas preestabelecidos; nenhuma preocupação em criar aspirantes a cátedras universitárias; nenhum entusiasmo de escolas de método, de argumentos, mas ambiente de estudo aberto a todos, independentemente da fé política e científica, das finalidades práticas de cada um.[8]

Outros autores traçam os limites de escola com linhas mais precisas. Kelsen escrevia em 1934, em relação à teoria pura do direito:

formou-se um círculo de pensadores orientados pelo mesmo escopo e a que se chama a minha "escola", designação que apenas vale no sentido de que, nesta matéria, cada qual procura apreender do outro sem que, por isso, renuncie a seguir o seu próprio caminho.[9]

Todavia, em uma correspondência particular da mesma época, Kelsen não deixava de indicar nominalmente os adeptos e de traçar um limite entre os ortodoxos e os desviantes.[10]

Neste ponto, é oportuno esclarecer dois pressupostos nos quais se baseia o presente capítulo: em primeiro lugar, o que se pode entender por "Escola de Turim"; em segundo lugar, por que esta análise se inicia apenas em 1872 se a filosofia do direito era ensinada na Universidade de Turim desde 1846.

1.1.1. As pessoas da Escola de Turim

Visto que a cátedra de Filosofia do Direito existe em Turim há quase dois séculos, pode-se falar de uma "Escola de Turim" porque – entre os docentes que ocuparam essa cátedra – existiu uma continuidade no comportamento de base, tais como a aversão a qualquer dogmatismo, a paixão civil, o laicismo e, por fim, a escolha política em favor de uma democracia com forte conotação social, isto é, de um socialismo não identificado com a ideologia de um partido. Seria suficiente essa homogeneidade, mesmo que relevante, para constituir uma escola, ou seria necessário um apelo a um método comum? Se considerarmos indispensável o método comum, então uma escola raramente pode durar mais que uma geração. Mas, se por escola entendemos uma orientação moral e política que determina o estilo de vida e de estudo,

---

8 Gioele Solari, Il giovane [Luigi] Einaudi e il problema sociale, *Il Ponte*, v, 1949, n.8-9, p.1026.
9 Hans Kelsen, *Teoria pura do direito*. 6.ed. Trad. João Batista Machado. São Paulo: Martins Fontes, 1998. p.VII (prefácio à 1.ed.).
10 Kelsen; Campagnolo, *Diritto internazionale e Stato sovrano*, op. cit., p.33-4.

uma intersecção de temas que remetem de um estudioso a outro e que se transmitem de uma geração a outra de estudiosos, então estou convencido de que podemos falar de uma "Escola de Turim", que percorre pelo menos um século.

O rigor moral e científico também permitia unir em uma escola, em sentido amplo, estudiosos de diferentes posições políticas: por exemplo, foram colaboradores muito próximos de Bobbio tanto o católico rigoroso Sergio Cotta (1920-2007) quanto o conservador Enrico di Robilant (1924-2012). Minha gratidão vai a Di Robilant, que foi meu antecessor como assistente de Bobbio, pela atenção com que, quando eu era estudante, guiou minha aprendizagem de tradutor do alemão jurídico. Em suma, individuar uma escola, em senso restrito, leva a exclusões discutíveis. Por exemplo, parece-me redutivo o juízo de um organizador de uma homenagem a Bobbio, Uberto Scarpelli, o qual considera que o grupo dos estudiosos ali recolhidos "represente a escola italiana de teoria geral do direito", mesmo que seja "com boa aproximação".[11]

Um dos elementos que favoreceram a continuidade no ensino turinense da filosofia do direito foi o alto nível de profissionalismo acadêmico que o caracterizou. A observação não é tão marginal como parece à primeira vista. De fato, a filosofia do direito frequentemente foi atribuída a docentes à espera de uma colocação mais próxima de seus verdadeiros interesses, com o resultado de que, em algumas universidades, aos intitulados filósofos do direito, alternaram-se ótimos juristas positivos, mas temporários. Ao contrário, na Universidade de Turim, a cátedra de Filosofia do Direito não foi uma cátedra para docentes temporários: nela, ensinaram filósofos do direito, sendo cada um aluno do seu antecessor, com duas únicas – e breves – interrupções, correspondentes às duas guerras mundiais.

1.1.2. Os tempos da Escola de Turim

Em Turim, o ensino de Filosofia do Direito começa com o regulamento da Faculdade de Direito, de 1846, que torna disciplina obrigatória os "Princípios Racionais do Direito", entendidos como "os princípios imutáveis do justo que as leis procuram reduzir em ato". Pietro Luigi Albini (1807-1863), ao qual voltaremos daqui a pouco, participou ativamente dessa reforma. Assim, a cátedra surge em plena agitação ressurgimental e tem como ponto de

---

[11] Uberto Scarpelli, (org.). *La teoria generale del diritto. Problemi e tendenze attuali. Studi dedicati a Norberto Bobbio*. Milão: Comunità, 1983, 444p.; cit. à p.7.

referência os ideais liberais, no plano político e o Estatuto Albertino de 1848,[12] no plano jurídico: "Na instituição da nova disciplina", notava Solari, "estava implícita uma profissão de fé liberal e constitucional".[13]

Os primeiros juristas chamados para a nova cátedra são todos de sentimentos liberais: podemos dizer que a cátedra nasce com uma vocação civil, independentemente do modelo filosófico proposto. Em 1846, é chamado Felice Merlo (1792/93-1849), civilista, inspirado por Vico e Gioberti, e liberal, que havia sofrido a derrota de 1848,[14] até que veio a falecer. O giobertismo (mas também o liberalismo) continuou com Pietro Luigi Albini, que faleceu em 13 de março de 1863 – portanto, quando o ano acadêmico já havia começado. Por isso, o curso daquele ano foi concluído por Luigi Mattirolo (1838-1904), enquanto que, de 1863 a 1868, a cátedra foi ocupada por Brunone Daviso, cuja doutrina se inspira tanto em Gioberti quanto em Rosmini. Rosminiano foi também o seu sucessor: novamente Luigi Mattirolo, que ensinou de 1868 a 1872. Todavia, com o passar do tempo, o ensino inspirado por Rosmini havia progressivamente se enfraquecido e, por isso, se sentia "ainda mais viva a necessidade de começar a experimentação jurídica por novas vias".[15]

O terreno cultural já estava pronto para receber a semente do positivismo, que será jogada por Giuseppe Carle, sucessor de Mattirolo e iniciador de uma escola turinense fortemente caracterizada pelo pensamento social. Visto que Carle assumiu a cátedra de Filosofia do Direito em 1872, essa data é apta para marcar os limites entre o ensino ressurgimental de Albini, que funda a cátedra, e a escola novecentista ou social, fazendo da cátedra um dos pólos de atração da Universidade de Turim, e não apenas dela. Todavia, à cisão entre rosminianos e positivistas, retratada acima, acompanha-se um

---

12 O estatuto Albertino foi promulgado em 1848, foi a primeira Constituição da Itália unificada e permaneceu em vigor durante o fascismo, até a atual constituição italiana de 1948. (N. T.)

13 Solari, La vita e il pensiero civile di Giuseppe Carle. *Memorie della Reale Accademia delle Scienze di Torino*, serie II, v.LXVI, 1926, parte II, n.8, p.39-188 (também separadamente: Turim: Bocca, 1928, 191p.; cit. à p.23). Essa obra de Solari, detalhada e muito erudita, contém não apenas uma análise do pensamento de Carle, mas também uma história *in nuce* do ensino da filosofia do direito em Turim. Um panorama reduzido se encontra também em Giuseppe Carle: *La filosofia del diritto nello Stato moderno*. Turim: Utet, 1903, XIII-542p., em que o capítulo IV, intitulado "La crisi odierna della filosofia del diritto", p.387-420, descreve o ensino dessa disciplina no Piemonte. O título *La filosofia del diritto nello Stato moderno* já tinha sido usado por Carle em um artigo de doze páginas, publicado em 1901 na *Nuova antologia*.

14 A derrota do exército sardo-piemontês pelos austríacos durante a primeira Guerra de Independência italiana. (N. T.)

15 Solari, La vita e il pensiero civile di Giuseppe Carle, op. cit., p.33.

elemento de continuidade: a cátedra é sempre dominada pelo pensamento de tendência liberal e social.

No decorrer de um século – de 1872 a 1972 –, três nomes prestigiaram a cátedra: Giuseppe Carle, que ensinou de 1872 a 1917; seu aluno Gioele Solari, que ensinou de 1918 a 1942 e de 1945 a 1948; e Norberto Bobbio, aluno de Solari, que ensinou de 1944 a 1945 e, depois, de 1948 a 1972.[16] Em exatamente um século de ensino de Filosofia do Direito, além desses três nomes, apenas outros dois aparecem como encarregados do ensino da disciplina por breves períodos, no final das duas guerras mundiais: o processualista e penalista Cesare Civoli,[17] no ano 1917-18, e o filósofo Augusto Guzzo,[18] em 1944-45. Não é injustificável, portanto, depois de um aceno às origens com Albini, concentrar a atenção nas três figuras centrais que representam uma secular continuidade de ensino, examinando, sobretudo, os elementos culturais e pessoais em que se baseia essa continuidade. Em poucas páginas, não é possível fazer justiça aos méritos intelectuais individuais, mas podemos, pelo menos, tentar colher as múltiplas ligações que os unem.

1.2. As origens ressurgimentais: Pietro Luigi Albini, da "Enciclopédia jurídica" à Filosofia do Direito

A importância da Universidade de Turim, fundada no começo do século XV, aumentou paralelamente à afirmação do Estado dos Savoia. No começo

---

16 Rinaldo Orecchia, *La filosofia del diritto nelle università italiane. 1900-1965. Saggio di bibliografia*, Milão: Giuffrè, 1967, XLIII-467 p.; cf. também Bobbio, *Diário de um século – Autobiografia*. A. Papuzzi (org.). Trad. Daniela Beccaccia Versiani. Rio de Janeiro: Campus, 1998. 261p. Após 1972, Bobbio ensinou, de fato, Filosofia da Política na Faculdade Turinense de Ciências Políticas.

17 Luigi Cesare Civoli (Gênova, 16 de dezembro de 1861 – Cavi di Lavagna, 28 de julho de 1930) foi professor titular de Direito e Procedimento Penal nas Universidades de Pavia e, depois, de Gênova. In: Antonio Falchi, Cesare Civoli. Necrologio. *Rivista italiana di diritto penale*, 1931, n.3-4, p.342-4; Orecchia, *La filosofia del diritto nelle università italiane. 1900-1965*, op. cit., p.105. Nem Orecchia nem o CLIO (*Catalogo dei libri italiani dell'Ottocento, 1801-1900*. Milão: Bibliografia, 1991, 19 volumes) fazem referência a obras de filosofia do direito de sua autoria.

18 Augusto Guzzo (Nápoles, 24 de janeiro de 1894 – Turim, 23 de agosto de 1986) foi professor titular de Filosofia Teorética na Universidade de Turim: Armando Plebe et al., *Augusto Guzzo*. Turim: Edizioni di "Filosofia", 1964, 127p. (2.ed.); Solari, La dottrina della giustizia nel sistema della moralità di Augusto Guzzo. In: *Rivista di filosofia*, 1951, n.4, p.378-98. Guzzo escreveu o necrológio de Gioele Solari em "Filosofia", 1952, p.472-3 e, além disso, Incontri con Gioele Solari. In: AA.VV., *Gioele Solari. 1872-1952. Testimonianze e bibliografia nel centenario della nascita*, "Memorie della Accademia delle Scienze di Torino", Classe di Scienze Morali, Storiche e Filologiche, serie IV, 1972, n.26, p.1-8.

do século XIX, a invasão de Napoleão levou ao fechamento da Universidade e à sucessiva reabertura e reorganização conforme o modelo francês. Por esse caminho, o ensino da "Enciclopédia Jurídica" entrou na Faculdade de Jurisprudência e, a partir disso, originaram-se as disciplinas de História do Direito e de Filosofia do Direito.

A reforma do ministro Cesare Alfieri renovou os estudos jurídicos em 1846, introduzindo também o ensino dos "Princípios Racionais do Direito" e da "Enciclopédia Jurídica". Esta última disciplina foi confiada, em 1846, a um jovem docente da província que chegou a Turim: Pietro Luigi Albini, nascido em Vigevano, em 1807, graduado em Jurisprudência em Turim, em 1829. No início da carreira, foi docente nas Reais Escolas Universitárias de Novara e, desde 1846, na Universidade de Turim, onde a morte prematura interrompeu o seu magistério, em 1863. Será suficiente se debruçar sobre suas obras de filosofia do direito, remetendo, para ulteriores informações, aos meus dois estudos sobre a vida de Albini, sobre suas obras e seus contatos com Karl Mittermaier.[19]

Em 1839, Albini se apresentou ao mundo científico com um *Saggio analitico sul diritto* [Ensaio analítico sobre o direito],[20] graças ao qual obteve a cátedra de Enciclopédia Jurídica, em 1846. Federico Sclopis, *grandcommis* da política dos Savoia, sem interesse pela carreira acadêmica, mas em constante contato com o mundo alemão, apoiou Albini e o apresentou, particularmente, a Karl Mittermaier. Em 1840, o ano seguinte à publicação do *Saggio analitico sul diritto*, Mittermaier escreveu uma resenha positiva na Alemanha.[21] Desse *Ensaio*, Albini retirou parte da matéria para sua *Enciclopedia giuridica* [Enciclopédia jurídica] de 1846 e para a obra sobre a história do direito

---

19 Mario G. Losano, *Alle origini della filosofia del diritto a Torino: Pietro Luigi Albini (1807-1863). Con due documenti sulla collaborazione di Albini con Mittermaier*, "Memorie dell'Accademia delle Scienze di Torino", Classe di Scienze Morali, Storiche e Filologiche, serie V, v.37, 2013, n.2, 104p. (disponível também *on-line*, em <http://www.accademiadellescienze.it/attivita/editoria/periodici-e-collane/memorie/morali/vol-37-fasc-2-2013>). Cf. também *I carteggi di Pietro Luigi Albini con Federico Sclopis e Karl Mittermaier (1839-1856). Alle origini della filosofia del diritto a Torino*, "Memorie dell'Accademia delle Scienze di Torino", Classe di Scienze Morali, Storiche e Filologiche, serie V, v.38, 2014, n.3, 304p. (disponível também *on-line*, em <http://www.accademiadellescienze.it/attivita/editoria/periodici-e-collane/me-morie/morali/vol-38-fasc-3-2014>).

20 *Saggio analitico sul diritto e sulla scienza ed istruzione politico-legale*, di Pietro Luigi Albini, avvocato e professore di diritto nelle Regie Scuole Universitarie di Novara. Vigevano: Pietro Vitali e Comp., 1839, 360p.

21 *Giudizio del Sig. Mittermaier sul* Saggio analitico sul diritto e sulla scienza ed istruzione politico-legale. In: Losano, *Alle origini della filosofia del diritto*, op. cit., p.77-82.

de 1847.²² Sua posição científica e acadêmica já estava consolidada, como atestam outros escritos seus.²³

Albini também foi advogado e, por breve período, político. Sua abertura social é atestada para além de sua oposição à pena capital, também por ter sido o parlamentar relator da lei que concedia os direitos políticos aos judeus e aos valdenses, abolindo as restrições impostas pelas cartas-patentes de 1816.²⁴

Os anos seguintes a sua morte foram os das grandes mudanças causadas pela unificação da Itália e pela transferência da capital de Turim para Florença e, depois, para Roma. Também por essas razões, a lembrança de Albini foi se enfraquecendo progressivamente entre os filósofos do direito. Bobbio o mencionava em 1942 como seguidor de Rosmini, "sobretudo na última fase da própria atividade, como já relevou Solari"; um influxo que "se manifesta sobretudo no ensaio *Del principio supremo del diritto*" [Do princípio supremo do direito].²⁵ Giorgio Del Vecchio, em 1946, sublinhava que Albini "procurou distinguir o 'direito filosófico' do 'direito de razão' e do 'direito positivo', aproximando-se de Rosmini, sobretudo nos últimos escritos" e retomava seu ensaio de 1859, sobre Genovesi, como contribuição para a história da filosofia do direito.²⁶

Em conclusão, deve-se ao quase esquecido Albini não apenas a introdução da Filosofia do Direito na Universidade de Turim, mas também sua preservação como disciplina obrigatória, visto que, nas sucessivas reformas

---

22 Pietro Luigi Albini, *Enciclopedia del diritto, ossia Introduzione generale alla scienza del diritto dell'Avv. e Prof. P. L. Albini*. Turim: Tipografia di Enrico Mussano, 1846, 224p.; Idem, *Elementi della storia del diritto in Italia dalla fondazione di Roma sino ai nostri tempi e nella monarchia di Savoia in particolare*. Turim: Tipografia di Enrico Mussano, 1847, VIII, 316p.

23 Na impossibilidade de relembrar aqui outros escritos de filosofia do direito, remeto à Bibliografia di Pietro Luigi Albini. In: Losano, *I carteggi di Pietro Luigi Albini*, op. cit., p.255-78.

24 Albini publicou, em 1852, o ensaio *Della pena di morte*, pena "nem necessária, nem útil para a sociedade" (Losano, *Alle origini della filosofia del diritto a Torino*, op. cit., p.43-8). Sobre a emancipação dos "acatólicos" em 1848, cf. o parágrafo *Albini e la legge sui diritti civili e politici dei non cattolici* (In: Losano, *I carteggi di Pietro Luigi Albini*, op. cit., p.20-6) e o apêndice III, Albini relator del progetto di legge "Sui diritti civili e politici degli accattolici" [sic] (p.251-4).

25 Bobbio, *La filosofia del diritto in Italia nella seconda metà del secolo XIX*, "Bollettino dell'Istituto di Filosofia del Diritto della Regia Università di Roma", 1942, 33p. (extrato): sobre Albini, p.8 e nota 17. A indicação de Bobbio é a *La vita e il pensiero civile di Giuseppe Carle*, de Gioele Solari, op. cit., p.26 ss.

26 Giorgio Del Vecchio, *Storia della filosofia del diritto*. Milão: Giuffrè, 1946 (5.ed.), respectivamente p.117-8 e p.134.

universitárias, ele a defendeu com sucesso das tentativas de reduzi-la a disciplina complementar ou até mesmo de suprimi-la. Sem Albini, a cátedra em que se sucederam Carle, Solari e Bobbio não teria existido.

1.3. Entre idealismo e positivismo: a filosofia da história do direito de Giuseppe Carle

"Maciço no aspecto, montanhês por natureza, chegava à sala de aula onze, no primeiro andar, como se estivesse começando a escalada de uma difícil parede dos Alpes": este é o Carle[27] presente nas lembranças de Luigi Einaudi, seu aluno. Mais adiante, Einaudi continua:

> Carle era cansativo e duro; notava-se que a simples procura da palavra apta a exprimir o pensamento o cansava. Ao final da aula, enquanto ele secava o suor da testa, parecia-nos que tínhamos conseguido uma conquista, no áspero caminho para a sabedoria.[28]

As montanhas de Cuneo, onde ele nasceu, refletem-se também na imagem que fecha seu afresco da filosofia do direito e que inclui seu credo científico (e político também):

> Quem procura um caminho em cima de uma árdua montanha, não deve seguir a pegada isolada de um caçador temerário, que, concentrado na presa, não toma cuidado com a segurança do passo e a brevidade do caminho, mas sim

---

27 Giuseppe Carle (Chiusa Pesio [Cuneo], 21 de junho de 1845 – Turim, 17 de novembro de 1917): Orecchia, *La filosofia del diritto nelle università italiane. 1900-1965*, op. cit., p.81-5; Norberto Bobbio, s.v. Giuseppe Carle. In: *Dizionario biografico degli italiani*. Roma: Istituto dell'Enciclopedia Italiana, 1977, v.XX, p.130-5 (retomado por Bobbio em: "Atti della Accademia delle Scienze di Torino", Classe di Scienze Morali, Storiche e Filologiche, v.113, 1979, p.380-1). A data de nascimento indicada parece ser a certa. Em outras obras – erroneamente – aparece indicado 1843 (Firpo, in: Premessa a Gioele Solari, *Studi su Francesco Pagano*, Luigi Firpo (org.). Turim: Giappichelli, 1963, p.XV), ou 1847 (Angelo de Gubernatis, *Dizionario biografico degli scrittori contemporanei*, suplemento, v.2. Florença: Le Monnier, 1879, e também em: *Piccolo dizionario dei contemporanei italiani*. Roma: Forzani-Tipografia del Senato, 1895), ou também 1848 (Guido Biagi, *Chi è? Annuario biografico italiano*. Roma: Romagna, 1908).
28 Luigi Einaudi, Prefazione. In: Gioele Solari, *Studi storici di filosofia del diritto*. Turim: Giappichelli, 1949, p.XIV-XV.

a trilha constantemente trilhada pelos habitantes do lugar, que procuraram a via mais segura e mais curta para alcançar a meta.[29]

O jovem Giuseppe Carle veio de Cuneo, em 1861, para a Faculdade de Jurisprudência de Turim, renovada pela reforma Alfieri, e lá encontrou – ao lado de Pier Carlo Boggio, Carlo Bon-Compagni e Matteo Pescatore – pelo menos dois outros docentes destinados a influenciar de modo determinante a sua obra futura: primeiramente, Pasquale Stanislao Mancini, com o qual se graduou[30] e que o impulsionou a conseguir, em 1869, a associação para o ensino de Direito Internacional;[31] além do filósofo Francesco Bertinaria,[32] que, no mesmo ano de ingresso de Carle no Ateneu Turinense, havia substituído Terenzio Mamiani, o qual se tornou, naquele ano, ministro da Instrução no governo Cavour, e depois plenipotenciário na Grécia e senador do

---

29 Giuseppe Carle, *Prospetto d'un insegnamento di filosofia del diritto*. Turim: Bocca, 1874, p.229.
30 Idem, *Della condizione giuridica degli stranieri*. Turim: Tipografia di Giulio Speirani, 1864, 22p. Na página de rosto não aparece esse título, mas *Dissertazione presentata da Carle Giuseppe da Chiusa (Cuneo) allievo del Collegio delle Provincie per essere addottorato in Scienze Giuridiche il 3 agosto 1865 alle ore 2 pomeridiane*. Carle homenageou seu primeiro mestre em 1889: Pasquale Stanislao Mancini e la teoria psicologica del sentimento nazionale. In: *Atti della R. Accademia dei Lincei*, Classe di Scienze Fisiche e Morali, serie IV, v.VI, 1889, n.1, p.548-67.
31 Idem, *Saggio di una teorica* [sic] *di diritto internazionale privato applicata al fallimento*. Turim: Tipografia Legale, 1870, 85p.; retomado, com acréscimos, com o título La dottrina giuridica del fallimento nel diritto privato internazionale. In: *Atti della Reale Accademia delle Scienze Morali e Politiche di Napoli*, v.VII, 1872, que foi traduzido para o francês (1875) e para o neo-helênico (1880).
32 Francesco Bertinaria (Biella, 18 de fevereiro de 1816 – Gênova, 3 de abril de 1892) foi associado na Universidade de Turim, onde ensinou Metafísica e, substituindo Mamiani, Filosofia da História. Tornou-se professor titular desta última disciplina na Universidade de Gênova. Publicou a tradução italiana de Karl Ludwig Kannegiesser, *Abriß der Geschichte der Philosophie*. Leipzig: Brockhaus, 1837 (*Compendio di storia della filosofia*. Turim: Pomba, 1843, 330p.) e, de 1844 a 1850, organizou os verbetes filosóficos da *Enciclopedia popolare* da editora turinense Pomba. "No ensino de Bertinaria, percebe-se muita ordem e uma ampla doutrina da matéria jurídica que ele coloca como fundamento principal do seu sistema filosófico" (De Gubernatis, *Dizionario biografico degli scrittori contemporanei*, op. cit., p.83). Um exemplo dessa simbiose jurídico-filosófica é a obra *Idées philosophiques sur l'association et l'assurance* (Turim, 1863), traduzido também para o espanhol (Madri, 1864). Visto que continuou a se ocupar de filosofia do direito, mesmo depois de ter deixado Turim, a sua bibliografia nesse campo é bastante ampla. Boa parte do seu acervo se perdeu no incêndio da Biblioteca Nacional de Turim em 1904. Suas obras são pouco difundidas; uma dezena de títulos estão conservados na Biblioteca Interdepartamental Gioele Solari da Universidade de Turim, que recebeu a biblioteca particular de Solari.

Reino.[33] A disciplina de Filosofia do Direito estava associada à cátedra principal de Mamiani, de Filosofia da História: isso explica, em parte, o interesse mais histórico que analítico de Carle.

Uma tese de Bertinaria estava destinada a influenciar Carle para o resto de sua vida científica: a tese segundo a qual a contribuição da filosofia italiana consistia em conciliar as tendências opostas do objetivismo naturalístico e da especulação idealista.[34] Na raiz dessa concepção de Bertinaria está a filosofia de Karl Christian Friedrich Krause (1781-1832), que visava conciliar o idealismo kantiano com o ontologismo cristão, construindo uma filosofia da história em que a sociedade evolui para um Reino de Deus onde todos os contrastes se conciliam. Vem à luz, assim, outro elemento específico do século de história jusfilosófica turinense: o constante interesse pela cultura alemã.

Bertinaria é, portanto, um dos poucos adeptos italianos da filosofia de Krause, filosofia que teve uma grande difusão nos países ibéricos e na América Latina. Solari enfatiza que

> [...] a especulação de Krause inspirou, em uma primeira fase, a de Bertinaria, mas a especulação de Bertinaria foi, de modo peculiar, completamente dominada pelo propósito de demonstrar que nossa tradição de pensamento, de Pitágoras aos tempos modernos, visou constantemente resolver os temas do idealismo e do ontologismo em uma concepção sintética mais elevada, em que real e ideal se unem e se identificam.[35]

Essas relações com Krause se manifestaram também na tradução para o espanhol de *Vita del diritto* [Vida do direito] de Carle, em 1890-1891, feita por Giner de los Rios, que difundiu o krausismo ibérico na América do Sul.[36]

---

33 Terenzio Mamiani della Rovere (Pesaro, 27 de setembro de 1799 – Roma, 21 de maio de 1885) chegou a Turim em 1847, quando Carlo Alberto o autorizou a morar no Piemonte, deixando o exílio de Paris: de fato, tinha participado dos motins de 1831 nos Estados Pontifícios, mas não tinha assinado o ato de submissão, exigido por Pio IX para obter a anistia. Em Turim, ensinou Filosofia da História, de 1857 a 1861; em Roma ocupou a mesma cátedra a partir de 1871. Cf. Giovanni Gentile, *Le origini della filosofia contemporanea in Italia*. Messina-Catania: Principato, 1917, v.I, p.87-137; a bibliografia de Mamiani está em: Domenico Gaspari, *Vita di Terenzio Mamiani della Rovere*. Ancona: A. Gustavo Morelli, 1887, VIII-321p. (bibliografia primária: p.251-64; bibliografia secundária: p.317-21).

34 Francesco Bertinaria, *Sull'indole e le vicende della filosofia italiana*. Turim: Pomba, 1846, 105p.

35 Gioele Solari, *La vita e il pensiero civile di Giuseppe Carle*, op. cit., p.9.

36 Sobre o krausismo entre a Espanha e a América do Sul, cf. Losano, La Scuola di Recife e l'influenza tedesca sul diritto brasiliano. In: *Materiali per una storia della cultura giuridica*, 1974, p.331-5.

A referência às mais antigas raízes do pensamento italiano (tão antigas que chegam a ser gregas) não era um *obiter dictum*[37] de Bertinaria; ele estava tão convencido disso, que sua lápide no cemitério de Turim continha só duas palavras: "Filósofo pitagórico". Eis uma típica formulação de Carle sobre a capacidade de conciliação dos opostos própria, para ele, da natureza italiana:

> O engenho italiano, seja porque participa do caráter greco-latino, seja também pelas frequentes corridas, que parecem ter percorrido esta nossa terra, parece assumir uma posição intermediária entre os caráteres exclusivos e acentuados das outras nações da Europa: esse caráter é especulativo com os gregos e prático com os romanos; evita os excessos; do alto da especulação, sabe descer até os particulares miúdos e, dos fatos particulares, sabe se elevar até a especulação sublime.[38]

Portanto, "a resultante do pensamento italiano não é uma escola exclusiva, mas uma combinação entre as várias escolas".[39] Todavia, Carle não identifica essa "dialética" ao ecletismo, "embora o próprio Gioberti pareça atribuir aos dois vocábulos o mesmo significado".[40]

Porém, com o passar dos anos, essa vocação amadureceu. Depois da graduação em Direito, obtida em Turim em 1865, quando tinha apenas 20 anos, Carle procurou seu caminho durante alguns anos, publicando, sobretudo, obras de direito positivo: de fato, remonta àqueles tempos seu interesse pelo direito internacional, pelo direito civil e pelo processual.

Pode-se considerar que o segundo período da vida científica de Carle começa em 26 de novembro de 1872, quando fez a prolusão do curso de Filosofia do Direito para a cátedra à qual fora chamado, em outubro daquele mesmo ano, como sucessor de Luigi Mattirolo.[41] A bibliografia científica do

---

Entre a vasta literatura, reenvio a um livro já clássico: Elías Díaz, *La filosofía social del krausismo español*. Madri: Debate, 1989, 243p.

37 No direito anglo-americano, parte da decisão considerada dispensável, que o julgador disse por força da retórica e que não importa em vinculação para os casos subsequentes. (N. T.)

38 Carle, *Prospetto d'un insegnamento di filosofia del diritto*, op. cit., p.55-6.

39 Ibid., p.56.

40 Ibid.

41 Luigi Mattirolo (Turim, 26 de julho de 1838 – Turim, 12 de março de 1904) tornou-se associado em 1862 e, desde 1866, professor titular de Procedimento Civil e Penal na Universidade de Turim; ensinou essa disciplina também na Escola Superior de Guerra. Foi reitor da Universidade de Turim. Além das obras processualistas, deixou *Principi di filosofia del diritto*. Turim: Utet, 1871, 579p. Cf. De Gubernatis, *Piccolo dizionario dei contemporanei italiani*, op. cit., p.85.

jovem de 27 anos já era notável, mas não no campo da filosofia do direito. Os seus primeiros escritos sobre esse tema são, por isso, quase programas para a atividade que pretendia desenvolver para a cátedra que manteria até a morte, em 1917.[42] É curioso observar como, em Carle, os escritos seguem as cátedras, e não o contrário: a cátedra de Ciência Social é de 1874, mas é em 1875 que ele publica os seus *Saggi di filosofia sociale* [Ensaios de filosofia social];[43] em 1885 teve o primeiro cargo turinense de História do Direito Romano, mas sua primeira obra sobre o tema é de 1886.[44]

Responsável pela disciplina de Filosofia do Direito nos anos seguintes à unificação italiana, Carle considerou que esta era também um instrumento político:

> Não faz muito tempo, quando se abriu neste Ateneu um curso de Filosofia do Direito, pareceu aos sinceros amigos da liberdade, que nisso deveria se reconhecer um notável triunfo do princípio liberal; pareceu que a partir daquele dia fosse reconhecido solenemente à razão e à ciência o direito de se elevar a juiz e a censor da obra do legislador, cada vez que esta não correspondesse aos preceitos da razão, à civilidade dos tempos, às exigências dos povos.[45]

Para fazer isso, deveriam ser abandonadas "as práticas transcendentais" e se entrar "no campo da atuação prática". Quase prefigurando um campo de estudos da escola turinense, Carle se refere aqui a Giordano Bruno, a Tomás Campanella e a Francesco Mario Pagano, campeões do espírito "de liberdade e de progresso". Pagano foi objeto de rigorosos estudos de Gioele Solari,

---

42 Giuseppe Carle, *Dell'officio che è chiamata a compiere la filosofia del diritto nell'insegnamento legale*. Foi a sua prolusão para o curso de 1872-1873, depois reproduzida em Carle, *Prospetto d'un insegnamento di filosofia del diritto*, op. cit., p.3-17.

43 Idem, *Saggi di filosofia sociale*. Turim: Bocca, 1875, IV-78p. A brochura contém: Prolusione all'insegnamento della filosofia del diritto nella R. Università di Torino per l'anno scolastico 1873-74: Il principio di responsabilità nel campo del diritto, p.3-23; Le leggi storiche e la libertà dell'uomo. Prolusione per l'anno scolastico 1874-75, p.25-54; Annotazioni al precedente discorso, p.55-63; Sulla necessità di istituire un insegnamento di Scienza o Filosofia Sociale negli Atenei del Regno d'Italia. Proposta motivata a S. E. il Ministro della Pubblica Istruzione, p.65-78.

44 Idem, *L'evoluzione storica del diritto pubblico e privato di Roma. Prolusione all'insegnamento di Storia del Diritto pubblico e privato di Roma detto nella Regia Università di Torino il 12 gennaio 1886*. Turim: Bocca, 1886, 23p.; veja também: *Le origini del diritto romano. Ricostruzione storica dei concetti che stanno a base del diritto pubblico e privato romano*. Turim: Bocca, 1888, VIII-633p. ("Voltando de propósito ao estudo do direito romano, depois que me foi confiado o encargo de ensinar a sua história", p.V).

45 Idem, *Prospetto d'un insegnamento di filosofia del diritto*, op. cit., p.5.

sucessor de Carle; Bobbio e, sobretudo, Luigi Firpo, aluno de Solari, dedicaram-se ao estudo de Campanella.

O *Prospetto d'un insegnamento di filosofia del diritto* [Prospecto de um ensino da filosofia do direito] é pouco mais que um esboço para um curso de História da Filosofia do Direito, como, de resto, indica o próprio título; e, após a introdução, as quatro partes do volume são precedidas pelo título *Studi e appunti di filosofia del diritto* [Estudos e notas de filosofia do direito]. No volume, frequentemente transparece a tendência de Carle a conciliar teorias opostas, acompanhada por constantes referências a Vico: no terceiro capítulo, lê-se "§ 10.[46] Ação e reação entre a Escola Histórica e a Escola Dogmática, e sua conciliação"; "§ 12. Cooperação mútua das várias escolas e das várias nações na formação da ciência"; o quarto capítulo é totalmente dedicado à "Índole dialética da filosofia jurídica italiana". Com efeito, para Carle, a filosofia do direito deve se colocar

[...] em um ponto de vista superior, do qual se possam dominar os opostos e os contrários, conciliar as escolas exclusivas, e suprir as faltas e as lacunas; terá igualmente um método próprio, que será ao mesmo tempo dedutivo e indutivo, ideal e experimental, racional e histórico [...]; terá, por fim, uma intenção, que será a de se beneficiar da suma metafísica, do montante de leis que governam o organismo jurídico, para a vantagem e o proveito do gênero humano.[47]

Nessa concepção, têm lugar tanto as abstrações do idealismo quanto a questão social do positivismo.

As teorias substancialmente ecléticas de Carle passaram da forma embrionária, no primeiro trabalho, para uma exposição articulada nas duas obras sobre filosofia do direito que caracterizam a sua maturidade.[48] Nestas, o elemento psicológico assumiu uma posição relevante, acrescentando-se – sem, entretanto, substituí-las – à já vasta análise histórica. Em 1880, *La vita del diritto* [A vida do direito] retomava o tema, que lhe era caro, das características do "gênio italiano": "uma certa atitude natural para a *comparação do ideal com o real*, e uma tendência a dar à *especulação ideal* e à *observação*

---

46 Devido a um erro tipográfico, o texto passa do terceiro para o quinto parágrafo do terceiro capítulo; portanto, a numeração do texto (aqui citada) não corresponde à do "Índice".
47 Carle, *Prospetto d'un insegnamento di filosofia del diritto*, op. cit., p.79-80.
48 Idem, *La vita del diritto nei suoi rapporti con la vita sociale. Studio comparativo di filosofia giuridica*. Turim: Bocca, 1880, IX-664p. (2.ed., 1890); também: *La filosofia del diritto nello Stato moderno*, op. cit., XIII-542p.

positiva a parte que lhes pertence respectivamente";[49] um partir "preferencialmente do *termo do meio* [...] *dialetizando* entre os dois extremos":[50] em suma, a "dialética" de Gioberti e o sujeitar a metafísica para uso na vida civil de Vico.[51] Sua doutrina é sintetizada no discurso de abertura feito em 1877-1878, quando se tornou professor titular.[52]

Como observa Bobbio, mais que uma filosofia do direito, a de Carle é uma filosofia da história do direito.[53] A sua obra sobre o direito romano exprime uma visão histórica do direito, distante dos extremos do empirismo e do racionalismo, mas propensa a fundir as visões opostas em sínteses não distantes do ecletismo. Sua oscilação entre a influência positivista e o idealismo – continuação do ensino de Bertinaria – está bem refletida em algumas passagens do prefácio à obra sobre o direito romano. Carle recorre à obra "com a ideia não preconcebida, mas latente, de que o direito público e privado de Roma seria fruto de uma evolução determinada pelas condições exteriores"; mas pouco a pouco se convenceu de que, por meio de um "processo de seleção", os romanos escolheram os conceitos jurídicos formados no interior das *gentes* e os transplantou na própria cidade: "isolados, desta forma, do ambiente em que se formaram, transformaram-se em tantas outras concepções lógicas, que foram se desenvolvendo depois e se acomodando às exigências da vida civil e política". Portanto, "o direito romano não é uma produção determinada exclusivamente pelo ambiente e pelas condições exteriores, mas é a obra, em parte consciente, do espírito vivo e ativo de um povo".[54]

A filosofia da história que inspira Carle lhe indica não apenas de onde deriva, mas também para onde vai a evolução de Roma. As mais de seiscentas doutas páginas do volume se concluem com uma síntese que mostra esta perspectiva ao leitor, isto é, o fim para o qual tende a história de Roma:

---

49 Idem, *La vita del diritto*, op. cit., p.616.
50 Ibid., p.617.
51 Ibid., p.617, nota 1: para Carle, todavia, as considerações de Gioberti sobre o caráter dos italianos, formulados no *Primato morale e civile degli italiani*, "dificilmente podem ser aceitas"; todavia, nem mesmo aqui aparece o nome de Bertinaria, ao passo que Carle indica o esquecido livro de Giovanni De Gioannis Gianquinto, *Nuovo diritto amministrativo d'Italia*. Pavia: Bizzoni, 1864, p.14 e p.91, nota 11.
52 Carle, *Genesi e sviluppo delle varie forme di convivenza civile e politica. Prolusione all'insegnamento di Filosofia del Diritto nella R. Università di Torino per l'anno scolastico 1877-78*. Turim: Bocca, 1878, 40p. A expansão dessas ideias se encontra em *Vita del diritto*, op. cit., animada por uma visão da história de cunho hegeliano.
53 Bobbio, *Giuseppe Carle*, op. cit., p.132
54 Carle, *Le origini del diritto romano*, op. cit., p.VII.

Somente Roma, entre as cidades do universo, pode personificar em si mesma aquela lei de continuidade que unifica a história do gênero humano. As suas raízes se perdem na pré-história, e as nações modernas foram preparadas por esta cidade, que foi a herdeira e a coletora paciente das tradições do período gentílico e, portanto, colocou as bases sobre as quais se assentaram os Estados e as nações modernas.[55]

Mas Carle, ao falar de Roma antiga, tem em mente o jovem Estado nacional italiano, com os seus problemas de relações entre o poder temporal do pontificado e do poder civil:

Quando pretendiam torná-la sede exclusiva do poder espiritual, Roma soube novamente renascer para a vida civil; quando se acreditava preservá-la como uma espécie de museu do mundo civil, somente com sua memória, ela cooperou trazendo à vida uma jovem nação.[56]

A visão da história e sua direção parecem, portanto, claras: como já na Antiguidade e nas épocas bárbaras novas populações se agruparam ao redor da cidade eterna, agora a tarefa do novo estado-nação é a de "deixar reviver a tradição civil e política de Roma", evitando que "o poder religioso" seja o único a cuidar "obstinadamente das próprias tradições". Nesse sentido, as ideias de Carle coincidiam com a finalidade política que tinha levado à instituição das cátedras de Direito romano no jovem Reino de Itália (e, particularmente, a que Carle fora chamado a ocupar em Turim). Por isso, as celebrações do oitavo centenário da Universidade de Bolonha, na qual renasceu, com Irnerio, o estudo do direito romano, assumiam também um valor de atualidade política: o volume de Carle, publicado justamente em 1888, é dedicado ao Ateneu de Bolonha.

Ao lado disso, encontramos uma componente social que vê a filosofia do direito como um instrumento para promover o bem-estar das classes pobres. Esse interesse social estará presente em seus sucessores turinenses. Porém, Carle não estava (e nunca teria estado) próximo dos ideais socialistas: em sua intensa vida política, militou sempre ao lado dos liberais conservadores. Todavia, seu ecletismo lhe permitiu incorporar à sua doutrina o pensamento dos positivistas que estava se afirmando naquela época na Europa inteira: a sociologia se tornou para ele "a jovem e robusta herdeira da já decrépita

---

55 Ibid., p.603.
56 Ibid.

filosofia da história".[57] E, com a recepção do positivismo, sua filosofia jurídica também se abriu à questão social. Mas isso foi um parêntese em sua vida: a superação do individualismo iluminista o levou a aceitar não o Estado social do socialismo, mas sim o Estado nacional do idealismo e, particularmente, de Gioberti, a cujo pensamento Carle dedicou a última fase de sua vida. No fundo, para Carle o positivismo pode ser visto como um intervalo de empirismo entre duas épocas de idealismo: mas foi um parêntese fecundo para a Escola de Turim. De fato, essa sua doutrina mais recente será retomada por seu aluno Gioele Solari, do qual nos ocuparemos adiante.

Em sua obra de 1903, que de certa forma é também seu testamento espiritual, Carle se detém sobre a gênese da sociologia, "fruto da combinação entre as ciências naturais e biológicas – já muito evoluídas, graças a um método científico e positivo –, e as ciências sociais preexistentes, as quais seguiam ainda um método predominantemente idealista".[58] Em 1874, durante o congresso milanês da Sociedade para o Progresso dos Estudos Econômicos, Carle teve a impressão de que as questões enfrentadas "não pudessem ser resolvidas apenas pela economia política, mas presumissem uma ciência mais ampla, da qual Romagnosi já discorria, e que podia ser chamada de ciência social".[59]

Carle propôs mudar o nome daquela sociedade e de transformá-la em uma Sociedade para o Progresso dos Estudos Sociais. A proposta não foi aceita, mas, naquele mesmo ano de 1874, o ministro da Instrução Pública, Ruggero Bonghi, instituiu e lhe confiou a cátedra turinense de Ciência Social. Todavia, para Carle, a sociologia de seu tempo estava ainda muito ligada às suas origens naturalísticas: originariamente chamada de "física social", a designação sucessiva de "sociologia" revelava "sobretudo, a sua origem biológica, embora o próprio Comte já a tivesse tratado, em parte, como ciência histórica", e Spencer, como ciência, em parte, psicológica.[60] Essa historização continuou, sobretudo com Sumner Maine, mas também com outros, de

---

57 Bobbio, *Giuseppe Carle*, op. cit., p.132.
58 Carle, *La filosofia del diritto nello Stato moderno*, op. cit., p.19. As concepções de Carle sobre a sociologia, destinadas a influenciar a Escola de Turim, estão sistematizadas nos capítulos III (La sociologia contemporanea), IV (Necessità di un nuovo indirizzo scienza sociale o sociologia), V (Rapporti fra la sociologia e la filosofia del diritto), VI (Il compito della filosofia del diritto nello Stato moderno), e globalmente nas páginas 18-60.
59 Idem, *La filosofia del diritto nello Stato moderno*, op. cit., p.21, nota 1. Para o "desenvolvimento da ciência social", Carle remete a "Calzoni, na sua tradução italiana de *Comunismo e socialismo* de Sybel, Milão, 1874", bem como aos próprios *Saggi di filosofia sociale*, op. cit.
60 Carle, *La filosofia del diritto nello Stato moderno*, op. cit., p.32.

forma que Carle, com uma cautela piemontesa,[61] conclui: "Neste ponto, não seria talvez indiscreto pretender que se abandonasse o vocábulo 'sociologia', adotado apenas para um momento histórico especial da ciência, e se retomasse aquele mais antigo de 'ciência social'"[62] (que, para Carle, compreendia a economia política, a ética e a filosofia do direito).

Uma continuidade da escola turinense pode ser encontrada também na sociologia do direito,[63] introduzida na Itália por Renato Treves, aluno de Gioele Solari e sempre ligado à cultura turinense, embora fosse titular de uma cátedra em Milão. Em dois escritos, ele associa a sociologia do direito moderna aos mestres da Escola de Turim. No início, quando a sociologia colocava em evidência as análises quantitativas, Treves a associou aos interesses de Gioele Solari pela economia e a estatística.[64] Quando, mais de um decênio depois, a sociologia voltou aos temas históricos e filosóficos, Treves completou sua reconstrução da história de sua disciplina na Itália, voltando à "sociologia histórica e filosófica ensinada por Carle na Universidade de Turim".[65] Treves personificava, justamente, a convicção de Carle de "que a filosofia do direito e a sociologia pudessem continuar reciprocamente dando subsídios uma à outra, como sempre deram".[66]

A formação do Estado moderno constitui, para Carle, a finalidade para a qual tende a evolução histórica de cada povo, e a esse tema dedica as obras da

---

61 O autor usa o adjetivo *sabaudo*, que se refere à família de Savoia e, por extensão, indica o estilo ou um comportamento que é tipicamente piemontês e/ou turinense. (N. T.)

62 Carle, *La filosofia del diritto nello Stato moderno*, op. cit., p.33.

63 Como relembra o próprio Treves, naquela época as denominações eram diferentes; todavia, o próprio Carle recorda de ter dado três disciplinas, em Turim, ou seja, "filosofia do direito, história do direito romano e, como livre-docente, ciência social ou *sociologia*" (Carle, *La filosofia del diritto nello Stato moderno*, op. cit., p.XI. Grifo meu).

64 Renato Treves, Gioele Solari sociologo e sociologo del diritto. In: AA.VV., *Gioele Solari. 1872-1952. Testimonianze e bibliografia nel centenario della nascita*, op. cit., p.13-36; também em: R. Treves, *Sociologia e socialismo. Ricordi e incontri*. Milão: Franco Angeli, 1990, p.13-26. Sobre as ligações de Treves com Turim e, em particular, com a editora Einaudi, cf. Mario G. Losano, *Renato Treves, sociologo tra il Vecchio e il Nuovo Mondo*. Milão: Unicopli, 1998, VIII-210p. E ainda: Norberto Bobbio, Ricordo di Renato Treves. *Diritto e cultura. Archivio di filosofia e sociologia*, 1993, n.1, p.5-9.

65 Renato Treves, Giuseppe Carle sociologo e sociologo del diritto in alcuni scritti minori e nel commento di Gioele Solari. In: AA.VV., *Gioele Solari nella cultura del suo tempo*. Milão: Franco Angeli, 1985, p.23. Esse volume de ensaios sobre Solari contém, em um apêndice organizado por Luigi Firpo, três cartas (respectivamente de Piero Gobetti a Solari, de Solari a Augusto Guzzo e de Solari a Giovan Battista Funaioli) e nove verbetes escritos para a *Enciclopedia Italiana* (no índice, por um erro de impressão, aparecem apenas oito: falta *Contrattualismo*).

66 Carle, *La filosofia del diritto nello Stato moderno*, op. cit., p.21.

terceira e última parte de sua vida, depois de 1890. A segunda edição da *Vida do direito* se enriquece com um apêndice sobre a gênese do Estado moderno e, um ano depois, o tema volta em uma comunicação na Academia das Ciências de Turim.[67]

A última grande obra planejada por Carle, apesar do volume, é apenas o começo de um argumento que não terá continuidade,[68] mas é, ao mesmo tempo, também a conclusão de uma vida de pesquisas. Escreve no "Prefácio":

> O gérmen disso [isto é, dos desenvolvimentos futuros] já pode ser visto, por um olhar agudo, no *Prospetto di un insegnamento di filosofia del diritto* [Prospecto de um ensino de filosofia do direito], publicado por mim em 1874 e, ainda mais, na obra *La vita del diritto nei suoi rapporti colla vita sociale* [A vida do direito nas suas relações com a vida social], especialmente na segunda edição, mais completa, de 1890 e nas *Origini del diritto romano* [Origens do direito romano], publicadas em 1888.[69]

Carle ensinou Filosofia do Direito, História do Direito Romano e Ciência Social (ou Sociologia) "convencido da profunda relevância e da coordenação que devia existir entre elas".[70] Ora, à luz da mais recente evolução científica, propunha-se a expor completamente esses três ramos das ciências sociais. Ele pensava em uma segunda edição da história do direito romano, em que descreveria a história do direito público, privado e penal. Ao primeiro volume da filosofia do direito, que ele apresentava ao público como descrição das "leis que governam a formação do direito na vida do gênero humano", deveria seguir outro dedicado às "configurações especiais que o direito deve assumir no atual momento histórico do Estado moderno".[71]

> Na *ciência social* ou *sociologia*, enfim, com base na psicologia e na história, decidi investigar, na primeira parte, as leis que governam a formação e o desenvolvimento da agregação social e, na segunda, descrever, em linhas gerais, a vida

---

67 Idem, Del processo formativo dello Stato moderno. In: *Atti della R. Accademia delle Scienze di Torino*, v.XXVI, 1890-91, p.313-29.
68 Idem, *La filosofia del diritto nello Stato moderno*, op. cit., XIII-542p. Apenas o primeiro volume foi impresso, o qual traz a indicação: "Volume Primeiro. Secção Um. Introdução. Base científica. Teoria geral do direito como ciência".
69 Ibid., p.VIII.
70 Ibid., p.XI.
71 Ibid.

econômica, jurídica e moral da sociedade humana, evidenciando as influências recíprocas destes vários aspectos de uma única vida social.[72]

Nenhum desses projetos foi concluído. A produção científica de Carle, que – antes dos 60 anos de idade – retirou-se dos cargos públicos e, progressivamente, também dos acadêmicos, termina com o primeiro volume sobre a filosofia do direito.

Devido ao caráter fechado e pelo incômodo dos assuntos públicos aos quais foi logo chamado, Giuseppe Carle não teve alunos. Apenas Solari continuou a sua tradição: ainda que todos possam [...] facilmente se convencer do quão pouco ele tenha seguido rigidamente o ensinamento do mestre.[73]

O ensino turinense da filosofia do direito foi assumido, de 1909 a 1911, por seu aluno Gioele Solari, que recolheu as últimas aulas de Carle em um volume destinado aos estudantes.[74] Além da visão histórica do direito, Solari herdou do mestre também a abertura às doutrinas sociais e a atenção pelo pensamento de Gioberti.[75] Enfim, a Gioele Solari se devem vários escritos sobre Carle, entre os quais uma monografia ainda hoje fundamental.[76]

---

72 Idem, p.XII.
73 Luigi Einaudi, Prefazione. In: Gioele Solari, *Studi storici di filosofia del diritto*, op. cit., p.XV.
74 Giuseppe Carle; Gioele Solari, *Lezioni di filosofia del diritto*, ano acadêmico 1911-12. Recolhidos pelos alunos Giuseppe Bruno e Francesca Guasco. Turim: La Cooperativa Dispense dell'Atu, 1912, 607-IXp. Trata-se de um volume raro, manuscrito e litografado. Note-se no capítulo II, Funzione sociale del diritto, p.8-13: "O direito é, em suma, uma produção coletiva e social: nasce e se desenvolve quando o homem se encontra diante de um outro homem; é inconcebível entre homens isolados" (p.13). Conclui-se com as palavras: "Para um argumento mais orgânico e profundo em torno das doutrinas filosóficas relativas ao direito como ciência, como lei, e como potestade atribuída à pessoa humana, veja-se o magistral argumento feito pelo Excelentíssimo prof. Carle na obra *A vida no direito* (Turim: Fratelli Bocca, 1890)" (p.607).
75 Carle, *Il pensiero civile e politico di Vincenzo Gioberti*. Turim: Streglio, 1901, 36p.
76 Gioele Solari, Giuseppe Carle (1845-1917). In: *Annuario della R. Università di Torino per l'anno accademico 1919-1920*, p.269-74; Idem, *La vita e il pensiero civile di Giuseppe Carle*, op. cit., p.39-188; (também separadamente: Turim: Bocca, 1928, 191p.). Contém uma bibliografia das obras de Giuseppe Carle às p.185-8; Idem, Giuseppe Carle. In: *Encyclopaedia of the Social Sciences*, Nova York: MacMillan, 1930, p.227; Idem, I mss. di Giuseppe Carle nella Accademia delle Scienze di Torino. In: *Atti della Accademia delle Scienze di Torino, Classe di Scienze Morali, Storiche e Filologiche*, v.85, 1950-1951, p.130-45.

Os escritos de Carle foram apreciados por seus contemporâneos;[77] e também recentemente não falta uma retomada de estudos sobre o seu pensamento.[78]

1.4. Entre socialismo e idealismo: a filosofia social do direito de Gioele Solari

Gioele Solari está registrado na lembrança do seu aluno Luigi Firpo deste modo:

> Ele tinha estatura pouco mais que mediana, compleição robusta, cabelo ruivo na juventude, que logo ficou grisalho, expressão austera e suave ao mesmo tempo; tendencialmente surdo, valeu-se dessa imperfeição, que era uma herança familiar, para acentuar sua "capacidade de alhear-se do mundo" [...]; pálido, vestia-se sempre de escuro, usava uma barba longa que frequentemente alisava com a mão direita, e que acompanhava os movimentos expressivos de seu rosto.[79]

Essa barba "uma vez ruiva", depois cor de "pimenta-do-reino e sal", entrou para a história: "deixava que as filhinhas de Benedetto Croce a desarrumassem";[80] atraía e, ao mesmo tempo, intimidava os netos de Luigi Einaudi;[81] o editor Giulio Einaudi, filho de Luigi, participava da recepção de quinta-feira "atraído pelos docinhos e pela barba ruiva de Gioele Solari"; com efeito, lembra, "quando criança eu puxava a sua barba. Comportava-me com ele da mesma forma como desejava me comportar com meu pai".[82] Portanto, aquela barba era um cativante instrumento de comunicação, porque, precisa

---

77 Luigi Ferri, Cenno bibliografico su un'opera di Giuseppe Carle. In: *Rendiconti della R. Accademia dei Lincei*, Classe di Scienze Morali, Storiche e Filologiche, serie IV, v.VII, 1891, p.128.
78 Antonio Pagano, La vita e il pensiero di Giuseppe Carle. In: *Rivista internazionale di filosofia del diritto*, 1929, p.459-69; Giuseppe Marchello, Carle Giuseppe. In: *Enciclopedia filosofica*. Veneza-Roma: Istituto per la collaborazione culturale, 1957, v.I, col. 904 (Marchello foi o successor de Bobbio na cátedra turinense); Franca Menichetti Corradini. *Giuseppe Carle: la funzione civile della filosofia del diritto tra vichismo e positivismo*. Pisa: Ets, 1990, 205p.
79 Luigi Firpo, Introduzione. In: Gioele Solari, *La filosofia politica*. Roma-Bari: Laterza, 1974, v.I, p.XXX.
80 Ibid.
81 Luigi Einaudi. Prefazione. In: G. Solari, *Studi storici di filosofia del diritto*, op. cit., p.VIII-IX.
82 Giulio Einaudi, *Frammenti di memoria*. Milão: Rizzoli, 1988, p.28.

Luigi Einaudi, "os movimentos da barba, em Solari, substituem os gestos das mãos e o mover dos músculos dos agitados rostos napolitanos".[83]

Esse calmo estudioso é também lembrado pela cólera com que recusava os trabalhos científicos considerados pouco sérios. Quem se graduava com ele, devia contar, na defesa, com "críticas expostas também de forma áspera"[84] (seguidas de uma ótima nota, se merecida). Bobbio lembra ter descido as escadas do prédio da rua Maria Vittoria, 3, onde Solari morou por um bom tempo, "destruído". Para Renato Treves, "uma das suas lendárias reprovações paternais" marca o começo de sua carreira acadêmica.[85] "Lendárias eram as suas reprovações – confirma Firpo –, a sua fúria, quando alguém mostrava querer escapar das dificuldades."[86] Bobbio também era o herdeiro natural dessa tradição. Ainda estudante, era "conhecido e amigavelmente ironizado por algumas de suas cóleras repentinas", baseadas em indignações morais; adulto, a política foi, para ele, "uma fonte contínua e inexaurível de explosões de raiva"; nas provas orais corrigia demoradamente (como fazia Solari) o aluno não preparado, mas às vezes – admite – "perdia as estribeiras e lhe passava uma descompostura".[87] Isso acontecia de forma saudável, se me for permitido uma consideração autobiográfica, não apenas com os estudantes. Nesse sentido, a Escola de Turim mostra uma clara continuidade: nossos mestres mantiveram fé nos seus princípios, e nós também, *ex* jovens, não poupamos esforços para manter viva essa tradição.

Nascido na Lombardia, Solari chegou a Turim em 1891 para frequentar a universidade.[88] Ali, colocou as bases da sua profunda preparação para o estudo das ciências sociais: conseguiu, com efeito, a graduação em Jurisprudência em 1895, em Letras em 1896 e em Filosofia em 1897. À espera do concurso universitário, as várias graduações lhe permitiram ensinar nas escolas

---

83 Luigi Einaudi, Prefazione. In: G. Solari, *Studi storici di filosofia del diritto*, op. cit., p.VIII.
84 Idem, p.XVI.
85 Losano, *Renato Treves, sociologo tra il Vecchio e il Nuovo Mondo*, op. cit., p.3.
86 Luigi Firpo, Introduzione. In: Solari, *La filosofia politica*, op. cit., p.XXXII.
87 Bobbio, *O tempo da memória – De senectute e outros escritos autobiográficos*. Rio de Janeiro: Campus, p.5.
88 Sobre Gioele Solari (Albino [Bergamo], 25 de abril de 1872 – Turim, 8 de maio de 1952): Orecchia, *La filosofia del diritto nelle università italiane. 1900-1965*, op. cit., p.413-22. Para a bibliografia de Solari ver Luigi Firpo, *Bibliografia degli scritti di Gioele Solari*, apêndice a G. Solari, *Studi storici di filosofia del diritto*, op. cit., p.441-55. Atualizada em: L. Firpo, Bibliografia degli scritti di Gioele Solari. In: AA.VV., *Gioele Solari (1872-1952). Testimonianze e bibliografia nel centenario della nascita*, op. cit., p.63-125. Às obras aqui elencadas devem ser adicionadas as edições posteriores a 1972 e as obras póstumas citadas nas notas deste texto.

de ensino médio do Piemonte. Em Carmagnola, Adele Rossi, que depois se casaria com Benedetto Croce, foi sua aluna. A anual estadia de verão no Piemonte, do filósofo napolitano, contribuiria, depois, para fazer de Turim "a outra" cidade crociana da Itália, e de Solari, um frequentador da casa de veraneio de Croce.

Durante a universidade, Solari manifestou também um vivo interesse pelo estudo da economia, atribuída, naqueles anos, ao ensino vigoroso de Salvatore Cognetti de Martiis (fundador do Laboratório de Economia Política, que a partir de 1988 tornou-se Departamento de Economia Política, a ele dedicado), que Solari frequentou de 1896 a 1899. Se acrescentarmos esse interesse científico à amizade fraterna de Luigi Einaudi, torna-se mais fácil entender por que o futuro filósofo do direito tenha dedicado suas primeiras obras a questões econômicas. De fato, no laboratório de Cognetti, Solari encontrou os instrumentos científicos para as suas pesquisas sociais, animadas por uma convicção positivista e socialista que era mais uma predisposição do espírito que uma adesão racional a um programa político.

Uma preparação aprofundada e múltipla, portanto, destinada a se refletir também na profundidade e multiplicidade da sua produção científica. Na realidade, Solari publicou apenas em parte, e, na maioria das vezes, apenas ocasionalmente, os resultados das próprias pesquisas. "Se ele tivesse colocado todo o cuidado em esconder do público a própria obra", escrevia Bobbio quando Solari ainda estava vivo, "ou em tornar difícil a pesquisa desta, não teria conseguido fazer melhor."[89] Passando os olhos pela bibliografia preparada em 1949 pelo seu aluno Luigi Firpo, de fato, surpreende-nos a vastidão dos interesses de Solari e, ao mesmo tempo, a variedade de temas abordados pelos seus escritos. Todavia, o conjunto desses escritos aparentemente heterogêneos – que juntos "podem parecer mais uma enciclopédia que um sistema" – é visto por Bobbio, com razão, como um "exemplo de unidade de propósitos e de fidelidade a um ideal dominante":[90] o de uma filosofia social inspirada pelo socialismo e pelo positivismo, que, naqueles anos, estavam estritamente associados.

Essa constante atenção ao positivismo social derivou diretamente de Giuseppe Carle, que exercitou a mais forte e duradoura influência na

---

89 Bobbio, Funzione civile di un insegnamento universitario, *Il Ponte*, V, 1949, n.8-9, p.1124-31; agora, com o título L'insegnamento di Gioele Solari. In: Bobbio, *Italia civile*, op. cit., p.145.

90 Bobbio, La filosofia civile di Gioele Solari. *Atti della Accademia del-le Scienze di Torino*, classe di Scienze Morali, Storiche e Filologiche, v.87, 1952-1953, p.409-45; agora, com o título L'opera di Gioele Solari. In: Bobbio, *Italia civile*, op. cit., p.159-92; a citação presente no texto está na p.162.

formação intelectual de Solari. Como visto, no fundo o positivismo de Carle é um parêntese entre a influência de Vico, presente no início de seus estudos, e a de Gioberti, em seus últimos anos: "mas o positivismo social foi, substancialmente, a interpretação que Solari deu da filosofia de Carle, ou, melhor dizendo, foi o que de mais digno se encontrou nela para ser acolhido e desenvolvido".[91] As teorias de Solari foram evoluindo em uma direção diversa, mas ele sempre apelou para a influência positivista de Carle, tanto que afirma, em sua monografia dedicada ao mestre: "Tivemos o propósito de retomar a obra de Carle, de penetrá-la em seu espírito, de fazê-la reviver em harmonia com o renovado sentimento nacional".[92] Solari criticava, porém, seja Marx, que via apenas a coletividade, seja Spencer, que via apenas o indivíduo, e preferia aceitar a visão psicológica que, nas pegadas de Wilhelm Wundt (1832-1920), permeava as últimas obras de Carle. Com razão, Norberto Bobbio sublinha, portanto, que o laço entre Solari e Carle foi mais afetivo que cultural.[93]

Na realidade, o pensamento de Solari se desenvolvia em direção ao idealismo e, enfim, ao espiritualismo, mantendo sempre um vivo interesse pela questão social. Dessa forma, no início do século XX, Solari criticava não apenas Marx e Spencer, mas também a corrente neokantiana promovida por Giorgio Del Vecchio, pois via nesta um formalismo menos fecundo em relação ao estudo da realidade proposto pelo positivismo. Suas pesquisas possuíam sempre um ponto de partida histórico, tanto que, pode-se dizer, sua produção é, sobretudo, de história da filosofia do direito. Mas, como dito, essas pesquisas setoriais aprofundadas se unificavam pela inspiração socialista e positivista comum.

A ulterior aproximação ao idealismo advém por volta de 1906, ano em que apresentou, em um concurso de Milão, o manuscrito *Influenza delle odierne dottrine socialistiche sul diritto privato* [Influência das modernas doutrinas socialistas sobre o direito privado][94] destinado a permanecer inédito

---

91 Idem, *Italia civile*. Op. cit., p.165.
92 Solari, *La vita e il pensiero civile di Giuseppe Carle*, op. cit., p.183.
93 Bobbio, *Diário de um século. Autobiografia*, op. cit., p.130.
94 Solari, *Influenza delle odierne dottrine socialistiche sul Diritto Privato*. Prêmio Fundação Pizzamiglio, tema de 1906, 298 páginas de texto manuscrito litografado, seguido por 84 páginas de notas; na folha de rosto aparece o mote *In sapientia libertas* (que distinguia o escrito que deveria ser apresentado anonimamente no concurso organizado pelo Instituto Lombardo de Ciências e Letras) e a indicação: Autor: G. Solari. Esse texto foi novamente publicado, sem nenhuma nota introdutória, com o título: *Socialismo e diritto privato. Influenza delle odierne dottrine socialiste sul diritto privato* (1906), edição póstuma organizada por Paolo Ungari (*Filosofia del diritto privato*, v.III), Milão: Giuffrè, 1980, 259p.

por decênios, e do qual deveria nascer – após profundas reelaborações – algumas das obras principais de Solari: em 1911, o primeiro capítulo se torna *L'idea individuale del diritto privato* [A ideia individual do direito privado];[95] em 1915, o início da segunda parte se torna *Storicismo e diritto privato* [Historicismo e direito privado].[96] A reelaboração de Solari terminou ali, o terceiro volume sobre Hegel nunca veio à luz. Em 1980, a trilogia foi completada pela publicação do manuscrito apresentado no concurso de 1906, cujo organizador, Paolo Ungari, deu o subtítulo *Filosofia del diritto privato III* [Filosofia do direito privado III], mesmo conhecendo os dois outros volumes já publicados durante a vida de Solari. Infelizmente, esse último volume, sem nenhum aparato crítico, reitera sem nenhum comentário o velho texto de Solari escrito mais de setenta anos atrás: o prefácio ausente, que tornaria menos enigmática a edição, poderia ter sido constituído por dois escritos de Renato Treves.[97]

Chamado pela Universidade de Cagliari, em 1912[98] – e a esses anos pode se atribuir sua passagem ao espiritualismo, inspirado por Igino Petrone – e depois pela de Messina, em 1915, Solari chegou a Turim um ano após a

---

95 Idem, *L'idea individuale e l'idea sociale nel diritto privato*, parte I: *L'idea individuale*. Turim: Bocca, 1911, 343p., publicado também em 1959, com o título *Filosofia del diritto privato*, v.I: *Individualismo e diritto privato*. Turim: Giappichelli, 1959, XXVI-352p. Tanto esse volume quanto o da nota seguinte têm o título geral *Filosofia del diritto privato*, que volta também no volume organizado em 1980, por Ungari, citado na nota 94.

96 Idem, *Filosofia del diritto privato*, v.II: *Storicismo e diritto privato*. Turim: Giappichelli, 1940, XII-300p. (reimpressão 1971, XI-311p.). A propósito da primeira edição desse livro, Firpo recorda que Solari "quis destruir, quase inteiramente, porque estava descontente, a tiragem do tomo II (*Lo storicismo e il diritto privato*, Turim, 1918), do qual me lembro de ter admirado com estupor as poucas folhas restantes, impressas a mão, em papel de boa qualidade, que o autor conservava estendidos em uma caixa e que depois fez costurar em algumas dezenas de exemplares, em 1939" (Luigi Firpo, Introduzione. In: Solari, *La filosofia politica*, op. cit., p.VIII-IX). No volume de 1971, que reproduz a edição de 1940, a breve *Advertência* de Solari explica que o volume "jaz dentro de nós pelos anos da nossa titularidade (1915-1916)" e que "o volume espera ser completado na parte relativa à formação do Código Civil alemão, expressão típica do endereço histórico-dogmático". Solari se refere aqui obviamente ao BGB (*Bürgerliches Gesetzbuch*) de 1900, não ao projeto de *Volksgesetzbuch* nacional-socialista, que nunca entrou em vigor.

97 Renato Treves, Gioele Solari: socialismo e diritto privato. In: *Sociologia e socialismo. Ricordi e incontri*, op. cit., p.27-32: esse ensaio de 1983 se propõe explicitamente a suprir as carências da edição de Ungari. No mesmo ano, Treves publicava também o artigo intitulado Il rinnovato interesse per il socialismo giuridico in Italia e la recente pubblicazione di un manoscritto di Gioele Solari. *Sociologia del diritto*, X, 1983, n.3, p.21-35.

98 Sobre os rastros deixados em Solari por aquela estadia, veja-se Alberto Contu, *Questione sarda e filosofia del diritto in Gioele Solari*. Turim: Giappichelli, 1993, 121p.

morte de Carle, em 1918. Ali ensinou silenciosamente Filosofia do Direito por trinta anos, em austero isolamento em relação à vida acadêmica nacional, mas em constante e fecundo contato com os estudantes, a quem dedicava um assíduo ensinamento. Os fascículos litografados dos cursos que, de 1918-1919 a 1941-1942, foi publicando para uso dos estudantes, são testemunhas disso. Nestes, expressa-se o idealismo afirmado pelo pensamento social, típico dessa fase do pensamento de Solari: "É necessário retomar o fio interrompido pela tradição hegeliana, para desenvolvê-lo e tirar dele elementos para uma reconstrução idealista do direito e do Estado, em sentido social."[99] É a concepção do "idealismo social,"[100] na qual Solari funde a juvenil paixão positivista pela questão social à descoberta do idealismo na sua maturidade.

Analisar esses fascículos equivaleria a analisar inteiramente a história do pensamento filosófico-jurídico e também filosófico-político (considerando que Solari ensinou, também, esta última disciplina). Como em toda a obra de Solari, a impostação histórica é rigorosa, mas seria errado considerar seus escritos como obras apenas historiográficas. Para Solari, a história era o instrumento para expor, em casos particulares, os eternos temas da filosofia do direito: Estado de direito e Estado ético, liberalismo e socialismo, autoridade e liberdade. Sua visão da filosofia do direito é resumida em uma breve nota anônima, colocada como premissa em uma reedição parcial dessas apostilas. Nessas, ele queria

[...] evidenciar os esforços feitos pela especulação na tríplice fase do naturalismo antigo, do espiritualismo cristão, do idealismo moderno, para dar objetividade não apenas formal, mas também real e concreta à justiça contra o moralismo e o utilitarismo jurídico. A pesquisa deveria se concluir com a identificação da objetividade à atividade social do espírito.[101]

A sua proverbial relutância editorial lhe faz escrever:

Talvez a interrupção do ambicioso projeto [de publicar a impressão das apostilas litografadas] fosse um evento de sorte, provocada primeiro, pela

---
99 Gioele Solari, *Appunti di filosofia del diritto. 1931-32.* Turim, 1932 (litografado), p.100-1.
100 Serenella Armellini, *Gioele Solari. L'idealismo sociale tra scienza e filosofia.* Nápoles: ESI, 1997, 330p.
101 G. Solari, *Lezioni di filosofia del diritto.* Turim: Tipografia Torinese, [após 1949, já que cita a bibliografia de Firpo, de 1949]. *Advertência* em páginas não numeradas.

explosão da guerra, em 1940, com consequente deserção da escola pelos jovens, e depois pelo afastamento antecipado do autor, em 1942.[102]

As razões políticas desse afastamento da docência foram, usando um eufemismo, silenciadas.

Com a tomada de poder por parte do fascismo, os temas caros a Solari – Estado de direito e Estado ético, liberalismo e socialismo, autoridade e liberdade – se tornaram dogmas; mas Solari continuou a apresentá-los como problemas. A doutrina oficial os apresentava como problemas resolvidos; Solari, ao contrário, continuamente os colocava em discussão. Por isso, o ensino de Solari assumiu uma função civil, que reuniu em torno daquela cátedra estudantes animados por um espírito crítico, que tentavam escapar do conformismo cada vez mais sufocante.

Solari foi, progressivamente, marginalizado: afastado do cargo de ensino de filosofia política,[103] foi suspenso também das aulas de história do Estado moderno que ministrava no Instituto Superior de Magistério, em Turim. Aulas que – como ele mesmo escreveu, em 1949 – "não continuaram porque o autor foi demitido do ensino por não conformismo político".[104] Essa sua leveza de toque no acenar à própria discriminação política – muito mais frequente em anos repletos de vira-casacas – está em harmonia com o recato que acompanhou toda a sua vida. Recato que, todavia, não o impediu de tomar nitidamente posição contra o regime fascista.

Ao mesmo tempo, porém, o antifascismo não o impediu de cultivar também amizades universitárias com os melhores colegas que militavam no campo adversário: a sua crítica se voltava às ideias e não às pessoas (a não ser que estas o merecessem moralmente). Uma vasta troca de cartas documenta as relações pessoais de Solari com Giorgio Del Vecchio, do tempo em que Del Vecchio sustentou o intervencionismo na Primeira Guerra Mundial até que, após a adesão ao fascismo, em 1921, tornou-se um alto representante deste último no campo da cultura como reitor da Universidade de Roma. Em relação a um *corpus* de cerca de trezentas cartas, foi publicado um primeiro grupo de duas cartas de Del Vecchio e 44 cartas de Solari, escritas entre 1913

---

102 Ibid.
103 Solari, *La filosofia politica*. Luigi Firpo (org.) V. I: *Da Campanella a Rousseau*. V. II: *Da Kant a Comte*. Roma-Bari: Laterza, 1974, 361p.
104 Idem, *Studi storici di filosofia del diritto*, op. cit., p.342. Sobre os acontecimentos dessas aulas e dos escritos que dela derivaram, cf. a "Premissa" de Luigi Firpo à reedição de 1974.

e 1926.[105] As cartas de Solari não acenam aos eventos políticos, mas se detêm sobre os problemas filosóficos ou universitários: as expressões de estima pessoal são frequentes, mas a crítica filosófica das obras é rigorosa.

Essa mesma separação entre o mundo dos estudos e o da política se encontra também na correspondência entre Del Vecchio e Hans Kelsen: nesta também o pertencimento a dois campos politicamente adversários não aflora mais que em poucos velados acenos e, de qualquer forma, não perturba a ininterrupta troca cultural, mesmo durante as frequentes e dramáticas fraturas na existência dos dois filósofos.[106]

A filosofia de Gentile sempre mereceu também a atenção crítica de Solari. Gentile foi o propagador do fascismo no campo cultural e permaneceu coerente com as próprias convicções políticas mesmo na dramática fase da República de Salò, até seu assassinato em Florença, em 4 de abril de 1944. Poucos anos depois, nos dias em que muitos se reinventavam como democráticos, Solari, no entanto, publicava uma crítica do atualismo gentiliano, abrindo-a com o apelo – ele, antifascista – à "venerada e lastimosa memória" do filósofo fascista.[107] Solari agia, enfim, por impulsos morais, permanecendo alheio até o limite da ingenuidade diante de todo cálculo voltado a vantagens práticas.

---

105 Laura Zarfati, "Due umili sacerdoti del pensiero". Carteggio tra Gioele Solari e Giorgio del Vecchio (1913-1926). *Quaderni di Storia dell'Università di Torino*, v.2, 1998, p.359-437. Turim: Il Segnalibro. O título do escrito é retirado da expressão que Del Vecchio usa para anunciar o fechamento da *Rivista internazionale di filosofia del diritto*, "desaparecimento [...] particularmente penoso para o nosso coração de humildes sacerdotes do pensamento" (carta de Del Vecchio a Solari, de 29 de junho de 1940, portanto, não incluída no selo publicado, mas citada na p.377). Laura Zarfati, a qual se deve também o vasto aparato que acompanha as cartas, recorda os "três momentos salientes", documentados nelas: "o aporte filosófico de Solari, já completo, ao idealismo, em 1918; a discussão [...] em 1921, que fornece uma parte do mais amplo debate sobre a natureza dos princípios gerais do direito, suscitado pelo preâmbulo lido por Del Vecchio, em dezembro de 1920; e, enfim, a nomeação de Del Vecchio para reitor da Universidade de Roma, em 1925" (p.364).

106 Mario G. Losano, Presenze italiane in Kelsen. In: Kelsen; Campagnolo, *Diritto internazionale e Stato sovrano*, op. cit., p.27-43. [Ed. bras.: *Direito internacional e Estado soberano*. Org. Mario G. Losano. Trad. Marcela Varejão. São Paulo: Martins Fontes, 2002.] Tanto a correspondência com Kelsen quanto as cartas publicadas por Laura Zarfati estão conservadas no Arquivo Del Vecchio do Instituto de Filosofia do Direito da Universidade de Roma *La Sapienza*.

107 G. Solari, Diritto astratto e diritto concreto, *Giornale critico della filosofia italiana*, 1948, n.1-2, p.42-81. Cf. Uberto Scarpelli, La filosofia del diritto di Giovanni Gentile e le critiche di Gioele Solari. In: AA.VV. *Studi in memoria di Gioele Solari*. Op. cit., p.393-447.

É sempre Luigi Einaudi quem relembra que, "nos anos do fascismo, poucos disseram diretamente a hierarcas e a instrumentos submissos ao regime tantas verdades quanto o fez Solari, sem mandar nenhuma indireta a ninguém". Mas sempre com muita elegância e uma simpatia que o tornavam intacável. Por isso, conclui Einaudi, "qualquer um de nós ou um estudante que se encontrasse, por coisas ditas ou feitas, em apuros, quem ia ao distrito ou à delegacia pedir notícias, explicar o acontecido, tentar tirar o jovem desgraçado da detenção? Solari, sempre Solari".[108]

Um exemplo desse seu tom elegante, firme (mas também irônico) em relação ao regime fascista se manifesta quando, no final de 1940, é convidado para um congresso sobre os "Princípios gerais do ordenamento fascista". Solari recusou: a tarefa lhe parecia não teórica, mas "essencialmente técnica, porque os princípios do regime fascista estão bem claros e não são mais discutíveis". E esclarece que, para ele,

> [...] o problema colocado em discussão [é] não apenas técnico e político, mas filosófico e social. Neste está implícito um problema de justiça social que não coincide precisamente com princípios gerais do ordenamento jurídico do Estado fascista. [...] A confusão entre justiça política, estatal, e justiça social, hoje, é geral.[109]

Essa sólida fidelidade às próprias ideias, essa firmeza velada de ironia explica por que sua cátedra era o ponto de encontro natural de uma legião de ótimos alunos que se uniam pelo antifascismo em comum, para além das variadas ideologias.

A série de alunos turinenses de Solari começa justamente em 1922, com Piero Gobetti, precoce animador cultural de *elites*, e termina em 1938, com Aldo Mautino. Encontram-se ali Alessandro Passerin d'Entrèves e Renato Treves, para não citar mais que dois nomes muito ligados à Escola de Turim, bem como à minha vida pessoal; Bobbio também pertence a essa série: sua tese orientada por Solari, defendida em 1931, será analisada no Capítulo 4.

É a partir de 1931 que se inicia uma correspondência entre Bobbio e Solari, que dura até 1952, ano da morte do estudioso de Bérgamo. A correspondência, hoje publicada, está cheia de lacunas, porque foram encontradas

---

108 Luigi Einaudi, Prefácio. In: G. Solari, *Studi storici di filosofia del diritto*, op. cit., p.VIII.
109 Gioele Solari a Giovan Battista Funaioli, Turim, 26 de novembro de 1940. In: Luigi Firpo (org.), Gioele Solari: tre lettere e nove "voci". In: AA.VV. *Gioele Solari nella cultura del suo tempo*, op. cit., p.260.

apenas quatro cartas de Bobbio (na primeira delas, Bobbio, com 22 anos, anuncia a Solari que gostaria de se dedicar ao estudo da filosofia do direito);[110] porém, as 68 cartas de Solari permitem reconstruir os assuntos discutidos.[111] Além disso, o ensaio introdutório e os comentários de Angelo D'Orsi fornecem um quadro do ambiente universitário turinense daqueles anos, esclarecendo, dessa forma, muitos dos temas que aparecem nas cartas, muitas vezes dedicadas à carreira dos jovens e aos problemas da universidade.

Ali se encontra – além do Solari amorosamente paterno em relação aos jovens – também o Solari consciente da própria severidade ("eu sou um juiz indesejável"),[112] que incentiva com as críticas mais severas justamente os alunos que mais aprecia. Bobbio ficou muito amargurado diante da desaprovação de seu estudo sobre Campanella, mas Solari foi inflexível: "Campanella entra no quadro da concepção social da justiça a que tenho mais apreço. A sua aversão ao individualismo político é a minha também, não poderia não considerá-lo. Isso não quer dizer que você esteja errado".[113] As críticas a Alessandro Passerin d'Entrèves por ter, até mesmo, "usurpado e mantido sem autoridade" a cátedra de Direito Internacional são excessivas, mas Solari rebate: "sou um seguidor da moral do dever, não do interesse".[114] O próprio Gobetti é poupado apenas em parte. Escreve a Bobbio, que estava trabalhando em uma apresentação de escritos dos jovens alunos de Solari:

> Você sabe que sempre fui crítico severo com os jovens, sobretudo quando valorosos. Mas Gobetti era tão engenhoso, fazia tudo de modo tão autônomo,

---

110 Norberto Bobbio a Gioele Solari, Rivalta Bormida, 28 de agosto de 1931 (In: *La vita degli studi*, p.91-4: cf. infra, nota seguinte). Voltaremos a essa carta no parágrafo 2.1.

111 *La vita degli studi. Carteggio Gioele Solari-Norberto Bobbio, 1931-1952*, organização e ensaio introdutório de Angelo d'Orsi. Milão: Franco Angeli, 2000, 233p. Fazem parte desse volume também as trinta cartas já publicadas por Angelo d'Orsi: Il Maestro e il discepolo. Lettere di Gioele Solari a Norberto Bobbio (1931-1952). *Quaderni di Storia dell'Università di Torino*, v.1, 1996, p.247-320 (ed. Il Segnalibro). Nas citações que seguem, faz-se referência ao volume de 2000.

112 Gioele Solari a Norberto Bobbio, Turim, 21 de março de 1938. In: D'Orsi, *La vita degli studi*, op. cit., p.116.

113 Gioele Solari a Norberto Bobbio, Turim, 2 de dezembro de 1941, In: D'Orsi, *La vita degli studi*, op. cit., p.140-1. Sobre as críticas a Campanella, as cartas se tornam uma verdadeira correspondência porque estão conservadas a carta de Bobbio sobre a "longa nota" de Solari, uma carta de Solari que se entrelaça com a precedente e, por fim, a resposta de Solari com a passagem citada no texto (cartas 28, 29, 30, p.136-46).

114 Gioele Solari a Norberto Bobbio, Albino (Bergamo), 12 de junho de 1942. In: D'Orsi, *La vita degli studi*, op. cit., p.148.

não era disciplinável, e, por isso, deixou lembranças inesquecíveis. Nunca quis ser um erudito, o que o salva de muitas críticas acadêmicas.[115]

E logo em seguida acrescenta: "Te peço para não falar de mim na tua apresentação, e falar muito dos jovens".[116]

A apresentação a que se refere essa última carta foi publicada em 1949, em um fascículo da revista *Il Ponte* [A Ponte], dedicado ao Piemonte. Seguindo o fio de suas lembranças, Bobbio reconstrói um elenco das figuras mais significativas entre aqueles jovens, concluindo:

> Quando acontece de nos reencontrarmos [...], não podemos não nos reconhecer, com o sentimento de quem pertence a uma mesma família, nos ideais que se formaram no curso dos nossos estudos: a filosofia do direito, esta disciplina douta e um pouco híbrida, que não sabemos talvez nem definir, mas que sentimos viva na voz e no gesto de nosso mestre em comum.[117]

A menção à "voz" não é casual: Solari, da cátedra, doava de mãos cheias os frutos de suas pesquisas, mas fugia sistematicamente de publicá-las por um "excesso de modéstia, aliás, de pudor intelectual".[118] Foram, portanto, seus alunos que recolheram as suas obras: em 1953, Bobbio concluiu o ensaio incompleto sobre Mautino;[119] em 1956, Bobbio, Firpo e Mathieu publicaram seus ensaios sobre Kant;[120] em 1957, Pietro Piovani reuniu seus ensaios rosminianos;[121] em 1963, Firpo recolheu seus escritos sobre Pagano. As obras foram também reimpressas, mas Solari nunca se ocupou das reedições; aliás,

---

115 Gioele Solari a Norberto Bobbio, s.l., 11 de novembro de 1948. In: D'Orsi, *La vita degli studi*, op. cit., p.214.
116 Ibid.
117 Bobbio, *Italia civile*, op. cit., p.153. O ensaio – que no volume aparece com o título "L'insegnamento di Gioele Solari" – era originariamente intitulado, na revista *Il Ponte*, Funzione civile di un insegnamento universitario, op. cit. A revista *Il Ponte* teve uma grande importância para a geração do pós-guerra: cf., por ex., a corrrespondência entre Bobbio e Calamandrei (que foi diretor de *Il Ponte*): Norberto Bobbio – Piero Calamandrei, *Un "Ponte" per la democrazia*. Org. Marcello Gisondi, Edizioni di Storia e Letteratura, Roma 2020.
118 Conforme seu aluno Luigi Firpo, na "Premissa" a Gioele Solari, *Studi su Francesco Pagano*, op. cit., p.11.
119 Cf. nota 134.
120 Immanuel Kant, *Scritti politici e di filosofia della storia e del diritto*, traduzidos por Gioele Solari e Giovanni Vidari, edição póstuma organizada por Norberto Bobbio, Luigi Firpo e Vittorio Mathieu. Turim: Utet, 1956, 692p.
121 Gioele Solari, *Studi rosminiani*. Pietro Piovani (org.). Milão: Giuffrè, 1957, XI-281p.

parecia quase recriminar que elas tivessem sido publicadas: em 1959, foi reimpresso o volume sobre o individualismo e o direito privado;[122] em 1962, o da formação do Estado moderno.[123] Numerosas reimpressões foram feitas a partir dessas edições, de modo que Solari conheceu apenas após a morte a difusão editorial que não teve em vida: os traços que se encontram delas nas obras de filosofia italiana do direito de fato são raras e sumárias.[124]

Distanciando-nos agora de Solari, podemos conservar dele uma imagem que é um pouco o símbolo da Escola de Turim. Já com 80 anos, às vésperas de sua morte, Solari organiza dois trabalhos que reúnem idealmente o início e o fim de sua vida de estudioso. De um lado, reorganiza o arquivo dos manuscritos do seu mestre Giuseppe Carle. Do outro, prepara a publicação da tese de seu aluno Aldo Mautino, morto muito jovem, antepondo a esta um estudo sobre o ambiente cultural turinense. Enquanto o primeiro trabalho pôde ser concluído,[125] o amplo prefácio do segundo foi interrompido pela morte, em 1952. Será seu aluno e sucessor, Norberto Bobbio, um ano depois, quem recolherá e completará essas suas páginas como um ato de dupla *pietas* cultural.[126]

Tendo dedicado sua vida inteira à universidade, mesmo após sua morte permaneceu ligado a ela por meio de sua biblioteca pessoal. Em 1952, seus livros foram dispostos, inicialmente, no Instituto Jurídico como Biblioteca Gioele Solari, a qual, a partir de 1984, depois da reforma universitária de 1980, tornou-se Biblioteca Interdepartamental Gioele Solari. Lá estão conservadas também milhares de fichas bibliográficas manuscritas com meticulosa paciência durante toda a vida.

A discrição de Solari e a distração dos leitores limitaram a fortuna crítica desse autor. Todavia, não faltam estudos contemporâneos que remetem a seu pensamento. Além dos textos já citados de Contu e de Armellini,[127]

---

122 Cf. nota 104.
123 G. Solari, *La formazione storica e filosofica dello Stato moderno*. Turim: Giappichelli, 1962, 174p.: essa é a edição feita por um grupo de estudiosos turinenses no décimo aniversário da morte de Solari, que reproduz os escritos de 1929-1930 e de 1930-1931 na revista *L'Erma*, parcialmente reunidos em um volume de 1934 (Edição de *L'Erma*, Turim, 1934, 96p.). Uma edição sucessiva foi organizada por Luigi Firpo: Nápoles, Guida, 1974, 203p.
124 Uma apresentação da fortuna crítica de Solari se encontra em Bobbio, Gioele Solari nella filosofia del diritto del suo tempo. In: AA.VV., *Gioele Solari nella cultura del suo tempo*, op. cit., p.11-5.
125 G. Solari, *I mss. di Giuseppe Carle nell'Accademia delle Scienze di Torino*, op. cit.
126 Aldo Mautino, *La formazione della filosofia politica di Benedetto Croce*, com um estudo sobre o autor e a tradição cultural turinense, de Gobetti à Resistência de Gioele Solari, organizado por Norberto Bobbio (Bari: Laterza, 1953). Como a obra de Mautino já tinha sido publicada, esta é apresentada como a terceira edição.
127 Cf. nota 107 para Contu e nota 109 para Armellini.

gostaria de relembrar, ao menos, o atento estudo do brasileiro Cláudio De Cicco: em São Paulo, a tradição jurídica italiana sempre esteve viva, seja porque ali ensinaram juristas como Tullio Ascarelli e Enrico Tullio Liebman, durante a Segunda Guerra Mundial, seja porque a filosofia do direito sempre ocupou as luzes da ribalta acadêmica, graças à atividade de Miguel Reale, um dos maiores filósofos do direito da América Latina de hoje.[128] Foi justamente ele quem sugeriu a De Cicco que estudasse Solari.

"Por que tanto interesse pelo idealismo itálico no Brasil?", pergunta-se o autor no prefácio ao volume; e encontra a resposta em alguns paralelismos entre as duas culturas:

> A península se unificou apenas no final do século passado, em uma época próxima aos nossos esforços de romper os laços que ainda nos vinculavam aos esquemas coloniais. Para nós, assim como para os italianos do Ressurgimento, o barroco representava a dominação ibérica; disso surgiu uma ardente rejeição ao bloco de pensamento escolástico – sentido como um "fantasma medieval" – por parte tanto de um Tobias Barreto no Brasil, como de um Icilio Vanni na Itália. [...] Mas logo os pensadores italianos e brasileiros perceberam a insuficiência das alternativas oferecidas por Comte, Haeckel ou Spencer.[129]

Todavia, o desejo de refutar o positivismo fez esquecer a importância da dimensão social.

> Mas por que a preocupação com o "social" deveria ser incompatível com a subjetividade e com o personalismo, que são tão nossos? Talvez porque a preocupação com o "social" implique a negação do ideal, e vice-versa? Existe um filósofo que parece responder a essas perguntas propondo um "idealismo social jurídico", grande síntese de várias correntes filosóficas, o qual restitui ao jurista sua função no processo social e infringe o mito da "insensibilidade do jurista". Estamos falando de Gioele Solari.[130]

---

128 Cf. Mario G. Losano, Miguel Reale (1910-2006). *Rivista internazionale di filosofia del diritto*, 2006, p.465-76 (também: Recordação de Miguel Reale, *Revista brasileira de filosofia*, LV, 2006, n.222, p.301-10).
129 Cláudio de Cicco, *Uma crítica idealista ao legalismo. A filosofia do direito de Gioele Solari*. São Paulo: Ícone, 1995, op. cit., p.13. Sobre Tobias Barreto, veja-se Losano, *Un giurista tropicale. Tobias Barreto fra Brasile reale e Germania ideale*. Roma-Bari: Laterza, 2000.
130 De Cicco, *Uma crítica idealista ao legalismo*, op. cit., p.14.

Para De Cicco, "Solari soube ser um idealista com uma visão realista do social; um socialista que não perdeu a noção da importância do ideal; um marxista que meditou sobre Vico":[131] parecem retornar aqui os oximoros – iluminista pessimista, realista insatisfeito – frequentemente usados para descrever a posição intelectual de Norberto Bobbio.

Todavia, o "pessimismo" de Bobbio não deve ser mal interpretado: este nunca foi um fatalismo atrabiliário, mas – sem ilusões sobre a natureza humana em geral, e italiana, em particular – se apresentava como um realismo desencantado e esforçado, nunca "como um gesto de renúncia". A melhor definição de seu pessimismo nos deu ele mesmo, em 1955: "Parece, de resto, que o comportamento pessimista se adequa melhor que o otimista ao homem de razão. O otimismo comporta quase sempre certa dose de paixão, e o homem de razão não deveria ser apaixonado". Porém,

> [...] o pessimismo não refreia a atividade, antes a torna mais orientada diretamente à finalidade. Entre o otimista que tem como máxima: "Não te movas, verás que tudo se acomoda", e o pessimista que replica: "Faze de qualquer modo o que deves, mesmo que as coisas forem de mal a pior", prefiro o segundo.[132]

Por isso, Bobbio se define um "iluminista pessimista", porque "os velhos iluministas não se limitavam a protestar contra os poderes constituídos: propugnavam reformas, projetavam novas instituições, agiam sobre a opinião pública para transformar a sociedade".[133]

1.5. Entre positivismo jurídico e filosofia analítica: a filosofia do direito de Norberto Bobbio

De Bobbio, eu não escolheria o retrato escrito pela caneta de um discípulo, mas sim a imagem tirada pela Rolleiflex do amigo Franco Antonicelli, durante uma excursão a San Grato, próximo de Biella, em 1934. Bobbio tem o rosto liso e pleno dos seus 25 anos, sorri sob o sol que produz claro-escuro

---

131 Ibid., op. cit., p.240.
132 Bobbio, *Politica e cultura*. Turim: Einaudi, 2005, p.169-70 (p.202-3 da edição de 1955). [Ed. bras.: *Política e cultura*. Org. Franco Sbarberi. Trad. Jaime A. Clasen. São Paulo: Editora Unesp, 2015, p.284].
133 Bobbio, *Politica e cultura*. Turim: Einaudi, 2005, p.169-70 (p.202-3 da edição de 1955) [p.283 da edição brasileira]. O parágrafo 3 inteiro do capítulo XII, *Cultura vecchia e politica nuova*, é iluminador sobre o pessimismo operoso de Bobbio. O artigo com o mesmo título foi publicado em *Il Mulino*, 1955, p.575-87.

em seu nariz aquilino e sobre sua testa alta, por baixo dos cabelos lisos, penteados para trás; está sentado em uma mesa coberta por uma toalha campestre, mas está de terno; com os cotovelos apoiados em cima da toalha e as mãos entrelaçadas, observa, divertido, o amigo fotógrafo. Em fotografias, aparentemente caseiras, Antonicelli tinha retratado a Itália civil e derrotada que, nos anos do fascismo, reunia-se em sua casa de campo, em Sordevolo. Bobbio "chegava com outros amigos no final de semana. Amava as caminhadas, os jogos de bocha e as conversas noturnas. Visita Croce frequentemente. Embora jovem, era considerado o mais equilibrado e preparado: o 'filósofo' da turma".[134]

A sólida preparação do liceu d'Azeglio se fixou, de fato, com as amplas leituras universitárias. Norberto Bobbio, com 19 anos, anotava suas leituras de calouro nos papéis de receituário do pai Luigi, conhecido cirurgião de Turim. Em dezembro de 1928, entre outros títulos lidos, está "G. Carle, *La vita del diritto*" [*A vida do direito*].[135] Na verdade, em família, Norberto Bobbio não ouvia falar muito de Giuseppe Carle, mas sim de seu irmão Antonio, famoso cirurgião de Turim, assim como o pai de Bobbio. De qualquer forma, essa leitura não foi uma intuição, mas já tinha sido feita, no primeiro ano da universidade, ao conhecer Gioele Solari.

Sobre a relação entre Bobbio e Solari, um testemunho cruzado nos ilumina. Em 1942, Solari acalmava o jovem Bobbio, que enfrentava as inevitáveis complicações dos concursos acadêmicos: "Já é sabido que nossa cátedra, cedo ou tarde, será ocupada por você".[136] Cinquenta e cinco anos depois, seu discípulo Norberto Bobbio especificava a natureza de sua relação com Solari:

> Como eu herdara [em 1948] a cátedra que fora de Gioele Solari, é possível que surja a pergunta sobre como se deu a passagem do cargo do mestre ao discípulo, se teve um caráter de continuidade ou de ruptura. Posso dizer que a continuidade foi principalmente afetiva. Solari era sobretudo um historiador da filosofia.[137]

---

134 Legenda da foto 37 (aquela descrita no texto) do livro-catálogo *Ci fu un tempo. Ricordi fotografici di Franco Antonicelli*, apresentação de Massimo Mila, introdução e textos de Alberto Papuzzi. Turim: Regione Piemonte, 1977, 131p. Em novembro de 1977, as fotografias de Antonicelli foram expostas na Galeria de Arte Moderna de Turim. Elas evocam de maneira incomparavelmente direta a "aura" do que hoje nos parece, realmente, um outro mundo.
135 Bobbio, *Diário de um século. Autobiografia*, op. cit., p.6. Sobre a obra de Carle, cf. nota 58.
136 Gioele Solari a Norberto Bobbio, Albino (Bergamo), 12 de junho de 1942. In: D'Orsi, *La vita degli studi*, op. cit., p.148.
137 Bobbio, *Diário de um século. Autobiografia*, op. cit., p.130.

Bobbio, no entanto, sentia-se atraído pelo raciocínio lógico. O magistério de Solari era adequado para uma faculdade de humanas; e, na sua época, a Faculdade de Jurisprudência efetivamente era humanística.[138] O magistério de Bobbio, por sua vez, pretendia se aproximar das necessidades de uma faculdade cada vez mais técnica. Entretanto, nada poderia ser mais errado que interpretar essa delimitação de limites culturais como distanciamento: Bobbio seguirá seu caminho, permanecendo humanamente ligado a Solari, assim como Solari seguiu o seu, permanecendo sempre humanamente ligado a Carle.

Porém, sem dúvida, entre os dois filósofos do direito existia um fundamental ponto de contato também como docentes: os dois percebiam a função civil do ensino de filosofia do direito, embora, desse ponto de vista, o Bobbio "filósofo militante" tenha sido bem mais militante que Solari. O primeiro escrito de Bobbio sobre Solari, em 1949, é dedicado a esse espírito que os une;[139] em 1952, quando Bobbio homenageou a morte de Solari na Academia das Ciências turinense, o tom recai, mais uma vez, sobre a "filosofia civil" do seu mestre.[140]

Esse vínculo afetivo foi intenso e duradouro. A bibliografia de Bobbio elenca dezenove escritos seus sobre Solari – entre obituários, verbetes de enciclopédia, retomada de suas obras ou de suas traduções e análises gerais do seu pensamento – do final da década de 1940 à década de 1990. Em 1995, quando foi publicada a sua bibliografia, Bobbio quis concluir sua apresentação com a lembrança do primeiro encontro com Solari, quando era ainda estudante universitário:

> Termino esta recapitulação da minha vida lembrando Gioele Solari, que me encaminhou para os estudos desde o primeiro ano de universidade (1927-1928), quando me guiou em uma pequena pesquisa sobre o pensamento político de Francesco Guicciardini, e depois me acompanhou passo a passo nos anos seguintes, dando-me uma constante lição de rigor intelectual,

---

138 Francesco Ruffini, Luigi Einaudi, Achille Loria, Pasquale Jannaccone são os nomes dos "humanistas", colegas de Solari na Faculdade de Direito, que Bobbio relembra na sua *Autobiografia*, op. cit., p.139. Pela Universidade de Turim, todavia, passaram também muitos outros que não podemos relembrar neste texto. Entre eles, precisamos citar, pelo menos, Gaetano Mosca (até 1924), que iniciou o ensino de História das Doutrinas Políticas que, em Turim, foi ministrada por Solari, Alessandro Passerin d'Entrèves e por Luigi Firpo.
139 Bobbio, "Funzione civile di un insegnamento universitario", op. cit.; aqui citado de *Italia civile*, op. cit.
140 Idem, *La filosofia civile di Gioele Solari*, op. cit., também publicado em *Italia civile*, op. cit.

de dedicação à escola, de simplicidade de hábitos e de liberdade em julgar homens e coisas.[141]

É exatamente com essa referência à bibliografia de Bobbio que pretendo concluir esta descrição de um século de filosofia do direito em Turim: descrição que agora se torna difícil, porque mais próxima do meu tempo e de minha pessoa. Para meus sentimentos, é mais fácil a proteção atrás de um baluarte de livros que sair para o descoberto. Vamos falar de livros, então.

Quando, em 1995, a coletânea bibliográfica de seus escritos lhe foi apresentada (quase dois mil títulos recolhidos em quinhentas páginas), Bobbio confessou a própria "consternação" e atribuiu o número "a esta época das comunicações de massa e de triunfo do efêmero",[142] como se os comentários jornalísticos e as entrevistas pudessem diminuir o valor de seu enorme trabalho científico. Na verdade, em Bobbio ganha vida novamente a atitude reservada e autocrítica que esteve presente também em Solari: "nunca me levei muito a sério",[143] confessa Bobbio. Portanto, quando, no solene cenário do renovado auditório Lingotto, conferiram-lhe o prêmio Agnelli, Bobbio proferiu, com um leve sorriso, as duas palavras que representam o espírito seja de Bobbio, seja do velho Piemonte: *esagerôma nen*, "não exageremos". Também em 1992, quando a Universidade de Camerino lhe conferiu a graduação *honoris causa*, comentou: "O meu incômodo aumentou após ter lido a motivação da graduação: que exagero!".[144]

Por isso, devemos prestar atenção aos eufemismos de Bobbio em relação a si mesmo: a extensa *Autobiografia* e a sintética "Autobiografia intellettuale" [Autobiografia intelectual] são muito úteis para conhecer os fatos da sua vida, mas bastante restritivas nos julgamentos desses fatos. A sua teria sido uma vida "monótona demais para que mereça ser contada", avisa Bobbio, "nascimento em uma família burguesa, estudos comuns para um jovem da burguesia tradicional da cidade, liceu clássico e universidade, vida sedentária passada em grande parte entre as paredes de um escritório".[145]

---

141 Carlo Violi (org.), *Bibliografia degli scritti di Norberto Bobbio. 1934-1993*. Roma-Bari: Laterza, 1995, p.XXXI. É a passagem que conclui o meu "Prólogo", nota 11.
142 Bobbio, *Autobiografia*. Alberto Papuzzi (org.)., op. cit., p.XXII. [Na edição brasileira não consta a introdução de Bobbio.]
143 Ibid., op. cit., p.XXIII.
144 Norberto Bobbio a Danilo Zolo, Turim, 19 de março de 1997. In: Danilo Zolo, *L'alito della libertà. Su Bobbio. Con venticinque lettere inedite di Norberto Bobbio a Danilo Zolo*. Milão: Feltrinelli, 2008, p.172.
145 Bobbio, Autobiografia intellettuale. In: Violi (org.). *Bibliografia degli scritti di Norberto Bobbio*, op. cit., p.v.

É claro, a vida de Bobbio foi também essa; mas não foi exatamente "a existência normal do estudioso" que o levou para a prisão política de Verona em 1943; existência que, durante a Guerra Fria, o viu apoiar o diálogo entre os blocos opostos, no livro *Política e cultura*,[146] que foi leitura obrigatória de pelo menos uma geração de democratas; existência que o viu afirmar a laicidade em tempos de domínio democrata cristão, e, ao mesmo tempo, polemizar com Togliatti e com o comunismo dogmático; existência que, nas salas de aula e nos jornais, na reflexão e na polêmica, o viu tentar entender – e ajudar os outros a entender – o ano de 1968, o terrorismo, a guerra do Golfo; existência em que o presidente da República, Sandro Pertini, em 1984, nomeou senador vitalício aquele professor que nunca teve um cargo político, embora fosse um candidato apto à presidência da República. Se essa for "a existência normal do estudioso", temo que bem poucos entre nós, estudiosos da geração seguinte à sua, conseguirão escapar de uma vida anormal.

Todavia, os fatos são uma coisa, as ideias são outra. Os fatos podem ser descritos com amigável condescendência, enquanto as ideias devem ser tratadas com máximo rigor. Quando Bobbio fala das ideias – e, nas autobiografias, das suas ideias –, o *eufemismo* dá lugar ao rigor. A precisão e a clareza da exposição tornam o estilo de seus escritos mais anglo-saxão que latino.[147] Como em Solari, a crítica não se direciona às pessoas, mas às ideias: porém, não conhece indulgência. Limito-me aqui a relembrar a fecunda, mas rigorosa, troca de ideias entre Bobbio e Treves, quando este último publicou o seu segundo livro de sociologia do direito.[148]

Falando dos seus livros e de suas ideias, Bobbio indica como seus *auctores* cinco clássicos (Hobbes, Locke, Rousseau, Kant, Hegel) e cinco modernos (Croce, Cattaneo, Kelsen, Pareto, Weber).[149] Entre estes, indica Hobbes e Kelsen como os mais influentes.[150] A imensa teia dos seus escritos se desenrola entre esses autores centrais e os periféricos; entre a reconstrução de suas

---

146 Idem, *Politica e cultura*, op. cit.
147 "Pela sua capacidade de distinguir e analisar, Bobbio se aproximava do estilo anglo-saxão" (Maurizio Viroli, *Un italiano che parlava al mondo*. In: N. Bobbio, *Il dubbio e la ragione*, introdução de Marcello Sorgi. Turim: La Stampa, 2004, p.52).
148 Uma resenha inédita de Bobbio sobre *Sociologia del diritto* de Renato Treves, de 1987, encontra-se no capítulo Il percorso intellettuale di Renato Treves, in: Losano, *Renato Treves, sociologo tra il Vecchio e il Nuovo Mondo*, op. cit., sobretudo às p.20-4. As informações sobre o inédito de Bobbio estão na p.20, nota 46.
149 Bobbio, Autobiografia intellettuale, op. cit., p.xxv.
150 Idem, *Diário de um século. Autobiografia*, op. cit., p.133: "Dois pensadores, em especial, marcaram o curso dos meus estudos: o jurista Hans Kelsen e o filósofo Thomas Hobbes".

ideias e a aplicação dessas ideias na análise da política viva; entre a defesa das próprias visões e a autocrítica das mesmas, quando não lhe parecem mais aceitáveis. A forma literária mais adequada a Bobbio é o ensaio; todavia, na variedade de ensaios acumulados em mais de sessenta anos de atividade intelectual, não é difícil individuar grupos de ensaios homogêneos, a partir dos quais nascem os livros. Porém, tal sistematização aparece em um segundo momento. Em sua bibliografia, Bobbio vê, antes de tudo, o "diário que nunca escrevi e que nunca escreverei".[151]

A quem procura o fio condutor no *mare magnum* de seus escritos, Bobbio avisa logo que "um fio condutor provavelmente não existe. Eu mesmo nunca o procurei deliberadamente. Estes escritos são fragmentos de desenhos que não podem ser sobrepostos uns aos outros, cada um incompleto".[152] O fio evoca o labirinto: e exatamente a imagem do labirinto retorna no encontro que, em maio de 1999, acompanhou a apresentação da bibliografia de Bobbio – então próxima dos 3 mil títulos, em dezenove idiomas – na sua versão digital: *Il labirinto nella rete: l'opera di Bobbio su Internet* [O labirinto na rede: a obra de Bobbio na Internet].[153] Entre as intervenções que, à época, procuraram indicar percursos ou estruturas na bibliografia de Bobbio, sintetizarei duas que ainda hoje me parecem compartilháveis e úteis para os objetivos deste escrito. Neste momento, o *site* já está funcionando no Centro de Estudos Piero Gobetti de Turim (cf. parágrafo 3.8.5).

Escolho essas duas propostas porque os interesses de Bobbio, mesmo contínuos com o passar dos anos, mostram um predomínio do interesse pela filosofia do direito na fase que vai dos primeiros escritos até 1972; naquele ano, a passagem para a Faculdade de Ciências Políticas de Turim sela o aumento do seu interesse pela ciência política em relação aos interesses filosófico-jurídicos. Na reunião de Turim, Riccardo Guastini – *Mappamondo*

---

151 Idem, *De senectute*, op. cit., p.79.
152 Idem, *Autobiografia*, op. cit., p.XXIV-XXV.
153 Durante a Feira do Livro de Turim, em 15 de maio de 1999, Marco Revelli apresentou o *website* com os escritos de Bobbio, organizado pelo Centro de Estudos Piero Gobetti, de Turim. Seis "Ariadnes" masculinas apresentaram seis "fios" para se orientar nesse labirinto livresco: Michelangelo Bovero ofereceu o fio para *Os escritos políticos*; Luigi Bonanate, para *Os escritos sobre a paz e sobre a guerra*; Riccardo Guastini, para *Os escritos jurídicos*; Otto Kallscheuer falou de *Bobbio na cultura europeia continental*; Allan Cameron, de *Bobbio na cultura anglo-saxã* e Alberto Filippi, de *Bobbio na cultura espanhola e latino-americana*. Na época dessa apresentação, era possível consultar a primeira *tranche* de bibliografia, incluindo os anos de 1934 a 1969. O *site* agora está ativo: cf. parágrafo 3.8.5.

Bobbio[154] – especifica sete percursos de leitura no Bobbio jurista, enquanto Michelangelo Bovero identifica seis áreas dicotômicas no Bobbio cientista político (do qual é sucessor na Universidade turinense). Dentro dos filões especificados, os dois tentaram também um louvável trabalho de síntese das teorias de Bobbio. Visto que tiveram a gentileza de disponibilizar para mim os textos de seus relatórios, resumo aqui seus pareceres.

Eis os sete percursos jurídicos indicados por Guastini:

1. *Os estudos sobre a analogia*. Em 1938, em um contexto de "filosofia idealista grandiloquente e, na maioria das vezes, vaniloquente", Bobbio publica um livro contracorrente, "um estudo sobre a 'estrutura lógica' de um tipo específico de argumentação característica do raciocínio jurídico". Podemos datar a conclusão de seus escritos sobre esse tema no ano de 1968, porém seu interesse pelas técnicas argumentativas se mantém vivo: foi Bobbio quem promoveu a tradução do *Tratado de argumentação*, de Perelman, pela editora Einaudi.[155]

2. *Os estudos sobre teoria e metateoria do direito*. "Percurso breve e acidentado", mas fundamental: seu escrito de 1950 sobre a análise da linguagem[156] é "o marco do nascimento da teoria analítica do direito na Itália. 'Analítica' no sentido de análise da linguagem". O direito é apresentado como "uma iniciativa analítico-linguística". Essa concepção, elaborada também em outros escritos, teve uma grande influência sobre a geração sucessiva dos teóricos do direito.[157]

3. *Os estudos sobre o jusnaturalismo e o positivismo jurídico*. Os ensaios escritos entre 1961[158] e 1965[159] reinterpretam os pilares do debate filosófico-jurídico: "O primeiro [o escrito de 1961] é a tese de que o jusnaturalismo constitua não uma doutrina ético-jurídica determinada,

---

154 O ensaio aqui citado é inédito. Guastini retoma a análise da doutrina de Bobbio também no seu *Distinguendo. Studi di teoria e metateoria del diritto*. Turim: Giappichelli, 1996, especialmente p.41-57 (ou seja, no capítulo IV, Bobbio, o della distinzione).

155 Lucie Olbrechts-Tyteca; Chaïm Perelman, *Trattato dell'argomentazione. La nuova retorica*, prefácio de Norberto Bobbio. Turim: Einaudi, 1966.

156 Bobbio, Scienza del diritto e analisi del linguaggio, *Rivista trimestrale di diritto e procedura civile*, IV, 1950, p.342-67.

157 O livro de Luigi Ferrajoli, *La cultura giuridica nell'Italia del Novecento* (Roma-Bari: Laterza, 1999, 122p.) é especialmente dedicado à corrente analítica na filosofia do direito.

158 Bobbio, *Il positivismo giuridico*, aulas de Filosofia do Direito, recolhidas pelo dr. Nello Morra. Turim: Cooperativa Libraria Universitaria Torinese, 1961, 324p. (reeditado em 1979 e 1996 pela editora Giappichelli de Turim).

159 Idem, *Giusnaturalismo e positivismo giuridico*. Milão: Comunità, 1965, 241p.

mas sim uma 'metaética': um modo em si vazio (e, de resto, juridicamente falacioso) de justificar éticas diferentes. O segundo é a anatomia do positivismo jurídico" visto não mais como doutrina unitária, mas sim como três doutrinas: uma ciência jurídica como ciência não avaliativa; uma específica doutrina do direito e a doutrina (moral) do legalismo ético.

4. *Os estudos de lógica.* Essa vertente de estudos inicia em 1954, mas é interrompida de forma prematura pelo movimento radical de 1968: "Pensem um pouco", relembra Bobbio, "um curso de lógica deôntica, do qual pioneiramente eu havia começado a me ocupar, embora de forma diletante, desde 1954, para uma turma de alunos que invocava a imaginação no poder!".[160] Conclui Guastini: "Na Itália, a lógica deôntica nasce precisamente com o ensaio de Bobbio de 1954".

5. *A teoria formal do direito.* É um dos percursos mais ricos e diversificados da bibliografia de Bobbio, pois começa em 1942 e continua até os nossos dias, visto que os ensaios esparsos foram sucessivamente republicados em vários livros. "As contribuições de Bobbio – apesar de ele nunca ter desejado dar uma forma sistemática a elas – abordam todos os problemas da teoria contemporânea do direito: o conceito de direito, a noção de norma, a tipologia das normas, as normas sobre a produção jurídica, a sanção, os princípios gerais, a noção de ordenamento, a noção de validade, as lacunas, as antinomias"; o único tema menos abordado é o da interpretação.

6. *Os estudos kelsenianos.* Como vimos, Kelsen é um dos autores que mais influenciaram Bobbio. Seus ensaios kelsenianos, escritos entre 1954 e 1986, estão recolhidos em um volume.[161] Bobbio não adota a doutrina kelseniana, mas com certeza é influenciado por sua mensagem científica e, diria também, estilística: a pesquisa da construção perfeita na arquitetura de cada escrito e da clareza total na exposição. A precisão da linguagem unida à análise dos conceitos leva a conectar estritamente o interesse kelseniano ao analítico.

---

160 Idem, Autobiografia intellettuale, op. cit., p.xv. A história do primeiro encontro entre Bobbio e Amedeo G. Conte, que mais tarde se tornou lógico deôntico com dedicação total, remonta a 1954. Tem como cenário o Colégio Ghislieri de Pavia e se encontra descrita por Bobbio em sua *Autobiografia*, op. cit., p.136-8, bem como em uma sua carta "Bobbio a Amedeo G. Conte", Turim, 20 de janeiro de 1995. In: Amedeo G. Conte, *Filosofia del linguaggio normativo*. V. II: *Studi 1982-1994*. Turim: Giappichelli, 1995, p.XIII-XVII.

161 Idem, *Diritto e potere. Saggi su Kelsen*. Nápoles: ESI, 1992, 222p. [Ed. bras.: *Direito e poder*. Trad. Nilson Moulin. São Paulo: Editora Unesp, 2008.]

7. *Os estudos de história do pensamento jurídico.* A lição histórica de Solari continua em Bobbio, unida, porém, a seu predominante interesse teórico. Alguns de seus escritos têm como objeto temas específicos da história do direito, mas "páginas de história jurídica se encontram em todos os livros de Bobbio", da parte inicial do livro sobre a analogia de 1938,[162] até *A era dos direitos* de 1990.[163] Aqui, identificar o percurso é árduo, porque "a capacidade de combinar satisfatoriamente história do pensamento e análise dos conceitos" é recorrente em quase todas as obras, tanto que podemos especificá-la como "a particularidade de seu estilo de estudioso".

Passando da ciência do direito à ciência política (que trataremos daqui a pouco), segundo Bovero, o "mapa do labirinto (subjetivo) dos escritos de Bobbio concernente ao labirinto (objetivo) do mundo político" baseia-se no fato de Bobbio, nas pegadas de Hobbes, avançar por meio de grandes dicotomias: sociedade e Estado, liberdade e poder, reformas e revolução, paz e guerra, e assim por diante. Todas estão incluídas na dicotomia máxima "os ideais e a matéria bruta", expressa com uma citação retirada do *Doutor Jivago*:[164] "a convicção mais enraizada no pensamento de Bobbio", afirmava Bovero, é que "o mundo humano como universo histórico apresenta uma natureza *objetivamente* dualista". Portanto, "a grande dicotomia do pensamento bobbiano pode fornecer um fio condutor para navegar pelos escritos políticos de Bobbio sem se perder". Para Bovero, os escritos políticos de Bobbio podem ser organizados – aliás, ele efetivamente os organizou dessa forma[165] – em seis áreas, cada uma subdividida em dois temas contrastantes,

---

162 Idem, *L'analogia nella logica del diritto*. Turim: Istituto Giuridico dell'Università, 1938, 216p. (nova ed. 2006, cf. cap.4, nota 42; as citações do texto são retiradas dessa última edição).

163 Idem, *A era dos direitos*. Tradução de Carlos Nelson Coutinho. Rio de Janeiro: Campus, 1992.

164 "Isso tudo já aconteceu várias vezes na história. O que é concebido de maneira ideal e elevada, embrutece, materializa-se. Assim a Grécia tornou-se Roma, assim a sabedoria russa tornou-se a Revolução Russa". Boris Pasternak, *Doutor Jivago*. Prefácio de Marco Lucchesi, tradução de Zoia Prestes. Rio de Janeiro: Record, 2002, ed. digital. [Na tradução italiana, que Losano utiliza, aparece a expressão "iluminismo russo"; na tradução brasileira, por sua vez, o tradutor usa a expressão "sabedoria russa" (N. T.)]. Bobbio cita este trecho em *Il futuro della democrazia. Una difesa delle regole del gioco*. Turim: Einaudi, 1984, p.8 (nova ed. 1995, cf. cap.6, nota 7). A mesma frase volta no título de um ensaio de Michelangelo Bovero, "Gli ideali e la rozza materia". *Il dualismo politico di Norberto Bobbio*, p.145-57. In: Luigi Ferrajoli; Paolo di Lucia (orgs.). *Diritto e democrazia nella filosofia di Norberto Bobbio*. Turim: Giappichelli, 1999.

165 Bobbio, *Teoria geral da política – A filosofia política e as lições dos clássicos*. Michelangelo Bovero (org.). Trad. Daniela Beccaccia Versiani. Rio de Janeiro: Campus, 2000. 717p. Essa antologia

como reflexo da dicotomia máxima presente nas grandes dicotomias singulares do pensamento político.

Em síntese, eis as seis áreas propostas por Bovero:

1. A primeira área é "a filosofia política e o discurso dos clássicos": esta contém as indicações de método para abordar a política seguindo a lição dos clássicos.
2. Na área "política, moral e direito" encontra lugar a relação entre a política e as outras grandes áreas do mundo da prática; aqui o ensaio "A política",[166] de 1987, oferece uma teoria geral da política *in nuce*.
3. "Os valores e as ideologias" são tratados nos escritos sobre a liberdade, sobre a igualdade e sobre a justiça, bem como sobre os movimentos políticos que afirmaram esses valores.
4. A área da "democracia" compreende as pesquisas sobre os princípios da democracia e também sobre suas técnicas, especialmente sobre a visão procedimental da democracia de derivação kelseniana.
5. À de democracia, soma-se a área "direitos humanos e paz", os outros dois temas fundamentais da pesquisa em ciência política de Bobbio, que se tornaram famosos graças ao sucesso do ensaio sobre a guerra e a paz de 1979.[167]
6. Com a área "mudança política e filosofia da história", o estudo do presente se conecta ao interesse histórico sempre presente na escola turinense. Bobbio o aborda examinando a antítese entre revolução e reformas. Chegamos assim aos temas mais recentes e atuais: em particular, o da disparidade entre progresso técnico e progresso moral.

Da pesquisa política, voltamos agora à jurídica. A visão analítica de Bobbio é, para Guastini, "a raiz de toda a escola italiana de teoria geral do direito".[168] Com efeito, a produção de Bobbio é tão rica que quem trabalhou com ele pôde escolher o setor que mais lhe convinha e, depois, desenvolvê-lo

---

(sobre a qual voltaremos no Capítulo 6) oferece aquela "teoria geral da política" esboçada muitas vezes por Bobbio, mas jamais realizada por ele. Bovero – na escolha dos "quarenta ensaios por fim selecionados" juntamente com Bobbio – seguiu "dois critérios principais, não sempre de fácil combinação: a exemplaridade e a novidade" (p.60) e, depois, ordenou sistematicamente os escritos assim individuados.

166 Idem, La politica. In: AA.VV., *La società contemporanea*. Turim: Utet, 1987, v.I, p.567-87.
167 Idem, *O problema da guerra e as vias da paz*. Trad. Álvaro Lorencini. São Paulo: Editora Unesp, 2003. 181p. Ver também Bobbio, *Una guerra giusta? Sul conflitto del Golfo*. Pádua: Marsilio, 1991. 90p.
168 Essa escola é identificada, para Guastini, "de Scarpelli a Tarello, de Gavazzi a Lazzaro, de Losano a Conte, de Pattaro a Guastini".

autonomamente. Por isso, definir a extensão da "Escola de Bobbio" se torna difícil, a ponto de a autora do volume espanhol dedicado aos discípulos de Bobbio atuantes no setor jurídico-analítico deter-se várias vezes na explicação das razões da inclusão ou da exclusão de um nome. O que está claro é que "os anos de 1960 são a década fundamental da filosofia jurídico-analítica italiana. Na verdade, é nessa década que começa a poder se falar de uma 'escola', se esta palavra significar uma pluralidade de componentes".[169] Essa referência à década de 1960 é particularmente interessante, porque se associa também a um florescimento editorial de textos jurídicos não apenas analíticos (examinados no parágrafo 3.7). De fato, a "escola" era, em parte, analítica no plano jurídico, mas pluralista no plano político: portanto, estava aberta a todas as curiosidades, para poder fazer, depois, as próprias escolhas com conhecimento de causa.

Em geral, uma escola tem seu ponto de agregação em uma revista ou em uma atividade comum. Para a Escola de Turim – que nesta fase da sua história se identifica com a "Escola de Bobbio" –, o ponto de agregação foi, por um breve mas entusiasmante período, a editora Einaudi. Em seu catálogo se encontravam as obras dos grandes autores que, de tempos em tempos, despertaram o interesse da variada escola turinense; os jovens de então estavam presentes como tradutores e organizadores: a maioria, de textos jurídicos; outros – como Amedeo G. Conte – de obras filosóficas. Na minha opinião, se existiu um período em que a Escola de Turim se revelou também como "Escola de Bobbio", na sua máxima intensidade, este pode ser identificado no período de tempo que culmina no quinquênio de 1965 a 1970. Naqueles anos, os interesses individuais de cada estudioso se coordenaram em um esforço editorial que forneceu aos filósofos italianos do direito os textos com os quais concordar ou discordar pelos vinte anos seguintes.

Os escritos de Bobbio, sobretudo na segunda metade de sua vida, foram traduzidos no exterior e exerceram, particularmente, uma vasta influência sobre a filosofia jurídica e política dos Estados ibéricos e sul-americanos. Mesmo não querendo abordar o tema da fortuna crítica de Bobbio fora da Itália, pode ser útil relembrar sua difusão na América Latina, mesmo porque

---

169 María Ángeles Barrère Unzueta, *La escuela de Bobbio. Reglas y normas en la filosofía jurídica italiana de inspiración analítica*. Madri: Tecnos, 1990, p.35; confira também um balanço dos anos de 1970 na p.76. Na verdade, o volume inteiro é importante para um exame aprofundado de uma "escola" em devir.

é dessa região que veio o impulso de associar a função à estrutura do direito (cf. parágrafos 5.4 e 5.5).

O chileno Agustín Squella Narducci, retomando o livro já citado de María Ángeles Barrère Unzueta sobre a "Escola de Bobbio", afirma que

> [...] no âmbito sul-americano, não é possível encontrar nada parecido à "Escola de Bobbio" existente na Itália, mesmo que nessa área seja possível encontrar um bom número de discípulos e seguidores do Mestre. Entendo por discípulos, quem aprendeu com ele, com a impostação e com a orientação geral de seu pensamento, tentando aprofundá-lo e desenvolvê-lo; enquanto que, por seguidores, entendo quem – sobretudo na tarefa de docente – faz referência apenas às ideias e aos textos do autor, sem chegar a manter com ele um grau de identificação e de compenetração intelectual e emotivo tão elevado e intenso quanto o que se vê em seus discípulos. [...] Discípulos e seguidores, consequentemente, eis quem segue Bobbio, na minha opinião, na América ibérica. Trata-se de um número significativo, porque a quantidade de ambos deve ser apreciada não em termos absolutos, mas sim em relação ao número mais escasso de pessoas que, nos nossos países, dedicam-se verdadeira e seriamente aos problemas da filosofia do direito e da filosofia política.[170]

Na Espanha, a influência de Bobbio foi muito forte em duas figuras centrais da resistência ao franquismo e do renascimento democrático, Elías Díaz e Gregorio Peces-Barba (1938-2012). Sobre isso, este último escreve:

> Tanto na filosofia do direito quanto na filosofia política e em todos os inúmeros temas dos quais ele tratou, e que eu gostaria de aprofundar, ele teve sobre mim uma influência importante; colaborei diretamente ou indiretamente com a publicação das suas obras em espanhol.[171]

Indiretamente também: com efeito, Elías Díaz e Gregorio Peces-Barba são os mentores de uma numerosa leva de jovens filósofos do direito, que foram direcionados ao estudo de Bobbio, e agora estão dispersos por toda a

---

170 Agustín Squella Narducci, *Presencia de Bobbio en Iberoamérica*. Valparaíso: Edeval, 1993, p.20; Agustín Squella escreveu também *Norberto Bobbio: un hombre fiero y justo*. Santiago: Fondo de Cultura Económica Chile, 2005, 274p., e organizou o volume *Norberto Bobbio. Estudios en su homenaje*. Valparaíso: Edeval, 1987, 437p. (vasta coletânea de contribuições latino-americanas e europeias). Sobre a difusão de Bobbio na América do Sul, cf. nota 173, a seguir.

171 Gregorio Peces-Barba, *La democracia en España. Experiencias y reflexiones*. Madri: Temas de Hoy, 1996, p.93.

Espanha. Muitos dos estudos sobre Bobbio em espanhol citados nestas páginas apresentam essa origem comum, enquanto um dos doutorados *honoris causa* de Bobbio foi concedido pela Universidade Carlos III de Madri, em 1994, quando Gregorio Peces-Barba era reitor.[172]

Na América Latina, as obras de Bobbio, tanto as de filosofia do direito quanto as de filosofia política, foram bem-sucedidas. Na reconstrução da fortuna crítica brasileira de Bobbio, o filósofo do direito Celso Lafer, de São Paulo, sublinha que Bobbio foi apresentado no Brasil por Miguel Reale (nascido em 1910 e, por isso, coetâneo de Bobbio), patriarca dos filósofos do direito do Brasil e jurista positivo de primeira grandeza, como demonstra a contribuição decisiva dada ao novo Código Civil brasileiro de 2002. Segundo Lafer:

> [...] o interesse dos juristas, no nosso país [isto é, o Brasil] pelos seus trabalhos, deriva da sua visão da filosofia do direito, concebida *sub specie iuris*. Precisamente, porque a sua filosofia do direito é a de um jurista que parou para pensar os problemas concretos colocados pela experiência jurídica, as suas respostas precisas e rigorosas são relevantes e se tornaram um indispensável ponto de referência para o mundo jurídico brasileiro.

Para confirmação dessa influência de Bobbio sobre a práxis do direito, Celso Lafer cita um *leading case* que, em setembro de 2003, tumultuou o Brasil (o próprio Celso Lafer deu um parecer decisivo para a solução do caso). O Supremo Tribunal Federal

> [...] confirmou [...] a condenação pelo crime da prática de racismo Sigfried Ellwanger, um editor de Porto Alegre de explícita orientação nazista que se dedicava de maneira sistemática e reiterada a promover o ódio racial, seja por meio de publicações notoriamente antissemitas, seja por um livro de sua autoria

---

172 Para compreender a influência de Bobbio sobre essas duas figuras centrais da filosofia jurídica e política espanhola, basta observar as suas obras, em que Bobbio está copiosamente presente. Sobre essas figuras, veja-se: Mario G. Losano, Elías Díaz: i vecchi maestri e la nuova Spagna, *Sociologia del diritto*, XXII, 1995, n.3, p.197-206; sobre Gregorio Peces-Barba, que criou na Espanha uma vasta e enraizada escola dedicada ao estudo dos direitos fundamentais: Peces-Barba, *Etica pubblica e diritti fondamentali*. Tradução e organização: Michele Zezza, prólogo de Mario G. Losano. Milão: Franco Angeli, 2016, p.7-20; Mario G. Losano, Una laurea honoris causa a un filosofo del diritto spagnolo: Gregorio Peces-Barba Martínez, *Rivista internazionale di filosofia del diritto*, 2008, p.549-76; Idem, Una doppia militanza nella Spagna della transizione alla democrazia, *Teoria politica*, XII, 1997, n.2, p.81-95.

denegando o Holocausto. Nesse julgamento, que se estendeu de dezembro de 2002 a setembro de 2003, Bobbio foi amplamente citado pelos Ministros do Supremo, que se valeram, nos respectivos votos, das suas lições na *Era dos Direitos*, cuja primeira edição brasileira é de 1992 e das suas reflexões sobre a natureza do preconceito e racismo hoje, recolhidos no *Elogio da serenidade*, cuja primeira edição brasileira é de 2002.[173]

Acredito que esse seja o exemplo mais convincente de como a "filosofia do direito dos juristas", praticada por Bobbio, possa servir de ajuda aos juristas positivos na solução de casos particularmente controversos.

---

[173] Alberto Filippi; Celso Lafer, *A presença de Bobbio. América Espanhola, Brasil, Península Ibérica*. São Paulo: Editora Unesp, 2004, 174p. As citações se encontram nas páginas 128-9. O ensaio de Filippi analisa a área linguística espanhola (sobretudo Argentina, México, Venezuela e Espanha, p.15-102, bibliografia p.103-22), enquanto Celso Lafer se concentra no Brasil (p.125-60, bibliografia p.161-8). O volume completo está publicado também em espanhol. Os ensaios de Alberto Filippi, *Bobbio nella cultura di lingua spagnola*, e de Celso Lafer, *Bobbio in Brasile*, encontram-se também em italiano – respectivamente nas p.73-94 e p.95-121 – no volume de Valentina Pazé (org.), *L'opera di Norberto Bobbio. Itinerari di lettura*. Milão: Franco Angeli, 2005, 174p. Cf. também Carlos Henrique Cardim (org.). *Bobbio no Brasil. Um retrato intelectual*. Brasília: Universidade de Brasília, 2001, 160p.; e Agustín Squella Nasducci, cf. nota 170.

2
A vida de Bobbio, em linhas gerais

2.1. As raízes piemontesas

A formação cultural de Bobbio se deu integralmente em Turim. Entretanto, as raízes emocionais mais profundas, as lembranças da infância e os afetos de família, devem ser procuradas nas colinas piemontesas, em Alexandria e nas suas redondezas. Sua família paterna era originária dessa cidade, enquanto a materna era de um pequeno povoado com cerca de 1.500 habitantes, também na província de Alexandria, Rivalta Bormida: "povoado um pouco rústico, sem turistas e sem diversões mundanas",[1] onde Bobbio começou a "viagem em descoberta do mundo, protegido pelo calor dos afetos",[2] e de onde comunicava a Solari: "Consegui retomar o curso das minhas leituras e dos meus pensamentos, interrompido aproximadamente no dia da minha graduação", isto é, 11 de julho de 1931, e "os meus próximos ideais são os de continuar os estudos de filosofia do direito".[3] De Turim, cidade de seus estu-

---

[1] Norberto Bobbio a Gioele Solari, Rivalta Bormida, 28 de agosto de 1931. In: D'Orsi, *La vita degli studi*, op. cit., p.91-2.

[2] Das últimas vontades de Norberto Bobbio, datadas de 4 de novembro de 1999: Comitato Nazionale per le Celebrazioni del Centenario della Nascita di Norberto Bobbio, *Ricordi e discorsi in occasione dell'apertura dell'anno bobbiano (Rivalta Bormida, 9 gennaio 2009-Torino, 10 gennaio 2009)*. Turim: Aragno, 2009, p.13-4 (edição não comercializada).

[3] Cf. nota 1, acima.

dos e ponto de partida de suas viagens, Bobbio voltava a Rivalta, lugar da meditação e de repouso e, enfim, também do repouso eterno.

2.1.1. A INFÂNCIA

Bobbio era afeiçoado a Rivalta, onde passava as férias de verão, quando criança, e onde hoje está enterrado. A esse mundo camponês estavam ligadas lembranças inesquecíveis que emergem nas páginas do Bobbio de 85 anos, quando defende a causa da igualdade, "estrela polar" da esquerda:

> A razão fundamental pela qual em algumas épocas de minha vida tive algum interesse pela política [...] sempre foi o desconforto diante do espetáculo das enormes desigualdades, tão desproporcionais quanto injustificadas, entre ricos e pobres [...]. Essas diferenças eram particularmente evidentes durante as longas férias no campo, quando nós, vindos da cidade, brincávamos com os filhos dos camponeses. Para dizer a verdade, entre nós havia um perfeito entendimento afetivo e as diferenças de classe eram absolutamente irrelevantes, mas não nos escapava o contraste entre nossas casas e as deles, nossos alimentos e os deles, nossas roupas e as deles (no verão, andavam descalços). Todo ano, retornando ao campo nas férias, ficávamos sabendo que um dos nossos companheiros de brincadeiras morrera durante o inverno de tuberculose. Não me recordo, porém, de uma única morte por doença entre meus colegas de escola na cidade.[4]

No começo do século XX, os pequenos universos familiares tinham o hábito de se reunir periodicamente em alguns lugares carregados de lembranças. Também a família de um importante cirurgião, como a de Bobbio, viajava, durante as férias, para a praia, na Ligúria, ou para a montanha, no Vale de Aosta, mas sempre voltava de trem de Turim para o campo das origens e, na viagem, parava em Alexandria para visitar o avô Antonio, progenitor da família turinense. Nesse sentido (e apenas neste!) Bobbio podia dizer: "Eu sempre fui um provinciano", e acrescentava: "Você sabe como são chamados os turinenses? *Bôgianen*. Significa que eles não se mexem, que ficam sempre no seu buraco".[5]

---

[4] Bobbio, *Direita e esquerda. Razões e significados de uma distinção política*. São Paulo: Editora Unesp, 1995, p.125.

[5] Norberto Bobbio; Maurizio Viroli, *Dialogo intorno alla repubblica*. Roma-Bari: Laterza, 2001, p.14. Na anedota piemontesa, a palavra *"bôgianen"* nasce com a batalha da Assietta de 1747, quando os

Esse vínculo com a terra dos pais era forte tanto em Norberto Bobbio quanto em seus amigos de juventude. Cesare Pavese, das colinas de Langhe, dedicou ao amigo alexandrino o romance *Paesi tuoi* [As tuas aldeias] com a dedicatória: "Ao querido Bobbio, conterrâneo, Cesare Pavese 29-6-41".[6] Muitos anos depois, Bobbio dedicou a mim o volume das *Memorie* [Memórias], do seu avô Antonio, com estas palavras: "A Mario Losano, entre Casale e Alexandria, lembranças de outros tempos, com afeto, Norberto Bobbio, 3.5.94": um duplo aceno, às cidades da nossa infância e a outro livro do avô Antonio, *Da Alessandria a Casale* [De Alexandria a Casale].

A família de Antonio Bobbio não era vinculada à indústria: dois filhos de Antonio – Valentino e Cesare – seguiram carreira militar até chegar aos mais altos escalões: o primeiro foi general de divisão, e o segundo, general e professor de história militar na Escola de Guerra de Turim. Giovanni (biógrafo de seu pai Antonio) foi conselheiro de Estado. Luigi, pai de Norberto, tornou-se um cirurgião conceituado. O avô indicou o mundo dos livros para os filhos e os netos. Professor de ensino fundamental e, depois, coordenador didático, publicou escritos sobre os positivistas Herbert Spencer e Roberto Ardigò,[7] sobre Alessandro Manzoni[8] e também sobre a própria terra.[9] Além disso, deixou sete fascículos manuscritos de *Memórias*, que serviram de base para a sua biografia, escrita pelo filho Giovanni, em 1923[10] e que foram parcialmente publicados em 1994 com um prefácio do neto Norberto.[11]

O primeiro nome de Norberto Bobbio se deve ao lado materno da sua família. Era tradição – hoje perdida – que nas famílias os nomes passassem de

---

    piemonteses não se retiraram em face das tropas francesas: indica, portanto, também firmeza, e não apenas sedentarismo. Reencontraremos o termo em Gozzano, em nota a seguir.

6 Esta dedicatória é reproduzida no catálogo da mostra para o centenário do nascimento de Bobbio: Paola Agosti; Marco Revelli (orgs.). *Bobbio e il suo mondo. Storie di impegno e di amicizia nel 900*. Turim: Aragno, 2009, 223p., op. cit. na p.120.

7 Antonio Bobbio, *Esposizione critica esplicativa delle dottrine pedagogiche di Herbert Spencer, con appendici e note*. Turim: Tipografia dell'Unione dei Maestri, 1887, 336p.; *Il critico al difensore dello Spencer prof. G. Toti*. Alexandria: Tipografia Sociale, 1888, 28p.; *La scienza dell'educazione secondo la mente di Roberto Ardigò*. Turim: Libreria Scolastica di G. Scioldo, 1894, 71p.

8 Idem, *Il vero, il bello e il buono, l'arte somma nei Promessi Sposi. Studio critico*. Florença: Bemporad, 1904, 290p.; *Il Manzoni nella vita e nell'arte. Conferenza tenuta il 2 maggio 1920 al Politeama alessandrino*. Alexandria: Tipografia Popolare, 1920, 33p.

9 Idem, *Da Alessandria a Casale. Impressioni e storiche reminiscenze*. Alexandria: Botto, 1878, 159p.

10 Giovanni Bobbio, *La vita e le opere di Antonio Bobbio*. Tipografia delle Mantellate. Roma, 1923, 125p.

11 Antonio Bobbio, *Memorie*, organizado por Cesare Manganelli, prefácio de Norberto Bobbio. Alexandria: Il Piccolo, 1994, 173p.

geração a geração. Porém, a família da mãe de Norberto Bobbio, Rosa Caviglia, era muito numerosa e quando nasceu seu mais novo filho, "já não tendo à sua disposição os costumeiros sete ou oito nomes de família", deram-lhe o nome de um "não excelso poeta" piemontês, hoje esquecido, mas "à época, em voga: Norberto Rosa". Por isso, esse "nome tão estranho à onomástica do Monferrato" passou de "um menino ignaro nascido em 1847" a "um ainda mais ignaro netinho seu, que nasceria depois de mais de setenta anos".[12]

2.1.2. A JUVENTUDE

O "ignaro netinho" nasceu em 1909, às vésperas de anos cheios de agitações, como a entrada da Itália na Primeira Guerra Mundial e o advento do fascismo. Galante Garrone, também nascido em 1909, reflete sobre quanto a intensidade daqueles anos influiu sobre a vida dos jovens: seu termo de comparação é o amigo Antonio Giolitti, nascido em 1915. "A distância temporal entre aquela geração e a minha é pequena", contudo, "a diversidade da atmosfera respirada é enorme". Para Galante Garrone (e, portanto, para Bobbio), "o momento da maturação intelectual e cultural, no liceu, assim como na universidade, foi muito diferente" do "de quem nasceu poucos anos depois". A geração de Galante Garrone se apaixona pelos escritos de Piero Gobetti, "já com dificuldade de circulação", e tem Benedetto Croce como *nume tutelar*. Cinco anos depois, nos "anos de consenso" ao fascismo, Giolitti afirma "nunca ter encontrado um verdadeiro mestre". Sua geração "foi obrigada, por exemplo, a usar a camisa negra". Os ensinamentos de Gobetti e Rosselli "já haviam perdido intensidade", de modo que "esta geração não conseguiu se manter indiferente aos apelos de um certo tipo de fascismo que se apresentava quase como um elemento de modernidade e de rejuvenescimento da cultura italiana".[13] Os "Littoriali[14] de cultura" envolveram muitos dos futuros antifascistas: o dirigente comunista Pietro Ingrao conta como, em 1945, por causa de sua participação juvenil na competição, os jornais romanos de direita o chamaram de "poeta do regime".[15] Os jovens das primeiras décadas do século XX, porém, atribuíram ao fascismo "um consenso epidérmico e de

---

12 Norberto Bobbio, *Diário de um século. Autobiografia*, op. cit., p.4.
13 Alessandro Galante Garrone, *Il mite giacobino. Conversazione su libertà e democrazia raccolta da Paolo Borgna*. Roma: Donzelli, 1994, p.64-8.
14 Competições culturais e esportivas nacionais do período fascista. (N. T.)
15 Pietro Ingrao, *Volevo la luna*. Turim: Einaudi, 2006, p.40; ver o capítulo "I littoriali", p.36-46.

breve duração" e mais adiante se alinharam ao Partido de Ação e ao Partido Comunista.[16]

Norberto Bobbio, em 1984, já com 75 anos, chamava a atenção para o ano de 1909: "Ter nascido em 1909 significa que, quando o fascismo caiu, tínhamos 35 anos, isto é, tínhamos chegado à metade do nosso caminho, e que, tendo passado, desde então, mais 30 anos, passamos no pós-fascismo a outra metade. Significa, enfim, que o fim do fascismo dividiu em duas partes, mais ou menos iguais, a nossa vida". Essa geração "vê a própria vida dividida por uma profunda fratura, por um antes e um depois, e considera o momento da fratura como o momento do renascimento".[17] Por isso, quem foi moldado por essa experiência não pode aceitar a tese de que exista algum tipo de continuidade entre fascismo e pós-fascismo; aliás, Bobbio nega que tenha existido uma cultura fascista, suscitando, por causa disso, críticas e esclarecimentos que duram até hoje.[18]

A abastada família do cirurgião turinense era moderadamente filofascista,[19] como a maioria da burguesia de Turim, mas Norberto Bobbio, no liceu d'Azeglio, teve professores antifascistas, entre os quais Umberto Cosmo, Zino Zini e, sobretudo, Augusto Monti. Muitos de seus excepcionais colegas também eram ou se tornariam antifascistas: Cesare Pavese, Giulio Einaudi, Leone Ginzburg, Massimo Mila e muitos outros. "O liceu Massimo d'Azeglio foi, naqueles anos, uma forja de antifascistas", escrevia Monti, "mas não por culpa ou por mérito de um ou de outro professor, mas, por efeito do clima, do solo, do 'ambiente' turinense e piemontês".[20]

---

16 Galante Garrone, *Il mite giacobino*, op. cit., p.64-8. Na realidade, os efeitos dessa breve distância de tempo eram modificados ou cancelados, nos indivíduos, também pela influência do ambiente familiar ou cultural. Mas a Guerra da Abissínia e as leis raciais levaram muitos deles à Resistência. Essa diferença de caminhos, embora direcionados a metas similares, refletia-se também nas relações entre Piero Calamandrei e o filho Franco: cf. Franco Calamandrei, Piero Calamandrei, mio padre, no primeiro volume de Piero Calamandrei, *Diario 1939-1945*. Florença: La Nuova Italia, 1997, 2 vols.

17 Bobbio, *Maestri e compagni*, op. cit., p.9, em que Bobbio compara a sua vida com a de Eugenio Garin, nascido também em 1909.

18 Bobbio discutiu várias vezes o tema da negação da cultura fascista: sobre o debate suscitado, cf. Mario G. Losano, Tra democrazia in crisi e corporativismo in ascesa. Il primo libro italiano di Hans Kelsen. In: Hans Kelsen; Arnaldo Volpicelli, *Parlamentarismo, democrazia e corporativismo*, prefácio e organização de Mario G. Losano. Turim: Aragno, 2012, p.8-24.

19 Simpatizante do fascismo. (N. T.)

20 Augusto Monti. *I miei conti con la scuola*. Turim: Einaudi, 1965, p.232.

Todavia, explicava Bobbio no discurso proferido na entrega do prêmio Giovanni Agnelli, "há modos diferentes de interpretar o jeito de ser dos turinenses"; há o Gianduja[21] que, "em uma bonita e melancólica poesia de Gozzano", aconselha uma certa indiferença: "*A l'è questiôn d' nen piessla*",[22] "basta não se deixar envolver, basta não implicar". "Não," admite Bobbio, "eu sempre impliquei. E continuo a implicar. Eu sou implicante. E, nestes tempos, acredito ter boas razões para ser assim":[23] de fato, era 1995 e começava a era Berlusconi.

Os vínculos entre o grupo de estudantes do liceu eram reforçados também pelo fato de morarem na mesma região de Turim, nos bairros da burguesia tradicional da Crocetta e de San Secondo, como lembra Bobbio, no citado discurso de 1995: "Morei sempre na pequena área que está entre as torres das igrejas – não sublimes do ponto de vista arquitetônico – de San Secondo e da Crocetta".

A geração turinense que se formou nos anos de 1920 e de 1930 conduzia uma vida social difícil até de se imaginar hoje em dia: os encontros em casa, no café, no cinema; algumas festas em casa ou à noite em um salão de baile; um passeio no centro, uma excursão pela montanha ou de barco no rio Pó, uma excursão de bicicleta ou para esquiar; como diversão, a leitura ou o rádio, pouco mais que isso. Uma janela sobre esse mundo foi aberta pela mostra preparada para o centenário do nascimento de Bobbio, cujo catálogo se intitula *Bobbio e o seu mundo*. Podemos ler no catálogo: "Uma densa rede de relações, em que amizade, empenho político, cultura, afetos, relações biográficas profundas se entrelaçam estritamente ao redor de um conjunto de espaços e lugares em que essa 'comunidade moral', em momentos diferentes no tempo, em ocasião de eventos históricos significativos, reuniu-se e consolidou esta malha de relações".[24] Esse "pequeno mundo antigo" induziu os organizadores da mostra a preparar também um mapa topográfico

---

21 *Gianduja*: o termo significa alguém que bebe muito, um "João Vira Caneca". É uma máscara popular turinense que representa, na tradição do carnaval piemontês, um personagem alegre e libertino, mas também honrado e corajoso. (N. T.)

22 É a estrofe final do poema "Torino" de Guido Gozzano (*I colloqui*, 1911): "*Evviva bôgianen... Sì, dici bene, / o mio savio Gianduia ridarello! / Buona è la vita senza foga, bello / godere di cose piccole e serene... / A l'è questiôn d' nen piessla... Dici bene / o mio savio Gianduia ridarello!...*". [Viva bôgianen... sim, você está certo, / oh meu sábio Gianduia risonho! / Boa é a vida sem ardor, bom / gozar de coisas pequenas e serenas... / A questão é não implicar... Você está certo / oh meu sábio Gianduia risonho!...] Sobre o termo *"bôgianen"*, cf. nota acima.

23 Bobbio: ecco perché appartengo a Torino. In: *La Stampa*, 9 abr. 1995, p.40.

24 Agosti, Revelli (orgs), *Bobbio e il suo mondo*, op. cit., p.15.

dos dois bairros, no qual são indicadas as habitações dos membros principais do grupo.[25]

Os turinenses, contudo, tinham a tendência a constituir um mundo à parte. Durante o fascismo, o futuro dirigente comunista Pietro Ingrao, que, então, como já dito, participava ativamente (e com sucesso) dos "Littoriali" da cultura, os definia assim: "Quase ninguém foi àqueles Littoriali [de Florença] da estirpe turinense: não apenas pelo orgulho solitário que sempre marcou a cidade de Vittorio Emanuele II e da Fiat, mas talvez porque lá o antifascismo cultural tinha uma nítida primazia e também a sua separação, que foi interrompida apenas com a entrada em cena de Giulio Einaudi".[26]

2.1.3. A UNIVERSIDADE

A passagem do liceu à universidade não enfraqueceu esses vínculos de amizade. Bobbio se inscreveu na Faculdade de Jurisprudência da Universidade de Turim em 1927 e se graduou em 1931, com o filósofo do direito Gioele Solari, com o qual tinham se graduado numerosos antifascistas, entre os quais Piero Gobetti e Renato Treves. Admitido, sucessivamente, para o terceiro ano da Faculdade de Letras e Filosofia, graduou-se em 1933, com Annibale Pastore em Filosofia Teorética, depois de ter frequentado por dois anos seu curso sobre Edmund Husserl, "talvez o primeiro na Itália".[27]

Enquanto o magistério e o exemplo de Gioele Solari acompanharam Bobbio pelo resto da vida, as aulas de Pastore inicialmente suscitaram nele um vivo interesse por Husserl, mas destinado a se extinguir no pós-guerra. Lembra Bobbio:

> Entre os nossos mestres, o personagem mais singular, tanto que parecia um pouco extravagante, era Annibale Pastore, que ocupava com empenho, fervor e capacidade de se fazer ouvir, a cátedra de Filosofia Teorética, dividido entre impulsos místicos e rigores lógicos, que o induziram a inventar uma nova lógica, batizada "lógica da potencialização", e a fundar um laboratório de lógica experimental que deveria construir fabulosas máquinas pensantes.[28]

---

25 Ibid. p.38. É possível reconhecer as habitações de Franco Antonicelli, Norberto Bobbio, Umberto Cosmo, Giulio Einaudi, Vittorio Foa, Leone Ginzburg, Massimo Mila, Augusto Monti e Cesare Pavese. Cf. também Maurizio Ternavasio, *Crocetta. Storia di un quartiere*. Turim: Graphot, 2009, 155p.
26 Ingrao, *Volevo la luna*, op. cit., p.42-3.
27 Bobbio, *La mia Italia*, op. cit., p.97.
28 Ibid.

Portanto, o mestre de Bobbio foi, sobretudo, Gioele Solari.

Relendo as cartas da juventude, surpreende hoje a extraordinária participação na vida não apenas de Bobbio, mas de todos os seus discípulos e suas famílias: Solari não só acompanha todos os momentos da formação da família de Bobbio, mas escreve também às mães dos seus alunos para transmitir mensagens tranquilizadoras. "Realmente Solari age mais como um pai para Bobbio que como um professor" e sua "paterna solicitude" se manifesta também para com outros alunos:

> Renato Treves, em primeiro lugar, por causa dos dramáticos acontecimentos que precedem e seguem as peripécias ligadas a sua condição de judeu em fuga da Itália racista para a América Latina. Ou Luigi Firpo que, diferentemente de Bobbio, vive uma situação familiar difícil e, portanto, "precisa ajudá-lo, pelo menos, a ganhar a vida". Ou mesmo [Alessandro] d'Entrèves, que trará dissabores ao seu mestre.[29]

Todavia, uma formulação sintética demais (ou um erro de impressão) em sua *Autobiografia intelectual* pode induzir o leitor ao erro. "Os vinte meses da Guerra de Libertação, que seguiram de setembro de 1943 a abril de 1945", lembra Bobbio, "dividiram, aliás, partiram o curso da vida de cada um de nós em um 'antes' e um 'depois'". O único elemento de continuidade entre o "antes" e o "depois", para Bobbio, foram os estudos de filosofia do direito, "que comecei em 1934 sob a orientação de Gioele Solari, com um estudo sobre a influência que então a fenomenologia de Husserl tinha começado a exercer sobre a filosofia jurídica e social".[30] Na verdade, a tese em Filosofia do Direito com Gioele Solari foi defendida em 1931 e se intitulava *Filosofia e dogmática do direito*.[31] *A fenomenologia de Husserl*, tema favorito de Annibale Pastore, no entanto, foi objeto da tese em Filosofia Teorética, defendida em 1933.[32]

---

29 Angelo D'Orsi, Il discepolo e il maestro. In: *La vita degli studi*, op. cit., p.71. Os dissabores provocados por d'Entrèves a Solari dependeram de concursos acadêmicos: uma precisa e sintética reconstrução desses fatos se encontra no volume de D'Orsi, na p.148, nota 143.

30 Bobbio, *O tempo da memória. De senectute*, op. cit., p.123. Cf. no ensaio *Autobiografia intelectual*, límpida síntese de como Bobbio via a própria vida em 1992.

31 A página de rosto dessa tese, defendida em 11 de julho de 1931, é a seguinte: "Regia Università di Torino / Tesi di Laurea in Filosofia del Diritto / *Filosofia e dogmatica del diritto* / Chiar. mo prof. Gioele Solari / Torino, Giugno 1931-IX" (exemplar conservado no Archivio Storico dell'Università di Torino, de agora em diante ASUT).

32 A página de rosto dessa tese, defendida em 20 de dezembro de 1933, é a seguinte: "Regia Università di Torino / Facoltà di Lettere e Filosofia / Tesi di laurea in Filosofia teoretica / *La fenomenologia*

Ambas as teses foram indicadas para a publicação, mas os volumes que seguiram são diferentes das teses, como veremos melhor em seguida (cf. parágrafos 4.2 e 4.3).

O Piemonte de Bobbio é a terra dos afetos e da juventude, para onde ele voltará definitivamente em 1949, depois da guerra e depois das inevitáveis peregrinações acadêmicas. Todavia, esse caráter piemontês afetivo nunca se tornou retórica nem provincianismo.

A imagem retórica do Piemonte como a "Prússia da Itália" foi sepultada por Bobbio nas páginas finais sobre a cultura turinense entre 1920 e 1950, intituladas justamente *Fim de um mito*: "A velha Turim estava morta e não tinha nascido uma nova"; as jovens gerações ("que falam a cada dia menos o dialeto") "não sabiam o que fazer" com o caráter piemontês; "alguns retratos do homem piemontês, na verdade, do *genus* piemontês, que para nós, da geração crepuscular, eram familiares, hoje em dia aparecem oleográficos". Bobbio relembra alguns deles: "um senso do dever misturado ao prazer do útil", "saber obedecer para saber mandar", "honestos, frios, prudentes"; elogios um pouco calvinistas que, todavia, Bobbio retoma "à guisa de epitáfio", e pergunta-se: "não parece que estamos lendo elogios fúnebres?".[33] (Mas em mim o vírus do caráter piemontês é difícil de matar: gostaria de observar que precisamente a antirretórica afirmada por Bobbio é um traço típico do caráter piemontês.)

Na verdade, já em 1901, o alógeno Zino Zini tinha indicado os defeitos próprios das virtudes piemontesas. Nos turinenses, escrevia,

> [...] prevalece o conservadorismo senhoril e cortês, algo parecido com uma tradição de um modo cortesão de viver civilmente, cheio de etiqueta e de mau humor acadêmico. Aqui as gerações dos funcionários civis e militares deixaram uma marca burocrática, incancelável, sobre todos os muros, sobre todas as ruas. Prédios, ruas, hábitos, imprensa: tudo mantém o uniforme simétrico e regulamentar do que foi feito com a permissão de quem comanda. Nada é espontâneo, bem pouco é moderno. O isolamento deixou o piemontês misoneísta, autoritário, mesquinho, egoísta e teimoso, mais preparado para a obediência que para a iniciativa, pouco curioso e pouco sociável. Em resumo: os alemães da Itália.[34]

---

di Husserl / Chiar.mo Prof. Annibale Pastore / Torino, Novembre 1933, Anno XII – Norberto Bobbio" (exemplar conservado no ASUT).

33 Bobbio, *Trent'anni di storia della cultura a Torino (1920-1950)*. Turim: Cassa di Risparmio di Torino, 1977, p.120-3. Cf. cap.3, nota 148.

34 Citado em Osvaldo Guerrieri, *I Torinesi*. Vicenza: Neri Pozza, 2011, p.9-10.

Mais sabiamente agridoce foi a despedida do toscano Indro Montanelli do jornal *La Stampa* de Turim, quando, em 1974, passou à direção de *Il Giornale*, de Milão. Em seu artigo de despedida, adverte, "ajudará vocês a entender não o Piemonte, mas como o Piemonte é visto pelos que não pertencem a essa região".

Eu sabia muito bem o que pretendia dizer. Mas me paralisava a ideia de falar isso aos piemonteses. [...] Uma raiva cega contra os piemonteses me invadiu. No fundo, pensava, quem são eles? Vamos fazer o elenco de suas virtudes e admitamos, exagerando, que tenham todas elas: e daí? Tudo bem, eles são bons: bons camponeses, bons operários, bons soldados, bons funcionários, bons técnicos, bons empresários: e daí? Tudo bem, eles têm a Fiat, ninguém a partir de agora sabe disso melhor que eu [*La Stampa* era, de fato, propriedade da Fiat]: e daí? Tudo bem, eles são os únicos que sabem como dirigir um Estado, uma diplomacia, um exército: e daí? Tudo bem, são aqueles que fizeram (Deus os perdoe, dizia meu avô) a Itália, nós só os ajudamos a fazê-la pior do que eles conseguiriam fazer, se a tivessem feito sozinhos: e daí? Tudo bem, a cultura deles, que permaneceu sempre ligada à europeia, é menos provinciana que a nossa: e daí? [E concluía]: "Vocês têm razão, mas é justamente este o erro de vocês".[35]

Bobbio percebe o fim do mito piemontês no amigo Cesare Pavese, que na década de 1930 introduziu a literatura americana em uma Itália sufocada também pela autarquia cultural: um mito libertador – escreve Pavese – por causa da "absurda e tragicômica situação de morte civil em que a história, momentaneamente, nos tinha jogado". Foi assim que "a cultura americana se tornou para nós [...] uma espécie de grande laboratório em que, com outra liberdade e com outros meios, perseguíamos a mesma tarefa de criar um gosto, um estilo, um mundo moderno".[36]

Mas, no segundo pós-guerra, o Piemonte de Pavese não era mais o da tradição um pouco oleográfica do Ressurgimento, do Estatuto Albertino, das severas virtudes militares e burocráticas: "Pela primeira vez o Piemonte de Pavese é um Piemonte sem história", e também sem política. Seus heróis não

---

35 Foi sua última rubrica semanal, intitulada *Controcorrente*. Indro Montanelli, Cari Piemontesi mi mancherete, ma che imbarazzo stare tra voi. In: *La Stampa*, 21 abr. 1974, reproduzida também em 28 ago. 2016. Indo a Turim, "falavam-me que lá sofreria com o frio. Mas encontrei, debaixo de um manto de silêncio, o calor".

36 Cesare Pavese, *Saggi letterari*. Turim: Einaudi, 1968, p.174, que retoma o artigo "Ieri e oggi", publicado em *L'Unità* de 3 ago. 1947. A primeira monografia sobre a atividade editorial de Pavese é Gian Carlo Ferretti, *L'editore Cesare Pavese*. Turim: Einaudi, 2017.

vêm do proletariado, e o trabalho é descrito como uma condenação: "Como se tivesse sido arrasada, assim é a Turim operária e industrial, que exaltou, com o seu fervor, os jovens intelectuais saídos da guerra [a Primeira Guerra Mundial], e que sediou, por alguns anos, as suas batalhas".[37] Em suma, "com Pavese, a hagiografia do velho Piemonte acabou para sempre":[38] com esse nítido julgamento, Bobbio sela o seu livro.

Considerando que talvez essa asserção peremptória estivesse envenenada por seu inevitável pessimismo, Bobbio oferece logo depois o antídoto, em uma nota de rodapé: nos ensaios de Luigi Firpo, "o leitor encontrará muitas páginas sobre a história de Turim e sobre as características dos turineses, que o tirarão do desconforto que minhas considerações finais podem ter provocado".[39]

Em Bobbio encontramos, por fim, a recordação das virtudes (míticas ou reais) do Piemonte, mas não o provincianismo, visto que a atividade cultural de Bobbio não conhecia fronteiras. Os próximos parágrafos documentam a sua descoberta da cultura alemã e inglesa, o interesse político pela nova China e, mais adiante, sua abertura às contribuições sul-americanas (cf. parágrafos 5.4 e 5.5). Não por acaso, um dos autores por quem, desde a juventude, Bobbio teve mais afinidade e apreço foi Carlo Cattaneo, áspero adversário do reino piemontês, ao qual Cattaneo atribuía a falência da revolução milanesa e da Primeira Guerra de Independência; à monarquia centralista desse reino, Cattaneo opunha o seu federalismo, no qual se inspira Bobbio, em 1945.[40] O mundo dos afetos é uma coisa, o mundo da cultura e do estudo é outra, mesmo que na velhice Bobbio amasse repetir: "Valem mais os afetos que os conceitos".

2.2. O INÍCIO DA CARREIRA UNIVERSITÁRIA NOS ANOS DO FASCISMO

Em 1931, Bobbio se graduou em Jurisprudência com Gioele Solari e, em 1933, em Filosofia Teorética, com Annibale Pastore: sobre os argumentos

---

37 Bobbio, *Trent'anni di storia della cultura a Torino*, op. cit., p.83-4.
38 Ibid., p.123.
39 Ibid., p.123, nota 210. Bobbio remete a dois escritos de Luigi Firpo: La gente piemontese. In: *Torino metropoli d'Europa*. Turim: Aeda, 1969, p.237-65, e *Torino. Ritratto d'una città*. Turim: Tipografia Torinese, 1971, 138p., e edições sucessivas.
40 Sobre Bobbio, Cattaneo e o federalismo, cf. tópico 6.6.

das duas teses e sobre sua relevância na formação de Bobbio, voltaremos de forma sistemática nos parágrafos 4.2 e 4.3, enquanto nas próximas páginas seguem, sobretudo, a vida e a carreira acadêmica de Bobbio.

2.2.1. A FILOSOFIA DO DIREITO COMO VOCAÇÃO

Bobbio se graduou em Filosofia do Direito em 11 de julho de 1931. Em seguida, depois de alguns dias de férias na praia e na Suíça, retirou-se para a paz de Rivalta Bormida, onde, com 22 anos, tomou "a decisão, que sentia necessária, sobre o meu futuro próximo, que naturalmente se estenderia também ao futuro mais remoto".[41] Comunica a decisão ao mestre Gioele Solari com uma longa carta, que, para Bobbio, seria quase "continuar as conversações que tive frequentemente com o senhor no seu escritório, e nas quais começou e se desenvolveu minha tese e se determinaram, além disso, minhas decisões naturais".

Agora, voltando aos meus livros, e retomado o fio dos meus pensamentos, não quis adiar mais a resolução; enfim, para mim, os meus ideais mais imediatos são os de continuar os estudos de filosofia do direito. Aliás, gostaria de começar passando pelo menos um inverno na Alemanha (sobretudo para aprender bem o alemão): por isso, ficaria grato se o senhor pudesse me aconselhar sobre a cidade em que deveria me estabelecer e sobre a época que deveria escolher para ir até lá.

Seu programa de pesquisa é o aprofundamento de um tema que emergiu outras vezes na tese: o estudo do neokantismo, porque "apenas em uma crítica determinada e firme desta corrente, a nova filosofia tem suas bases e sua justificativa".

Eu me proporia a não separar jamais os estudos filosóficos dos históricos, e não entendo falar somente dos estudos de história da filosofia (o que de fato é evidente por si mesmo), mas da história do direito e, em particular, da história das doutrinas políticas. As relações entre direito e política, entre filosofia do direito e filosofia da política, ainda não foram muito estudadas.

---

41 Norberto Bobbio a Gioele Solari, Rivalta Bormida, 28 de agosto de 1931. In: D'Orsi, *La vita degli studi*, op. cit., p.91-4. As citações deste parágrafo são retiradas dessa carta, salvo indicação diversa. A primeira notícia desta carta está em Angelo D'Orsi, 1931: una lettera programma."Mai disgiungere la storia dagli studi filosofici". In: *La Stampa*, 18 out. 1996.

Assim são traçadas as diretrizes por meio das quais Bobbio desenvolverá suas pesquisas durante a sua longa existência. Seu projeto se baseia em uma convicção bem delineada:

> Este me parece, justamente, um problema vivo e real, com certeza relevante, e também está incluído no que considerei até agora o problema essencial de uma filosofia do direito que não pretenda ser apenas história da filosofia, ou teoria geral do direito.

A resposta de Solari chega rápida e animadora:

> Reservo-me o direito de discutir pessoalmente os seus propósitos presentes e futuros. Mas não posso esperar para dizer que aprovo completamente sua decisão de continuar os estudos de filosofia do direito – que aprovo também, sem ressalva, seu propósito de retomar a fundo o estudo da linha filosófica neokantiana, sobretudo na sua moderna forma na Alemanha – que aprovo seu projeto de ir à Alemanha para passar um período de estudo. Como pode ver, em linhas gerais, aprovo o que foi decidido por meio de uma reflexão madura".[42]

O programa assim traçado e aprovado tomará forma gradualmente nos anos seguintes, da viagem para a Alemanha de 1932 à livre docência e aos concursos para a cátedra, dificultado pelas adversidades políticas e pela guerra, mas com o apoio indefectível do mestre, prometido como viático na conclusão da carta de 1931: "é um prazer poder continuar a assisti-lo nas suas legítimas aspirações e a ajudá-lo a superar as primeiras provas difíceis". Provas difíceis que não tardaram a tomar forma.

2.2.2. A batida policial de 1935 e a polêmica de 1992 sobre a carta de Bobbio a Mussolini

Em 1934, Bobbio e Treves conseguiram a livre docência em Filosofia do Direito.[43] No mesmo ano, Bobbio publicou seu primeiro livro[44] e começou

---

42 Gioele Solari a Norberto Bobbio, Albino (Bergamo), 6 de setembro de 1931. In: D'Orsi, *La vita degli studi*, op. cit., p.94-5.

43 Para Bobbio, o decreto de livre docência em Filosofia do Direito é obtido em "Roma, 4 de março de 1935-XIII". In: ASUT, *Fascículo pessoal* de Norberto Bobbio. Para Treves, o diploma de habilitação à livre docência em Filosofia do Direito é datado em "28 de março de 1935-XIII".

44 Bobbio, *L'indirizzo fenomenologico nella filosofia sociale e giuridica*. Turim: Istituto Giuridico della Regia Università, 1934, 157p.; nova ed. organizada por Paolo di Lucia (Turim: Giappichelli, 2018).

uma colaboração com a *Rivista di Filosofia* que duraria por sessenta anos. Nesse ínterim, continuava a frequentar amigos antifascistas do grupo Justiça e Liberdade, sem, todavia, desempenhar atividades concretas de oposição ao regime, isto é, sem transportar ou difundir escritos e folhetos publicados pelos *fuoriusciti*,[45] nem favorecer os contatos entres estes últimos e os militantes que permaneceram na Itália, coisas que outros militantes de Justiça e Liberdade já faziam.

Em março de 1934, na divisa com a Suíça, dois jovens italianos foram presos com material de propaganda antifascista: "Judeus antifascistas pagos pelos *fuoriusciti* entregues à justiça pela OVRA",[46] anunciava a agência de imprensa *Stefani*. Em 30 de outubro, uma batida policial captura o grupo dirigente milanês de Justiça e Liberdade. Essa operação leva à prisão e condenação dois outros turinenses, Leone Ginzburg e Sion Segre.

A repressão fascista está se movendo em um terreno que não lhe é habitual:

> A conspiração desta classe burguesa inquieta, destes intelectuais que se deslocam entre Itália e França, de vagão leito ou de esquis, deixam a polícia curiosa: acostumada com a perseguição de operários comunistas, que viajam na terceira classe, agora ela precisa se empenhar na vigilância dos prédios *liberty* do bairro Crocetta.

Além disso,

> [...] esta conspiração preocupa e indigna Mussolini e os hierarcas do regime: o fascismo deu e continua dando muito à burguesia. Esses filhos da classe média são, portanto, ingratos, além de perigosos. Talvez exatamente por isso a sua repressão será particularmente dura.[47]

Para chegar a resultados consistentes, a polícia recorreu a um infiltrado do mesmo ambiente dos *"giellisti"*[48] turinenses: o conhecido escritor de romances eróticos e primo de Sion Segre, preso na Suíça, o turinense Pitigrilli – pseudônimo de Dino Segre –, que assumia atitude antifascista, mas que,

---

45 Políticos e militantes que deixaram o país durante o regime fascista na Itália. (N. T.)
46 Polícia política fascista. (N. T.)
47 Borgna, *Un Paese migliore*, op. cit., p.146.
48 Militantes do movimento político Giustizia e Libertà, que se opunha ao fascismo. O nome deriva da sigla em italiano GL (*gielle*). (N. T.)

na verdade, era o "fiduciário 373" da OVRA, a polícia política do fascismo.⁴⁹ Graças às suas delações,

> [...] em 15 de maio de 1935, a polícia fascista puxa a rede, na qual ficam presos todos os militantes e simpatizantes que Foa e Mila haviam conseguido coagular à sua volta depois da prisão de Ginzburg. Duzentas casas de advogados, médicos, engenheiros, escritores, cientistas turinenses foram vasculhadas. Entre os presos, além de Vittorio Foa e Massimo Mila, estão Giulio Einaudi, Cesare Pavese, Michele Giua, Carlo Zini, Piero Martinetti, Luigi Salvatorelli, Norberto Bobbio, Franco Antonicelli, Vindice Cavallera, Alfredo Perelli e seu pai Giannotto.⁵⁰

Parece quase o índice de um dos livros de memórias de Bobbio.

O Tribunal especial do fascismo condenou os militantes de Justiça e Liberdade ao confinamento – ou a anos de prisão. Foa recebeu a condenação mais dura: quinze anos de reclusão, embora não pudesse ser acusado de nada mais que de propaganda subversiva. Tendo entrado na prisão em 1935, com 25 anos, saiu apenas com a queda do fascismo, oito anos depois. Outras condenações foram menos graves, e a Bobbio, particularmente, foi aplicada só uma admonição, ou seja, uma sanção administrativa que o obrigava a ficar em casa das 21 horas da noite às 6 horas da manhã. No entanto, mesmo uma simples advertência poderia constituir um sério impedimento à carreira universitária de Bobbio. Por essa razão, em 8 de julho de 1935, ele enviou uma longa "carta" diretamente a Benito Mussolini, em que precisava a conformidade, sua e de sua família, ao regime.⁵¹

Cerca de sessenta anos depois, essa carta foi desenterrada por uma revista do grupo editorial de Silvio Berlusconi para golpear o prestígio de Bobbio e desacreditar assim o antifascismo em geral.⁵² Para entender esse evento deplorável, é necessário voltar ao contexto político-social italiano do começo da década de 1990. O evento da carta de Bobbio a Mussolini é apenas um

---

49 Sobre esse discutível personagem, espião por vocação mais que por profissão, cf. Umberto Eco, Pitigrilli: o homem que fez mamãe corar. In: *O Super-homem de massa. Retórica e ideologia no romance popular*. Trad. Pérola de Carvalho. São Paulo: Ed. Perspectiva, 1991, p.119-146; Domenico Zùcaro, *Lettere di una spia. Pitigrilli e l'OVRA*. Milão: Sugarco, 1977.

50 Borgna, *Un Paese migliore*, op. cit., p.158.

51 Essa carta de 8 de julho de 1935 foi reproduzida integralmente em Bobbio, *Autobiografia*, op. cit., p.26-8.

52 Giorgio Fabre, Alla lettera, *Panorama*, 12 jun. 1992, p.98; seguido pela entrevista de Fabre a Bobbio. *Che vergogna quegli anni!*, *Panorama*, 21 jun. 1992; Bobbio, Quella lettera al Duce. In: *La*

aspecto daquela "máquina de lama" que, nos vinte anos de governo Berlusconi, era ativada para deslegitimar os adversários políticos.

Em 1989, a queda do Muro de Berlim marcou o fim do comunismo, que culminou, em 1991, com a dissolução da União Soviética e do seu sistema geopolítico. Na Itália, o Partido Comunista Italiano se transformou, em 1991, em Partido Democrático de Esquerda (PDS), em 1998, em Democratas de Esquerda (DS) e, em 2007, no Partido Democrático (PD): híbridos, com uma ideologia incerta e de escassa incisividade política, não obstante o sucesso eleitoral que levou a dois governos de Romano Prodi (1996-1998 e 2006-2008). Em 1992, o Partido Socialista Italiano desapareceu do panorama político, arrastado pelos escândalos surgidos no processo conhecido como "Mãos Limpas". Desmoronaram assim as duas pilastras do antifascismo de esquerda, sobre as quais se fundou a Resistência e que contribuíram a inspirar a Constituição republicana de 1948. O antifascismo não marxista do pequeno Partido de Ação, em que também militou Bobbio, tinha desaparecido havia anos.

No espaço político deixado livre por essas transformações, a direita italiana pôde se expandir e assumir o peso institucional que até então lhe foi impedido. Junto com a ascensão política, veio também um revisionismo histórico da Resistência, que menosprezava o peso da sua componente comunista e socialista e visava colocar no mesmo nível os combatentes, tanto fascistas quanto *partigiani*.[53] Em 1994, nasceu o partido-empresa de Silvio Berlusconi, Força Itália, que se aliou à Aliança Nacional, reencarnação apresentável do Movimento Social Italiano que, no segundo pós-guerra, recolheu a herança do Partido Fascista dissoluto.

Nesse contexto, o ataque frontal aos antifascistas históricos e ao antifascismo da república do pós-guerra preparava também o ataque à Constituição republicana e, em particular, aos seus direitos sociais (incompatíveis com o neoliberalismo triunfante) e às suas instituições (a Liga Norte pedia a transformação do Estado unitário em Estado federal; Força Itália pedia a transformação do parlamentarismo em república presidencial). Para Bobbio, os problemas da Itália não tinham nada a ver com uma reforma constitucional: para fazer funcionar os tribunais lentos demais, a escola envelhecida, a administração pública ineficiente – "problemas antiquíssimos" –, não era

---

Stampa, 16 jun. 1992; Idem, *Diário de um século. Autobiografia*, op. cit., p.26-8. Sobre os artigos pró ou contra Bobbio e sobre o ataque à Resistência, cf. Cecilia Winterhalter, *Raccontare e inventare. Storia, memoria e trasmissione storica della Resistenza armata in Italia*. Bern: Lang, 2010, p.14, nota 28.

53 Como eram chamados aqueles que atuavam na resistência armada contra o fascismo. (N. T.)

necessária uma reforma constitucional, não ajudava nem a "estranha ideia" de transformar a Itália em república presidencial, nem o federalismo nebuloso, mais ou menos tributário, da Liga Norte.[54]

Essa era, enfim, a atmosfera política em que o artigo de "Panorama" sobre a carta de Bobbio ao Duce trazia outros exemplos de intelectuais antifascistas que, afetados por sanções, enviaram cartas parecidas ao Duce. Mas, nessa polêmica, como na outra que envolveu novamente Bobbio, assistiu-se a uma direcionada reviravolta da situação histórica: sobre isso voltaremos de forma mais sistemática adiante.

Graças também a essa carta de aceitação formal do regime fascista, a admonição foi retirada no mesmo ano de 1935 e, em novembro, Bobbio deu o seu primeiro curso de Filosofia do Direito na Universidade de Camerino, na qual permaneceu por três anos,[55] ensinando não apenas Filosofia do Direito, mas também Direito Agrário e Direito Corporativo.[56]

A chamada seguinte de Bobbio deveria ser da Universidade de Urbino, por ter ganhado um concurso, mas foi impedido pelas leis demográficas do fascismo. O regime, para promover os casamentos e a natalidade, com o objetivo de incrementar a população e, em perspectiva, o exército, onerava os solteiros entre 25 e 65 anos de um imposto sobre o celibato, e os colocava depois dos casados nas contratações e na progressão de carreira. Por essa razão, o Ministério enviou a Bobbio este pedido: "Convidamos o senhor a enviar a este Ministério [...] em 8 dias a partir da data desta carta, uma declaração, redigida sob a sua responsabilidade pessoal, em que conste se o senhor pertence ou não à raça italiana e se está casado ou solteiro", a qual deverá anexar o "seu certificado de estado civil".[57]

Bobbio, portanto, não podia fazer nada, a não ser declarar "pertencer à raça italiana, seja por parte da família paterna, seja por parte da família

---

54 Bobbio, *Diário de um século. Autobiografia*, op. cit., p.243.
55 Idem, *Quegli anni a Camerino*. In: Ferrajoli; di Lucia, *Diritto e democrazia nella filosofia di Norberto Bobbio*, op. cit., p.17-22. Além deste: Paolo di Lucia, Il triennio camerte di Bobbio (1935-1938). In: *Norberto Bobbio e l'Università di Camerino nel settantesimo anniversario della sua docenza camerte (1937-1997)*. Camerino: Università degli Studi, 1997, p.29-35.
56 Em Camerino, foi encarregado das disciplinas de Filosofia do Direito e Direito Agrário para o ano acadêmico 1935-1936 (de 1º de dezembro de 1935); de Filosofia do Direito e Direito Corporativo em 1936-1937; novamente de Filosofia do Direito e Direito Agrário em 1937-1938 (até 28 de outubro de 1938): Histórico funcional, cópia conforme de 5 de agosto de 1991, ASUT, *Fascículo pessoal*: "Norberto Bobbio, nato il 18.10.1909".
57 Ibid., Ministério da Educação Nacional a Norberto Bobbio, Roma, 16 de setembro de 1938-XVI.

materna e de professar, desde o nascimento, a religião católica. Igualmente declara ser ainda solteiro".[58]

O reitor de Urbino recebeu, desta forma, esta carta do Ministério da Educação Nacional:

> Tomamos ciência da proposta dessa Faculdade de Jurisprudência para a nomeação do prof. Norberto Bobbio como professor extraordinário de filosofia do direito nessa Universidade. A respeito disso, salientamos que a nomeação não pode por enquanto ser autorizada, sendo que o prof. Bobbio resulta solteiro. – O Ministro Bottai.[59]

Para Bobbio, com 29 anos e solteiro, a etapa sucessiva da carreira acadêmica foi, portanto, não Urbino, mas sim Siena.

2.2.3. O JURAMENTO DE FIDELIDADE AO FASCISMO EM 1936 E EM 1939

Bobbio estava determinado a prosseguir a carreira acadêmica na Itália, porém, ao mesmo tempo, o regime o considerava um elemento não alinhado. O tempo ao final dos anos de 1930 é, portanto, o dos compromissos sofridos, o tempo em que – para usar uma imagem da língua alemã – Bobbio teve que "uivar com os lobos", visto que se encontrava na mesma matilha, embora relutantemente. Em primeiro lugar, Bobbio estava inscrito no Partido Fascista:

> Federação dos Fascios de Combate de Turim. Certifico que o Fascista Bobbio Norberto de Luigi, nascido em Turim em 18 [sic] de outubro de 1909 está regularmente inscrito ao PNF [Partido Nacional Fascista] (Fascio de Combate de Turim) sem interrupção desde 23 de março de 1928 (Leva Fascista) e possui a carteirinha para o ano XVI n. 351501. – Turim, 11 de abril de 1938 XVI – O Secretário Federal Piero Gazzotti.[60]

As palavras "Leva Fascista", das quais hoje em dia poucos lembram o significado, explicam por que Bobbio, com 18 anos, estivesse "já" inscrito no

---

58 Ibid., Norberto Bobbio ao Ministério da Educação Nacional, Roma, Turim, 19 de setembro de 1938.
59 Ibid., Carta do Ministério da Educação Nacional ao reitor da Universidade de Urbino, na data 30 de novembro de 1938.
60 Este e os outros documentos citados neste parágrafo estão incluídos no *Fascículo pessoal* de Norberto Bobbio (ASUT).

Partido Fascista. O artigo 9 do Estatuto do Partido Nacional Fascista descreve o automatismo da inscrição ao partido:

> A Leva Fascista é feita a cada ano. A Leva Fascista consiste na passagem dos Filhos da Loba para os Balillas e as Pequenas Italianas; dos Balillas para os Vanguardistas; dos Vanguardistas para os Grupos dos Fascistas Universitários (GUF) ou para os Jovens Fascistas; dos Fascistas Universitários e dos Jovens Fascistas para o PNF [Partido Nacional Fascista] e a MVSN [Milícia Voluntária de Segurança Nacional]; das Pequenas Italianas para as Jovens Italianas; das Jovens Italianas para as Jovens Fascistas; das Jovens Fascistas para os Fascios Femininos.

Visto que se entrava nos Filhos da Loba com 6 anos e as passagens seguintes aconteciam automaticamente, era de fato difícil escapar desse mecanismo de controle típico de qualquer ditadura. Passando por esse percurso, Bobbio se encontrou nos Fascios de Combate de Turim, isto é, em uma das articulações locais do Partido Fascista.

O controle sobre os docentes universitários foi reforçado ainda mais em 1931, com a obrigação de jurar fidelidade ao regime. Um fato, ainda hoje, dilacerante:[61] de cerca de 1.200 docentes, cerca de quinze não juraram e foram afastados da cátedra (por exemplo, o filósofo Piero Martinetti, cf. tópico 3.3), enquanto outros evitaram o juramento com o exílio (o economista Piero Sraffa) ou com a aposentadoria (o jurista Vittorio Emanuele Orlando). A aceitação generalizada do juramento deve ser atribuída não apenas ao conformismo, com certeza predominante, mas também à vontade de continuar como educadores a atividade de contraste civil ao regime, como recomendavam antifascistas de todas as tendências, de Croce a Togliatti.

O rigoroso Solari não se subtraiu ao juramento. Aliás, como Bobbio, Luigi Einaudi, Calamandrei e outros. Essa atitude ambígua era inevitável para quem vivia sob a ditadura, mas justamente essa inevitável ambiguidade, hoje em dia, deve nos tornar cautelosos nos juízos. Sem dúvida, como escreve D'Orsi, Solari "exalava antifascismo", "mas não era protagonista de batalhas como Ruffini".[62] O Conselho de Faculdade teve que decidir sobre a recusa de Ruffini, e D'Orsi cita a interceptação de um telefonema de janeiro de 1932 entre Solari e Luigi Einaudi, depois desse Conselho (acredito que pela

---

61 Helmut Goetz, *Il giuramento rifiutato. I docenti universitari e il regime fascista*. Florença: La Nuova Italia, 2000, e a minha resenha em: *Sociologia del diritto*, XXVII, 2000, n.2, p.202-4.
62 D'Orsi *La vita degli studi*, op. cit., p.39.

primeira vez essa tecnologia entrou em um escrito de filosofia do direito). Uma conversa anódina: "Tomamos medidas para o nosso Ruffini"; "Ruffini teve todas as honras. A questão foi aprovada sem discussão"; "Não fomos buscar as razões. Foi ele mesmo quem declarou que se retiraria"; "Nenhuma discussão. Tudo tranquilo". Dados os tempos, D'Orsi talvez seja severo demais em considerar que, conforme estas palavras, "na atitude de Solari se percebe algo próximo do cinismo".[63]

O juízo mais equilibrado é aquele segundo o qual "o fato de que alguns permaneçam em seu lugar para manter a continuidade e a honestidade do ofício público beneficia a nação", mas que, frente àquela violação da liberdade individual seria oportuna "uma visível, forte resistência", porque "umas duzentas recusas teriam feito muito bem. E teria sido para o regime uma clara derrota".[64] Na verdade, as recusas do juramento foram catorze na Itália inteira. Galante Garrone (então aluno e admirador de Ruffini, que recusou o juramento) considera que "foi uma verdadeira sorte para muitos jovens o fato de que, nos anos de 1931 a 1943, mestres de grande sabedoria, espírito livre e consciência civil permanecessem em suas cátedras"; todavia, eles vivenciaram a obrigação ao juramento com vergonha e, por isso, redimiram-se com "seu ímpeto de antifascistas militantes, [...] o que os tornou queridos como se fossem nossos pais ou irmãos mais velhos".[65]

Por outro lado, a ambiguidade daquela época (e a consequente condenação, algumas décadas depois) voltará com maior veemência em relação a Bobbio. Com efeito, Bobbio teve que prestar juramento duas vezes, a primeira em 1936, como livre-docente;[66] a segunda em 1939, como professor extraordinário.[67] O juramento acontecia na presença do reitor e de várias testemunhas, com uma fórmula muito coerciva:

---

63 Ibid., p.40-1.
64 Luigi Salvatorelli; Giovanni Mira, *Storia d'Italia nel periodo fascista*. Turim: Einaudi, 1962, p.497-8.
65 Alessandro Galante Garrone, *I miei maggiori*. Milão: Garzanti, 1984, p.43-4. Nesse volume, na emocionante recordação "Francesco Ruffini (1863-1954)", são anexadas também várias cartas de quem não aceitou o juramento. Em 1962, Galante Garrone anunciou "a aparição de um detalhadíssimo e bem documentado trabalho de um [então] jovem estudioso alemão, Helmut Goetz" (p.32), sobre o qual cf. nota 246.
66 Documento mimeografado e preenchido a mão: "O ano do Senhor de 1936-XIV, no dia 3 do mês de abril [...] se apresentou pessoalmente o Senhor prof. Bobbio Norberto, livre-docente de Filosofia do Direito"; segue a fórmula do juramento citada no texto; "em cópia conforme, Turim, 4 de abril de 1936-XIV. Ass. Norberto Bobbio, Silvio Pivano [Reitor], Paolo Carullo e Tullio Bozzoli [sem qualificação]".
67 Formulário pré-impresso e preenchido a máquina: "Processo Verbal de Prestação de Juramento por parte do Sr. Prof. Norberto Bobbio" de 3 de março de 1939, "na presença do Reitor de Siena

> Juro ser fiel ao Rei, aos Seus Reais sucessores e ao Regime Fascista, observar lealmente o Estatuto e as outras leis do Estado, exercer o ofício de professor e cumprir todos os deveres acadêmicos com o propósito de formar cidadãos trabalhadores, probos e devotos à Pátria e ao Regime Fascista. Juro que não faço parte, e não farei, de associações e partidos cuja atividade não seja compatível com os deveres do meu ofício.

Quem não jurasse era demitido do emprego. Quem jurava, entregava ao regime um ulterior instrumento para acusação de subversão, em caso de desrespeito ao juramento.

2.2.4. A EXCLUSÃO DO CONCURSO DE 1938, A INTERVENÇÃO A FAVOR DE BOBBIO E A POLÊMICA DE 1992

Nesse meio-tempo, o fascismo se radicalizou e, em 1938, o concurso para professor titular aconteceu em um clima mais repressivo. A história dos concursos daqueles anos é particularmente conturbada, porque às habituais competições entre escolas acadêmicas se acrescentavam as restrições impostas pelo regime: não apenas as leis antissemitas, mas também as medidas contra os solteiros. Já que o novelo foi desenrolado por Carlo Nitsch, será suficiente resumir as linhas principais, remetendo ao seu documentado volume para mais informações.[68] Treves ensinava em Urbino e Bobbio em Camerino. Com a aproximação do concurso, os gabinetes ministeriais chamaram a atenção sobre o fato de que Bobbio, preso em 15 de maio de 1935, tinha sido sancionado com uma admonição, e, por isso, o ministro o excluiu do concurso. Nessa ocasião, Bobbio e a sua família recorreram a Mussolini – como já fizeram depois da prisão de 1935 – para anular a exclusão:[69] sobre

---

Alessandro Raselli e de duas testemunhas: Apresentou-se pessoalmente o Sr. Prof. Norberto Bobbio de Luigi nascido em Turim em 18 de outubro de 1909, nomeado Professor Extraordinário de Filosofia do Direito com Decreto Ministerial [em branco] prestou juramento nos seguintes termos: [segue a fórmula de juramento citada acima no texto]. Do qual juramento, eu, Professor Alessandro Raselli, Reitor da Real Universidade dos Estudos de Siena dei e dou ato por meio do presente processo verbal que, lido e aprovado, é assinado por todos os interessados. – Alessandro Raselli, Norberto Bobbio, Pietro Leo [Diretor Administrativo], Romeo Nuti [Secretário Chefe]".

68 Carlo Nitsch, Renato Treves esule in Argentina. Sociologia, filosofia sociale, storia. Con documenti inediti e la traduzione di due scritti di Treves. In: *Memorie dell'Accademia delle Scienze di Torino*, Classe di Scienze Morali, Storiche e Filologiche, serie V, v.XXXVIII, 2014, n.2, 239p., em particular o capítulo "Urbino 1938: un concorso universitario negli anni del regime", p.17-35.

69 Luigi Bobbio [pai de Norberto] a Benito Mussolini, Turim, 21 de junho de 1938; Norberto Bobbio a Giuseppe Bottai [ministro da Educação Nacional], Turim, 29 de junho de 1938. In: Nitsch,

esse recurso e sobre as repercussões décadas depois voltaremos em breve. Treves, no entanto, foi admitido no concurso.

Porém, já desde agosto de 1938 os gabinetes ministeriais estavam preparando a aplicação das discriminações raciais, sancionadas pelo decreto de 5 de setembro de 1938, *Provvedimenti per la difesa della razza nella scuola fascista* [Providências pela defesa da raça na escola fascista]. Nesse momento, a posição dos dois alunos de Solari se inverteu: enquanto Bobbio tinha sido readmitido ao concurso, Renato Treves foi excluído dele e esse evento o levou a uma conclusão radical, mas justa: em outubro de 1938 partiu para a Argentina, enfrentando um exílio que duraria até o final da guerra.[70]

Alguns meses depois, o reitor turinense lhe enviou uma sumária comunicação burocrática:

> Assunto: Suspensão da habilitação à livre docência. – Comunicamos ao senhor que com o D.M. de 18 de março de 1939-XVII, foi suspensa a sua habilitação à livre docência em Filosofia do Direito porque de raça hebraica, com validade a partir de 14 de dezembro de 1938-XVII em aplicação do art. 8 do R.D.L. de 15 de novembro de 1938-XVII n.1779 e do art.8 do R.D.L. de 17 de novembro de 1938-XVII n.1728. – O Reitor Azzo Azzi.[71]

A suspensão da livre docência o impediria de continuar ensinando na Itália e confirmava, portanto, a validade da sua escolha pela Argentina.

Contudo, para Bobbio e para não poucos entre os que ficaram, as leis raciais representaram um despertar brusco do torpor e do conformismo daqueles anos. Bobbio escreverá, mais de meio século depois:

> Com a aprovação imprevista e improvisada das leis raciais, nossa geração encontrou-se, nos anos da maturidade, diante do escândalo de uma discriminação infame que em mim, como em outros, deixou uma marca indelével. Foi então que a miragem de uma sociedade igualitária estimulou a conversão ao comunismo de muitos jovens moralmente sérios e intelectualmente capazes.

Renato Treves esule in Argentina, op. cit., p.101-5. O "Apêndice I" contém 38 cartas a Bobbio.

70 Ao voltar para a Itália em 1947, a legislação contemplava a reintegração de quem tinha sido objeto de discriminações fascistas; mas também esse procedimento se revelou complexo: cf. em Nitsch, ibid., op. cit., o capítulo "'Nostos': la revisione del concorso del 1938 e il rientro in Italia", p.65-98.

71 "Real Universidade de Turim, 6 de junho de 1939, Ano XVII" a Samuele Renato Treves; na verdade, era o ano XVI, e não XVII, do regime fascista: mas o erro está presente nas atas da Universidade e do Ministério: ASUT, *Fascicolo personale*: "Treves Samuele Renato, nascido em 6.11.1907".

Sei bem que hoje [isto é, em 1994], a tantos anos de distância, o juízo sobre o fascismo deve ser dado com o afastamento do historiador. Aqui, porém, não falo como historiador, mas unicamente para dar um depoimento pessoal sobre minha educação política, na qual tiveram tanta importância, por reação ao regime, os ideais não só da liberdade, mas também da igualdade e da fraternidade [...].[72]

Bobbio tinha publicado o volume sobre a analogia[73] para aquele concurso, mas – não obstante o retiro da admonição – continuava sendo considerado politicamente não confiável e, por essa razão, antes do concurso, o pacote com suas publicações foi devolvido, com poucas linhas do ministro da Educação Giuseppe Bottai. Contra essa arbitrária exclusão, Bobbio pediu ajuda ao tio Valentino, general de divisão de armada e amigo do *quadrumviro* fascista Emilio De Bono. Este último escreveu uma carta a Mussolini,[74] que intercedeu junto a Bottai: e Bobbio recebeu um sintético convite a reapresentar seus títulos para o concurso.

Cerca de cinquenta anos depois, a carta de De Bono a Mussolini também foi desenterrada para atingir Bobbio e, com ele, todo o antifascismo. O jornal romano *Il Tempo* a republicou em 1986 e em 1992,[75] para demonstrar que o fascismo não era tão ditatorial e que os antifascistas não eram também tão alheios à conivência com o regime. A carta foi retomada em 12 de junho de 1992 pelo difundido semanário *Panorama*, do grupo editorial de Berlusconi, para sugerir que Bobbio tivesse começado a carreira universitária por méritos fascistas (cf. nota 52 deste capítulo). Nesse caso, Bobbio teve de relembrar que a polêmica nasceu por causa de sua arbitrária exclusão do concurso e que, sob uma ditadura, a única alternativa à submissão são "as mentiras mais descaradas".

Mais que revocar os detalhes daquela polêmica amarga, é oportuno meditar sobre a carta que Bobbio escreveu naqueles dias a Danilo Zolo, porque "contém um testemunho de primeira mão da condição dos intelectuais e dos docentes universitários sob o regime fascista".[76]

---

72 Bobbio, *Direita e esquerda*, op. cit., p.126.
73 Bobbio, *L'analogia nella logica del diritto*, op. cit.
74 Essa carta é reproduzida sem data em Bobbio, *Diário de um século. Autobiografia*, op. cit., p.33-4; Idem, Quella lettera al Duce. In: *La Stampa*, 16 jun. 1992, p.1. Uma reconstrução completa se encontra em Carlo Violi, Intellettuali e potere nell'epoca dei totalitarismi. In: *Illuminazioni*, 2008, n.5, sobretudo p.86-94 (no tópico 14, Bobbio: una vita sotto la dittatura) (Disponível *on-line* em: <compu.unime.it/numero5/Violi_INTELLETTUALI%20E%20POTERE.rtf>).
75 Bruno Gatta, Così il quadrumviro raccomandava Bobbio. In: *Il Tempo*, 17 jun. 1992.
76 Zolo, *L'alito della libertà*, op. cit., p.136.

> Para dizer a verdade, já tinha contado em parte aquela história, salvo a maldita carta, que tinha totalmente esquecido, como você verá no extrato anexo, mas, por mais que fosse motivo de escândalo, ninguém a tinha notado (mesmo porque *Nuova Antologia* não é *Panorama*). Não pretendo voltar àqueles anos infelizes. Quem mais lembra, depois de todo o anti-antifascismo destes anos, que o fascismo era uma ditadura, que colocou Vittorio Foa por oito anos na prisão por ter distribuído manifestos políticos? Difícil demais explicar aos jovens de hoje que, em um regime de ditadura, não sendo fascistas (e eu, em 1935, colaborador da editora Einaudi, redator da *Rivista di Filosofia* de Martinetti, desde esse mesmo ano, não o era mais), era necessário fazer compromissos para sobreviver, para não ter que abrir mão do próprio trabalho, ou acabar na prisão ou no confinamento. Quantas concessões fizemos naqueles anos![77]

Em particular, a condição de docentes universitários obrigava a contínuos subterfúgios e concessões com as imposições do regime, calibrando a desobediência com a prudência para evitar sanções, quase sempre desproporcionadas. Podemos ver isso pela ausência de Bobbio na cerimônia paduana da lâmpada votiva (cf. nota 120 deste capítulo) ou porque, sempre em Pádua, o fato de não colocar o distintivo do partido (chamado de "percevejo" pela semelhança com o inseto) suscitou o protesto de um jornal estudantil. A carta continua assim:

> Nós, professores de qualquer ordem e grau, da geração que tinha prestado os concursos quando o fascismo já estava consolidado, éramos obrigatoriamente inscritos ao partido. Tínhamos vergonha de pôr o distintivo, o "percevejo", como se chamava. Mas, nas ocasiões públicas, ai de quem não o usasse. E a camisa negra durante os exames? E a divisa fascista nas festas nacionais? Não saíamos de casa ou nos fazíamos de doentes. Quem já contou estas histórias? Mas podem ser ainda contadas nesta atmosfera de hoje em dia, de revisão positiva do fascismo (com a ajuda inconsciente de De Felice) e negativa do antifascismo? Por enquanto, não tenho nada a acrescentar. Não quero transmitir a sensação de mendigar justificativas. Existiram também aqueles que não aceitaram concessões.[78]

---

77 Norberto Bobbio a Danilo Zolo, Turim, 7 de julho de 1992, ibid., p.161.
78 Ibid., p.162.

Ao intelectual de direita Marcello Veneziani (segundo o qual "um antifascista como Bobbio pôde fazer carreira sob o fascismo" e "Bobbio estava alinhado com o regime"),[79] Bobbio respondia:

> Parece que o senhor não percebe que deplorar os estratagemas com os quais, em regimes ditatoriais, nos defendemos da prepotência significa colocar-se do ponto de vista do ditador. O qual tem, por definição, sempre razão. Nos colocamos do ponto de vista do ditador quando não pronunciamos uma única palavra para condenar a imposição arbitrária, mas elevamos a voz para denunciar quem procura escapar só com os meios que a ditadura concede.[80]

"Elevar a voz" sobre a conivência de Bobbio com o fascismo tem como fundamento uma orientada distorção da situação real. Com efeito, tanto a admonição quanto a exclusão do concurso eram sanções contra a falta de alinhamento de Bobbio ao regime fascista. Perante essas sanções, para Bobbio se abriam dois caminhos: ou o exílio ou a permanência na Itália fascista. Do exílio, poderia refutar os fundamentos dessas sanções, mas não mudá-las. Em vez disso, a permanência na Itália fascista o obrigava a aceitar as regras do jogo de um Estado que não era um Estado de direito: visto que lhe contestavam a não conformidade ao poder e visto que o poder absoluto tem sempre razão, a única saída era declarar a própria conformidade, com um ato de "dissimulação honesta",[81] ou seja, com "a ambígua tática comunista da 'dupla trilha', de se tutelar por um lado, para poder se expor pelo outro".[82] Mas essa forma de conivência para sobreviver tem um nome ainda mais antigo: nicodemismo, derivado da prática do fariseu Nicodemo, que em segredo ouvia Jesus.[83]

---

79 Marcello Veneziani, *Sinistra e destra. Risposta a Norberto Bobbio*. Florença: Vallecchi, 1995, p.36. Essa crítica de direita inverte o título do livro criticado de Bobbio e, para Veneziani, o filósofo turinense se torna, portanto, "o guia às avessas deste livro", porque "direita e esquerda, como as descreveu Bobbio em seu bem-sucedido panfleto, talvez nunca existiram; com certeza, agora não existem mais" (isto é, em 1995; p.11). Ver especialmente o capítulo "L'Antibobbio. Destra e sinistra secondo il papa laico della cultura italiana", p.21-38.
80 Destra e sinistra. Bobbio contro Veneziani. In: *Corriere della Sera*, 11 ago. 1995.
81 O livro de Torquato Accetto, *Della dissimulazione onesta*, foi publicado em Nápoles, em 1641, e republicado por Benedetto Croce, em 1928.
82 Maria Cecilia Calabri, Della dissimulazione onesta: Giaime Pintor tra amici e censori. In: Giovanni Falaschi, *Giaime Pintor e la sua generazione*, op. cit., p.144.
83 Carlo Ginzburg, *Il nicodemismo. Simulazione e dissimulazione religiosa nell'Europa del '500*. Turim: Einaudi, 1970.

Até mesmo o mais empenhado Massimo Mila – preso na batida policial de 1935, condenado em 28 de fevereiro de 1936 e preso até 1940 – escreveu a Mussolini, mas essa carta foi depois, justamente, esquecida. Sobre um Mila já na prisão, exercia sua pressão afetiva o *"trimulierato"*[84] (como ele o chamava) da mãe, da tia e da avó, para que apresentasse o pedido de graça. "Interrogado em 18 de junho [de 1935] pelos funcionários da delegacia de Roma, Mila tentou se proteger, apresentando-se como pessoa que tinha se prestado a cumprir ações das quais não entendia bem o significado"; e também "perante os juízes do Tribunal especial se ateve nessa linha de defesa". Lê-se no relatório de seu interrogatório: "Em conclusão, orientei-me como dito acima, porque estava convencido da bondade das ideias e dos princípios professados pelos meus companheiros acima indicados. No passado não compartilhei dos princípios do fascismo, mas agora, mesmo não os seguindo, admito estar um pouco desorientado no campo político". Por fim, entretanto, "a intolerância perante o seu futuro, as pressões familiares, e provavelmente os conselhos do advogado, levaram Mila a enviar em 29 de julho [de 1935] um pedido de graça a Mussolini, informando a mãe disso logo em seguida". Nesse pedido, Mila declara que os seus interesses "são exclusivamente de natureza literária, artística e filosófica"; que as suas ideias políticas são "de segunda mão, sem profunda participação interior", e promete "sinceramente e lealmente" que não se ocupará mais de política. Esse pedido não teve efeito por causa de um duplo erro: Mila não podia pedir a graça antes de ser condenado e o pedido de graça deveria ser dirigido ao rei, e não ao chefe do Governo (que não possuía esse poder).[85]

Sob um regime ditatorial, Bobbio também não tinha outra escolha a não ser negar (mentindo) sua oposição ao regime: que sentido teria afirmar (verdadeiramente) o seu antifascismo? Uma oposição formal ao regime, isto é, um recurso administrativo *contra* o Duce, era impensável além de tecnicamente impossível. Uma oposição frontal ao regime o levaria ao confinamento ou à prisão. Ou talvez seus críticos acreditem que ele deveria começar a carta com as palavras: "Duce, não aprovo os Seus atos, e peço, portanto,

---

[84] Jogo de palavras a partir da expressão triunvirato, que se refere à associação política entre três homens. Mila cria a expressão "trimulierato", em referência às três mulheres que intercediam por ele. (N. T.)

[85] Claudio Pavone, Introdução. In: Massimo Mila, *Argomenti strettamente famigliari. Lettere dal carcere 1935-1940*. Turim: Einaudi, 1999, p.XIV-XVI. Os relatórios do interrogatório de Mila se encontram no Arquivo Central do Estado (ACS), Tribunal especial pela defesa do Estado, Fascículos pessoais, B 543, fasc. 5610.

a Sua renúncia e a do Seu governo, para que eu continue minha carreira universitária"?

Nos anos de 1990, Bobbio vivenciou com angústia esse ser posto enganosamente em confronto com um si mesmo tão distante. Falava disso como de uma concessão pessoal inadmissível, como de uma fraqueza reprovável. Gregorio Peces-Barba –filósofo espanhol da minha geração que, permanecendo na Espanha durante o franquismo, defendeu como advogado muitos adversários do regime – repetia-lhe que ele próprio sempre aconselhou os antifranquistas, afetados pelas sanções, a escrever cartas de total adesão ao regime: para a causa da liberdade, um antifascista livre é melhor que um na prisão ou no exílio. Porém, Bobbio não se deixava convencer e continuava se atormentando, tanto por sua carta a Mussolini quanto pela intervenção de De Bono em seu favor.

O caso de Bobbio evoca o ainda mais controverso caso do músico Wilhelm Furtwängler, que quis ficar na Alemanha nazista para continuar oferecendo aos alemães também a música que o regime proibia, e que por isso teve que fazer concessões, por exemplo, dirigindo em 1938 e em 1942 os concertos para o aniversário de Hitler.[86]

Mas voltamos agora aos primeiros passos da carreira acadêmica de Bobbio. A readmissão no concurso marcou a consolidação da carreira acadêmica de Bobbio, que, em primeiro de janeiro de 1939 foi chamado pela Universidade de Siena, onde ensinou Filosofia do Direito,[87] e dois anos depois pela Universidade de Pádua.[88] Porém, aos seus estudos de filosofia do direito já se acompanhava um antifascismo militante. Contra os filósofos doutrinários, Carlo Cattaneo escreveu: "a filosofia é militância"; e, em 1940, a filosofia militante entra na vida e nos escritos de Bobbio.[89]

---

[86] Audrey Roncigli, *Il caso Furtwängler. Un direttore d'orchestra sotto il Terzo Reich*. Varese: Zecchini, 2013. A edição original francesa é de 2009.

[87] Em Siena, foi "nomeado em seguida ao concurso professor extraordinário de Filosofia do Direito na Faculdade de Jurisprudência para o triênio solar a partir de 1/1/1939": Histórico funcional, cópia conforme de 5 de agosto de 1991, ASUT, *Fascículo pessoal* de Norberto Bobbio.

[88] Transferido a Pádua à cátedra de Filosofia do Direito desde 1º de dezembro de 1940, tornou-se titular de Filosofia do Direito em 1º de janeiro de 1941, mas teve também o cargo de História das Doutrinas Políticas na Faculdade de Jurisprudência em 1945-1946 e a suplência de Filosofia do Direito na mesma Faculdade de 1º de abril a 31 de outubro de 1948 (ibid.).

[89] Esse é o título que, em 1960, Bobbio deu a um ensaio sobre Cattaneo, que entrou depois na coletânea *Una filosofia militante. Studi su Cattaneo*. Turim: Einaudi, 1971, que, com outras páginas inéditas, constitui o capítulo III: "La filosofia come milizia", p.83 e ss. Uma reconstrução do percurso de Bobbio do ponto de vista de sua militância está em Enrico Lanfranchi, *Un filosofo militante. Politica e cultura nel pensiero di Norberto Bobbio*. Turim: Bollati Boringhieri, 1989, 258p.

2.3. Os três anos de Camerino (1936-1938)

Por mais de meio século a Universidade de Camerino acolheu muitos turinenses recém-admitidos em concursos. Uma descrição dessa universidade os elenca sob o título *Os Piemonteses*: o civilista Mario Allara, os historiadores do direito Edoardo Ruffini, Federico Patetta, Mario Chiaudano, Dina Bizzarri, Guido Astuti, os romanistas Giuseppe Grosso e Silvio Romano, e mais outros.[90]

Na sua *lectio doctoralis* de 1997, Bobbio lembra como, aos 26 anos, chegou a Camerino. Silvio Romano, professor de Direito Romano que lecionou em Camerino, foi chamado a Turim e sabia que lá tinha sido liberada a cátedra de Filosofia do Direito, porque seu titular, Carlo Esposito, tinha passado para a de Direito Constitucional. Bobbio recorda:

> Indicou-me aos colegas daqui e, não tendo outros candidatos, consegui o cargo almejado. Foi assim que, em uma manhã de dezembro de 1935, entrei com o Bonde de Castelraimondo no corredor dessacralizado da igreja de São Domingo. Fui recebido festivamente.

Deu a primeira aula com "ansiedade", porque "estava entrando, muito emocionado, na Sala Scialoja, quando ouvi dizer atrás de mim: 'Vamos todos ouvir a primeira aula de Bobbio'. Queria desaparecer, mas tive que jogar esse jogo. Não subi na cátedra, embaraçado, quase chocado".[91]

Suas aulas seguiam um esquema de fundo que voltará com muitas variações nas suas futuras apostilas. "Não me sentia particularmente atraído pela filosofia do direito dominante", visto que o tema central da filosofia idealista era a colocação do direito entre as categorias do espírito: "Redução da filosofia do direito a filosofia da economia, como queria Croce, ou a uma parte da filosofia moral, como ensinava Gentile?". O texto de base era *Lezioni di*

---

[90] Pier Luigi Falaschi, Una sede universitaria: Camerino anni '30. In: Norberto Bobbio e l'Università di Camerino. Nel sessantesimo anniversario della sua docenza camerte (1937-1997). In: *Notiziario dell'Università degli Studi di Camerino*, 1997, n.34, p.17-8. Com o título Una città universitária, in: *Norberto Bobbio e l'Università di Camerino. Nel sessantesimo anniversario della sua docenza camerte (1937-1997)*. Camerino: Università degli Studi di Camerino, 1997, p.18-20, em um opúsculo autônomo de conteúdo somente em parte correspondente ao Notiziario. Nas notas seguintes, será citado o *Notiziario*, seguido por um sintético reenvio ao opúsculo.

[91] Bobbio, Lectio doctoralis. In: Norberto Bobbio e l'Università di Camerino. Nel sessantesimo anniversario della sua docenza camerte (1937-1997), *Notiziario dell'Università degli Studi di Camerino*, 1997, n.34, p.11-2. A "Lectio" não se encontra no opúsculo.

filosofia del diritto [Lições de filosofia do direito] de Giorgio Del Vecchio, mas as aulas de Bobbio seguiam um roteiro diferente:

> Já eram de teoria geral do direito, que ensinei desde então, alternando cursos teóricos e cursos históricos. Depois de uma introdução geral sobre justiça e direito, seguiam três partes intituladas respectivamente "As fontes do direito", "A norma jurídica", "O ordenamento jurídico". Nessa última parte, eu tratava dos temas clássicos da unidade, da coerência e da completude do ordenamento. Terminava, obviamente, com uma discussão sobre analogia e em geral sobre interpretação das normas jurídicas.[92]

Esses temas, nos anos e décadas sucessivos, caracterizarão a produção científica não apenas de Bobbio, como também de seus discípulos. Outros temas de ensino, no entanto, foram impostos a Bobbio pelas exigências didáticas da Universidade: ao lado de Filosofia do Direito, Bobbio ensinou Direito Corporativo, em 1936-1937, e Direito Agrário, em 1935-1936 e em 1937-1938.[93]

Para os *Anais* da Universidade de Camerino, ele escreveu "dois artigos nos quais transparecia, mesmo sem dar demais nas vistas, o meu empenho político. Então, o tema revelador da oposição à ditadura era o tema da 'pessoa'. [...] Se tivesse que escrever uma história da minha iniciação à filosofia política, a faria começar pelos dois artigos acima citados".[94]

Os dois artigos são "La persona e la società" [A pessoa e a sociedade] e "La persona nella sociologia contemporânea" [A pessoa na sociologia contemporânea],[95] e foram analisados por Paolo Di Lucia do ponto de vista filosófico[96] e por Filippo Barbano do ponto de vista sociológico.[97]

---

92 Bobbio, *Lectio doctoralis*, op. cit., p.11-2. Mais detalhes sobre os cursos e sobre as obras de Bobbio nesses anos estão em Paolo Di Lucia, Il triennio camerte di Bobbio. In: Norberto Bobbio e l'Università di Camerino. Nel sessantesimo anniversario della sua docenza camerte (1937-1997), *Notiziario dell'Università degli Studi di Camerino*, 1997, n.34, p.22-4; no opúsculo, p.29-35.

93 Sobre essas disciplinas, cf. Giulio Cianferotti, L'opera giovanile di Norberto Bobbio e l'inizio del suo insegnamento (1934-1940). Parte prima, *Materiali per una storia della cultura giuridica*, XXXV, 2005, n.1, p.92, nota 144.

94 Bobbio, *Lectio doctoralis*, op. cit., p.11.

95 Bobbio, La persona e la società. In: *Annali della Facoltà giuridica dell'Università di Camerino*, 1938, p.161-77; Idem, La persona nella sociologia contemporanea. In: *Annali della Facoltà giuridica dell'Università di Camerino*, 1938, p.219-55.

96 Paolo Di Lucia, Interpersonale vs. transpersonale: l'ontologia sociale del Bobbio camerte. In: Marco Ruotolo (org.). *Studi in onore di Franco Modugno*. Nápoles: Editoriale Scientifica, 2011, v.2, p.1307-14.

97 Filippo Barbano, Bobbio anni Trenta o della persona, *Teoria politica*, 1999, n.2-3, p.519-32.

Ambos os ensaios contêm uma crítica das teorias então atuais, qualificando-as, por exemplo, como "mística da comunidade", ou seja, como "relíquia da metáfora naturalista do organismo",[98] mas, obviamente, apresentando-as com argumentações técnico-jurídicas típicas de "um discurso especializado, apolítico". Essa apresentação dos argumentos permitia "mimetizá-los politicamente e, definitivamente, dissimulá-los. Não por acaso, os dois ensaios de Camerino de Bobbio foram tranquilamente avaliados pela banca do concurso de 1938 a partir dos cânones da mais tradicional leitura especializada contextual".[99]

À formação do Bobbio político contribuiu também o encontro em 1936 com Aldo Capitini, que estava em Perugia, publicando *Elementi di uma vita religiosa* [Elementos de uma vida religiosa], considerado por Bobbio um dos dois "breviários do liberal-socialismo", ao lado de *La scuola dell'uomo* [A escola do homem] de Guido Calogero.[100] Portanto, Bobbio começou a frequentar o grupo dos liberais-socialistas que se reuniam na mansão de Umberto Morra. Um esboço de Renato Guttuso mostra "a cena e os personagens sentados ao redor da mesa",[101] cada um com o seu nome. Bobbio é o primeiro à esquerda; sobre a mesa, na frente de Capitini, uma folha com a palavra "Não violência" e, na frente de Calogero, uma folha com "Socialismo liberal". O triênio em Camerino de Bobbio termina em 1938, com a transferência para a cátedra de Siena.

---

98 Bobbio, *La persona nella sociologia contemporanea*, op. cit., p.249-50 e 224.

99 Giulio Cianferotti, L'opera giovanile di Norberto Bobbio e l'inizio del suo insegnamento (1934-1940). Seconda parte, *Materiali per una storia della cultura giuridica*, XXXV, 2005, n.2, p.381-423; cit. na p.382. Essa segunda parte inclui dois parágrafos ("I saggi sulla persona. L'ambivalenza culturale dello specialismo scientifico e il regime", p.381-98; "I due anni a Siena (1938-1940)", p.399-415. In: "Appendice, quattro cartas de Bobbio a Mario Delle Piane"). A *Prima parte* do ensaio ("Materiali per una storia della cultura giuridica", XXXV, 2005, n.1, p.65-105) aborda *Gli inizi dell'insegnamento*, enquanto as outras duas analisam as obras: *Fenomenologia ed esistenzialismo* e *Il libro sull'analogia del '38*: cf. nota 105, adiante.

100 Bobbio, *Diário de um século. Autobiografia*, op. cit., p.38; Aldo Capitini, *Elementi di un'esperienza religiosa*. Bari: Laterza, 1937 ("um dos primeiros livros antifascistas vindos da nova geração que viveu e se formou sob o regime", p.44); Guido Calogero, *La scuola dell'uomo*. Florença: Sansoni, 1939 ("uma obra de ética laica" e "de polêmica política", p.45).

101 Bobbio, Umberto Morra e Gobetti. In: AA.VV. Convegno su Umberto Morra di Lavriano e l'opposizione etica al fascismo, *Annali della Scuola Normale Superiore di Pisa*, Classe di Lettere e Filosofia, v.XIV, 1984, p.169-70. O desenho de Guttuso é reproduzido em Bobbio, *Diário de um século. Autobiografia*, op. cit., foto 6 (fora do texto, depois de página 176).

2.4. Os dois anos de Siena (1938-1940)

Os eventos políticos de 1938 influenciaram a carreira acadêmica de Bobbio. Naquele ano, as leis raciais provocaram o afastamento de docentes judeus das cátedras. Em particular, Rodolfo Mondolfo foi afastado da Universidade de Bolonha (vamos encontrá-lo exilado na Argentina, como Renato Treves). Em seu lugar, é chamado Felice Battaglia, que, portanto, deixou vazia a cátedra de Filosofia do Direito em Siena. Em 20 de dezembro de 1938, o Conselho da Faculdade de Siena chamou Bobbio para essa cátedra.

Algumas dificuldades iniciais transparecem pela correspondência de Bobbio com seu mestre Gioele Solari. A carta de Bobbio não foi conservada, mas, na resposta, Solari aconselha: "Se a aula inaugural não for desejada com insistência, não a faça"; e mais: "Perceba a solidão em que você se encontra".[102] Com o passar do tempo, a sensação de isolamento foi se atenuando, mas, de qualquer forma, eram anos particularmente difíceis. Não se conseguia publicar a aula inaugural indesejada porque, por causa das leis raciais, Giorgio Del Vecchio tinha sido afastado também da direção da *Rivista Internazionale di Filosofia del Diritto* [Revista Internacional de Filosofia do Direito].[103] A atmosfera política aconselhava prudência a Bobbio, especialmente depois de sua detenção de 1935 com o grupo turinense de Justiça e Liberdade e das dificuldades nos concursos que resultaram disso.

Essa situação pessoal explica a escolha dos temas de estudo. Deixados de lado os estudos sobre as correntes filosóficas europeias e os temas de teoria geral do direito, "os dois anos de Siena não foram para mim anos de estudos jurídicos. Dediquei este tempo quase exclusivamente à preparação da edição crítica de *Città del Sole* [Cidade do Sol] de Tomás Campanella, que depois saiu pela Einaudi em 1941".[104] "Um trabalho isolado de erudição histórica e filológica", comenta Cianferotti, "sobre um tema remoto que poderia parecer adequado a uma fase de isolamento intelectual"[105] (ao qual, porém, "a dis-

---

102 D'Orsi, *La vita degli studi*, op. cit., p.120-1.
103 Ibid. Um aceno ao exílio de Treves conclui essa carta de Solari: "Boas notícias enviadas por Renato. Já conseguiu o direito de residência na Argentina".
104 Bobbio, *L'ultima seduta*. In: Idem, *De Senectute*, op. cit., p.80.
105 Giulio Cianferotti, *L'opera giovanile di Norberto Bobbio. Prima parte*, op. cit., p.66-7. Sobre a *Seconda parte* do ensaio, cf. nota 99. Cf. igualmente: Baldassare Pastore; Giuseppe Zaccaria (orgs.), *Norberto Bobbio. Gli anni padovani. Celebrazioni del centenario della nascita*. Pádua: Padova University Press, 2010; em particular, Giuseppe Zaccaria, *Il Bobbio dimenticato: gli anni padovani del filosofo del diritto*, p.1-15.

simulação não é estranha").[106] Na verdade, continua esse autor, a solidão de Bobbio em Siena "certamente não foi social": ela nascia da "dificuldade de diálogo do filósofo com os juristas positivistas",[107] isto é, da dificuldade de conciliação da filosofia do direito com a ciência jurídica. É o tema do primeiro livro de Bobbio, lançado quando ele tinha 25 anos, que, na introdução, critica "a pedante serenidade intelectual que envolve o trabalho científico dos juristas", no qual o pensamento filosófico se transforma em "simples palavras pacíficas e inofensivas".[108] Descrever os juristas positivistas como suavemente desprovidos de filosofia não facilitou o seu contato cultural com os juristas positivistas de Siena.

2.5. Os anos de Pádua, a "filosofia militante" e o cárcere (1940-1948)

Quando Bobbio se transferiu de Siena para Pádua, em 1940, constatou que "a situação geral tornara-se mais dramática. Estávamos em guerra havia alguns meses, aliados a Hitler. Uma guerra desonrosa que nos levaria à catástrofe. Chegara a hora da escolha definitiva".[109]

Nesse sentido, era pressionado também pela atmosfera que ainda pesava sobre a cátedra de Filosofia do Direito para a qual tinha sido chamado: Adolfo Ravà, titular da cátedra, fora afastado por causa das leis raciais e Enrico Opocher, depois assistente de Bobbio, o havia acompanhado até o gueto de Veneza.[110]

Até então, Bobbio havia praticado um antifascismo elitista e burguês, no contexto de uma família não adversa ao regime, aliás, com boas relações com ele. No nível político, aderira ao liberal-socialismo, procurando uma terceira via entre o liberalismo antissocial e o socialismo não liberal. Esse movimento, mais de ideias que de ação, havia reunido quem manifestava o antifascismo mais como estado de espírito que como ação política: "conjurados sem conjuração".[111]

---

106 Cianferotti, *L'opera giovanile di Norberto Bobbio. Seconda parte*, op. cit., p.399.
107 Ibid., p.71.
108 Bobbio, *Scienza e tecnica del diritto*. Turim: Istituto Giuridico della Regia Università, 1934, p.5.
109 Idem, *Diário de um século. Autobiografia*, op. cit., p.43.
110 Ugo Pagallo, Bobbio a Padova. La natura dei fatti normativi alle prese con il fenomeno dell'entanglement. In: Antonio Punzi (org.). *Metodo, linguaggio, scienza del diritto. Omaggio a Norberto Bobbio (1909-2004)*. Milão: Giuffrè, 2007, p.327.
111 Bobbio, *Diário de um século. Autobiografia*, op. cit., p.43.

Com a eclosão da guerra, os liberais-socialistas e outros grupos de antifascistas de inspiração não social-comunista confluíram no Partido de Ação, fundado em 1942 e caracterizado por ideais liberais democráticos e laicos. O partido apoiava o laicismo na política, uma "política laica" que, em 1946, Bobbio imaginava assim: "uma política laica no sentido de uma política implacavelmente antidogmática e voltada desinteressadamente aos problemas concretos", que "se contrapõe à concepção teológica da política".[112]

Visto que adiante, no Capítulo 7, examinaremos a relação entre o laicismo de Bobbio e a religião, convém sublinhar que, para ele, o laicismo se aplicava com o mesmo rigor também à atividade política. As palavras escritas logo depois da guerra constituem um programa de laicidade política que depois não pôde ser realizado:

> O inimigo do laicismo é, na política, o espírito teológico, ou seja, a atitude com base na qual se leva, na discussão sobre questões de interesses, o espírito de intransigência dramática próprio das questões de princípio, enquanto as questões políticas, que são de interesses e não de princípios, são continuamente adiadas e deixadas em aberto, e na sombra delas se encontram prosperando muitos teólogos em má-fé que contrabandeiam princípios para defender interesses [...] A tarefa do laicismo é, em primeiro lugar, a de desmascarar a aliança entre o espírito teológico dos clérigos e o espírito mercantil dos homens de negócios [...] O leigo aceita, claro, o valor da iniciativa do espírito mercantil, como aceita a seriedade e severidade da pesquisa do espírito dos clérigos. Mas, do primeiro, rejeita o cinismo, e do segundo, a vaidade. Ultrapassa, ao mesmo tempo, o desleixo do homem de negócios e a magniloquência do doutrinário. Traz para a teoria a audácia prática do mercador e na prática o rigor teórico do pesquisador, de modo que a sua doutrina não se torne nunca ilusão e a sua ação não se torne nunca opressão. [...] Nem clérigos, nem mercadores: este é o dever que o nosso laicismo nos impõe. Se nos mantivermos fiéis a ele, poderemos sozinhos, mesmo que em poucos, encontrar o nosso caminho, que é, aliás, o caminho da democracia.[113]

---

112 Idem, Politica laica, *Giustizia e libertà*, 2 fev. 1946.
113 Ibid. Essa atmosfera do Partido de Ação plasma a vida de um outro *"azionista"* histórico, como se lê no capítulo "Giustizia e libertà", in: Borgna, *Un Paese migliore*, op. cit., p.135-54 (em que é citado também o trecho de Bobbio que acabamos de mencionar). Esse trecho é retomado também por Pier Paolo Portinaro, *Introduzione a Bobbio*. Roma-Bari: Laterza, 2008, no capítulo "Laicismo critico", p.137-50.

Na verdade, essa concepção da política era apropriada a poucos, e tornava o Partido de Ação um partido de nicho. A sua condição de nicho se perdeu no pós-guerra, porque na Itália passaram a dominar dois partidos-igrejas: o comunista e o democrático cristão. O Partido de Ação se extinguiu em 1947. Bobbio, que militou nele durante a guerra, continuou participando da vida política como apoiador do diálogo como instrumento de democracia, mas não se inscreveu mais em um partido político, se excluirmos o breve parêntese, em 1966, do Partido Socialista Unificado, resultado de "uma fé e de um otimismo que não costumo ter, e que, também desta vez, os terríveis fatos se encarregaram de desmentir rapidamente".[114]

O liberal-socialismo seguido inicialmente por Bobbio teve como referência o filósofo Guido Calogero, discípulo de Gentile, mas graduado também em Jurisprudência. Além da amizade pessoal e da afinidade política, os dois estavam ligados por interesses comuns, tanto que o primeiro livro de Bobbio, *L'analogia nella logica del diritto* [A analogia na lógica do direito], discutia também as ideias expressas por Calogero em seu livro *La logica del giudice e il suo controllo in Cassazione*[115] [A lógica do juiz e o seu controle em Cassação] (cf. tópico 4.4.).

Em Pádua, o Instituto de Filosofia do Direito de Bobbio – que tinha então como assistente Enrico Opocher – tornou-se uma referência do Partido de Ação, enquanto o antifascismo dessa Universidade dependia do latinista Concetto Marchesi e do farmacólogo Egidio Meneghetti. A polícia estava a par disso, porém Bobbio se salvava continuando a praticar sua dissimulação honesta. Estava formalmente inscrito no Partido fascista, mas, em 1942, um jornal estudantil fascista polemizava: "Está inscrito no partido? Então por que, por favor, durante as aulas, nunca coloca o distintivo?".[116] Pergunta que permaneceu sem resposta e sem consequências.

Os problemas surgiram em fevereiro de 1943, quando os professores foram convidados a uma cerimônia patriótica para dedicar uma lâmpada votiva[117] no santuário dos mortos da revolução fascista e da conquista do Império. Depois de muitas discussões, apenas dois professores não

---

114 Bobbio, *Diário de um século. Autobiografia*, op. cit., p.169.
115 Guido Calogero, *La logica del giudice e il suo controllo in Cassazione*. Pádua: CEDAM, 1937, XII-305p. (2.ed. 1964). Em *L'analogia nella logica del diritto*, op. cit., p.109, nota 2, Bobbio se refere também a um outro escrito de Calogero, *I fondamenti della logica aristotelica*. Florença: Le Monnier, 1927, XII-326p.
116 O jornal *Il Bò* é citado em D'Orsi, *La vita degli studi*, op. cit., p.80-1. O objeto da polêmica é o distintivo (o "percevejo"), já citado na nota 78.
117 Assim como as velas, representam as intenções de oração dedicadas aos mortos. (N. T.)

participaram, e Bobbio era um deles. Esses eventos, embora marginais, poderiam ter consequências desagradáveis, e o paternal Solari estava pronto a intervir: "Soube do incidente que te aconteceu e espero que se resolva felizmente. Se for o caso, posso escrever ao ministro, que tem certa deferência por mim".[118]

Também nesse caso, Bobbio teve que recorrer à dissimulação honesta, afirmando que, sendo leigo, por coerência, não poderia participar de uma cerimônia religiosa. Nessa lâmpada ele via "um gesto simbólico, de um simbolismo retórico e convencional", expressão de "uma atitude de magniloquência conveniente em que o desejo de exibição era mais evidente que a vontade de afirmar uma ideia". Mas, sobretudo, destacava querer ser um clérigo que não trai:

> Convidado a ensinar filosofia do direito, que, como toda matéria filosófica, é, antes de tudo, uma disciplina ética que exige o empenho da personalidade que a professa em sua totalidade e tampouco admite divisões ou compromissos, senti que trairia o respeito que tenho pela cátedra que ocupo e a confiança que os estudantes depositaram em mim se aderisse a uma iniciativa que, na forma mística da qual fora revestida, parecia-me em franco contraste com a cultura moderna que como professor universitário tenho o dever de representar e como estudioso de filosofia professo.[119]

Bobbio estava consciente das consequências que poderia ter essa recusa e, por isso, perguntou a Giulio Einaudi se existia a possibilidade de ser contratado pela editora em caso de demissão da universidade.

A justificativa, em forma mais articulada e distorcida, retorna na resposta enviada ao ministro da Educação Nacional, que lhe pediu uma explicação formal de sua recusa. Para a sorte de Bobbio, o ministro era o constitucionalista de Pisa, Carlo Alberto Biggini, "fascista convicto, mas pessoa de bem".[120] Biggini "residia em Pádua, sede do ministério, naquela época" e

---

118 Gioele Solari a Norberto Bobbio, Savigliano, 26 de março de 1943. In: D'Orsi, *La vita degli studi*, op. cit., p.161. O ministro da Educação Nacional, Carlo Alberto Biggini (cf. nota 120), graduou-se de fato com Solari e Ruffini: a longa nota 178 de D'Orsi reconstrói integralmente a questão e os seus protagonistas.

119 Carta datilografada com firma autêntica de Bobbio: "Pádua, 2.III.1943 XXI", ASUT, *Fascículo pessoal* de Norberto Bobbio. Também em Bobbio, *Diário de um século. Autobiografia*, op. cit., p.51.

120 Bobbio, *Diário de um século. Autobiografia*, op. cit., p.49; nas páginas seguintes, estão contidas outras cartas sobre a questão, mas não aquela com a assinatura autêntica de Norberto Bobbio, datada de Pádua, 24 de março de 1943, em que, claramente, como em toda a questão, "escorregava

estava "orientado no sentido de uma política de pacificação nacional, a ponto de nomear para reitor da Universidade, Concetto Marchesi, muito embora fosse conhecido pela fé comunista". Portanto, Biggini permitia "uma espécie de *libertas philosophandi*, que deveria se limitar a simples enunciações teóricas, desprovidas, porém, de explícitas implicações lesivas ao sistema político em vigor. Bobbio soube aproveitar de forma exemplar dessa *libertas*".[121]

Como punição pelo gesto, Bobbio deveria ser transferido para Cagliari. Ele apresentou recurso contra o decreto de transferência, mas, em 25 de julho de 1943, Mussolini caiu e, no caos que se seguiu, desapareceram também as consequências desse decreto. No pós-guerra, uma comissão de depuração dos funcionários universitários da Direção Geral da Instrução Superior tentou estabelecer as responsabilidades de quem tinha aplicado as sanções na época fascista, mas também não conseguiu entender o que realmente tinha acontecido na questão da lâmpada votiva.

> Não existe a possibilidade de precisar se a denúncia contra os dois professores [Aldo Ferrabino e Norberto Bobbio] foi feita pelo reitor [Carlo] Anti ou pelo partido fascista [...]. Com uma carta de 19 de abril de 1943, o Chefe de Gabinete do Ministro informava a Direção Geral que o Chefe do Governo tinha disposto não adotar medidas contra o prof. Ferrabino, enquanto o prof. Bobbio deveria ser transferido para outra sede. De fato, nenhuma medida foi adotada contra o prof. Bobbio, que permaneceu na sede de Pádua. Ignoramos as razões pelas quais a ordem de transferência dada por Mussolini não foi executada: podemos excluir, aliás, que a falta de execução dessa ordem fosse devida à impossibilidade material no sentido de que faltassem naquele momento, nas Universidades, cátedras vazias para poder transferir o prof. Bobbio: de fato, em uma nota contida no dossiê pessoal do próprio professor e com data de 14 de maio de 1943, resulta que a cátedra de Filosofia do Direito (ocupada em Pádua pelo prof. Bobbio) estava vazia nas Universidades de Bari, Cagliari, Milão e Pavia, nas quais estavam disponíveis também vagas efetivas. Faltam, além disso, elementos para poder afirmar que a transferência foi evitada pela intervenção do prof. Anti.[122]

---

pelos espelhos" (3 facc., datilografadas, obscuras e retóricas: ASUT, *Fascículo pessoal* de Norberto Bobbio).

121 Dino Fiorot, Il mio ricordo di Norberto Bobbio negli anni 1943-45. In: Pastore; Zaccaria (orgs.), *Norberto Bobbio. Gli anni padovani*, op. cit., p.42.

122 Direção geral da instrução superior, Div. I, Nota para a 1ª Comissão de depuração do corpo de funcionários universitários; datada "4.6.1946", datilografada com data e firma (ilegível, do diretor geral), ASUT, *Fascículo pessoal* de Norberto Bobbio.

Entretanto, em 8 de setembro de 1943, a Itália – ou melhor, uma parte da Itália – assinou o armistício com os Aliados. O país então se dividiu em duas partes que militavam em campos opostos: o Sul, com o governo Badoglio ao lado dos Aliados, e o Norte, com a República Social Italiana, ou República de Salò, ao lado dos nazistas, que, de fato, ocuparam a Itália setentrional de setembro de 1943 até abril de 1945. Pádua se encontrou então na área controlada pelos nazifascistas, na qual estavam crescendo tanto o movimento dos *partigiani*, quanto a repressão, e Pádua foi escolhida também como sede do Ministério da Educação Nacional do governo de Salò.

Durante essas perturbações públicas, a vida privada de Bobbio também estava se transformando. Em abril de 1943, casou-se com Valeria Cova, que conhecia desde a época do liceu. Depois de 8 de setembro de 1943, ele retornou a Pádua com a esposa para o começo do ano acadêmico, e lá foi preso, em 6 de dezembro, "como membro de uma associação secreta antifascista". Em 9 de janeiro de 1944, Solari escreveu para a mãe de Bobbio: "Na sexta-feira, sua nora me confirmou o que aconteceu com Norberto. Lamento muito, mas estou convencido de que tudo vai se resolver logo e favoravelmente. E ficaria feliz de colaborar de alguma forma para uma boa conclusão da questão". Cerca de um mês depois, escrevia a Bobbio: "Tanto eu como minha esposa participamos da alegria comum do seu tão almejado retorno em família".[123] Liberado em Verona, em fevereiro de 1944, Bobbio voltou a Turim, abalada pelos bombardeios pesados.

Hoje é difícil até mesmo imaginar como as pessoas de então viviam, amalgamando acontecimentos cotidianos e acontecimentos bélicos. Nas cartas de Solari, as notícias sobre a guerra se insinuavam entre as culturais e as acadêmicas. "Meu sobrinho, filho de um irmão já falecido, morreu em 11 de maio na Rússia. Graduado há pouco tempo em Jurisprudência em Milão, era oficial de complemento nos Lanceiros de Novara".[124] "O último andar da nossa casa foi incendiado e a habitação sofreu as consequências da bomba que caiu"; "A biblioteca está salva, mas a habitação, como a sua, tornou-se inabitável"; "Enquanto tiver algum dever para cumprir, não é meu hábito fugir dos perigos": em primeiro lugar "salvar os livros, não só das bombas, mas das intempéries".[125] "A tipografia Artigianelli foi destruída, e com ela o volume de Leoni e o meu curso"; "Combinei com os Olivetti a transferência dos meus

---

123 Solari a Bobbio, Moncalieri, 26 de fevereiro de 1944. In: D'Orsi, *La vita degli studi*, op. cit., p.173 (em que a carta à mãe de Bobbio está na nota 201).
124 Solari a Bobbio, Albino (Bergamo), 12 de junho de 1942, ibid., p.146.
125 Solari a Bobbio, Savigliano, 14 de dezembro de 1942, ibid., p.153.

livros para Ivrea".[126] "Da *Revista* [de Filosofia] salvou-se a caixa, os manuscritos e o cadastro dos assinantes. O restante foi destruído com os móveis. Destruídos os anuários da *Revista*".[127]

Bobbio teria que voltar a Pádua por causa da universidade, e Solari se preocupava não apenas por Norberto:

> A viagem [de trem] Milão-Pádua está entre as mais desconfortáveis: não tem mais baldeação para Turim e não há mais trens diretos. [...] Não acredito que você possa começar o curso. Por esse motivo também, garanta provisoriamente a sua substituição ou que o Instituto [providencie] exercitações, como fazemos em Turim. A condição de Valeria justifica a sua ausência.[128]

De fato, ela estava grávida do primeiro filho.

Mas a vida também não estava fácil em Turim, sobretudo depois da intensificação dos bombardeios no final de 1942: muitos "redescobriram as chácaras dos pais nos povoados das colinas de Langhe, do Monferrato, dos vales alpinos", enquanto os que permaneceram "transformaram o Valentino em um enorme campo de batatas, a Piazza D'Armi, em um cultivo de couves e a nobre praça Castello, em área de debulha dos grãos que deixavam crescer nos campinhos perto das casas da periferia mais próxima".[129]

Não era fácil se mover de Turim a Pádua, enquanto na Itália setentrional havia tanto a Guerra Mundial quanto a luta dos *partigiani*. Um vislumbre sobre as dificuldades práticas desses tempos é representada pelo pedido do reitor de Turim ao lendário dirigente da Fiat, Vittorio Valletta: "O prof. Norberto Bobbio [...] precisa chegar o quanto antes à sua sede, por causa de seu ofício. Ser-lhe-ei muito grato se puder disponibilizar um assento nos meios de transporte da Fiat que prestem serviço de Turim a Veneza".[130] Com efeito, os serviços ferroviários eram irregulares, também devido aos ataques aéreos; as estradas ficavam menos expostas, mas era necessário lidar com os postos de controle dos *"repubblichini"* [militares da República de Salò] e dos alemães (e em algumas áreas também dos *partigiani*). Era preciso, por isso, explicar por que um professor (antifascista) viajava sobre um veículo da

---

126 Solari a Bobbio, Dogliani, 1º de janeiro de 1943, ibid., p.158.
127 Solari a Bobbio, Savigliano, 25 de fevereiro de 1943, ibid., p.160.
128 Solari a Bobbio, Albino, 15 de outubro de 1943, ibid., p.170.
129 Borgna, *Un Paese migliore*, op. cit., p.181.
130 Nota do reitor da Universidade de Turim a Vittorio Valletta, diretor geral da Fiat, Turim, 7 de dezembro de 1944, ASUT, *Fascículo pessoal* de Norberto Bobbio.

Fiat, polo essencial da produção bélica italiana. Portanto, além de procurar um meio de transporte para Bobbio, o reitor precisava também certificar "às autoridades Militares e de Polícia Italianas e Alemãs" que "o prof. Bobbio vai para Pádua para cumprir os seus deveres de Professor titular de Filosofia do Direito na Universidade".[131]

Ainda mais complexa era a dupla vida do magistrado Alessandro Galante Garrone, que tinha criado no tribunal civil de Turim, onde trabalhava, um depósito clandestino de publicações antifascistas e um centro para o encaminhamento das mensagens com os *partigiani* nas montanhas. Quando a polícia o descobriu, Galante Garrone teve que passar para a semiclandestinidade:

> Semiclandestinidade muito ingênua: corta os bigodes, coloca os óculos, um chapéu de aba larga que nunca usou antes. Muniu-se de documentos falsos: viaja com uma carteirinha do Ministério da Justiça [de Salò] registrado em nome de um magistrado da Itália meridional, fora do serviço por motivos de saúde, que mora no Sul. Mas Sandro é muito distraído: um dia em que sai em missão em uma região controlada pelas formações de Mauri [comandante *partigiano* das formações de Badoglio] mostra a carteirinha errada. Os *partigiani* o consideram um espião. Corre o risco de ser fuzilado lá mesmo. Até que Mauri intervém pessoalmente e Sandro consegue se explicar e ser liberado.[132]

Mas não eram apenas Bobbio e Galante Garrone os que deviam se submeter a essas *escamotages*: em tempos de guerra civil, militares e civis vivem em situações de inevitável ambiguidade, porque a vida cotidiana deve, de qualquer forma, continuar. A Fiat, em cujo caminhão Bobbio viajava para Pádua, devia continuar produzindo material bélico para a Alemanha também (o que interessava às forças armadas alemãs), e essa produção garantia o salário e, portanto, a sobrevivência das famílias operárias (o que interessava aos *partigiani*). Por isso, Massimo Ottolenghi, advogado e *partigiano*, em uma entrevista lembra que, "a pedido dos tribunais de Cuneo, Saluzzo e Mondovì", conseguiu descobrir que "a escolta dos comboios ferroviários que transportavam o carvão de Savona até a Fiat, para garantir a continuidade da produção, era organizada em perfeita sintonia entre as duas frentes. De Savona a Millesimo, escolta alemã, de Millesimo a San Michele di Mondovì,

---

[131] Nota do reitor da Universidade de Turim às "Autoridades Militares e de Polícia Italianas e Alemãs", Turim, 7 de dezembro 1944, ibid.

[132] Borgna, *Un Paese migliore*, op. cit., p.204. Uma ideia da complexa vida de Galante Garrone nesse período é fornecida pelo capítulo X, "La guerra giusta", p.177-210.

escolta dos *partigiani* e de San Michele di Mondovì às fábricas da Fiat, de novo escolta alemã. Era necessário para ambas as partes evitar ações de sabotagem por parte de sujeitos descontrolados, inoportunos e tolos".[133]

Mas podemos ir bem além do caminhão de Bobbio e da sociedade proprietária dele, até o topo da grande indústria italiana:

> A habilidade estratégica de Marinotti [Franco, presidente e diretor executivo da sociedade Snia Viscosa] era impressionante. Ele tinha ótimas relações com os alemães e mostrava-se "fiel" também à RSI [República Social Italiana] e Mussolini, sem renunciar, contemporaneamente, a financiar a Resistência, a cultivar os vínculos, nunca interrompidos, com os ingleses e, sobretudo, a se apresentar na Suíça, enganando também as autoridades helvéticas, como perseguido político antifascista.[134]

Os grandes industriais queriam salvar a qualquer custo as instalações de produção e a produção, isto é, o capital e os lucros.

Marinotti não era um caso isolado: em geral, existia uma "aquiescência dos industriais às diretivas alemãs", uma "cordialidade com as autoridades da RSI", mas também uma

> [...] subterrânea solidariedade com as forças da Resistência e com os anglo-americanos: uma atitude de jogo duplo, em suma, que frequentemente provocará contra eles a raiva fascista e a *partigiana*. [...] [Os grandes industriais italianos] contra o perigo representado por alguns organismos nazistas, como as SS, mas, sobretudo, por alguns setores da RSI que, além de prendê-los, queriam quase expropriá-los com a socialização das empresas, recorrerão a personagens alemães, como o general Leyers, chefe da RUK na Itália,[135] o qual os protegerá, até

---

[133] Massimo Ottolenghi; Alessandro Re, *L'alveare della Resistenza. La cospirazione clandestina delle toghe piemontesi, 1929-1945*. Milão: Giuffrè, 2015, p.180-1.

[134] Sandro Setta, *Profughi di lusso. Industriali e manager di Stato dal fascismo alla epurazione mancata*. Milão: Franco Angeli, 1993; cit. na p.35-6.

[135] O general Hans Leyers (muito mais controverso do que aparece no texto citado acima) chefiava o ente para a produção bélica na Itália (Rüstung und Kriegsproduktion, RUK), que dependia do Ministério dos Armamentos de Albert Speer. Michael Wedekind, *Nationalsozialistische Besatzungs- und Annexionspolitik in Oberitalien, 1943 bis 1945. Die Operationszonen "Alpenvorland" und "Adriatisches Küstenland"*. München: Oldenbourg, 2003, XII-526p.; Paolo Ferrari; Alessandro Massignani, "Lavorare fino all'ultimo". Albert Speer e l'economia di guerra italiana 1943-1945, *Italia Contemporanea*, 1997-1998, n.209-10, p.175-208. Disponível em <http://www.italia-resistenza.it/wp-content/uploads/ic/RAV0053532_1997-1998_209-210_08.pdf>.

mesmo liberando-os da prisão e definirá a socialização [querida pelos fascistas] como "sabotagem", proibindo-a nas assim chamadas "indústrias protegidas", ou seja, a maioria.[136]

Esse olhar sobre a complicada vida italiana após o 8 de setembro de 1943 contribui para explicar por que Bobbio, em janeiro de 1945, "não tendo condições de chegar à sede de Pádua", fez "pedido de agregação à Universidade de Turim".[137] Em Turim, Bobbio participou da luta antifascista como representante do Partido de Ação. Em 26 de abril de 1945, os *partigiani* começaram a libertação da cidade, que concluíram nos dois dias seguintes.

Enquanto isso, o ensino universitário precisava continuar. Visto que Gioele Solari tinha deixado o ensino em 1942, no ano acadêmico 1944-1945 a cátedra turinense de filosofia do direito foi confiada a Bobbio, que concluiu os seus cursos em 21 de abril, poucos dias antes da Libertação. No ano acadêmico sucessivo, Bobbio voltou a dar aula em Pádua, mas contemporaneamente, como candidato do Partido de Ação, participou da campanha eleitoral para a Assembleia Constituinte e para o referendo institucional, destinado a transformar a Itália de monarquia em república. Bobbio não era um orador apto às praças e vivenciou a campanha eleitoral com um certo incômodo, que se tornou desconforto diante da derrota do seu partido: enquanto a Democracia Cristã conseguiu 35,2%, os socialistas conseguiram 20,7% e os comunistas, 18,9%, o Partido de Ação se limitou a 1,5% dos votos.

As tentativas de explicar essa distribuição das forças políticas enchem hoje uma biblioteca, todavia, nesse momento, não podemos atravessar aqui nem a soleira. Sobre o juízo que Bobbio deu disso, e sobre a relevância que esse caso eleitoral teve para ele, voltaremos no parágrafo 6.4.1. O Partido de Ação – partido com uma história épica e ética[138] – não tinha uma abordagem predatória na política e não sobreviveu às eleições de 1946 também por causa da própria vocação, porque aquela geração austera considerava a atividade política um serviço complementar e desinteressado prestado ao Estado democrático. Em 1945, um jornal dos *partigiani*, com a dissolução da formação após a Libertação, dava o seguinte conselho aos *partigiani* que voltavam para casa:

---

136 Setta, *Profughi di lusso*, op. cit., p.35-6.
137 Carta autografada de Bobbio, Turim, 10 de janeiro de 1945, ASUT, *Fascículo pessoal* de Norberto Bobbio.
138 Giovanni De Luna, *Storia del Partito d'Azione 1942-1947*. Roma: Editori Riuniti, 1997.

Leiam, estudem nos jornais os problemas da política que são os problemas dos nossos interesses, do nosso bem-estar, da nossa existência. Levem a sério o pensamento e não a forma, o trabalho e não as conversas fúteis. Desconfiem dos politiqueiros: quem quer viver de política é, em primeiro lugar, um vadio e em segundo lugar, um mercenário. Sempre estará à disposição de quem pagar mais. A política se faz quando acaba o dia de trabalho.[139]

O ano de 1946 colocou fim à atividade política do Partido de Ação, mas, nas décadas seguintes, seus ideais políticos continuaram na reflexão cultural de quem se identificou com o seu ideal de Justiça (social) e Liberdade (política). Essa derrota eleitoral induziu Bobbio a deixar a vida política ativa: mas, a partir do pós-guerra, os seus estudos sobre teoria política e sobre a história das ideias políticas acompanharam de forma crescente os estudos iniciais de filosofia do direito.

2.6. O retorno a Turim em 1948

Para Bobbio, as peregrinações da carreira universitária terminaram em 1948, quando foi chamado a Turim para ensinar Filosofia do Direito, na cátedra que tinha sido de seu mestre Gioele Solari.[140] Aqui também as exigências da Faculdade o levaram a ensinar disciplinas inusitadas, como História e Política Colonial, em 1950.[141] Política Colonial, na Itália de 1950? A data e o ano exigem um parêntese: a administração pública italiana nunca é rápida

---

139 Prima di separarci. In: *Lungo il Tanaro* (noticiário da X Divisão alpina "Giustizia e Libertà"), 1945, n.4, op. cit. In: De Luna. *Storia del Partito d'Azione*, op. cit., p.251.

140 Histórico funcional, cópia conforme de 5 de agosto de 1991. ASUT, *Fascículo pessoal* de Norberto Bobbio.

141 Transferido de Pádua à cátedra de Filosofia do Direito da Faculdade de Jurisprudência de Turim "a partir de 30/3/1948", teve (sempre na Faculdade de Jurisprudência) o cargo de ensino de História e Política Colonial, em 1950-1951 e de Doutrina do Estado, em 1952-1953, em 1953-1954 e em 1954-1955. Sempre na Faculdade de Jurisprudência teve o cargo de Filosofia do Direito, em 1958-1959, em 1959-1960, em 1960-1961, em 1961-1962 e em 1962-1963. "Renovado o supracitado cargo de Ciência Política para o ano acadêmico 1963/64", em 1964-1965, em 1965-1966, em 1966-1967, em 1967-1968, em 1969-1970 e em 1970-1971. De 1º de janeiro de 1972, foi transferido para a cátedra de Filosofia da Política na Faculdade de Ciências Políticas. A partir de 1º de novembro de 1979, entra em licença-prêmio e depois em afastamento "porque nomeado senador vitalício da República Italiana", de 24 de julho de 1984 a 31 de outubro de 1984 e, por fim, é aposentado compulsoriamente por limite de idade a partir de 1º de novembro de 1984 (Histórico funcional, cópia conforme de 5 de agosto de 1991. ASUT, *Fascículo pessoal* de Norberto Bobbio).

em receber as novidades e, portanto, foram necessários anos para que essa disciplina fosse substituída por História e Instituições dos Países Afro-Asiáticos. Por outro lado, o Ministério das Colônias foi abolido apenas em 1953, sobrevivendo, portanto, dez anos ao próprio objeto.

Desde 1962, além de Filosofia do Direito, Bobbio ensinou também Ciência Política, mas não porque, como escreve autoironicamente, "o filósofo do direito, sendo um especialista em nada, com frequência está autorizado [...] a se ocupar de tudo".[142] Essa cátedra reconhecia implicitamente os dois binários sobre os quais estava se desenvolvendo sua pesquisa a partir de 1945. De fato, além dos escritos militantes no jornal *Justiça e Liberdade* ("os meus primeiros experimentos como jornalista"), em 1945, havia publicado o seu "primeiro texto sobre a questão democrática".[143] Nele, demonstrava sua concepção da democracia entendida como desenvolvimento autônomo de pessoas livres: uma visão que, alguns anos depois, teria substituído pela concepção procedimental da democracia, inspirada em Kelsen. A esse artigo teórico seguiram, em 1946, seus escritos sobre o sistema político inglês, nascidos do seu primeiro contato direto com o mundo anglo-saxão, inacessível durante o fascismo. De fato, nos meses de outubro e novembro de 1945, Bobbio empreendeu uma viagem para a Inglaterra, que teve sobre sua formação um peso não menor que a viagem para a Alemanha, em 1932: "A viagem para a Inglaterra significou a descoberta da democracia".[144] Na realidade, todas as três viagens realizadas por Bobbio entre 1932 e 1955 assumem um significado particular na sua formação e, por isso, o próximo parágrafo se deterá em cada uma delas.

A carreira universitária de Bobbio se concluiu em 1984, quando ele tinha 75 anos, e, com a aposentadoria da universidade, alcançou também a nomeação de senador vitalício (cf. Capítulo 3).

2.7. Da ditadura à liberdade do pós-guerra: três viagens de Bobbio

As três viagens correspondem a três épocas da vida de Bobbio em sua passagem da juventude à maturidade, ou seja, entre os 23 e os 46 anos.

---

142 Bobbio, *O tempo da memória. De senectute*, op. cit., p.168.
143 Idem, *Diário de um século. Autobiografia*, op. cit., p.82. O artigo de Bobbio, *Stato e democrazia*, é dividido em três partes: "Lo Stato Moderno", II, 20 de julho de 1945, p.109-11; 5 de agosto de 1945, p.135-6; 20 de agosto de 1945, p.159-60.
144 Ibid., op. cit., p.102.

A viagem para a Alemanha, de 1932, correspondia à apropriação do passado, que tinha sido de seus mestres, desde o ressurgimental Albini, cujo contato com Mittermaier contribuiu para levar a influência alemã à Faculdade Jurídica turinense.[145] Os frutos dessa viagem retornam, antes de tudo, na tese e no livro sobre Husserl, já lembrados. A viagem para a Inglaterra, de 1945, correspondia ao presente da nascente Itália republicana, na qual Bobbio teria desejado ver um liberalismo mais social se fundir a um socialismo mais libertário. Os frutos da viagem se encontram, sobretudo, nos escritos sobre a democracia. A viagem para a China, de 1955, representava o contato com um possível futuro também da Itália, visto que a via escolhida pela China era uma das possíveis, mas não a única, que conduzia ao socialismo. Os frutos dessa última viagem estão mais circunscritos no tempo e hoje quase esquecidos: no entanto, a experiência nos deixou uma análise de Bobbio sobre a jovem Constituição chinesa da época e um magistral retrato do Bobbio viajante, traçado pela pena de Franco Fortini. Por isso nos deteremos sobre o hoje esquecido Bobbio indagador do socialismo na China, já que não apenas Bobbio, mas também as esquerdas na Europa viam na experiência chinesa uma alternativa possível ao stalinismo da União Soviética.[146] De fato, essa geração tinha o stalinismo sob os olhos e procurava formas de socialismo que não sufocassem a democracia: o trabalhismo inglês era uma experiência comprovada, o socialismo chinês uma experiência que estava se abrindo ao futuro e sobre a qual a Europa, saída da guerra, sabia bem pouco.

Os frutos dessas viagens se encontram nos debates sobre a esquerda e no respeitoso distanciamento de Bobbio das formas de democracia popular, que se afastavam cada vez mais da democracia parlamentar pluripartidária a que Bobbio se atinha. Bobbio visitou várias vezes as democracias populares europeias, mas a China foi seu único contato com um comunismo nascido da revolução: de fato, Bobbio nunca visitou a União Soviética.

---

145 Losano, *Alle origini della filosofia del diritto a Torino: Pietro Luigi Albini (1807-1863)*, op. cit., 104p.
146 As opiniões do trabalhista inglês Clement Attlee sobre a sua viagem na China de 1954 estão resumidas no parágrafo *La Stampa* e Attlee: i laburisti inglesi e la Cina. In: Mario G. Losano, Diritto e democrazia nei tre viaggi d'istruzione di Norberto Bobbio: Germania, Inghilterra, Cina, *Democrazia e diritto*, 2015, n.4, p.258-85.

2.7.1. Bobbio na Alemanha em 1932: "a pátria da filosofia do direito"

No prefácio à edição de 1992 de *Diritto e potere* [Direito e poder], Bobbio retoma a sua primeira viagem para a Alemanha:

> Quando comecei os estudos de filosofia do direito, alguns anos antes e alguns anos depois de 1930, a pátria da filosofia, do direito e da filosofia do direito era a Alemanha. [...] Os maiores filósofos italianos da geração precedente, Giorgio Del Vecchio, Adriano Ravà, Gioele Solari, meu mestre, eram de cultura alemã. Em seus livros, as citações de obras, saídas das mais célebres universidades da Alemanha, se sobressaíam. A literatura inglesa e americana era quase desconhecida.[147]

Por isso, na formação universitária de Bobbio, insere-se entre suas duas graduações a viagem para a Alemanha, em 1932, feita com o amigo e futuro sociólogo do direito Renato Treves (que encontrou Hans Kelsen em Colônia) e com o futuro filósofo da ciência Ludovico Geymonat (que aprofundou os seus estudos matemáticos em Göttingen). Bobbio permaneceu em Heidelberg (onde aprofundou a filosofia husserliana). Geymonat se graduou em matemática em 1932, dois anos após a graduação em Filosofia Teorética, também com Annibale Pastore. Após essa viagem para a Alemanha, em 1934, fez uma viagem de estudos para Viena, que deveria marcar seu futuro de filósofo da ciência: de fato, entrou em contato com o Círculo de Viena e, em particular, com Moritz Schlick e o seu círculo.[148] A amizade dos três jovens viajantes turinenses durou a vida toda, não obstante a diversidade de interesses científicos e também políticos: Geymont, de fato, assumiu posições políticas radicais à esquerda do Partido Comunista, do qual foi expulso por essa razão.

Para os dois alunos de Solari, a estadia alemã deu frutos diversos: "Enquanto podemos datar o começo da fortuna crítica de Kelsen na Itália a partir de Treves, [...] nunca houve uma sequência aos meus estudos de fenomenologia".[149] Em Heidelberg, Bobbio encontrou também Gustav Radbruch, sobre o qual não publicou escritos específicos, mesmo nutrindo

---

147 Bobbio, *Diritto e potere*, op. cit., p.5 (Prefazione), p.1 na edição de 2014, organizada por Tommaso Greco, com introdução de Agostino Carrino (organizador da edição precedente). Turim: Giappichelli, 2014.
148 Sobre Geymonat, cf. Bobbio, *La mia Italia*, op. cit., p.96-112.
149 Bobbio, *Diritto e potere*, op. cit., p.5.

um preciso interesse jusfilosófico por esse autor: por exemplo – no seminário sobre justiça que Bobbio organizou em 1958 – confiou-me o tema da justiça em Radbruch, e com essa comunicação, iniciou o meu longo contato com Bobbio.

Em seguida, em 1937, durante uma viagem a Berlim, Bobbio instaurou uma "curiosa relação" com Carl Schmitt. Já velho, Bobbio anotava: "Continuo a me surpreender que um personagem como Carl Schmitt tenha acolhido com tanta cordialidade um jovenzinho desconhecido. Convidou-me para o almoço, depois continuamos a conversa no jardim".[150] Provavelmente uma das razões é indicada por Bobbio, anos depois, quando, falando do interesse de Giaime Pintor por aquele teórico alemão e recordando o encontro de 1937, constatava que "o seu período nazista chega até 1936; em 1937, quando eu o conheci, já estava completamente marginalizado pelo partido".[151]

Os dois estudiosos compartilharam um vivo interesse por Hobbes (mesmo que o lessem em perspectivas opostas), tanto que, no ano seguinte, Schmitt enviou a Bobbio o seu novo livro sobre o *Leviatã*, que Bobbio resenhou na Itália.[152] Com o fim da guerra, será Hobbes novamente a colocar os dois estudiosos em contato, dessa vez, epistolar, por ocasião da publicação de *De cive*, organizado por Bobbio (cf. Capítulo 3).

2.7.2. Bobbio na Inglaterra em 1945: a "descoberta da democracia"

Em 1945, a Itália dava os primeiros passos em direção à Assembleia Constituinte sob o governo de Ferruccio Parri, com duração de junho a dezembro de 1945 e formado por partidos que participaram da Resistência. Preparava-se o *referendum* que deveria decidir se a Itália seria monárquica ou republicana. Em todo caso, seria uma Itália democrática, porém, a classe política que substituía o fascismo não tinha nenhuma experiência concreta do funcionamento das instituições que deveriam transformar a teoria democrática em uma prática de vida cotidiana da nação renovada.

---

150 Idem, *Diário de um século. Autobiografia*, op. cit., p.145, com algumas cartas entre Bobbio e Schmitt nas páginas 145-53. Por ocasião dessa retomada, veja-se a entrevista de Antonio Gnoli, Quel breve incontro, *La Repubblica*, 8 dez. 1995, seguida por Bobbio racconta Schmitt, *La Repubblica*, 19 dez. 1995.
151 Giovanni Falaschi, *Giaime Pintor e la sua generazione*, op. cit., p.272.
152 Carl Schmitt, *Der Leviathan in der Staatslehre des Thomas Hobbes. Sinn und Fehlschlag eines politischen Symbols*, Hamburg: Hanseatische Verlagsanstalt, 1938. 132p. Resenhado por Bobbio em: *Rivista di filosofia*, 1939, n.3, p.283-4 (publicado novamente em: Bobbio, *Thomas Hobbes*. Turim: Einaudi, 1989, p.211-3).

Nesse contexto, o British Council organizou uma viagem a Londres de personalidades ligadas ao antifascismo, concebendo-o "como uma espécie de curso de educação cívica, destinado a pessoas cujos anos de sua formação haviam transcorrido sob uma ditadura".[153] Os membros do Partido de Ação estavam particularmente interessados no modelo trabalhista inglês e Bobbio escreveu sobre isso em *Giustizia e Libertà*.[154]

A delegação, composta predominantemente de juristas, visitou as sedes dos partidos Conservador e Trabalhista e a Câmara dos Lordes para se dar conta do funcionamento de uma democracia parlamentar. Bobbio encontrou o cientista político trabalhista Harold Laski, do qual lembra que "se declarou um admirador da União Soviética e definiu Stálin como '*très sage*' [muito esperto]". Afirmação que, poucas décadas depois, teria parecido "até mesmo escandalosa", mas que, "após a vitória sobre Hitler, para a qual os soviéticos haviam contribuído de maneira decisiva com a batalha de Stalingrado, não nos causara particular impressão".[155]

Bobbio escreveu um relatório desse encontro com Laski em *Giustizia e Libertà*, sobre o qual Augusto Monti discordou, provocando a réplica de Bobbio.[156] Da viagem, resta o texto de uma conferência sobre os partidos políticos ingleses,[157] nos quais Bobbio via o fundamento da democracia parlamentar daquele país. A abertura ao mundo anglo-saxão o levou a descobrir também

---

153 Bobbio, *Diário de um século. Autobiografia*, op. cit., p.82.
154 Borgna, *Un Paese migliore*, op. cit., p.434. A nota 26 menciona "os artigos de N. Bobbio em *Giustizia e Libertà* de 5, 11 e 17 de janeiro de 1946. No artigo de 5 de janeiro, o modelo inglês é indicado como o modelo ao qual os Estados da Europa continental, ciclicamente, voltam o olhar, com admiração, em todo 'momento das grandes crises políticas'".
155 Bobbio, *Diário de um século. Autobiografia*, op. cit., p.83.
156 Idem, Colloquio con Laski, *Giustizia e Libertà*, 29 dez. 1945, p.1, que provocou algumas observações de Augusto Monti (Da un colloquio con Harold Laski, *L'Unità Europea*, 5 jan. 1946, n.6), às quais Bobbio respondeu com uma carta ao diretor: Il federalismo e l'Europa, *L'Unità Europea*, 5 mar. 1946, p.1. Laski era conhecido na Itália por duas traduções anteriores à guerra: Harold Laski, *La libertà nello Stato moderno*. Bari: Laterza, 1931, XIV-196p.; *Democrazia in crisi*. Bari: Laterza, 1935, 240p. Da Inglaterra, Bobbio escrevia quase todos os dias a sua mulher, mas essas cartas parecem ter se perdido.
157 Bobbio, *I partiti politici in Inghilterra*. Roma: Associazione Italo-Britannica, 1946, 42p. Agora em: *Tra due Repubbliche. Alle origini della democrazia italiana*. Roma: Donzelli, 1996, p.47-71 (as fontes dos 15 textos da "Parte I. Dopo il fascismo" estão na p.2); além disso: Bobbio, L'Inghilterra, o dei partiti. In: *Tra due Repubbliche*, op. cit., p.116-8 (mas não aparece indicada a fonte dos textos contidos na "Parte II. Dopo cinquant'anni (1996)"). Nesse novo horizonte, também se insere Bobbio, Orientamenti federalistici nei paesi anglosassoni. In: *La Comunità Internazionale*, I, 1946, n.4, p.542-4.

o Popper político – talvez durante a viagem a Londres, talvez por meio da editora Einaudi – e a torná-lo conhecido na Itália por meio de duas resenhas: "Creio ter sido o primeiro, na Itália, a falar do Popper político, um ano depois da publicação da edição inglesa da obra".[158]

2.7.3. Bobbio na China em 1955: o mundo olha para a nova China

O início dos anos 1950, marcado pela Guerra Fria – naquele momento, notória –, oscilava entre grandes esperanças e grandes temores. O primeiro de todos: a guerra atômica, sempre iminente. De fato, o "degelo", iniciado com a morte de Stálin, em 5 de março de 1953, e as esperanças suscitadas no mesmo ano pelo armistício na Coreia e, em 1956, pela condenação do stalinismo no Congresso do PCUS, tinham sido ofuscados pelos anos que culminaram, também em 1956, na invasão israelense do Sinai, com a ocupação anglo-francesa do Canal de Suez e com a consequente ameaça de Bulganin de desencadear a guerra atômica contra a França e a de míssil contra Londres, ameaça evitada *in extremis* pela intervenção da ONU e pela criação, para o controle de Suez, do que depois se tornariam as "Forças de Paz da ONU".

No entanto, as veleidades imperiais da Inglaterra estavam definitivamente depostas já em 1950, com a independência da Índia e a progressiva transformação da Comunidade das Nações; e as da França, com a independência da Argélia, da Tunísia, do Marrocos e com a guerra da Indochina. Na Europa estava aberta a questão dos Bálcãs e, para a Itália, a de Trieste, enquanto as insurreições de Berlim Leste, em 1953, e de Budapeste, em 1956, foram sufocadas pela armada soviética.

Nessa atmosfera de total mudança pós-bélica, a organização de uma nova sociedade buscava modelos nos quais se inspirar. Especialmente aqueles que eram animados por simpatias socialistas não podiam mais se inspirar no modelo soviético, já irremediavelmente burocratizado e autocrático, e reavaliavam as novas realidades que emergiam do renovado mundo pós-guerra. Em particular, a China aparecia como um imenso experimento de construção social nascido a partir de uma revolução camponesa. Uma vasta galáxia de democráticos observava com interesse o *statu nascenti* dessa China, desde os trabalhistas ingleses até os sociais-democratas, socialistas e comunistas de

---

158 Bobbio, *Diário de um século. Autobiografia*, op. cit., p 87. Os comentários sobre Karl Popper (*The Open Society and its Enemies*. Londres: Routledge, 1945, 2 volumes) se encontram em Bobbio, *Società chiusa e società aperta*, Il Ponte, II, 1946, n.12, p.1039-46, e na resenha na *Rivista di Filosofia*, 1946, n.3-4, p.204-6.

uma Europa continental que saía dilacerada da guerra. Para compreender esse mundo complexo, serão mencionadas em seguida, de maneira geral, as turbulências que permeavam tal atmosfera. O tópico 2.8 se deterá sobre Bobbio na China: de um lado, um atento companheiro de viagem nos deixou um retrato de Bobbio que indagava sobre esse novo mundo (tópico 2.8.1); por outro lado, Bobbio analisou a Constituição chinesa que entrara em vigor no ano anterior à sua viagem, não se limitando à exegese do texto, mas examinando também os grandes princípios políticos que o regiam (tópico 2.8.2).

Em 1954, passou a vigorar na China a Constituição que concluía vinte anos de guerra civil. As hostilidades internas podiam ser consideradas concluídas, mas as externas, que se manifestavam no ausente reconhecimento internacional da China continental (reconhecimento reservado, aliás, à China nacionalista de Chiang Kai-shek,[159] abrigada em Taiwan) e na política de "contenção" do mundo comunista perseguida pelos Estados Unidos e por seus aliados.[160]

Para sair desse isolamento, a nova China, entre muitas outras iniciativas, convidou em várias ocasiões grupos de intelectuais e políticos a visitar o país para compreender a nova situação política e social. As visitas aconteciam frequentemente em setembro e outubro, o que possibilitava que os convidados assistissem à parada pela festa nacional chinesa de 1º de outubro.[161] Estavam no início dos relatórios que contribuíam com a campanha pelo reconhecimento internacional da nova República popular chinesa. Como nota Franco Fortini em seu relatório de viagem, ao qual voltaremos várias vezes, à China,

> [...] mantida absurdamente fora das organizações internacionais, ignorada e hostilizada por governos de meio mundo, traz estudiosos e homens de cultura e os provoca a reagir. Nenhuma dúvida de que a operação seja coroada pelo sucesso, se penso no mar de artigos, livros, conferências destes últimos meses: a bibliografia aumenta a cada dia.[162]

---

159 Os termos chineses foram transcritos com o sistema Wade-Giles, salvo indicação diversa.
160 John Lewis Gaddis, *Strategies of Containment. A Critical Appraisal of American National Security Policy During the Cold War*. Oxford: Oxford University Press, 2005, XVI-484p.
161 Visto que as paradas são praticamente iguais sob qualquer regime, assistir à parada chinesa poderia ser, porém, contraproducente: "Que recordações desagradáveis este espetáculo suscita em um italiano que viveu o período fascista, é fácil de imaginar" (Leopoldo Piccardi, *Viaggio in Cina*. Florença: Parenti, 1960, 249p., op. cit. à p.180).
162 Franco Fortini, *Asia maggiore*. Turim: Einaudi, 1956, 289p., op. cit. à p.17 (Roma: Nuova Ed. Manifestolibri, 2007).

As atitudes do Ocidente em relação ao comunismo chinês oscilavam entre relegar a nova China ao bloco comunista, atrás da Cortina de Ferro, "barreira maniqueísta que separa o bem do mal, sem possibilidade de distinção", e um confronto entre a ortodoxia soviética e a peculiaridade chinesa, sobretudo para sublinhar os contrastes entre os dois modelos de comunismo. Se, porém, entendemos o marxismo não como "dogma, mas como guia da ação", entendemos por que a revolução chinesa, que foi uma revolução camponesa, não podia importar o modelo soviético que conduzia ao dogmatismo stalinista: aceitando a execração dos comunistas chineses, o relatório de Tumiati agita o título *Il dogmatismo, sterco di vacca* [O dogmatismo, esterco de vaca], título não elogioso, mas de autoridade, visto que era o próprio Mao Tsé-Tung a considerar o dogmatismo "pior que o esterco de vaca, que, pelo menos, serve para adubar os campos".[163]

No "mar" de publicações evocadas por Fortini, qualquer livro daquele tempo ajuda a compreender o quanto a nova China despertava interesse nos anos de 1950. Na época, essa viagem representava uma excepcionalidade, hoje esquecida – o que Fortini diz sobre si mesmo vale para toda a sua geração: "Sou de uma geração que passou a adolescência a sonhar com a Europa, não com o resto do mundo. Paris, Londres, Madri e as cidades universitárias alemãs: os lugares que os anos fascistas afastavam ou proibiam".[164] Portanto, analisando o texto de Bobbio, será inevitável não se referir ao menos aos livros de Gaetano Tumiati, de Franco Fortini e de Leopoldo Piccardi, bem como ao de Enrico Emanuelli,[165] que veio depois, todos nascidos a partir de uma experiência de viagem análoga, feita nos mesmos anos.

Da França, foram convidados o ex-premier Edgar Faure e sua esposa Lucie, que escreveram, ambos, um texto sobre a China recém-visitada.[166] Lucie Faure – fundadora do Instituto de Estudos Eslavos na Universidade de Argel e da revista *La Nef*, ligada ao movimento de liberação da França – lançou um dos diários mais equilibrados dessas viagens de propaganda. Nesse, por exemplo, menciona a *"directrice de rues [...] à la foi conseiller municipal,*

---

163 Gaetano Tumiati, *Buongiorno Cina*. Milão – Roma: Edizioni Avanti!, 1954, p.76-82.
164 Fortini, *Asia maggiore*, op. cit., p.31.
165 Tumiati, *Buongiorno Cina*, op. cit., 210p.; Fortini, *Asia maggiore*, op. cit., 289p.; Piccardi, *Viaggio in Cina*, op. cit., 249p.; bem como o mais tardio livro de Enrico Emanuelli, *La Cina vicina*. Milão: Mondadori, 1957, 272p.
166 Edgar Faure, *Le serpent et la tortue. Les problèmes de la Chine populaire*. Paris: Julliard, 1957, 239p. Também a Emanuelli uma "diretora de rua" lembrava uma das "boas senhoras que, entre nós, ocupa-se de assistência social" (p.49), porém, em relação direta com "o partido e a polícia" (*La Cina è vicina*, op. cit., p.51).

assistante sociale, curé de paroisse, châtelaine de village et policier aussi" (Guarda de rua [...] por vezes conselheira municipal, assistente social, cuidadora da paróquia, capelã da aldeia e agente de polícia) – entre *"le réformes bonnes... et moins bonnes"* ("as reformas boas... e as menos boas") do regime chinês, porque nessa *"bienfaisance et délation se mêlent étroitement"* ("assistência e delação se fundem intimamente").[167] Quase contemporaneamente, outros livros sobre a China foram publicados pela mesma editora.[168]

Os intelectuais dos Estados comunistas também participaram de viagens análogas. Alguns autores vinham da República Democrática Alemã [RDA; DDR na sigla alemã], Estado que havia reconhecido a China, mas que então dividia com esta o problema da falta de reconhecimento internacional. Os relatórios emitidos por eles são diferentes dos fornecidos por escritores ocidentais: olhos diversos viam uma China diversa. Os ocidentais olhavam, sobretudo, para o presente, buscando pontos de concordância ou de discordância com as democracias ocidentais (presentes ou futuras, como se verá depois); os alemães do Leste, por sua vez, tendiam a evocar a longa luta chinesa pela libertação: o calvário da agonia do império chinês, da guerra civil entre comunistas e Kuomintang[169] e da invasão japonesa, para chegar, enfim, ao radioso mundo comunista. Radioso demais, frequentemente: mas aqueles eram ainda os anos do stalinismo.

Para mostrar o contraste entre a opressão do passado (inegável) e a realidade sob o comunismo, um livro de referência era o de Egon Erwin Kisch, publicado em 1933 e inspirado por um contato direto com o escritor Lu Hsun (hoje: Lu Xun).[170] Na década de 1950, também se inspirou em Kisch o polêmico poeta Stephan Hermlin, cujo diário chinês queria ser politicamente edificante, mas que escorrega muitas vezes em uma linguagem irritante de agitprop:[171] a China se torna a utopia realizada, onde tudo é perfeito

---

167 Lucie Faure, *Journal d'un voyage en Chine*. Paris: Julliard, 1958, 229p.; cit. à p.94.

168 Pierre Gosset; Renée Gosset, *Terrifiante Asie*. v.I: *D'Istanbul à la mer du Ja-pon*; v.II: *La Chine rouge an VII*. Paris: Julliard, 1956, 345p. e 274p.; Robert Guillain, *600 millions de chinois sous le drapeau rouge*. Paris: Julliard, 1956, 290p., bem como o romance ambientado na China coetânea de Paul Tillard, *Le montreur de marionnettes*. Paris, Julliard, 1956, 301p.

169 O Kuomintang (Partido nacional) de Chiang Kai-shek "é o inimigo por excelência" na China comunista e nomeá-lo suscita "ao seu redor, as mesmas sensações que na Europa surgem ao ouvir a palavra 'fascista'" (Tumiati, *Buongiorno Cina*, op. cit., p.70).

170 Egon Erwin Kisch, em *China geheim*. Berlim: Reiss, 1933, 280p., descreve a China sob a ocupação japonesa em 1932. Nas *Gesammelte Werken in Einzelausgaben* de Kisch, esse volume é publicado junto com *Asia gründlich verändert*, e *Zaren, Popen, Bolschewiken*.

171 Stephan Hermlin, *Ferne Nähe*. Berlim (Leste): Akademie-Verlag, 1954, 133p.

e sorridente como nos mais deprimentes manifestos maoístas. Em Kisch se inspira também o romancista Bodo Uhse, um comunista mais humano, de vida desastradamente exemplar, como apenas poderia ser a vida de um alemão nascido em 1904 no Império alemão, que passou da extrema direita à extrema esquerda (sempre no momento errado), que transitou por Weimar, pelo nazismo, pela guerra da Espanha, pelo exílio nos Estados Unidos e no México e morreu em 1963, na RDA. Em seu diário chinês, não faltam apontamentos críticos – o quanto era possível, uma vez que consentidos pelo stalinismo. Por exemplo, diante da representação teatral de grande sucesso intitulada *Due contadini pagano le tasse con il grano* [Dois camponeses pagam as taxas com o grão], irrompe em tom *recht provokatorisch*:[172] "E com esse título deveria ser uma peça de sucesso?".[173]

Na Itália, o interesse pela China havia levado, em setembro de 1954, à publicação no jornal *La Stampa* das correspondências do líder trabalhista inglês Clement Attlee[174] ("o representante mais respeitado da ortodoxia e da prudência democrática", de acordo com a definição de Calamandrei)[175] e, no ano seguinte, do livro do socialista Gaetano Tumiati, primeiro entre os jornalistas italianos a visitar a China, já em 1953.[176] Em 1956, *La Stampa* voltou a publicar artigos sobre a China, artigos de um dos seus enviados especiais mais afirmados, Enrico Emanuelli[177] e, no mesmo ano, Leopoldo Piccardi, um dos fundadores do Partido Radical, percorreu novamente o itinerário seguido pelo grupo de Bobbio.[178]

Esses viajantes eram mais que abertos: eram compreensivos, quase simpatizantes, mas sempre preocupados em conservar uma autonomia de opinião. A maioria deles não era comunista; aliás, escrevia Piccardi, cofundador de um partido laico e não marxista como o Partido Radical, "quem escreve

---

172 "Bastante provocativo". (N. T.)
173 Bodo Uhse, *Tagebuch aus China*. Berlim (Leste): Aufbau-Verlag, 1956, 175p.; cit. à p.84.
174 Os artigos do Attlee foram publicados em *La Stampa* nos dias 7, 8, 9, 10, 11 e 12 de setembro de 1954.
175 No volume *La Cina d'oggi, Il Ponte*, XII, 1956, número extraordinário, suplemento n.12, 727p.; cit. à p.65, nota 37.
176 G. Tumiati, *Buongiorno Cina*, op. cit., 210p.: na página do final do livro, o autor adverte que suas notas "se referem ao início de 1953".
177 Aos artigos de 1956, seguiu-se o seu livro *La Cina è vicina*, op. cit., 272p. Sobre essa geração de jornalistas e os seus livros sobre a China, hoje esquecidos, mas muitas vezes premonitórios, ver: <http://www.ilgiornale.it/news/gigante-asiatico-tanti-libri.html>.
178 Piccardi, *Viaggio in Cina*, op. cit., 249p.: o livro foi terminado em dezembro de 1959, mas descreve "a China de 1956" (p.12), porque o grupo de Piccardi, guiado por Ferruccio Parri, visitou a China em setembro e outubro de 1956.

estas páginas não é comunista, rejeita as posições ideológicas do comunismo, é avesso às experiências comunistas no seu país",[179] isto é, na Itália; porém, queria entender antes de criticar. Esses viajantes talvez procurassem naquela realidade distante uma confirmação das próprias esperanças: as de um socialismo que se afirmasse por vias diversas, adaptando-se à história e à geografia dos vários povos. Essas esperanças e preocupações voltadas para a nova China estavam difusas, como demonstra a série de artigos de Attlee e, também, a viagem coletiva de que Bobbio participou, mas também eram minoritárias, como demonstra, naqueles anos, a acusação direcionada a Bobbio de "criptocomunismo" e a acolhida reservada a Attlee, ao final de sua viagem, onde, na Austrália, esperavam-no os cartazes "Volte para a China!".

A escassez de testemunhos diretos sobre a China derivava não apenas das dificuldades objetivas dos transportes nos anos de 1950, mas também das barreiras produzidas pela Guerra Fria. O grupo de Bobbio não era uma delegação oficial, nem tinha "poderes para desenvolver tratativas nem mesmo no campo cultural", mesmo que tivessem sido removidos obstáculos burocráticos hoje impensáveis: "O nosso governo, mesmo não permitindo ainda, por causa da falta de reconhecimento, passaportes regulares para a China popular, não nega, porém, o visto para Pequim e não comete mais o arbítrio, pelo qual o governo Scelba passou à história, de retirar o passaporte a quem voltava de lá".[180]

Os testemunhos e as notícias decorrentes desses primeiros contatos alimentavam o crescente interesse pela China. Em 1956, por exemplo, o Instituto Italiano para o Médio e o Extremo Oriente (Ismeo) fundou a revista *Cina* [China], publicação anual para aqueles "que desejam estar informados de maneira imparcial sobre o pensamento, sobre a arte, sobre a ciência, sobre a organização da nova China e sobre seus progressos".[181]

2.8. Bobbio na nova China

Muitas vezes, em seus escritos, Bobbio evoca o quanto tinha permanecido isolado o mundo da Itália fascista e, portanto, o quanto deveriam recuperar as gerações que tinham passado os anos da formação intelectual nesse ambiente. Percorrendo a vida de Bobbio, é útil se debruçar, em primeiro lugar, sobre como Bobbio procurava entender o socialismo chinês nascente

---

179 Ibid., p.216.
180 Piero Calamandrei, Le relazioni culturali italo-cinesi. In: *La Cina d'oggi*, op. cit., p.122.
181 Giuseppe Tucci, Prefazione. In: *Cina*, 1956, n.1, p.5.

por meio dos contatos – também pessoais – que a viagem lhe oferecia. Além disso, as regras desse socialismo nascente estavam incluídas na nova Constituição chinesa, que Bobbio analisa aplicando a ela suas qualidades, tanto de jurista, quanto de cientista político. Em síntese: ao lado do retrato de Bobbio na China, dispõe-se o retrato da China em Bobbio.

2.8.1. Retrato de Bobbio na China: "laconismo, clareza, decoro"

Bobbio participou de uma das viagens coletivas para a China, no outono de 1955,[182] com Franco Antonicelli, Carlo Cassola, Francesco Flora, Franco Fortini, Cesare Musatti, Ferruccio Parri, Enrica Pischel, Carlo Tagliavini e, em particular, Piero Calamandrei, então diretor da revista *Il Ponte*, bem como o já lembrado Gaetano Tumiati, redator-chefe da mesma revista. Era portanto natural que as impressões de viagem e as notícias recolhidas por esse grupo de viajantes resultassem em um denso número especial da revista *Il Ponte*.[183]

Os autores eram intelectuais de diferentes áreas políticas, mas abertos às ideias e aos movimentos da esquerda e, depois da viagem, unânimes em formular um juízo substancialmente positivo sobre a nova China, mesmo que com ressalvas importantes. Os intelectuais democráticos que publicaram nesse número especial estavam animados por um espírito que uma escritora católica, convidada para colaborar com um artigo sobre a literatura chinesa, sintetizou com palavras que se aplicam a todos eles:

> Poderia, como católica, na situação atual, assumir um trabalho desse tipo? Considerei conscientemente poder superar estas dúvidas, visto que a obra que deveria realizar tinha uma natureza cultural e não política, além de ter a garantia de objetividade de *Il Ponte*, que se propunha, nesse número, segundo as palavras que o senhor mesmo [isto é, Calamandrei] me disse, não uma "cega exaltação" comunista ou paracomunista, mas sim um conhecimento e uma avaliação desapaixonada e serena de um mundo cuja importância é impossível ignorar.[184]

---

182 A data da viagem pode ser retirada do encontro com o vice ministro da Cultura, em 12 de outubro de 1955 (Calamandrei, *Le relazioni culturali italo-cinesi*, op. cit., p.122); e de Francesco Flora, *Esperienza di libertà*, ibid., p.310-31: "da metade de setembro até quase o final de novembro de 1955" (p.310). Concorda Margherita Guidacci, *Lettera aperta a Piero Calamandrei*, ibid., p.391. Enfim, o número único de *Il Ponte* foi impresso em abril de 1956 (atrás da página de rosto).

183 O volume *La Cina d'oggi*, op. cit..

184 Guidacci, *Lettera aperta a Piero Calamandrei*, ivi, p.391.

Franco Fortini escreveu o relato mais fascinante da viagem inteira,[185] no qual dedica a Bobbio um medalhão com os retratos sobrepostos do Bobbio de sempre e do Bobbio na China, assim como o viam os seus colegas de viagem: "Se há alguém no nosso grupo que não deverá abandonar-se ao riso ou ao choro, mas apenas ao intelecto, esse alguém é Bobbio, ou seja: Das Cartas, como queria apelidá-lo por causa da sua semelhança com Descartes". Na China, desembarca, antes de tudo, o Bobbio de sempre, severo e duvidoso:

> Deve ter entre 40 e 50 anos. Da sua pessoa expressa, mais que a força intelectual, um tipo de educação bem enraizada, uma fidelidade aos pais e aos avós. A energia das convicções tem, nele, somente a fraqueza de se expressar, justamente, como energia; você sente que as virtudes de ordem, de persistência, de sobriedade mental, de honestidade intelectual estão bem conscientes nele. E talvez estivessem acompanhadas de algum tipo de paixão pedagógica, se não interviesse para corrigi-las, de vez em quando, um sorriso, um pouco embaraçado e um pouco irônico. É autoironia, cada vez que o discurso se permita um adjetivo a mais, uma cadência um pouco mais apaixonada; é embaraço, talvez timidez, tentativa apenas esboçada de mundanidade e desenvoltura. Entende-se que quando garoto deve ter sido bom e diligente e deve ter desprezado qualquer forma de delicadeza sentimental. Quando dorme não relaxa. O seu moralismo é continuamente controlado, muito urbano. Obriga à admiração e ao respeito; mas você sente que as suas preferências e os seus juízos sobre as coisas e sobre os homens nascem de um horror pela ambiguidade e pela incerteza. A sua atitude mental preferida é com certeza esta: "Vamos ver...".

Nesse retrato não hagiográfico, a natureza rigorosa do Bobbio de sempre não abandona o Bobbio investigador da realidade da nova China: uma atitude na qual Fortini observa alguns elementos de um eurocentrismo pragmático.

> Ele reage aos momentos de alegria despreocupada dos seus colegas universitários como deveria fazer quando era garoto, perante as brincadeiras dos colegas de escola: aparente indulgência, substancial deploração. Daí vem sua frequente condenação ao laxismo e à inconsistência dos povos latinos; um acentuado complexo de "setentrional"; e a inabalável convicção de que a evolução das pessoas que nos cercam, isto é, os chineses, não possa não ser comandada pela

---

[185] Fortini, *Asia maggiore*, op. cit., 289p. O retrato de Bobbio se encontra nas p.121-3, com o título "Delle Carte"; por sua vez, Bobbio resenhou o livro de Fortini em *Notiziario Einaudi*, V, 1956, n.4, p.7-8.

concepção racional do mundo que surgiu na Europa depois da Reforma. O que é certamente verdadeiro, nem pode existir industrialização sem hábito mental científico, nem este sem Ocidente, sem Europa. Mas, em Das Cartas, esta muito certeira, aliás, flagrante verdade não pode ser separada da consciência da superioridade indiscutível da civilização ocidental; dessa forma, você é constantemente obrigado, falando com ele, ora a sublinhar a substancial identidade humana de nós ocidentais e dos orientais chineses, a negar a existência dos "mistérios da China" – esta invenção ocidental –, ora, contudo, a colocar em evidência o que, nas características tradicionais desta civilização, talvez deva ser salvo em uma síntese futura. O *honnête homme* Das Cartas, pelo contrário, não confia no futuro; o futuro é obscuro. Uma desconfiança que pode ser receio, não receio covarde, mas projeção futura do olhar pessimista, voltado para o passado, para a história. Apenas duas vezes vi Das Cartas se entusiasmar: a primeira, durante o desfile de Primeiro de Outubro; a segunda, pelas notas da *Habanera* de Bizet; entusiasmo breve, logo arrependido; o demônio mostrava *le bout de l'oreille*, depois voltava a se esconder.

Perante a revolução chinesa, em suma, Bobbio não se abandona nem ao entusiasmo ideológico, nem à crítica preconceituosa, mas avalia o que vê de acordo com os valores que porta em si; e o que vê, assim como nos conta Fortini, mais de uma vez o deve ter indignado.

Se for profundamente conservador, talvez o seja mais na vontade que na convicção de ter superado o decadentismo, de ter conseguido alcançar uma idade de razão e de precisão na qual voltem a valer as virtudes dos avós e dos bisavós, laconismo, clareza, decoro. Para que isso seja possível, para que nunca falte a possibilidade de uma integração social no mundo das pessoas sérias (a divisão do mundo em pessoas sérias e diletantes deve ser-lhe congenial desde a infância), é necessário que, no mundo turbulento e revolucionário, uma cidadela resista à tentação da desordem, certamente não a do espírito crítico libertino, mas a do espírito crítico científico.

De volta à Itália, Bobbio não escreveu um relato de toda a viagem, mas limitou-se a dar uma entrevista para o jornal do Partido Socialista, a escrever uma breve resenha do livro de Fortini e às considerações sobre a Constituição chinesa, à qual é dedicado o próximo tópico.[186] Fortini nos oferece alguns

---

186 Bobbio, Le chiavi del dialogo, *Avanti!*, 29 nov. 1955, p.3. A entrevista com Domenico Zucàro inicia com a viagem à China, de outubro de 1955, para depois deter-se sobre o livro *Política e cultura*; a

excertos do diário de viagem que Bobbio não escreveu. Ele se detém em dois momentos particularmente significativos dos assuntos libertários que, claramente, interessavam mais a Bobbio que aos seus interlocutores chineses.

Bobbio queria obviamente se informar sobre o estado da filosofia na China, e, por isso, pediu para encontrar algum colega que lhe ilustrasse a situação. Fortini, que esteve presente, descreve um encontro arrepiante.

> Bobbio me disse que esta noite terá uma conversa com dois professores de filosofia e me convida para participar. Às nove da noite, de fato, entramos em uma sala do nosso hotel em Xangai, com iluminação fraca, onde estão nos esperando dois personagens, que se apresentam seriamente. São os dois chineses mais semelhantes à imagem hollywoodiana do chinês general-malvado-rebelde--enigmático que já vi. Ambos altos, ambos frios e ordenados, caras fechadas.
>
> Bobbio começa a falar, um pouco embaraçado por essas aparências rígidas. Depois das primeiras perguntas, entendemos que é absurdo contar com aquela espécie de "calor de categoria" que, na Itália, entrelaça muitos dos assim chamados homens de cultura e, certamente, os acadêmicos. Os dois senhores não são docentes de filosofia, mas sim funcionários do partido, particularmente competentes, nos dizem, sobre os problemas do marxismo-leninismo-*stalinismo*, e encarregados de cursos de natureza histórico-política na Universidade de Xangai. Daí o nosso, e também o deles, embaraço. Longos silêncios.[187]

Embaraço ou não, Bobbio não recua e quer saber, enquanto um Fortini cada vez mais sarcástico registra a sucessão das perguntas frenéticas e das respostas reticentes.

> Mas – pergunta Bobbio – existe uma faculdade de filosofia onde se ensina a história da filosofia ocidental? – "em Pequim", respondem; e pedem desculpa novamente pela escassez de informações que estão em condições de nos oferecer. "Quais autores se estudam lá?" – "Os maiores da história da filosofia." – "Existem traduções de Hegel em chinês?" – "Sim, Hume, Kant, Hegel e Fichte, por exemplo, estão traduzidos em chinês. Além, naturalmente, dos clássicos do marxismo." – "Dão-se cursos de lógica?" – "Nas faculdades de direito, de

---

resenha de Fortini está em: Bobbio. "Asia maggiore". Giornale di viaggio e allegoria d'un nuovo mondo, *Notiziario Einaudi*, V, 1956, n.4, p.7-8; enfim, cf. tópico 2.8.2 sobre o seu artigo Linee fondamentali della costituzione cinese, em *Il Ponte* de 1956.

187 Dialogo coi professori di Marxismo. In: Fortini, *Asia maggiore*, op. cit., p.172-4.

história e de jornalismo os exames de lógica são obrigatórios." – "Qual é a posição atual de Fung Yu-lan?"[188] – "É professor de filosofia em Pequim, e justificou publicamente a sua adesão ao materialismo marxista." [...] As respostas saem assim, formuladas com poucas palavras, sem sombra de cordialidade, sem pontos de apoio.

Enquanto a reticência sobre Fung Yu-lan pode ser compreendida, por ser um filósofo ocidentalizado demais para não ser considerado herético, nessa época permanece quase inexplicável o silêncio sobre os clássicos da filosofia: "Não sabemos como fazer para fechar a conversa. É claro que os dois não confiam em nossas perguntas, ou estão paralisados por seus embaraços". Em suma:

> Não há nada a fazer; é como querer tirar leite de uma pedra. Inútil tentar entender. Pela primeira vez nos encontramos perante um muro. Os dois senhores vieram porque tinham que vir, mas se recusam a conversar. Nos despedimos friamente. A conversa não durou mais que meia hora. Bobbio está preocupado e entediado; não consigo culpá-lo. Pela primeira vez tivemos que lidar com dois dirigentes políticos convencidos da inutilidade de qualquer tentativa de fazer os ocidentais entenderem.

A narração de Fortini nos informa também sobre a falta de sorte que tiveram as duas tentativas de Bobbio de investigar a liberdade de expressão no comunismo chinês, confirmando, assim, as dúvidas que Clement Attlee expressou em seus artigos já citados.

Uma vez Bobbio perguntou, sem sucesso, sobre qual era o destino do escritor Hu Feng (1902-1985), conhecido no Ocidente também por um caso ligado à liberdade de expressão. Ele, de fato, tinha criticado a concepção maoísta do realismo como politizada demais na sua *Carta das trezentas mil*

---

188 O filósofo Fung Yu-lan (na grafia atual, "Feng Yulan", 1895-1990) era conhecido no Ocidente: isso explica a pergunta de Bobbio e a resposta em parte tranquilizante dos dois funcionários do partido. Aluno de Dewey, nos Estados Unidos, publicou, em 1934, os dois volumes da obra que foi, por décadas, no Ocidente, referência sobre a filosofia chinesa, *A History of the Chinese Philosophy*, definida a partir de critérios ocidentais. De volta para os Estados Unidos, em 1946, ensinou nas Universidades da Pensilvânia e do Havaí. Depois de 1949, voltou para o seu país, onde formulou uma filosofia neoconfuciana que foi criticada pelas autoridades comunistas. Mesmo assim, ele não deixou a China e, com o fim da Revolução Cultural, até a data do seu falecimento, gozou de uma relativa liberdade de expressão.

palavras, de 1954 e, por isso, foi preso, em 1955, e solto apenas cerca de vinte anos depois.[189]

Enfim, o problema da liberdade de expressão se apresentou de forma inesperada no momento de deixar a China. Na Itália, Bobbio tinha se preparado para a viagem comprando, entre outros, também um volume do líder político Kao Kang,[190] publicado na China comunista, e o tinha levado consigo na viagem. Na hora de voltar, os livros tinham aumentado e ele decidiu enviá-los pelo correio para a Itália. Entregou os volumes para enviar aos acompanhantes, mas, para sua surpresa, estes voltaram dizendo que o livro, entretanto, tinha sido proibido e que, por isso, além de não poder ser enviado, tinha sido também confiscado. Disso nasceu um debate entre os participantes da viagem, porque alguns afirmavam que aceitar sem resistir ao confisco significava aceitar a censura de pensamento desse líder político, enquanto, para outros, não se podia confiscar o bem de um intelectual convidado oficialmente para conhecer a nova China. No final, o livro ficou na China e Bobbio voltou a seu país com a impressão negativa dessa violação de um dos direitos fundamentais.

Estas também deveriam ser as suas lembranças da China quando preparou o artigo sobre a Constituição chinesa de 1954, destinado ao número especial de *Il Ponte*, que reunia as contribuições nascidas dessa viagem.

2.8.2. Bobbio e a Constituição chinesa: "o contraste dos valores supremos" nos "diversos ordenamentos jurídicos"

No fascículo de *Il Ponte*, o direito está representado, sobretudo, pelo escrito de Bobbio sobre a Constituição chinesa[191] e por algumas referências de Piero Calamandrei que, como diretor do periódico, escreveu também o texto de apresentação do volume inteiro.[192]

---

189 Sobre Hu Feng, cf. Fortini, *Asia maggiore*, op. cit., p.240-9 e 250-3.

190 O alto representante do Partido Comunista Chinês Kao Kang (na grafia atual, "Gao Gang", 1905-1954) esteve no centro de uma luta interna de partido, na qual tentou substituir Chou En-Lai. Sobre a complicada questão – que acabou em 1954, com o seu suicídio e com a sua sucessiva expulsão do Partido Comunista –, cf. Frederick C. Teiwes, *Politics at Mao's Court: Gao Gang and Party Factionalism in the Early 1950s*. Armonk (NY): Sharpe, 1990, XVI-326 p.

191 Bobbio, Linee fondamentali della Costituzione cinese. In: *La Cina d'oggi*, op. cit., p.220-30.

192 Piero Calamandrei, Guardare oltre la Grande Muraglia, ibid., p.61-72; sobre os temas mais ligados ao direito, Rivoluzione pianificata, p.231-47; L'emancipazione della donna, p.271-6; Giudici e leggi, p.277-84.

Calamandrei vê, primeiramente, um motivo histórico para se aproximar da China: a China e a Itália possuem "uma civilização antiga, com dois milênios".[193] Mas logo aproxima a história distante da mais recente. A China e a Itália acabavam de sair de uma guerra civil e Calamandrei fala da Grande Marcha como Resistência, com maiúscula, exatamente como a da Itália, da qual tinha saído havia pouco: "A Resistência foi a escola desta classe de pessoas honestas, corajosas e experientes, que hoje governa a China".[194] Esse paralelo aparece também em um observador crítico como Leopoldo Piccardi, que – perante à Conferência política consultiva, que indica os candidatos para eleger na Assembleia nacional chinesa – constata como na China o voto não é livre, mas logo depois pergunta a si mesmo: essa Conferência não é "Um grande CLN?[195] A atual situação chinesa não nasce talvez de um movimento parecido, em muitos aspectos, com nosso movimento de libertação?".[196]

Todavia, a simpatia é temperada pelo realismo: "As nossas respostas, depois de apenas um mês de permanência na China, devem ser, honestamente, muito cautelosas".[197] Em particular, "o regime que se encontra hoje na China não é um regime democrático, no sentido ocidental da palavra", porque não tem as liberdades que são garantidas pela Constituição italiana, isto é, fundamentalmente, não está garantida a alternância entre maioria e minoria:

> Esta liberdade não existe hoje na China: como melhor explicarão os ensaios que nesta mesma coletânea são dedicados à Constituição chinesa [ou seja, o ensaio de Bobbio], os únicos partidos legalmente admitidos na China são os que aceitam o programa de transformação socialista a curto prazo, consagrada por

---

193 Calamandrei, Guardare oltre la Grande Muraglia, op. cit., p.72.
194 Ibid., op. cit., p.64.
195 O Comitê de Libertação Nacional (CLN) foi uma organização político-militar pluripartidária articulada em sedes locais, que coordenava as ações contra o nazifascismo durante a Segunda Guerra Mundial. (N. T.)
196 Piccardi, Viaggio in Cina, op. cit., p.125-6; e continua: "A China, como a Itália, deve lutar duramente contra um inimigo interno e contra um inimigo externo: esta luta viu, como ocorreu entre nós, a união de forças correspondentes a diferentes inspirações políticas, a diferentes grupos, alimentadas por diferentes interesses. A colaboração deu origem aos métodos de ação política e às formas de organização, próprios desse período da nossa vida nacional, que leva o nome de CLN", os Comitês de Libertação Nacional. Porém, na Itália (diferentemente da China) aconteceu "o imediato abandono, depois do cessar da guerra, dessas formas de colaboração política que dela se originaram".
197 Calamandrei, Guardare oltre la Grande Muraglia, op. cit., p.64.

uma carta constitucional; uma oposição antissocialista seria considerada atividade contrarrevolucionária e reprimida como crime.[198]

Mas, em conclusão, mesmo com todos os seus limites, "a revolução chinesa" é "um imenso fato histórico do qual o Ocidente não pode deixar de tomar consciência".[199]

"Tomar consciência" significava também tomar posição sobre a atitude internacional da nova China no contexto da Guerra Fria e da doutrina norte-americana do *containment* da expansão comunista.

Terminados os vinte anos de guerra civil, a China continental estava ainda em guerra com a China de Formosa, protegida pela frota norte-americana e considerada pela ONU como a única e legítima representante do governo chinês. Essa situação de Formosa, para Calamandrei, retomava um paralelismo com a história italiana então recente, e o fazia imaginar uma comparação entre Formosa e os restos da República de Salò; a situação de Formosa é como se os últimos *repubblichini*[200] tivessem se refugiado na Sardenha ou na ilha de Elba, com a frota norte-americana disposta em sua defesa, em frente a Piombino.[201] Nesse contexto geopolítico, o governo italiano se mostrava "o mais fiel executor, o primeiro da turma, da política americana em relação à China"; com a nova China não havia relações diplomáticas ("ideia heroica demais para passar pela cabeça de um homem do governo italiano") nem comerciais (a Itália "será a última a ir à China").[202]

O propósito da viagem era permitir aos participantes recolher notícias em primeira mão, sem "contentar-se com as informações que vêm das agências dos foragidos de Formosa ou dos feudatários refugiados em Hong Kong: não devemos perguntar o que significa a reforma agrária na Sicília aos latifundiários expropriados; nem o que foi a Resistência aos nostálgicos de Salò".[203]

Enfim, a tomada de posição a favor da China continental é também uma escolha política. A escolha chinesa é *um* dos caminhos para se chegar ao socialismo: "Ao socialismo, que para nós também é uma meta, pode-se chegar por diferentes caminhos: a democracia parlamentar também, como

---

198 Ibid., p.66.
199 Ibid.
200 Militares da República de Salò. (N. T.)
201 Calamandrei, Guardare oltre la Grande Muraglia, op. cit., p.68.
202 Ibid., p.71.
203 Ibid.

demonstra a Inglaterra, pode conduzir ao socialismo, sem choques".[204] Mas é claro que o socialismo que anima o grupo de viajantes não é nem chinês, nem soviético: é a social-democracia, o trabalhismo de Clement Attlee. O problema da exportabilidade da democracia por meio da recepção de constituições de tipo ocidental, como a chinesa de então, e, hoje em dia, como as esperadas após as "primaveras árabes", coloca-se desta forma:

> Quando os mais ortodoxos democráticos ocidentais se escandalizavam com a ideia de que a Constituição chinesa não autorizava a liberdade de oposição aos opositores do socialismo, esqueceram que, na Inglaterra, onde esta liberdade existe, os conservadores que retornaram ao governo não conseguiram fazer nada melhor que continuar, substancialmente, a política social assinalada pelos trabalhistas. Determinadas transformações sociais, uma vez feitas, não se destroem mais: a liberdade voltará, mas encontrará outros argumentos: cada passo feito na direção da justiça social é irrevogável. Como na Inglaterra, ou, por outros caminhos, na China e na Rússia. Neste grande movimento de reconquista da dignidade humana que percorre o mundo, não existem receitas infalíveis que sirvam para todos os povos, sem levar em consideração a história e a geografia. Sempre nos revoltamos por aceitar o marxismo como uma ciência exata [...]. Mas nos revoltamos igualmente por considerar a civilização americana como um ideal de vida que se possa exportar e impor aos povos que têm outras condições históricas e tradições muito mais antigas de civilidade.[205]

O número especial de *Il Ponte* contém um sintético panorama do novo direito chinês: Bobbio descreve os princípios nas suas páginas sobre a Constituição, enquanto Calamandrei – nos ensaios citados,[206] complementares ao escrito de Bobbio sobre a Constituição – indica alguns pontos de referência na atuação, ainda inicial, desses princípios:

> Também no campo legislativo, a China de hoje é um canteiro de obras: um ordenamento jurídico em estado de nascimento. As leis não cobrem ainda toda a superfície social: existe a constituição que dispõe os supremos princípios programáticos; e, para a execução desse programa, algumas leis fundamentais já foram aprovadas, para levar a certeza jurídica aos setores da vida nacional que

---

204 Ibid., p.70.
205 Ibid., p.70-1.
206 Ibid., p.61-72; Rivoluzione pianificata, p.231-47; L'emancipazione della donna, p.271-6; Giudici e leggi, p.277-84.

eram mais urgentes. Mas são como ilhas que aparecem depois de uma inundação: áreas de direito escrito que gradualmente solidificam sobre a maré fluida do hábito e da razão política.[207]

Uma dessas "ilhas" foi, por exemplo, a lei sobre o casamento, de 1º de maio de 1950, anterior, portanto, à Constituição: em uma sociedade que remediava com o infanticídio o nascimento de uma menina – para Calamandrei, essa lei "teve uma importância comparável à da grande reforma agrária".[208] Lucie Faure usa as mesmas palavras citando vários artigos da lei sobre o casamento e conclui: "A sua importância é comparável à da reforma agrária". Reações coincidentes perante a realidade ou reflexo das explicações oficiais padronizadas?

Outros exemplos de aplicação do direito estão resumidos por Calamandrei nos nove *Documenti* [Documentos], sendo que um deles é seu relato de um processo de divórcio, que não é tanto a tradução do relatório oficial quanto a transcrição que o próprio Calamandrei deve ter feito da tradução do intérprete.[209] Em 1956, Leopoldo Piccardi também confirma que "no programa de visita dos estrangeiros na China, é habitualmente incluída a participação em um debate judiciário público: normalmente se escolhe um processo de divórcio".[210] Tumiati também havia seguido o mesmo itinerário, mas, apesar da sua formação jurídica juvenil, preferiu se deter na situação social da mulher antes e depois da chegada do comunismo.[211]

Porém, um jurista concreto como Calamandrei logo coloca uma questão: o juiz é vinculado apenas à lei, diz a Constituição, mas como deve atuar se no "canteiro de obra" legislativo, ainda em curso, a lei não existe? A resposta não vem com a reabilitação do direito anterior à revolução nem com a

---

207 Idem, Giudici e leggi, op. cit., p.277-84: dá conta das cinco leis que "formam o *corpus* do direito constitucional da nova China" (parlamento, governo, judiciário, ministério público, poderes locais: p.278) e das leis, não menos importantes, entradas em vigor antes da Constituição (casamentos, 1953; reforma agrária, 1950; sindicatos, 1950; proteção do trabalho, 1953).
208 Idem, L'emancipazione della donna, op. cit., p.271.
209 Idem, Resoconto di un processo di divorzio. In: La Cina d'oggi, op. cit., p.679-84. Seriedade e imperturbabilidade: "Em nenhum rosto, durante toda a audiência que durou duas horas, vimos passar um sorriso" (p.684).
210 Leopoldo Piccardi (*Viaggio in Cina*, op. cit., p.135) descreve detalhadamente as razões apresentadas pelas duas partes e as argumentações finais dos juízes.
211 Tumiati, Il dramma di nascere donna. In: *Buongiorno Cina*, op. cit., p.100-6; Tumiati, Il divorzio lo chiedono le donne, ibid., p.107-13. Tumiati era filho de um professor universitário de Direito e graduou-se em Jurisprudência.

adoção do direito estrangeiro: o juiz chinês decide com base nas "tendências programáticas da nossa Constituição, e na moral social". Em suma, faz uso do "bom senso confuciano", porque "a confiança na força coerciva da pura lógica jurídica é uma vocação especificamente europeia".[212] Para os crimes comuns, os juízes reuniram sentenças similares, criando um catálogo, um texto único, depois revisado pelas várias cortes superiores, à espera de que tomem forma as "ilhas" de direito positivo.

Portanto, o fundamento dessas "ilhas" de direito era a Constituição de 20 de setembro de 1954.[213] É esse o texto que Bobbio – desde 1949 juspositivista kelseniano – analisa com referências frequentes às constituições das democracias populares europeias desses anos, comparando as definições das instituições políticas mais relevantes. Primeiramente ele define os termos:

> Com o nome de "democracia popular" se designam aqueles Estados que são caracterizados, politicamente, em linha de direito, pela ditadura da classe operária aliada à classe camponesa, em linha de fato, pela ditadura do Partido Comunista, e economicamente, por uma economia de transição entre a velha sociedade feudal e capitalista e a nova sociedade socialista.[214]

Com respeito às constituições das democracias populares europeias, a Constituição chinesa prevê "uma maior amplitude da aliança que constitui a frente democrática", porque nesta última inclui também a "burguesia nacional": "uma classe já colocada fora do jogo nas outras Constituições" das democracias populares.[215] Nessa ampliação, a Constituição chinesa segue a tradição comunista: à burguesia nacional se referia já o Comintern, em 1935, convidando a formar as frentes populares antifascistas, convite retomado no mesmo ano por Mao Tsé-Tung com a formação da frente popular

---

212 Calamandrei, Giudici e leggi, op. cit., p.282: Calamandrei cita Herbert A. L. Fisher, *Storia d'Europa*. Bari: Laterza, 1955, v.1, p.52: "O princípio da soberania da lei distingue a civilização ocidental da civilização chinesa". Para Leopoldo Piccardi (*Viaggio in Cina*, op. cit., p.130-7, no parágrafo "Il giudice senza legge"), "o vazio legislativo em que se encontra hoje [em 1956] a China" não é "incompatível com um funcionamento satisfatório da justiça" (p.132) porque o juiz preenche as lacunas legislativas seguindo a conciliadora moral confuciana.

213 Nesses anos, a opinião pública acompanhava com interesse a nova China. Em 1954, já tinha sido publicado em italiano o texto integral da Constituição chinesa em: *Relazioni internazionali*, 1954, n.46, p.1322-7. Um comentário a ela se encontra na revista do Ismeo: Ernesto Rech, La costituzione cinese del 1954. In: *Cina*, 1956, n.1, p.169-86.

214 Bobbio, Linee fondamentali della Costituzione cinese, op. cit., p.220.

215 Ibid., p.222.

antijaponesa.[216] Disso resulta que as Constituições das repúblicas populares europeias indicam três tipos de propriedades (estatal, cooperativa, dos trabalhadores individuais), enquanto os artigos 5 e 10 da Constituição chinesa adicionam a elas a propriedade dos capitalistas nacionalistas, ou seja, dos capitalistas não comprometidos com o capital estrangeiro e com a propriedade agrária feudal.[217] Para o rígido marxismo de Mao, essa aliança "responde ao curso inevitável da história".[218]

Na construção da nova sociedade chinesa, Bobbio diferencia duas fases: a fase negativa da eliminação do feudalismo e do capitalismo "burocrático" (que identifica com a "Nova Democracia" de Mao) e a fase positiva de construção de "uma economia integralmente socialista" (que identifica com a "democracia popular").[219] Em conclusão, a Constituição chinesa de 1954 "representa o começo do segundo momento, ou seja, o ponto de passagem entre o fim do primeiro e o começo do segundo".[220]

Nesse ponto, Bobbio passa gradualmente da análise juspositivista do texto constitucional ao exame de conceitos cada vez mais abstratos, até chegar às categorias mais gerais da filosofia política.

Também na Constituição chinesa – e particularmente na noção de frente popular – Bobbio reencontra um conceito que lhe é caro, também de origem kelseniana: o de "compromisso". Mas, nesse contexto, Bobbio sente a exigência de aprofundá-lo, identificando duas características: em primeiro lugar, como ditadura de uma aliança de classes, a política chinesa "é o resultado de um *compromisso* de forças";[221] além disso, já que ela tende ao socialismo, tal compromisso é apenas *transitório*,[222] porque desaparecerá quando esse objetivo for alcançado. As constituições ocidentais também são regimes de compromisso; Bobbio se pergunta: "Não foi uma típica expressão de compromisso entre exigências liberais e exigências socialistas a Constituição de Weimar (1919), que marcou o começo de uma experiência constitucional

---

216 Sobre a expansão japonesa no continente asiático e sobre a "Great East Asia Co-Prosperity Sphere", cf. Mario G. Losano, *La geopolitica del Novecento. Dai Grandi Spazi delle dittature alla decolonizzazione*. Milão: Bruno Mondadori, 2011, p.100-4.
217 Bobbio, Linee fondamentali della Costituzione cinese, op. cit., p.222.
218 Mao Tsé-Tung é citado na p.223, com uma passagem retirada do volume Mao Tsé-Tung. *Sulla nuova democrazia*. Milão: Le Edizioni Sociali, 1951, 195p.
219 Bobbio, Linee fondamentali della Costituzione cinese, op. cit., p.224.
220 Ibid., p.225.
221 Ibid., p.226. Grifado no original.
222 Ibid.

que foi se desenvolvendo e enriquecendo durante o segundo pós-guerra?".[223]
Mas então o que diferencia o *compromisso* da Constituição chinesa do das constituições democrático-liberais do pós-guerra europeu?

Respondendo a essa pergunta, Bobbio distingue entre constituições que não são somente liberais e constituições que não são ainda socialistas. Nas constituições democrático-populares, o compromisso é transitório, porque o compromisso entre as classes não será mais necessário com o advento do Estado socialista, em que as classes não existirão mais; nas de democracia liberal, por sua vez, o compromisso é permanente, porque o liberalismo prevê a alternância perene de maioria e minoria.

Bobbio constata, aliás, que a classificação das constituições é "mais complexa de que aparece no escrito de Mao"[224] e faz referência à concepção de Lassalle,[225] segundo o qual cada constituição é um compromisso entre "forças políticas ativas em um determinado país em um certo período da sua história."[226] Em relação à noção de compromisso, Bobbio distingue dois tipos de constituição:

a) As constituições ideologicamente puras são aquelas em que não existe compromisso, porque nelas está presente uma única força determinante, e distingue outros quatro subtipos: constituições liberais (Estatuto Albertino, Itália, 1848); cristão-sociais (Irlanda, 1937); autoritário-corporativas (Portugal, 1933); socialistas (URSS, 1936). Mas, de fato, essas constituições são mais modelos que realidades.

b) As constituições em que está presente um compromisso são, por exemplo, as da Europa ocidental. Nelas, o liberalismo do século XIX se une aos direitos sociais de origem socialista (trabalho, instrução, liberdade). Na Itália do pós-guerra, a mistura constitucional era ainda mais compósita, porque, na Constituição de 1948, aos elementos liberais e socialistas se acrescentavam elementos cristão-sociais para organizar a família e a propriedade privada.[227]

Em comparação com as constituições ocidentais, na China o compromisso constitucional é diferente por *direção* e por *função* (ou fins). Com

---

223 Ibid.
224 Bobbio, Linee fondamentali della Costituzione cinese, op. cit., p.226.
225 Ferdinand Lassalle, *Ueber Verfassungswesen. Ein Vortrag, gehalten in einem Berliner Bürger-Bezirks--Verein*.Berlim: Jansen, 1862, 32p.
226 Bobbio, Linee fondamentali della Costituzione cinese, op. cit., p.226.
227 Ibid., p.227.

respeito à *direção* do compromisso, no Ocidente, é a burguesia que faz alguma concessão aos movimentos operários; nas constituições de democracia popular, ao contrário, é a classe operária e camponesa que faz alguma concessão à burguesia. Em ambos os casos, porém, o encontro entre os dois tipos de sociedade acontece no terreno de uma das duas partes. Relativamente à direção, no Ocidente a linha evolutiva é um "movimento de integração necessária, por graus";[228] as democracias populares apresentam, pelo contrário, um "ritmo dialético, no qual a fase sucessiva se diferencia qualitativamente da anterior, mesmo contendo-a, pelo que tinha de positivo, em si".[229] Mas é a *função* o "problema que nos deixa tocar com a mão o contraste dos valores supremos que regulam os diferentes ordenamentos".[230] E, com essa observação, Bobbio passa do direito constitucional positivo aos conceitos da filosofia política.

Na Constituição chinesa, o compromisso é uma situação transitória, um artifício a que se recorre na emergência, em suma, "um estado de fato repreensível". Nas constituições ocidentais, o compromisso é duradouro, porque "o compromisso das forças políticas em campo se considera pertencente à essência em si da democracia".[231] Disso deriva uma oposta tendência dos dois tipos de constituição: a constituição de democracia popular visa eliminar, no futuro, o compromisso, enquanto a constituição liberal "prescreve o aperfeiçoamento do compromisso".[232]

Retomando os princípios supremos, as duas concepções de constituição derivam de duas concepções opostas da história. No liberalismo, é luta de antagonismos sem fim e, portanto, a história acaba apenas com o fim da humanidade. Para o liberalismo, o progresso civil nasce da luta; portanto, os antagonismos não devem ser eliminados, mas sim regulados pela política. No marxismo, a história é luta de classes e apenas com o fim dessa luta o homem sai da alienação. O marxista está convencido de que é impossível regular os antagonismos e que, portanto, é melhor eliminá-los; e não os eliminamos alternando-os, como nas democracias liberais, mas sim cancelando-os com a ditadura do proletariado: o marxismo constrói uma "história em sentido único que, alcançado um certo nível, não volta mais atrás".[233] O poder é, por

---

228 Ibid., p.228.
229 Ibid.
230 Ibid.
231 Ibid., p.228.
232 Ibid., p.229.
233 Ibid., p.230.

isso, irreversível, e o Estado, antes de desaparecer, deve garantir a estabilidade do poder, e não a coordenação das liberdades. Liberalismo e marxismo têm uma visão pessimista da história, porque a imaginam como uma sequência de lutas perpétuas. Porém, partindo dessa raiz pessimista, o liberal é otimista, porque para ele da luta nasce o bem da liberdade, enquanto o marxista é pessimista, porque do bem (ou seja, da liberdade) nasce o mal (isto é, a exploração do homem pelo homem).

No contexto dessa história, feita, contudo, de lutas, o liberalismo aceita a "concepção relativista da verdade",[234] isto é, empiricamente, se não existir uma verdade absoluta, é necessário fazer que convivam as verdades relativas existentes: mais uma vez retorna o ensinamento de Kelsen, teórico da democracia. O marxismo, por sua vez, persegue as "leis universais de desenvolvimento da história" (como se viu na citação de Mao Tsé-Tung);[235] portanto, cada verdade surge e cai com o seu período histórico, mas, durante esse período, tem valor absoluto. Por isso, o marxista precisa descobrir qual é a verdade (absoluta) do seu período histórico e, depois, persegui-la inflexivelmente: nenhuma tolerância, portanto. No liberalismo, ao contrário, a tolerância é indissoluvelmente conectada ao relativismo dos valores e, assim, à forma política da democracia parlamentar. Bobbio assim finaliza sua análise da Constituição chinesa:

> Uma reflexão sobre uma divergência aparentemente secundária, como a relativa ao valor que devemos dar à transitoriedade de uma constituição fundada no compromisso, empurra-nos para os vértices e nos revela a oposição fundamental. É que a nossa sociedade está saturada de cargas avaliativas potentíssimas; e é sempre aconselhável, quando cruzamos com um contraste, ir descobrir a fonte das energias avaliativas, com o objetivo de, por um lado, tornar menos simplistas ou banais as confusões, e, por outro, restituir a nosso adversário, considerado como portador de valores e não apenas de paixões e interesses, o respeito que devemos ao crente (os valores repousam, em última análise, em uma crença) de boa vontade.[236]

---

234 Ibid., p.230.
235 Mao Tsé-Tung, *Sulla nuova democrazia*. Milão: Le Edizioni Sociali, 1951, 195p.
236 Bobbio, Linee fondamentali della Costituzione cinese, op. cit., p.230.

2.9. Os escritos de Bobbio: um olhar de conjunto

Em 2010, Marco Revelli assim quantificou as publicações de Bobbio: "Atualmente são 4.803 escritos catalogados, dos quais 128 volumes, 944 artigos, 1.452 ensaios", aos quais devem ser adicionadas 457 entrevistas, 316 conferências ou aulas, assim como 455 traduções em 22 línguas.[237] Para os anos de 1934 a 1993, a bibliografia de Carlo Violi, de 1995, constitui um ponto de referência fidedigno e completo,[238] enquanto para o decênio de 1994 a 2004 não existe ainda uma bibliografia, embora Violi tivesse recolhido o material para prepará-la. As duas versões anteriores, de 1984 e de 1990, promovidas por Carlo Violi, contêm também a bibliografia dos escritos sobre Bobbio.[239] Os escritos de Bobbio listados na bibliografia de 1995 ultrapassam os mil, mas o número cresce constantemente, porque se reimprimem seus livros ou se publicam novas coletâneas de seus artigos.

A vastidão dessa produção escrita se baseia, além do dinamismo de Bobbio no trabalho, também em duas características: por um lado, a propensão de Bobbio a escrever mais artigos que livros; por outro, sua participação no debate político como filósofo militante, bem como na imprensa periódica e diária.

Não obstante esses números imponentes, para Bobbio o ato de escrever é um esforço: "não sou um autor que escreve com facilidade. Tudo que escrevo exige esforço. Um esforço que em geral parece superior aos resultados. Mal acabo de escrever um artigo, começo a ter dúvidas". Por isso, o constante retorno aos mesmos temas, mas sempre com precisões, mudanças ou "tergiversações entre teses opostas", terminando por "deixar a questão em aberto".[240]

Desse sentido de provisório presente em seus escritos deriva também a escassa predisposição para escrever livros, porque os livros lhe parecem apresentar um caráter mais peremptório que provisório. De fato, suas obras "continuaram intencionalmente a ser 'apostilas universitárias'", porque nunca "quis que se transformassem em livros, embora não tenha podido evitar

---

[237] Marco Revelli, Nel labirinto del Novecento. In: Bobbio, *Etica e politica. Scritti di impegno civile*, projeto editorial e ensaio introdutivo de Marco Revelli. Milão: Mondadori, 2010, p.XI.
[238] C. Violi, (org.). *Bibliografia degli scritti di Norberto Bobbio. 1934-1993*, op. cit.
[239] Idem, *Norberto Bobbio, 50 anni di studi. Bibliografia degli scritti 1934-1983*, apêndice "Bibliografia di scritti su Norberto Bobbio", organizado por Bruno Maiorca. Milão: Franco Angeli, 1984, 274p.; Idem (org.), *Norberto Bobbio. Bibliografia degli scritti 1984-1988*, apêndice "Bibliografia di scritti su Norberto Bobbio", organizado por Bruno Maiorca. Milão: Franco Angeli, 1990, 73p.
[240] Bobbio, *O tempo da memória. De senectute*, op. cit., p.145.

que assim se apresentassem em algumas traduções". Sobre um determinado assunto, a apostila representava para ele um balanço provisório, que deveria ser aperfeiçoado em seguida. De fato, examinando um tema a partir de múltiplos pontos de vista, era inevitável abrir perspectivas que não podiam ser elaboradas todas até o fim: "a curiosidade [...] favoreceu-me e ao mesmo tempo me traiu".[241] Bobbio, em suma, culpa-se porque "dispersou as próprias pesquisas em muitos pequenos riachos que nunca confluíram para um único grande rio".[242]

De fato, o convite para escrever um manual de filosofia do direito, feito por Adolfo Ravà, seu predecessor em Pádua, tinha sido para ele um "pesadelo", porque sentia cultivar a filosofia do direito não com "um trator poderoso", mas sim com "as tesouras do jardineiro".[243] Ele mesmo lembra, aliás, como o cansaço pelos grandes sistemas filosóficos, típico do pós-guerra, o induziu a se concentrar em problemas individuais, picando-os em pedacinhos com o rigor intelectual apreendido pelo neopositivismo e com a atenção às palavras derivada da filosofia analítica. De fato, muito se falou que Bobbio procede por problemas e não por sistemas, por análise e não por síntese. Consequentemente, como já dissemos (cf. tópico 1.5), a dimensão ideal de Bobbio escritor não é o livro, mas sim o ensaio, tanto que a maioria de seus livros são coletâneas de ensaios: portanto, para se ter uma ideia das várias fases do pensamento de Bobbio, é necessário olhar não para a data de publicação do livro, mas sim para a data de cada um dos ensaios que o compõem.

Do ponto de vista do conteúdo, o próprio Bobbio fornece um critério possível de organização dos seus escritos, distinguindo

> [...] os pertencentes à cultura acadêmica dos pertencentes à cultura militante. Os textos acadêmicos podem por sua vez ser diferenciados conforme se voltem para a filosofia do direito ou para a filosofia política, os primeiros predominantes na primeira e mais longa fase, os segundos na segunda, desde que deixei de ensinar filosofia do direito, atividade iniciada em 1935, e passei a lecionar filosofia política, em 1972.[244]

---

241 Ibid., p.148.
242 Ibid., p.162.
243 Bobbio, Prólogo a la edición española. In: Miguel Alfonso Ruiz (org.), *Contribución a la teoría del derecho*. Valência: Torres, 1980, p.11.
244 Idem, Prefazione. In: Violi (org.), *Bibliografia degli scritti di Norberto Bobbio*, op. cit., p.XXVI; também em *O tempo da memória. De senectute*, op. cit., p.90. Esse prefácio retoma e atualiza o já publicado em 1984, na bibliografia precedente organizada por Violi (cf. nota 239).

Todavia, se tentamos aplicar uma dessas dicotomias a seus escritos, nos damos conta de que não poucos entre eles acabam se colocando em ambas as categorias, ou em nenhuma das duas. De fato, para quem procura um hipotético "fio condutor" em seus escritos, Bobbio responde que "esse fio condutor não existe. Eu mesmo nunca o procurei intencionalmente". Seus escritos – "fragmentos de muitos desenhos que não podem ser sobrepostos, todos incompletos"[245] – são ditados ou pelo interesse científico ou pelos eventos políticos e, portanto, o conjunto não se organiza a partir de um percurso linear, mas constitui muito mais um labirinto: "Não reivindico nenhuma unidade em minha bibliografia intelectual".[246]

Em Bobbio, o pensador sistemático convive com o escritor assistemático. "Uma espécie de mapa para se orientar no mar sem fronteira da produção teórica bobbiana" está incluída no livro de Valentina Pazé e no *site* que origina esse livro: o *site Norberto Bobbio: le opere, gli studi, i libri* [Norberto Bobbio: as obras, os estudos, os livros], organizado pelo Centro de Estudos Piero Gobetti, de Turim,[247] sobre o qual voltaremos detalhadamente (cf. tópico 3.8.5). A primeira parte do livro é "La mappa del labirinto" [O mapa do labirinto], em que vários autores organizam itinerários de leitura sobre os temas típicos de Bobbio: política, direito, paz e guerra, história e filosofia, filosofia militante, escritos autobiográficos. A segunda parte ilustra a difusão dos escritos de Bobbio nas áreas hispanófonas e anglófonas, no Brasil e na Alemanha. O mapa proposto pelo livro apresenta a inevitável fixidez gutemberguiniana: isto é, para em 2005, ano da publicação; mas o mapa proposto pelo *site*, por sua vez, goza do dinamismo informático e está, portanto, em constante atualização e enriquecimento.

Outros volumes percorrem o itinerário intelectual e político de Bobbio, reconstruindo seu pensamento, cada um com um acento específico, mas com certa atenção predominante pelo pensamento político.[248] Um instrumento mais reduzido, para não ficar preso nesse labirinto, é o sintético panorama

---

245 Bobbio, Prefazione. In: Violi (org.), *Bibliografia degli scritti di Norberto Bobbio*, op. cit., p.XXIV--XXV; também em *O tempo da memória. De senectute*, op. cit., p.88.
246 Bobbio; Viroli, *Dialogo intorno alla repubblica*, op. cit., p.22.
247 A citação se encontra na p.11 do livro organizado por Pazé, *L'opera di Norberto Bobbio. Itinerari di lettura*, op. cit., 174p. Esse livro compila os relatórios com os quais, em 1999, o *site* é apresentado, então em sua fase inicial, e contém uma bibliografia primária e secundária sobre Bobbio em espanhol, português, alemão e inglês, p.145-74.
248 Lanfranchi, *Un filosofo militante. Politica e cultura nel pensiero di Norberto Bobbio*, op. cit., 258p.; Greco, *Norberto Bobbio. Un itinerario intellettuale tra filosofia e politica*. Roma: Donzelli, 2000, 272p.; Portinaro, *Introduzione a Bobbio*, op. cit., 197p.

das obras de Bobbio exposto nas páginas que seguem: este panorama volta ao percurso de sua vida, ilustrada precedentemente, e especifica dois blocos cronológicos, respectivamente, do início da sua atividade científica até o final da Segunda Guerra Mundial (cf. tópico 3.3) e, depois, do pós-guerra até 2004 (cf. tópico 3.6), mesmo que a partir de 1994 a produção do filósofo, já com 85 anos, foi forçosamente diminuindo. O próprio Bobbio vê sua vida dividida por uma nítida cisão que separa os anos do fascismo e da guerra dos anos da democracia pós-bélica, quando se torna possível abordar os grandes temas da democracia, da paz e dos direitos do homem: "A história de minha vida de estudioso começa por aí. O que ocorreu antes é pré-história".[249]

---

[249] Bobbio, *O tempo da memória. De senectute*, op. cit., p.163.

3
As obras de Bobbio, em linhas gerais

3.1. Estudos jurídicos e estudos políticos

O interesse de Bobbio pelos estudos políticos teve uma origem, por assim dizer, casual. Quando Bobbio se casou, em 1943, Gioele Solari o convidou a escolher como presente de casamento alguns livros de sua biblioteca. Nesta, Bobbio "frequentemente observava os sete volumes das obras de Cattaneo, editados pela Le Monnier, entre os anos de 1881 e 1892", e os pediu a Solari. No ano seguinte, com a ocupação alemã e o fechamento (ou quase) das bibliotecas, Bobbio se dedicou ao estudo de Cattaneo em casa, descobrindo nele "a antítese, a meu ver, das filosofias espiritualistas dominantes em nosso país", um dos raros intelectuais "que nunca pôde ser *utilizado* pelo fascismo", "o reformador esclarecido, cujo pensamento podia certamente ser considerado a base filosófica ideal para o programa do Partido da Ação". Em suma, foi "o interesse por Carlo Cattaneo que provocou uma reviravolta em minhas pesquisas, dando início aos meus estudos de história do pensamento político, quase sempre ligados à atualidade".[1]

O estudo de Gaetano Mosca e de Vilfredo Pareto, ligado à cátedra de Ciência Política, resultou, em 1969, nos *Saggi sulla scienza politica in Italia*

---

[1] Bobbio, *Diário de um século. Autobiografia*, op. cit., p.81.

[Ensaios sobre a ciência política na Itália].² Bobbio via a filosofia do direito e a da política como duas faces da mesma moeda: de um lado, o jurista se ocupa das regras necessárias para que uma sociedade funcione; de outro, o poder é necessário para fazer respeitar as regras. Seus autores de referência nessa pesquisa foram Kelsen, pela filosofia do direito, e Weber, pela filosofia da política.

Em 1994, observando retrospectivamente sua "biografia ideal", Bobbio reconduzia seu interesse pela teoria geral do direito tanto à reação ao idealismo predominante na filosofia do direito italiana quanto "ao fato de que este ensino, tendo lugar na Faculdade de Jurisprudência, era dirigido a futuros advogados e magistrados": nessa perspectiva, "concebi meu curso como propedêutico às disciplinas de direito positivo, portanto, a ser ministrado no primeiro ano".[3]

Essa ligação com a prática do direito se revelava também em algumas atividades de seminários. Por exemplo, devendo "escrever um artigo sobre a classificação das normas jurídicas, distribuí aos meus alunos mais bem dispostos artigos integrais do Código Civil, para que fossem examinados os artigos individuais com o objetivo de atribuí-los a este ou aquele tipo de norma jurídica". Ou, depois da publicação do tratado sobre a argumentação de Perelman,[4] Bobbio promoveu a análise de uma série de sentenças da Corte de Cassação "para retirar delas os argumentos adotados na justificativa da decisão", verificando assim a presença de vários *topoi*. Essa investigação argumentativa almejada por Bobbio "não teve êxito", mas a ideia de base era fecunda. De fato, anos depois, sempre em Turim, um grupo de constitucionalistas criou um banco de dados em que se analisam os argumentos usados nas sentenças da Corte Constitucional.[5]

---

2 Bobbio, *Saggi sulla scienza politica in Italia*. Bari: Laterza, 1969, 254p. (com muitas reimpressões). O contexto de vida cotidiana em que Bobbio chegou a esses estudos está explicado em Bobbio, *O tempo da memória. De senectute*, op. cit., p.168.

3 Bobbio, Premessa. In: *Contributi ad un dizionario giuridico*. Turim: Giappichelli, 1994, p.XVI (de onde são retiradas também as citações sucessivas).

4 Perelman; Olbrechts-Tyteca, *Tratado da argumentação*, op. cit.

5 No "Archivio di Diritto e Storia Costituzionali" da Universidade de Estudos de Turim (www.dircost.unito.it), ver a parte "Tecniche Interpretative della Corte Costituzionale": "Esta seção do site reúne sentenças da Corte constitucional evidenciando os *argumentos*, ou *cânones*, utilizados pela mesma Corte para sustentar as decisões tomadas. Por enquanto, contém um número reduzido de sentenças. A esperança é que, com a ajuda da comunidade científica, seja possível conseguir uma exaustão das tendências. A finalidade é facilitar os estudos de teoria da interpretação e os dos estilos argumentativos da jurisprudência constitucional".

Desde o começo de seu ensino turinense em 1949, as aulas jurídicas de Bobbio manifestam, portanto, uma orientação que ele mesmo define "empírico-analítica". Esta mira "à formulação de conceitos claros e distintos por meio da análise da linguagem e começando pela coleta mais ampla possível de dados de fato, com a finalidade de evitar dois riscos: por um lado, as questões de significado das palavras tomadas como questões filosóficas, [...] e, por outro, a construção de conceitos genéricos vazios e falsas generalizações".

Enquanto isso, em Turim, em 1969, tinha sido fundada a Faculdade de Ciências Políticas, em que a cátedra de Filosofia Política era mantida por Alessandro Passerin d'Entrèves. Quando se aposentou, em 1972, d'Entrèves pediu a Bobbio que passasse à sua cátedra para consolidar a tradição de estudos na ainda jovem faculdade. Não era um simples problema de continuidade doutrinária: de fato, em 1973, entrariam em vigor as "medidas urgentes", que prepariam a reforma anunciada havia anos e realizada depois, em 1980.[6] Bobbio aceitou, passando da Faculdade de Jurisprudência à de Ciências Políticas (da qual foi também diretor por um triênio),[7] e dedicou seu primeiro curso à evolução ideológica da Itália no século XX.[8]

Não foi uma mudança rotineira: o eco das revoltas estudantis de 1968 tinha se apagado havia pouco tempo, a Faculdade de Ciências Políticas tinha uma história breve, mas emaranhada, e Bobbio sabia bem que ninho de ratos o esperava no novo destino. Ele mesmo fornece um quadro da situação em 1973, em um colóquio dedicado aos problemas da nova faculdade.[9]

Na Itália, os estudos de ciências políticas foram institucionalizados em 1875, com a fundação do Instituto Cesare Alfieri de Florença, depois Escola

---

[6] Francesco Traniello (org.), *L'università di Torino. Profilo storico e istituzionale*. Turim: Pluriverso, 1993, p.69; nas p.185-91, cf. Gian Mario Bravo, *Le scienze e le discipline politiche*, com informações sobre Carle, Solari, Passerin d'Entrèves, Firpo, Bobbio.

[7] Ata do Conselho de Faculdade de 27 de março de 1974, comunicado do diretor: "Nomeia o professor Norberto Bobbio para o ofício de Diretor da Faculdade de Ciências Políticas da Universidade de Turim, por parte do Ministério da Educação Pública, para o triênio 1973-1976, em seguida à eleição do prof. Bobbio, com unanimidade, por parte do Conselho de Faculdade em data 5 de novembro de 1973" (ASUT, *Fascículo pessoal* de Norberto Bobbio).

[8] Bobbio, *Profilo ideologico del Novecento italiano*. Turim: Cooperativa Libraria Universitaria Torinese, 1972, 198p. Na edição mimeografada e não comercializada, "reservada aos alunos", escreve Bobbio, "do Curso de filosofia da política, do qual me tornei titular naquele ano" (cf. Milão: Garzanti, 1990, p.7).

[9] Atti del III Convegno nazionale delle facoltà di scienze politiche. In: *Il Politico*, 1973, n.2, p.310-80; "Tavola rotonda sugli sbocchi professionali", p.381-439. O dossiê inteiro, que contém também a intervenção de Bobbio, é uma *suma* dos problemas das Faculdades de Ciências Políticas reestruturadas há pouco tempo.

de Ciências Sociais, incluído, por fim, entre as novas Faculdades de Ciências Políticas criadas pelo fascismo em 1934, com o objetivo de preparar os quadros da burocracia desse Estado.[10] Na última fase da guerra, o governo aliado fechou essas faculdades politizadas, no sentido autoritário, exceto a de Florença. Em 1948, elas foram reabertas como cursos de graduação dentro das Faculdades de Jurisprudência. Enfim, com os anos de 1960, a quarentena ideológica podia ser considerada concluída e a Faculdade de Ciências Políticas voltou a ser autônoma.

O "decreto Scaglia", de 31 de outubro de 1968, reorganizou esses estudos, subdividindo-os em dezoito faculdades e oito cursos de graduação. Para as faculdades, esse decreto criava cinco setores de estudo com uma denominação claramente redundante em uma Faculdade de Ciências Políticas: setor histórico-político; político-internacional; político-administrativo; político-econômico; político-social. Essa insistência sobre o "político" derivava da forte oposição das outras faculdades – sobretudo de Jurisprudência, mas também de Economia e de Letras – contra o que elas sentiam como uma parcial separação de disciplinas que lhes pertenciam, e que com certeza constituía uma clara concorrência.

Essa era, portanto, a faculdade em que Bobbio ingressou em 1972, e sobre a qual tomaria posição criticamente no colóquio do ano seguinte.[11] Na intervenção de Bobbio, uma linguagem mais irônica que o normal mascara as preocupações com essa problemática faculdade. As observações de Bobbio se baseiam "exclusivamente na experiência de duas faculdades novas, como as de Trento e de Turim", em que encontrou "os problemas de crescimento comuns a todas as faculdades", porém, de formas "mais graves que em outros lugares",[12] a partir do desequilíbrio entre estudantes e docentes: "Em uma faculdade como a de Turim, oito professores, repito, oito, dão conta sozinhos de três ou quatro mil estudantes".[13] De modo mais geral, identifica cinco paradoxos da Faculdade de Ciências Políticas, que resume em cinco questões.

– *Como controlar o aumento vertiginoso dos estudantes?* Nascida "como uma faculdade para a classe privilegiada", tornou-se "uma faculdade de massa": "em dez anos os nossos estudantes cresceram de cerca de nove mil

---

10 Emilio Gentile, La Facoltà di Scienze Politiche nel periodo fascista. In: Fulco Lanchester (org.), *Passato e presente delle Facoltà di Scienze Politiche*. Milão: Giuffrè, 2003, p.45-85.

11 Bobbio, Gli studi sociali e politici nell'università italiana, oggi, *Il Politico*, 1973, n.2, p.316-27. Bobbio reforça as suas observações críticas na *Replica di Norberto Bobbio* [a Sartori], p.369-72.

12 Ibid., p.317.

13 Ibid.

a mais de quarenta mil, e são um décimo da totalidade dos estudantes italianos".[14] Isto é, tornou-se a faculdade "de uma classe sem tradições culturais", à procura da ascensão social, "não falo por meio dos estudos, mas de um título".[15]

– *Como identificar a unidade de campo de todas as nossas disciplinas?* Na verdade, é "uma faculdade que mereceria o nome de *faculdade de ciências humanas*, se os nomes tivessem que responder à coisa". De fato, "a complexidade, a variedade, a riqueza disciplinar destas novas faculdades" são bem diferentes da "abordagem especialística"[16] das outras faculdades que a contestam.

– *Como alcançar a plena emancipação frente à Faculdade de Direito?* Bobbio enfrenta aqui a faculdade tradicional mais hostil à nova instituição, e especifica que esta última se ocupa de "um campo imenso de saber, no qual as disciplinas jurídicas ocupam um lugar muito pequeno";[17] mesmo assim, existe uma "reverência das nossas faculdades à faculdade de jurisprudência": "as faculdades de ciências políticas cresceram, mas não se tornaram ainda maiores de idade", porque sob tutela da jurisprudência.

– *Como obter que a pesquisa não seja sacrificada à didática?* Para Bobbio, o problema da pesquisa social é o ponto crucial da nova faculdade: "As faculdades de ciências políticas cobrem todo, ou quase todo, o campo da pesquisa social na Itália", campo "em que a Itália ficou por décadas para trás de nações cultural e economicamente mais avançadas".[18] De fato, os *Quaderni di Sociologia* [Cadernos de Sociologia] foram fundados em 1951; em 1955, nasceram as primeiras pesquisas sociológicas organizadas e apenas em 1958 ocorreu o primeiro Congresso Nacional de Sociologia. Mas não conseguimos preencher essa lacuna por causa da sobrecarga didática (uma "amarga experiência" para Bobbio):[19] falta tempo, portanto, para organizar institucionalmente a pesquisa, até porque, nesses anos, o Conselho Nacional de Pesquisas (CNR) era ainda pouco voltado para o aspecto social das pesquisas, orientadas, sobretudo, pela Faculdade de Jurisprudência.

– *Como especificar o profissionalismo dos nossos graduados?* A esse problema tinha sido dedicada a segunda parte do colóquio, com a *Mesa-redonda sobre o mercado profissional*. De fato, ampliando-se, a Faculdade de Ciências

---

14 Ibid., p.318.
15 Ibid., p.319.
16 Ibid.
17 Bobbio, Gli studi sociali e politici nell'università italiana, oggi, op. cit., p.320.
18 Ibid.
19 Ibid., p.321.

Políticas se tornou "uma faculdade boa para todas as profissões, ou seja, para nenhuma": "se continuar assim, teremos dado a maior contribuição à praga do desemprego intelectual".[20]

Bobbio tenta especificar a unidade dos saberes presentes na heterogênea Faculdade de Ciências Políticas, e a indica na "análise com métodos diferentes, do método histórico ao econômico, do método antropológico ao sociológico, da sociedade humana na sua história, e de modo particular da sociedade contemporânea", isto é "a sociedade industrial".[21]

Porém, nessa procura pela unidade, Bobbio estava isolado. No dia seguinte à sua apresentação, dos cinco docentes que ilustraram, um por um, os cinco setores da Faculdade de Ciências Políticas, nenhum mencionou um princípio unificador, o que levou Bobbio a concluir: "A quem tenha assistido a essa mesa-redonda, não podem não surgir as mais ferrenhas dúvidas sobre a unidade de uma faculdade da qual deveriam sair professores de ensino médio e diplomatas, funcionários do Estado e auxiliares de hospitais, técnicos de empresas e de organizações sindicais ou políticas, e quem tem mais, que coloque mais."[22]

O ensino caracterizou o meio século da vida de Bobbio em Turim, que continuou participando da vida política italiana, porém, como observador crítico de uma evolução que o entusiasmava cada vez menos. Nesses anos, Bobbio comparava os ideais políticos que estudava e ensinava à realidade política da Itália democrática. Portinaro periodiza deste modo:

> Sua produção intelectual mais significativa coincide, porém, quase exatamente, com o período que vai de 1943-1946 até 1989-1991, ou seja: entre as duas transições que mais marcaram o perfil da segunda metade do século XX na Europa, e que, no caso da Itália, coincidem praticamente com um ciclo político que começa com o projeto do novo ordenamento democrático e republicano e conclui-se com a consumação de seus equilíbrios esclerosados e a queda de um sistema de partidos. O maior intelectual italiano da segunda metade do século foi, dessa forma, o intérprete e o crítico mais influente da República (ou daquela que, entretanto, tornou-se comum definir "Primeira República").[23]

Para acompanhar sinteticamente sua atividade, compreendida entre os vinte anos de Mussolini e os vinte de Berlusconi, será agora necessário acenar

---

20 Ibid.
21 Ibid., p.323.
22 Ibid., p.327.
23 Portinaro, *Introduzione a Bobbio*, op. cit., p.3-4.

aos acontecimentos que caracterizaram a segunda metade do século XX na Itália, reduzindo ao mínimo a descrição dos acontecimentos histórico-políticos e concentrando a atenção nas tomadas de posição individuais de Bobbio frente a esses acontecimentos.

3.2. Bobbio como observador crítico da política italiana e europeia

O começo do pós-guerra marca a passagem da ditadura à democracia. Nesta última, a participação das forças de esquerda inicialmente foi bastante forte, como consequência da contribuição determinante à guerra *partigiana*, mas, em seguida, foi progressivamente confinada à oposição com a afirmação da Guerra Fria e com a adesão da Itália ao bloco ocidental anticomunista. No primeiro governo do pós-guerra, o secretário-geral do Partido Comunista Italiano, Palmiro Togliatti, foi ministro da Justiça. Em 1947, no entanto, inicia-se a série de governos dos quais as forças de esquerda são excluídas. A Itália, a Europa e o mundo se dividiram em dois blocos opostos, sobre os quais recaía o perigo de uma terceira guerra mundial e, com essa, o fantasma da aniquilação atômica da humanidade.

Bobbio começou a se interessar pelo tema da paz e da guerra em 1961, quando escreveu o prefácio ao livro de Günther Anders sobre a guerra atômica.[24] Mais tarde, em 1989, conclui a introdução de seu volume sobre a paz e a guerra desta maneira: "Dedico idealmente o livro a Günther Anders, do qual retirei a primeira inspiração para me dedicar ao problema da guerra na era atômica".[25] Bobbio voltou ainda a esse assunto em vários escritos e no capítulo "Paz e guerra" de sua autobiografia.[26]

---

[24] Günther Anders, *Essere o non essere. Diario di Hiroshima e Nagasaki*, prefácio de Norberto Bobbio. Milão: Linea d'ombra, 1995, 248p. (1.ed. Turim: Einaudi, 1961). Günther Anders (1902-1992, pseudônimo de Günther Stern) foi aluno de Heidegger e Husserl. Quando seu editor o aconselhou a trocar seu nome hebraico com "*etwas anders*", ou seja, "outra coisa", ele escolheu justamente "*anders*" como pseudônimo. Sobre ele, Pier Paolo Portinaro, *Il principio disperazione. Tre studi su Günther Anders*. Turim: Bollati Boringhieri, 2003, 179p.; Franco Lolli, *Günther Anders*. Nápoles: Orthotes, 2014, 93p., e os numerosos ensaios de Micaela Latini.

[25] Bobbio, *Il terzo assente. Saggi e discorsi sulla pace e sulla guerra*, organizado por Pietro Polito. Turim-Milão: Sonda, 1989, 236p.; cit. à p.11. O prefácio a Günther Anders está reproduzido nas p.15-22 com o título "Pace o libertà?".

[26] Idem, *Diário de um século. Autobiografia*, op. cit., p.205-33. Seus escritos mais importantes sobre esse tema são *Il problema della guerra e le vie della pace*, op. cit., 167p. (1.ed. 1979, 209p.); *Il terzo assente*, op. cit., 236p.; Anders, *Essere o non essere*, op. cit., XVII-209p.

"Extintas as paixões políticas" depois das eleições de 18 de abril de 1948 e depois do fim do Partido de Ação no ano anterior, Bobbio voltou "a uma vida tranquila, como tantos outros que haviam se dedicado à política, impulsionados por razões morais".[27] Na verdade, sua participação política se transformou em análise crítica dos acontecimentos, seguindo a via mais usual para um intelectual interessado no debate crítico das ideias, mais que na ação direta na luta política.

Procurando manter viva a unidade do espírito europeu, não obstante a oposição dos dois blocos, em 1950 deram-se os primeiros passos em direção a uma comunidade europeia com a criação da Comunidade Europeia do Carvão e do Aço (CECA). Ainda em 1950, Bobbio participou da fundação da Sociedade Europeia de Cultura (SEC), que pretendia manter aberto o diálogo entre os intelectuais europeus de ambos os blocos. Seu fundador, Umberto Campagnolo (1904-1976), contrapunha a "política ordinária" dos políticos dos dois blocos à "política da cultura", que invocava a perdida unidade cultural da Europa e que proclamava, portanto, a necessidade de uma política feita pelos homens de cultura, pelos intelectuais: mas por *todos* os intelectuais. Com efeito, "os homens de cultura não reconheciam a divisão da Europa em duas partes opostas", dado que, para eles, a Europa não era "a Europa ocidental nem a oriental. Era a Europa da cultura europeia que não conhecia fronteiras nacionais". Assim, em 1950, "o futuro Muro de Berlim", que seria construído só em 1961, já estava caído.[28]

Bobbio colaborou ativamente com a revista da Sociedade Europeia de Cultura, *Comprendre*, cujo subtítulo – *Rivista di politica della cultura* [Revista de Política da Cultura] – contém as duas palavras-chave que, em 1955, aparecem também no título de uma das principais obras de Bobbio, *Política e cultura*. Esse volume reúne os escritos que Bobbio publicou durante os anos de 1950, quando a contraposição entre os dois alinhamentos parecia já totalmente ameaçadora: "A tarefa do homem de cultura, naquela situação, era restabelecer a confiança no diálogo, e o melhor modo de não deixar o diálogo arrefecer era o de começar a dar o bom exemplo: esta é a inspiração fundamental para escolher os ensaios"[29] que compõem

---

27 Bobbio, *Diário de um século. Autobiografia*, op. cit., p.121.
28 Idem, *O tempo da memória. De senectute*, op. cit., p.111 (no ensaio *Política da cultura*). Cf. também: Quale funzione ha avuto per me la SEC, texto de 1955 publicado apenas em 1989 em AA.VV. *La Société Européenne de Culture e l'Enciclopedia Italiana. A Norberto Bobbio per il 18 ottobre 1989*. Roma: Istituto dell'Enciclopedia Italiana, 1989, p.23-5.
29 Idem, *Política e cultura*, op. cit., p.58.

Política e cultura, volume que se abre reproduzindo o artigo "Convite ao diálogo", publicado em 1951, em *Comprendre*.

Nos anos da Guerra Fria e do duro conflito entre ideologias, esse livro, de argumentação ponderada e tom equilibrado, teve um sucesso notável não apenas entre os cientistas políticos e entre os políticos militantes, mas também entre o público culto em geral. Além disso, "a notoriedade do livro deriva também do fato de que, ao final do debate, que durou alguns anos, interveio com elegância o próprio Togliatti",[30] com o pseudônimo de Roderigo di Castiglia, com o qual assinava seus artigos em *Rinascita*. Nesses anos, o envolvimento do Partido Comunista Italiano significava envolver cerca de um terço do eleitorado italiano inteiro.

Política e cultura foi, durante anos, um livro fundamental no debate político italiano, tanto que, em 1987, uma frase sua foi proposta como redação no exame final do ensino médio:

> "Cultura significa medida, ponderação, circunspecção: avaliar todos os argumentos antes de se pronunciar, controlar todos os testemunhos antes de decidir e não se pronunciar e nunca se decidir à maneira de oráculo do qual dependa, de modo irrevogável, uma escolha peremptória e definitiva": desenvolvam as suas reflexões sobre este pensamento à luz também das suas experiências escolares.

Um Bobbio "não apenas intimidado, mas também preocupado", comentava em *La Stampa*:

> Gostaria de ler algumas redações. Quem sabe se será possível. Seria interessante fazer uma comparação entre o que significava o trecho cerca de quarenta anos atrás, quando o escrevi, e o significado que lhe atribuem os jovens de hoje. Para quem não sabe (mas quantos sabem disso?), é retirado da primeira página de um livro intitulado *Política e cultura*, publicado em 1955, mas foi escrito em 1951, na época da Guerra Fria, dos dogmatismos opostos, do total empenho, cada um na própria igreja.[31]

Esse livro é suficente para explicar a importância que tiveram, para Bobbio, os debates na Sociedade Europeia de Cultura. Também entrei nessa associação em maio de 1997 (portanto, depois do falecimento de Campagnolo,

---

30 Idem, *O tempo da memória. De senectute*, op. cit., p.166, sobre a Itália e o PCI no pós-guerra.
31 Idem, Ma chi sarà questo Bobbio?, *La Stampa*, 20 jun. 1987, p.1.

em 1976) e nela minha relação com Kelsen, mediada por Bobbio, renovou-se por meio de Campagnolo. Bobbio, de fato, encarregou-me de publicar o texto inédito que Hans Kelsen havia escrito em 1937, como comentário à tese de doutorado de Umberto Campagnolo, seu aluno em Genebra, onde ambos estavam exilados. Esta é a origem dos meus três livros ligados a Campagnolo:[32] dois sobre a sua relação com Kelsen[33] – Campagnolo foi, de fato, o único italiano discípulo de Kelsen, em sentido restrito, isto é, no sentido de ter conseguido o doutorado sob a sua orientação oficial – e um sobre a concepção federalista de Campagnolo que, já em 1943, tinha escrito um esboço de constituição da Europa federal.[34] Com efeito, no final da guerra, era muito difuso o pensamento de que o fim do conflito seria acompanhado pelo enfraquecimento das soberanias nacionais, propício à instauração de um regime federal europeu. Esse processo federativo acabou adiado pela Guerra Fria.

Na nova República italiana, a Guerra Fria relegou os comunistas e os socialistas italianos à oposição: uma situação destinada a durar até os primeiros governos de centro-esquerda de 1963 (com o ingresso do Partido Socialista no governo democrata-cristão de Aldo Moro) e que, contudo, manteve o Partido Comunista marginalizado até a sua dissolução, em 1991. Os italianos das gerações mais novas não têm mais a percepção dessa oposição, visto que vinte anos de berlusconismo martelaram a ideia de que a Itália pré-Berlusconi fosse governada pelos comunistas, e não pelos democrata-cristãos.[35] Estavam convencidos disso, por exemplo, alguns dos meus alunos mais novos, aos quais essa estranha reviravolta da história tinha sido inculcada

---

[32] Para uma síntese dos três volumes, cf. Mario G. Losano, La trilogia su Umberto Campagnolo (1904-1976): Kelsen, il federalismo, la "guerra giusta" e la guerra europea. In: *Atti della Accademia delle Scienze di Torino*, Classe di Scienze Morali, Storiche e Filologiche, v.145 (2011), 2012, p.45-59 (também *on-line*, disponível em <http://www.accademiadellescienze.it/attivita/editoria/periodici-e-collane/atti/morali/145>).

[33] Kelsen; Campagnolo, *Diritto internazionale e Stato sovrano*, op. cit.. O ensaio de Bobbio (originariamente Nazioni e diritto: Umberto Campagnolo allievo e critico di Hans Kelsen, *Diritto e cultura*, 1993, n.3, p.117-32) se encontra nas p.81-98. Nas notas inéditas de Umberto Campagnolo se baseia o volume *Conversazioni con Hans Kelsen. Documenti dell'esilio ginevrino 1933-1940*, organizado por Mario G. Losano. Milão: Giuffrè, 2010.

[34] Umberto Campagnolo, *Verso una costituzione federale per l'Europa. Una proposta inedita del 1943*, organizado por Mario G. Losano. Milão: Giuffrè, 2003. Cf. também o projeto escrito em 1942-1943: Duccio Galimberti; Antonino Rèpaci, *Progetto di costituzione confederale europea ed interna*. Turim: Aragno, 2014, 206p., com escritos de Luigi Bonanate, Gustavo Zagrebelsky e Lorenzo Ornaghi.

[35] Bobbio também enfrenta essa reviravolta: cf. cap.6.7.

também pelos anos de transmissões televisivas que os acompanharam desde a infância até a universidade. Também em relação às ciências sociais, Bobbio, em 1968, não pôde deixar de notar esta incongruência: "Ao contrário do que sustentam os novos liberais, nosso país, naquela época, no que diz respeito ao mundo dos estudos sociais, definitivamente estava sob a influência dos Estados Unidos, certamente não do marxismo".[36]

Na verdade, sobretudo nos anos de 1950 e 1960, os comunistas eram os "inimigos": "É difícil hoje imaginar o espírito de cruzada que então inundava as facções opostas, e quão pouca era a disposição de alguns para compreender as razões dos outros".[37] Mas, exatamente por isso, Bobbio queria manter aberto o diálogo para um confronto civil das ideias: "Eu via nos comunistas (sobretudo nos comunistas italianos) não adversários, mas interlocutores".[38]

A receptividade de muitos frente ao afirmar-se do poder cristão-democrata e ao isolamento da oposição do Partido Comunista, mencionado acima, depende, sobretudo, de duas razões. Por um lado, com o passar do tempo, foi desvanecendo a percepção, fortíssima no pós-guerra, da contribuição essencial dada pela União Soviética à derrota do nazifascismo, acompanhada pelo ofuscar-se da visão da sociedade comunista como modelo de uma possível sociedade futura.[39] Por outro, o Partido Comunista Italiano – o menos dogmático do Ocidente, guiado por dirigentes de alto nível profissional, que exercem uma verdadeira atração sobre os militantes – foi se enfraquecendo, até sua dissolução, em 1991. Ele constituía a única verdadeira oposição aos governos democrata-cristãos e um forte polo de agregação popular. Um observador como Bobbio, atencioso com os comunistas, mas certamente não indulgente, descrevia a Festa Nacional do jornal *L'Unità*, de 1976, em Nápoles, da seguinte forma:

> Lembro-me que depois do debate fomos todos ver *I fucili della signora Carrar* [Os fuzis da senhora Carrar] de Bertolt Brecht, na montagem do Berliner Ensemble. O espetáculo realizava-se ao ar livre. Havia uma imensa multidão, muito atenta, receptiva, embora a apresentação fosse em alemão. Só quem

---

36 Bobbio, *Diário de um século. Autobiografia*, op. cit., p.145-6.
37 Ibid., p.98-9.
38 Ibid., p.98.
39 Essa visão positiva da União Soviética não era própria apenas dos militantes comunistas; ela se encontrava também em intelectuais como os ingleses Beatrice e Sidney Webb (*Il comunismo sovietico: una nuova civiltà*. Turim: Einaudi, 1955, 2 v.; o original é de 1935) ou como Harold Laski, no colóquio feito com Bobbio em 1945, cf. cap.2.

participou de uma Festa Nacional de *l'Unità*, nos anos em que o PCI representava a única grande força de oposição ao "sistema", pode entender.[40]

Bobbio formulou sua posição com clareza total em uma carta a Carl Schmitt:

> Não sou marxista, muito menos comunista. A admiração pelos escritores iluministas ensinou-me a me defender da tentação do fanatismo. Mas, enquanto por trás de Marx vejo povos com sede de justiça, por trás dos teólogos como Donoso vejo apenas os poderosos que têm sede de um poder cada vez maior.[41]

Sobre a irredutibilidade das diferentes crenças, escreve Bobbio:

> Retirei a maior lição da minha vida. Aprendi a respeitar as ideias dos outros, a parar diante do secreto de cada consciência, a entender antes de discutir, a discutir antes de condenar. E visto que estou no âmbito das confissões, vou fazer mais uma, talvez desnecessária: detesto com toda a alma os fanáticos.[42]

A expansão econômica do pós-guerra era cravejada de lutas operárias e, em Turim, a Fiat vivia uma involução das relações industriais que voltou à atualidade depois de 2010. De fato, os anos de 1950 foram tanto a década da reconstrução econômica da Itália quanto de uma histórica derrota do sindicato: nas empresas, o paternalismo e a discriminação levaram a um progressivo ataque ao direito de greve, à chantagem no local de trabalho, à discriminação política e à promoção de um sindicato "pelego".[43] A consequência lógica desse clima era a demissão do trabalhador indesejado pela empresa por razões políticas ou sindicais. Repito: essa evocação se refere aos anos de 1950, mas readquiria atualidade na situação que a Fiat – e não

---

40 Bobbio, *Diário de um século. Autobiografia*, op. cit., p.193-4.
41 Bobbio a Schmitt, 10 de dezembro de 1950, em *Diário de um século. Autobiografia*, op. cit., p.142. Juan Donoso Cortés (1809-1853) é um autor conservador estudado por Schmitt: *Donoso Cortés in gesamteuropäischen Interpretation. Vier Aufsätze*. Colônia: Greven, 1950, 113p.; cf. José Rafael Hernández Arias, *Donoso Cortés und Carl Schmitt. Eine Untersuchung über die staats-und rechtsphilosophische Bedeutung von Donoso Cortés im Werk Carl Schmitts*. Paderborn: Schöningh, 1998, 275p.
42 Bobbio, *Italia civile*, op. cit., p.8. Sobre a "má espécie dos fanáticos", cf. também cap.7.
43 Em italiano, *sindacato giallo* (amarelo), sindicato alinhado às exigências da propriedade de uma empresa, "pelego". (N. T.)

apenas ela – vivia por volta de 2010, como tentei sintetizar em outro escrito.[44] Porém, hoje os operários estão sozinhos, como sublinha, já no título, um texto de Giorgio Airaudo, responsável pelo sindicato mais envolvido naquele conflito.[45] Na década de 1950, no entanto, organizavam-se congressos para colocar os operários em contato com os intelectuais e dar, portanto, mais eco às lutas sindicais.

Em 1957, Bobbio aderiu a um desses congressos, convocado em defesa das liberdades democráticas nos locais de trabalho, com uma carta publicada no órgão da Resistência católica, o *Risorgimento*. Nesse jornal, ele abordava o problema constitucional "da defesa dos direitos de liberdade não apenas no confronto com os poderes públicos, mas também nos confrontos com os poderes que continuam a ser chamados privados".[46] Uma observação é particularmente atual:

> A nossa constituição reconhece e protege a liberdade de pensamento. Suponhamos que uma grande empresa coloque como condição para a admissão dos seus funcionários a adesão a certa corrente política. Nesse caso, mais uma vez, o cidadão seria livre para ter opinião própria diante do Estado. Mas já não seria livre para sustentá-la diante da empresa privada.[47]

O mundo do trabalho italiano recebeu uma tutela legislativa avançada com a aprovação, em 1969, do Estatuto dos Trabalhadores, que, entretanto, com a crise econômica iniciada em 2008, foi acusado de prejudicar a produtividade das empresas italianas. Em 2014, esse estatuto foi substituído por uma lei com uma complexa denominação oficial[48] e, por isso, comumente

---

44 Mario G. Losano, Tiempos ajustados: globalización y vaciamento de los derechos sociales. In: Maria Belén Cardona Rubert; Maria Aurea Cecato Baroni (orgs.), *Ciudadanía y desarrollo*. Albacete: Bomarzo, 2013, p.49-68. Antecipei esse tema em *Solidaridad y derechos humanos en tiempos de crisis*. Madri: Dykinson, 2011, 124p., especialmente no capítulo "Las teorías del solidarismo y su influencia en la formulación de los derechos fundamentales económicos", p.55-65.

45 Giorgio Airaudo, *La solitudine dei lavoratori. Il diritto al lavoro e il caso Fiat*. Turim: Einaudi, 2012, 100p.; o autor era o responsável nacional pelo sindicato Federazione Impiegati Operai Metallurgici (FIOM), Setor automóvel.

46 Bobbio, *Diário de um século. Autobiografia*, op. cit., p.165.

47 Ibid., p.166.

48 *Gazzetta Ufficiale*, 15 dez. 2014, n.290: lei de 10 dez. 2014, n.183, "Deleghe al Governo in materia di riforma degli ammortizzatori sociali, dei servizi per il lavoro e delle politiche attive, nonché in materia di riordino della disciplina dei rapporti di lavoro e dell'attività ispettiva e di tutela e conciliazione delle esigenze di cura, di vita e di lavoro". Disponível em: <http://www.gazzettaufficiale.it/eli/id/2014/12/15/14G00196/sg>.

indicada como "Jobs Act", imitação provinciana da homônima normativa norte-americana.

A revogação do artigo 18 desse Estatuto tornou-se símbolo do desmonte dos direitos sociais promovido pelo Jobs Act, pois estabelecia a obrigação de recontratar o trabalhador demitido injustamente: na nova versão, a empresa é obrigada somente a uma indenização, mesmo que a demissão tenha acontecido sem justa causa. A nova lei de 2014 e os seus decretos de execução foram e são objetos de inúmeras críticas, assim como de amarga ironia sobre o uso do termo em inglês como folha de figueira: "Trabalho não tem mesmo – Então me encontre um *job*", lê-se em uma charge de Tullio Altan.

Mas, neste momento, é necessário abandonar o triste presente, do qual Bobbio foi poupado, e voltar um passo atrás. Em 1963, o democrata-cristão Aldo Moro constituiu o primeiro governo de centro-esquerda, do qual participavam – pela primeira vez desde 1947 – o Partido Socialista Italiano e o Partido Social-Democrata Italiano, com o socialista Pietro Nenni como vice-primeiro-ministro. Essa experiência, como dito, levou à unificação dos dois partidos socialistas no Partido Socialista Unificado, que durou apenas até 1968. Foram anos turbulentos, visto que em 1964 o general Giovanni De Lorenzo tentou um golpe de Estado, enquanto a Itália atravessava mais uma crise econômica. Para Bobbio, esses também foram anos de esperança:

> A centro-esquerda representava de fato para mim a realização do velho sonho de uma aliança política entre católicos democratas e socialistas democratas: quantas vezes dissemos que se don Sturzo e Turati[49] tivessem entrado num acordo, o fascismo nunca teria existido?[50]

Bobbio participou do debate desses anos, sobretudo com a troca de opiniões com o comunista Giorgio Amendola, segundo o qual tinha chegado o momento de os comunistas participarem do governo da Itália. O comunismo italiano se distanciava do socialismo real e os vários artigos de Amendola e

---

49 Don Luigi Sturzo, sacerdote católico e político italiano. Fundou o Partido Popular Italiano, foi nomeado senador vitalício em 1952. Filippo Turati foi um político, jornalista e cientista político italiano. Foi um dos primeiros líderes socialistas italianos. Fundou em Gênova, em 1892, o então Partido dos trabalhadores italianos, que mais tarde originou o Partido Socialista dos trabalhadores italianos. (N. T.)
50 Bobbio, *Diário de um século. Autobiografia*, op. cit., p.174.

Bobbio em *Rinascita* discutiam a unificação dos partidos de esquerda em um partido que não fosse mais nem comunista nem social-democrata: uma "terceira via", que não teve sequência.[51]

Entretanto, Bobbio considerou apenas ocasionais essas suas intervenções. Para ele, o retorno ao debate político aconteceu em 1966, quando os dois partidos socialistas – o Partido Socialista Italiano e o Partido Social-Democrata Italiano – decidiram se unificar. A criação de um forte polo socialista não submetido à hegemonia do Partido Comunista, como tinha sido até então, poderia representar uma mudança decisiva na política italiana. Por outro lado, o Partido Socialista Unificado – embora ainda tivesse a experiência marxista como referência – não desenvolveu uma oposição política como terceiro polo, mas deslocou-se para o centro, aliando-se à Democracia Cristã. De resto, os socialistas não tinham outra via para chegar ao governo: a formação de um governo com a participação do Partido Comunista estava proibida pela oposição total dos Estados Unidos.

Bobbio se filiou ao novo partido, que todavia, já em 1964, sofreu uma primeira cisão, visto que quem se sentia ligado aos ideais de esquerda fundou um novo Partido Socialista Italiano de Unidade Proletária (PSIUP). Mais um golpe veio das eleições políticas de 1968, em que o Partido Socialista Unificado conseguiu menos votos do que tinham recebido, no passado, individualmente, as duas partes que os compunham. Seguiu-se outra cisão e, em 1969, a própria dissolução do partido: em 1968, a maior parte dos socialistas se agrupou sob o nome originário de Partido Socialista Italiano, enquanto em 1969 nasceu o Partido Social-Democrata Italiano, com posições moderadas.

A carta com que Bobbio, em 1966, explicava a adesão a esse partido problemático contém uma frase profética: "se a área do socialismo democrático não estivesse destinada a se expandir, seria um mau sinal, não apenas para o socialismo, mas também para a democracia".[52] As eleições de 1968 concluíram a última legislatura que durou regularmente cinco anos, enquanto as legislaturas seguintes não conseguiram chegar a sua conclusão natural. A partir dos anos de 1990, o processo "Mãos Limpas" sobre a corrupção da classe política, a crise dos partidos tradicionais e, em particular, a dissolução do Partido Socialista de Bettino Craxi e a queda do comunismo real, abriram

---

51 Giorgio Amendola, Il socialismo in Occidente, *Rinascita*, XXI, 7 nov. 1964, n.44, p.3-4; La lettera di Norberto Bobbio, *Rinascita*, XXI, 28 nov.1964, n.47, p.8 (com resposta de Giorgio Amendola). Cf. Bobbio, *Diário de um século. Autobiografia*, op. cit., p.115-6.

52 In: *Avanti!*, 1 nov. 1966 (apud Bobbio, *Diário de um século. Autobiografia*, op. cit., p.171).

caminho à assim chamada "Segunda República" e aos vinte anos de Berlusconi, que desafiou duramente a frágil democracia italiana.[53]

Pietro Nenni, líder dos socialistas, propôs que Bobbio se candidatasse às eleições parlamentares de 1968. Mas este se recusou educadamente: à desilusão, devida à desagregação do Partido Socialista Unificado, acrescentava-se, nesse momento, uma razão universitária. "Como o senhor sabe" – escrevia a Nenni em 18 de dezembro de 1967, em uma carta que é um *j'accuse* contra a velha universidade –, "por toda a Itália, e de forma mais grave e aguda em Turim, eclodiram agitações estudantis que colocam em crise a estrutura, de resto decadente, da nossa universidade".

Avaliando os pedidos dos estudantes nas manifestações, acrescentava: "Estou de pleno acordo com eles, contra a maioria de meus colegas". De fato, suas críticas à universidade eram severas. No Parlamento, "[ouvimos] alguns professores universitários que reivindicaram o direito de serem ao mesmo tempo deputados e professores", suscitando "nos nossos estudantes mais sérios [...] uma nova e justa indignação". O duplo cargo é, para Bobbio, inaceitável, porque os professores devem fazer o próprio dever "com dedicação plena". "É preciso reconhecer" – continuava – "que em geral os estudantes, uma vez na universidade, são completamente abandonados à própria sorte. E os quatro ou cinco anos que aí passam (sobretudo nas faculdades de áreas humanas) representam, na maioria das vezes, um imenso desperdício de energia". E continuava:

> Há anos venho pregando, mas pregando no deserto. Agora tenho a oportunidade, dada por essas agitações, de entrar em contato com os estudantes preocupados e aceitar sua objetiva e leal colaboração com o escopo de formular novas bases para minha atividade de professor. Creio que essa seja a única maneira de fazer justiça a quem defende, mesmo que nem sempre com meios legítimos, uma causa justa. Preparei com eles e para eles um programa comum com seminários múltiplos que exigirá de minha parte um empenho constante. Diante dos estudantes que me colocaram à prova, e diante dos colegas que me olharão com suspeita, não posso me permitir falhar. Sobretudo não posso me permitir justamente agora participar de uma disputa política que me afastaria de um trabalho livremente assumido e que iria de encontro aos meus insistentes protestos em relação ao desregramento dos costumes acadêmicos.

---

53 Sobre a primeira década da "Segunda República" ver a reconstrução dos dois docentes de história contemporânea, Simona Colarizi e Marco Gervasoni, *La tela di Penelope. Storia della Seconda Repubblica*. Roma-Bari: Laterza, 2012, 276p.

Queira, Excelência, compreender essas minhas preocupações em seu sentido correto, que é o de não subtrair à universidade minhas poucas, mas firmes, energias, as quais seriam desperdiçadas em uma atividade que não está de acordo com as inclinações de meu espírito.[54]

Entre os docentes da época, Bobbio tomou, portanto, uma posição praticamente única, mas isso não o poupou, por parte do setor mais radical do movimento estudantil, de críticas ásperas e, às vezes, grosseiras, como os gritos ritmados de "idiota, idiota" quando tomou a palavra em uma assembleia da qual eu também participava. Depois de uma análoga assembleia com Ferruccio Parri (o ex-comandante *partigiano* Maurizio, depois primeiro-ministro do primeiro governo republicano), era necessária toda a imperturbabilidade piemontesa do ex-comandante *partigiano* Giorgio Agosti para escrever: "Estes jovens são cheios de empenho e de boa vontade, mas são de uma indiscrição rara".[55] Nessa época eu tinha 28 anos: uma idade suficientemente canônica para participar das ocupações, mesmo reconhecendo os excessos turinenses, que, de resto, pareceram-me quase sóbrios se comparados com o que vi em maio de 1968 em Paris, onde deveria passar um ano com uma bolsa de estudo.

A atenção de Bobbio com o movimento estudantil, que foi um exemplo para mim, refere-se a uma tradição do Ateneu piemontês. No *site* de direito constitucional, a página de abertura do "Arquivo das constituições históricas" reproduz uma antiga impressão, em que um dos pais da Unificação da Itália, Cesare Balbo, bloqueia com a espada na mão um grupo de militares sobre a escada da atual reitoria, então sede da universidade turinense; e na legenda se lê: "Cesare Balbo protege os estudantes insurgentes".[56]

Bobbio lembra também os reflexos familiares da revolta estudantil: "Luigi, meu primogênito, era um dos líderes do movimento estudantil. [...] Era Luigi quem assinava os decretos [do czar da Rússia] destinados ao reitor, aos diretores, ao conselho administrativo, ao senado acadêmico". O conflito familiar foi "sob certos aspectos, mais dramático, mas sob outros, menos radical" que o conflito acadêmico. De qualquer forma, Bobbio teve que enfrentar uma situação bem mais tensa que a turinense quando foi chamado a Trento, onde, em 1968, tinha sido instituída a nova Faculdade de

---

54 Todas as citações são retiradas de uma carta de Norberto Bobbio a Pietro Nenni de 18 de dezembro de 1967. Cf. Bobbio, *Diário de um século. Autobiografia*, op. cit., p.176-7.
55 Borgna, *Un Paese migliore*, op. cit., p.317, citando o diário inédito de Agosti.
56 "Cesare Balbo protegge gli studenti insorti nel Palazzo dell'Università di Torino il 12 gennaio 1821" (da obra de Pietro Corelli. *La stella d'Italia, o Nove secoli di Casa Savoia*, v.IV, Milão, 1862) Disponível em: <http://dircost.di.unito.it/cs/cs_index.shtml>.

Sociologia, na qual ele passou dois anos: provavelmente o surto mais turbulento da contestação italiana.[57] Em Trento, Bobbio fez parte de uma comissão coordenadora que, na verdade, era uma comissão para a salvação acadêmica desse Ateneu, abandonado por um número crescente de docentes, porque tinha se tornado "totalmente ingovernável" devido aos conflitos estudantis: um docente, em começo de carreira, lembra de ter sido refém em uma sala de aula até as duas da madrugada, porque se recusava a dar uma "nota política" igual para todos.[58]

A dificuldade ou, melhor, a impossibilidade de diálogo com o movimento estudantil turbou profundamente as convicções do Bobbio dialógico, que se abandonou a "uma autocrítica impiedosa em tom catastrófico",[59] afirmando que os ideais pelos quais a Resistência lutou durante o fascismo não tinham sido realizados, e declarando, assim, a derrota da sua geração.

A ocasião para essa autocrítica lhe foi oferecida pela reimpressão em volume dos seus estudos sobre Carlo Cattaneo. Bobbio começava o breve "Prefácio" relembrando, quase didaticamente, as etapas da sua descoberta de Cattaneo, mas depois era subjugado por um aumento de arrependimentos cada vez mais prementes, porque "agora também a confiança na nossa missão de intelectuais precursores estava abalada, ou até destruída". A queda dos ideais se reflete no último ensaio, escrito em 1969 e dedicado ao "particular insucesso do pensamento de Cattaneo na cultura italiana".[60] O reformismo de Cattaneo tinha sido derrotado pelas "escolas bramínicas"; e Bobbio sentia que a Resistência tinha tido uma sorte análoga. Se no século XIX o Ressurgimento unificou os pequenos estados da península, a Resistência não abriu caminho para um segundo Ressurgimento, mas produziu

> a grande república ao invés de pequenas repúblicas: uma grande república completa de *prefetti* [representantes do governo central], com uma burocracia cada vez mais invasiva e inapta, liberdades cada vez mais frágeis diante de privilégios

---

[57] Na revista *Resistenza*, Bobbio escreveu, em 1968, quatro artigos sobre o movimento estudantil: "Un dialogo difficile *ma necessario*" (jan. 1968, n.1); "Il potere accademico: una definizione" (fevereiro de 1968, n.2); "'Arte di arrangiarsi' e libertà del docente" (mar. 1968, n.3); "Arduo il dialogo con gli studenti" (jun, 1968, n.6). Para uma interpretação do movimento estudantil no contexto político italiano, cf. Bobbio, *Diário de um século. Autobiografia*, op. cit., p.145-51.

[58] Incontro con Gian Enrico Rusconi. Intervista di Tullio Monti. In: AA.VV. *I grandi maestri del pensiero laico* (*Quaderni laici*, n.10-11). Turim: Claudiana, 2013, p.232.

[59] Bobbio, *O tempo da memória. De senectute*, op. cit., p.135. A autocrítica em questão se encontra no breve prefácio a *Una filosofia militante*, op. cit., p.VII-XI.

[60] Bobbio, *Una filosofia militante*, op. cit., p.206.

ainda mais robustos, nenhuma descentralização (como verdadeiro governo local), nenhuma reforma da instrução ou do exército (só para lembrar alguns grandes temas do programa político de Cattaneo).[61]

Ou seja, como constatava o cáustico Gaetano Salvemini, em 1947, "uma república torta, esgotada, claudicante, a república monárquica dos padres".[62] O movimento estudantil de 1968 se abateu contra essa "grande república", o que Bobbio viveu como um golpe fatal proferido contra a esperança de redenção democrática e que o conduziu a uma conclusão de inusitada amargura mesmo para um pessimista como ele:

> Não escondo de mim mesmo que o balanço da nossa geração foi desastroso. Perseguimos as "seduções de Alcino" do movimento "Justiça e Liberdade": realizamos pouca justiça e talvez estejamos perdendo a liberdade. [...] Não existe nada de mais compassivo do que aquele que não percebeu que já estava morto ao sair para o combate. Para quem foi condenado pelo tribunal da história, o qual não tem o ofício de deixar vencer o justo, mas sim de dar a auréola de justo a quem vencer, não nos resta outro tribunal a apelar senão o da consciência. Diante do qual não basta, para obter a absolvição, ter permanecido fiel a certos ideais. É necessário também ter apreendido bem o quanto é difícil e enganosa, às vezes inútil, a profissão de homem livre.[63]

Bobbio se distanciou dessa visão totalmente negativa – a inutilidade de ser homens livres! – nos anos seguintes, os quais, todavia, não foram menos atormentados. No fundo, o tom dessa autocrítica destruidora, datada de dezembro de 1970, antecipa o não menos dramático e desconcertado artigo de 1994, perante a ascensão do berlusconismo (cf. tópico 6.7.). Em ambos os casos, Bobbio constata que a república na qual vive não é aquela que a Resistência queria construir.

Infelizmente, aos anos da violência verbal seguiram os anos da violência subversiva, a partir das bombas de Praça Fontana, em Milão, em

---

61 Ibid., p.VIII-IX. A menção crítica aos "*prefetti*" refere-se ao instituto do representante do governo central nos órgãos de poder local, herdado do fascismo, não previsto pela Constituição republicana e ainda em vigor, mas nunca mais criticado. Não foi assim no pós-guerra, visto que se enxergava no "*prefetto*" o símbolo da centralização fascista. Já em 1944, Luigi Einaudi (com o pseudônimo de Junius) publicou "Via il prefetto!" [Abaixo o *prefetto*!], em *Gazzetta Ticinese*, 17 jul. 1944.
62 Gaetano Salvemini, Ottimismo, *Il Ponte*, III, 1947, n.11-2, p.956 (o número inteiro é dedicado a *A crise da Resistência*).
63 Bobbio, *Una filosofia militante*, op. cit., p.XI.

dezembro de 1969, até o massacre da estação de Bolonha, em 1980. Foram os anos da "estratégia de tensão", com atentados nunca esclarecidos totalmente, mas, de qualquer forma, imputáveis a partes desviadas dos aparatos do Estado ou dos serviços secretos, bem como a ambientes de extrema direita. Os mandantes dos massacres desses "anos de chumbo" foram – e, infelizmente, são – protegidos pelo Estado republicano, nascido da Resistência: ainda em 2017, os parentes das vítimas do massacre da estação de Bolonha de 2 de agosto de 1980 – 85 mortos e 200 feridos – afastaram-se quando tomou a palavra o representante do governo, dado que não tinha sido retirado ainda o segredo de Estado dos documentos que poderiam trazer luz sobre os mandantes do maior massacre da história republicana: e já haviam se passado 37 anos.

Bobbio tomou nitidamente posição no debate que atribuía à direita subversiva esses eventos que cobriram de sangue a Itália.[64]

A desilusão causada pelas duas breves militâncias políticas, no Partido de Ação e no Partido Socialista Unificado, induziu Bobbio a recusar a candidatura para as eleições políticas também em 1976, ano em que Bettino Craxi foi nomeado secretário do Partido Socialista Italiano, sucedendo a Francesco De Martino. Essa eleição turbulenta representou uma virada na política italiana. No congresso do PSI de março de 1976, Francesco De Martino foi confirmado como secretário. Enquanto isso, democrata-cristãos e neofascistas rejeitaram o projeto de lei sobre o aborto, o governo Moro (monopartidário, com apoio externo do PSI) caiu e as eleições antecipadas de junho de 1976 representaram o maior sucesso global das forças de esquerda no pós-guerra (46,79%). A contribuição dos socialistas pareceu insatisfatória para algumas das correntes partidárias em que esse partido foi dividido e, em julho de 1976, o comitê central substituiu De Martino por Bettino Craxi.[65]

---

64 Idem, La democrazia e il potere invisibile [A democracia e o poder invisível], *Rivista italiana di scienza politica*, 1980, p.182-203 (depois, em *O futuro da democracia*, op. cit., p.83-106); Strategia e terrorismo. Carteggio tra Norberto Bobbio e Falco Accame (1993-94), em *Agorà 92*, 1994, suplemento ao n.7. Para Bobbio, o termo "estratégia" era impróprio, visto que pressupõe um objetivo que, ao contrário, não se conseguia especificar naqueles que eram chamados de "massacres de Estado".

65 Esses eventos produziram um amplo debate interno, do qual Bobbio participou com intervenções aqui citadas sinteticamente. Sobre alguns deles, voltaremos em seguida: *O conceito de sociedade civil*. Trad. de Carlos Nelson Coutinho. Rio de Janeiro: Edições Graal, 1994, 77p.; Il Marxismo e lo Stato. Il dibattito aperto nella sinistra italiana sulle tesi di Norberto Bobbio, *Mondoperaio*, 1976, suplemento ao n.6, XI-215p.; *Quale socialismo? Discussione di un'alternativa*. Turim: Einaudi, 1976, XVIII; Questione socialista e questione comunista, *Mondoperaio*, 1976, n.9, p.41-51 (é o artigo que abre o debate sobre o pluralismo: Bobbio, *Diário de um século. Autobiografia*, op. cit., p.181-2).

O congresso do partido se abriu em março de 1978, em Turim, poucos dias depois do sequestro de Aldo Moro pelas Brigadas Vermelhas.[66] Nesses dias dramáticos, um grupo minoritário, do qual Bobbio também fazia parte, apoiou a candidatura de Antonio Giolitti a secretário do partido, contra a de Craxi. Este último venceu, porém, imprimindo ao partido uma virada, sobretudo, anticomunista. Os símbolos também comunicavam essa mensagem: nesse congresso, a foice e o martelo foram removidos do símbolo do Partido Socialista e substituídos pelo cravo vermelho. Bobbio continuava tendo suas reservas sobre o comunismo italiano, mas desaprovava essa polêmica interna à esquerda italiana, que julgava nociva. Uma carta sua a Craxi ilustra bem a tensão desses dias:

> Digo-lhe também que olho com certa distância, e algumas vezes também com preocupação, para a polêmica entre o partido e o PCI, que está se tornando obsessiva e parece afinal uma espécie de assunto privilegiado de *Avanti!*. Nunca recuei quando se trata de defender os princípios da democracia contra os comunistas. Mas sempre preferi o método ao qual chamarei "maiêutico" – que tende a extrair também do adversário uma verdade oculta – ao método oposto, que ora me parece prevalecer, da repreensão, do puxão de orelhas no rebelde, da invectiva ao infame. Ninguém renega de boa vontade o próprio passado. Por que pretender que o Partido Comunista Italiano o faça? Talvez porque os outros partidos nada tenham a renegar? Afortunados os jovens para os quais o passado não existe, mas o passado existe e cada um de nós o carrega consigo. Não é possível recomeçar sempre da estaca zero e agir como se nada do que de fato aconteceu houvesse acontecido. Eu pessoalmente prefiro manter com os comunistas um tipo de debate que tem por objeto a validade permanente de certos princípios ou a bondade de certas propostas. Pareceu-me que, com o "projeto" que também estava na base do 41º Congresso, o partido houvesse escolhido o caminho certo. Num caminho, aliás, que podia reunir em torno do partido intelectuais de várias procedências interessados em dar provas de sua própria capacidade em vários campos. Com o debate sobre o leninismo voltamos, a meu ver, a uma daquelas batalhas ideológicas onde, semeando o vento, acaba-se por colher apenas tempestades.[67]

---

66 O XLI Congresso do PSI durou de 29 de março a 2 de abril de 1978; o sequestro de Aldo Moro aconteceu em 16 de março, e a descoberta de seu cadáver, em 9 de maio de 1978.

67 Norberto Bobbio a Bettino Craxi, 14 de outubro de 1978. In: Bobbio, *Diário de um século. Autobiografia*, op. cit., p.185-6.

Ainda em 1980, Bobbio tomou posição contra a linha de Craxi em um artigo em *Mondoperaio*.[68] Enquanto isso, o poder de Craxi se reforçava cada vez mais. O congresso de Palermo de 1981 aprovou a eleição direta do secretário-geral, que, por isso, podia ser substituído apenas por meio de um novo congresso. No congresso de Verona de 1984, Craxi foi reeleito por aclamação: "A eleição por aclamação" – comentava amargamente Bobbio, poucos dias depois – "não é democrática, é a mais radical antítese da eleição democrática".[69]

A polêmica se fez ainda mais forte e, por parte de Craxi, menos educada. Embora Bobbio se limitasse a dizer que as considerações de Craxi sobre ele tinham sido "em geral, nada benévolas", teve que admitir, todavia, que outras vezes Craxi se mostrou "decisivamente hostil",[70] como quando Bobbio criticou o programa de reformas apresentadas por Craxi como "Parole nella nebbia" [Palavras na neblina].[71] Craxi respondeu com uma "reprimenda", à qual Bobbio reagiu com moderação, suscitando, porém, críticas do amigo Luigi Firpo pela sua "afabilidade respeitosa". "Depois da reprimenda de Craxi, só me faltava a sua", concluía resignado o filósofo do diálogo.[72]

Em 1984, enquanto a vida política era marcada pela aclamação de Craxi e pela morte de Enrico Berlinguer, a vida universitária de Bobbio se encerrava, visto que ele completava 75 anos. Mas o ano da sua aposentadoria foi também o ano em que o presidente da República, Sandro Pertini, o nomeou senador vitalício.[73]

Bobbio participou ativamente das atividades do Senado de 1984 a 1988, quando a idade exigiu a diminuição e depois a suspensão das viagens a Roma.[74] É necessário, portanto, distinguir a presença efetiva de Bobbio no Senado da inclusão formal de seu nome nas comissões parlamentares. De fato, embora 1988 assinale, na prática, o fim das suas viagens a Roma, como senador vitalício, o organograma parlamentar continuou a indicá-lo,

---

68 Bobbio, Un partito tra due fuochi, *Mondoperaio*, 1980, n.2, p.11-4.
69 Idem, La democrazia dell'applauso, *La Stampa*, 16 maio 1984.
70 Idem, *Diário de um século. Autobiografia*, op. cit., p.197.
71 Idem, Parole nella nebbia, *La Stampa*, 8 fev. 1987, p.1.
72 Idem, *Diário de um século. Autobiografia*, op. cit., p.198-9.
73 Bobbio foi senador vitalício de 18 de julho de 1984 a 9 de janeiro de 2004, data do seu falecimento.
74 Segundo Filippo Ceccarelli, "a sua última presença ativa se manifestou durante as eleições presidenciais de 1992" (Filippo Ceccarelli, Ha messo in guardia dai pericoli della nuova politica. In: Bobbio, *Il dubbio e la ragione*, op. cit., p.61). No entanto, uma reconstrução precisa é possível somente consultando diretamente a documentação do Senado.

legislatura após legislatura, como membro de várias comissões até 2004, ano de seu falecimento.[75]

Na verdade, no Senado, Bobbio se sentia "um peixe fora d'água":

> Mas eu estava sempre em dúvida quando havia uma decisão a ser tomada. Sou uma pessoa indecisa, mesmo nas pequenas questões da vida cotidiana: adoro discutir os prós e os contras, mais do que chegar a conclusões. Como o caçador de Pascal: mais a caça que a presa. Um filósofo que participou da edição castelhana de *Elogio della mitezza*, definiu-me como um filósofo *"de la indecisión"*.[76]

Mesmo assim, o seu *cursus honorum* não parecia destinado a parar no Senado. Em maio de 1992, quando o desastre dos partidos da Primeira República já era iminente, um grupo, não só de esquerda, candidatou-o à presidência da República. Surpreendeu-me reler, em abril de 2013 – enquanto a primeira presidência de Giorgio Napolitano estava por terminar em inconcludente clamor dos partidos que se paralisavam reciprocamente –, os artigos escritos vinte anos antes apoiando a candidatura de Bobbio. Perante a ruína do aparelho estatal e partidário de 2013, recorre-se às mesmas análises, até com as mesmas palavras que se ouviam vinte anos antes. "Um Estado quebrado, um 'partido transversal' de loteadores e vigaristas que até agora saqueou impunemente o país; e uma sociedade que se tornou bárbara pela

---

[75] De 1984 a 1987 (IX legislatura), é inscrito como independente no Grupo parlamentar do Partido Socialista Italiano e faz parte da 2ª Comissão permanente de Justiça (1984-86) e da 1ª Comissão permanente de Assuntos Constitucionais (1986-87). De 1987 a 1993 (X legislatura), faz parte da 1ª Comissão permanente de Assuntos Constitucionais. De 1992 a 1994 (XI legislatura), faz parte da 1ª Comissão permanente de Assuntos Constitucionais (apenas por um dia: de 16 a 17 de junho de 1992) e da 2ª Comissão permanente de Justiça (de 17 de junho de 1992 a 1994). De 1994 a 1996 (XII legislatura) é inscrito no grupo parlamentar Misto (de 18 de abril a 20 de maio de 1994), depois no grupo parlamentar Esquerda democrática e faz parte da 3ª Comissão permanente de Assuntos do Exterior e Emigração. De 1995 a 2001 (XIII legislatura), faz parte da 2ª Comissão permanente de Justiça (1996-98), da 7ª Comissão permanente de Instrução Pública e Bens culturais (1998-99) e da 12ª Comissão permanente de Higiene e Saúde (1999-2001). De 2001 a 2004 (XIV legislatura), faz parte da 6ª Comissão permanente de Finanças e Tesouro (2001-02) e da 5ª Comissão permanente do Balanço (2002-04). Esses dados parlamentares sobre Bobbio foram retirados do site <http://www.senato.it/leg/12/BGT/Schede/ Attsen/00000288.html>.

[76] Bobbio, *Diário de um século. Autobiografia*, op. cit., p.192-3. O filósofo espanhol lembrado por Bobbio é Rafael de Asís Roig, autor do prefácio a *Elogio de la templanza y otros escritos morales*. Madri: Temas de Hoy, 1997, 245p.

falta de regras e de espírito público, quando mais precisava deles, em um difícil momento de transição" requer uma candidatura fora dos velhos esquemas: Bobbio "saberia reconectar velho e novo: a herança da Constituição e o compromisso de restabelecê-la onde ela foi traída, juntamente com a vontade de mudá-la, onde não suporta mais". Obviamente, essa candidatura foi definida irreal pelos políticos profissionais. Bobbio foi repreendido pela idade avançada e pela inexperiência institucional: e as repreensões vinham de "uma classe política, em muitos aspectos, com a corda no pescoço" e nos perguntávamos: "Essa será ainda capaz de reformar a si mesma, renunciando a uma parte dos próprios privilégios, com escolhas realmente corajosas, adequadas à gravidade do momento?".[77] Esperava-se que sim, mas, décadas depois, sabemos que a resposta foi negativa e que a Itália continuou se debatendo nos mesmos problemas que, porém, se agravaram.

A candidatura de Bobbio à presidência da República recolheu consensos encorajadores. Embora os votos favoráveis o surpreendessem e quase o intimidassem, continuou a sua batalha até que um acidente doméstico, ainda que não fosse grave, obrigou-o, quase aliviado, a se retirar da competição. Uma testemunha direta desses fatos foi o então repórter parlamentar Marcello Sorgi, depois diretor de *La Stampa*: Bobbio era "o homem que poderia derrotar o regime dos partidos. Se isso não aconteceu – deve ser dito – é porque a Bobbio faltou o apoio de Bobbio", duvidoso em relação à própria capacidade de suportar um peso institucional desses.[78] Por alguns dias, um grupo de parlamentares, cada vez menor, continuou votando no seu nome durante uma eleição disputada, que apenas na 16ª sessão acabou com a vitória de Oscar Luigi Scalfaro. Bobbio, que se restabeleceu logo, voltou ao seu assento de senador vitalício.

Nesses anos, Bobbio intensificou sua atividade de colaboração com *La Stampa*, que havia começado em 1976, depois de uma memorável intervenção sobre o pluralismo na Festa Nacional de *L'Unità*, em Nápoles. Seus artigos iniciais provocaram um debate que envolveu muitos intelectuais italianos, e que culminou em uma intervenção na televisão para discutir sobre uma das "três palavras do ano", uma das quais era, justamente, "pluralismo". Vinte anos após esse debate sobre o pluralismo, em 2 de junho de 1996, em comemoração aos cinquenta anos do referendo em que a Itália passou de monarquia a república, Bobbio, então com 87 anos, escreveu seu último

---

77 Aldo Schiavone, Questione morale? Cominciamo con Bobbio. In: *La Repubblica*, 8 maio 1992.
78 Marcello Sorgi, L'uomo che amava la verità. In: Bobbio, *Il dubbio e la ragione*, op. cit., p.7-9.

editorial para *La Stampa*.[79] Ele considerou esse artigo a conclusão de sua atividade de filósofo militante.

Os principais artigos publicados em *La Stampa* resultaram em quatro volumes: *Le ideologie e il potere in crisi* [As ideologias e o poder em crise], de 1981,[80] *L'utopia capovolta* [A utopia do avesso], de 1990,[81] *Verso la Seconda Repubblica* [Em direção à Segunda República], de 1997[82] e *Il dubbio e la ragione* [A dúvida e a razão].[83] Esses volumes contêm os comentários de Bobbio sobre os eventos de maior destaque na política, sobretudo interna, de vinte anos que transformaram profundamente a Itália, de 1976 a 1996.

Os contatos com Craxi tinham se interrompido, de fato, em 1990, quando Bobbio, com a queda do Muro de Berlim, escreveu-lhe uma carta para exortá-lo a estender a mão ao vencido (isto é, ao Partido Comunista Italiano), enquanto Craxi "se comportava como quem vai à margem do rio e espera que passe diante de seus olhos o cadáver do inimigo".

A carta se inicia com uma referência irônica e crítica ao *Avanti!*, jornal do Partido Socialista, em resposta a uma observação inoportuna de Craxi: "Não apenas o assino [o *Avanti!*], mas também o leio. É inútil dizer-lhe que não concordo com o anticomunismo contínuo, monótono e birrento". Bobbio – que sofria "ao ver a esquerda dividida, confusa e desorientada" – propunha-lhe, em vez disso, "viabilizar um fecundo diálogo com a esquerda para tentar ajudar o curso da história italiana e interromper o cada vez mais insuportável domínio democrata-cristão".[84] Essa carta não recebeu resposta.

Em seguida, após o processo "Mãos Limpas" na política italiana, de 1994, afirmou-se Silvio Berlusconi com seu partido-empresa e com seu desprezo pelas regras do jogo, isto é, pelo Estado de direito. Desde o início, Bobbio apresentou, em *La Stampa*, algumas dúvidas de teoria política que possuíam, porém, uma grande relevância prática: se o liberalismo, segundo Michael Walzer, é a "arte da separação" – separação do poder político do econômico, religioso e cultural –, como poderia se apresentar como liberal um poder

---

79 Bobbio, Cinquant'anni di difficile democrazia. La nostra Repubblica. In: *La Stampa*, 2 jun. 1996, p.1.

80 A primeira coletânea dos artigos de Bobbio em *La Stampa* foi publicada em 1981: Bobbio, *Le ideologie e il potere in crisi. Pluralismo, democrazia, socialismo, comunismo, terza via e terza forza*. Florença: Le Monnier, 1981 (artigos de *La Stampa*, 1976-1980).

81 Bobbio, *L'utopia capovolta*. Turim: La Stampa, 1990, XVI-155p.; 2.ed. revisada e aumentada, com prefácio de Ezio Mauro, 1995 (artigos de *La Stampa*, 1981-1989).

82 Idem, *Verso la Seconda Repubblica*, op. cit. (artigos de *La Stampa*, 1989-1996).

83 Idem, *Il dubbio e la ragione*, op. cit.

84 Carta de Bobbio a Craxi, 12 de novembro de 1960. In: Bobbio, *Diário de um século. Autobiografia*, op. cit., p.199-200.

político que unia a maior potência econômica da Itália e a maior influência cultural (por meio das televisões)?

Mas as tensões maiores se originaram pelo debate sobre a natureza do partido-empresa Força Itália que, para evitar a desacreditada qualificação de "partido", apresentava-se como um "movimento de opinião": mas, se não é um partido, perguntava-se Bobbio, "podemos saber o que é?". A resposta não dizia respeito a um dos "pequenos partidos irrelevantes", mas sim a um conjunto de cidadãos "que, com seu voto, deram vida ao grupo político de maioria relativa que, como tal, tem o direito de formar o governo".

Para Bobbio, o movimento com o qual Berlusconi tinha vencido as eleições era um "partido fantasma", com um estatuto praticamente clandestino.[85] Para encontrar um exemplar desse estatuto, foi necessária uma intervenção de jornalismo de investigação. "Talvez houvesse certa resistência em render público o estatuto" – escrevia eufemisticamente o semanário que o tinha encontrado – "porque este não responde a quase nenhuma das questões levantadas por Bobbio: isto é, com quais regras é constituída Força Itália? Qual é a divisão de funções e competências? Como acontece o financiamento? Os poderes de Berlusconi são limitados ou absolutos? Quanto dura o seu cargo de presidente? Existe um prazo como em todos os outros partidos, ou é eterno como ocorre na Coreia do Norte?"[86] Perguntas sem respostas.

A estranheza de Bobbio diante do *brave new world* de Berlusconi é formulada claramente na "Despedida" que conclui, em 1997, a sua autobiografia. A Liga Norte que ameaça a unidade do Estado e o "renascimento de um partido que se considera legítimo herdeiro do fascismo", ambos aliados do partido-empresa de Berlusconi – "movimentos que não me agradam" – administram os assuntos políticos de modo "cada vez mais difíceis de serem decifrados": "Compreendo-os cada vez menos, ou talvez, mais exatamente, eu não tenha mais vontade de compreendê-los". Na verdade, talvez não tivesse mais nada para compreender: a Segunda República não praticava negociações políticas, mas simplesmente negócios, e era, por isso, impossível aplicar a eles as racionais categorias políticas que Bobbio tinha aperfeiçoado

---

85 Bobbio, Il partito fantasma. In: *La Stampa*, 3 jul. 1994 (também nas p.104-6 de Bobbio, Quattro riflessioni sulle vicende italiane. In: Gruppo di Resistenza Morale, *Argomenti per il dissenso. Costituzione, democrazia, antifascismo*. Turim: Celid, 1994, 113p.); a resposta é de Silvio Berlusconi. Che cosa è Forza Italia. In: *La Stampa*, 5 jul. 1994; Bobbio replicou com Il diritto di far domande. In: *La Stampa*, 9 jul. 1994.

86 Alessandro Gilioli, Che partito leggero! È tutto un mistero. In: *L'Europeo*, 28 jul. 1994.

ao longo de sua existência inteira. Como demonstraram também os escândalos descobertos depois de 2010, a política já tinha se tornado um instrumento de enriquecimento pessoal, violando qualquer regra jurídica e moral. Já perto dos 90 anos, Bobbio se sentia "em tudo e por tudo, um homem da Primeira República".[87]

A editora Einaudi também deixou de ser o ponto de referência da esquerda esclarecida. O grupo Mondadori havia adquirido seu controle durante uma das recorrentes crises econômicas da Einaudi. Depois, Silvio Berlusconi adquiriu o controle do grupo Mondadori e, por isso, também da Einaudi.[88] A esta última, eu pensava confiar meu livro – obviamente crítico – sobre a "descida em campo" de Berlusconi e sobre seu partido-empresa, que eu havia publicado na Alemanha, em 1995.[89] Quando voltei à Itália, encontrei a Einaudi nas mãos de Berlusconi: ainda hoje meu livro circula apenas na edição alemã.

3.3. As obras até o final da Segunda Guerra Mundial (1934-1945)

A "pré-história" do Bobbio maduro é caracterizada pelos raros livros nascidos como tais, em sua ampla produção predominantemente ensaística. As regras acadêmicas, segundo as quais, ainda hoje, aos concursos universitários devem ser apresentados, em primeiro lugar, "livros", acompanhados também por artigos, o obrigavam a fazer isso.

Gioele Solari confiava a seus discípulos o estudo de uma corrente filosófica dentro da qual examinar a filosofia do direito: uma filosofia do direito dos filósofos, diria anos depois o próprio Bobbio. Por isso, Treves enfrentou o neokantismo (e, por esse caminho, Kelsen), enquanto Bobbio dedicou a tese de filosofia do direito, orientada por Solari, à distinção entre filosofia

---

[87] Bobbio, *Diário de um século. Autobiografia*, op. cit., p.243.
[88] A sociedade financeira Fininvest, de Silvio Berlusconi, venceu o processo sobre a propriedade da Mondadori a partir de corrupção do juiz, crime pelo qual foi condenada, em segundo grau, a indenizar em 560 milhões de euros a *holding* Compagnie Industriali Riunite (CIR) da família De Benedetti. Tendo em vista o juízo de Cassação, o partido de Berlusconi apresentou um projeto de lei para permitir aos condenados em uma seção da Corte de Cassação recorrer às Seções Unidas. Esse anormal quarto grau de juízo não foi aprovado pelo Parlamento.
[89] Losano, *Sonne in der Tasche. Italienische Politik seit 1992*. Munique: Antje Kunstmann, 1995, 230p. Aos vendedores de Mediaset, Berlusconi recomendava irradiar mensagens positivas, como se tivessem "o sol no bolso": por isso o título do meu livro.

e ciência, seguindo uma abordagem crociana; a sucessiva tese de filosofia – movido pela paixão por Husserl do filósofo Annibale Pastore,[90] com o qual conseguiu a graduação em filosofia teorética – dedicou à fenomenologia e a Husserl. Das pesquisas para as duas teses surgiram assim, em 1934, ambos os livros, com os quais conseguiu, em 1934, a livre docência,[91] porta de acesso ao ensino universitário.

A indicação para a publicação de ambas as teses e a semelhança entre os títulos das teses e os títulos dos livros de 1934 não devem, todavia, dar a impressão de que o texto das teses tenha sido transferido para o respectivo livro, eventualmente com alguma revisão. Os títulos também se prestam a essa identificação errada: *Filosofia e dogmática do direito* é o título da tese de 1931, com Solari – *Ciência e técnica do direito* é o título do livro de 1934; *A fenomenologia de Husserl* é o título da tese com Pastore, de 1933: *O endereço fenomenológico na filosofia social e jurídica* é o título do livro, esse também de 1934. Em ambos os volumes, o prefácio de Bobbio não faz referência a uma derivação do volume da tese de graduação anterior. Dessas teses e dos dois volumes se ocupará detalhadamente o Capítulo 4.

O pensamento de Husserl, em 1934, colocou Bobbio em contato com o filósofo Piero Martinetti, que, expulso da universidade por não ter prestado juramento ao regime fascista, retirou-se para a casa de campo de Spineto, em Castellamonte, perto de Turim. Sobre o portão, havia colocado polemicamente a placa: "Piero Martinetti agricultor", mas, de fato, continuava dirigindo a *Rivista di Filosofia*. Por isso, o seu amigo, Gioele Solari, foi visitá-lo para lhe apresentar o jovem Bobbio, que chegou "medroso, trazendo um artigo sobre a filosofia de Husserl".[92] Martinetti lhe escreveu uma carta cordial, em 15 de maio de 1935, o que provavelmente causou sua prisão, porque a correspondência de Bobbio estava sendo vigiada.[93]

Voltando às teses e aos livros quase contemporâneos a elas, a autonomia de cada obra resulta ainda mais evidente pelo exame dos seus conteúdos,

---

90 Cf. o obituário escrito por Bobbio, Annibale Pastore. In: *Rivista di Filosofia*, 1956, n.2, p.245-6.
91 Bobbio, *Scienza e tecnica del diritto*, op. cit., 53p., nas quais não falta um apelo husserliano. Bobbio. *L'indirizzo fenomenologico nella filosofia sociale e giuridica*, op. cit.
92 Bobbio, La filosofia di Husserl e la tendenza fenomenologica. In: Rivista di Filosofia, 1935, n.1, p.47-65, ensaio aceito com interesse, embora considerado "um pouco obscuro" por Piero Martinetti (Bobbio, *Diário de um século. Autobiografia*, op. cit., p.22). A frase citada se encontra em: Bobbio, *La mia Italia*, op. cit., p.44.
93 O fato é narrado em: Bobbio, *Italia civile*, op. cit., p.97-121, e a carta é reproduzida em: *Rivista di Filosofia*, 1993, n.4, p.372, no número dedicado a Martinetti. Cf. também Bobbio, *La mia Italia*, op. cit., p.44.

feito sinteticamente no próximo capítulo (cf. tópico 4.2 e 4.3). Por enquanto, basta reafirmar que ambas as duplas de tese-e-livro são compostas por obras diferentes, mesmo refletindo argumentos semelhantes.

Bobbio havia decidido seguir com a carreira acadêmica. Para esse fim, com vista aos sucessivos concursos universitários – que conheceram, aliás, as conturbadas interferências políticas já ilustradas –, Bobbio publicou dois livros mais próximos do direito, isto é, à filosofia do direito dos juristas, na qual se inspiraria nas décadas seguintes. O tecnicismo dessas obras apresentava também a vantagem de não levantar as suspeitas da censura, que o vigiava por causa de seu antifascismo. Quando, no final dos anos 1990, reconsiderará o caminho percorrido, Bobbio indicará os dois volumes, sobre a analogia e sobre os costumes, como precursores de seu interesse pela teoria geral do direito,[94] que se tornará um tema central, depois da resenha de 1949 do volume de Carnelutti.

Em 1938, saiu o volume com o qual Bobbio conseguiu a cátedra, dedicado a um aspecto da teoria da interpretação, isto é, ao uso da analogia no raciocínio jurídico.[95] Seguiu-se o pequeno volume sobre os costumes,[96] no qual Bobbio observa com interesse as teorias antiformalistas e se afasta nitidamente tanto de sua anterior paixão (a fenomenologia husserliana, apriorística demais), quanto de seu futuro ponto de referência (o neokantismo e, particularmente, Kelsen, formalista demais). Sobre esses dois livros, voltaremos no próximo capítulo (cf. tópicos 4.4 e 4.5).

3.4. Bobbio na rua sem saída da fenomenologia e do existencialismo

Entre 1938 e o pós-guerra, Bobbio voltou sua atenção para o "decadentismo", ou seja, para a filosofia do existencialismo de Karl Jaspers e Martin Heidegger: uma filosofia que, ao mesmo tempo, o atraía e o repelia. Seu interesse é "de origem puramente especulativa", como aparece também "pela

---

94 Bobbio, *Contributi ad un dizionario giuridico*. Turim: Giappichelli, 1994, p.XV-XVI.
95 Bobbio, *L'analogia nella logica del diritto*, op. cit., 216p. No mesmo ano publicou L'analogia nel diritto penale. In: *Rivista Penale*, 1938, n.5, p.526-42.
96 Bobbio, *La consuetudine come fatto normativo*. Pádua: Cedam, 1942, 92p.; nova ed. com uma importante Introdução de Paolo Grossi. Turim: Giappichelli, 2010, XXXI-100p. (citaremos desta edição).

linguagem utilizada, absolutamente não obscura e sugestiva, e portanto estranha aos cânones expressivos de muitos autores existencialistas".[97]

Já em 1942, Bobbio tinha estabelecido a não fecundidade cognitiva do existencialismo de modo lapidário:

> A filosofia existencial, em que se poderiam encontrar sinais da supra escrita polêmica antinaturalista, amadurecida fora do tempo em um clima de insatisfação teorética e de inquietação espiritual, não exerceu até agora, ou talvez não pôde exercer, por falta de intrínseco valor construtivo e de clareza moral e mental, influxos precisos sobre a metodologia das ciências, e fecha-se ainda mais em uma contemplação pessimista da morte ou em uma renúncia à universalidade, sendo estimulada por uma vocação religiosa que ainda não conseguiu se elevar a pensamento.[98]

Em 1944, em prefácio a seu livro sobre existencialismo, Bobbio reafirmava seu interesse, mas não sua adesão a essa escola de pensamento: "O que nos atrai na filosofia da existência e nos empurra inevitavelmente a acessá-la por algum caminho, revivendo-a e talvez rejeitando-a após tê-la revivido, é exatamente o sentido de crise do qual ela é plena e que leva consigo em qualquer lugar. A crise [...] é o modo de ser de nossa situação espiritual". Bobbio se aproxima do mundo dessa "filosofia da crise" "com atração e repulsão ao mesmo tempo", visto que "tocá-lo com as próprias mãos é o único jeito para se libertar dele".[99]

O tema era atual e o pequeno livro foi "traduzido, em 1948, para o inglês, e no ano seguinte, para o castelhano".[100] Anos depois, Bobbio lembrará que aquela tradução em inglês "recebeu a pior resenha que já tive, apesar de ter sido escrita por um colega italiano para uma prestigiosa revista inglesa", e que "me convenceu a ficar bem longe, desde então, dos editores ingleses".[101]

---

97 Greco, *Norberto Bobbio. Un itinerario intellettuale*, op. cit., p.24.
98 Bobbio, *La consuetudine come fatto normativo*, op. cit., p.9-10.
99 Bobbio, *La filosofia del decadentismo*. Turim: Chiantore, 1944, 124p.; as citações estão nas p.9, 10, 8 da "Premessa".
100 Bobbio, *Diário de um século. Autobiografia*, op. cit., p.81. As traduções são: Bobbio, *La filosofía del decadentismo*. México: Fondo de Cultura Económica, 1949, 121p. (mas em *O tempo da memória. De senectute*, op. cit., p.149, a tradução mexicana tem a data de 1946); *The Philosophy of Decadentism: A Study in Existentialism*. Oxford: Blackwell, 1948, VIII-60p.
101 Norberto Bobbio a Danilo Zolo, Turim, 21 de outubro de 1986. In: Zolo, *L'alito della libertà*, op. cit., p.146.

O afastamento da fenomenologia e das correntes dela derivadas tinha sido precedido por um atento estudo. Portanto, vale a pena passar em revista essa linha de pesquisa abandonada pelo jovem Bobbio, mas não desprovida de interesse. Em sua atenção pelo panorama filosófico alemão de 1938 a 1944 (com alguma rara extensão até 1948), Bobbio tinha acumulado escritos sobre autores individuais como Husserl[102] e Jaspers,[103] e ensaios sobre o decadentismo ou existencialismo.[104]

O volume de 1944 afunda suas raízes nesse húmus. Para Bobbio, isso conclui seu estudo do existencialismo, que em algum escrito sucessivo e esporádico sobre o tema tenta tratar a partir de novas perspectivas,[105] antes do definitivo abandono. De Heidegger, são lembrados alguns textos publicados postumamente[106] e, em Sartre, é abordado o problema hebraico.[107] Mas já se afirmam os temas ligados ao advento da democracia, ao possível futuro federal da Europa e ao pacifismo como resposta ao perigo nuclear.

Porém, a cultura internacional estava mais interessada pelo existencialismo do que Bobbio, que estava voltado ao debate político do pós-guerra italiano, visto que o livro de 1944 – que anos depois Bobbio definiu "tanto apaixonado quanto improvisado"–[108] teve sorte e foi traduzido em inglês, em

---

102 Bobbio, Edmund Husserl. In: *Rivista di Filosofia*, 1938, n.4, p.365-9; Id. Husserl postumo. In: *Rivista di Filosofia*, 1940, n.1, p.37-45; e as resenhas a Takiyettin Temuralp, Über die Grenzen der Erkennbarkeit bei Husserl und Scheler. In: *Rivista di Filosofia*, 1939, n.3, p.281-2, e a Sofia Vanna Rovighi, *La filosofia di Edmund Husserl*. In: *Vita e Pensiero*, 1940, n.2, p.161-2.

103 Bobbio, Libertà e azione nella Filosofia di Karl Jaspers. In: Bobbio, *Il problema dell'azione e le sue diverse concezioni*. Milão: Bocca, 1943, p.11-30, e a resenha do livro de Karl Jaspers, *Descartes et la philosophie*. In: *Rivista di Filosofia*, 1939, n.3, p.285.

104 Intervenção no debate sobre *Il significato della ricerca filosofica e l'esistenzialismo*. In: *Archivio di filosofia*, 1939, n.4, p.299-301; La filosofia dell'esistenza in Italia. In: *Rivista di Filosofia*, 1941, n.1-2, p.111-22; Persona e società nella filosofia dell'esistenza. In: *Archivio di filosofia*, 1941, n.3, p.320-36 (che fará parte no volume de 1944); Temi di filosofia esistenziale. I. L'alternativa. In: *Rivista di Filosofia*, 1941, n.4, p.263-70, e II. L'insecuritas humana. In: *Rivista di Filosofia*, 1942, n.4, p.208-14; Libertà e azione nella filosofia dell'esistenza. In: *Archivio di Filosofia*, 1942, n.1-2, p.172-3.

105 Bobbio, Di un nuovo esistenzialismo. In: *L'Acropoli*, abril de 1946, n.16, pp.171-81; a Avvertenza que abre o livro de Jaspers traduzido nesse mesmo ano: Karl Jaspers, *La mia filosofia*. Turim: Einaudi, 1946, XII-280p.; o comentário ao livro de Henri Lefebvre. *L'existentialisme*. Paris: Sagittaire, 1946, 256p. No artigo L'esistenzialismo visto da un marxista. In: *Comunità*, 6 de setembro de 1947, n.18, p.5.

106 Tre brevi scritti su Heidegger. In: *Rivista di Filosofia*, 1948, n.3, p.230-45.

107 Sartre e gli ebrei. In: *Comunità*, 29 de novembro de 1947, n.24, p.5, sobre o livro de Sartre, *Réflexions sur la question juive*. Paris: Morihien, 1946, 198p.

108 Bobbio, *La mia Italia*, op. cit., p.102.

1948, e em espanhol, em 1949:[109] a tradução em espanhol é baseada na edição inglesa, que apresenta várias correções de Bobbio e o acréscimo do capítulo sobre "The Decadentism of Sartre". Todavia, logo a rejeição prevaleceu sobre a atração, e o interesse de Bobbio pelo existencialismo se esgotou com esse escrito. O tema de Sartre estava destinado a reaparecer em uma situação inusitada, da qual Bobbio participou em primeira pessoa.

3.5. Bobbio advogado de Sartre

O interesse em vias de extinção pelo existencialismo teve um último lampejo em Bobbio por causa de uma ação judiciária de 1947, que, naquela época, causou tumulto, mas que hoje em dia está esquecida: o processo por atentado ao pudor interposto contra Giulio Einaudi, na condição de editor do romance *O muro*, de Sartre,[110] maior representante do existencialismo. O interesse por esse processo (um dos muitos que caracterizaram o que Alberto Moravia chamava de *Pós-guerra devoto*)[111] se encontra no memorial de defesa de Giulio Einaudi, no qual consta a assinatura do "Prof. Advº Norberto Bobbio", junto à do "Advº Carlo Zini Lamberti". O processo acabou com a não instauração da ação contra Einaudi, mas foi mantido em silêncio, coisa que, para uma parte dos envolvidos, era também autocensura, de modo que esse "Memorial" de Bobbio permaneceu inédito até 2016.[112] Por isso, são necessários alguns esclarecimentos.

Em primeiro lugar, Bobbio não era um advogado inscrito na Ordem profissional e nunca exerceu essa profissão, mas a legislação da época permitia aos docentes universitários da Faculdade de Jurisprudência participar como advogados nos processos: por esse motivo consta a assinatura de Bobbio, acompanhada da assinatura do advogado Zini Lamberti.[113] A ação foi pro-

---

109 Bobbio, *The Philosophy of Decadentism: A Study in Existentialism*, op. cit., viii-6 p.; Id., *La filosofía del decadentismo*, op. cit., 121p.

110 Jean-Paul Sartre, *Il muro*. Turim: Einaudi, 1947, VII-186p.

111 Alberto Moravia, Dopoguerra bigotto. In: *La Fiera Letteraria*, 15 de maio de 1947, ao qual seguiram polêmicas nos números sucessivos.

112 Norberto Bobbio; Carlo Zini Lamberti, *Memoria in difesa di Einaudi Giulio ex artt. 528, 529 Codice Penale (pubblicazioni oscene)*, organizado por Antonio Armano. Turim: Aragno, 2016, 131p. As citações seguintes são retiradas desse livro.

113 Esse privilégio acadêmico se mantém hoje apenas em parte: para o docente da Faculdade de Jurisprudência que esteja inscrito na Ordem dos Advogados é facilitado o procedimento para ser admitido a patrocinar perante a Corte de Cassação. Atualmente a situação é diferente. Minha

movida pelo advogado milanês Antonio Carones e pela Associação Nacional pelos Bons Costumes de Roma não contra o autor, que morava no exterior, mas sim contra o editor da sua obra na Itália, Giulio Einaudi.

Bobbio foi envolvido nesse caso porque era autor dos escritos já mencionados sobre o existencialismo, mas também por suas relações pessoais tanto com o editor quanto com a família de quem – prevendo as inevitáveis polêmicas – prudentemente assinava essa tradução com a sigla E.G.

O muro de Sartre acabava de ser publicado e, de fato, já em um artigo na primeira página *do Corriere della Sera,* o crítico literário Antonio Baldini ironizava "o porcalhão ousado que tinha aceitado traduzir em bom italiano, com muito cuidado, exatidão e inegável eficácia, essa monstruosa amostra de podridão", revelando depois que, na verdade, quem traduziu esse livro "horripilante" era a própria sobrinha, que o crítico segurou nos braços quando era criança.[114] De fato, E.G. está para Elena d'Amico, esposa do político Antonio Giolitti (também ele do *entourage* de Einaudi) e justamente sobrinha de Baldini que, no *Corriere,* a criticava para ter ousado demais. Esses fatos geraram uma forte autocensura, por isso nunca se falou do acontecimento na casa de Giolitti e nem o próprio Giolitti mencionou isso nas suas *Lettere a Marta* [Cartas a Marta], enquanto Giulio Einaudi lhe faz somente uma pequena referência em suas memórias.[115]

Então, em 2 de junho de 1947 – no primeiro aniversário da recém-nascida República italiana –, "os advogados signatários se honram em apresentar o seguinte *Memorial* em defesa do seu cliente" Giulio Einaudi,[116] memorial que termina com uma questão mais irônica que retórica: "Resumindo, o magistrado desejará presumir que Einaudi possa ser editor de escritos pornográficos?".[117] Bobbio traça, em primeiro lugar, um panorama da relevância

---

participação, em 1976, em um processo em Munique sobre o livro de Bommi Baumann (no qual também Giulio Einaudi era acusado) foi possível porque estou inscrito na Ordem dos Advogados de Milão: AA.VV. *Ein Buch wird verboten. Bommi Baumann Dokumentation.* Munique: Trikont, 1979, 137p.; Baumann, *Wie Alles anfing.* Amsterdã: Van Gennep, 1976, 141p. e trad. it., *Com'è cominciata.* Milão: La Pietra, 1977, 191p.

114 Antonio Baldini, Ah Silvia!. In: *Corriere della Sera,* 2 de março de 1947, p.1, que faz referência à ode *A Silvia,* de Giuseppe Parini. Ambas as Silvias são alertadas contra a decadência dos costumes, e Parini conclui: "Pense nisso: e mantenha o título / De humana e de pudica".

115 Giulio Einaudi, *Frammenti di memoria,* op. cit., três linhas na p.132: "A publicação do *Muro* de Sartre provocou uma denúncia de atentado ao pudor que não teve consequências. Era abril de 1947": só isso. Nada em Antonio Giolitti, *Lettere a Marta. Ricordi e riflessioni.* Bolonha: il Mulino, 1992, 245p.

116 Bobbio; Zini Lamberti, *Memoria in difesa di Einaudi Giulio,* op. cit. p.3.

117 Ibid., p.34.

filosófica e literária da obra inteira de Sartre, partindo das raízes husserlianas, e avalia sua contribuição como "a terceira e não menos importante exposição sistemática dos principais argumentos da filosofia existencial", após as de Husserl e Jaspers.[118] Explica, ainda, como essa visão filosófica constituía a raiz das obras literárias e teatrais de Sartre admiradas no mundo inteiro, especialmente da obra acusada, *O muro*, e conclui: "Esta é a obra que foi acusada como obscena e que foi a desculpa para uma acusação de atentado ao pudor contra o editor que a publicou na Itália?".[119]

Bobbio avalia detalhadamente *O muro* como obra de arte também de acordo com o código penal italiano, código que exclui justamente o fato de que a obra de arte possa constituir atentado ao pudor.[120] Visto que o *Memorial* demonstrou amplamente que a obra literária de Sartre é obra de arte, "a acusação de obscenidade dirigida ao *Muro* está destituída de qualquer fundamento". Porém "a acusação está dirigida não ao autor, mas ao editor Einaudi [...] cuja seriedade e nobreza de intenções no campo literário é universalmente reconhecida e está fora de questão". A defesa pedia para se declarar, portanto, "a evidente falta de fundamento da denúncia".[121]

O promotor Ottavio Benedicti aceitou as argumentações de Bobbio com uma atitude clara desde as primeiras linhas: "Enquanto na França se discutiu e se discute o 'caso Sartre' como um problema de tipo filosófico, na Itália ele recebe hoje um mísero batismo ao seu surgimento: a acusação de pornografia!".[122] Benedicti concluía suas observações bastante longas (umas cinquenta páginas, de 35 a 84), reconhecendo, entre outras coisas, que também "a tradução elegante" e "a discreta e severa forma tipográfica" revelavam no editor processado "uma séria intenção cultural e certamente não uma especulação comercial baixa baseada na exploração da mórbida curiosidade do

---

118 Ibid., p.7.
119 Ibid., p.22.
120 O Código penal de 1930 (no *Caput* I: *Delle offese al pudore e all'onore sessuale*) contém a severa proibição do art. 528, *Pubblicazioni e spettacoli osceni*: "Qualquer pessoa, com a finalidade de fazer negócio ou distribuição ou de expô-los publicamente, fabrica, introduz no território do Estado, compra, detém, exporta, ou põe em circulação escritos, desenhos, imagens ou outros objetos obscenos de qualquer espécie, é punido com a detenção de três meses a três anos e com a multa não inferior a 8.000 liras". A proibição é atenuada, porém, pelo art. 529, *Atti e oggetti osceni: nozione*: "[alínea 1] Para os efeitos da lei penal, consideram-se *obscenos* os atos e os objetos que, segundo o sentimento comum, ofendem o pudor. [alínea 2] Não se considera obscena a obra de arte ou a obra de ciência, salvo que, por razão diferente daquela de estudo, seja oferecida à venda, vendida ou de qualquer forma procurada por pessoa menor de dezoito anos".
121 Bobbio; Zini Lamberti, *Memoria in difesa di Einaudi Giulio*, op. cit., p.33-4.
122 Ibid., p.36.

público".¹²³ Portanto, pedia ao juiz que "declarasse não ser necessário promover a ação penal".¹²⁴

Concluía-se, assim, o procedimento que via o Bobbio não mais existencialista defender, no inusitado papel de advogado, o existencialista Jean-Paul Sartre.

3.6. OS DECÊNIOS FECUNDOS DO PÓS-GUERRA

La filosofia del decadentismo [A filosofia do decadentismo], de 1944, foi considerada por Bobbio "um divisor de águas entre a primeira e a segunda fase da [sua] vida".¹²⁵ De fato, com a conclusão da guerra e do fascismo, a democracia se tornou o tema central do debate cultural e, logo antes da Libertação, Bobbio dedicou a esse tema o seu curso em Pádua. Com esse curso de 1945 e com a chamada da Universidade de Turim, em 1948, concluía-se o que o próprio Bobbio chamava de "pré-história" de sua atividade intelectual.

Anos após o término da guerra, em 1955, Bobbio não precisou mais se ocupar "forçosamente de estudos politicamente assépticos".¹²⁶ A crítica ao existencialismo se revela, por isso, como um ponto de viragem na navegação de Bobbio, atraído agora por uma nova rota, que ele não abandonará mais:

> Deixamos para trás o decadentismo, que era a expressão ideológica de uma classe em declínio. Nós o abandonamos porque participamos nas angústias e nas esperanças de uma nova classe. Eu estou convencido que se não tivéssemos aprendido do marxismo a ver a história do ponto de vista dos oprimidos, ganhando uma nova imensa perspectiva do mundo humano, não nos teríamos salvo. Ou teríamos buscado refúgio na ilha da interioridade ou nos teríamos colocado a serviço dos velhos senhores.¹²⁷

Quarenta anos depois, avaliando retrospectivamente os anos do pós-guerra e a própria conversão ao positivismo de Kelsen, Bobbio afirma:

---

123 Ibid., p.84.
124 Ibid., p.85.
125 Bobbio, *O tempo da memória. De senectute*, op. cit., p.149.
126 Ibid., p.163, no discurso proferido em 1996, em Madri.
127 Bobbio, *Política e Cultura*, op. cit., p.375 (onde se reproduz o artigo "Liberdade e poder". Originalmente publicado em: *Nuovi Argomenti*, 1955, n.14, p.1-23).

Falo de "conversão" porque somente assim explico, por um lado, o esquecimento em que deixei afundar os meus escritos jurídicos anteriores, e, por outro lado, a confissão feita, várias vezes, segundo a qual à ruptura violenta com o passado acontecida na história do nosso país entre 1934 e 1946, correspondeu uma fratura durante a minha vida privada e pública, intelectual e moral. *Incepit vita nova*.[128]

A nova Constituição Republicana de 1948 renovava radicalmente o vértice normativo do Estado, substituindo o Estatuto Albertino de 1848 e as sucessivas estruturas fascistas pela Constituição nascida da Resistência e ainda hoje em vigor. Mas, abaixo desse pico, a pirâmide legislativa criada pelo fascismo ainda governava, quase inalterada, a vida cotidiana. Nos anos de 1950, ainda sobrevivia o espírito do Estado fascista baseado na autoridade e na hierarquia, e assim, por exemplo, todos os anos, Bobbio devia escrever ao reitor para obter a autorização para pedir o passaporte.[129] Para os professores do ensino médio e fundamental a situação era ainda mais vexatória, visto que uma circular de 1952 determinava: "O uso do passaporte para viagem ao exterior deverá limitar-se aos períodos de férias e será subordinado à autorização pedida a cada vez ao Chefe de Instituto".[130] Uma professora das escolas de magistério protestava contra essa "inconcebível prepotência legal-burocrática" e aconselhava suas alunas, futuras professoras da escola primária, a pedir o passaporte como donas de casa, antes de ganhar o concurso como professoras.[131] Essas restrições, hoje impensáveis, explicam a incomensurável importância que tiveram, para Bobbio, as três viagens já lembradas (cf. tópico 2.7).

A esses resíduos fascistas acrescentava-se o conformismo católico alimentado também pelo poder democrata-cristão, como mostram as palavras de Piero Calamandrei, em uma carta enviada ao colega uruguaio Eduardo Couture:

> Você verá que nessa nota que escrevi para *Il Ponte* sobre o [pintor uruguaio] Figari alude, em certo ponto, à Vênus de Botticelli. A alusão, caso contrário incompreensível para você, faz referência a este episódio: poucos dias depois da sua partida, a polícia de Roma proibiu a afixação de um cartaz da mostra

---

128 Bobbio, *Diritto e Potere*, op. cit., p.7.
129 Um envelope com esses pedidos se encontra no *Fascículo pessoal* de Bobbio, no ASUT.
130 Essa circular ministerial de 7 de agosto de 1952, n.7263, é citada in Pietro Zari. Il passaporto degli insegnanti e il rispetto della costituzione. In: *Il Ponte*, XII, 1956, n.1, p.316; esse artigo faz referência à indicação de Vittoria Omodeo (*Il Ponte*, 1955, cf. nota seguinte).
131 Vittoria Omodeo, Passaporti e insegnanti, ovvero il padrone sono me. In: *Il Ponte*, XI, 1955, p.2159-60.

florentina de Lourenço, o Magnífico, porque reproduzia a imagem da Vênus de Botticelli, considerada, pela polícia democrata-cristã, obscena e *contra bonos mores*... Então eu apresentei ao ministro uma interpelação irônica, pedindo que a pintura original fosse retirada da Galeria de Florença, para não ofender o pudor do público (você incluído). E por isso o ministro, com medo do ridículo, revogou a absurda proibição![132]

O *Dopoguerra bigotto* [Pós-guerra devoto] de Moravia não atingia apenas Sartre: ainda em 1963, Giulio Einaudi estava sob processo por outra obra. Na verdade, tinha sido emitido um decreto presidencial de anistia, que, porém, não incluía o crime de publicações obscenas: "O editor Giulio Einaudi, caso seja reconhecido culpado, não terá a própria pena perdoada pela publicação dos *Canti della nuova resistenza spagnola* [Cantos da nova resistência espanhola]".[133]

Em suma, concluída a luta para ter uma constituição democrática, começava a longa luta para traduzi-la em prática. O fervor político do pós-guerra se manifesta em Bobbio também com a participação no debate político com artigos publicados, em 1945-1946, no jornal do Partido de Ação, *L'Ora dell'Azione* [A hora da ação], e em seguida publicados no volume *Tra due repubbliche* [Entre duas repúblicas].[134] Além disso, de abril de 1945 até o outono de 1946, colaborou regularmente com o jornal turinense do Partido de Ação, *Giustizia e Libertà* [Justiça e Liberdade].

No campo acadêmico, a atenção de Bobbio se concentrou sobre Hobbes – "reconheço: Hobbes foi um dos meus autores"[135] – e no período de Siena,

---

132 Calamandrei a Couture, carta manuscrita datada "Marina di Poveromo, Ronchi (Massa Apuana), 6. VIII. 1949" e publicada in: Mario G. Losano, L'impronta scientifica lasciata dai giuristi italiani in Sudamerica: l'archivio dell'uruguaiano Eduardo J. Couture. In: Sabrina Lanni; Pietro Sirena (orgs.). *Il modello giuridico – scientifico e legislativo – italiano fuori dell'Europa. Atti del II Congresso nazionale della SIRD*. Nápoles: Esi, 2014, p.309-38. A passagem à qual faz referência Calamandrei está contida em seu artigo sobre a visita de Couture à Itália: "Tive o prazer de ser eu mesmo o seu guia pelas ruas e galerias de Florença, redescobrindo com ele estes milagres, comovendo-me com sua comoção e deixando-o extasiado e atraído diante da Vênus de Botticelli: sem revelar-lhe, pelo amor da pátria, que os nossos paternos governantes... mas, deixa pra lá!" (Piero Calamandrei, Scoperta di un pittore: Pedro Figari. In: *Il Ponte*, V, 1949, n.7, p.903).

133 Giorgio Moscon, I censori all'assalto. In: *Il Ponte*, XIX, 1963, n.2, p.157. O volume incriminado (e depois absolvido) é Sergio Liberovici e Michele L. Straniero (orgs.), *Canti della nuova resistenza spagnola*. Turim: Einaudi, 1962, 118p. Um florilégio desses processos (entre os quais também o último aqui lembrado) se encontra em: Antonio Armano, *Maledizioni. Processi, sequestri, censure a editori e scrittori in Italia dal dopoguerra a oggi, anzi domani*. Milão: Rizzoli, 2014, 575p.

134 Bobbio, *Tra due repubbliche. Alle origini della democrazia italiana*, op. cit., VIII-151p.

135 Bobbio, *Diário de um século. Autobiografia*, op. cit., p.135.

preparou a edição do *De Cive*,[136] voltando assim aos interesses historicistas de Gioele Solari.

Em 1948, Carl Schmitt também se reaproximou de Bobbio, o qual tinha encontrado durante uma viagem à Alemanha, em 1937. Depois dos terríveis acontecimentos da guerra, Schmitt pedia a Bobbio: "Terá de perdoar se um velho admirador e estudioso de Hobbes se dirige diretamente ao senhor para pedir-lhe se é possível receber a sua edição do *De cive*?".[137] Nessas cartas transparece o esforço de ambos os estudiosos para reatar as relações intelectuais dilaceradas pelas ditaduras e pela guerra: de fato, Schmitt pede a Bobbio informações sobre um escrito de Alessandro Passerin d'Entrèves (que de 1945 a 1957 foi titular da cátedra de Estudos Italianos em Oxford), enquanto Bobbio pergunta a Schmitt se na Alemanha "ainda estão em circulação as velhas e célebres revistas filosóficas". Mas não faltam também referências à vida pessoal: Bobbio informa sobre a sua cátedra turinense, Schmitt sobre ter ficado "três vezes sob as garras do Leviatã", metáfora que aludia aos processos e aos dois anos de prisão no pós-guerra.

Para Schmitt, o mundo em que acreditava havia desmoronado, enquanto para Bobbio tomava forma o mundo em que havia confiado. Comentando o pequeno livro de Schmitt sobre a prisão, *Ex captivitate salus* (que Schmitt havia lhe dedicado com as palavras "Doceo sed frustra"), Bobbio escrevia em 1950, em meio à Guerra Fria: "A catástrofe da Europa, da qual todos somos vítimas, os vencedores e os vencidos, não é apenas o fim de um certo período da história; é também o início de uma nova história"; e concluía: "Hoje, mais do que nunca, sente-se a necessidade de se estabelecer um diálogo *antes que mais uma vez seja tarde demais*".[138] Seguiram-se trinta anos de silêncio. Enfim, em 1980, um artigo do semanário *L'Espresso* sobre Schmitt ofereceu a Bobbio,

---

136 Thomas Hobbes, *Elementi filosofici sul cittadino*, organizado por Norberto Bobbio. Turim: Utet, 1948, 446p. A introdução de Bobbio foi traduzida em espanhol: *Del ciudadano*. Caracas: Instituto de Estudios Políticos, 1966, p.9-31.

137 Schmitt a Bobbio, Plettenberg (Westfalia-Zona Britânica), 15 de dezembro de 1948, in: Bobbio, *Diário de um século. Autobiografia*, op. cit., p.138. As vinte cartas da correspondência entre Bobbio e Schmitt estão publicadas, organizadas por Piet Tommissen, na revista *Diritto e Cultura*: Schmitt, Bobbio, Briefwechsel. In: *Diritto e cultura. Archivio di filosofia e sociologia*, V, 1995, n.1, p.49-81 (número sobre *Carl Schmitt e la scienza giuridica europea nel decennale della morte*). Schmitt resenhou o *De Cive* de Bobbio na revista *Universitas*, IV, 1949, n.3, p.330; a resenha se encontra agora também in: Schmitt, Bobbio, Briefwechsel, op. cit., p.76-7.

138 As passagens citadas são retiradas de Bobbio, *Diário de um século. Autobiografia*, op. cit., p.139-43. Grifo de Bobbio.

já aposentado, a ocasião para enviar uma carta a Schmitt, que respondeu logo em seguida: é a despedida de dois grandes velhos.[139]

Em 1949, Bobbio se aproximou do juspositivismo de Kelsen. Lembrando as críticas que ele mesmo tinha direcionado anteriormente a essa doutrina, definia esse interesse, que teve um peso central em sua obra posterior, como uma "conversão". Na verdade, tratava-se de uma aproximação iniciada nas aulas de Pádua, de 1940-1941, sobre as fontes do direito (com "um parágrafo sobre a construção em graus do ordenamento, que me fascinou desde então") e as aulas de 1941-1942 sobre o direito subjetivo ("as últimas páginas contêm uma exposição, apresentada com um consenso evidente, da crítica de Kelsen ao direito subjetivo").[140] Essa propensão surgiu claramente em 1949, com a crítica à teoria geral do direito de Carnelutti, sobre a qual retornaremos detalhadamente no parágrafo 4.6.

Essa conversão de Bobbio apresenta, em primeiro lugar, um aspecto subjetivo, isto é, "a conclusão de um lento processo de libertação, próprio da maturidade, das ideias, orientações, esquemas mentais, herdados do ambiente cultural no qual me formei e no qual aconteceu minha formação filosófica". Mas essa evolução é acelerada pelos acontecimentos externos que acompanharam os anos da formação, ou seja, pelo fascismo e pela guerra. Esses acontecimentos revelaram a Bobbio a esterilidade do idealismo, ou seja, da filosofia dominante que ele tinha inicialmente aceitado: "Colocados diante da tragédia da Europa, tivemos que nos dar conta que, da especulação filosófica, tínhamos conseguido bem pouca ajuda para combater o que tinha acontecido no mundo".[141] Daí a procura de novos instrumentos, que Bobbio encontrou em Kelsen: não apenas no Kelsen da doutrina pura do direito, mas também no Kelsen teórico da democracia.

O formalismo rigoroso de Kelsen era particularmente adequado a Bobbio, que o define "ascético" ou "asséptico", não saberia dizer se por uma revisão estilística ou por um erro de impressão.[142] A teoria geral do direito está agora no centro de seus interesses. Os artigos sobre Kelsen e sobre o positivismo jurídico são numerosos e a esse tema é dedicada boa parte do Capítulo 4, a

---

139 Alti e bassi di una carriera. In: *L'Espresso*, 1979, n.45. As duas cartas de Bobbio e de Schmitt estão reproduzidas in: *Diário de um século. Autobiografia*, op. cit., p.143-45.
140 Bobbio, *Diritto e potere*, op. cit., p.6.
141 Ibid., p.7.
142 Bobbio, Prefazione. In: Violi (org.), *Bibliografia degli scritti di Norberto Bobbio*, op. cit., p.XXV, fala do "formalismo ascético" de Kelsen; porém em *O tempo da memória. De senectute*, op. cit., p.89, usa a expressão "formalismo asséptico" de Kelsen.

seguir. Além disso, o estudo de Patrizia Borsellino fornece uma precisa orientação sobre essa fase.[143]

No pós-guerra, Bobbio participou do debate político sobre dois temas: os direitos de liberdade ("que defendi contestando a tese da oposição frontal entre liberalismo e comunismo, sustentada pelos intelectuais militantes no Partido Comunista, na década de 1950") e, depois, a teoria do Estado e da democracia em Marx ("vinte anos mais tarde, quase sempre com os mesmos adversários, ainda que já fossem outros os interlocutores").[144] Os artigos sobre esses assuntos foram recolhidos depois em dois volumes: *Política e cultura*, de 1955, já citado em relação a Umberto Campagnolo, e, vinte anos depois, *Qual socialismo?*,[145] de 1976. Sobre este último livro, Bobbio escreve: "representou minha segunda saída *extra moenia*, mais especificamente, das muralhas da cidadela acadêmica dentro da qual passei grande parte da vida. Mas dessa vez não me foi permitido sucumbir à inércia. Em setembro de 1976 teve início minha colaboração para *La Stampa*, por ocasião de um debate sobre pluralismo".[146] Se a essas duas coletâneas adicionarmos o volume *Direita e esquerda*, de 1994 (que constitui um dos seus livros mais difundidos), completa-se a trilogia que Bobbio define como "minha trilogia de escritos de polêmica política".[147]

---

[143] Patrizia Borsellino, *Norberto Bobbio e la teoria generale del diritto. Bibliografia ragionata 1934-1982*. Milão: Giuffrè, 1983, 133p. A essa estudiosa devemos vários estudos sobre Bobbio, entre os quais: Norberto Bobbio metateorico del diritto. Milão: Giuffrè, 1991, X-257p. (republicado em 2014); Norberto Bobbio e l'empirismo logico. Un'analisi con riguardo alla tesi divisionistica. In: *Rivista internazionale di filosofia del diritto*, 1987, p.323-66; L'analogia nella logica del diritto. Un contributo di Norberto Bobbio alla metodologia giuridica. In: *Rivista internazionale di filosofia del diritto*, 1985, p.3-39; Norberto Bobbio: profilo dello studioso. In: Violi, *Norberto Bobbio: A Bibliography*. Milão: Giuffrè, 1984, p.55-83.

[144] Bobbio, *O tempo da memória. De senectute*, op. cit., p.93.

[145] Bobbio, *Política e cultura*, op. cit., 282p.; reproduzido nos "Reprints", em 1974, e republicado em 2005 (com um amplo prefácio de Franco Sbarberi, p.VI-XLI): *Política e cultura*, nova edição, introdução e organização de Franco Sbarberi. Turim: Einaudi, 2005, XLIII-273p. A edição brasileira foi preparada a partir dessa de 2005: Bobbio, *Política e cultura*. Introdução e organização de Franco Sbarberi. Trad. de Jaime A. Clasen. São Paulo: Editora Unesp, 2015, 422p. Bobbio, *Quale socialismo?*, op. cit., XVIII-111p. A edição brasileira é Bobbio, *Qual socialismo? Debate sobre uma alternativa*. Trad. de Iza de Salles Freaza. Rio de Janeiro: Paz e terra, 1983, 111p. (Bobbio, *O tempo da memória. De senectute*, op. cit., p.137 e 166-67).

[146] Bobbio, *O tempo da memória. De senectute*, op. cit., p.137.

[147] Ibid., p.167; Bobbio, *Destra e sinistra. Ragioni e significato di una distinzione politica*. Roma: Donzelli, 1994, X-100p. Edição brasileira: Bobbio, *Direita e esquerda. Razões e significados de uma distinção política*. Trad. de Marco Aurélio Nogueira. São Paulo: Editora Unesp, 1995, 129p.

Essa trilogia "de polêmica política" não deve ser confundida com a trilogia dos estudos de ciência política. Em 1996, Bobbio considerava *O problema da guerra e as vias da paz*,[148] de 1979, como a linha de chegada das suas pesquisas sobre esse tema; *O futuro da democracia*,[149] de 1984, como linha de chegada das suas pesquisas sobre a democracia, e *A era dos direitos*,[150] de 1990, como a conclusão das suas pesquisas sobre os direitos humanos e, portanto, "a última parte da minha trilogia"[151] de ciência política.

Com os escritos da primeira trilogia (isto é, a de "escritos de polêmica política"), chegamos à época em que Bobbio, em 1972, passa da Faculdade de Jurisprudência para a de Ciências Políticas. Seu interesse pela filosofia da política e a ciência política aumenta não apenas por essa razão acadêmica, mas sobretudo porque, para a Itália, começam décadas turbulentas: ao ano de 1968, estudantil, seguem os "anos de chumbo" dos atentados, a crise dos partidos culminada no processo "Mãos Limpas", o consequente fim da assim chamada Primeira República, seguida, em 1994, pela chegada do partido-empresa de Silvio Berlusconi. Nesses fatos, Bobbio vê se dissolver o sonho da sociedade que tinha animado a Resistência e o pós-guerra. Basta mencionar, aqui em seguida, suas principais obras desses anos,[152] quase marcos de um caminho que será examinado mais detalhadamente no Capítulo 6, dedicado ao Bobbio cientista político.

No contexto dos temas políticos e nos anos do pós-guerra, sobre os quais recai a ameaça da guerra nuclear, o tema da paz e da guerra se torna "central em [sua] obra de ensaísta". Bobbio o considera "central" seja "pela novidade absoluta do tema, que questiona cada uma das tradicionais filosofias da história, seja pelo modo pelo qual o abordei, por meio de grandes sínteses doutrinárias, e por ter introduzido pela primeira vez a metáfora predileta do labirinto".[153] O debate sobre a paz e sobre a guerra está documentado em

---

148 Ed. brasileira com tradução de Álvaro Lorencini. São Paulo: Editora Unesp, 2003, 181p.

149 Ed. brasileira com tradução de Marco Aurélio Nogueira. Rio de Janeiro: Paz e Terra, 2011, 207p.

150 Ed. brasileira com tradução de Carlos Nelson Coutinho. Rio de Janeiro: Campus, 1992, 217p.

151 Bobbio, *O tempo da memória. De senectute*, op. cit., p.165.

152 Sobre a transformação ou a decadência da democracia na Itália entre 1970 e 1980: *O futuro da democracia. Uma defesa das regras do jogo*, op. cit. (que reúne ensaios publicados entre 1978 e 1984). Entre as traduções, além da brasileira, lembramos a inglesa: *The Future of Democracy*. Cambridge: Polity-Blackwell, 1986, 184p.; *Compromesso e alternanza nel sistema politico italiano. Saggi su "Mondoperaio," 1975-1989*. Roma: Donzelli, 2006, 244p. Enfim, a coletânea de artigos de *La Stampa* (1981-1989): *L'utopia capovolta*, op. cit., XVI-155p.; "revisada e ampliada" em 1995, com um prefácio de Ezio Mauro, XXVIII-155p. Cf. Bobbio, *O tempo da memória. De senectute*, op. cit., p.165 e ss.

153 Bobbio, *O tempo da memória. De senectute*, op. cit., p.93.

outra trilogia, que será analisada no tópico 6.5,[154] junto de outros textos de política que Bobbio foi publicando ao longo dos anos.

Bobbio foge da escrita de livros sistemáticos, mas é atraído pela fragmentação dos dicionários e das enciclopédias, porque no verbete enciclopédico encontra a brevidade, a ele congenial, própria do artigo. Junto aos cientistas políticos Nicola Matteucci e Gianfranco Pasquino, Bobbio organizou, em 1976, o bem-sucedido *Dicionário de política*.[155] Como em 1985 tinha publicado *Frammenti di un dizionario politico* [Fragmentos de um dicionário político], em 1994 publica *Contributi ad un dizionario giuridico* [Contribuições para um dicionário jurídico].[156]

Concluindo, para entender o mundo de Bobbio, considero fundamentais três livros aparentemente ocasionais, que Bobbio, em 1984, definiu como "textos de testemunho", mas que são tudo menos secundários, para entender completamente a sua figura: de fato, ele fala desses textos como de "livros especialmente caros a mim, os únicos que gostaria que me sobrevivessem".[157] Trata-se de *Italia civile* [Itália civil], de 1964, *Maestri e compagni* [Mestres e companheiros], de 1984, e *Italia fedele* [Itália fiel], de 1986, o seu "terceiro volume de retratos e testemunhos", como escreve no prefácio a esse último livro.

A trilogia reúne as intervenções (estas últimas sim, frequentemente ocasionais) sobre as pessoas próximas a Bobbio e por ele consideradas exemplos dessas virtudes civis, cada vez mais frágeis na Itália em que vivia. Essas lembranças, publicadas entre 1964 e 1986, reafirmava Bobbio, em 1996, "são os três livros que gostaria que sobrevivessem a mim, porque os deixo àqueles que verão o testemunho [...] de homens que pertencem àquela minoria de nobres espíritos que defenderam, alguns até com sacrifício de suas vidas, em anos duríssimos, a liberdade contra a tirania".[158] A importância deles é

---

154 Bobbio, Il problema della guerra e le vie della pace, ensaio em *Nuovi Argomenti*, 1966, n.3-4, p.29-90, e título do volume de 1979: *Il problema della guerra e le vie della pace*, op. cit. (cf. Bobbio, *O tempo da memória. De senectute*, op. cit., p.165; p.170-1). Além disso, *Il terzo assente*, op. cit., 236p. Enfim, sobre a Guerra do Golfo: *Una guerra giusta?*, op. cit., 90p.

155 Norberto Bobbio; Nicola Matteucci; Gianfranco Pasquino, *Dicionário de política*. Coordenação da tradução João Ferreira. 2 volumes. Brasília: UnB, 2007.

156 Bobbio, *Estado, governo, sociedade. Para uma teoria geral da política*. Trad. de Marco Aurélio Nogueira. São Paulo: Paz e Terra, 2007, 173p.; Bobbio, *Contributi ad un dizionario giuridico*. Turim: Giappichelli, 1994, XXIV-365p.

157 Assim escreve Bobbio, no prefácio à bibliografia de Carlo Violi, de 1984, op. cit., depois em: *O tempo da memória. De senectute*, op. cit., p.94.

158 Bobbio, *O tempo da memória. De senectute*, op. cit., p.172. A passagem citada se encontra no *Balanço* que fecha o volume e que reproduz o discurso proferido em 1996, na Universidade Carlos III, de Madri.

destacada pelo fato de que Bobbio os indica não como três entre seus livros, mas sim como "os" três livros que desejaria que sobrevivessem a ele.

Quando publicou *Itália civil*, Bobbio se sentia "tão velho que não resistiu à tentação de olhar para trás". Na verdade, havia apenas passado dos 50 anos, mas notava que, com a afirmação da democracia – embora não exatamente nas formas sonhadas durante a Resistência – ia se atenuando a lembrança do "rosto ofendido ou mesmo apenas amuado de uma outra Itália", a dos "clérigos que não tinham traído": "Muitos da minha geração, inclusive eu, deviam sua salvação ao conhecimento deste mundo subterrâneo". Por isso, resgatando a memória dessa Itália civil, Bobbio destaca "os valores morais mais que os intelectuais", os valores do "herói silencioso", dos "mestres que descem da cátedra".[159]

O conjunto dos ensaios permite acompanhar a formação cultural de Bobbio e de sua geração. O quadro geral é dado pelas análises das teorias políticas da Itália do começo do século XX até os anos de 1950. Bobbio se detém inicialmente sobre o intelectual militante Rodolfo Morandi e depois compara a visão filosófica e moral de Benedetto Croce à de Piero Martinetti. O núcleo do volume é constituído pela lembrança dos mestres do liceu d'Azeglio (Umberto Cosmo, Arturo Segre, Zino Zini, que personificaram "a tradição moral e intelectual do nosso liceu" e "tiveram em comum duas virtudes: o amor desinteressado pelo saber e o sentimento da dignidade da escola")[160] e da universidade (Alessandro Levi, Giuseppe Capograssi, Piero Calamandrei e, sobretudo, Gioele Solari).

A conclusão, no entanto, é dedicada a três figuras militantes: Silvio Trentin, que proclamava a libertação econômica por meio da "supressão da propriedade privada" e "a libertação política por meio do federalismo"[161] e que, de volta à Itália, depois da queda de Mussolini, foi morto pelos fascistas de Salò,[162] em 1944; Luigi Cosattini, colega na Faculdade de Pádua e no Partido de Ação, morto durante a detenção na Alemanha; Toni Giuriolo, "literato e *partigiano*",[163] falecido nos Apeninos. Três exemplos de uma luta que Bobbio considerava apenas "interrompida, mas não acabada".[164]

---

159 Bobbio, *Italia civile*, op. cit. As citações são retiradas do Prefácio, p.6-7.
160 Ibid., p.127 e 139.
161 Ibid., p.285.
162 Giuseppe Gangemi, Bobbio e Trentin tra Resistenza e filosofia del diritto. In: Pastore, Zaccaria (orgs.), *Norberto Bobbio. Gli anni padovani*, op. cit., p.53-93.
163 Bobbio, *Italia civile*, op. cit., p.323.
164 Ibid., p.307.

Vinte anos depois, o próprio Bobbio organizou o volume *Mestres e companheiros*, "que pode ser considerado um continuação e uma ampliação de uma das [suas] obras mais bem-sucedidas, *Itália civil*".[165] Nesse livro, ele se propõe a dar "testemunho de homens que representaram não apenas uma outra Itália, mas também uma outra História":[166] "outra História" da qual Bobbio encontrava rastros cada vez mais tênues no mundo ao seu redor.

Enfim, depois de *Mestres e companheiros*, Bobbio volta a Piero Gobetti, uma das figuras que – também pela densidade excepcional de uma existência brevíssima: apenas 25 anos, de 1901 a 1926 – marcaram de forma muito intensa a sua juventude e a de um círculo de amigos. Gobetti ingressou na universidade com 16 anos e se graduou com Gioele Solari, em 1922, com uma tese sobre o pensamento político de Vittorio Alfieri, junto com Alessandro Passerin d'Entrèves (mais velho que ele apenas um ano).[167] Durante a universidade e logo depois – em um vórtice de criatividade rigorosa, durante o qual ele teve também que prestar o serviço militar – fundou revistas, escreveu artigos e livros, traduziu do russo, criou uma editora e manteve uma ampla correspondência com os intelectuais mais relevantes de seu tempo.

Concluindo, no volume de 1986, *Italia fedele. Il mondo di Gobetti* [Itália fiel. O mundo de Gobetti], Bobbio reuniu alguns escritos publicados na década anterior e centrados numa dupla fidelidade, vivida nos tempos cinzentos do fascismo: "a fidelidade do jovem mestre aos princípios de uma política considerada como empenho moral, e a consciente, sofrida, fidelidade dos discípulos-amigos à lição do mestre".[168] A unidade do volume é dada, em nível ético, por essa intransigência comum e, em nível literário, pela comum convergência das posições ético-políticas individuais para um único ponto de referência: o exemplo e a lição de Piero Gobetti.

A essa trilogia se juntou, em 1997, um volume que permaneceu mais à sombra que os outros, dedicado aos eventos e às pessoas da transição: *Dal fascismo alla democrazia* [Do fascismo à democracia].[169] Sua primeira parte

---

165 Bobbio, *Maestri e compagni*, op. cit.; a citação está em: Prefazione, p.5.
166 Essa visão pessimista se encontra expressa no Prefácio de Bobbio, ibid., p.8, e volta em: Bobbio, *O tempo da memória. De senectute*, op. cit., p.108-9.
167 Bobbio, *Italia fedele. Il mondo di Gobetti*. Florença: Passigli, 1986, 270p.; sobre as relações entre os dois, cf. *Alessandro Passerin d'Entrèves e Gobetti*, ibid., p.205-16; com 18 cartas de Rodolfo Mondolfo a Gobetti, p.103-20. Cf. também Bobbio, *Gobetti, l'Italia fedele*. In: *Nuova Antologia*, outubro-dezembro 1986, p.199-218.
168 Bobbio, *Italia fedele*, op. cit., p.5.
169 Bobbio, *Dal fascismo alla democrazia. I regimi, le ideologie, le figure e le culture politiche*, organizado por Michelangelo Bovero. Milão: Baldini & Castoldi, 1997, 361p. As seis personalidades

percorre as etapas que levaram do Estado parlamentar ao fascista, reconstruindo não apenas a ascensão, a ideologia e a queda do fascismo, mas também a natureza da luta *partigiana* – *La Resistenza, una guerra civile?* [A Resistência, uma guerra civil?] – e o tomar forma da Constituição republicana; a segunda parte, por sua vez, descreve seis personalidades dessa transição. Bovero destaca como nesses escritos se manifesta a convicção de Bobbio sobre o caráter definitivo do enraizamento da Constituição (somente "a direita subversiva ousa pedir mudanças dela") e sobre a "condenação definitiva, sem apelo, do fascismo": erros de previsão ditados pelo "excessivo otimismo de um incurável pessimista",[170] por parte de um Bobbio que se reconhece sempre dividido "entre a vocação da utopia e a profissão de realismo".[171]

A descrição do ambiente de Bobbio pode ser completada pelo volume dedicado a Giaime Pintor, uma das outras inteligências extraordinariamente precoces e fecundas que, por breve tempo, acompanharam a geração de Bobbio, mas não sobreviveram a ela.[172] De fato, Giaime Pintor – irmão mais velho de Luigi Pintor, deputado comunista e fundador do jornal *Il Manifesto* – morreu em 1943, com 24 anos, destroçado por uma mina enquanto atravessava clandestinamente as linhas alemãs para se unir à Resistência. Em uma entrevista de 1996, Bobbio, que tinha tido pouco contato direto com Giaime Pintor, constata que a sua "lembrança em relação ao papel desempenhado por Pintor desvanece", também porque coincide com os anos da sua chamada para Camerino, Siena e Pádua. Todavia, a entrevista contém observações interessantes sobre a origem da coleção jurídica de Einaudi (Giaime Pintor também era formado em Filosofia do Direito, em Roma, com Widar Cesarini Sforza) e a notícia – surpreendente até mesmo para Bobbio – de que Pintor já havia traduzido boa parte do volume *Die Diktatur* de Schmitt, como veremos nas páginas dedicadas à editora Einaudi (cf. tópico 3.7).

Constatava Bobbio, já tendo passado havia algum tempo dos 80 anos:

> Minha vida, hoje em dia, é vivida em câmara lenta. Lenta nos movimentos das pernas e das mãos. Lento em todos os movimentos do corpo. Olhos fracos,

---

mencionadas no texto são Giovanni Gentile, Benedetto Croce, Luigi Einaudi, Aldo Moro, Palmiro Togliatti e Piero Calamandrei.

170 Michelangelo Bovero, Fascismo e democrazia nel pensiero di Norberto Bobbio. In: Bobbio, *Dal fascismo alla democrazia*, op. cit., p.32-3.
171 Bobbio, *O tempo da memória. De senectute*, op. cit., p.150.
172 Giovanni Falaschi, *Giaime Pintor e la sua generazione*, op. cit., 365p. A primeira das doze entrevistas que fecham o volume é aquela concedida por Bobbio a Maria Cecilia Calabri, em 13 de março de 1996, p.265-73.

por isso a leitura é lenta. Cansativo até o levantar apenas para pegar um livro. Cada vez mais rápido, pelo contrário, este processo de enfraquecimento. Já faz algum tempo que percebo, de modo cada vez mais penoso, o trabalho de viver que, de resto, conheço, de forma mais leve naturalmente, desde a infância. Não viajo mais.[173]

Mesmo assim, esses pesos não interromperam a atividade intelectual de Bobbio, que, aliás, voltou às publicações que tinha considerado conclusas, como a trilogia *Itália civil*, *Mestres e companheiros* e *Itália fiel*. Chegando aos 90 anos, confirmava: esses são "os três livros que mais amo", porém a esses "poderia ter adicionado um quarto, intitulado *Amici e allievi* [Amigos e alunos], agora intitulado *La mia Italia* [A minha Itália]". De fato, em 2000, veio à luz *A minha Itália*, que contém umas quarenta recordações, subdivididas em três seções dedicadas aos estudos, ao empenho e aos testemunhos. Mas o horizonte já estava restrito: "Que este será o meu último livro, não é difícil de prever. Quando sair, já terei 91 anos", portanto, "minha *opera omnia* já acabou e se destina às estantes de uma biblioteca".[174]

Ao lado das coletâneas de memórias, colocam-se os textos que o próprio Bobbio define como "dois textos excêntricos" em relação a sua produção inteira, visto que "estão entre a história e a autobiografia":[175] *Trent'anni di storia della cultura a Torino (1920-1950)* [Trinta anos de história da cultura em Turim (1920-1950)], de 1977,[176] e o *Profilo ideologico del Novecento* [Perfil ideológico do século XX], de 1969.[177]

---

173 Norberto Bobbio a Danilo Zolo, Turim, 9 de setembro de 1996. In: Zolo, *L'alito della libertà*, op. cit., p.171.

174 Bobbio, *La mia Italia*, organizado por Pietro Polito. Florença: Passigli, 2000, 446p.; com quarenta ensaios. As citações estão na p.7.

175 Bobbio, *O tempo da memória. De senectute*, op. cit., p.94.

176 Bobbio, *Trent'anni di storia della cultura a Torino*, op. cit.; essa edição não comercializada da Cassa di Risparmio di Torino circulou como "edição especial para os estudantes das escolas de ensino médio do Piemonte e do Vale de Aosta". Em seguida, com introdução de Alberto Papuzzi. Turim: Einaudi, 2002, XXXII-143p.

177 Bobbio, *Profilo ideologico del Novecento*. Milão: Garzanti, 1969, p.121-228 (originariamente publicado na *Storia della letteratura italiana*, organizada por Natalino Sapegno, v. 9: *Il Novecento*, 1969); com várias edições: Turim: Einaudi, 1986, 190p. e Milão: Garzanti, 1990, 321p. (atualizado até 1990; citaremos preferencialmente dessa última edição). Existe também uma edição mimeografada como apostilas, de 1972, "reservada aos estudantes" e não comercializada (Turim: Cooperativa Libraria Universitaria Torinese, 1972); trad. inglesa: *Ideological Profile of Twentieth-Century Italy*. Princeton (NJ): Princeton University Press, 1995, XXXVIII-239p. Cf. Bobbio, *O tempo da memória. De senectute*, op. cit., p.136.

Em *Trinta anos de história da cultura em Turim*, os intelectuais turinenses, com os quais Bobbio entrou em contato em seus anos de formação, enchem cerca de trinta ensaios: são as raízes piemontesas citadas no parágrafo de abertura do Capítulo 2. Na página de introdução, Bobbio avisa que esses medalhões não são uma crônica daqueles anos, porque incompletos demais, nem uma história, porque "pessoais demais", nem um estudo, porque fundamentados "mais sobre lembranças que sobre documentos": seu "caráter autobiográfico" os une.

Nos trinta anos indicados por Bobbio – do fim do liberalismo, passando pelo fascismo, até a "República fundada sobre o trabalho" –, o mito do "piemontesismo" se transforma e quase se desvanece. Na Turim, berço da indústria e do proletariado italianos, o marxismo exercitou, no começo, uma verdadeira hegemonia gramsciana, como comprova Luigi Einaudi, guia indiscutível dos liberais, do campo oposto. Escrevia ele, em 1922:

> O intelectual militante parece ter se refugiado em Turim, no jornal *Ordine Nuovo* [Nova Ordem], sem dúvida o jornal mais culto dos partidos vermelhos e em alguns órgãos juvenis semiclandestinos, como o semanário *Rivoluzione Liberale* [Revolução Liberal], nas colunas do qual os poucos jovens apaixonados pelo liberalismo fazem as suas primeiras experiências, e pelo desespero do ambiente surdo em que vivem, são obrigados a fazer amor com os comunistas de *Ordine Nuovo*.[178]

Com a chegada do fascismo, a repressão mais radical atingiu o marxismo, obrigando ao exílio ou encarcerando os seus representantes (como o deputado Antonio Gramsci), ou até matando-os (como o deputado Giacomo Matteotti). Pelo contrário, a tradição liberal e democrática, à qual fará referência também Bobbio, "não apenas sobreviveu, mas sim constituiu a parte mais viva da cultura turinense nos anos do regime", visto que o fascismo via no liberalismo "um inofensivo cadáver para remover", ou "uma espécie de protofascismo inconsciente". O fascismo turinense, no entanto, não conheceu um "fascismo dissidente". Em particular, "a principal corrente doutrinária do novo regime, que foi a promovida pela escola de direito e economia corporativa, que teve seu centro em Pisa, não encontrou em nossa cidade adeptos particularmente prestigiosos".[179]

A Escola de Ciências Corporativas da Universidade de Pisa, de fato, estava aberta ao confronto, tanto que publicava livros de Schmitt, Stálin e Weber.

---

[178] Luigi Einaudi, *Cronache di un trentennio*. Turim: Einaudi, 1963, p.894, que retoma o artigo Piemonte liberale, publicado no *Corriere della Sera*, de 14 de outubro de 1922.

[179] Bobbio, *Trent'anni di storia della cultura a Torino*, op. cit., p.21-2.

Na sua revista, foi a primeira a introduzir na Itália os escritos de Hans Kelsen, teórico da democracia parlamentar, explicando assim a própria escolha: "Os *Novos estudos de direito, economia e política* não podem compartilhar as opiniões de Kelsen, nem definir e resolver o problema [do parlamentarismo] dessa forma. Continuaremos a publicação de alguns entre os mais notáveis e significativos ensaios do autor e os acompanharemos com uma ampla crítica: o nome de Kelsen é hoje muito influente e discutido para que possamos não levar em conta as suas teorias".[180] Essa corrente do fascismo não era representada em Turim, e em Pisa logo foi também obrigada a se calar: o ministro fascista, Giuseppe Bottai, interessou-se pela corrente no começo, "depois ficou intimidado: em 1932, em um congresso cultural que aconteceu em Ferrara, tinha rompido (ou quase) com os filósofos da escola de Pisa (de Ugo Spirito a Arnaldo Volpicelli, os assim chamados fascistas de esquerda)".[181]

No densíssimo *Profilo ideologico del Novecento* [Perfil ideológico do século XX], Bobbio oferece "uma sintética história das ideias políticas do século XX no nosso país", história que é ideológica, "uma vez que as ideologias são o objeto da sua análise" e também porque não esconde a ideologia "a partir da qual o autor se coloca para julgar eventos e pessoas".[182] Trata-se, portanto, de uma descrição crítica aprofundada de ideias e personagens, que começa com o positivismo e o marxismo no começo do século XX e analisa, em seguida, os movimentos católicos e socialista; o crescimento das forças antidemocráticas; a posição ideológica do fascismo e da Resistência; a importância de um pensador como Croce; o movimento estudantil e a sociedade que o rodeava; a gênese da democracia do pós-guerra e o seu progressivo enfraquecimento, por volta de 1980, ano da última atualização desse *Perfil*.

Uma síntese dessa síntese é impensável e uma atualização é impraticável: útil e meritória, portanto, a bibliografia organizada por Pietro Polito que, em sessenta páginas, capítulo por capítulo, percorre, enriquece e atualiza, até o final da década de 1980, os assuntos abordados por Bobbio.

Em 1987, Bobbio atualiza o volume com dois capítulos – *La democrazia alla prova* e *Verso una nuova repubblica?* [A democracia à prova e Em direção a uma nova república?] – nos quais transparecem os problemas que o

---

180 Hans Kelsen, Il problema del parlamentarismo. In: *Nuovi studi di diritto, economia e politica*, II, 1929, n.4, p.182-204. Sobre a recepção de Kelsen por parte da Escola de Pisa, veja: Mario G. Losano, Tra democrazia in crisi e corporativismo in ascesa: il primo libro italiano di Hans Kelsen, in Hans Kelsen, *Parlamentarismo, democrazia e corporativismo*. Turim: Aragno, 2012, 296p.
181 Ingrao, *Volevo la luna*, op. cit., p.39.
182 Bobbio, *Profilo ideologico del Novecento*, op. cit., Prefazione, p.8.

atormentam. Parece-lhe assistir à "falta daquela tensão ideal da qual nasceu a nossa república", tensão da qual "extraímos a ilusão de ter entrado na idade de um novo iluminismo". A última frase do volume se conecta, por isso, a um assunto recorrente no livro: "A minha resposta não é duvidosa. Mas é a resposta de um 'clérigo' e poderia ser uma prova desse contraste permanente entre os homens de ideias e os homens de ação, cuja constatação foi, nestas páginas, um assunto constante de reflexão".[183]

O ângulo de visão pelo qual Bobbio observa os eventos políticos é o do intelectual crítico, mas, sobretudo, autocrítico, porque não cria ilusões sobre a influência que as suas observações podem exercer sobre a política real. Uma das raras coisas sobre as quais Bobbio, filósofo da dúvida, declara ter "absoluta certeza" é a irrelevância do intelectual na ação política:

> Em relação àquilo que constitui realmente a luta política, o intelectual não está em condições de exercer qualquer influência concreta. Têm razão aqueles que representam com sarcasmo o intelectual como alguém que acredita ter uma importância que de fato não tem. Há bem pouco a fazer. Isto vale para mim, mas também para os outros. [...] A discussão sobre as relações entre política e cultura, durante os anos 1950, com Galvano Della Volpe e com o próprio Togliatti, produziu talvez algum efeito na batalha das ideias. Mas se trata de dimensões de todo distintas: uma coisa é a história das ideias, outra coisa é a política real. São dois mundos distintos, que não se sobrepõem nem se cruzam, mas procedem um ao lado do outro, sem quase nunca se encontrarem. De uma coisa tenho absoluta certeza: o poder ideológico, o único poder de que dispõem os intelectuais, conta muito menos do que o poder que possam exercer e exercem de fato aqueles que participam de maneira direta da vida política.[184]

Os ensaios sobre os intelectuais foram reunidos no volume *Il dubbio e la scelta* [A dúvida e a escolha],[185] em 1993, cujo sucesso confirmou a visão pessimista acima citada: para Bobbio, é "o meu livro mais desafortunado"; para Bovero, é uma obra "que não teve uma visibilidade comparável à da maior parte das coletâneas de ensaios de Bobbio".[186]

---

183 Ibid., p.244.
184 Bobbio, *Diário de um século. Autobiografia*, op. cit., p.202-203.
185 Bobbio, *Il dubbio e la scelta. Intellettuali e potere nella società contemporanea*. Roma: La Nuova Italia Scientifica, 1993, 231p.; republicado pela Carocci de Roma, em 2011, 231p.
186 Bobbio, *Diário de um século. Autobiografia*, op. cit., p.203; Michelangelo Bovero, Introduzione. In: Bobbio, *Teoria generale della politica*, op. cit., p.LXIII, nota 150.

Enfim, no último decênio da vida de Bobbio e nos anos imediatamente a seguir, a política italiana viveu o fenômeno do berlusconismo, que Bobbio contrastou até quando pôde[187] e sobre o qual voltará o capítulo dedicado aos seus escritos políticos (cf. tópico 6.7).

3.7. Bobbio e a filosofia do direito na editora Einaudi

Na vida de Bobbio, acompanhada sumariamente até aqui, a colaboração com a editora Einaudi constituiu um constante ponto de referência. A irmã de Leone Ginzburg lembra como o projeto de fundar uma editora tomou forma dentro do grupo de amigos turinenses, do qual Bobbio também fazia parte:

> Giulio Einaudi tinha publicado os escritos do seu pai e esta experiência o entusiasmou muito; um dia ele veio visitar Leone em nossa casa, e decidiram fundar uma editora. Tudo isso aconteceu em Turim. Bobbio também, que nós, amigos sobreviventes, chamávamos de "Bindi", foi um dos colaboradores da editora Einaudi, que nasceu na casa Ginzburg por vontade de Giulio Einaudi e de Leone.[188]

Ao redor da nova editora orbitavam, portanto, muitos dos "amigos e companheiros" que Bobbio evocaria depois em seus escritos. Voltava sempre a Turim, quando ensinou fora, para encontrar os amigos e realizar projetos editoriais comuns. Por isso, quase todo escrito sobre a editora Einaudi menciona Bobbio e, frequentemente, os escritos de Bobbio contêm uma referência à editora Einaudi.

A colaboração de Bobbio com Giulio Einaudi foi relevante para a renovação da cultura jurídica italiana, não apenas no pós-guerra, mas já durante o fascismo, obviamente com todos os cuidados necessários para evitar sanções: cuidados que, de qualquer forma, não impediram o regime fascista de instituir uma gestão comissarial na editora na fase final da guerra. Nessa fase, além disso, a articulação com os autores era obstruída pela divisão da Itália por causa da guerra civil e, portanto, pela dificuldade de comunicação.

---

187 Bobbio, *Verso la Seconda Repubblica*, op. cit. (artigos de 1976 a 1994); Bobbio, *Contra os novos despotismos. Escritos sobre o berlusconismo*. Introdução de Enzo Marzo, posfácio de Franco Sbarberi. Trad. Erica Salatini. São Paulo, Ed. Unesp/Instituto Norberto Bobbio, 2016, 178p.
188 Avalle (org.), *Da Odessa a Torino*, op. cit., p.48.

Um exemplo pode ser dado pelas dificuldades encontradas por Bobbio e por Giaime Pintor para organizar a publicação do livro sobre Althusius[189] e, sobretudo, a tradução da obra de Carl Schmitt sobre a ditadura. O próprio Bobbio relembrou essas dificuldades durante uma entrevista sobre Giaime Pintor, quando lhe pediram esclarecimentos sobre a tradução do volume *Die Diktatur* [A ditadura] de Schmitt, começada por Pintor em 1941.[190]

Bobbio foi duplamente surpreendido pela questão, por um lado, porque ignorava esse interesse de Pintor (embora a tese deste último em filosofia do direito, com Widar Cesarini Sforza, em Roma, tivesse como tema a noção de Estado na Alemanha do pós-guerra, ou seja, depois de 1918);[191] por outro, porque esse volume deveria ser publicado pela editora Einaudi e, como resulta dos documentos apresentados na entrevista, tinha "já um terço traduzido por mim [isto é, por Giaime Pintor] e era muito apropriado para aparecer na nova coleção jurídica" de Einaudi. "Me surpreende", prossegue Bobbio na entrevista, "o fato de que Giaime pudesse estar interessado no *Die Diktatur*. Claro, estamos diante de uma pessoa com muitos interesses. Na verdade, Schmitt era muito conhecido na Itália também por meio das revistas fascistas, e era mais conhecido pelos seus escritos políticos do que pelos outros. Porém, não me parece que então as suas obras de teoria política fossem conhecidas. A fortuna de Schmitt na Itália nasceu depois, com Miglio, que, em 1972, publicou uma coletânea de escritos fundamentais".[192]

Além disso, o próprio Schmitt não parece ter notícias sobre o projeto de Pintor para a Einaudi. Uma carta de Schmitt a Gianfranco Miglio contém outros elementos sobre a paradoxal história editorial desse livro, traduzido pelos socialistas bem antes de Pintor e destruído pelos fascistas: "A edição italiana desta 'Diktatur' segue seu próprio destino: como me contou, em 1922, o editor alemão, o manuscrito de uma tradução da obra estava então acabado

---

189 Sobre esse volume, cf. nota seguinte.
190 Carl Schmitt, *Die Diktatur von den Anfängen des modernen Souveränitätsgedankens bis zur proletarischen Klassenkampf*. Munique: Duncker & Humblot, 1921, XV-211p.; reeditado em 1928 com um escrito publicado autonomamente, em 1924, no apêndice: *Mit einem Anhang: Die Diktatur des Reichspräsidenten nach art. 48 der Weimarer Verfassung*, XV-259p. A edição de 1921 foi publicada na Itália em 1975: *La dittatura. Dalle origini dell'idea moderna di sovranità alla lotta di classe proletaria*. Roma-Bari: Laterza, 1975, XXX-288p. Para a edição de 1924, é necessário esperar até 2006: *La dittatura*, organizado por Antonio Caracciolo. Roma: Settimo Sigillo, 2006, IV-338p.
191 Giovanni Falaschi, *Giaime Pintor e la sua generazione*, op. cit., p.271-2. Da tese de Giaime Pintor, defendida em 18 de junho de 1940, não existe um texto escrito, porque durante a guerra os trabalhos de conclusão eram apresentados apenas oralmente.
192 Ibid. p.272.

e se encontrava em processo de impressão na tipografia do *Avanti!* – (o livro foi publicado em alemão, em 1921); naquela época – em 1922, portanto, antes da Marcha sobre Roma –, a tipografia foi ocupada pelos fascistas e o manuscrito foi queimado: *fata libellorum!*".[193]

Porém, a tradução de Giaime Pintor se coloca vinte anos depois e se refere à edição de 1928, como atesta um lembrete dele.[194] Ele, de fato, acabou com suas obrigações militares em Vichy, voltou para Roma e participou da atividade da Einaudi: "O *trait d'union* com a editora", lembra Bobbio, "me parece que tivesse sido Pavese [destinatário também dos lembretes de Pintor sobre Schmitt]. Infelizmente, tenho poucas lembranças desses acontecimentos, justamente porque são os anos em que, como já disse, eu não morava mais em Turim";[195] por essa razão, "nunca tive relações diretas com Giaime na editora Einaudi".

Por outro lado, a relação de Bobbio com Antonio Giolitti foi mais direta, até porque, nesses anos, Giolitti estava se graduando em Roma em Filosofia do Direito, com Widar Cesarini Sforza. As relações "com Giolitti dentro da editora Einaudi", lembra Bobbio, "começaram exatamente com a tradução do *Althusius*. Não lembrava, todavia, que Pintor participasse do projeto".[196]

Nos anos em que a editora Einaudi iniciou a sua atividade, Bobbio ensinava fora de Turim; portanto, a sua presença na editora tinha diminuído. Ele mesmo resume o começo da sua atividade editorial dessa forma:

> Entrei na Einaudi desde o começo, em 1934, porém depois, em 1935, comecei a ensinar fora de Turim. Em outubro de 1935, fui encarregado do ensino de

---

193 Carl Schmitt a Gianfranco Miglio, 3 de março de 1969, em Carlo Galli, Carl Schmitt nella cultura italiana (1924-1978). Storia, bilancio, prospettive di una presenza problematica. In: *Materiali per una storia della cultura giuridica*, IX, 1979, p.81; também em Wolfgang Schieder, Carl Schmitt in Italien. In: *Vierteljahrshefte für Zeitgeschichte*, 1989, n.1, p.2, nota 5, com outras referências bibliográficas. A destruição da sede do *Avanti!* aconteceu em Milão, em 4 de agosto de 1922 (Renzo De Felice, *Mussolini il fascista*, v. I: *La conquista del potere 1921-1925*. Turim: Einaudi, 1966, p.279).

194 Giaime Pintor a Giulio Einaudi, 8 de maio de 1941: "Aqui está a indicação precisa do volume do qual falamos: Carl Schmitt – Die Diktatur – Duncker e Humboldt [*i.e.* Humblot] – München – 1928 (II ed.) – Seria bom também trazer o volume; por enquanto eu posso começar a trabalhar no de propriedade do Instituto jurídico. Espero que possamos falar mais pessoalmente sobre este projeto que me parece muito bom" (cf. Giovanni Falaschi, *Giaime Pintor e la sua generazione*, op. cit., p.271, com outros documentos que confirmam o indicado acima).

195 Giovanni Falaschi, *Giaime Pintor e la sua generazione*, op. cit., p.267.

196 Ibid., p.271; p.266-7. Sobre Althusius, cf. Otto von Gierke, *Giovanni Althusius e lo sviluppo storico delle teorie politiche giusnaturalistiche. Contributo alla storia della sistematica del diritto*, organizado por Antonio Giolitti. Turim: Einaudi, 1943, XI-251p.

Filosofia do Direito na Universidade de Camerino que, junto com a Universidade de Urbino, eram dois pequenos ateneus onde, geralmente, se começava a carreira universitária. De Camerino fui para Siena e depois para Pádua. Portanto, fiquei afastado de Turim por alguns anos. Obviamente essa distância era momentânea, porque a minha família morava em Turim, por isso, na verdade, eu ia e vinha, ficava em Pádua por causa dos compromissos universitários, mas dava Turim como referência para o restante, assim, os meus contatos com Turim se enfraqueceram, mas nunca se interromperam completamente. A colaboração com a Einaudi recomeçou de forma mais intensa, pelo menos na minha lembrança, quando concebemos a coleção jurídica.

Bobbio esclarece:

> Em particular, na Einaudi, tive relações, por um lado, com [Felice] Balbo para a coleção de "cultura filosófica", inaugurada em 1945, e, por outro, com Antonio Giolitti, para a coleção que se intitulava "Biblioteca de Cultura Jurídica" e que, depois, mudou para "Biblioteca de Cultura Política e Jurídica". Esses eram os meus dois amigos e antigos colaboradores.[197]

Nos anos difíceis no final da guerra, talvez Giaime Pintor não tivesse tido ocasião de lhe expor o projeto sobre Schmitt. Mesmo assim, conclui Bobbio: "não entendo por que Giaime nunca conversou sobre esse projeto com Giolitti e comigo, responsável pela 'Coleção Jurídica', na qual *A ditadura* poderia entrar". E mais: "A coleção dirigida por mim e por Giolitti, que começava com o *Althusius*, poderia compreender muito bem *A ditadura* de Schmitt, e sem dúvida teríamos podido retomar o projeto depois da morte de Giaime".[198]

Pintor também pensava em retomar a publicação de Schmitt depois do fim da guerra – o que poderia ter acontecido se o seu trágico fim, em 1943, não tivesse acabado com qualquer plano. Em uma nota a Pavese, de 20 de agosto de 1943 (depois da queda de Mussolini, que aconteceu em 25 de julho de 1943), ele escrevia: "Imagino que, quando acabar a atual fase de defesa aérea, procederão a uma rápida reavaliação das propostas de trabalhos e traduções recusadas por medo do tirano fascista", e relembrava o volume de Schmitt, "com um terço já traduzido".[199] Mas, compreensivelmente, nesses meses tudo se mantivera suspenso.

---

197 Falaschi, *Giaime Pintor e la sua generazione*, op. cit., p.266.
198 Ibid., p.272.
199 Ibid., p.271.

Nos anos conturbados do final da guerra, qualquer atividade, também a editorial, portanto, fundava-se sobre relações estabelecidas, interrompidas e retomadas, como a aqui documentada entre Bobbio e Pintor. Esse começo dificultoso abriu caminho para um próspero desenvolvimento editorial, porém o setor jurídico de sua obra ainda não havia recebido uma atenção específica. Por isso, pode ser esclarecedor aprofundar o projeto editorial organizado por Bobbio dentro da editora Einaudi.

A inclusão dos livros jurídicos nas coleções Einaudi se deve, sobretudo, à presença de Bobbio entre os mentores da editora. Não que os *"einaudiani"* fossem, por princípio, contrários aos volumes jurídicos: porém, o direito era, para eles, um mundo respeitável, mas árido, às margens dos universos mais vivos e luminosos da política, da história, da filosofia, da literatura e das artes.

Humanamente impreciso demais para ser uma ciência exata e tecnicamente rigoroso demais para ser uma ciência humana, o direito era objeto de uma impalpável desconfiança por parte de todos, a partir do "Príncipe", isto é, do democrático e elitista Giulio Einaudi.[200]

Marginalidade, mas não marginalização, portanto, dos livros jurídicos. Essa marginalidade poderia ser até quantificada, calculando as intervenções de Bobbio durante as reuniões editoriais às quartas-feiras: também nos períodos de maior fortuna editorial do direito, a cada intervenção sobre livros jurídicos correspondiam, inevitavelmente, dezenas de intervenções sobre livros de outro argumento. A essa marginalidade contribuía também o hábito da editora de organizar os livros em coleções: uma coleção direcionada apenas à técnica do direito positivo não seria homogênea em relação às outras; uma coleção de ampla visão jurídico-filosófica, por outro lado, poderia apresentar muito poucos volumes por ano e seria destinada, portanto, a viver na sombra.

Mesmo assim, já em 1939, a editora Einaudi estreou com uma coleção exclusivamente jurídica – pelo menos na denominação – organizada por Norberto Bobbio e Antonio Giolitti: a "Coleção de Cultura Jurídica". A razão política não era com certeza estranha a essa denominação tão técnica e neutral. De fato, em 1945, depois da queda do fascismo, a coleção mudou de

---

200 Escrevendo estas páginas, que queria discutir com Giulio Einaudi, não podia imaginar que a quarta-feira de 7 de abril de 1999 seria para todos nós a última "quarta-feira" com Einaudi: essa quarta-feira, de fato, encontramo-nos na editora não para uma reunião editorial, mas sim para dar o último adeus ao "Príncipe", falecido em 5 de abril. Cf. também Mimmo Fiorino, *Giulio Einaudi, il Principe dei libri*. Turim: Graphot, 2019, 221p.

nome, adicionando a política ao direito e se colocando, assim, em uma vertente mais próxima do espírito dos novos tempos e dos temas cultivados mais intensamente pela editora.[201] Entre a conclusão dessa primeira coleção, em 1953, e a afortunada temporada dos volumes jurídicos da "Nova Biblioteca Científica Einaudi", devem ter se passado, porém, mais de dez anos.

A gestação dessa última coleção foi trabalhosa. Uma das recorrentes crises econômicas da Einaudi e a consequente venda das suas coleções mais estritamente científicas à jovem editora Boringhieri se entrelaçaram aos primeiros projetos para a construção de uma coleção que expressasse uma visão unitária do saber científico: não mais vertentes correspondentes às disciplinas tradicionais, portanto, mas sim uma única coleção aberta às propostas tanto disciplinares quanto interdisciplinares. A apresentação gráfica final também refletia essa unidade de intenções: se anteriormente a cada assunto estava associada uma cor da capa, agora a rigorosa veste cinza grafite da coleção inteira exprimia a unidade científica do discurso e a férrea solidez dos textos.

Essa visão editorial se revelou particularmente feliz para os textos jurídicos, porque os colocava em uma coleção sempre em movimento, mas, ao mesmo tempo, liberava os assessores da pressão de ter que alimentar constantemente uma coleção com um tema único. Essa pressão estava muito presente em Bobbio quando, entre o fim de 1959 e o começo de 1960, chegou-lhe a proposta de contribuir com a nova coleção: "no final de um ano decisivo na vida da nossa Casa", Giulio Einaudi lhe recorda as "novas iniciativas (coleção jurídica, coleção de ciências sociais, escritores de política) que requerem o seu

---

201 Iniciada por Antonio Giolitti e por Norberto Bobbio, em 1939, como "Coleção de Cultura Jurídica", esta mudou de nome em 1945 (tornando-se "Coleção de Cultura Política e Jurídica") e acabou em 1953, depois de ter publicado oito títulos: Otto von Gierke, *Giovanni Althusius e lo sviluppo storico delle teorie politiche giusnaturalistiche. Contributo alla storia della sistematica del diritto*, organizado por Antonio Giolitti. Turim: Einaudi, 1943, XI-251p.; Julius Binder, *La fondazione della filosofia del diritto*. Tradução de Antonio Giolitti. Turim: Einaudi, 1945, XII-189p.; Sidney Webb e Beatrice Webb, *Il comunismo sovietico: una nuova civiltà*. Tradução de Edoardo Manacorda e Guido Olivetti. Turim: Einaudi, 1950, 2 vol., 1655p.; Karl Marx, *Scritti politici giovanili*. Organizado por Luigi Firpo. Turim: Einaudi, 1950, 535p.; Hans Kelsen, *La dottrina pura del diritto*. Turim: Einaudi, 1952, 204p.; Armando Saitta, *Costituenti e costituzioni della Francia moderna*. Turim: Einaudi, 1952, 643p.; Rudolf Schlesinger, *La teoria del diritto nell'Unione Sovietica*. Tradução de Maria Vismara. Turim: Einaudi, 1952, 373p.; Anatolij V. Venediktov, *La proprietà socialista dello Stato*. Tradução de Vera Dridso e Rodolfo Sacco. Turim: Einaudi, 1953, 708p.

conselho e a sua colaboração em áreas mais próximas aos seus interesses de estudioso".[202] Bobbio lhe responde hesitante:

> Te agradeço pela lembrança e, sobretudo, pela ideia que você tem de que minha colaboração possa ainda ter utilidade. É uma ideia que compartilho até certo ponto. Passados os anos, preciso cada vez mais de recolhimento. Para moer os poucos grãos que posso recolher em um ano, basta-me um pequeno triturador à mão. Uma empresa editorial, no entanto, é um enorme triturador que deve ser alimentado com sacos de grãos. Pesados demais, agora, para as minhas costas.[203]

Bobbio hesitava, mas aconselhava. Exatamente nesses anos a editora começava a assinar os contratos para os livros destinados à nova coleção; porém, os tempos para realizá-la foram bem mais longos que o esperado. O contrato para o livro de Alf Ross foi assinado no final de 1959, o de Herbert L. A. Hart, no final de 1961, e o de Kelsen mais ou menos no mesmo período. Pouco depois começaram as traduções. Estas, todavia, até a estreia da nova coleção, em 1965, tiveram que ficar guardadas, acompanhadas pelo inevitável resmungo de autores, editores, agentes literários e tradutores. *Felix culpa*: a nova coleção pôde assim partir com uma rica oferta de obras jurídicas, sobre as quais despontou logo o interesse dos juristas italianos.

Mas, antes de chegar a essa saída, era necessário pagar um tributo aos longos tempos da editora. Depois da assinatura dos primeiros contratos, por volta de 1961, apenas em 1964 as obras jurídicas se colocaram em movimento. Bobbio recebeu a lista das obras em preparação,[204] revisou o prefácio

---

202 Giulio Einaudi a Norberto Bobbio, Turim, 22 de dezembro de 1959: Arquivo da editora Einaudi, pasta *Corrispondenza di Norberto Bobbio* (de 29 de março de 1954 a 28 de fevereiro de 1967). Também os textos citados nas notas sucessivas provêm desse arquivo, salvo diferente indicação. Quando os consultei, os originais das cartas e dos relatórios das reuniões editoriais estavam guardados no Arquivo interno da editora Einaudi, em Turim. Hoje, o Arquivo Einaudi pode ser consultado no Arquivo de Estado de Turim. À editora Einaudi, o meu agradecimento por ter me permitido gentilmente o uso e autorizado a publicação.

203 Norberto Bobbio a Giulio Einaudi, Turim, 4 de janeiro de 1960.

204 Guido Davico Bonino (carta a Norberto Bobbio, Turim, 23 de julho de 1964) envia, "como concordamos em Rhêmes, um pequeno pró-memória relativo às obras de filosofia do direito que sairão em 1965 e que precisam do seu patrocínio. Juntamente a esta minha carta, faço-lhe também receber o manuscrito do Perelman". Esta última referência diz respeito a um outro volume, publicado porém na "Coleção de Cultura Filosófica" e destinado a uma ampla difusão entre os filósofos do direito: Perelman, Olbrechts-Tyteca. *Trattato dell'argomentazione*, op. cit.

ao livro de Hart[205] e escreveu a ficha de acompanhamento desse volume.[206] Enquanto isso, 1964 estava acabando e a coleção não existia ainda. Alessandro Passerin d'Entrèves se informava sobre a situação do volume de Hart: "Bobbio me diz que o volume está pronto, impresso e paginado; mas que, não sei por qual razão, vai atrasar a sua entrada em circulação".[207] A razão tinha sido explicada a Mario Cattaneo, quando este perguntou o que tinha acontecido com o livro de Hart traduzido por ele: "nós também sentimos muito pelo atraso do livro de Hart, que deveria sair no outono passado", escreve Daniele Ponchiroli, o mediador da Einaudi, "o fato é que, sendo parte de uma coleção, não poderia sair senão com outros três volumes. Agora, aconteceu que um dos três passou por uma situação bastante complicada com rascunhos e provas editoriais, motivo pelo qual tivemos que atrasar a saída do grupo inteiro até a metade de janeiro".[208]

Com os votos de final de ano, Giulio Einaudi escreve a Bobbio "para agradecer-[lhe] [sua] colaboração influente e participante, e para acolher a iminente retomada da publicação de obras jurídicas";[209] mas, na carta, transparecem também dúvidas sobre o futuro econômico da editora. A resposta de Bobbio é "meio" séria:

> Tomo nota das medidas "prudenciais". Mas meu trabalho também, como lhe disse já nos outros anos, diminui. *Suum cuique tribuere*. Aguardo ansiosamente, porém, o primeiro volume da série jurídica, pronto já faz tempo, pelo fato que você faz referência à coleção jurídica na sua carta. Por que, se não sai o primeiro, como poderão sair o segundo e o terceiro, que estão no prelo faz tempo?[210]

---

205 "Esta é a introdução a Hart, escrita por Cattaneo. O conteúdo está bom (é a segunda redação); um pouco menos bom na forma, cujas evidentes distorções tentei corrigir aqui e ali (reescrevendo também a última página). No seu conjunto, porém, pode-se enviar para a tipografia. [...] Se quiser, de mim, a orelha de capa, enviem-me também uma cópia dos rascunhos da introdução (e da nota biográfica). E depois... por enquanto chega. Nestes dias dou uma olhada no Kelsen" (Norberto Bobbio a Daniele Ponchiroli, s.d., mas escrita nos últimos dias de julho de 1964). Sobre Ponchiroli, cf. Daniele Ponchiroli, *La parabola dello Sputnik. Diario 1956-1958*. Tommaso Munari (org.). Pisa: Edizioni della Normale, 2017, p.285.
206 "Aqui está a ficha (ou orelha de capa) do livro de Hart. Tudo bem?" (Norberto Bobbio a Daniele Ponchiroli, Turim, 12 de setembro de 1964).
207 Alessandro Passerin d'Entrèves a Giulio Einaudi, Turim, 19 de janeiro de 1965.
208 Daniele Ponchiroli a Mario Cattaneo, Turim, 15 de dezembro de 1964.
209 Giulio Einaudi a Norberto Bobbio, Turim, 24 de dezembro de 1964.
210 Norberto Bobbio a Giulio Einaudi, Turim, 2 de janeiro de 1965.

A Nuova Biblioteca Scientifica Einaudi – NBSE [Nova Biblioteca Científica Einaudi] nasceu em 1965. Nela confluíam – entre outros – também os assuntos já enfrentados na "Collezione di Studi Religiosi, Etnologici e Psicologici" [Coleção de Estudos Religiosos, Etnológicos e Psicológicos],[211] na "Biblioteca di Cultura Scientifica" [Biblioteca de Cultura Científica],[212] na "Biblioteca di Cultura Economica" [Biblioteca de Cultura Econômica][213] e na já citada "Biblioteca di Cultura Politica e Giuridica" [Biblioteca de Cultura Política e Jurídica], que pode ser considerada a progenitora direta dos textos jurídicos colocados na nova coleção. Esta última foi lançada em 1965, com o volume de Hart,[214] seguido no mesmo ano pelo de Ross.[215] Giulio Einaudi podia, enfim, anunciar a Bobbio: "Depois da estreia de Hart, prevista para o final do mês, será o retorno de Kelsen (abril) e de Ross (setembro); sem falar da 'Filosófica' que, depois de Husserl, verá a saída do Perelman e de um outro Wittgenstein".[216]

Os tradutores/organizadores desses volumes provinham quase todos dos grupos de jovens ligados ao ambiente turinense e ao começo da carreira universitária: o organizador do livro de Hart, o milanês Mario Cattaneo, estava em relação com os turinenses por meio de Renato Treves e Alessandro Passerin d'Entrèves; o organizador do volume de Alf Ross, Giacomo Gavazzi, pertencia à Escola de Turim e, alguns anos após a publicação de Ross, estava destinado a se tornar assistente de Bobbio. O organizador do volume de Kelsen era eu mesmo.

Não obstante a longa preparação, a realização dos primeiros dois volumes foi, como sempre, um pouco trabalhosa. O volume de Hart indicava como *sponsor*,[217] ou seja, como proponente, Norberto Bobbio e não

---

[211] Iniciada em 1948, por Ernesto De Martino e Cesare Pavese, a coleção acabou em 1955, após ter publicado 27 volumes.

[212] Iniciada em 1938, esta coleção foi cedida em 1955 à editora Boringhieri.

[213] Iniciada em 1939, acabou em 1955, após ter publicado dezoito títulos.

[214] Herbert L. Hart, A. *Il concetto di diritto*, organizado por Mario A. Cattaneo. Turim: Einaudi, 1965, XXII-312p. (v. 1 da NBSE); reimpresso também na Piccola Biblioteca Einaudi (PBE), n.598, 1991, XXIV-312p.

[215] Alf Ross, *Diritto e giustizia*, organizado por Giacomo Gavazzi. Turim: Einaudi, 1965, XXII-365p. (v. 8 da NBSE); reimpresso também na PBE, n.521, 1990, XX-365p.

[216] Giulio Einaudi a Norberto Bobbio, Turim, 8 de janeiro de 1965.

[217] A coleção trazia, ao lado da folha de rosto, a fórmula "A edição italiana desta obra foi realizada por sugestão de" e, nos primeiros momentos, o escritório técnico tinha dificuldade para distinguir entre o proponente efetivo e quem apresentava o livro na reunião editorial. Daí o erro sobre o *sponsor* de Hart, primeiro volume da NBSE. Na segunda edição, de janeiro de 1966, essa fórmula foi corrigida. Em seguida foi suprimida em todos os volumes da coleção.

Alessandro Passerin d'Entrèves; Cattaneo notava depois que, no índice analítico preparado pela editora, John Austin (1790-1859) tinha se unido a John L. Austin (1911-1960) em um único item.[218] Todavia, o sucesso da coleção permitiu remediar a esses acidentes técnicos graças a uma segunda edição já em 1966 para Hart e em 1968 para Ross.

No entanto, outros textos jurídicos importantes se juntavam à coleção, de ano em ano, até 1979. Hans Kelsen – um autor já publicado pela Einaudi em 1952 – voltou em primeira fila, em 1966, com a tradução da segunda edição da *Reine Rechtslehre* [Teoria pura do direito],[219] cujo apêndice sobre a justiça foi publicado em 1975, como volume autônomo.[220] A contribuição da editora Einaudi à difusão da doutrina pura do direito na Itália foi decisiva e contínua: é uma longa história que começa com Renato Treves, em 1933,[221] e continua com ele em 1952, que prossegue com as modificações pontuais enviadas a mim por Kelsen, antes da edição italiana de 1966,[222] e que chega até a tradução da obra póstuma sobre as normas, em 1985.[223] Talvez seja desnecessário acrescentar que Bobbio esteve sempre na origem desse interesse por Kelsen, tanto diretamente quanto apoiando os impulsos vindos de Renato Treves ou de mim.[224]

---

218 "O erro está reproduzido também na nota 4 da p.4, onde a obra *The Province* [*of Jurisprudence Determined*] etc. de John Austin é atribuída a John L. Austin": Mario Cattaneo à editora Einaudi, Milão, 16 de fevereiro de 1965. O nome completo do autor mais recente é John Langshaw Austin.

219 Hans Kelsen, *La dottrina pura del diritto*. Organização e ensaio introdutório de Mario G. Losano. Turim: Einaudi, 1966, CIII-418p. (v. 12 da NBSE); republicado na NUE, 1990, LXXXVII-425p.

220 Kelsen, *Il problema della giustizia*. Organizado por Mario G. Losano. Turim: Einaudi, 1975, XXXIX-133p.

221 Losano, *Renato Treves, sociologo tra il Vecchio e il Nuovo Mondo*, op. cit., em particular o capítulo II, Renato Treves e la casa editrice Einaudi: ricordi d'un piccolo mondo ormai antico, p.53-81.

222 Incluí as correções de Kelsen na tradução italiana de 1966; a sua formulação original em alemão se encontra em parte em Ruth Erne, Eine letzte authentische Revision der Reinen Rechtslehre. In: *Rechtstheorie*, 1984, p.1-28. Os textos em italiano e em alemão fazem parte também do volume *Con esattezza kelseniana. Precisazioni sulla* Dottrina pura del diritto *nelle lettere di Kelsen a Losano*. Organizado por Nicoletta Bersier Ladavac. Milão: Giuffrè, 2003, XIV-98p., que inclui também o ensaio de Ruth Erne. Enfim, em 2017 a *Studienausgabe* inclui tanto as correções de Kelsen quanto as notícias que se referem a elas: Hans Kelsen, *Reine Rechtslehre. Studienausgabe der 2. Auflage 1960 unter Berücksichtigung von Kelsens Änderungen anlässlich der Übersetzung ins Italienische 1966*. Herausgegeben und eingeleitet von Matthias Jestaedt. Viena: Mohr Siebeck, 2017, XCV-825p.

223 Hans Kelsen, *Teoria generale delle norme*. Organizado por Mario G. Losano, tradução de Mirella Torre. Turim: Einaudi, 1985, LXV-471p. (v. 73 da NBSE).

224 Na reunião editorial de 24 de março de 1965, Bobbio se fez porta-voz do desejo de Treves de republicar a sua tradução da primeira edição de Kelsen: "Para o livro de Kelsen precisaria de uma nova introdução e Losano poderia fazê-la. Porém, não eliminaria a primeira edição, que teve um

A editora Einaudi negligenciou esse patrimônio kelseniano. De Kelsen, possuía, na coleção etnológica fechada de De Martino, o volume *Società e natura* [Sociedade e natureza];[225] mais recentemente, tinha publicado, como vimos, a obra mais famosa, *A teoria pura do direito*; o breve texto sobre a justiça, enfim, tinha se tornado um livro de bolso bem-sucedido.[226] Em vão, propus repetidamente reimprimir o primeiro desses volumes, já esgotado havia anos, ao lado do segundo e do terceiro, porque esses três volumes clássicos ofereceriam uma síntese completa do pensamento de Kelsen: sobre a natureza, sobre o direito e sobre o valor. Os três volumes estão hoje presentes no mercado livreiro italiano, mas não em uma única editora.[227]

O interesse pelo direito soviético, já presente na coleção de 1939-1953, foi despertado novamente pelas várias publicações italianas de autores soviéticos e, enfim, pela reimpressão, na União Soviética, de um volume de escritos de Stučka. Na reunião editorial, discutiu-se longamente sobre o volume, porque a editora estava pensando, então, sem muito entusiasmo, em uma segunda edição do volume de Schlesinger.[228] Intervieram praticamente todos; Ponchiroli perguntava: "É como um manual ou não?"; outros se informavam se o livro de Stučka não seria uma cópia do livro de Schlesinger.

---

enorme sucesso, e serve ainda hoje nas universidades. Este [isto é, a segunda edição de 1960] é um livro diferente, triplicado de volume, modificado, na minha opinião, talvez menos feliz que o primeiro: infelizmente, porém, o título é o mesmo. Precisaria ter do autor ou do editor a permissão de intitular esta primeira edição *Sumário* ou *Introdução*". A proposta de chamar de *Sumário* a edição de 1952 é formulada pelo próprio Kelsen (Kelsen a Losano, Berkeley, 17 de junho de 1965: cf. Ruth Erne, Eine letzte authentische Revision der Reinen Rechtslehre. In: *Rechtstheorie*, 1984, p.37); enfim, preferiu-se *Lineamenti di dottrina pura del diritto*.

225 Kelsen, *Società e natura. Ricerca sociologica*. Tradução de Laura Fuà. Turim: Einaudi, 1953, 586p.
226 Talvez "bem-sucedido" seja um adjetivo utilizável apenas em relação à vida extraeditorial do pequeno volume: Kelsen, *Il problema della giustizia*, op. cit. De fato, após ter esperado por anos, em 1975, foi publicada a obra na coleção "PBE Testi" [Piccola Biblioteca Einaudi], que, porém, foi quase imediatamente suprimida. O livro esgotou e foi reimpresso apenas em 1998, na PBE geral. Esta última tinha uma numeração diferente da "PBE Testi". A nova edição de 1998 não levou isso em consideração e continuou atribuindo a *Il problema della giustizia* o mesmo número de série que tinha na coleção anterior: hoje a PBE tem, portanto, *dois* números 8, estranheza que pode ter causado aos bibliotecários alguma dificuldade para a catalogação.
227 Os volumes sobre a doutrina pura e sobre a justiça estão, ainda hoje, presentes nas coleções Einaudi; o volume sobre sociedade e natureza, no entanto, tinha sido cedido com outros textos da coleção científica à editora Boringhieri e foi reimpresso por esta última em 1992: Hans Kelsen, *Società e natura. Ricerca sociologica*. Com um ensaio de Renato Treves. Turim: Bollati Boringhieri, 1992, VIII-584p.
228 Rudolf Schlesinger, *La teoria del diritto nell'Unione Sovietica*. Trad. de Maria Vismara. Turim: Einaudi, 1952, 373p. A segunda edição do volume não foi publicada.

Enfim, o especialista em literatura eslava Vittorio Strada – que trouxe a notícia da edição russa – lembrava que "uma das vantagens destes escritos é que eles estão inseridos na cultura jurídica, em um diálogo científico com os outros juristas. E, para o leitor ocidental, isso é muito interessante"; em suma, "são ensaios teóricos que não podem encontrar sede melhor" que a Nova Biblioteca Científica Einaudi. Einaudi concluía com um sim, e acrescentava: "diria para imprimi-lo o mais rápido possível".[229] Aos volumes sobre as teorias analíticas, realistas e normativas, seguiu assim, em 1967, um importante volume sobre a teoria marxista do direito, organizado por Umberto Cerroni.[230]

Na reunião editorial sucessiva, Bobbio reexaminou os problemas dos livros jurídicos. Em primeiro lugar, trouxe uma proposta de Alessandro Passerin d'Entrèves:

> Proponho um volume para a NBSE: *Concetti giuridici fondamentali* [Conceitos jurídicos fundamentais] de Hohfeld, um clássico do direito, pouco conhecido aqui, raríssimo, e hoje finalmente reimpresso. É uma obra de teoria formal e geral, e faria com prazer o prefácio. É muito difícil de traduzir.[231]

O livro foi confiado a mim, e as dificuldades linguísticas também foram superadas, graças às frequentes consultas com Alessandro Passerin d'Entrèves. Nossos encontros se tornaram frequentes em 1968, quando d'Entrèves foi nomeado presidente, e eu secretário-geral, da Internationale Vereinigung für Rechts- und Sozialphilosophie (IVR), isto é, da Associação Internacional para a Filosofia Jurídica e Social. O volume de Hohfeld foi publicado em 1969,[232] enriquecido pelo apêndice de um estudioso sueco, mas sem o prefácio de Bobbio.

Com Hohfeld, também minha atividade editorial, tanto quanto a científica, foi orientada por Bobbio. Confiou-me, de fato, o prefácio do volume de Hohfeld, que enfrentei com grandes incertezas: perguntava-me se os oitos conceitos fundamentais de Hohfeld – que se decompõem e recompõem em opostos e correlativos como em um elegante jogo das contas de

---

229 Reunião editorial de 17 de fevereiro de 1965.
230 Pëtr I. Stučka, *La funzione rivoluzionaria del diritto e dello Stato e altri scritti*. Introdução e tradução de Umberto Cerroni. Turim: Einaudi, 1967, XLVI-545 p. (v. 16 da NBSE).
231 Relatório da reunião editorial de 24 de março de 1965.
232 Wesley Newcomb Hohfeld, *Concetti giuridici fondamentali*. Introdução de Walter W. Cook, apêndice de Manfred Moritz, traduções de Angelo Pichierri e Mario G. Losano, organizado por Mario G. Losano. Turim: Einaudi, 1969, LIII-235 p. (v. 24 da NBSE).

vidro – estivessem influenciados pelas concepções sistemáticas europeias continentais (isto é, pela noção de "sistema" que me acompanhava desde a livre docência), ou se as suas raízes deveriam ser procuradas no direito anglo-americano, sobre o qual era, entretanto, difícil se documentar na Itália. De fato, durante o fascismo as bibliotecas italianas tinham reduzido para o mínimo as aquisições de livros anglo-americanos e o crescente interesse no pós-guerra não serviu para preencher as lacunas que se formaram nas décadas anteriores.

As minhas dúvidas conceituais e as carências bibliográficas fizeram com que, em vez da projetada introdução, eu colocasse, antes do volume de Hohfeld, apenas uma breve nota puramente informativa, que me valeu, da parte de Bobbio, uma das memoráveis repreensões que parecem caracterizar a Escola de Turim. Com certeza, as teorias de Hohfeld mereciam algo mais. Paguei minha dívida em 1973, quando dediquei o ano passado na Yale Law School a procurar as raízes do pensamento de Hohfeld.[233] Os dois ensaios que resultaram dessas pesquisas podem ser vistos como a introdução – longa demais, como sempre, e atrasada – à edição italiana de 1969.

Com o volume de Hohfeld pode-se considerar concluído o momento de máximo florescimento jurídico da coleção científica. Depois de 1969, os livros jurídicos se rarefazem, também porque, dentro da Einaudi, as pessoas que tinham favorecido a sua afirmação não estavam mais lá. Desde 1972, Norberto Bobbio se ocupava cada vez mais de filosofia política e eu não trabalhava mais na Einaudi, mas viajava da Europa para a América. Em particular, em março de 1968 – antes de partir para a Universidade de Paris, onde deveria ficar por um ano, se ao março de 1968 não tivesse seguido o maio de 1968, com o fechamento da Sorbonne –, eu colocava uma questão inquieta durante a reunião editorial: "A série de livros jurídicos [deveria] manter o ritmo estabelecido no plano. Desejamos levar adiante um discurso sistemático e contínuo?".[234] Eu duvidava cada vez mais que quisessem isso. De fato,

---

233 Os resultados dessas pesquisas estão publicados em Mario G. Losano, Hohfeld comes to Yale. In: *Yale Law Report*, v. 21, 1974-75, n.2, p.16-8, 47-8; Losano, Le fonti dei concetti giuridici fondamentali di Wesley N. Hohfeld. Con una appendice di 14 lettere inedite di W. N. Hohfeld a R. Pound. In: *Materiali per una storia della cultura giuridica*, VI, 1976, p.319-416 (esse artigo se abre com uma descrição da descoberta de Hohfeld por parte dos jusfilósofos turinenses, p.322-5); Losano, Wesley Newcomb Hohfeld e l'università americana. Una biografia culturale. In: *Materiali per una storia della cultura giuridica. Momenti e figure della teoria generale del diritto*, VIII, 1978, p.133-209.

234 Reunião editorial de 20 de março de 1968. "Temos prontos", continuava, "Jhering (para 1968), Beling, Hohfeld (NBSE 1968)". Desses volumes, o Beling, *Die Lehre vom Verbrechen*, não foi publicado.

vários livros jurídicos estavam sendo preparados, mas deixados de lado. Entre eles, um importante texto do século XIX, *Lo scopo nel diritto* [A finalidade no direito] de Jhering, tinha sido aprovado, quase acidentalmente, em uma "reunião da quarta-feira", e saiu em 1972, não na coleção jurídica, mas sim na dos clássicos.[235]

Enquanto isso, o maio parisiense trouxe à tona, entre outras coisas, o assunto dos "contramanuais". Na reunião de 22 de janeiro de 1969, Francesco Ciafaloni levantou o problema da estrutura geral da coleção científica, sublinhando a ausência das ciências naturais e a exigência de ligar as tratativas científicas à análise da realidade: à sociologia da ciência, mas também (mesmo não citando-a como tal) à sociologia do direito. Agora, estavam se fazendo propostas de "política editorial", notava Giulio Bollati (o "outro" Giulio da editora, chamado também de "Giulio II", enquanto braço direito de Giulio Einaudi), e postulava a exigência de se colocar os manuais ao lado das monografias. Na reunião editorial de 2 de abril de 1969, também se voltou ao dilema: texto ou antitexto como modelo para a coleção? Estava claro que agora já se nutriam dúvidas sobre a estrutura editorial da Nova Biblioteca Científica Einaudi. Na reunião anual, em Rhêmes, de 1969 (assim como na reunião editorial de 18 de junho de 1969), de fato, foram rediscutidas todas as coleções: também sobre a editora soprava o vento de 1968.

A coleção científica atravessou o "cabo das tormentas" de 1968, mas agora velejava cada vez mais cansadamente. De 1969 a 1977, não se publicaram textos jurídicos. Depois, em 1977, Treves publicou, na coleção científica, o primeiro dos seus dois volumes sobre a sociologia jurídica, destinados a se tornar os manuais com os quais, durantes anos, essa disciplina seria ensinada. Separados um do outro por dez anos, o primeiro volume ofereceu essa visão geral da disciplina que ainda faltava na Itália.[236] O segundo volume deveria ter sido, de acordo com as intenções originárias do autor, uma segunda edição do primeiro; todavia, foi remanejado tão profundamente que se tornou uma obra diferente.[237] Visto que já descrevi a traba-

---

235 Rudolf von Jhering, *Lo scopo nel diritto*. Organizado por Mario G. Losano. Turim: Einaudi, 1972, CIII-419p.; republicado com uma nova introdução: Turim: Aragno, 2014, 407p.
236 Renato Treves, *Introduzione alla sociologia del diritto*. Turim: Einaudi, 1977, XII-308p. (segunda edição revista e ampliada: 1980) (v. 58 da NBSE).
237 Renato Treves, *Sociologia del diritto. Origini, ricerche, problemi*. Turim: Einaudi, 1987, XVIII-352p. (v. 77 da NBSE). O catálogo geral *Cinquant'anni di un editore* (Turim: Einaudi, 1983) indica 1988 como data dessa edição, mas se trata de um erro: cf. Losano, *Renato Treves, sociologo tra il Vecchio e il Nuovo Mondo*, op. cit., p.79.

lhosa feitura desse volume e os acontecimentos que os acompanharam, limito-me a remeter àquelas páginas.[238]

Os mais recentes desenvolvimentos da técnica retornavam nos discursos editoriais devido aos efeitos sobre o mundo do trabalho e à influência sobre as estratégias mundiais. Um testemunho de primeira mão sobre esses discursos é dada pelo diário escrito, na metade dos anos 1950, por Daniele Ponchiroli, o qual Giulio Einaudi descreve como "um extraordinário exemplo de trabalho editorial não conhecido por todos", sobre o qual "recaíam todos os problemas e incumbências do trabalho editorial" e "suportava o peso e a verdadeira fadiga da publicação dos livros". Além disso, "mantinha um diário cotidiano".[239] Neste, o ambiente da editora se reflete de maneira concreta, pois essas notas pessoais não estavam destinadas à publicação, o que aconteceu, de fato, só em 2017. Ali aflora constantemente o então triunfante símbolo da nova técnica, o Sputnik (que dá título ao volume). Preocupava-se com as consequências sociais e políticas da automação, e a editora do Partido Comunista traduzia, em 1957, um dos melhores textos sobre esse tema e acrescentava a ele um conspícuo apêndice de documentos políticos e sindicais sobre a situação italiana.[240] Sobre esse mito de contornos ainda incertos – anota Ponchiroli, em 8 de fevereiro de 1958 –, o funcionário da Olivetti, Muzio Mazzocchi, refere que, em Milão, Feltrinelli "está para embarcar em um empreendimento praticamente maluco: o da construção de máquinas eletrônicas na Itália, que atualmente são construídas (dado o grande investimento de capital que isso comporta) apenas na América (IBM) e na Rússia".[241]

Esse clima de interesse, também einaudiano, pelas novas tecnologias tornou possível a publicação, em 1969, do meu livro sobre informática jurídica, *Giuscibernetica* [Juscibernética], e de aprofundamentos ulteriores sobre aquela disciplina, então em seus primórdios.

Por anos, estava preparando também um volume tcheco sobre a informática jurídica,[242] duplamente interessante pelo tema e pela origem além da

---

238 Losano, *Renato Treves, sociologo tra il Vecchio e il Nuovo Mondo*, op. cit., em particular o capítulo II, Renato Treves e la casa editrice Einaudi: ricordi d'un piccolo mondo ormai antico, p.53-81.
239 Severino Cesari, *Colloquio con Giulio Einaudi*. Roma-Napoli: Theorie, 1991, p.118-9.
240 Sam Lilley, *Automazione e progresso sociale*. Roma: Editori Riuniti, 1957, 346p.; o apêndice sobre a automação e a sociedade na Itália se encontra nas p.239-346.
241 Daniele Ponchiroli, *La parabola dello Sputnik. Diario 1956-1958*, organizado por Tommaso Munari. Pisa: Edizioni della Normale, 2017, p.285.
242 Viktor Knapp, *L'applicabilità della cibernetica al diritto*. Introdução de Mario G. Losano, tradução de Libor Piruchta e Ermanno Bonazzi. Turim: Einaudi, 1978, XXXVII-238 p. (v. 61 da NBSE).

Cortina de Ferro, mas atingido por toda sorte de imprevistos: basta dizer que, no momento de rever a tradução, em agosto de 1968, a Tchecoslováquia foi invadida pelas tropas soviéticas, o tradutor abandonou Praga e se transferiu para a Morávia. Por alguns anos, foi impossível retomar as relações com ele e com o autor, Viktor Knapp, que antes de 1968 havia participado, como deputado, da reforma constitucional desejada por Dubcek e, como estudioso, havia integrado a direção da Academia das Ciências. Assim, em junho de 1975, tive que partir rumo a uma Praga mágica e lúgubre, onde encontrei Viktor Knapp enrolado atrás de uma escrivaninha semivazia, em uma salinha da própria Academia. Para corrigir os rascunhos que tinha comigo, pareceu-me aconselhável que nos transferíssemos para um café e discutíssemos sobre as correções ali em público, entre senhores que, sentados nas mesinhas vizinhas, liam o *Rudé Právo* com os braços abertos e tinham evidentemente muito tempo livre.

Enquanto isso, a coleção inteira procedia com fadiga crescente e entusiasmo decrescente. Até mesmo a roupagem gráfica parecia refletir esse cansaço, porque a capa se tornou branca com uma imagem de cores tênues, enquanto o compacto cinza grafite do passado sobrevivia apenas na lombada. O último livro jurídico foi um manual de direito administrativo do ótimo Sabino Cassese:[243] 82º volume da coleção, publicado em 1989. Mas os livros jurídicos já se seguiam em intervalos cada vez mais longos, enquanto a coleção inteira perdia força. Cassese obteve a restituição dos direitos de seu livro e o transferiu para uma outra editora. Visto que entre 1989 e 1991 a coleção publicou, no total, apenas três títulos, pode-se considerá-la esgotada em 1991.[244]

Retornando sobre a história dessa coleção, passados mais de cinquenta anos desde quando se iniciou a projetá-la, entre seus numerosos méritos deve ser destacada a contribuição que a série fechada de publicações, entre 1965 e 1967, deu aos estudos de filosofia do direito na Itália. Nesses cinco anos se concentrou uma série de coincidências afortunadas: a influente presença de Bobbio no conselho editorial; o precedente acúmulo de bons títulos e de boas traduções no curso das lentas decisões sobre a nova coleção; o jogo de equipe entre Bobbio como "conselheiro áulico" e eu como "auxiliar de cozinha", de acordo com o léxico familiar einaudiano. Os cinco anos foram tão intensos

---

Uma biografia crítica de Knapp (1913-1996), com bibliografia e sumário em inglês nas p.56-7, encontra-se em http://www.ilaw.cas.cz/data/files/epub/ Knapp_A5.pdf
243 Sabino Cassese, *Le basi del diritto amministrativo*. Turim: Einaudi, 1989, 357p. (v. 82 da NBSE).
244 Veja o catálogo histórico: *Le edizioni Einaudi negli anni 1933-1998*. Turim: Einaudi, 1999, p.864.

porque neles se investiram, na realidade, dez anos de trabalho editorial: o primeiro contrato por esses livros jurídicos, como se disse, remonta a 1959. Os livros produzidos naquele período estiveram no centro do debate jurídico-filosófico italiano pelos sucessivos vinte anos e Bobbio podia, com razão, constatar que o decênio dos anos de 1960 "foi, na história da teoria geral do direito, um período particularmente feliz".[245]

Uma opinião autorizada sobre a relevância das publicações jurídicas einaudianas que se sucederam no quinquênio entre 1965 e 1970 encontra-se na reconstrução histórica feita por Giovanni Tarello, em um colóquio que, em 1972, representou uma pedra fundamental no debate sobre "o uso alternativo do direito",[246] tema hoje quase esquecido, ao menos na Europa.[247] Considerando o "segundo decênio constitucional", isto é, o período de 1958 a 1968, Tarello destacava como esse período foi caracterizado pelas "metajurisprudências", entendendo com esse termo "as teorias que têm como objeto a atividade doutrinal (e interpretativa) dos juristas".[248] E continuava: "As metajurisprudências que circularam foram essencialmente quatro: a de Kelsen, com as suas derivações italianas; a dos realistas norte-americanos (em seu aspecto metateórico); a do realismo escandinavo e, em particular, de Alf

---

245 Bobbio, *Teoria generale del diritto*. Turim: Giappichelli, 1993. *Prefácio*, p.VIII. A influência das publicações einaudianas sobre um "jovem estudante de Jurisprudência, com interesses culturais não circunscritos aos aspectos rigorosamente técnicos do direito" (p.581) é bem descrita por um futuro docente e reitor: Paolo Garbarino, Bobbio, la filosofia del diritto, la casa editrice Einaudi: Ricordi e riflessioni di uno studente di giurisprudenza a Torino negli anni settanta del secolo scorso. In: Fredys Orlando Sorto (org.). *O pensamento jurídico entre Europa e América. Estudos em Homenagem ao Professor Mario G. Losano*. Porto Alegre: Fabris, 2018, p.575-81.

246 Giovanni Tarello, Orientamenti della magistratura e della dottrina sulla funzione politica del giurista-interprete. In: Pietro Barcellona (org.). *L'uso alternativo del diritto*, v. 1: *Scienza giuridica e analisi marxista*. Roma-Bari: Laterza, 1973, p.39-101.

247 Para a América Latina, e em particular para o Brasil, o discurso é diferente por isso remeto aos meus artigos: Gesetz und Hacke: Ursprünge und Entwicklungen des alternati-ven Rechts in Europa und Südamerika. In: Richard Helmholz et al. (org.) *Grundlagen des Rechts. Festschrift für Peter Landau*. Paderborn: Schöningh, 2000, p.1023-63; publicado depois em italiano (La legge e la zappa: origini e sviluppi del diritto alternativo in Europa e in Sudamerica, *Materiali per una storia della cultura giuridica*, XXX, 2000, n.1, p.109-51) e em espanhol ("La ley y la azada: orígenes y desarrollo del derecho alternativo en Europa y en Sudamérica", *Derechos y Libertades. Revista del Instituto Bartolomé de Las Casas*, V, 2000, n.8, p.275-324, também *on-line*, http://e-archivo.uc3m.es/bitstream/10016/1384/1/ DyL-2000-V-8-Losano.pdf). Remeto também ao meu livro: *Función social de la propiedad y latifundios ocupados. Los Sin Tierra de Brasil*. Madri: Dykinson, 2006, 224p.; ed. it. *Il Movimento Sem Terra del Brasile. Funzione sociale della proprietà e latifondi occupati*. Reggio Emilia: Diabasis, 2007, 280p.

248 Tarello, Orientamenti della magistratura e della dottrina, op. cit., p.79.

Ross;²⁴⁹ a inglesa, de Hart".²⁵⁰ Se excluirmos o realismo norte-americano – que foi introduzido na Itália por obra de Tarello, em 1962, e que, na Einaudi, deveria ter sido representado por um volume de Holmes, muitas vezes proposto, mas nunca realizado – os principais autores que animaram o debate italiano daquele período são, de acordo com Tarello, justamente os da Nova Biblioteca Científica Einaudi.

Existe uma referência direta à Escola de Turim quando Tarello nota que, naqueles anos, o pensamento de Kelsen foi debatido "pelos teóricos do grupo de Bobbio e Treves".²⁵¹ Para a circulação de Ross, assinala a "tradução de Gavazzi, cuja introdução foi muito influente"²⁵² e, para a de Hart, a tradução de Mario A. Cattaneo. Enfim, a importância da produção einaudiana na filosofia italiana do direito é totalmente reconhecida: "As contribuições teórico-gerais ou 'metajurisprudenciais' dos estudiosos italianos, nesse período, foram abundantes, estavam todas, de qualquer modo, ligadas a uma ou a outra das jurisprudências supracitadas".²⁵³

Neste tópico, vimos Bobbio se ocupar, sobretudo, dos livros dos outros. Chegou o momento de nos ocuparmos sinteticamente de Bobbio lidando com os próprios escritos, no próximo tópico, e de propor, depois, um dos possíveis itinerários para abordar o labirinto desses escritos, como conclusão deste capítulo.

3.8. Um itinerário bibliográfico mínimo para se aproximar do pensamento de Bobbio

Bobbio foi publicando seus numerosos escritos durante mais de setenta anos, prestando atenção predominantemente tanto à teoria do direito quanto à da política, mas sempre sob a inevitável influência dos eventos históricos e pessoais nos quais estava envolvido. Por isso, não é fácil se orientar

---

249 Ao lado do volume einaudiano de Ross, Tarello relembra, obrigatoriamente, também as contribuições sobre o realismo escandinavo de Silvana Castignone e de Enrico Pattaro.
250 Tarello, Orientamenti, op. cit., p.79-80.
251 Ibid., p.79-80. Nota 33.
252 Ibid., p.80, nota 36. Sobre Giacomo Gavazzi (1932-2006), que foi assistente de Bobbio na Faculdade de Jurisprudência, Tecla Mazzarese organizou o volume *Teoria del diritto e filosofia analitica. Studi in ricordo di Giacomo Gavazzi*. Turim: Giappichelli, 2012, 246p. (com uma biobibliografia organizada por Tecla Mazzarese e o meu ensaio "'Il Kelsen di Gavazzi'. Ricordo d'un amico sul filo della bibliografia", p.157-66).
253 Tarello, Orientamenti, op. cit., p.79-80.

na selva de milhares de títulos que frequentemente tratam do mesmo argumento de pontos de vista diferentes, ou aprofundam pensamentos expostos anteriormente. Até aqui, a descrição da vida de Bobbio foi o fio condutor para seguir uma primeira apresentação de suas obras principais. Em seguida, são ilustradas, por sua vez, algumas de suas obras de síntese, que podem contribuir para conduzir o leitor de Bobbio das concepções mais gerais às mais específicas: um itinerário de leitura e de aprofundamento com certeza não exaustivo, mas, espero, útil.

Por razões de brevidade, são examinados apenas os escritos de Bobbio; para a literatura secundária, no entanto, é aconselhável fazer referência à *Bibliografia de escritos sobre Norberto Bobbio*, de Bruno Maiorca, incluída nas bibliografias de Carlo Violi de 1984 e de 1990[254] e, para os anos sucessivos, remetemos aos instrumentos bibliográficos informáticos indicados no tópico 3.8.5.

Bobbio considera seus estudos jusfilosóficos e de ciências políticas não como partes de uma "filosofia", mas como fragmentos de "teorias gerais". Uma filosofia tem, para Bobbio, um fim prescritivo, isto é, indica o modelo de uma sociedade ou de um direito mais justos, enquanto a teoria geral persegue um "fim exclusivamente de conhecimento (não propositivo)", por meio do "procedimento da reconstrução, por meio da análise linguística nunca separada de referências históricas aos escritores clássicos, das categorias fundamentais, que permitem delimitar externamente e ordenar internamente as duas áreas, a jurídica e a política", estabelecendo também as relações recíprocas entre elas.[255]

Por outro lado, Bobbio nunca se decidiu por unir esses seus fragmentos de teoria geral em tratados sistemáticos, embora em várias ocasiões tenha manifestado o desejo de fazê-lo. Seus volumes que se apresentam como teorias gerais são, na verdade, antologias de seus escritos organizadas por outros com a sua aprovação.

---

254 Cf. cap.2, nota 232. (Violi (org.), *Norberto Bobbio, 50 anni di studi. Bibliografia degli scritti 1934-1983*, apêndice Bibliografia di scritti su Norberto Bobbio organizada por Bruno Maiorca. Milão: Franco Angeli, 1984, 274p.; Violi (org.), *Norberto Bobbio. Bibliografia degli scritti 1984-1988*, apêndice Bibliografia di scritti su Norberto Bobbio, organizada por Bruno Maiorca. Milão: Franco Angeli, 1990, 73p.)

255 Bobbio, no Prólogo a Andrea Greppi, *Teoría e ideología en el pensamiento político de Bobbio*. Madri-Barcelona: Marcial Pons, 1998, p.9, retomado em Bovero, Introduzione. In: Bobbio, *Teoria generale della politica*, op. cit., p.XI. Bovero considera a obra de Greppi "atualmente, o estudo mais completo sobre o pensamento político de Bobbio" (ibid.).

Para conhecer o mundo de Bobbio e, portanto, para colocar também suas obras individuais em contexto, é essencial a leitura dos dois volumes em que ele traça o balanço da própria vida: *De Senectute*, de 1996, e *Autobiografia*, de 1997.[256] As referências à cultura e à sociedade italiana, na qual Bobbio se formou e operou, podem ser ampliadas e aprofundadas em dois de seus livros já lembrados: eles não são facilmente situados dentro da sua produção, e por isso ele os indica como "dois textos excêntricos que estão [...] entre a história e a autobiografia":[257] o *Profilo ideologico del Novecento*[258] [Perfil ideológico do século XX] (de 1969, sobre a situação italiana em geral) e *Trent'anni di storia della cultura a Torino, 1920-1950*[259] [Trinta anos de história e da cultura em Turim] (de 1977, especificamente sobre o ambiente turinense). Nesse contexto cultural, encontravam-se as pessoas lembradas por Bobbio nos volumes, já citados, *Itália civil*, de 1964, *Mestres e companheiros*, de 1984, e *Itália fiel*, de 1986.

Esse universo de Bobbio é ainda mais aprofundado pelo catálogo da mostra para o centenário de seu nascimento em 2009,[260] que é uma verdadeira mina de notícias e de imagens e, além disso, por dois volumes publicados recentemente: *Costituenti ombra* [Constituintes na sombra], de 2010[261] (que contém 37 ensaios sobre o panorama italiano completo dos anos de transição do fascismo para a democracia) e *Amici e compagni* [Amigos e companheiros], de 2012.[262] Este último título recorda a coletânea *Mestres e companheiros*, de 1984, com a qual, porém, não deve ser confundido, e concentra-se sobre o ambiente turinense de Bobbio, por meio de dezoito ensaios de vários autores sobre Leone Ginzburg, Giorgio Agosti, Alessandro Galante Garrone, Massimo Mila e a editora Einaudi.

3.8.1. Um itinerário na teoria geral do direito de Bobbio

Passando aos dois temas centrais das pesquisas de Bobbio, para a teoria do direito faltam hoje as grandes antologias que são dedicadas a sua teoria política e às quais voltaremos daqui a pouco. Todavia, ao longo de sua vida,

---

256 No Brasil, foram publicados, respectivamente, com os títulos de *O tempo da memória. De Senectute* em 1997 e *Diário de um século. Autobiografia*, em 1998, op. cit.
257 Bobbio, *O tempo da memória*, op. cit., p.94.
258 Cf. nota 177.
259 Bobbio, *Trent'anni di storia della cultura a Torino*, op. cit., 131p. (cf. acima, nota 176).
260 Agosti, Revelli (orgs.), *Bobbio e il suo mondo*, op. cit.
261 Andrea Buratti; Marco Fioravanti (orgs.), *Costituenti ombra. Altri luoghi e altre figure della cultura politica italiana (1943-48)*. Roma: Carocci, 2010, 503p.
262 Cottino, Cavaglià (orgs.), *Amici e compagni*, op. cit.

o próprio Bobbio marcou as etapas de sua evolução com quatro volumes de coletâneas, com textos selecionados entre vários ensaios escritos por ele sobre argumentos de teoria geral do direito. O fato de os primeiros dois volumes terem um título quase igual – *Studi sulla teoria generale del diritto* [Estudos sobre a teoria geral do direito], de 1955, e *Studi per una teoria generale del diritto* [Estudos para uma teoria geral do direito], de 1970 – não deve passar a ideia de que sejam duas edições do mesmo livro. Acrescenta-se a estes, em 1977, *Direito e poder*,[263] que reúne seus principais ensaios sobre a doutrina pura do direito, enquanto *Da estrutura à função*[264] marca a superação – ou melhor, a conclusão – da fase kelseniana. Em vez disso, sua *Teoria geral do direito*,[265] como veremos a seguir, nasceu sob um impulso externo e foi publicada na Itália em 1993.

No primeiro volume de 1955, que compreende sete ensaios, é explícita a conversão kelseniana de Bobbio e, portanto, sua aceitação da teoria normativa do direito: "Por teoria normativa entendo aquele modo de considerar o fenômeno jurídico que assume o ponto de vista da norma jurídica ou daquele conjunto unitário de normas jurídicas que é o ordenamento jurídico, e para o qual, portanto, um ato, um fato ou uma relação são jurídicos enquanto, e apenas enquanto, são regulamentados por uma norma jurídica".[266]

Uma teoria normativa do direito pode estudar os fins do direito (ou seja, os valores que o animam, em particular, o da justiça), sua estrutura (isto é, o elemento que unifica as normas individuais em um ordenamento) e sua relação com a sociedade (isto é, o fundamento social do direito). Os fins são objeto da filosofia do direito; a estrutura é objeto da teoria geral do direito; a relação com a sociedade é objeto da sociologia do direito. Essa concepção sistemática que está na base de cada ensaio levará Bobbio, anos depois, a escrever: "O livro [de 1955] podia ser considerado (e era, mesmo de forma obscura, nas intenções do autor) uma espécie de introdução a uma futura teoria do direito" que, porém, – como já foi comentado – "nunca foi escrita" por ele.[267]

---

263 Bobbio, *Direito e poder*. Trad. Nilson Moulin. São Paulo: Editora Unesp, 2008. 299p.

264 Bobbio, *Da estrutura à função – Novos estudos de teoria do direito*. Trad. Daniela Beccaccia Versiani. Barueri, SP: Manole, 2007. 265p.

265 Bobbio, *Teoria geral do direito*. Trad. Denise Agostinetti. Rev. Silvana Cobucci Leite. São Paulo: Martins Fontes, 2008. 321p.

266 Bobbio, *Studi sulla teoria generale del diritto*. Turim: Giappichelli, 1955, 166p.; a citação está na Introduzione, p.V.

267 Em 1970, Bobbio escrevia a *Premissa* aos *Studi per una teoria generale del diritto*. Turim: Giappichelli, 1970, p.7. Em relação aos autores analisados em 1955, Bobbio lembra que, então, "as

Bobbio aceita a teoria pura do direito, mas foge do "patriotismo de escola". Os direcionamentos anteriormente indicados coexistem como possíveis "técnicas de pesquisa", as quais "dão resultados bons ou ruins, dependendo se foram aplicadas a problemas adequados e, lá onde foram oportunamente aplicadas, se foram empregadas corretamente".[268] Os ensaios de Bobbio analisam as teorias gerais do direito de Francesco Carnelutti, de Alessandro Levi, de Paul Roubier, de Jean Dabin, de Jean Haesaert, mas, no centro do volume, encontra-se a defesa, que não é acrítica, da teoria normativista de Kelsen: de fato, depois de ter examinado os erros dos críticos de Kelsen, Bobbio se reserva o direito, futuro, de proceder também à crítica dos erros de Kelsen.[269]

A segunda coletânea foi publicada em 1970 e contém oito ensaios (diferentes, repito, dos reunidos no volume de 1950): "quatro tratam do tema da norma jurídica, três tratam de problemas relativos aos ordenamentos jurídicos, um se ocupa da ciência do direito".[270] O volume oferece, portanto, não a construção de uma teoria geral, mas sim os materiais para uma construção desta, aos quais Bobbio acrescenta a indicação de outros escritos seus que completam o quadro de seus interesses teórico-jurídicos, sem, com isso, definir uma teoria unitária e sistemática do direito.[271]

---

obras de Ross e de Hart não tinham saído ainda": estes dois autores serão indicados por ele à editora Einaudi.

268 Bobbio, *Studi sulla teoria generale del diritto*, op. cit., p.VII.

269 Ibid., cf. sobretudo Francesco Carnelutti, teorico generale del diritto, p.1-26; La teoria pura del diritto e i suoi critici, p.75-107.

270 Ibid., p.8.

271 No presente itinerário de Bobbio, é útil trazer algumas indicações autênticas: em primeiro lugar, as apostilas *Teoria della norma giuridica*, de 1958 (Bobbio, *Teoria da norma jurídica*. Trad. Fernando Pavan Baptista/Ariani Bueno Sudatti. Bauru, SP: Edipro, 2005. 192p.), e *Teoria dell'ordinamento giuridico*, de 1955 (Bobbio, *Teoria do ordenamento jurídico*. Trad. Maria Celeste Cordeiro Leite dos Santos. Rev. Claudio De Cicco. Brasília: UnB, 2006. 184p.), que resultarão depois no volume *Teoria generale del diritto*, de 1993 (Bobbio, *Teoria geral do direito*. Trad. Denise Agostinetti. Rev. Silvana Cobucci Leite. São Paulo: Martins Fontes, 2008. 321p.) (cf. tópico 3.8.2). "Temas de teoria geral do direito são examinados também em uma parte considerável do curso *Il positivismo giuridico*", de 1961; "a maior parte dos verbetes que fui redigindo, a partir de 1957, para o *Novissimo Digesto Italiano* (Analogia, Direito, Lacunas do direito, Método, Norma jurídica, Princípios gerais do direito, Sanções) e para a *Enciclopedia del diritto* (Consuetude, Fato normativo)", assim como, enfim, as "primeiras duas partes" do livro *Giusnaturalismo e positivismo giuridico*, de 1965 (Milão: Comunità, 1965, 241p. Ed. bras.: Bobbio, *Jusnaturalismo e positivismo jurídico*. Trad. Jaime A. Clasen. Rev. Marcelo de Azevedo Granato. São Paulo: Editora Unesp, 2016. 303p.); cf. Bobbio, *Estudos por uma teoria geral do direito*., op. cit., p.8. Também: Norma. In: *Enciclopedia [Einaudi]*. Turim: Einaudi, 1980, v. IX, p.876-97; e Norma. In: Bobbio, *Contributi ad un dizionario giuridico*, op. cit., p.177-213.

Enquanto a obra de sistematização da teoria geral do direito aguardava ainda por ser escrita, o movimento de 1968 – cujo impacto sobre Bobbio já foi relembrado – questionava os estudos jurídico-teóricos "com muita obstinação e falta de misericórdia", afirmando que "a teoria geral do direito seria culpada por ter separado o direito da vida, por tê-lo congelado para não deixá-lo se corromper pelas tempestades da história e, portanto, por favorecer a conservação social". Uma defesa apaixonada do estudo teórico do direito é feita por Bobbio: "Isso não é verdade. A acusação [...] não tem fundamento" e, pelo contrário, é mais um sermão que uma análise. Bobbio contra-ataca:

> A teoria geral do direito oferece, àqueles que saibam dela tirar proveito, instrumentos conceituais úteis à compreensão tanto do direito que permanece estático quanto daquele que está em movimento, tanto do direito passado quanto do direito futuro. Nada tem a oferecer àqueles cuja revolta contra a objetividade da ciência se tornou pretexto para dar uma solução plena às mais descaradas formas do pensamento tendencioso.[272]

Em suma, "a análise conceitual" é um instrumento contra "os impacientes", "os obscuros", "os desmistificadores".

Essa segunda coletânea de ensaios veio à luz em 1970, isto é, dois anos antes da passagem de Bobbio para a Faculdade de Ciências Políticas, passagem que aumentou seus interesses nessa área. Essa nova estação intelectual se anuncia já no final da premissa do volume de 1970, propondo uma abertura para novos campos de pesquisa: abertura que, porém, significa extensão dos campos de investigação do passado e não ruptura com eles. Novos horizontes se abrem à teoria geral do direito, que pode se estender e aprofundar graças "à ajuda que recebeu e não para de receber de disciplinas em rápido desenvolvimento, como a teoria geral dos sistemas, a semiótica, a lógica deôntica e assim por diante".[273] São temas que Bobbio tinha confiado também aos jovens colaboradores de então: Amedeo Conte estava trabalhando sobre a lógica deôntica,[274] e eu estava me ocupando da noção de sistema.[275]

---

[272] Bobbio, *Estudos por uma teoria geral do direito*, op. cit., p.vii.
[273] Ibid., p.vii.
[274] Amedeo Conte, *Saggio sulla completezza degli ordinamenti giuridici*. Turim: Giappichelli, 1962, XIV-248p.
[275] Losano, *Sistema e struttura nel diritto*. v. I: *Dalle origini alla Scuola Storica*. Turim: Giappichelli, 1968, XXXII-313p. ("Memorie dell'Istituto Giuridico", serie II, memória CXXXIV), que se transforma, em 2002, no primeiro dos três volumes com o mesmo título geral, *Sistema e struttura nel diritto*, publicados pela Giuffrè, de Milão, cada um com um específico subtítulo: v. I: *Dalle*

O terceiro volume, *Direito e poder*, reúne, em 1977, os escritos sobre a doutrina pura do direito, à qual Bobbio vinha se aproximando desde 1949, mas da qual percebia a angústia em relação aos problemas do seu tempo: a teoria normativista precisava ser enriquecida, não abandonada.

Então, "fechado, mas não esgotado, o período kelseniano", à teoria geral do direito se oferecem "duas grandes tarefas": "a elaboração de novos esquemas conceituais para a compreensão das profundas transformações de uma sociedade em mudança e a comparação com as teorizações [...] da linguística, da sociologia e da ciência política".[276] Para essa abertura de horizontes contribuiu, sem dúvida, o amigo Renato Treves – que, em 1969, tinha conseguido fundar a cátedra de Sociologia do Direito na Universidade de Milão – e o interesse de Amedeo Conte pela linguística estruturalista. Em 1970, sob indicação de Bobbio, a editora Einaudi publicou o livro de Boudon sobre o estruturalismo ao qual eu tinha acrescentado um breve escrito sobre estruturalismo e direito.[277]

No quarto volume sobre a teoria geral do direito – *Da estrutura à função*, também de 1977 –, ao lado da concepção kelseniana do direito como estrutura, Bobbio coloca a consideração da função do direito. Os ensaios desse volume foram reunidos quando Bobbio, que estava já havia cinco anos na Faculdade de Ciências Políticas, concentrava sua atenção, sobretudo, na filosofia da política. O novo direcionamento é indicado no título, *Da estrutura à função*, enquanto o subtítulo, *Nuovi studi di teoria generale del diritto* [Novos estudos de teoria geral de direito], conecta o volume aos anteriores, de 1955 e de 1970, ao mesmo tempo que o distingue deles por meio da palavra "novos".[278]

Abre-se, assim, o novo campo de investigação da teoria funcional do direito (sobre o qual voltaremos por extenso no Capítulo 5). Bobbio, porém, não aprofundará essa vertente porque sua atenção já estava se concentrando nos assuntos das ciências políticas.

---

origini alla Scuola Storica, XXIX-373p.; v. II: *Il Novecento*, XVIII-311p.; v. III: *Dal Novecento alla postmodernità*, XVIII-371p.

276 Bobbio, *Estudos por uma teoria geral do direito.*, op. cit., p.vii.

277 Losano, Strutturalismo e scienza giuridica contemporanea, apêndice a Raymond Boudon, *Strutturalismo e scienze umane*. Turim: Einaudi, 1970, p.181-97.

278 Bobbio, *Dalla struttura alla funzione. Nuovi studi di teoria generale del diritto*. Milão: Comunità, 1977, Premessa, p.8; (Ed. bras.: Bobbio, *Da estrutura à função – Novos estudos de teoria do direito*. Trad. Daniela Beccaccia Versiani. Barueri, SP: Manole, 2007, p.xi). Também em: *Dalla struttura alla funzione. Nuovi studi di teoria del diritto*, prefácio de Mario G. Losano. Roma-Bari: Laterza, 2007, p.XX.

3.8.2. Uma "teoria geral do direito" de Bobbio: nem apócrifa, nem autêntica

A única "teoria geral do direito" *tout court* que leva o nome de Bobbio na capa possui uma gênese curiosa, porque foi escrita, mas não promovida, pelo filósofo turinense. Na Espanha, Alfonso Ruiz Miguel havia organizado, em 1980, uma ampla coletânea de escritos de Bobbio, intitulando-a *Contribución a la teoria del derecho*:[279] esta não corresponde, porém, a um volume italiano específico. Para encontrar um livro de Bobbio intitulado "teoria geral do direito" *tout court* é necessário esperar o ano de 1987 e transferir-se para a Colômbia.

Um dia Bobbio me perguntou, perplexo, se eu conhecia a editora Temis, de Bogotá. O professor Eduardo Rozo Acuña, da Universidade Externado da Colômbia, tinha lhe escrito, comentando que havia tempo traduzira para seus alunos as duas apostilas de Bobbio sobre a norma jurídica e o ordenamento jurídico, e pedia-lhe para publicá-las conjuntamente em espanhol, criando assim aquela teoria geral do direito que, até então, Bobbio não tinha desejado escrever. Visto que eu tinha tido relações diretas com essa editora tanto durante um período de ensino em Bogotá, quanto pela tradução de meus ensaios kelsenianos,[280] e vira que o contexto acadêmico era mais que de confiança, Bobbio não apenas aceitou a proposta do professor Rozo Acuña, mas também escreveu um prefácio para o volume colombiano. Além disso, no prefácio a esse livro escreveu que, ao ver as duas apostilas reunidas pela primeira vez, "me vem a ideia de considerá-las como um livro novo. Um livro novo cujo mérito corresponde a quem realizou a tradução".[281] Esse percurso editorial explica por que, na Itália, a *Teoria geral do direito* de Bobbio veio à luz *depois* da sua tradução em espanhol.[282]

No prefácio em espanhol, Bobbio refaz desde o começo o próprio itinerário filosófico-jurídico, concentrado na análise estrutural do direito até o

---

[279] Ruiz Miguel (org.), *Contribución a la teoría del derecho*, op. cit., com um Prólogo a la edición española de Bobbio, p.9-13, de novembro de 1979.

[280] Losano, *Teoría pura del derecho. Evolución y puntos cruciales*, tradución de Jorge Guerrero R. Bogotá: Temis, 1992, XVI-267p.

[281] Bobbio, *Teoría general del derecho*. Bogotá, Temis, 1987, 269p., com um Prólogo a la edición castellana, p.VII-X, escrito por Norberto Bobbio, na primavera de 1987; cit. na p.VII. O volume foi publicado também pela editora Debate, de Madri, em 1991, 278p.

[282] Bobbio, *Teoria generale del diritto*. Turim: Giappichelli, 1993, 297p. O Prefácio, p.9-13, de agosto de 1993, coincide apenas em parte com a da edição em espanhol. Ed. bras.: Bobbio, *Teoria geral do direito*. Trad. Denise Agostinetti. Rev. Silvana Cobucci Leite. São Paulo: Martins Fontes, 2008. 321p.

surgimento de seu interesse pela função do direito, documentado pela primeira vez com a publicação, em 1960, nos Estados Unidos, de um artigo em que chamava a atenção sobre a função promocional do direito por meio de prêmios e incentivos.[283] Nessa evolução, Bobbio assume uma atitude não exclusivista: "Não acredito absolutamente que a teoria funcionalista do direito [...] tenha substituído a estruturalista, como se fossem duas perspectivas incompatíveis. [...] Os dois pontos de vista não apenas são perfeitamente compatíveis, mas também se integram reciprocamente e em modo sempre útil".[284]

A transição do estudo da estrutura para o da função do direito conclui a fase do Bobbio predominantemente filósofo do direito, tanto que o volume *Da estrutura à função* veio à luz em 1977, quando Bobbio ensinava já havia cinco anos na Faculdade de Ciências Políticas. Mas essa progressiva evolução se anunciava também em 1992, no volume *Direito e poder*, que reúne os ensaios sobre a doutrina pura do direito: entre o primeiro deles (de 1954) e o sucessivo (de 1973) passaram-se quase vinte anos, porque Bobbio, nesse período, dedicou suas aulas sobretudo a Kelsen. No "Prefácio", Bobbio explica sua "conversão" ao kelsenismo,[285] mas avisa que a influência de Kelsen foi além do âmbito jusfilosófico: "Os meus escritos sobre Kelsen, que compõem a presente coletânea, referem-se ao Kelsen jurista e teórico do direito, e são, portanto, essencialmente, um comentário à doutrina pura do direito". Porém, "na sua teoria do Estado emergem dois temas fundamentais" nos quais Bobbio "se inspirou":

> [...] a democracia e a paz: a democracia, entendida como um conjunto de regras destinadas a permitir que um conjunto de indivíduos tome decisões coletivas com o máximo de consenso; a paz, em favor daquela forma de pacifismo que chamo de "institucional", ou seja, usando uma forma tipicamente kelseniana, a paz por meio do direito.[286]

---

283 Bobbio, *The Promotion of Action in the Modern State*. In: Hughes, Graham (org.). *Reason, Law, and Justice. Essays in Legal Philosophy*. Nova York-Londres: University Press, 1969, p.189-206. Retomado e acrescido várias vezes.

284 Bobbio, *Teoría general del derecho*, op. cit., p.X.

285 Bobbio, *Direito e poder*. Trad. Nilson Moulin. São Paulo: Editora Unesp, 2008. 299p. O Prefácio é de maio de 1992. Nele, Bobbio adverte que esses ensaios sobre Kelsen "parecerão aos leitores não especialistas discursos para iniciados".

286 Ibid.

Com essa abertura para temas como a democracia e a paz, passa-se da filosofia do direito à filosofia da política, predominante em Bobbio depois de 1972.

Nesta tentativa de traçar um mapa dos textos que favoreçam uma primeira aproximação da obra geral de Bobbio, chegou a hora de nos afastarmos das análises jusfilosóficas e examinar suas obras de ciência política, lembrando mais uma vez, porém, que, na produção de Bobbio, essa separação temática é muito menos clara que neste itinerário.

3.8.3. Um itinerário na teoria geral da política de Bobbio

Diferentemente do que aconteceu com a teoria geral do direito, alguns cientistas políticos documentaram a teoria geral da política de Bobbio em antologias densas, cada vez maiores. Pietro Polito organizou, em 1998, com finalidade predominantemente didática, um primeiro volume de doze textos de Bobbio.[287] Nos anos 1990, o cientista político mexicano José Fernández Santillán publicou a antologia *Norberto Bobbio. El filósofo y la política*, que inclui 27 textos.[288] Michelangelo Bovero também contribuiu com a organização e, portanto, essa obra em espanhol pode ser considerada um trabalho preparatório ou uma prova geral da *Teoria generale della politica* [Teoria geral da política], publicada pelo próprio Bovero, em 1999, com 36 textos.[289] Enfim, Marco Revelli organizou, em 2010, uma antologia que inclui 74 textos.[290]

Cada uma delas oferece um quadro do pensamento político de Bobbio, organizado segundo a perspectiva do organizador, quadro que o leitor pode sempre integrar com outros ensaios retirados pela inesgotável mina que é a bibliografia de Bobbio. Dada a vastidão dessas antologias, é impossível fornecer aqui um panorama de cada uma delas, enquanto alguns dos principais aspectos políticos do pensamento de Bobbio estão sintetizados na *Terceira parte* do presente volume.

---

[287] Bobbio, *Elementi di Politica*, organizado por Pietro Polito. Milão: Einaudi Scuola, 1998, XVII-300p. (2.ed., 2010, XX-338p.).

[288] José Fernández Santillán (org.), *Norberto Bobbio. El filósofo y la política*. México: Fondo de Cultura Económica, 1996, 516p. Ed. brasileira: *O filósofo e a política – Antologia*, tradução de César Benjamin e Vera Ribeiro. Rio de Janeiro: Contraponto, 2003, 520p.

[289] Bobbio, *Teoria generale della politica*, op. cit. (com um louvável Índice analítico, p.649-76).

[290] Bobbio, *Etica e politica. Scritti di impegno civile*, op. cit. O volume oferece um exaustivo aparato crítico: a introdução Nel labirinto del Novecento (p.IX-LX), a Cronologia (p.LXIII-CXXXI), a Nota all'edizione (p.CXXXIII-CXXXVI) e as Notizie sui testi (p.1550-683) de Marco Revelli; uma Bibliografia (p.1685-92); e, enfim, o Indice dei nomi, de Luca Baranelli (p.1695-714).

Entre os escritos políticos do pós-guerra, o mais conhecido é o já citado *Política e cultura*, nascido pela fecunda relação entre Bobbio e Campagnolo.[291] Nas páginas iniciais, Bobbio lembra, de fato, que os ensaios lá reunidos

> [...] talvez [...] não tivessem nascido – é meu dever reconhecê-lo – se não me tivesse sido dada a ocasião pela minha assídua participação na vida da Sociedade Europeia de Cultura, que colocou o diálogo entre os seus princípios constitutivos, e ao seu promotor e organizador, o amigo Umberto Campagnolo, desejo exprimir a minha gratidão pelo exemplo de honestidade intelectual e de firmeza nas ideias diretivas que ele constantemente me ofereceu nesses anos.[292]

O próprio Bobbio reuniu em volume alguns ensaios dedicados a temas específicos, frequentemente motivados por intervenções militantes, desenvolvidas desde o pós-guerra, paralelamente às investigações sobre a teoria do direito. Os trinta anos entre 1970 e 2000 foram caracterizados, no plano internacional, pelo equilíbrio do terror ligado ao risco do holocausto atômico e, depois, por uma série de guerras locais que continuam ainda hoje, assim como, na Itália, por uma crise política sem precedentes que desembocou nos vinte anos de governo Berlusconi: eventos que oferecem, infelizmente, um amplo material empírico para as análises tanto sobre a guerra e a paz quanto sobre a decadência da democracia. Bobbio interveio com frequência e energia tanto nos debates sobre essas guerras quanto sobre o atrofiar da democracia italiana nos vinte anos de Berlusconi. O Capítulo 6 apresenta uma síntese dessas temáticas.

3.8.4. As apostilas

A atenção de Bobbio para com os estudantes e sua rigorosa concepção da profissão de docente fizeram que ele preparasse apostilas para quase todos os seus cursos, também para aqueles ministrados nos anos difíceis do final da guerra. Serviram-lhe de base as notas tomadas por alguns competentes estudantes, depois revisadas minuciosamente por ele. O texto definitivo era depois mimeografado para estar disponível em tempo para os exames. O fato de que hoje nem sempre é fácil encontrar essas apostilas se deve a essa função instrumental, porque algumas não eram comercializadas e, de qualquer

---

291 Baldassare Pastore. Bobbio e Campagnolo: l'inizio di un dialogo intellettuale. In: Zaccaria Pastore. *Norberto Bobbio*, op. cit., p.93-116.
292 Bobbio, *Politica e cultura*, op. cit., p.58.

forma, nem todas as bibliotecas jurídicas tinham informações sobre sua existência.

As apostilas dos cursos universitários são exposições concebidas por Bobbio como obras unitárias. Todavia, somente em alguns casos as pressões externas o induziram a abandonar a roupagem simples das "apostilas" mimeografadas, destinadas aos estudantes, para a forma áulica do livro impresso, destinado ao grande público. É emblemático o caso da origem colombiana da já relembrada *Teoria geral do direito*, de 1993 (cf. 3.8.2). Em 1996, as apostilas sobre o positivismo jurídico foram reimpressas, e o organizador, Agostino Carrino, relembra, na premissa, "as contínuas insistências com as quais foi vencida a resistência de Norberto Bobbio, muito relutante em dar seu consentimento a essa nova edição de seu antigo livro".[293] Em 2012, foram republicadas as apostilas de 1953, de maneira impressa, sobre a *Teoria della giustizia* [Teoria da justiça].[294] Em todos esses volumes – hoje impressos ou então mimeografados – pode-se constatar o alto nível de amadurecimento a que chegavam esses textos "para uso dos estudantes", textos, porém, que Bobbio não queria publicar como livros.

O seguinte elenco – não exaustivo! – das principais apostilas, frequentemente impossíveis de se encontrar, documenta o assunto dos cursos de filosofia, tanto jurídica como política, dados por Bobbio ao longo dos anos.

– *Lições de filosofia do direito*, reunidas pelos estudantes P. Antonelli e G. Chiesura. Pádua-Bolonha: Gruppo fascisti universitari-La Grafolito, 1941, 267p.

– *Lições de filosofia do direito*, reunidas por Giulio Pasetti Bombardella. Pádua: Gruppo fascisti universitari, 1942, 189p.

– *Lições de filosofia do direito para uso dos estudantes*. Turim: Giappichelli, 1945, 224p.

– *Origens do jusnaturalismo moderno e o seu desenvolvimento no século XVII*, lições oferecidas pelo professor Norberto Bobbio na Universidade de Pádua, no ano escolar 1945-46. Pádua, Litografia Tagliapietra, 1946, 267p. (edição não comercializada para uso interno dos estudantes).

---

293 Agostino Carrino, Premessa alla nuova edizione. In: Bobbio, *Il positivismo giuridico*. Turim: Giappichelli, 1996, p.VII. Na edição brasileira não consta essa premissa. Bobbio, *O positivismo jurídico – Lições de filosofia do direito*. Compilada por Nello Morra. Trad. Márcio Pugliesi/Edson Bini/Carlos E. Rodrigues. São Paulo: Ícone, 2006, 239p.

294 Bobbio, *Teoria della giustizia. Lezioni di filosofia del diritto, 1953*. Prefácio de Gregorio Peces-Barba. Turim: Aragno, 2012, XVII-143p. Reproduz as apostilas mimeografadas: Bobbio, *Teoria della giustizia. Appunti delle lezioni di filosofia del diritto a cura degli studenti*, [1953], 191p.

– *Teoria da justiça*, notas das aulas de Filosofia do Direito, organizadas pelos estudantes. Turim [1953?], 191p. (somente na Biblioteca do Centro de Estudos Piero Gobetti, Turim).

– *O positivismo jurídico*, lições de Filosofia do Direito, reunidas pelo dr. Nello Morra. Turim: Cooperativa Libraria Universitaria Torinese, [1961], 324p.

– *O positivismo jurídico*, lições de Filosofia do Direito, reunidas pelo dr. Nello Morra. Turim: Giappichelli, 1996, 258p. (com uma Premissa à nova edição de Agostino Carrino).[295]

– *Lições sobre o positivismo jurídico*, ano acadêmico 1963-1964, [Instituto de Filosofia do Direito], Roma, 1964, 63p. (publicação dos capítulos 3 e 4 do curso de Filosofia do Direito sobre *O positivismo jurídico*, oferecido em Turim, no ano acadêmico 1960-1961, reunidas pelo dr. Nello Morra e publicadas pela Cooperativa Libraria Universitaria Torinese).

– *Teoria da justiça. Lições de filosofia do direito, 1953*, prefácio de Gregorio Peces-Barba. Turim: Nino Aragno, 2012, XVII-143p.

– *Teoria do ordenamento jurídico*, lições oferecidas pelo professor Norberto Bobbio e reunidas pelos estudantes L. Borgi, C. V. Sarasso, G. Witzel, impresso em 6 de junho de 1955 [...]. Turim: Giappichelli, 1955, 246p.[296]

– *O problema da guerra e as vias da paz*, lições de Filosofia do Direito oferecidas pelo professor Norberto Bobbio, no ano acadêmico 1964-1965, reunidas pelas alunas Nadia Betti e Marina Vaciago. Turim: Cooperativa Libraria Universitaria Torinese, 1965, 276p.[297]

– *O problema do poder. Introdução ao curso de ciência da política*, lições do professor Norberto Bobbio, reunidas por Iliana Secchieri. Turim: Cooperativa Libraria Universitaria Torinese, 1966, 91p.

– *Sociedade e Estado: de Hobbes a Marx*, curso de Filosofia Política, ano acadêmico 1972-1973 [Norberto Bobbio e Michelangelo Bovero]. Turim: Cooperativa Libraria Universitaria Torinese, 1973, 261p.

– *A teoria das formas de governo na história do pensamento político*, curso de Filosofia Política, ano acadêmico 1975-1976. Turim: Giappichelli, 1976, 212p.

---

[295] Ed. brasileira: *O positivismo jurídico – Lições de filosofia do direito*. Trad. de Márcio Pugliesi, Edson Bini, Carlos E. Rodrigues. São Paulo: Ícone, 2006, 239p. (N. T.)

[296] Essa apostila está parcialmente traduzida no Brasil como: Bobbio, *Teoria do ordenamento jurídico*. Trad. Maria Celeste Cordeiro Leite dos Santos. Rev. Claudio De Cicco. Brasília: UnB, 2006. 184p. (N. T.).

[297] Essa apostila está parcialmente traduzida no Brasil como: Bobbio, *O problema da guerra e as vias da paz*. Trad. Álvaro Lorencini. São Paulo: Editora Unesp, 2003. 181p. (N. T.).

Uma investigação adicional poderia descobrir outras apostilas. As elencadas até agora, no entanto, demonstram com qual rigor Bobbio desempenhava sua atividade de docente.

3.8.5. Dos volumes aos artigos: o *site* sobre Bobbio

A esta altura, para aprofundar ainda mais o estudo de Bobbio, é necessário passar dos livros e das antologias para os ensaios individuais. Voltamos assim às bibliografias indicadas no começo do tópico 3.8, em particular à insubstituível *Bibliografia degli scritti di Norberto Bobbio. 1934-1993*, de Carlo Violi, de 1995, que, porém, elenca quase mil dos cinco mil títulos dos escritos de Bobbio.

Para os escritos sucessivos a 1993, é necessário, no entanto, confiar nos índices das revistas, dos *sites* especializados, dos catálogos – informatizados ou em fichas – de cada biblioteca e, para os artigos de jornal, nos arquivos de cada jornal. Por exemplo, *La Stampa*, de Turim, digitalizou todos os anos de 1867 até hoje, permitindo assim o acesso não apenas às indicações bibliográficas, mas também aos textos escritos por Bobbio ou referentes a Bobbio, publicados nesse jornal.[298]

A esses materiais se acrescenta um instrumento informático particularmente importante para as pesquisas sobre Bobbio. O Centro de Estudos Piero Gobetti de Turim, detentor do arquivo pessoal e da biblioteca profissional de Bobbio, desde 2012 – ano em que acabaram os eventos em homenagem ao centenário do nascimento de Bobbio, iniciadas em 2009[299] – organiza um amplo projeto para a difusão em rede dos escritos de Bobbio. Do *site* do Centro de Estudos Piero Gobetti (www.centrogobetti.it), por meio do pequeno título "Norberto Bobbio" se acessa o setor dedicado aos escritos de Bobbio (http://www.erasmo.it/gobetti/biblioteca.html). Nesse *site*, o "Arquivo" contém o inventário *on-line* dos documentos de Bobbio, aos quais se acrescentam três coletâneas de escritos: a "Biblioteca profissional" de Bobbio (isto é, os títulos dos livros que constituíram sua biblioteca particular), a "Bibliografia dos escritos" de Bobbio (isto é, os livros e os artigos escritos

---

[298] Cf. o *site* www.lastampa.it/archivio-storico/.

[299] Sobre o começo dessa atividade, ver a relação ao Comitê nacional, com a qual Gastone Cottino concluiu as "Celebrações do centenário do nascimento de Norberto Bobbio" (Turim, 9 jan. 2013: http://www.librari.beniculturali.it/opencms/opencms/it/comitati/comitati/comitato_167.html). Sobre o começo do projeto de digitalização, cf. também Losano, La bibliografia di Norberto Bobbio su Internet. In: *Sociologia del diritto*, XXVI, 1999, n.2, p.157-67.

por Bobbio, dos quais se pode baixar o texto) e a "Bibliografia dos estudos" sobre Bobbio, que permite ler a literatura secundária sobre Bobbio. Por meio desse *site* é possível, portanto, acessar cerca de cinco mil títulos, dos quais cerca de três mil estão livres de *copyright* ou autorizados pela família Bobbio.[300] Os escritos remanescentes ainda protegidos pelos direitos autorais, por sua vez, embora digitalizados, não podem ser disponibilizados para o público, mas no futuro também se tornarão livremente consultáveis, à medida que se livrarem do vínculo do *copyright*.

Este guia à leitura, necessariamente incompleto, conclui a introdução biobibliográfica à obra de Bobbio. Os próximos capítulos aprofundam alguns aspectos característicos do pensamento de Bobbio no campo da teoria jurídica (capítulos 4 e 5) e da teoria política (capítulos 6 e 7).

---

300 O endereço direto da página web da bibliografia de Bobbio é http://www.erasmo.it/gobetti/default3.asp. Dessa página, clicando sobre o símbolo do labirinto com a palavra "Bibliografia", se acessa a página http://www.erasmo.it/gobetti/f_catalog.asp, que permite procurar os textos digitalizados por título, ano de publicação, língua, gênero, sujeito. Identificado o escrito, a ficha indica as várias formas de disponibilidade dele. Naturalmente, a página de busca e algumas estruturas do *site* poderão passar por variações ao longo do tempo.

Segunda parte
Bobbio e a filosofia do direito

4
Os temas jurídicos fundamentais de Bobbio

4.1. As três virtudes do Bobbio estudioso: diálogo, clareza, compreensão

A partir deste momento, afastamo-nos da biografia cultural de Bobbio, em que se desenvolve a narração sobre seus escritos segundo a sucessão dos eventos históricos, e passamos a examinar alguns aspectos de seu pensamento, ligados, no começo, à teoria do direito (neste e no capítulo seguinte, dedicados respectivamente ao positivismo jurídico e ao funcionalismo no direito na obra de Bobbio) e, depois, à teoria da política (nos capítulos 6 e 7, dedicados respectivamente a um quadro geral da ciência política de Bobbio e ao tema da laicidade, particularmente caro para Bobbio).

Todos esses temas e todas as obras de Bobbio apresentam uma "marca de fabricação" inconfundível tanto na argumentação teórica quanto na formulação estilística, que podemos sintetizar em três conceitos: diálogo, clareza e compreensão.

Em cada faceta da atividade de Bobbio está presente o desejo de *entender e se fazer entender*. Ele mesmo formulou assim a lei fundamental de sua atividade intelectual: "Aprendi a respeitar as ideias dos outros, a parar diante do secreto de cada consciência, a entender antes de discutir, a discutir antes de condenar".[1] É a retomada (não saberia dizer até que ponto consciente) do

---
1 Bobbio, Prefácio de novembro de 1963 a *Italia civile*, op. cit., p.8.

princípio atribuído a Baruch Spinoza: "*Non flere, non indignari, sed intelligere*".[2] A partir dessa dupla atitude – que reflete as duas faces da mesma medalha – decorrem sua *abertura ao diálogo* como instrumento insubstituível da convivência civil e do progresso do conhecimento, e sua procura extenuante pela *clareza* no debater e no escrever.

A clareza é a primeira e imediata característica dos textos de Bobbio. De fato, vale para ele também a afirmação atribuída a Ortega y Gasset, que nos leva àquele Husserl ao qual o jovem Bobbio dedicou a sua tese em filosofia: "Quando Ortega escreveu a *Meditación de la técnica*, estava em contato com a fenomenologia de Husserl havia anos. Com ela aprendeu, entre outras coisas, que a profundidade não devia estar em desacordo com a clareza: '*La clarté est la politesse du philosophe*'",[3] costumava dizer,[4] parafraseando o ditado "*la ponctualité est la politesse des rois*".[5] Em Bobbio, a clareza não é um presente da natureza, mas sim uma conquista: comparando-se os trechos retirados de suas teses (citados nos próximos parágrafos) com os textos do Bobbio maduro, nota-se quanto esforço ele fez para passar da complicada linguagem filosófica de marca neo-hegeliana à clareza de estilo anglo-saxônica de seus escritos maduros. E a clareza das argumentações é o pressuposto para o diálogo e a compreensão.

O diálogo não é possível sem compreensão recíproca: é necessário entender o interlocutor e, portanto, predispor-se a ouvi-lo; mas precisa também fazer-se entender pelo interlocutor e, portanto, perseguir a *própria* clareza como elemento indispensável no diálogo: inclusive no diálogo com aquele interlocutor desconhecido e silencioso que é o leitor. A clareza, a compreensão e o diálogo são exercícios fundados sobre a razão. Por isso, talvez seja útil precisar que a compreensão, no sentido entendido por Bobbio, é a compreensão racional, não a emocional.

Não é, em suma, compreensão útil para o diálogo, a compreensão romântica e intimista, como a descreve admiravelmente Amiel em seu *Journal intime*:

> Entender as coisas significa ter estado dentro das coisas e depois ter saído delas; portanto, precisamos de aprisionamento e depois de libertação, de ilusão e depois de desilusão [*engouement et désabusement*]. Quem está ainda tomado

---

2 Não chorar, não praticar a ira, mas compreender. (N. T.)
3 A clareza é a forma de polidez do filósofo. (N. T.)
4 Pascal Chabot, *Les philosophes et la technique*. Paris: Vrin, 2003, p.129.
5 A pontualidade é a forma de polidez dos reis. (N. T.)

pelo encanto e quem não foi tomado pelo encanto são incompetentes. Conhece-se bem apenas aquilo em que antes se acreditou e depois se julgou. Para entender, é necessário ser livre, mas não ter sido livre sempre. [...] Entender é mais difícil que julgar, porque significa entrar objetivamente nas condições do que é, enquanto julgar significa simplesmente emitir uma opinião pessoal.[6]

Essa é a compreensão emocional, descrita por Amiel; a compreensão racional consiste, por sua vez, em entender para emitir um juízo.

O diálogo não é um fim em si mesmo, mas deve servir para entender; e apenas depois de ter entendido, pode-se condenar; aliás, tem que ser feito, se o contraste entre as duas posições for insolúvel. Para o filósofo militante, a compreensão, adquirida pelo diálogo entre adversários e pela clareza dos argumentos, é um instrumento de luta, não um anestésico: ao filósofo militante não se aplica o ditado *"Tout comprendre c'est tout pardonner"*.[7]

A compreensão não pode se transformar nem em perdão, nem em aceitação. Dialogar não significa abdicar; compreender não significa justificar. Bobbio foi um filósofo do diálogo, mas também militante: comprometeu-se ao máximo em compreender os argumentos do adversário, mas com a finalidade de chegar a um *redde rationem*[8] que lhe permitisse aceitar ou rejeitar os argumentos dos outros. Dois casos específicos dessa atitude compreensiva são representados pela mudança de direção de Bobbio em relação à fenomenologia de Husserl, a qual ele inicialmente aceitou e depois rejeitou, e do positivismo de Kelsen, do qual inicialmente foi adversário e depois, defensor.

A procura pela clareza levantou, porém, um obstáculo imprevisto quando Bobbio enfrentava seus interlocutores. O instrumento principal de esclarecimento, em Bobbio, é a definição dos conceitos e, portanto, também a redefinição dos termos em uso, para evitar que problemas de terminologia sejam considerados problemas filosóficos.[9] À rigorosa definição dos termos, seguia uma igualmente rigorosa definição dos conceitos e, nesse caminho, desenvolvia-se a argumentação de Bobbio. Exatamente aqui se verificaram as maiores incompreensões, porque Bobbio usava o termo em sentido (re)definido

---

[6] Henri-Fréderic Amiel, *Journal intime*, apud Basil Hall Chamberlain, *Things Japanese*. Londres: Murray, 1902 (4.ed.), na abertura do volume.
[7] Compreender tudo é perdoar tudo. (N. T.)
[8] Ajuste de contas. (N. T.)
[9] Visto que a crítica de Kelsen à concepção imperativista da norma se baseia "em uma definição restrita de 'comando'", Bobbio comenta: "Ainda mais uma vez se observe quanta importância têm, nestas disputas, as definições iniciais e, portanto, o quanto estas questões são questões terminológicas" (p.106).

por ele, enquanto o interlocutor o entendia no sentido corrente. Suas argumentações, por isso, acabavam tomando direções divergentes. São exemplares desse *"desencuentro"* seja o debate sobre a analogia, que será apresentado no tópico 4.4, seja o debate sobre a guerra justa, apresentado no tópico 6.5.

4.2. Os anos universitários: Bobbio crociano

A vocação intelectual de Bobbio se manifesta já em seus primeiros escritos acadêmicos, isto é, nas duas teses e nos livros imediatamente posteriores dedicados aos mesmos temas, sem que fossem, porém, reproduções dessas teses anteriores. Essa diversidade resulta clara comparando as diferentes impostações das teses e dos livros seguintes: é um tema ao qual já se fez referência, mas que agora é possível retomar e aprofundar.

As duas teses, até agora inéditas, serão ilustradas em breves sínteses acompanhadas por citações: a tese de filosofia do direito, de 1931, mostra um Bobbio de 22 anos, ligado à filosofia idealista ensinada à época (e explica também sua originária distância de Kelsen), enquanto a tese sobre Husserl, de 1933, testemunha a sua forte vocação filosófica. As duas teses concluem sua carreira de estudante, enquanto os dois livros – publicados ambos em 1934 – marcam, logo em seguida, o começo da sua carreira acadêmica. Visto que Bobbio tinha decidido se dedicar ao ensino da filosofia do direito, os dois textos impressos se destinam ao concurso para a livre docência na Faculdade de Jurisprudência e são, portanto, dirigidos a temas jurídicos, mesmo conservando uma sólida impostação filosófica. Esta última resulta, ao contrário, dominante nas duas teses.

4.2.1. A primeira tese de 1931 sobre *Filosofia e dogmática do direito*

O título da tese de 1931, *Filosofia e dogmatica del diritto* [Filosofia e dogmática do direito],[10] recorda um tema que Bobbio, em 1950, definirá "não inusitado", porque o problema das relações da filosofia do direito com a

---

10 Texto inédito, ASUT: "Regia Università di Torino / Tesi di Laurea in Filosofia del Diritto / *Filosofia e dogmatica del diritto* / Chiar.mo Prof. Gioele Solari / Torino, Giugno 1931-IX – Norberto Bobbio, 295p.". Ambas as teses constam de páginas datilografadas de um lado só, com pequenas correções manuscritas. Na p.295: "Índice – primeira parte: A filosofia do direito como filosofia. Capítulo 1. Introdução. 2. O positivismo crítico e a filosofia do direito. 3. O neokantismo e a filosofia do direito. 4. O idealismo e a filosofia do direito. – Segunda parte: A jurisprudência como ciência. 5. Posição do problema. 6. Referências históricas. 7. O neokantismo e a ciência formalista.

ciência do direito (e, em particular, com a teoria geral do direito) é "um daqueles problemas de escola sobre os quais se detêm geralmente os filósofos do direito novatos, uma espécie de tema obrigatório no *curriculum* universitário dos filósofos do direito".[11] Gioele Solari confiou ao novato Bobbio esse tema clássico.

Em sua tese, Bobbio se propõe afirmar a autonomia teorética da filosofia do direito em relação à jurisprudência, superando, em primeiro lugar, o positivismo clássico, que concebia a filosofia como uma síntese das ciências particulares. O neokantismo lhe oferece o instrumento para esta crítica: "O novo criticismo chegava a essa diferenciação entre filosofia e ciência que o positivismo, totalmente concentrado no próprio método, não reconhecendo realidade diferente a não ser o dado, não tinha podido aferrar. Reconheceremos em seguida o excesso oposto da nova escola".[12] A filosofia do direito de marca neokantiana debate dois problemas: "*o problema lógico* ou problema do conceito do direito, e *o problema deontológico* ou problema da ideia do direito"; Bobbio se concentra sobre o primeiro problema, isto é, sobre a "atormentada questão das relações entre filosofia e ciência",[13] para chegar, depois, às relações entre filosofia do direito e ciência jurídica.

Por conseguinte, organiza sua tese em duas partes: na primeira, identifica A *filosofia do direito como filosofia*, na segunda, A *jurisprudência como ciência*, em que "'jurisprudência' me parece que tenha de ser entendida no sentido em que a entende Bergbohm, isto é, como equivalente da 'teoria geral do direito'".[14] Em ambas as partes dessa primeira tese é central o exame crítico do neokantismo, do qual Bobbio destaca "as incertezas, as incongruências, as hesitações", sem contar "seu mais acentuado mal-entendido e voluntário afastamento da filosofia de Kant", origem de "uma não suprimível

---

8. O idealismo e as ciências particulares. – Terceira parte: Filosofia e ciência nas suas relações: 9. [sem título]". (Sobre o neokantismo: p.59-94; 187-221.)

11 Bobbio, *Filosofia del diritto e teoria generale del diritto*, agora em: *Studi sulla teoria generale del diritto*, op. cit., p.27.

12 Bobbio, *Filosofia e dogmatica del diritto*, op. cit., p.62.

13 Ibid., p.65.

14 Visto que nega "a distinção entre ciência e filosofia", para Bergbohm "filosofia do direito e teoria geral coincidem, ou seja, não tem outra filosofia do direito a não ser a assim chamada filosofia do direito positivo, e a filosofia do direito positivo não é nada mais que a teoria geral do direito" (Bobbio, *Studi sulla teoria generale del diritto*, op. cit., p.31-2). Bobbio faz referência a Karl Bergbohm, *Jurisprudenz und Rechtsphilosophie. Kritische Abhandlung*. Leipzig: Duncker & Humblot, 1892, XVI-566p.

incapacidade para resolver os problemas propostos".[15] Do neokantismo, Bobbio critica a falta de superação dialética do dualismo de forma e conteúdo: "O neokantismo, em sua particular ramificação na filosofia do direito, na Itália, voltou-se de forma pura para Kant, opondo-se categórica e conscientemente à doutrina hegeliana".[16]

Bobbio faz referência, no entanto, ao neo-hegelianismo, chegando assim ao Croce da *Lógica* e dos *Princípios de filosofia do direito*:

> Superando o positivismo dogmático e o pretenso absolutismo da ciência, superando o neokantismo e a pretensa aprioridade do direito, tratava-se de reconhecer os limites da pesquisa científica, estabelecendo as tarefas e avaliando os resultados dela; não mais estendê-la para além de suas possibilidades, mas sim considerá-la na limitação do seu irremediável empirismo. Essa nova tendência tinha sido lançada pela lógica de Croce: o problema, em suma, tinha sido colocado a partir das suas verdadeiras bases pela distinção crociana entre conceitos puros e pseudoconceitos.[17]

Em conclusão, "superando os problemas científicos do positivismo e os problemas filosóficos do neokantismo, seguimos a filosofia idealista neo-hegeliana".[18]

Na segunda parte da tese, Bobbio "tentou liberar a ciência do direito, que é Ciência particular, do jugo dos sistemas, dos problemas e das exigências filosóficas aos quais foi submetida e pelos quais quase foi sufocada, especialmente durante o neokantismo"[19] e pôde, assim, enfrentar a terceira parte, que constitui a superação das anteriores:

> Se, nas primeiras duas partes, procuramos examinar os dois problemas de uma filosofia do direito e de uma ciência do direito como dois problemas distintos, indicando as últimas tendências e as últimas soluções, debruçando-nos especialmente na vertente neokantiana como a que, repudiando o positivismo dogmático, chamou a atenção para os problemas que ainda hoje são vivos e urgentes, e aceitando a doutrina do idealismo que, devolvendo autonomia e consciência plena à filosofia, encaminhou hoje o nosso problema para soluções

---

15 Bobbio, *Filosofia e dogmatica del diritto*, op. cit., p.191-2.
16 Ibid., p.78.
17 Ibid., p.221.
18 Ibid., p.242.
19 Ibid., p.242.

mais enérgicas e para posições mais seguras, agora a nossa pesquisa se deve direcionar, a modo de conclusão, à consideração unitária dos dois problemas, com o fim de pôr em evidência quais devem ser as relações entre filosofia e jurisprudência, mencionando brevemente o modo no qual elas foram colocadas e a quais debates deram origem, e contribuir, de qualquer forma, àquele tão desejado esclarecimento dos desentendimentos, derivados quase sempre de equívocos e mal-entendidos entre filósofos e juristas.[20]

Em extrema síntese, o percurso da tese em Direito de 1931 se desenrola, portanto, entre a filosofia e o direito.

Visto que, depois de 1949, Bobbio foi o principal defensor na Itália da teoria pura do direito de Hans Kelsen, é útil aprofundar os argumentos com que, nessa sua primeira tese, Bobbio critica o neokantismo e, portanto, a doutrina kelseniana que se funda sobre essa corrente filosófica.

A crítica ao neokantismo: na evolução das concepções jusfilosóficas na França e na Alemanha, Bobbio examina "qual é o conteúdo específico da ciência do direito"[21] e constata que, na Alemanha, "a ciência jurídica acabava em um rígido formalismo justificado, depois, pela filosofia neokantiana de Stammler e de Kelsen".[22] Na Alemanha, a dogmática do direito "abandonou a pura e simples interpretação da lei" e procurou "uma visão mais livre [...] para chegar ao sistema", de forma que "a dogmática do direito, primeira entre as ciências sociais, iniciou uma lenta mas progressiva sistematização dos próprios dados, superando o momento simplesmente crítico e interpretativo do próprio material".[23] Essa é, portanto, "uma ciência dos princípios ou ciência geral; e esta foi a teoria geral do direito que, justamente, foi considerada a nova filosofia do direito".[24] "Dogmática e teoria geral, ciência particular e ciência geral do direito representaram o grande esforço e o trabalho duro dos juristas alemães da segunda metade do século XIX."[25] "O fim era obter uma cada vez maior perfeição no esclarecimento e na estabilidade dos conceitos; o que não se percebeu foi que a precisão nunca seria absoluta, e a universalidade nunca seria alcançada."[26]

---

20 Ibid., p.244-5.
21 Bobbio, *Filosofia e dogmatica del diritto*, op. cit., p.149.
22 Ibid., p.150.
23 Ibid., p.151.
24 Ibid., p.153.
25 Ibid., p.153.
26 Ibid., p.154.

Ao examinar essa época fecunda do pensamento alemão, Bobbio manifesta uma forte apreço pelo Jhering pandectista,[27] porque nele "os problemas introdutórios da jurisprudência são colocados e discutidos com clareza e perspicácia".[28] A jurisprudência "revela, mas não produz direito", "é construção de uma matéria jurídica absolutamente nova, não de novo direito; em suma, é um desenvolvimento não do direito, mas sim da jurisprudência; não da realidade jurídica – perante a qual a jurisprudência é impotente –, mas sim do material jurídico". Em Jhering, "é notável [...] a presença sempre viva e sentida da história e de seu contínuo devir; Jhering quer que na construção científica do direito nunca se perca de vista a pesquisa histórica".[29] Em conclusão, "a obra de Jhering permanece como uma primeira tentativa de determinar a técnica da construção dos conceitos jurídicos; mas é ainda, entretanto, uma descrição empírica, e não uma crítica filosófica".[30]

Nesse "fervor de estudos jurídicos realmente construtivos", a filosofia do direito alemã pretende retomar os "primeiros princípios do direito",[31] isto é, à teoria geral do direito, fundamentada por Adolf Merkel (1836-1896). O neokantismo se propunha a submeter essas construções generalizantes à crítica filosófica: "A nova filosofia faz referência a Kant, e serviu para legitimar, em termos filosóficos, a tendência formalista da jurisprudência. A filosofia do direito neokantiana na Alemanha teve, justamente, esta precisa função, fazer uma crítica da ciência do direito".[32] Rudolf Stammler (1856-1938) "foi o defensor mais conhecido dessa distinção entre a ideia do direito (*Rechtsidee*) e o conceito do direito (*Rechtsbegriff*), que foi muito eficaz na Itália também".[33]

Enfim, "a doutrina de Kelsen conduziu às extremas consequências esse formalismo de suposta derivação kantiana".[34] À sua doutrina, o jovem Bobbio dedica apenas uma referência muito sumária: a realidade sociológica

---

27 Rudolf von Jhering, *L'esprit du droit romain dans les diverses phases de son développement*. Paris: Maresq, 1877, v. III, p.60 (apud Bobbio, p.154, nota 1). Também Bobbio, *Filosofia e dogmatica del diritto*, op. cit., p.155-9; em particular faz referência a Jhering, v. III, p.49-50, 50 e 6; depois, na p.157, a Jhering, v. III, p.301-14.
28 Bobbio, *Filosofia e dogmatica del diritto*, op. cit., p.155.
29 Ibid., p.157.
30 Bobbio, *Filosofia e dogmatica del diritto*, op. cit., p.159.
31 Ibid., p.159.
32 Ibid., p.161.
33 Ibid., p.162.
34 Ibid., p.163 e nota, citando Kelsen, *Hauptprobleme*; entre os discípulos italianos de Kelsen, Bobbio cita Orazio Condorelli, Il rapporto fra Stato e diritto secondo il Kelsen. In: *Rivista internazionale di filosofia del diritto*, 1923, p.307 e ss., e Alfredo Bartolomei, *Le ragioni della giurisprudenza pura. Prolusione letta il 29 gennaio 1912*. Nápoles: Alvano, 1912, 41p.: "foi o mais coerente intérprete do

"não pode dar nenhuma explicação do que seja o ordenamento jurídico se não se faz referência a um *Sollen,* a um dever ser que é o conceito do Estado; essa separação conduz a tal consequência que não é mais possível algo que não seja um exame da norma isolada em seu puro valor lógico: a norma se torna, ela mesma, o dado a ser investigado, o pressuposto da pesquisa científica em sua abstração. A jurisprudência se torna, portanto, ciência formalista por excelência; a *Allgemeine Rechtslehre* tende ser absorvida em uma '*Reine Rechtswissenschaft*', em bases especulativas".[35]

Bobbio não se detém especificamente sobre Kelsen porque o envolve na crítica negativa mais geral do neokantismo. Neste último, no ato de resolver o problema lógico "sobre a justificativa e sobre a avaliação da ciência do direito", aparecem "as incertezas, as incongruências, as hesitações da escola", "um mal-entendido mais acentuado e voluntário afastamento da filosofia de Kant" e, portanto, "uma irrefreável incapacidade de resolver os problemas propostos".[36] Mais especificamente, o "problema angustiante da nova filosofia" foi "o separar a tarefa da filosofia da tarefa da teoria geral".[37] Nesse contexto, Bobbio se pergunta: "é possível, e como é uma teoria pura do direito?".[38] Para Bobbio, os neokantianos – e Kelsen com eles – dão uma resposta errada à questão: "O problema do direito em Kant foi um problema totalmente ideal, nem podia ser de outra forma; o problema central dos neokantianos foi, por sua vez, exclusivamente lógico; eles, em suma, derivaram de Kant não a doutrina do direito, que não lhes interessava, mas sim a crítica do conhecimento que, da esfera da experiência, em geral, levaram especificamente para a experiência jurídica".[39] "Os neokantianos, ao examinar a experiência jurídica, elevaram os conceitos do direito a categoria"; entretanto, não "adicionaram a ela um capítulo que antes faltava", mas "distorceram o seu sentido preciso".[40] A essa filosofia, que lhe parece estéril, o jovem Bobbio prefere o neoidealismo de Croce e Gentile, então dominante na Itália.

Essa visão da filosofia do direito está presente também nos primeiros livros acadêmicos de Bobbio, que são decisivamente antiformalistas: "Eu era,

---

criticismo na filosofia do direito" e manteve "a distinção entre ser e dever ser" (Bobbio, *Filosofia e dogmatica del diritto*, op. cit., p.210-2).

35 Ibid., p.163-4.
36 Bobbio, *Filosofia e dogmatica del diritto*, op. cit., p.191-92.
37 Ibid., p.192.
38 Ibid., p.196.
39 Ibid., p.197-8.
40 Ibid., p.200.

então, mais um antikelseniano que um não kelseniano",[41] escreverá em 1992, e por isso, anos depois, apresentará como uma "conversão" a sua aproximação à teoria pura do direito de Kelsen.

4.2.2. O livro de 1934 sobre Ciência e técnica do direito

O livro de 1934, *Scienza e tecnica del diritto* [Ciência e técnica do direito],[42] dirige-se aos juristas, embora esteja animado por um genuíno espírito filosófico. Ele enfrenta "o problema da relação entre filosofia do direito e jurisprudência"[43] e distingue "a direção teorética pura que dá origem à ciência e a direção teorético-normativa que dá origem à técnica".[44] Sobre essa distinção, Bobbio funda, em 1942, a sua teoria das fontes e, em particular, dos costumes (cf. tópico 4.5).

No mundo acadêmico, já era aceito que a jurisprudência fosse uma ciência, mas a discussão foi retomada "por uma longa tradição de problemas mal colocados e de perguntas mal formuladas". Bobbio reconduz aos juristas esse arrastar-se de um debate estéril, com palavras que não podiam certamente suscitar a sua benevolência: "a atmosfera de pedante serenidade intelectual que envolve o trabalho científico dos juristas" transforma os raciocínios filosóficos em "fórmulas vazias e estéreis, boas apenas para raciocínios inconclusivos", enunciados com "tom idílico e exclamativo".[45]

A solução geralmente aceita parecia consistir em definir a ciência jurídica como "ciência normativa", fórmula que Bobbio considera "um produto infeliz" da controvérsia.[46] De fato, essa definição mistura ("em vez de explicá-las") a atividade do teórico e a atividade do técnico, isto é, "o direcionamento para uma pura teoreticidade e o direcionamento para a utilizabilidade dos resultados teóricos para fins práticos".[47] Partindo exatamente dessa formulação, Bobbio distingue as ciências que prescrevem normas das que descrevem normas, com uma referência explícita a vários autores[48] (entre os quais, Kelsen, embora nesses anos Bobbio se considere um antikelseniano):

---

41 Bobbio, *Diritto e potere*, op. cit., p.5 (Prefácio).
42 Bobbio, *Scienza e tecnica del diritto*, op. cit.
43 Ibid., p.51.
44 Bobbio, *Scienza e tecnica del diritto*, op. cit., p.47.
45 Ibid., p.5.
46 Ibid., p.6.
47 Ibid., p.13.
48 A referência é a Windelband, que fala em ciências "nomotéticas", a Radbruch, que considera "ideográfica" a ciência jurídica (*Rechtsphilosophie*, 1932, p.119-20), a Somló, que fala de "ciência

"nenhuma doutrina então é mais oportuna que a de Kelsen para provar [...] que o conceito de ciência normativa, nas mais comuns aplicações à jurisprudência, é esvaziado de qualquer significado".[49] Na verdade, no uso habitual dos juristas, por "ciência normativa" se entende apenas uma "disciplina técnica", contraposta às ciências teoréticas. Mas "se a jurisprudência é ciência prática, qual ciência teorética pressupõe?".[50]

Ao responder o quesito "sobre a relação entre as ciências normativas e as ciências teoréticas, e sobre a dependência das primeiras em relação às segundas", Bobbio faz referência não apenas a Husserl, mas também a seu outro livro husserliano, que estava sendo publicado naquele mesmo ano de 1934,[51] e sobre o qual o item 4.3.2. retorna.

Bobbio rejeita tanto as referências metajurídicas ao direito natural ou à ética, quanto as sociológicas, e examina "a teoreticidade e a normatividade da jurisprudência não como uma única atividade dupla, mas sim como duas atividades distintas que dão lugar a duas séries de problemas diferenciados: aos problemas relativos à ciência do direito e aos relativos à técnica jurídica".[52] A exposição se divide, assim, nos dois capítulos que constituem o corpo dessa obra: um sobre *O caráter teórico da ciência jurídica*, o outro sobre *A função prática da técnica jurídica*.

Do ponto de vista teórico, "ciência jurídica" significa "formação e ordenamento dos conceitos jurídicos".[53] Os critérios segundo os quais ordenar os conceitos jurídicos podem seguir o método dedutivo (do qual o exemplo típico é a jurisprudência dos conceitos) ou o método indutivo (isto é, o método da história natural introduzido por Jhering), ou um caminho intermediário entre esses dois extremos. Para Bobbio, escapa "à dedução e à indução o ato teorético por excelência, isto é, a intuição intelectual [...] [que] queira remontar dos dados às essências".[54] Aparece aqui o conceito-chave de "essência": por meio dessa referência à intuição essencial, Bobbio volta àquele Husserl que foi um ponto de referência em seus anos de formação.

---

nomográfica" (*Juristische Grundlehre*, 1927, p.21), a Wundt, que distingue o ponto de vista explicativo do normativo (*Ethik*, 1886, p.1-2).
49 Bobbio, *Scienza e tecnica del diritto*, op. cit., p.9.
50 Ibid., p.11.
51 De Husserl, *Logische Untersuchungen*, Bobbio cita as p.30-50, e do seu *Indirizzo fenomenologico nella filosofia sociale e giuridica*, op. cit., cita as p.113-30.
52 Bobbio, *Scienza e tecnica del diritto*, op. cit., p.14.
53 Ibid., 22.
54 Ibid., p.26.

Portanto, a ciência do direito é para ele uma "ciência de essências" e, como tal, "se opõe às ciências dos fatos".[55] Ao expor essa tese, Bobbio contrapõe a jurisprudência formal à teleológica, remetendo por um lado a Kelsen e, por outro, a Jhering, do qual reconstrói o percurso intelectual em uma longa nota.[56] Para Bobbio, em conclusão, a "tarefa da ciência jurídica é a de fixar a essência dos fenômenos jurídicos que são relações entre homens e instituições de homens".[57]

Mas é possível que a ciência do direito "se transforme de ciência teorética em disciplina normativa"?[58] Como podem se transformar "as essências puras [de Husserl] em valores práticos"?[59] Dessa concepção filosófica parte a análise da aplicabilidade do direito, distinguindo uma "técnica normativa (formuladora de normas)" de uma "técnica interpretativa (explicadora de normas)".[60] A ciência jurídica estabelece "princípios necessários logicamente, que podem se transformar em princípios técnicos bons para alguns fins",[61] enquanto a técnica "obtém, dessas relações determinadas teoricamente, normas para guiar as ações".[62]

Então, o teórico deve "considerar o direito na sua pureza, na sua juridicidade", e "a ciência jurídica deve ser pura", isto é, "sem fins práticos"; "o direito puro é o direito considerado de um ângulo visual que é aquele estritamente jurídico".[63] Essa visão formal do direito possui um tom kelseniano, mas está ainda ligada a Husserl: "Forma do direito significa, em outras palavras, essencialidade jurídica" e falar de ciência jurídica significa "falar de uma ciência essencial do direito ou de uma ciência das essências jurídicas".[64]

Porém, dessa visão formal do direito faz parte também o conteúdo: "quando se fala de conceito, fala-se da forma de um conteúdo", e "enfim, do conteúdo passa a fazer parte, inequivocamente, também *o objetivo* do instituto".[65] Bobbio se detém sobre o debate entre a jurisprudência da forma e a do fim, sobre a comparação entre Kelsen e Jhering, sobre a diferença entre fim

---

55 Ibid., p.27.
56 Ibid., p.30-1.
57 Ibid., p.34.
58 Ibid., p.36.
59 Ibid., p.37.
60 Bobbio, *Scienza e tecnica del diritto*, op. cit., p.41.
61 Ibid., p.43.
62 Ibid., p.47.
63 Ibid., p.28-9.
64 Ibid., p.29.
65 Ibid., p.30.

jurídico (imanente, "essencial e não eliminável") e fim extrajurídico ("extrínseco e não essencial").⁶⁶ Basta lembrar aqui que essa atenção à finalidade, ao fim do direito, retornará décadas depois quando, ao lado da noção de estrutura do direito, Bobbio chamará a atenção *também* para a função do direito, tema ao qual é dedicado o Capítulo 5.

Do conjunto dessa exposição resulta a necessidade de manter distinto o momento teórico do prático: Bobbio convida a distinguir "entre o que tem valor essencial e é, portanto, passível de uma discussão rigorosamente teorética, e o que tem valor de oportunidade, e pode ser submetido certamente não à discussão sobre a sua verdade jurídica, mas apenas sobre a sua oportunidade legislativa", isto é, sobre a sua "eficácia normativa". Além disso, precisa ter em conta que "entre a exigência do sistema e a exigência da interpretação não existe um acordo perfeito".⁶⁷

Trata-se de duas esferas distintas: "O legislador faz leis práticas, não fixa conceitos; o seu ordenamento, o assim chamado ordenamento jurídico, que seria melhor chamar de legislativo, não é um ordenamento ou sistema de conceitos, mas sim um ordenamento ou sistema de comandos, cuja unificação em sistema, muitas vezes meramente ilusória, não é dada absolutamente por exigências lógicas, mas sim por interesses políticos".⁶⁸ Nesse sistema ilusório, existem lacunas práticas, não lógicas. "O pensamento teorético constata as lacunas, apontando-as ao interesse dos práticos", aos quais cabe a tarefa de resolver um problema prático, não teórico: colocando a teoria da completude do ordenamento jurídico entre os "problemas teoréticos inexistentes".⁶⁹ Bobbio antecipa o tema de sua pesquisa sucessiva: a pesquisa sobre a analogia (cf. tópico 4.4).

4.3. OS ANOS UNIVERSITÁRIOS: BOBBIO HUSSERLIANO

A progressiva concentração da atenção de Bobbio sobre o mundo jurídico aparece ainda mais clara quando se compara sua segunda tese, *A fenomenologia de Husserl*, ao livro sucessivo *L'indirizzo fenomenologico nella filosofia sociale e giuridica* [O endereço fenomenológico na filosofia social e jurídica].⁷⁰ Essa segunda tese nasce em uma Faculdade de Filosofia e se coloca integralmente

---

66 Ibid., p.29-34.
67 Ibid., p.49.
68 Bobbio, *Scienza e tecnica del diritto*, op. cit., p.21.
69 Ibid., p.21, nota 1.
70 Bobbio, *L'indirizzo fenomenologico nella filosofia sociale e giuridica*, op. cit.

no campo da filosofia teorética. Ela apresenta uma análise completa do pensamento de Husserl, sem aberturas ao mundo jurídico. De fato, começa explicando o pensamento de Husserl, tanto em sua gênese histórica quanto em seu contexto contemporâneo, e dedica depois, na primeira parte, sobre "A filosofia de Husserl", um capítulo a cada uma de suas obras principais (*Ideen* [Ideias], *Méditations cartesiennes* [Meditações cartesianas], *Logische Untersuchungen* [Investigações lógicas], *Formale und transzendentale Logik* [Lógica formal e transcendental]). Na segunda parte, sobre os "Problemas husserlianos", Bobbio examina uma série de aspectos específicos do pensamento de Husserl: primeiramente os *Problemas históricos* (nos capítulos "O platonismo de Husserl"; "Fenomenologia e criticismo"; "O neocartesianismo de Husserl"); depois os *Problemas críticos* (nos capítulos "A fenomenologia como filosofia e como ciência"; "O método científico"; "O problema metafísico"; "Fenomenologia e psicologia"; "O conhecimento do absoluto"). Enfim, na "Conclusão", resume em seis parágrafos a sua visão crítica da fenomenologia.[71]

Já o livro *O endereço fenomenológico na filosofia social e jurídica* direciona, desde seu título, os instrumentos conceituais husserlianos para "a filosofia social e jurídica". A primeira parte dedica um capítulo introdutório à "filosofia de Husserl" em geral, mas, nos dois capítulos seguintes, passa logo à filosofia social e à filosofia jurídica, em sua vertente fenomenológica. A segunda parte analisa "a ciência da sociedade e do direito" (Capítulo 4) e "a sociedade e o direito" (Capítulo 5) dentro do "sistema da fenomenologia".

Para acompanhar melhor essa evolução, convém examinar em primeiro lugar a segunda tese, inédita como a primeira, e depois o livro sobre a fenomenologia citado.

4.3.1. A segunda tese de 1933 sobre *A fenomenologia* de Husserl

Na introdução à sua tese em filosofia teorética, defendida em 1933,[72] Bobbio indica os objetivos de seu escrito:

---

[71] 1. A gênese absoluta de Husserl e a sua anti-historicidade. Princípios de uma crítica de Husserl; 2. As contribuições de Husserl para a filosofia contemporânea: a teoreticidade; interpretação deste primeiro motivo; 3. A subjetividade: o significado da intencionalidade; 4. Como a tese da teoreticidade desemboca no intelectualismo e a tese da subjetividade no psicologismo; 5. O ideal da ciência rigorosa: como a metafísica perseguida retorna e como também a ciência rigorosa se dispõe em "Weltanschauung"; 6. Impossibilidade da fuga do mundo e infecundidade do absoluto (Bobbio, *La fenomenologia di Husserl*, op. cit.).

[72] Texto inédito, ASUT: "Regia Università di Torino / Facoltà di Lettere e Filosofia / Tesi di Laurea in Filosofia Teoretica / *La fenomenologia di Husserl* / Chiar.mo Sig. Prof. Annibale Pastore /

Procuro, primeiramente, expor os pontos fundamentais da doutrina de Husserl, levando em conta a bibliografia alemã e francesa e, portanto, as discussões que foram feitas e as interpretações que foram dadas; em segundo lugar, colocar em evidência as aporias, às quais se direciona esta doutrina; a este trabalho [...] não me dediquei com intenções específicas de apologia ou de crítica, tendo-o concebido simplesmente como *"um esclarecimento para mim mesmo"* de fenômenos filosóficos contemporâneos.[73]

A moldura que contém esse "esclarecimento para si mesmo" é fornecida pela situação espiritual alemã, que Bobbio também tinha conhecido diretamente, durante a sua viagem para a Alemanha, em 1932: "Na Alemanha filosófica atual vai se compondo uma certa harmonia",[74] visto que, com a multiplicação dos sistemas filosóficos concorrentes, seguira-se uma fase reflexiva:

Voltavam, com honrarias, a ser considerados os filósofos dos séculos passados, e não apenas os maiores, cada um, por sua vez, apresentado como infalível precursor da nossa época ou como farol luminoso da modernidade tempestuosa. Como ponto firme de orientação, permanecera apenas Kant, com o método transcendental. Se quiséssemos, de fato, definir aproximadamente esse período, poderia se chamar de "neocriticismo". Mas já há alguns anos Kant também estava desaparecendo: ao grito de guerra da escola de Marburgo, que foi saudado como o princípio de um despertar filosófico: *"Zurück an Kant"* [voltar a Kant], fez-se eco já outro grito, repetidos em várias partes, e que é acolhido, por sua vez, como o princípio de uma nova orientação para a metafísica: *"Los von Kant"* [para longe de Kant].[75] Liberar-se de Kant significa escapar do jugo de uma filosofia fechada no problema do conhecimento.[76]

Torino, Novembre 1933, Anno XII – Norberto Bobbio, 357p.". Como a primeira tese de 1931 (cf. nota 10 deste capítulo), o texto é datilografado sobre um único verso com pequenas correções manuscritas. O índice é extenso demais (p.346-57) para ser reproduzido aqui.
73 Bobbio, *La fenomenologia di Husserl*, op. cit., p.11-12. Grifo de Bobbio.
74 Bobbio, *La fenomenologia di Husserl*, op. cit., Prefácio, p.2.
75 O autor de referência para esse abandono de Kant é Wust, Peter. *Die Auferstehung der Metaphysik*. Leipzig: Meiner, 1920, X-284p. Bobbio resenhou o seu *Ungewißheit und Wagnis* (Salzburg-Leipzig: Pustet, 1937, 317p.), em Temi di filosofia esistenziale, II: L'insecuritas humana. In: Rivista di Filosofia, 1942, n.4, p.208-14.
76 P.2-3. O lema "Los von Kant" vem de Wust, Peter. *Die Auferstehung der Metaphysik*, op. cit.

Ou seja, limitada à relação entre forma universal e conteúdo particular, entre sujeito e objeto.

O crepúsculo do neokantismo foi seguido por um convergir de pensadores para uma nova vertente que "tinha descoberto finalmente a pedra filosofal":[77] "Essa pedra filosofal do século XX é a *fenomenologia*; e o seu alquimista foi *Edmund Husserl*".[78] Segundo a lição deste último, "existem estruturas profundas nas coisas que permaneceram inexploradas, e são estruturas essenciais; existe um mundo de essências, ainda quase desconhecido, que está na base do mundo empírico dos fatos, para o qual, até agora, dirigiram-se apenas as pesquisas científicas. É necessário direcionar nosso segundo olhar para esse mundo de estruturas fundamentais",[79] isto é, o olhar da mente.

Bobbio se propõe a traçar um *status quaestionis*: os apoiadores da fenomenologia aumentam a cada dia, como também os escritos que nela se inspiram; os adversários a tratam quase sempre "com um tom reverente e obsequioso";[80] Husserl se torna, por isso, o representante de "uma época que se abre: a da fenomenologia e do método intuicionista", substituindo Kant, representante de "uma época que se encerra: a do criticismo e do método transcendental".[81] Na Itália, Annibale Pastore, com o qual Bobbio estava preparando a tese, "se ocupou da fenomenologia com atitude de crítico e desenvolveu uma interpretação relativista da intencionalidade de Husserl".[82]

Nesse ponto, a atenção de Bobbio se volta para o mundo filosófico italiano, no qual se deve introduzir a fenomenologia. Diferentemente da Alemanha, na Itália existiu – e ainda existia – "uma harmonia filosófica"[83] fundada sobre o pensamento de Croce e Gentile. Gentile conduziu "às últimas consequências a dialética hegeliana", deixando, dessa forma, "aparecer também sua fraqueza íntima", para que "os que não foram arrastados por um entusiasmo dogmático" percebam "um mal-estar interior que é o princípio da dúvida" quando descobrirem que "o pensamento dialético, o criador eterno, está demonstrando a sua intrínseca improdutividade". Por isso, a atenção se deslocou para os estudos fenomenológicos "e os jovens começam a se ocupar disso, um pouco por esnobismo, visto que Husserl está na moda, um pouco para testar o próprio cérebro, lidando com um pensamento que

---

77 Bobbio, *La fenomenologia di Husserl*, op. cit., p.3-4.
78 Ibid., p.4.
79 Ibid., op. cit.
80 Ibid., p.5.
81 Ibid., p.6.
82 Ibid., nota 1.
83 Ibid., p.7.

tem fama de ser particularmente hermético".[84] Sem dúvida, Bobbio se identifica com esta segunda categoria que pretende confrontar um sistema filosófico de "lendária dificuldade".[85]

Porém, o idealismo hegeliano continua sobrevivendo na Itália, se não mais como modo de pensar, pelo menos como modo de viver "fundado sobre o pressuposto teorético de que a essência da nossa vida espiritual seja um devir dialético".[86] A fenomenologia não tem condições de substituir o hegelianismo: "Quem vivenciou a experiência do hegelianismo não pode rejeitá-la pelo simples fato de a fenomenologia indicar ao seu olhar teorético o mundo das essências": de fato, "Husserl nunca nos indicou a passagem da verdade vista à verdade vivida".[87] Para o jovem Bobbio, a fenomenologia permanece, portanto, um mundo especulativo que não tem incidência na vida prática, e essa sua visão vivamente interessada, mas não isenta de dúvidas crescentes, explica por que, mais tarde, Bobbio se sentiu insatisfeito e a abandonou.

Começando com essas premissas, Bobbio aborda, detalhadamente, vários aspectos da produção científica de Husserl do ponto de vista exclusivamente filosófico, como era, de resto, inevitável em uma tese defendida na Faculdade de Filosofia. Embora Bobbio abandone, futuramente, a fenomenologia de Husserl, as sugestões críticas dessas páginas indicam as suas concepções tomando forma; e, visto que essas páginas são ainda inéditas, é útil examiná-las detalhadamente, considerando, entretanto, que as presentes notas visam reconstruir, em linhas gerais, o pensamento de Bobbio, e não aprofundar os argumentos pró e contra a fenomenologia por ele apresentados. As que seguem são, em suma, algumas notas sobre Bobbio, e não sobre Husserl.

É, de fato, impossível resumir e comentar aqui as cerca de trezentas páginas dessa tese, que analisam vários aspectos da filosofia de Husserl. Será necessário, portanto, contentar-se com o indicar a estrutura em que Bobbio organizou a matéria inteira, procurando iluminar com algumas citações a posição de Bobbio a respeito da filosofia de Husserl: o que é apresentado aqui, portanto, é pouco mais que um índice comentado da tese de 1933.

Bobbio, com 24 anos, aborda o pensamento de Husserl de um ponto de vista mais filológico que especulativo:

---

84 Ibid., p.9.
85 Ibid., p.13.
86 Ibid., p.10.
87 Ibid., p.11.

Deixo de lado o seu programa e as suas premissas de universalidade: ocupo-me, sobretudo, das suas contribuições particulares e da sua novidade não prometida, mas real. [...] Falando de si mesmo, Husserl se descreve como uma pessoa que não especula sobre uma nova Atlântida, mas vaga em um novo continente real.[88]

Viagem que "deve iniciar ele mesmo sozinho". Mais que uma viagem, é o programa de uma viagem. Mas essa indefinição não afasta Bobbio de seu objetivo: "Porém, mesmo com a certeza de que ele nunca poderá cumprir a viagem, podemos nos deter para considerar os preparativos desta, e estes, na sua problemática particular, têm um valor efetivo".[89]

Em relação à primeira tese de 1931, esta de 1933 apresenta uma estrutura mais articulada, com separações em partes, seções, capítulos e parágrafos. Na "Introdução", Bobbio situa Husserl nas correntes do pensamento contemporâneas a esse autor, para preencher a "grave lacuna" dos estudos anteriores sobre a fenomenologia, que consiste em "não ter esclarecido a origem histórica da doutrina de Husserl".[90] Somente assim "podem ser esclarecidas as perplexidades de ordem teorética que a fenomenologia nos suscita":[91] então, desde essas primeiras páginas, Bobbio esclarece que ele não é um defensor da fenomenologia. As raízes de Husserl devem ser procuradas em Franz Brentano e em sua concepção de psicologia, mesmo que depois essa não fosse mais compartilhada por Husserl: "A atmosfera geral é dada pelo movimento de rebelião ao positivismo; a influência imediata da psicologia de Brentano".[92]

Bobbio divide sua tese em duas partes. A "Primeira parte (A filosofia de Husserl)" periodiza a produção de Husserl e apresenta a fenomenologia como ciência do absoluto, analisando aprofundadamente a "obra de síntese e programática" *Méditations cartesiennes* [Meditações cartesianas], "que fecha o último período de atividade editada de Husserl"[93] e o período pré-fenomenológico desse autor.

Essa referência à "atividade editada" diz respeito "ao pesadelo do quase lendário peso das obras inéditas de Husserl, nas quais o mestre parece ter trabalhado durante anos com diligente aplicação, e das quais os iniciados que

---

88 Bobbio, *La fenomenologia di Husserl*, op. cit., p.326.
89 Ibid., p.327.
90 Ibid., p.15.
91 Ibid., p.16.
92 Ibid., p.37. De Brentano, Bobbio cita *La classificazione delle attività psichiche. Con appendice dell'autore e con prefazione e note del traduttore Mario Puglisi*. Lanciano: Carabba, 1913, 151p.
93 Bobbio, *La fenomenologia di Husserl*, op. cit., p.43.

puderam saborear algum trecho falam maravilhas (e o anunciam com satisfação voraz, que provoca inveja), sem determinar, aliás, a causa e o objeto específico da mesma".[94]

Bobbio se foca no "editado que, de qualquer forma, já é considerável",[95] e distingue duas fases, seguindo Werner Illemann:[96] uma fase pré-fenomenológica, em que Husserl se ocupa de psicologia (a obra de referência para essa fase são as *Logische Untersuchungen* [Investigações lógicas], de 1900-1901), e uma fase de fenomenologia propriamente dita, que "pula os contornos, evita dispersões prejudiciais, recolhe-se em um sulco mais profundo e se torna 'egologia transcendental'".[97] A obra de referência para a segunda fase é *Méditations cartesiennes* [Meditações cartesianas], de 1931. Bobbio aborda ambas as obras de maneira ampla.

A filosofia de Husserl, portanto, "não é um sistema definido, mas um pensamento em desenvolvimento".[98] Seu ponto-chave é a noção de *"epoché"*, "plano da existência absoluta, própria dos fenômenos da consciência; ficando cega ao olhar as coisas, ela conseguiu uma segunda visão que vê as essências e fixa o eterno".[99] Com esse conceito, a filosofia "distingue claramente dois mundos, *o mundo das coisas* que se impõem ao homem, e *o mundo da consciência* que dirige as coisas".[100] Por esse caminho, Husserl alcança uma "interiorização que implica o afastamento total do mundo e quer satisfazer a exigência de absoluto".[101]

Essa Primeira parte tem uma estrutura inusitada, porque contém duas conclusões, uma antes e outra depois de um Apêndice, colocado na metade da tese. Com a primeira Conclusão,[102] termina a exposição da "alma profunda de Husserl", isto é, do "radicalismo absoluto, esse anseio constante pela fundação de uma ciência universal em que todas as outras ciências

---

94 Ibid., p.40.
95 Ibid., p.40.
96 Illemann, Werner. *Die vor-phänomenologische Philosophie Edmund Husserls und ihre Bedeutung für die phänomenologische. Mit einer monographischen Bibliographie Edmund Husserls*. Emsdetten: Lechte, 1932, 85p. Dessa dissertação, existe uma edição impressa com o título menos complicado: *Husserls vor-phänomenologische Philosophie. Mit einer monographischen Bibliographie Edmund Husserl*. Leipzig: Hirzel, 1932, VIII-88p.
97 Bobbio, *La fenomenologia di Husserl*, op. cit., p.42-3.
98 Ibid., p.39.
99 Ibid., p.45.
100 Ibid., p.111.
101 Ibid., p.114.
102 Ibid., p.110-4.

encontrem o fundamento absolutamente primário dos próprios conceitos e dos próprios métodos".[103] No período pré-fenomenológico, nota Bobbio, Husserl se deixou dominar pelo ideal da *"mathesis universalis"*, identificando a cientificidade ao método matemático.[104] A segunda Conclusão[105] se encontra na metade do volume, depois do apêndice sobre os estudos lógicos de Husserl: somente com estes últimos "a fenomenologia pode ser colocada na luz certa e avaliada segundo a própria medida".[106]

A Segunda parte (Problemas husserlianos) está dividida em duas seções: a primeira, sobre os "Problemas históricos"; a segunda, sobre os "Problemas críticos".

> Na primeira, colocando a fenomenologia em contato com a história, procuraremos esclarecer o seu valor histórico por meio de discordâncias e afinidades, e então definir o seu sentido preciso. Na segunda [...] veremos não apenas as formas exteriores, mas também os defeitos e as virtudes [isto é] a tempestade das interpretações, das críticas das incertezas.[107]

Na Primeira seção sobre os "Problemas históricos", Bobbio passa das *Logische Untersuchungen* ao exame do princípio da imanência em Husserl, isto é, ao seu questionado "platonismo". Constata, depois, a "incomensurabilidade" entre a fenomenologia e o criticismo kantiano ("Considero um cansaço inútil a comparação entre Kant e Husserl [...]: é a tentativa de colocar duas caixas do mesmo tamanho, uma dentro da outra"),[108] comparando a avaliação

---

103 Ibid., p.112.
104 "Toda a filosofia de Husserl está construída como se no mundo não existisse nada além da matemática": Léon Chestov, Memento mori. À propos de la théorie de la connaissance d'Edmond Husserl. In: *Revue Philosophique de la France et de l'Étranger*, v. CI, 1926, p.5-62 (Bobbio cita: Munique, 1926, p.393).
105 Bobbio, *La fenomenologia di Husserl*, op. cit., p.165-8.
106 Ibid., p.42. À primeira Conclusão (p.110-4) segue um Apêndice sobre os estudos lógicos de Husserl (p.115-64), isto é, *Logische Untersuchungen* (fundamento da sua psicologia descritiva) e *Formale und transzendentale Logik*: "obras fundamentais, mas simplesmente programáticas" (p.115). Com elas, "destacada a diferença entre a psicologia e a lógica pura, Husserl se propõe determinar a essência e as tarefas da lógica pura", entendida como "ciência das ciências ou doutrina das ciências" (p.135), isto é, como *mathesis universalis*. Uma segunda Conclusão (p.165-8) fecha o Apêndice sobre os estudos lógicos de Husserl. Outra Conclusão (p.219-22) fecha a Primeira secção, "Problemas históricos", da Segunda parte, enquanto a tese integral tem a sua Conclusão nas p.322-45.
107 Bobbio, *La fenomenologia di Husserl*, op. cit., p.169.
108 Ibid., p.186-7.

da fenomenologia por parte do neokantiano Friedrich Kreis e a avaliação do neokantismo por parte do estudioso de fenomenologia, Wilhelm Reyer.[109]

Para concluir, examina três autores que influenciaram Husserl, como este mesmo admitiu: "Embora possa parecer estranho, vista a distância cronológica e mental, os três eleitos são Descartes, Bolzano e Brentano". Descartes influencia somente "as duas últimas obras" de Husserl que, portanto, "por razões cronológicas, não se tornaram ainda objeto de uma exegese particular".[110] Bernard Bolzano (o primeiro a pensar a lógica como doutrina das ciências) influencia a lógica de Husserl, assim como Brentano influencia a sua psicologia. Chegando à conclusão do exame das raízes históricas de Husserl, Bobbio conclui que, "em Husserl, ressoam motivos platônicos e o seu idealismo, não obstante as tentativas de evasão, é ainda sim um idealismo platônico",[111] de modo que o platonismo "permanece como o fundamento típico da fenomenologia".[112]

Na Segunda seção sobre os "Problemas críticos", Bobbio retoma o assunto já abordado na sua primeira tese de 1931: a distinção entre filosofia e ciência, aplicada, dessa vez, à fenomenologia.[113] Essa seção se abre com a reação dos contemporâneos diante das obras de Husserl, que "foi de chocante surpresa diante de uma obra que se apresentava tão confiante em si mesma, a ponto de deixar indecisos sobre a sua seriedade os que eram favoráveis, e indecisos sobre a sua novidade os que eram desfavoráveis: e esta ainda é a atitude dominante".[114] Diante das muitas questões levantadas pela literatura crítica sobre a fenomenologia, Bobbio coloca as suas: "Queremos agora fazer algumas destas perguntas a nós mesmos, para desenvolvê-las, quando se tratar de dificuldades fundamentais, e para reduzi-las a seus termos adequados, quando se trata de mal-entendidos".[115]

---

109 Friedrich Kreis, *Phänomenologie und Kritizismus*. Tübingen: Mohr, 1930, 68p.; Wilhelm Reyer, *Einführung in die Phänomenologie*. Leipzig: Meiner, 1926, X-465p. (Bobbio cita as p.139 e 189). Segundo Bobbio, Reyer "examina e desenvolve, um a um, todos os conceitos husserlianos" (p.46, nota 1), porém, a sua análise "é muito minuciosa, obtida por meio de uma excessiva multiplicação dos termos" (p.293, nota 2).

110 Bobbio, *La fenomenologia di Husserl*, op. cit., p.202.

111 Ibid., p.221.

112 Ibid., p.222.

113 A Segunda seção, "Problemas críticos" (p.223-345), contém cinco capítulos: 1. A fenomenologia como filosofia e como ciência; 2. O método científico; 3. O problema metafísico; 4. Fenomenologia e psicologia; 5. O conhecimento do absoluto.

114 Bobbio, *La fenomenologia di Husserl*, op. cit., p.223.

115 Ibid., p.226.

A fenomenologia pode ser entendida como metafísica ou como método científico. Em relação à fenomenologia como ciência, Bobbio identifica e analisa quatro problemas: "*a) O método da fenomenologia*: pesquisa sobre o valor e sobre os limites da ciência descritiva; *b)* a *solução metafísica*: esclarecimentos sobre a problematicidade dos conceitos de imanência e transcendência, de absoluto e relativo; *c)* a *fenomenologia e a psicologia*: esclarecimentos sobre o significado e sobre a função da fenomenologia diante das várias formas de psicologia; *d) o conhecimento do absoluto*: conclusão sobre o valor teorético da fenomenologia".[116] A cada um desses temas é dedicado um capítulo.

O ponto de chegada desses estudos do jovem Bobbio sobre Husserl está concentrado na ampla conclusão,[117] que, ilustrando seis áreas temáticas, fecha a Segunda seção, e também a tese:

1. A *anti-historicidade de Husserl*: nas pegadas do seu mestre, Annibale Pastore,[118] Bobbio afirma: "Para Husserl, não existe história do pensamento. [...] A história do pensamento é história de erros, de pensamentos sem fundamentos";[119] em suma, "Husserl é obtuso diante da história".[120] Além disso, Bobbio diferencia em Husserl a historicidade teórica daquela, por assim dizer, "vivida":

> Estas linhas orientadoras da filosofia husserliana, suspenso o julgamento sobre a sua maior ou menor novidade, são notáveis pela sua eficácia, e, quase diria, pela sua histórica tempestividade. Husserl, o anti-historicista, está bem plantado na história; ele ouviu as vozes de seu tempo, recolheu em um feixe as diferentes direções convergentes, leu nas atitudes diferentes, e assim deu forma às várias exigências, expressando-as nos dois fundamentais ideais que animam e direcionam o seu pensamento, a teoreticidade e a subjetividade, e em que propriamente transcende a fenomenologia como egologia transcendental.[121]

---

[116] Ibid., p.231-2.
[117] Cf. Bobbio, *La fenomenologia di Husserl*, op. cit., p.322-45.
[118] "A anti-historicidade de Husserl já foi assinalada por Pastore" (p.324). No começo da tese, Bobbio tinha lembrado que "o prof. Pastore em uma série de escritos recentes tratou da fenomenologia com atitude de crítico e desenvolveu uma interpretação relativista da intencionalidade husserliana" (p.6, nota 1).
[119] Bobbio, *La fenomenologia di Husserl*, op. cit., p.323.
[120] Ibid., p.324.
[121] Ibid., p.333.

2. A *teoreticidade* como contribuição de Husserl à filosofia de seu tempo, isto é, como "justa e eficaz reação" na Alemanha de então: de fato, "à multiplicidade das concepções metafísicas conflituosas, ele opôs uma absoluta falta de pressupostos metafísicos", isto é "o seu radicalismo completo";[122]

3. A *subjetividade*, caracterizada pela "intencionalidade": esta última "dá à consciência uma direção e um objeto" e a "enriquece continuamente de novas determinações";[123]

4. O pensamento de Husserl apresenta, todavia, elementos unilaterais, de modo que "surgem exigências contrastantes que mostram a insuficiência dele":[124] assim, o *intelectualismo* aparece como saída para a teoreticidade (a vida "é considerada exclusivamente no seu aspecto teórico e é resolvida em pura visão")[125] e o psicologismo como saída para a subjetividade ("Basta dar uma olhada na literatura fenomenológica: poderia ser confundida como um grande florescimento de estudos psicológicos").[126]

5. A *ciência rigorosa* – caracterizada pela "aridez metafísica" e pela já lembrada "obtusidade diante da história"[127] – é um programa (e não uma realização cumprida), o que permite ao pensamento de Husserl um regresso indesejado à metafísica e à visão individual do mundo (*Weltanschauung*).

6. O ponto final ("impossibilidade da *fuga do mundo e infecundidade do absoluto*")[128] refere-se à "fuga do mundo, à ascensão do absoluto, à saída dos parênteses fenomenológicos":[129]

> Portanto, o problema de Husserl é como garantir que nenhum conhecimento natural, seja científico, senso comum ou outro, entre em nossa investigação fenomenológica constitutiva. Na visão de Husserl, o que é necessário é algum procedimento que, por assim dizer, encerre todo o conhecimento natural, toda a "tese geral" e tudo o que é baseado nela. Tudo isso deve ser "posto fora de ação", estar "entre colchetes" [...]. O nome geral que Husserl dá a este procedimento de *"bracketing"* (*Einklammerung*) é *epoché* (grego: restrição, retendo: *Zurückhaltung*). Poucas noções filosóficas são tão controversas quanto

---

122 Bobbio, *La fenomenologia di Husserl*, op. cit., p.328.
123 Ibid., p.332.
124 Ibid., p.334.
125 Ibid., p.336.
126 Ibid., p.334-5, com correção manuscrita no original: de "confundir *com* um grande" para "confundir *como* um grande".
127 Ibid., p.337.
128 Ibid., p.322.
129 Ibid., p.343. É a *Einklammerung* da p.210.

o conceito de *epoché* de Husserl. Até certo ponto, o intenso debate sobre isso é causado pelo próprio Husserl.[130]

"O seu firme ideal no ser absoluto"[131] – é a consideração final de Bobbio – "o conduziu à vã e estéril justificativa teorética do absoluto", de modo que "a teoreticidade pura se torna teoreticidade vazia", torna-se, isto é, "a pura solução sem problema, a pura visão sem cores e tons de cor; portanto, não resolve nada e não vê nada".[132]

Nessas linhas finais da sua tese, Bobbio volta à imagem dos "parênteses fenomenológicos" para se distanciar do pensamento de Husserl, isto é, para sublinhar os aspectos que, por enquanto, não o convencem, mas que, afinal, o afastarão dessa filosofia: "O fato é que os parênteses existem; porém, não os colocamos nós, nós nos submetemos a eles: e eles não demarcam o começo do nosso saber, mas o limite. Toda a nossa vida, todo o nosso saber está fechado entre férreos e gigantescos parênteses insuperáveis. Esses parênteses em que Husserl fechou o mundo não são imaginários e a sua posição é uma exigência de todas as filosofias: a questão é que nós não estamos além deles, mas sim aquém".[133]

Em conclusão, essa tese não constitui a primeira versão do futuro livro sobre a fenomenologia, mas oferece, na verdade, o substrato cultural para esse escrito seguinte, no qual Bobbio conecta a fenomenologia aos problemas fundamentais do direito.

4.3.2. O LIVRO DE 1934 SOBRE *O ENDEREÇO FENOMENOLÓGICO*

O livro sobre Husserl de 1934 tem suas raízes ainda na Faculdade de Filosofia e, portanto, toma forma nele, inevitavelmente, a clássica filosofia do direito de um filósofo.[134] Bobbio dedica cerca de 130 páginas à fenomenologia husserliana em geral, e somente em umas vinte páginas do último capítulo examina a posição do direito dentro dessa concepção filosófica.[135] Já tinha decidido se dedicar à Filosofia do Direito e ambos os livros de 1934 deveriam ser apresentados nos concursos para essa cátedra.

---

130 Soren Overgaard, *Husserl and Heidegger on Being in the World*. Dordrecht: Kluwer, 2004, p.42.
131 Bobbio, *La fenomenologia di Husserl*, op. cit., p.342.
132 Ibid., p.343.
133 Ibid., p.344-5.
134 Bobbio, *L'indirizzo fenomenologico nella filosofia sociale e giuridica*, op. cit.
135 O capítulo V é intitulado *Il problema della società e del diritto nel sistema fenomenologico*, p.130-48.

A estrutura sistemática do escrito de Bobbio parte com a aplicação da filosofia de Husserl ao estudo da sociedade e ao direito, e se abre com uma síntese dessa filosofia, que inevitavelmente retoma os temas centrais já encontrados na segunda tese de 1933: o fundamento histórico na psicologia, a sua evolução e as linhas essenciais da fenomenologia. Nesse volume, Bobbio examina a aplicação dessa doutrina à filosofia social e jurídica segundo uma contraposição típica dessa fase inicial dos seus estudos: dedica, de fato, dois capítulos à *filosofia* social e jurídica e um capítulo à *ciência* da sociedade e do direito.

Visto que considera que "a compreensão do pensamento autêntico de Husserl [tenha] sido, em geral, insuficiente ou [tenha] sido desviada pelo confluir de outras tendências estranhas,"[136] sua atenção se concentra sobre os pensadores que "expressam um pensamento original": Max Scheler, na esfera social, e Adolf Reinach, na jurídica (que "expressam um pensamento original"); Theodor Litt, na esfera social, Felix Kaufmann e Fritz Schreier, na jurídica (que "indicam uma direção interessante"), todos eles, autores "sobre os quais se escreveu pouco na Alemanha e quase nada na Itália".[137]

O pensamento fenomenológico desses autores é aprofundado em relação à filosofia social. O personalismo de Max Scheler se baseia também em "postulados especulativos" ou em "pressupostos de tipo religioso, em primeiro lugar, o princípio de solidariedade, introduzido para justificar a união das pessoas, para fundar a sociabilidade".[138] A fenomenologia dialética de Theodor Litt é a base da "doutrina do Estado como integração", elaborada por seu aluno Rudolf Smend,[139] que para Bobbio era "uma construção artificial e obscura ainda programática,"[140] "uma fórmula mágica que encantou aos muito simples e aos muito complicados".[141] "Smend substancialmente encontra na doutrina social de Litt a matéria-prima para construir uma nova teoria do Estado, para opô-la à teoria dominante de Kelsen: mas o predominante interesse polêmico ainda não é proporcional a um resultado construtivo igualmente intenso."[142]

---

136 Bobbio, *L'indirizzo fenomenologico nella filosofia sociale e giuridica*, op. cit., p.4
137 Ibid., p.25.
138 Ibid., p.45.
139 Rudolf Smend, *Verfassung und Verfassungsrecht*. Munique-Leipzig: Duncker & Humblot, 1928, VIII-178p.
140 Bobbio, *L'indirizzo fenomenologico nella filosofia sociale e giuridica*, op. cit., p.59.
141 Ibid., p.60-1.
142 Ibid., p.59.

Nesse contexto, Bobbio lembra que a doutrina de Smend se afirmou na Alemanha "por razões políticas" e que essa era conhecida na Itália, "sobretudo, por meio do panfleto polêmico de Kelsen, *Der Staat als Integration. Eine prinzipielle Auseinandersetzung* [O Estado como integração: um confronto de princípio] (Wien, 1930)".[143]

Embora, nesse mesmo volume, Bobbio critique a doutrina de Kelsen, aqui ele reconhece que "a polêmica é conduzida por Kelsen com muita habilidade", e conclui:

> Kelsen, pensador claro e esclarecido, escapa de qualquer indeterminação de pensamento e de qualquer complicação terminológica, da qual, sobretudo, Smend, na sua insuficiente maturidade filosófica, se vangloria. Não parece um paradoxo dizer que Smend foi esclarecido justamente pelo panfleto polêmico de Kelsen.[144]

À filosofia jurídica se dirige, por sua vez, o capítulo três, dedicado à "volta radical e genuína a Kant,"[145] ou seja, ao neokantismo. Bobbio lembra "o estudo muito recente" e "conclusivo"[146] de Renato Treves, em que "a distinção entre solução gnoseológica e solução ontológica do direito na filosofia neokantiana é apresentada pela primeira vez com máxima clareza".[147]

A "teoria *a priori* do direito", de Adolf Reinach, pretende construir "ao lado da matemática pura e da física pura, uma *jurídica pura*, até agora não experimentada por ninguém".[148] Essa terminologia parece evocar a teoria pura do direito de Kelsen, à qual, porém, Reinach se contrapõe:[149] e, de fato, convém agora que nos detenhamos nas páginas intituladas "Fenomenologia e criticismo",[150] porque nessas Bobbio volta a Hans Kelsen, autor a quem nessa

---

143 Ibid., p.59, nota 1. O texto de Kelsen foi traduzido por Maria Agostina Cabiddu: *Lo Stato come integrazione*. Milão: Giuffrè, 2001, LXVII-182p.

144 Bobbio, *L'indirizzo fenomenologico nella filosofia sociale e giuridica*, op. cit., p.61, nota 1. Kelsen volta nas p.93-4 e, indiretamente, na longa nota das p.87-8, na verdade, um verdadeiro parágrafo dedicado a Fritz Sander, aluno de Kelsen, que se afastou dele gerando uma forte polêmica: "Um escritor que sai da escola de Kelsen e que se aproxima de Brentano e de Husserl e que, na última fase do seu pensamento, oferece muitas ideias para a compreensão de uma fenomenologia do direito" (p.87, nota 2).

145 Bobbio, *L'indirizzo fenomenologico nella filosofia sociale e giuridica*, op. cit., p.65.

146 Ibid., p.93, nota 1.

147 Ibid., p.66.

148 Ibid., p.71.

149 Cf. ibid., p.82-3.

150 Ibid., p.90-112.

fase rejeita com respeito, mas que futuramente lhe será uma referência. O ponto de ruptura entre as duas escolas é claro: "Os estudiosos de fenomenologia acusam os neokantianos de não saber colher, presos nas malhas de um pensamento demasiado construtivo, o significado profundo das coisas por meio do dado imediato".[151]

Bobbio constata que as polêmicas entre neokantianos e husserlianos, entre criticismo e fenomenologia, "representam, nestes anos, os dois polos opostos do pensamento filosófico alemão" e se detém sobre "dois discípulos de Kelsen, pertencentes à escola de Viena, Felix Kaufmann e Fritz Schreier, [que] se propuseram a reaproximar Kelsen a Husserl [...] tentando conciliar o que apareceu até então inconciliável: o *criticismo* da escola de Marburgo e a *fenomenologia*".[152]

Os pontos de contato entre Kelsen e Husserl são a luta contra o naturalismo e a afirmação da esfera transcendental *a priori*. Porém, Bobbio considera que "a filosofia de Husserl pode ser aproximada de uma doutrina formal, como é a de Kelsen, unicamente pela sua parte crítica e pelas suas pesquisas lógicas contidas nas *Logische Untersuchungen*".[153] Para ele, essa aproximação depende do fato de que Kaufmann e Schreier se limitaram ao primeiro Husserl, enquanto essa convergência termina quando as pesquisas se estendem a toda a produção husserliana.

Constatada, então, a incompatibilidade entre Husserl e Kelsen, nessa fase inicial da sua vida intelectual Bobbio opta por uma crítica nítida ao normativismo: "O equívoco das teorias normativas consiste em ter confundido duas pesquisas que têm objetos diferentes: a pesquisa sobre o fenômeno do *direito* e a pesquisa sobre o fenômeno da *lei*". Conceber o direito como norma significa perder de vista "o verdadeiro sentido do problema": de fato "reduzir o direito a sistema de normas [...] significa desconhecer a verdadeira natureza do direito, ignorar a pesquisa genuína e original, puramente teorética do direito; as doutrinas normativas teorizaram sobre o fato da lei, e não sobre o fato do direito, do qual a lei deriva a sua formulação". Desse jeito, os teóricos do direito, agindo como juristas, estudam "as leis que regulamentam as relações jurídicas [...] e não as relações jurídicas em si, independentes das leis nas quais estão contidas". Em suma, "considerar o direito como norma ou sistema de normas é um equívoco, do qual derivam as mais absurdas complicações e as mais vazias discussões; tornar o fato normativo do direito objeto de

---

151 Ibid., p.90.
152 Ibid., p.93.
153 Ibid., p.96.

pesquisa teorética e lhe atribuir o valor de uma pesquisa teorética do direito é um erro". O direito deve ser visto como fenômeno, e não como lei: "a lei vem depois, mas pode também não vir; e se vier, vem por razões extrateoréticas, que deixam intacto o fenômeno jurídico na sua essência". Portanto, estudar o direito do ponto de vista normativo "significa examiná-lo no seu elemento não essencial": "disso, deve-se compreender qual teria sido o absurdo de ter assumido como momento essencial do direito a normatividade".[154] Afirmações como essas permitem entender quanto o jovem Bobbio estaria não somente distante do normativismo kelseniano, mas também o quanto seria contrário a ele.

Um efeito prolongado desse interesse antiformalista de Bobbio se reencontra em 1964, no verbete de enciclopédia sobre o juiz Magnaud,[155] que eu havia citado em 2000 (também com uma referência a esse verbete de Bobbio) como uma espécie de nume tutelar dos cultores do direito alternativo e do uso alternativo do direito:

> Também na revista do movimento brasileiro [do direito alternativo], um ensaio é dedicado ao "bom juiz Magnaud", um dos símbolos do Movimento do Direito Livre;[156] e a sentença de Magnaud, que absolve uma mãe indigente por um furto de pão, abre uma coletânea de sentenças alternativas.[157, 158]

Essas poucas referências revelam que Bobbio, estudante universitário, estava predisposto, sobretudo, a uma abordagem filosófica dos problemas jurídicos. A primeira tese, também com Gioele Solari, embora defendida em uma Faculdade de Jurisprudência, apresenta essa impostação predominantemente especulativa. Mas, entre os anos de 1931 e 1934, ou seja, na fase entre os 22 e os 25 anos, o interesse cultural do jovem Bobbio tornava-se mais preciso, paralelamente à cada vez mais nítida individuação do campo

---

[154] Ibid., p.145-7.
[155] Bobbio, s.v. Magnaud Paul. In: *Novissimo Digesto Italiano*. Turim: Utet, 1964, v. X, p.49-50.
[156] Salo de Carvalho, O fenômeno Magnaud. In: *Revista de direito alternativo*, 1994, n.3, p.177-97. A primeira parte do artigo tem como ponto de referência a versão espanhola, intitulada Las sentencias del Buen Juez Magnaud, do livro de Paul Magnaud, *Les jugements du Président Magnaud*, réunis et commentés par Henry Leyret. Paris: Stock, 1900, XLVII-346p. A segunda parte do artigo analisa a relação entre o raciocínio jurídico de Magnaud e o Movimento do direito alternativo, com amplas referências também aos autores italianos que remetem ao uso alternativo do direito.
[157] Amílton Bueno de Carvalho, *Direito alternativo na jurisprudência*. São Paulo: Editora Acadêmica, 1993, p.50.
[158] Losano, *La legge e la zappa: origini e sviluppi del diritto alternativo in Europa e in Sudamerica*, op. cit.

para o qual direcionaria sua atividade futura. Em 1932, entre as duas graduações de 1931 e de 1933, insere-se a viagem para a Alemanha e, em 1934, o exame de livre docência: concluem-se, assim, os anos da aprendizagem e da procura pelo próprio caminho. Em particular, a decisão de prestar o exame de livre docência em Filosofia do Direito o condicionava a apresentar, para a prova, livros claramente relacionados a essa disciplina, isto é, elaborações em que a especulação filosófica estivesse fortemente conectada com os problemas jurídicos.

A escolha existencial pela filosofia do direito e a experiência da viagem para a Alemanha contribuíram para determinar o direcionamento das pesquisas de Bobbio e a explicar a sua progressiva transição dos temas predominantemente filosóficos das duas teses, que permaneceram inéditas, para os temas jurídico-filosóficos dos dois livros que marcaram o começo da sua carreira acadêmica.

Em relação aos escritos do Bobbio maduro, esses escritos acadêmicos e os dos anos imediatamente posteriores são rigorosamente técnicos e não deixam escapar nenhuma paixão política, cuja manifestação, de resto, não era aconselhável nesses anos, a não ser que fosse no sentido desejado pelo fascismo. Por isso, Bobbio "tinha se ocupado forçosamente de estudos politicamente assépticos" até o fim da guerra, quando pôde direcionar a atenção para temas como a democracia e a paz: "A história de minha vida de estudioso começa por aí".[159]

4.4. A ANALOGIA, REDUZIDA A TERMOS MÍNIMOS POR MEIO DA LÓGICA

A partir dos anos de ensino em Camerino, a atenção de Bobbio se afasta do estudo geral das relações entre sistemas filosóficos e direito, objeto das suas teses e dos escritos imediatamente seguintes, e concentra-se sobre a teoria geral do direito. Tanto o ensaio sobre a analogia, de 1938, quanto o ensaio sobre os costumes, de 1942, são sinais claros desse direcionamento que acompanhará Bobbio em sua atividade posterior como estudioso. Anos depois, ele próprio constatará: "Acredito que estamos todos de acordo em considerar os problemas, digamos, do costume, dos destinatários da norma jurídica, da *analogia* e do direito subjetivo como problemas de teoria geral do direito".[160]

---
159 Bobbio, *Diário de um século*, op. cit., p.163.
160 Bobbio, *Studi sulla teoria generale del diritto*, op. cit., p.5. Grifo meu.

Considerando retrospectivamente essas duas obras da sua "pré-história", Bobbio estende sobre elas o véu de seu típico eufemismo, iniciando seu interesse pela teoria geral do direito com a crítica a Carnelutti, de 1949, mesmo que, "querendo ser mais preciso, a temas de teoria do direito, na verdade, eu tinha dedicado as duas principais monografias escritas nos meus anos de aprendizagem".[161] O volume sobre a analogia, ao contrário – "a mais desenvolvida entre as [suas] monografias dos anos de 1930"[162] –, fez de Bobbio "o maior escritor italiano sobre a matéria";[163] tampouco o volume sobre o costume foi menos importante, como veremos agora.

Em particular, o volume sobre a analogia ocupa um lugar de destaque na produção do Bobbio jusfilósofo, não apenas pela originalidade e o rigor da argumentação, mas também pela dupla importância do seu conteúdo, tanto como contribuição à cultura jurídica da época em que foi publicado quanto como antecipação dos futuros desenvolvimentos do pensamento de Bobbio, então com 29 anos.[164] No momento da sua publicação, de fato, esse escrito propunha uma teoria limitativa do uso da analogia no direito, em contraste com a tendência geral da época, que alargava aquele uso por razões práticas e políticas. Porém, nas décadas seguintes, a exegese desse texto trouxe à luz também os primeiros indícios de elementos lógico-deônticos e analítico-filosóficos desenvolvidos depois pelo Bobbio maduro: indícios sobre os quais voltaremos ao final deste item.

O tema da analogia sempre foi um nó central para os juristas, visto que ela é o instrumento para preencher as lacunas do ordenamento.[165] Mas, com

---

161 Bobbio, Premessa. In: *Contributi ad un dizionario giuridico*, op. cit., p.XVI.
162 Cf. Paolo Grossi, *Introduzione*. In: Bobbio, *La consuetudine come fatto normativo*, op. cit., p.XI.
163 Giuliano Vassalli, s.v. Analogia nel diritto penale. In: *Novissimo Digesto Italiano*. Turim: Utet, 1957, v. I, p.607.
164 Bobbio, *L'analogia nella logica del diritto*. Turim: Istituto Giuridico della Regia Università, 1938, 216p. Hoje está disponível uma nova edição: Bobbio, *L'analogia nella logica del diritto*, organizado por Paolo Di Lucia. Milão: Giuffrè, 2006, XXI-283p. As citações no texto são retiradas dessa última edição e são indicadas com o número de página da edição de 2006. O ensaio introdutório de Paolo Di Lucia (Analogia: Norberto Bobbio nella logica del diritto, p.1-22) é precedido por um Prefácio de Luigi Ferrajoli, p.XI-XXI. Importante também o Contributo bibliografico 1498-2006 sobre a analogia, de Paolo Di Lucia e Alessandro Olivari, p.239-67. O organizador colocou um título para cada parágrafo do texto de Bobbio, retomando os títulos que na edição de 1938 aparecem apenas no índice. Cf. também o Capítulo 1, nota 162.
165 Cf., por exemplo, Punzi (org.). *Metodo, linguaggio, scienza del diritto*, op. cit. – os ensaios de Paolo Di Lucia, L'analogia in Norberto Bobbio, p.101-14, e de Paolo Heritier, L'analogia, settanta anni dopo, p.221-48. O ensaio de Ugo Pagallo, Bobbio a Padova. La natura dei fatti normativi alle prese con il fenomeno dell'entanglement, p.328-51, é dedicado inteiramente à análise do livro de

isso, transfere-se o problema para o plano do ordenamento, do qual se pergunta se está completo ou não, isto é, se é ou não um sistema com as características da unidade, da completude e da não contradição. Bobbio examina a questão da completude do ponto de vista da lógica e conclui que, do ponto de vista formal, um "ordenamento é sempre completo, também sem analogia", enquanto do ponto de vista real "o ordenamento é sempre incompleto, não obstante a analogia": "A realidade é que, enquanto o problema da analogia é apenas um problema lógico, o problema das lacunas é essencialmente um problema político, e, como tal, não se resolve com as discussões lógicas, mas com as reformas práticas".[166] Portanto, Bobbio, como teórico do direito, propõe-se a examinar a analogia pelo simples ponto de vista lógico.

"A relevância e os limites da contribuição metodológica" de Bobbio para a analogia, antes da fase madura do seu pensamento iniciada no pós-guerra, foi objeto de um atento estudo de Patrizia Borsellino, segundo a qual

> [...] a contribuição não consistiu tanto em propor, com referência aos diversos problemas da analogia, soluções ainda hoje convincentes e aceitáveis, quanto, pelo contrário, em enfrentar o problema que tem caráter prejudicial ou preliminar em relação aos outros problemas, isto é, o problema da estrutura do procedimento analógico.[167]

Ou seja, Bobbio construiu "um modelo", "um esquema, uma estrutura que reproduz, de forma simplificada, um fenômeno ou um procedimento real". Esse modelo "pode resultar útil, seja de um ponto de vista cognitivo, para representar melhor o fenômeno ou o procedimento, seja de um ponto de vista prático-operativo, para permitir uma avaliação e eventualmente uma modificação desse modelo".[168]

Em Bobbio, o tratamento da analogia se conecta aos resultados das suas análises anteriores. Partindo da distinção entre atividade teórica e atividade técnica do jurista, ou seja, entre conhecimento e exegese das normas, Bobbio

---

Bobbio sobre a analogia. Manuel Atienza, *Sobre la analogía en el derecho. Ensayo de análisis de un razonamiento jurídico*. Madri: Civitas, 1986, 187p., considera o pensamento de Bobbio "el punto de partida de este trabajo" (p.43), mesmo se não "completamente satisfactorio" (p.69).

166 Bobbio, *L'analogia nella logica del diritto*, op. cit., p.185.
167 Borsellino, *L'analogia nella logica del diritto: un contributo di Norberto Bobbio alla metodologia giuridica*, op. cit. As frases citadas estão na p.4-5, enquanto o tema do "modelo" é retomado nas p.37-9. Segundo a autora, não se pode dizer que esse modelo "forneça uma adequada descrição das operações efetivamente realizadas pelos juristas" (p.38).
168 Borsellino, *L'analogia nella logica del diritto*, op. cit.

aborda esta última, isto é, a atividade interpretativa. As ditaduras europeias, que nesses anos podiam contar com um consenso difuso, tendiam a se libertar da sujeição positivista ao texto da norma e a privilegiar a atividade criativa dos juízes. A "Escola do Direito Livre" teorizava essa orientação, que acabava caindo no arbítrio, como veremos ao final deste item na crítica de Bobbio às reformas penais soviética e nacional-socialista.

Sobre essa escola, Bobbio já tinha se manifestado negativamente em sua primeira tese: "A distinção que realmente conta é a entre lei e ciência"; portanto, é necessário distinguir "entre a atuação e a cognição da lei, entre o direito que se faz (direito como lei) e o direito que se conhece (direito como ciência)". Da inobservância dessa distinção nasceram "duas tendências absolutamente infecundas", uma das quais é "a dogmática livre".[169] Mas, para Bobbio, "uma dogmática sem dogmas não tem sentido", porque "o conceito de criação é incompatível com o de ciência: a dogmática livre, portanto, não é mais ciência, mas sim fonte do direito".[170]

Bobbio constrói a sua teoria da analogia para salvaguardar a certeza do direito e o Estado de direito. Para alcançar esse objetivo liberal, ele ancora a analogia à lei e recusa a função criativa do intérprete: a sua analogia é *analogia legis*, e não *analogia iuris*. Em um escrito posterior, Bobbio lembra que, no uso moderno, o termo *analogia iuris* é substituído por "princípios gerais do direito" (salvo no direito canônico) e esclarece que, "diferentemente do par 'interpretação extensiva – analogia', em que o nome diferente encobre um procedimento lógico idêntico, no par *'analogia legis –analogia iuris'* o mesmo nome encobre dois procedimentos lógicos diversos".[171]

Partindo de tais premissas, Bobbio não pretendia se ocupar nem dos problemas especulativos da interpretação nem de seus usos políticos; propunha-se, na verdade, a analisar a interpretação analógica "na sua natureza de procedimento lógico e, portanto, observada no seu funcionamento, diria quase no seu mecanismo". O título do volume exprime inequivocamente essa delimitação: *L'analogia nella logica del diritto* [A analogia na lógica do direito]. Nesse sentido, Bobbio pode se reconectar a uma longa tradição, todavia esquecida: "O objetivo deste trabalho se encontra, sobretudo, em rever algumas dessas fórmulas e, portanto, em tirar o problema do abandono".[172]

---

169 Bobbio faz referência a Hermann Kantorowicz, *La lotta per la scienza del diritto*. Milão: Sandron, 1908, 162p.
170 Bobbio, *L'analogia nella logica del diritto*, op. cit., p.236 e 238.
171 Bobbio, s.v. Analogia. In: *Novissimo Digesto Italiano*, op. cit., p.605.
172 Bobbio, *L'analogia nella logica del diritto*, op. cit., p.26.

Essa abordagem explica também a estrutura do volume, que se abre retomando, na ampla parte intitulada *Storia dell'analogia giuridica* [História da analogia jurídica], essa tradição abandonada, que deve "deixar sentir as dificuldades do problema, e pode então servir, simplesmente misturando as velhas ideias, para suscitar dúvidas e, por meio das dúvidas, encaminhar a pesquisa para um exame teórico adicional e mais meditado".[173] Esse exame é realizado na parte sobre a *Teoria dell'analogia giuridica* [Teoria da analogia jurídica], que compara o raciocínio analógico na filosofia com aquele desenvolvido no direito. Bobbio se opõe tanto à concepção de Gentile e dos seus discípulos, segundo a qual a lógica do abstrato deverá ser superada pela lógica do concreto, quanto às objeções de Guido Calogero,[174] que enquadra o raciocínio do juiz segundo a lógica aristotélica, concluindo que o silogismo do juiz não permite chegar à verdade. Bobbio argumenta que o alcance da verdade depende da verdade das premissas, e não do procedimento dedutivo do silogismo, que parte dessas premissas; portanto, é um problema de substância, e não de forma. O silogismo não pretende "induzir a considerar substancialmente verdadeiro o que é apenas formalmente válido".[175]

Bobbio se propõe a estudar apenas a forma do raciocínio por analogia. O psicologismo inerente à verdade das premissas (Calogero) ou a dialética do abstrato e do concreto (Gentile) são diferentes da lógica do raciocínio, que tem sua estrutura e os seus limites. Esperando o apuramento da verdade das premissas ou da dissolução do abstrato no concreto, Bobbio conclui: "não queremos, por isso, nos privar de fazer a nossa pesquisa de lógica formal".[176] Enfim, a consciência da natureza formal do raciocínio analógico exige uma delimitação precisa dos resultados até os quais esse raciocínio pode chegar. Por isso, o volume acaba com a parte dedicada a "I cosiddetti limiti dell'analogia" [Os assim chamados limites da analogia]. Trata-se de "limites de natureza lógica, ou seja, internos e não externos" e, em consequência, "o raciocínio por analogia, assim como qualquer outro raciocínio, não se submete a outras regras, a não ser às que governam a sua estrutura lógica".[177]

A análise de Bobbio distingue a analogia como instrumento lógico da analogia em sentido amplo, isto é, distingue o que, por brevidade, poderíamos

---

173 Ibid., p.31.
174 Uma análise das teses de Calogero em relação às de Bobbio se encontra em Riccardo Guastini, *Completezza e analogia. Studi sulla teoria generale del diritto italiano del primo Novecento*. In: "Materiali per una storia della cultura giuridica", VI, 1976, p.570-5.
175 Bobbio, *L'analogia nella logica del diritto*, op. cit., p.110.
176 Ibid., p.114.
177 Ibid., p.189.

chamar de uso rigoroso e uso instrumental da analogia. Superando as críticas observadas um pouco antes, Bobbio coloca no mesmo plano o raciocínio analógico na lógica e no direito. A essência desses dois raciocínios "consiste no fato que, de dois termos unidos por uma relação de semelhança, é obtida uma conclusão: então o elemento decisivo do raciocínio é a *semelhança* [...] e não a identidade, como é próprio dos outros raciocínios".[178] Essa característica "extremamente variável"[179] garante que o raciocínio por analogia se apresente como um raciocínio complexo e possa seguir um procedimento tanto dedutivo (baseado em uma verdade de razão) quanto indutivo (baseado em uma verdade de fato). Esse é "redutível ao raciocínio silogista comum", isto é, "não é um tipo de raciocínio, mas apenas uma formulação típica com a qual se pode revestir qualquer raciocínio".[180]

Para chegar à conclusão necessária de um raciocínio analógico é necessário que a semelhança (conceito relativo e, portanto, mutável) seja aceita em um significado muito preciso: é necessário descobrir a "proposição universal subentendida",[181] a "lei geral de validade do raciocínio por analogia".[182] Por esse caminho, Bobbio define o raciocínio analógico como um "raciocínio de certeza", enquanto os lógicos tendem a considerá-lo um raciocínio de probabilidade, definindo-o, portanto, como uma indução imperfeita. Bobbio encontra, assim, uma dupla possibilidade:

> ou se verifica a lei da validade, e então o raciocínio é válido; o que equivale a dizer que se a analogia não é perfeita e o raciocínio não está correto, não se verifica uma analogia imperfeita, mas sim uma analogia falsa, ou seja, uma não analogia, e o raciocínio se torna não um raciocínio provável, mas sim um raciocínio ruim.[183]

Muitos equívocos e abusos no recurso à analogia descendem do apresentar como analogia o que na verdade é "uma analogia falsa, ou seja, uma não analogia".

As medidas para tornar correta a analogia lógica "adquirem um significado particular e relevância concreta na doutrina da analogia jurídica",

---

[178] Ibid., p.116. Grifo de Bobbio.
[179] Ibid., p.114.
[180] Ibid., p.122.
[181] Ibid., p.124.
[182] Ibid., p.125.
[183] Ibid., p.127.

quando "se pretende regulamentar um caso não previsto recorrendo à regulamentação prevista pela lei para um caso parecido". Em um contexto em que o fundamento do ordenamento jurídico é a certeza, não pode encontrar aplicação uma concepção probabilística da analogia como a afirmada pelos lógicos: "Probabilidade equivale a arbítrio".[184] Em vez disso, a construção de Bobbio pretende evitar o arbítrio, especialmente "a pior espécie de arbítrio, que é o arbítrio travestido de legalidade. Se fosse suficiente a semelhança, sem uma determinação particular, para justificar a atribuição de uma consequência jurídica a um caso não previsto, o intérprete encontraria sempre uma semelhança para justificar uma interpretação arbitrária, e, em última análise, para introduzir no ordenamento uma conclusão talvez contrastante com as premissas do sistema legislativo".[185] Não basta, portanto, que duas situações sejam genericamente similares, mas é necessário que tenham em comum uma "razão suficiente", tanto na lógica quanto no direito.

A "razão suficiente", essencial para que a analogia jurídica seja perfeita, é a *ratio legis*. Bobbio não se contenta com as definições vagas dos juristas (por exemplo, o brocardo *ubi eadem ratio, ibi eadem juris dispositio*), mas desenvolve um cuidadoso trabalho de elucidação terminológica. Conectando mais uma vez a análise filosófica com a jurídica, ele esclarece que nesse contexto "a palavra *ratio* é usada com o mesmo significado que na expressão filosófica 'razão suficiente'; e que, por isso, *ratio legis* não significa nada mais que *razão suficiente da lei*".[186] A razão suficiente de qualquer ente é aquela que garante que este seja o que é; fato que, aplicado à lei, traz à fórmula de Donello: a *ratio legis* "é aquela pela qual a lei foi promulgada, e sem a qual não seria promulgada".[187]

Se, portanto, duas situações são similares no sentido ora indicado, a aplicação da analogia a tais situações é uma questão de justiça, porque a analogia "não tem apenas um fundamento lógico", "mas também uma justificativa ética". Aqui se encontra uma formulação do valor da justiça que acompanhará Bobbio também na sua longa atividade de filósofo político e militante: a justiça como igualdade. "A situações similares, pertencentes à esfera de eficácia do mesmo motivo", isto é, da mesma *ratio*, devem ser conectadas "as mesmas consequências". Desse modo a analogia, "absorvendo o caso

---

184 Ibid., p.129.
185 Ibid., p.130.
186 Ibid., p.135. Grifo de Bobbio.
187 Ibid. A *ratio legis* é "id propter quod lex lata est, et sine quo lata non esset" (Donello, *Commentarii*, I, cap.13, n.9).

não previsto na regulamentação do caso similar", faz que esse "não escape da rigorosa e exigente lógica da justiça". Em outras palavras, "a analogia não faz nada mais que contribuir com o princípio de igualdade, no qual se coloca e se resolve o problema da justiça no seu sentido originário e genuíno, expresso já por Aristóteles".[188]

Verificada a *ratio legis*, o jurista dispõe de um instrumento que pode (mas não necessariamente deve) garantir-lhe a certeza da conclusão à qual leva o seu raciocínio. De fato,

> a possibilidade abstrata do raciocínio por analogia como raciocínio correto não implica uma certeza igual no resultado concreto, de modo que o que determina a verdade do resultado é a própria matéria, na qual o pensamento opera: agora, toda a matéria em que se exerce a atividade jurídica é matéria histórica, portanto, esfera do questionável.[189]

De fato, Bobbio adota uma concepção historicista do direito e recusa, portanto, a voluntarista, que tornaria impossível a analogia no direito.[190] No raciocínio jurídico por analogia retorna, por isso, o paralelismo com a situação já examinada na filosofia: dada a natureza formal do raciocínio silogista, é do conteúdo material das premissas que depende a verdade efetiva da conclusão. Em consequência, "o argumento por analogia pode ser argumento de certeza" apenas "em algumas condições determinadas", mas isso é suficiente para fundar "a compatibilidade total da analogia com a concepção da lei como o 'certo' do direito".

A concepção da analogia jurídica em Bobbio se baseia na sua concepção historicista do direito:

> Se a lei for racional e a sua racionalidade consistir na correspondência a uma exigência histórica, ou seja, na sua historicidade, esta vale não apenas no âmbito da sua manifestação externa, mas também no âmbito da sua função histórica; não se trata de lhe atribuir, por meio de uma ficção, uma vontade diferente da qual é manifestação [teoria voluntarista]: trata-se de compreender a íntima racionalidade desta. E é nessa racionalidade que encontra fundamento, sem procurar justificativas transcendentes [teoria jusnaturalista], a extensão

---

188 Bobbio, *L'analogia nella logica del diritto*, op. cit., p.191-92. Bobbio faz referência a Aristóteles. *Etica*, V, 6; 1131 a 29.
189 Ibid., p.138-9.
190 Ibid., p.151-2.

analógica, enquanto esta é, primeiramente, um procedimento lógico que contribui a dar à norma, considerada no seu valor racional, toda a sua eficácia.[191]

Depois, em 1938, isto é, no momento da publicação de seu volume, Bobbio direciona sua atenção para o direito vigente, e, especificamente, para o código civil de 1865 – o primeiro código da Itália unificada –, que se abre com as doze *Disposizioni sulla pubblicazione, interpretazione ed applicazione delle leggi in generale* [Disposições sobre a publicação, interpretação e aplicação das leis em geral].[192] Conhecidas como *Preleggi* [Pré-leis], elas são colocadas antes do Código Civil com uma numeração própria autônoma para sublinhar a sua relevância justamente em relação ao ordenamento jurídico inteiro. Bobbio se refere aos artigos 3 e 4 dessas *Pré-leis*. O artigo 3 permite recorrer à analogia e é útil reproduzir ambos os parágrafos:

> Ao aplicar a lei, não se pode atribuir-lhe outro sentido a não ser o evidente fato pelo próprio significado das palavras segundo a conexão destas, e pela intenção do legislador.
> Na eventualidade em que uma controvérsia não se possa resolver com uma disposição de lei precisa, deverá prestar-se atenção às disposições que regulamentam casos similares ou matérias análogas; se o caso permanecer, todavia, duvidoso, decidir-se-á segundo os princípios gerais do direito.

Bobbio não é favorável a esse artigo. Visto que "o artigo 3 não apenas afirma, na primeira parte, coisas óbvias e banais, e na segunda, coisas parcialmente obscuras e imprecisas", é preciso admitir "que desse não derivam consequências juridicamente relevantes". Em suma, essas formulações, que se apresentam como "a essência de uma sapiência milenária", na verdade são frequentemente "um florilégio de lugares-comuns".[193] É, portanto, inútil discutir se as normas interpretativas são ou não normas jurídicas: deveria ser discutida somente a oportunidade dessas normas. Dada "a absoluta inutilidade" do artigo 3,

---

191 Ibid., p.151.
192 Para uma história das *Pré-leis* e a bibliografia relativa, cf. Francesco Aimerito, s.v. Preleggi (Storia). In: *Digesto delle discipline privatistiche. Sezione civile. Aggiornamento*. Turim: Utet, 2008, tomo II, p.953-62 (extrato, p.1-14, disponível *on-line*, http://www.storiadeldiritto.org/uploads/5/9/4/8/5948821/aimerito_preleggi.pdf, especialmente: 6. *Il codice civile unitario (1865)*).
193 Bobbio, *L'analogia nella logica del diritto*, op. cit., p.155.

a razão essencial que leva a excluir uma disposição desse tipo de um ordenamento jurídico, não é a impossibilidade genérica de reduzir uma regra lógica a uma regra jurídica, dado que essa impossibilidade não existe, mas sim a inutilidade específica de cumprir tal redução.[194]

A tendência de Bobbio a precisar e delimitar o campo de aplicação da analogia estava associada à afirmação, nesses anos, de concepções que visavam transferir do legislador para o juiz a criação do direito, atribuindo à interpretação uma função criadora que Bobbio não aceitava. Para ele, a analogia não cria novo direito, porque permanece dentro do sistema jurídico por estar vinculada à *ratio legis*: "Analogia é, portanto, interpretação no sentido mais genuíno da palavra, porque reproduz, não repetindo, mas desenvolvendo o núcleo da norma, configurado na sua razão suficiente; e não vai além do sistema, mas sempre permanece dentro dele", porque o sistema jurídico é "um organismo que cresce e se desenvolve, mas sempre por força interna":[195] Kant, referindo-se ao sistema em geral, definia esse desenvolvimento como um incremento *per intussusceptionem*.[196]

O artigo 4 das *Pré-leis* proíbe a interpretação extensiva e analógica das leis "odiosas", ou seja, não liberais, herdadas pelas legislações pré-unificação: "As leis penais e as que restringem o livre exercício dos direitos formam exceções às regras gerais ou a outras leis, não se estendendo para além dos casos e dos tempos nelas expressos".[197] Todavia, Bobbio nega que o legislador possa proibir um procedimento lógico e, portanto, define como "absurdo"[198] esse artigo. De fato, "para esclarecer (mas, na verdade, para evitar) o dispositivo do artigo 4 das *Pré-leis*, que nega a extensão em alguns tipos determinados de leis", os juristas recorrem à distinção entre interpretação extensiva e analogia, que remonta a Savigny: a analogia seria assim proibida, mas não a interpretação extensiva.

O resultado é que

> a analogia, que de qualquer forma deve ser conservada como algo distinto da interpretação extensiva, para dar ainda uma aparência de justificativa ao já

---

194 Ibid., p.157.
195 Ibid., p.166.
196 Cf. Immanuel Kant, *Kritik der reinen Vernunft*. Hamburg: Felix Meiner, 1930, p.749 (A 833, B 861) e comentário em Losano, *Sistema e struttura nel diritto*, v. I: *Dalle origini alla Scuola Storica*, op. cit., p.101.
197 Art. 4, *Preleggi*, cod. civ. 1865.
198 Bobbio, *L'analogia nella logica del diritto*, op. cit., p.176.

anulado art. 4, reduziu-se a ser um nome sem substância, um símbolo que não tem mais nenhum conteúdo efetivo, [...] que pode representar tudo, menos a efetiva analogia para a qual, no fundo, viria a faltar qualquer razão de equívoco, quando se soubesse, na teoria, o que já se pratica na realidade, ou seja, que interpretação extensiva e analogia são a mesma coisa.[199]

Cai, portanto, a distinção entre interpretação extensiva e analogia, que remonta aos tempos de Savigny, mas agora usada apenas para fins práticos ligados ao artigo 4 das *Pré-leis*.

A análise da analogia se conclui com um exame dos seus limites. A doutrina tendia a considerar que não se poderia aplicar a analogia nem às normas excepcionais nem às penais. Visto que uma regra lógica pode "se tornar conteúdo de uma imposição", mas não "conteúdo de uma proibição",[200] a doutrina corrente, em 1938, parecia encobrir o fato de que nos dois casos indicados a aplicação da analogia seria ilícita, mesmo que tecnicamente possível.

Sobre o problema da analogia na presença de normas especiais e excepcionais, bastam poucas palavras, visto que o debate ao qual Bobbio se refere está conectado às já citadas *Pré-leis* e ao Código de comércio, hoje em dia não mais vigentes. Pode-se declarar que o direito comercial é um direito especial (e, por isso, subtraído à proibição de analogia contido no artigo 4 das *Pré-leis*), enquanto para o direito excepcional se distingue, como já lembrado, entre interpretação extensiva (permitida pelo artigo 4) e analogia (por esse proibida). Bobbio conclui:

> Esses dois expedientes, dos quais o primeiro subtrai abertamente ao domínio do art. 4 toda a esfera do direito especial, e o segundo subtrai, mesmo de forma escondida, todo o direito excepcional, colocam-nos na condição de entender a absurdidade de manter uma proibição que praticamente não possui mais nenhuma esfera de aplicação.[201]

---

199 Ibid., p.180.
200 Ibid., p.190. Além disso, com formulação quase kelseniana: limitar a aplicabilidade da analogia "faz surgir a suspeita de que se deseje afirmar que, nesses casos, a analogia seja possível, mas não lícita, afirmação realmente insustentável quando pensarmos que, se for verdade [...] que uma regra lógica possa mesmo assim se tornar conteúdo de uma imposição, não é igualmente verdadeiro que possa se tornar conteúdo de uma proibição, sendo o *'Müssen'* de uma relação lógica imodificável por meio do *'Sollen'* de um comando" (ibid.).
201 Ibid., p.200.

Em 1938, o problema da analogia no direito penal se torna mais complexo e ainda mais atual, porque

> o Código Penal soviético, de 1927, e a Lei penal alemã, de 28 de junho de 1935, retomaram a analogia e, na verdade, algo a mais que a simples analogia, interrompendo uma tradição que se tornou para todos um patrimônio comum a todas as nações civis.[202]

Na Itália, também se levantavam vozes que convidavam a reformar o direito nessa direção: daí a importância da crítica de Bobbio a essas concepções, crítica prudente, mas certamente não conformista nos anos do fascismo e do eixo Roma-Berlim.

Por razões de brevidade, é oportuno omitir as considerações sobre o princípio *nullum crimen, nulla poena sine lege*, vigente também no ordenamento italiano de 1938, do qual Bobbio refaz a história até o artigo 1 do Código Penal de 1930.[203] Ele conclui que as duas proibições em questão não possuem pontos de contato com a analogia, a não ser que esta "fosse considerada como um expediente de jurisdição livre e arbitrária".[204] Na verdade, o jurista prático não pode abrir mão da analogia também no direito penal "pela sua irresistibilidade lógica",[205] recorrendo frequentemente, também nesse campo, à distinção entre interpretação extensiva e analogia. Em suma, para Bobbio, a analogia – entendida em sentido rigoroso, isto é, como instrumento lógico – é aplicável tanto ao direito excepcional (ou especial) quanto ao direito penal.

Mas logo o próprio Bobbio coloca sua posição doutrinária entre limites precisos. De fato, poderíamos lhe contestar "que esta conclusão cede demais a motivos revolucionários expressos por movimentos recentes, como o bolchevismo russo e o nacional-socialismo alemão, os quais, segundo a expressão comum, introduziram a analogia no direito penal".[206] A esses dois "motivos revolucionários" são dedicados os dois parágrafos conclusivos do volume.

Em relação ao direito soviético, a posição de Bobbio "se mantém muito distante dessas inovações", como, de resto, está muito longe dessas também o Código Penal dinamarquês de 1930, isento "de intenções subversivas ou de

---

202 Ibid., p.205.
203 "Ninguém pode ser punido por um fato que não seja expressamente previsto como crime pela lei, nem com penas que não sejam estabelecidas por esta" (art. 1 do Código Penal).
204 Bobbio, *L'analogia nella logica del diritto*, op. cit., p.226.
205 Ibid., p.230.
206 Ibid., p.233.

pronunciamentos revolucionários".[207] Na verdade, toda a legislação soviética é perpassada pela antinomia entre revolução e legalidade. A "legalidade revolucionária" sujeita o direito ao alcance do fim revolucionário, que é a construção do socialismo, e conduz à eliminação do princípio *nullum crimen sine lege*, que vai muito além da proibição da analogia. Nesse contexto,

> a analogia, da qual muito se fala a propósito das reformas recentes, não é mais a analogia no seu sentido fundado logicamente e até agora aceito, isto é, em sentido rigoroso, mas sim é a analogia em sentido muito amplo, em que estamos acostumados a usá-la, impropriamente, de criação jurídica ou, de acordo com os alemães, de *freie Rechtsschöpfung* ["livre criação do direito"]; e é um dos aspectos da reação contra a soberania da lei e o Estado de direito, ou seja, da superveniente supremacia dos fins políticos do Estado sobre a sua estrutura legal e, podemos dizer também, da nova política da Razão de Estado.[208]

A reforma do Código Penal alemão de 1935 é uma prova "ainda mais evidente deste abuso do termo analogia".[209] O velho parágrafo 2 do StGB [*Strafgesetzbuch*, o Código Penal alemão] estabelecia a não retroatividade da lei penal e confirmava assim, implicitamente, o princípio *nullum crimen sine lege*. Em 1935, esse princípio foi substituído por uma formulação que não fala de "analogia", mas estabelece que deve ser punido não apenas quem cometer uma ação proibida pela lei, mas também quem cometer uma ação em contraste com o "pensamento sobre o qual se fundamenta (*Grundgedanke*) uma lei penal" (e esta é, para Bobbio, a "analogia propriamente dita"), ou "em contraste com o sentimento sadio do povo" (*gesundes Volksempfinden*):[210] até mesmo essa "expressão vaga e incerta" poderia permitir, ainda, a analogia, "como explicação da proposição anterior". Mas, enfim, a nova formulação estabelece: "Se nenhuma lei penal encontra direta aplicação ao fato, este último é punido com base na lei cujo pensamento fundamental melhor lhe

---

207 Ibid.
208 Ibid., p.234. Pontos de referência para a transformação do direito penal em sentido nacional-socialista eram a Kieler Schule e a obra de Hans-Jürgen Bruns, *Die Befreiung des Strafrechts vom zivilistischen Denkens. Beiträge zu einer selbständigen, spezifisch strafrechtlichen Auslegungs- und Begriffsbildungsmethodik*. Berlim: Nicolai, 1938, X-341p.
209 Bobbio, *L'analogia nella logica del diritto*, op. cit., p.235. Cf. Losano, *Sistema e struttura nel diritto*, v.II: *Il Novecento*, op. cit., p.172, com literatura na nota 25.
210 A noção estava presente já nos constitucionalistas da República de Weimar, e antes também: Joachim Rückert, Das *"gesunde Volksempfinden"* – eine Erbschaft Savignys? In: *Zeitschrift der Savigny-Stiftung für Rechtsgeschichte, Germanistische Abteilung*, 1986, v. 103, p.199-247.

convém"; para Bobbio, "é próprio nesta adição que se encontra a negação da analogia, a qual, em sua natureza de raciocínio, deveria ter um conteúdo bem determinado e não deveria ir além de alguns limites; nesta adição, de fato, não se fala de uma relação de semelhança, que é um conceito determinável, mas simplesmente de uma relação genérica de 'conveniência', que é conceito indeterminável e, portanto, inutilizável para um raciocínio rigoroso, como deveria ser o raciocínio do juiz-intérprete. É justamente por meio da 'conveniência' que se dá livre acesso ao tão temido arbítrio do juiz, que permanece, em vez disso, excluído pela analogia".[211]

Concluindo essa pesquisa, densamente argumentada, Bobbio convida a distinguir o uso da palavra "analogia" em sentido próprio – ou seja, baseado na semelhança definida em uma "lei de validade" que fixa "os limites e a extensão da relação de semelhança"[212] – do uso em sentido errado, que é "arbítrio", porque "contradiz o sistema da legalidade".[213] A analogia, em sentido próprio ou rigoroso, pode existir também no direito penal, sem que essa constatação deva conduzir a recusas emotivas fundadas em uma "atitude moralista que é a pior inimiga da crítica paciente e do entendimento prudente".[214]

Nessas páginas, Bobbio seguiu um princípio que o acompanharia pela vida toda: "Diante das verdadeiras novidades, e mais ainda, diante das que são apenas aparentes, não se trata de condenar, nem muito menos de aderir, mas primeiramente de compreender".[215] Vinte e cinco anos depois, essa atitude retorna quase com as mesmas palavras: "Aprendi a respeitar as ideias dos outros, a parar diante do secreto de cada consciência, a entender antes de discutir, a discutir antes de condenar".[216]

A teoria da analogia, em Bobbio, é uma teoria extrema, no sentido em que ela reduz a analogia exclusivamente ao âmbito do raciocínio lógico. Essa "redefinição epistemológica do raciocínio analógico" – escreve Ferrajoli – "restringiu a analogia a tal ponto, reconduzindo-a integralmente dentro do princípio de legalidade, que torna a sua proibição inútil e irrelevante ou até mesmo sem sentido".[217] A analogia, assim reduzida a termos básicos, é

---

211 Bobbio, *L'analogia nella logica del diritto*, op. cit., p.236.
212 Ibid., p.118.
213 Ibid., p.237.
214 Ibid.
215 Ibid., p.238. A frase continua assim: "para tomar consciência que a diferentes necessidades históricas correspondem diferentes sistemas jurídicos; ainda mais que não necessariamente à legalidade formal corresponde sempre e com maior rigor a legalidade substancial".
216 Bobbio, *Italia civile*, op. cit., p.8, no Prefácio de novembro de 1963; cf. tópico 4.1.
217 Luigi Ferrajoli, Prefazione. In: Bobbio, *L'analogia nella logica del diritto*, op. cit., p.XVIII.

compatível com a certeza do direito e pode, portanto, ser usada também no direito penal. Porém, entre os juristas, o termo "analogia" não é entendido nesse sentido rigorosamente lógico e, portanto, a teoria de Bobbio colide com a incompreensão de muitos: é o *"desencuentro"*, nomeado ao final do tópico 4.1, entre o discurso lógico de Bobbio e o discurso indeterminável do jurista prático, isto é, entre o uso rigoroso e o uso instrumental da analogia.

Na linguagem jurídica corrente, a analogia é entendida não como uma operação exclusivamente lógica, mas sim em um sentido que vai além da rigorosa delimitação de Bobbio. Ele mesmo denuncia a "amplificação exagerada"[218] desta, que "nas vertentes jurídicas mais audaciosas", a transforma no "expediente subversor e inovador" do ordenamento.[219] Mas, do campo contrário, poderia simetricamente denunciar a "restrição exagerada" da analogia segundo Bobbio. Portanto, a redefinição de Bobbio pode ser objeto de desentendimentos, porque Bobbio entende a analogia em sentido lógico, enquanto a maioria a entende em sentido instrumental, isto é, como instrumento para superar a letra da lei e para permitir assim uma criatividade mais ou menos estendida do intérprete.

De fato, Riccardo Guastini, analisando detalhadamente "o sentido geral das operações de política do direito, subjacentes ao livro de Bobbio", chega à conclusão de que "uma operação doutrinária, totalmente voltada para demonstrar a ('lógica', 'histórica', 'racional') inexistência da proibição da analogia no direito penal" acaba sugerindo ao legislador anular essa proibição e ao juiz não aplicá-la e, portanto, "assumia – na Itália fascista – uma posição política objetivamente reacionária, e, de qualquer forma, não liberal contra as evidentes intenções do autor". O uso da analogia logicamente circunscrita é, na verdade, "ilusoriamente delimitado", mas desse jeito esse uso "é ampliado de forma não liberal ao direito excepcional, ao direito penal, às leis restritivas do exercício dos direitos", chegando a um "resultado autoritário". Por meio dessa conceitualização, "o livro de Bobbio podia se apresentar então como a racionalização [...] das ideologias e das práticas autoritárias habituais no regime". Em conclusão, afirma Guastini, "o livro de Bobbio é, portanto, um livro peculiar" e, especificamente, é um livro "talvez de peculiar ingenuidade política".[220]

---

218 Bobbio, *L'analogia nella logica del diritto*, op. cit., p.184.
219 Ibid., p.235.
220 Guastini, *Completezza e analogia. Studi sulla teoria generale del diritto italiano del primo Novecento*, op. cit., p.590-1. Esse amplo estudo (p.513-91) é dedicado a vários autores e se conclui com a análise do texto de Bobbio, p.569-91, debruçando-se "sobre o valor político de identificar o uso do

Porém, a mesma palavra "analogia" possui um significado muito diferente em Bobbio e na Kieler Schule, porta-bandeira do direito nacional-socialista. Bobbio considera o artigo 1 do Código Penal italiano, que estabelece a natureza taxativa das infrações penais, enquanto a Kieler Schule considera a interpretação confiada ao "sentimento popular sadio" do juiz nacional-socialista. Essas duas concepções são o antípoda uma da outra (e Bobbio considera "pelo menos um eufemismo" falar de analogia a propósito do texto soviético ou nacional-socialista);[221] além disso, entre esses dois extremos são possíveis muitas nuances. No fundo, porém, a irrepreensível reconstrução de Bobbio produz uma teoria da analogia que não corresponde à analogia geralmente usada pelos juristas. E os mal-entendidos nascem a partir do diferente conteúdo atribuído à mesma palavra "analogia".

Da diferença de significados atribuídos a um termo derivam também polêmicas sem fundamento. No caso da analogia, Bobbio a define como procedimento lógico e a enquadra, portanto, nos limites da norma jurídica objeto de interpretação analógica; por outro lado, frequentemente – sobretudo nos anos das ditaduras – a analogia era usada para ir além dos limites da norma jurídica. Portanto, no mesmo debate, o termo "analogia" era usado com dois significados tão diferentes que chegam a ser opostos, tornando estéril a comparação. Cinquenta anos depois, esse mesmo mal-entendido se repetiria a propósito da expressão "guerra justa".[222]

Além dessa delimitação da analogia, ligada também a problemas existentes, em 1938, no texto de Bobbio, podem-se já constatar paralelismos ainda parciais entre Bobbio e Kelsen, antecipações de uma afinidade eletiva que amadurecerá cerca de uma década depois. Repensando, quase meio século depois, nesse livro de 1938 sobre a analogia, Bobbio constata que ele "está completamente fora dos assuntos principais desenvolvidos pela teoria pura do direito";[223] mesmo assim, Kelsen já está presente nele, porque – na recorrente crítica à concepção voluntarista do direito – Bobbio afirma que o ordenamento está incompleto mas passível de completude e, entre os autores que

---

argumento *a simili* com o raciocínio lógico (e, portanto, 'certo') por analogia" (p.576) e chegando às conclusões apresentadas no texto.

221 In: Bobbio, *L'analogia nella logica del diritto*, op. cit., p.235.
222 Bobbio definiu como "guerra justa" a primeira guerra do Golfo Pérsico: cf. tópico 6.5. Bobbio usava esse termo no sentido de "guerra legalmente justificada", enquanto os seus adversários o interpretavam como "guerra moralmente justa".
223 Bobbio, *Diritto e potere*, op. cit., p.6.

têm a mesma posição, inclui justamente a escola de Kelsen e, em particular, o Kelsen da teoria da interpretação.[224]

A concepção do direito como estrutura racional e sistemática é comum aos dois autores e, na minha opinião, alguns trechos do escrito de 1938 demonstram como Bobbio (convencido da "íntima racionalidade do sistema positivo",[225] e apoiador "da concepção unitária e racional do ordenamento")[226] estava predisposto a receber a visão sistemática de Kelsen do direito como ordenamento: a teoria desse ordenamento, ao lado da teoria da norma, convergirá, depois, na teoria geral do direito (cf. tópico 4.7). "A analogia, esclarece Bobbio a propósito da completude do ordenamento jurídico, "vale principalmente para os ordenamentos que, para manter o valor da certeza, têm os dois requisitos fundamentais da *unidade* da fonte e da *racionalidade* do sistema".[227]

Ao lado das antecipações do kelsenismo, o volume de 1938 contém também o prenúncio dos interesses futuros de Bobbio pela lógica deôntica, para a qual chamam a atenção Paolo Di Lucia, no seu prefácio ao livro de Bobbio, e Amedeo G. Conte;[228] e pela filosofia analítica da linguagem, introduzida na Itália por um ensaio de Bobbio de 1950,[229] e depois aceita por muitos estudiosos – primeiramente por Uberto Scarpelli.

4.5. O COSTUME, COLOCADO NO MESMO NÍVEL DO DIREITO LEGISLATIVO

O tempo que decorre entre o livro sobre a analogia e o sobre o costume, ou seja, entre 1938 e 1942, foi crucial tanto para a Itália quanto para Bobbio.

---

224 Cf. Bobbio, *L'analogia nella logica del diritto*, op. cit., p.148-9, em que, na nota 5, cita Kelsen, Hans. Zur Theorie der Interpretation. In: *Revue Internationale de la Théorie du Droit*, v. VIII, 1934, p.9-17 (Bobbio remete à p.14 do texto de Kelsen); e na p.149, nota 7, lembra ainda a concordância do seu pensamento com o da escola kelseniana.
225 Bobbio, *L'analogia nella logica del diritto*, op. cit., p.146.
226 Ibid., p.185.
227 Ibid., p.184. Grifo de Bobbio.
228 Paolo Di Lucia, Analogia: Norberto Bobbio nella logica del diritto, op. cit., p.3; Conte, Amedeo G., Deontica filosofica in Norberto Bobbio. In: Ferrajoli; Di Lucia, *Diritto e democrazia nella filosofia di Norberto Bobbio*, op. cit., p.53-67; Ontologia del deontico in Norberto Bobbio: ontologia del normativo, ontologia della validità. In: AA.VV. *Giornata Lincea in ricordo di Norberto Bobbio* ("Atti dei Convegni Lincei", n.226). Roma: Bardi, 2006, p.13-31.
229 Bobbio, Scienza giuridica e analisi del linguaggio, op. cit. Reproduzido também em Uberto Scarpelli (org.), *Diritto e analisi del linguaggio*. Milão: Comunità, 1976, p.287-324.

Desde 1938, as leis raciais tinham ativado o antifascismo de Bobbio que, nesse período, passava dos 29 aos 33 anos e entrava, portanto, na sua maturidade científica e política. Em 1940, a Itália tinha entrado em guerra e, em 1942, começava o crepúsculo do eixo ítalo-alemão-japonês, com as batalhas de El Alamein no Norte da África, de Guadalcanal no Pacífico e de Stalingrado na União Soviética. Nesses mesmos anos, Bobbio (que, professor em Pádua, em 1942, participou da fundação da seção de Treviso do Partido de Ação, então clandestino)[230] escreveu e publicou o livro sobre o costume.[231]

Para Paolo Grossi, a pré-história de Bobbio se apresenta como uma "operação cultural" caracterizada por uma aspiração metodológica unitária:

> Lógica jurídica, significados puros das coisas, essências, ciência rigorosa, ciência pura, racionalidade pura. Seja no momento mais propriamente fenomenológico, seja na reconstrução da interpretação analógica, um mesmo projeto cultural sustenta Bobbio: proceder a uma purificação da *iurisprudentia*, a sua escarnificação.[232]

Essa diretriz serve a Bobbio para

> construir para si um castelo de teoria geral inexpugnável pela grossa factualidade em circulação (primeiramente, na Itália, a grosseira, violenta factualidade política do Regime) e pelas derivações extremas do idealismo dominante, agora ligadas ao Regime, pelo menos na vertente de Giovanni Gentile.[233]

Na minha opinião, a posição de Bobbio apresentava ainda algumas oscilações, mas essa visão diferente pode depender dos anos ou das obras levados em consideração. Certamente, porém, Bobbio também visava se refugiar no "tecnicismo", no qual, durante o fascismo, muitos juristas se salvavam (cf. tópico 6.4.2); Bobbio pretendia se dirigir justamente aos juristas e não aos "especuladores". Além do tecnicismo jurídico, nesses anos Bobbio se refugiou

---

230 Cf. Bobbio, *Diário de um século. Autobiografia*, op. cit., p.47.
231 Bobbio, *La consuetudine come fatto normativo*, Pádua: Cedam, 1942, 92p.; nova ed. com uma importante Introdução de Paolo Grossi. Turim: Giappichelli, 2010, XXXI-100p. Bobbio voltou a esse assunto nos verbetes Consuetudine (teoria generale) e Fatto normativo, na *Enciclopedia del diritto*, reimpressas depois em *Contributi ad un dizionario giuridico*, op. cit., p.17-57.
232 Grossi, *Introduzione*. In: Bobbio, *La consuetudine come fatto normativo*, op. cit., p.XII-XIII.
233 Ibid., p.XII-XIII. A interpretação de Grossi me parece mais partilhável, e com certeza mais generosa, que a de Guastini, cf. *Completezza e analogia. Studi sulla teoria generale del diritto italiano del primo Novecento*, op. cit.

também na reconstrução histórico-filológica, organizando a edição crítica de Tomás Campanella, de 1941.[234]

A escolha do tema para a monografia desperta a curiosidade: por que exatamente o costume, a mais negligenciada e mal-entendida entre as fontes do direito, que Bobbio mesmo considera "um destroço de épocas jurídicas acabadas"?[235]

Bobbio se sentia atraído por esse "direito espontâneo, imediato, não voluntário"[236] porque os juristas tinham colocado o direito do Estado no centro de suas atenções, ocupando-se apenas marginalmente do direito consuetudinário. No entanto, para o teórico do direito, este último abria um território fronteiriço entre direito e sociedade que esperava ser cultivado. Acrescentamos que, quando Bobbio estudava o costume, o ordenamento italiano adotava o direito consuetudinário "retomando-o em bloco para uma matéria inteira (os usos mercantis do art. 1 do nosso código comercial)": um verdadeiro "reenvio entre ordenamentos".[237]

Além disso, retomava-se o debate sobre as fontes do direito, que constituem os fundamentos do edifício jurídico: "Se nos detemos a observar como são feitos os pilares, significa que o edifício balança e é necessária uma revisão que comece de baixo". Por isso, depois das turbulências sociais e institucionais do começo do século XX, "a ciência jurídica deve recomeçar do problema das fontes se pretende colocar-se ao lado da vida".[238] Para Bobbio, a fase histórica em que a discussão sobre as fontes teve uma intensidade comparável àquela observada ao seu redor foi a época que começou com a Revolução Francesa e se concluiu com as codificações. O contraste entre o jusnaturalismo dos codificadores e o historicismo dos conservadores se refletia no contraste entre a lei e o costume como fonte primária do direito. Prevaleceu a codificação, e a dogmática edificou um sistema tão sólido que não pareceu necessário se ocupar mais dos seus fundamentos, até que "o primeiro ranger" induziu a voltar a se ocupar dos fundamentos, ou seja, das fontes.

Nas teorias contemporâneas a ele, Bobbio encontra uma vertente "sociológica de base histórico-descritiva" e uma vertente normativa, "que encontrou a sua sistematização mais coerente na escola de Kelsen".[239] Porém, ele

---

234 Tommaso Campanella, *La città del Sole*, texto em italiano e texto em latim organizados por Norberto Bobbio. Turim: Einaudi, 1941, 213p. A Introdução de Bobbio encontra-se nas p.7-51.
235 Bobbio, *La consuetudine come fatto normativo*, op. cit., p.29.
236 Ibid., p.7.
237 Ibid., p.94.
238 Ibid., p.13.
239 Ibid., p.15.

acha que a primeira peca por defeito de sistematicidade (confundindo modos de produção e modos de cognição do direito) e a segunda por "excesso de sistema", por causa da rigidez excludente própria da estrutura piramidal do ordenamento jurídico.

Para evitar que o problema das fontes fosse despedaçado entre as diferentes disciplinas positivas ("que acabaram pegando cada uma um pedaço, destruindo o todo"),[240] ou que fosse levado até o céu dos conceitos, perdendo assim o interesse do jurista prático, Bobbio se propunha a fornecer um tratamento global e sistemático das fontes, sem aceitar nem a vertente sociológica nem a normativa, e enunciava os princípios segundo os quais pretendia construí-la. O seu objetivo e o dos teóricos do direito deveria ser a construção de uma "teoria das fontes" comparável por articulação e maturidade com a teoria do negócio jurídico, elaborada um século antes com grande amplidão de meios e pontos de vista.[241] Em Bobbio, os instrumentos de conhecimento para alcançar esse objetivo já tinham sido elaborados em seus estudos anteriores sobre a distinção entre ciência e técnica do direito, aos quais ele remete explicitamente.

Ao abordar a análise do costume, Bobbio esclarece também que tipo de trabalho científico pretende praticar. A ciência jurídica que se ocupará das fontes "não é filosofia incompreensível ou tecnicismo banal, mas sim a forma de saber direcionada para o mundo do direito, que, como qualquer outra ciência, desenvolve a sua função com a teorização dos dados fornecidos pela observação, fixando-os em conceitos, recolhendo-os em classes, unificando-os em sistema, construindo, em suma, uma teoria ou um grupo de teorias válidas para explicar melhor uma determinada categoria de fenômenos observados ou para explicar desses um número maior; em suma, aquela forma de saber que, tendo a tarefa de teorizar a experiência jurídica, poderia certamente ser chamada de *jurisprudência teórica*", contrapondo-a a uma *jurisprudência prática*, com um fim "exclusivamente utilitarista".

Bobbio lembra, nesse ponto, que já tinha abordado essas duas "atitudes de conhecimento do jurista" no seu escrito de 1934[242] "com as denominações mais comuns de ciência e técnica", e esclarece: "Se aqui se mudou o nome sem a intenção de mudar a coisa, é apenas para que o signo em si indique, com maior imediatismo, a coisa para significar, que é agora justamente teoria, ou seja, um conhecer para conhecer, agora prática, ou seja, um conhecer para

---

240 Ibid., p.17.
241 Ibid., p.18.
242 Sobre o volume *Scienza e tecnica del diritto*, op. cit., cf. o tópico 4.2.2.

fazer".[243] Ao construir cientificamente uma teoria do direito, Bobbio exorta a ter cuidado com os juízos de valor, mesmo nobres, e a limitar-se "à dura lição que nos vem dos fatos", ou seja, "a examinar e a colocar na origem do direito uma teoria dos fatos normativos".[244] Exortação que adquire um inevitável significado político, nesses anos em que o direito estava sujeito aos valores do regime autoritário.

Descendo da teoria do direito à do costume, Bobbio se propõe a "examinar o costume jurídico no estado puro, liberado de todas as superestruturas históricas e doutrinais para colher nele não um episódio contingente do processo histórico do direito, mas sim um fator universal e sempre recorrente".[245] Bobbio constrói a sua teoria do direito consuetudinário aplicando essas linhas diretrizes, próximas da sociologia e ainda distantes do normativismo. A sua argumentação se realiza em dois níveis, que na realidade social se intersectam, mas que na teoria jurídica devem ser mantidos separados: por um lado, a constatação do devir histórico dos ordenamentos, que evoluem do direito social e consuetudinário para o direito do Estado e legislativo, o que implica o predomínio de uma fonte (primária, de qualificação) sobre as outras (secundárias, de cognição); por outro, a construção teórica, na qual o direito consuetudinário deve ser colocado "no mesmo nível de validade do direito legislativo, do direito judiciário e assim por diante": equiparação que vale "em abstrato, ou seja, até quando se considere como termo de medição o conceito de direito e não a experiência jurídica concreta". Em nível teórico, a investigação de Bobbio conduz à "autonomia do costume jurídico, como fonte de direito que encontra o seu fundamento em si mesmo".[246]

O volume sobre o costume não alcança as cem páginas, mas, de resto, o volume sobre a analogia também as supera por pouco, se consideramos apenas a parte teórica, omitindo o amplo panorama histórico inicial. Os concursos universitários que o jovem Bobbio deveria enfrentar prescreviam apresentar "livros", mas nesses volumes Bobbio também reafirmava sua natureza de escritor de textos breves. Os primeiros três capítulos colocam o problema do costume no contexto de uma teoria geral do direito, enquanto os dois terços remanescentes do volume são dedicados à análise do costume jurídico. No volume sobre a analogia, a reconstrução histórica era recolhida na ampla primeira parte; no livro sobre o costume, por sua vez, a história está

---

243 Bobbio, *La consuetudine come fatto normativo*, op. cit., p.17.
244 Ibid., p.70.
245 Ibid., p.100.
246 Ibid., p.91.

presente em densos *excursus* que estão disseminados no volume inteiro, constantemente em contraponto diacrônico com a sincronia da análise teórica. Como no volume sobre a analogia, também abordando o costume, Bobbio procede a uma revisão crítica das teorias correntes; todavia, o progredir da sua maturidade científica se percebe tanto na confiança das argumentações quanto na maior dureza com que são formuladas as críticas. Paolo Grossi interpreta em sentido ainda mais dramático esse inegável agravar-se do tom em relação ao volume sobre a analogia, de 1938.[247]

A análise de Bobbio parte da constatação de que as doutrinas do século XIX restringiram demais o âmbito das fontes do direito, reduzindo o direito unicamente ao direito do Estado e o direito do Estado unicamente ao direito legislativo. Portanto, tudo o que não é lei promulgada pelo Estado é norma ética ou social, mas não jurídica. Tanto o juiz com a sua interpretação (e aqui voltamos parcialmente às posições já enunciadas a propósito da analogia) quanto o costume (e aqui entramos no campo que Bobbio se propõe a cultivar) produzem um direito "válido unicamente por validade reflexa e de segunda intenção", ou seja, produzem normas que são "imperativas e coercitivas" apenas se reconhecidas pelo direito do Estado.

A ciência jurídica do século XIX estatal-legalista, com a sua teoria voluntarista (teoria já recusada por Bobbio no ensaio sobre a analogia) tinha sido dominante no direito público e privado e tinha eficazmente auxiliado na limitação do direito da Igreja e das entidades infraestatais, fazendo evoluir o direito de esquemas medievais para estruturas modernas. Agora, porém, seu edifício se apresentava "já em ruínas em todos os lugares".[248] Em uma abordagem de teoria geral do direito, Bobbio, portanto, olha para as "formas imediatas e irreflexivas, puramente instintivas, de produção jurídica, como o costume".[249] Dessa forma, o campo de investigação supera os limites do Estado e do seu direito, considerados, então, demasiado restritos (e, além disso, embora Bobbio não o manifeste diretamente, dominados por um Estado ditatorial), e abrange a sociedade inteira.

A inovação jurídica do século XX se apoia em filosofias gerais: "Essa tinta de anti-intelectualismo, de intuicionismo, de bergsonismo constitui o fundo

---

247 "A voz de Bobbio se fez diferente, quase um grito, que assume a aparência dramática de uma denúncia. E aparecem palavras alarmantes: ruína, provisoriedade, fragilidade, crise; e, imediatamente, a voz se tinge de uma intensa historicidade" (Grossi, Introduzione. In: Bobbio, *La consuetudine come fatto normativo*, op. cit., p.XVI).
248 Bobbio, *La consuetudine come fatto normativo*, op. cit., p.1.
249 Ibid., p.2.

filosófico de alguns entre os mais interessantes juristas franceses, de Gény a Gurvitch",[250] arautos do antinaturalismo, ou seja, da reação ao positivismo. Por Gény, o jovem Bobbio não tem muita consideração: considera-o um "engenho filosoficamente pouco dotado" e o seu sincretismo ou filosofia do bom senso "o conduz ao vago, quando não ao banal".[251] Na Itália, deve-se a Croce "uma nítida intuição da pluralidade dos ordenamentos".[252] Na Alemanha, por sua vez, o neokantismo e a fenomenologia "se privaram da possibilidade de um contato profundo e revigorante com a experiência jurídica";[253] o primeiro, por excesso de formalismo, e o segundo, de apriorismo. Hans Kelsen também está envolvido nessa crítica.

As novas vertentes na França e na Alemanha põem "em primeiro plano a atividade do juiz como atividade não apenas executora, mas também produtora de direito, ou, em outras palavras, o *juiz como fonte*".[254] Nascem a Jurisprudência dos interesses e o Movimento do Direito Livre. A esses segue, "com menos barulho", o movimento antiestatista, anunciado "pelas teorias socialistas, que dissolvem a ideia do Estado moderno, como Estado de classe, pela sociologia positivista, investigadora da história das sociedades primitivas, ou seja, das formas pré-estatais de convivência, pela sociologia morfológica", que imagina o Estado como uma das possíveis formas de convivência. Esses impulsos levam os juristas a estudar "o direito da economia, o direito internacional, o direito canônico", também porque os sindicatos, as relações internacionais e as relações entre Estado e Igreja estão assumindo uma relevância cada vez maior na sociedade civil. "Mediador desses diferentes interesses é o conceito de *instituição*", que faz "o papel de veículo para a expansão da esfera jurídica além ou aquém do Estado"[255] e é "perfeitamente o contrário do voluntarismo jurídico".[256]

O maior representante da teoria institucional ("uma das mais importantes descobertas da dogmática jurídica dos últimos trinta anos")[257] era Santi Romano, o qual, porém, Bobbio não nomeia, preferindo fazer referência a

---

250 Ibid., p.8.
251 Bobbio, *Scienza e tecnica del diritto*, op. cit., p.17, nota 1.
252 Bobbio, *La consuetudine come fatto normativo*, op. cit., p.9.
253 Ibid.
254 Ibid., p.5. Grifo de Bobbio, que faz referência a Oskar von Bülow e a Adolf Merkl.
255 Ibid., p.6.
256 Ibid., p.7.
257 Ibid., p.6.

Renard, a Gény, a Gurvitch[258] e também a Kelsen: "O amplo influxo exercido pela doutrina de Kelsen contrária ao imperativismo" contribuiu "à sensação difundida da insustentabilidade ou, pelo menos, da unilateralidade da concepção rigorosamente imperativista". Além disso, "a doutrina pura de Kelsen fez escola" também por recusar o dogma da generalidade como característica da norma (considerando normas também "a sentença do juiz e o contrato"), enquanto, por outro lado, preservou-se fiel "ao dogma da coercibilidade".[259] Em conclusão, a teoria legalista dá lugar à pluralidade das fontes, enquanto a estatista é substituída pela pluralidade dos ordenamentos, ou seja, pelo pluralismo jurídico: os dois pluralismos dão origem a "dois processos separados que se iluminam reciprocamente, mas não coincidem".[260] Se o direito é um fato natural, a vontade é apenas um (e não o único) dos fatos naturais que geram o direito.

Bobbio inicia a construção da sua teoria das fontes se propondo primeiramente a seguir duas regras: em primeiro lugar, "abraçar o campo mais amplo possível da experiência jurídica, coisa que envolve primeiramente uma evasão dos limites de um ordenamento jurídico particular"; em segundo, essa teoria – geral, porque "desvinculada do pressuposto do ordenamento único" – não deve "negligenciar a existência em si do ordenamento", ou seja, deve ter em conta a organização social, a instituição, "o conjunto de regras por meio das quais uma pluralidade de indivíduos se une em uma sociedade organizada".[261] Estamos, portanto, nos antípodas de Kelsen, e o mesmo Bobbio sublinhará, cinquenta anos depois, que o livro de 1942 "contém muitas referências a Kelsen, mas a tese acolhida sobre a natureza do costume é claramente antinormativista".[262]

Dessa visão concreta descende um esclarecimento terminológico: é melhor substituir o termo "fontes normativas" por "fatos normativos", retomando o termo e a ideia que Georges Gurvitch tinha circunscrito em

---

258 Os textos de referência para Bobbio são François Gény, *Méthode d'interprétation et sources en droit privé positif. Essai critique*. Paris: Pichon, 1919, 2 vols.; Georges Gurvitch, *Le temps présent et l'idée du droit social*. Paris: Vrin, 1932, XVI-336p.; Georges Renard, *Théorie de l'institution. Essai d'ontologie juridique*. Paris: Sirey, 1930, XXXVI-639p.

259 Bobbio, *La consuetudine come fatto normativo*, op. cit., p.7-8. Bobbio faz referência ao "último Kelsen" (p.16, nota 5), ou seja, ao então mais recente: *Reine Rechtslehre. Einleitung in die rechtswissenschaftliche Problematik*. Leipzig-Wien: Deuticke, 1934, XV-236p.

260 Bobbio, *La consuetudine come fatto normativo*, op. cit., p.11.

261 Ibid., p.18-9.

262 Bobbio, *Diritto e potere*, op. cit., p.6.

1932.[263] De fato, "fontes" é um termo metafórico e pode ser mal interpretado, incluindo nele "os princípios, as ideias gerais, os valores nos quais as normas positivas se inspiram", ou seja, o seu "fundamento ideal" e não o seu "modo de formação". Essa confusão acontece quando se retoma o direito natural como fonte de uma norma, porque se rebaixa ao nível de fonte o que, na verdade, é o fundamento, "o conjunto de princípios ideais do direito".[264] Bobbio assim vai agindo somente sobre o direito positivo, entendido como "o conjunto das regras que se referem de alguma forma a uma fonte" ou, de modo mais correto, a um fato normativo.[265]

Uma teoria geral das fontes não pode enumerar as fontes em si, porque "essas são virtualmente infinitas" e, portanto, o seu número pode ser determinado apenas em relação a um específico ordenamento positivo.[266] Essa mesma teoria deve, em vez disso, constatar que os fatos normativos podem ser constitutivos de normas tanto gerais quanto individuais: mas, nesse ponto, Bobbio se diferencia da "teoria dos graus" kelseniana, que reprova pelo fato de estabelecer apenas "uma diferença em relação à validade sem justificá-la em relação à natureza".[267] No Estado moderno, as normas gerais são o fundamento das individuais: "Pode-se, portanto, dar razão à doutrina jurídica dominante, a qual considera o problema das fontes limitado ao problema dos fatos constitutivos de normas gerais, ou seja, ao costume e à lei; desde que permaneça firme o fato de que as normas individuais, embora em um nível enfraquecido, possam ser, essas também, normas jurídicas".[268]

"O costume jurídico é um fato constitutivo de normas gerais"[269] e a norma consuetudinária "tem por trás dela a autoridade da tradição".[270] Visto que a tradição é um processo involuntário, o direito consuetudinário é um fato (e não um ato). "A norma consuetudinária se forma independentemente da vontade dos indivíduos que também contribuíram para constituí-la: não existe uma vontade que imponha a norma consuetudinária; existe, pelo contrário, uma tradição inconsciente que acaba se impondo à vontade. A vontade, na lei, é o *prius*, no costume, o *posterius*. Concluindo,

---

263 Georges Gurvitch, *L'idée du droit social*. Paris: Sirey, 1931, IV-710p.; Gurvitch, *Le temps présent et l'idée du droit social*, op. cit.
264 Bobbio, *La consuetudine come fatto normativo*, op. cit., p.21-2.
265 Ibid., p.23.
266 Ibid., p.24.
267 Ibid., p.26.
268 Ibid., p.28.
269 Ibid., p.31.
270 Ibid., p.32.

o costume não é um ato ou um conjunto de atos, mas sim um fato natural que acontece no tempo."[271]

Dessa teoria deriva que o costume tem valor constitutivo, ou seja, que gera direito, enquanto outras teorias sustentam que ele tem valor de reconhecimento, isto é, é um meio para conhecer um direito preexistente. Bobbio admite "a existência de um costume de reconhecimento", mas nega que "tal costume possa gerar um direito que possa, com razão, ser chamado de consuetudinário";[272] portanto, o costume tem valor constitutivo "quando a regra se apoia exclusivamente sobre a autoridade da tradição", enquanto tem valor de reconhecimento "quando a regra, já válida anteriormente, encontra na atuação constante e uniforme a própria confirmação".[273]

As doutrinas que atribuem ao costume um valor de reconhecimento podem ser subdivididas em três grupos. A doutrina tradicional (por exemplo, a do direito romano, ou canônico, ou internacional) reconduz o direito consuetudinário à vontade da comunidade; a doutrina da Escola Histórica o reconduz ao espírito do povo; a doutrina que Bobbio chama de "moderna" ou de Lambert[274] o reconduz ao reconhecimento concedido a ele por um juiz. As três se revelam "uma ficção doutrinal"[275] porque fundam "o direito consuetudinário sobre um elemento diferente do costume",[276] ou seja, sobre "uma força que a transcende", que remonta "seja a uma vontade tácita que não a justifica suficientemente, seja a uma convicção jurídica que a rende supérflua, seja ao julgamento do juiz que a anula manifestamente".[277] Torna-se vão, portanto, procurar o fundamento do direito consuetudinário, porque ele é "um fato normativo e, como fato, vale enquanto se faz: nele, validade e eficácia coincidem", ou seja: "o costume tem o próprio fundamento em si mesmo".[278]

Depois de ter dedicado a primeira metade do livro à determinação dos contornos e do núcleo do costume, Bobbio passa a definir "os elementos constitutivos deste fato que chamamos de costume jurídico". A doutrina corrente especifica no costume um elemento externo (a repetição de determinados comportamentos) e um interno, aquela *opinio iuris ac necessitatis*[279] que

---

271 Ibid., p.33.
272 Ibid., p.49.
273 Ibid., p.51.
274 Édouard Lambert, *La fonction du droit civil comparé*. Paris: Giard & Brière, 1903, XXIV-927p.
275 Bobbio, *La consuetudine come fatto normativo*, op. cit., p.49.
276 Ibid., p.42.
277 Ibid., p.47.
278 Ibid., p.48.
279 Opinião do direito e da necessidade. (N. T.)

Bobbio logo contesta como "um dos conceitos mais embaraçosos e equívocos que a dogmática jurídica tenha formulado, transmitido e defendido a partir da Escola Histórica em diante".[280] De fato, refazendo a história das oscilações do significado dessa expressão (e o próprio Bobbio fornece uma amostra dessas oscilações), nota-se, primeiramente, um movimento "da convicção de agir obrigatoriamente para a convicção de agir em conformidade com uma norma jurídica", coisa que implicaria a convicção de que o cumprimento de alguns atos decorra de uma sanção. Em síntese, a doutrina corrente afirma que cada associado "deve cumprir o ato formativo do costume jurídico com a convicção, ou crença, ou sentimento, ou consciência, que seja necessário, ou seja obrigatório, porque conforme a uma norma jurídica, e o ato contrário, como ato ilícito, seja passível de uma sanção".[281]

Em outras palavras, a norma consuetudinária se forma se o associado age na convicção de que uma norma jurídica preexista ao seu ato: um evidente "círculo vicioso". De fato, por um lado, "a *opinio* é um pressuposto necessário da obrigatoriedade", enquanto, por outro, ela se define "como convicção de se submeter a uma norma jurídica", ou seja, a uma "obrigação preexistente". Em suma, "a norma consuetudinária não se constitui se não há a *opinio*; mas a *opinio*, por sua vez, implica uma norma já constituída".[282]

Dois caminhos permitem sair desse círculo vicioso. O primeiro – em que Bobbio faz referência à crítica já formulada por Kelsen, em 1939[283] – consiste em admitir que se age segundo uma norma na verdade inexistente: salva-se, assim, "o valor normativo do costume", mas se faz assentar "o direito consuetudinário em um erro de direito". A segunda saída passa pela admissão de "que exista uma norma realmente constituída antes do manifestar-se da convicção, e então se esvazia de qualquer validade jurídica autônoma a norma consuetudinária".[284] Enquanto o primeiro caminho mantém o valor constitutivo do direito consuetudinário, o segundo lhe atribui um valor apenas de reconhecimento: "Os caminhos para sair do círculo vicioso conduzem, o primeiro, ao absurdo, o segundo, à contradição".[285]

---

280 Bobbio, *La consuetudine come fatto normativo*, op. cit., p.53. À *opinio* Bobbio associa também o *animus*, de origem canonista, em um denso *excursus* histórico: ibid., p.62-7.
281 Bobbio, *La consuetudine come fatto normativo*, op. cit., p.57.
282 Ibid.
283 Hans Kelsen, Théorie du droit international coutumier. In: *Revue Internationale de la Théorie du Droit*, n.s., 1939, n.1, p.263, op. cit. por Bobbio na p.58, nota 6.
284 Bobbio, *La consuetudine come fatto normativo*, op. cit., p.58.
285 Ibid.

A solução proposta por Bobbio consiste "em cortar o círculo vicioso, eliminando um dos dois termos". Mas a repetição da conduta não é eliminável, porque sem repetição se produziria "um direito consuetudinário sem costume". Portanto, "só temos que eliminar a *opinio iuris*"[286] e fundar o direito consuetudinário sobre a repetição, fundada por sua vez sobre exigências sociais, de uma conduta considerada vinculante com base em uma norma que "não existe ainda, porque eles mesmos [ou seja, os associados] contribuem a formá-la":[287] "A experiência jurídica nos mostra que a crença na obrigatoriedade de uma norma não surge durante o processo de formação, mas no final, quando a norma consuetudinária já se formou".[288] Bobbio conclui assim que a *opinio iuris* "não participa da formação da norma [consuetudinária], mas garante a sua eficácia";[289] ou seja, não faz parte do processo de formação, que dá validade à norma, mas sim do processo de conservação, "que mantém a sua eficácia".[290] Kelsen considera inutilizável o requisito interno, ou seja, a *opinio*, porque não demonstrável;[291] Bobbio esclarece que a única demonstração de uma opinião é a repetição da conduta que se atém a esta, mas, assim, voltamos "do interno para o externo, da convicção para a repetição". Mas, então, "o que nos impede ainda de dizer que se trata de um elemento irrelevante juridicamente, seja no processo formativo, porque não tem lugar, seja no processo conservativo, porque não é aceitável?".[292]

A *opinio*, todavia, é irrelevante, porque serve para distinguir o costume jurídico do costume social, ou seja, do costume. A repetição de certos atos leva ao consuetudinário, enquanto a *opinio iuris* atribui a eles a *juridicidade*: "não se trata mais da *opinio* como fundamento da força obrigatória, mas sim da *opinio* como nota de qualificação jurídica".[293] O que distingue, então, a norma jurídica da norma do costume? Tradicionalmente, considera-se que a norma jurídica esteja acompanhada pela coercitividade entendida como "força material executada para realizar a sanção e aplicada em caso de inobservância de uma regra".[294] As normas jurídicas seriam acompanhadas pela

---

286 Ibid., p.59.
287 Ibid.
288 Ibid., p.60.
289 Ibid., p.61.
290 Ibid., p.60.
291 Ibid., p.61, nota 9, cita Kelsen, Théorie du droit international coutumier, op. cit., p.264.
292 Ibid., p.61.
293 Ibid., p.71.
294 Ibid., p.73. A coerção deve ser distinguida da coercitividade, pensada como "compatibilidade lógica do conceito de comportamento jurídico com o de comportamento coercivo" (Ibid., p.73).

coação, enquanto a norma do costume não o seria. Essa explicação se baseia na concepção estatista do direito, recusada por Bobbio, e põe a distinção entre direito e costume "fora do critério da *opinio iuris*".[295]

Uma outra concepção funda a obrigatoriedade das regras jurídicas no imediatismo, ou seja, na aplicação mecânica, enquanto as regras de costume dependem da aceitação voluntária. Para Bobbio, porém, ambas dependem, em última análise, da liberdade do ser humano: "A regra convencional da saudação e a regra jurídica que proíbe o homicídio são ambas igualmente violáveis e, portanto, pressupõem ambas a liberdade do homem". A distinção entre direito e costume não deve ser procurada em elementos externos (ou seja, "a diversidade das consequências ou da eficácia obrigatória"), como os vistos até agora, mas sim "na diversidade de conteúdo".[296]

Para Bobbio, "as normas jurídicas se distinguem das normas do costume pelo *conteúdo* em si, ou seja, pela natureza do fato regulamentado". De fato, "em cada grupo social vigoram regras *essenciais* para a constituição e para a conservação do grupo ao lado de regras *não essenciais*"[297] e sobre essa diferença se funda a distinção entre direito e costume. Seria vão procurar uma linha de demarcação clara entre direito e costume: "no terreno histórico em que o direito vive", pergunta-se Bobbio, "quem pode ter condições de estabelecer, mesmo delimitando a pesquisa a um período histórico determinado, até que ponto uma dada regra é ou não essencial?".[298] Porém, se "a juridicidade é inerente à natureza das coisas", que sentido tem falar de valor constitutivo das fontes do direito, e, portanto, do costume em si, visto que "a regra está já integralmente explicada na natureza em si do fato, independentemente do modo como o fato se desenvolve"?[299]

Seguindo uma visão realista da evolução social, entre os infinitos "atos e fatos que constituem matéria para uma regulamentação social", Bobbio considera que "a autoridade social" assume alguns deles "na esfera da regularidade constitutiva de um determinado direito vigente": algumas regras de costume se transformam assim em normas jurídicas, "ora mediante o mecanismo da tradição, em que tem lugar o costume jurídico, ora mediante o mecanismo da vontade dominante, em que têm lugar os atos normativos em geral, especificamente as leis". As fontes do direito são instrumentos dessa

---

295 Ibid., p.75.
296 Ibid., p.77.
297 Ibid., p.82. Grifos de Bobbio.
298 Ibid., p.84.
299 Ibid., p.85.

seleção e "por isso têm valor constitutivo da normatividade, e não simplesmente declarativo".[300]

A presença dessas regras sociais no estado magmático, na espera de se consolidar em normas de direito positivo, induz Bobbio a sustentar a existência de princípios ou regras cuja natureza normativa se revela "sem ter necessidade da obra seletiva dos fatos ou atos normativos": assim ele chega até o "direito natural, que representa o conceito-limite de qualquer pesquisa jurídica".[301] Defrontamo-nos aqui com uma atitude muito diferente daquela do Bobbio maduro, visto que, nessa fase da sua evolução, Bobbio não recusa o direito natural, mas sim as críticas "dos juristas, ou, em geral, dos positivistas" contra este. Ele procura configurá-lo de modo menos abstrato ou metafísico, falando de "direito natural vigente"[302] ou de "direito natural válido".[303] Descreve-o como "um conjunto de princípios jurídicos essenciais para a constituição da sociedade mundial dos homens", como "um direito que é fonte de si mesmo e, portanto, fora do processo de formação das fontes", como "um prolongamento, até o limite extremo do cognoscível, do direito positivo, [...] um direito, em suma, tão positivo que vigora em todos os grupos sociais e vigora independentemente da autoridade social que o faça valer".[304]

Essa construção teórica radical coloca o direito consuetudinário no mesmo nível do legislativo e suscita, portanto, a desconfiança dos juristas. Eles, de fato, enfrentam o direito consuetudinário de um ângulo diferente, isto é:

> do ponto de vista de uma outra fonte [o direito legislativo] recebida como fonte primária e, portanto, com a preocupação de colher nesse [no direito consuetudinário] aqueles elementos que o tornem idôneo para ser acolhido pela fonte predominante e a ser inserido em um ordenamento fundado em uma consciência jurídica mais madura.[305]

Essa abordagem cognitiva muito bem entendida por Bobbio explica a recepção frequentemente crítica da sua teoria do costume pelos juristas.

---

300 Ibid., p.86.
301 Ibid., p.87.
302 Ibid., p.50.
303 Ibid., p.87.
304 Ibid.
305 Ibid., p.40.

Já em 1947, Massimo Severo Giannini,[306] resenhando o livro de Bobbio – "um bom livro", de "leitura muito agradável"[307] –, critica o uso que aquele faz da noção de "fato normativo":

> Bobbio não pode se safar dizendo que *há* o "fato normativo", o qual surge da "força normativa dos fatos". O amigo querido me perdoe, mas me parece que aquele jesuíta ludibriado por Pascal fazia a mesma coisa quando afirmava que a luz é o moto luminar dos corpos luminosos. E como é que, aliás, há fatos que, embora várias vezes repetidos, nunca alcançam força normativa, nem jurídica, nem de outro tipo?[308]

Bobbio alcança, no entanto, "resultados que podem ser considerados definitivos [...] na crítica da *opinio iuris* como elemento interno do costume".[309] Giannini concorda com Bobbio sobre algumas posições de fundo: o costume como fato normativo, a inexistência do problema do fundamento do costume, a crítica da *opinio iuris*.[310] Porém, Bobbio "se deteve em posições intermediárias: certamente não superficiais, mas nem tão pouco de muita profundidade".[311] Mesmo assim, com o "livro muito refinado, profundamente pensado" de Bobbio "entrará nas aquisições gerais e comuns que o costume é um fato normativo", silenciando, assim, a "concepção legalista e estatista do costume", difundida, sobretudo, entre os civilistas.[312]

Em 1978, pude retomar utilmente a teoria de Bobbio porque a visão histórica que acompanha a sua reconstrução teórica se revela particularmente funcional à descrição dos diferentes sistemas jurídicos mundiais, nos quais o costume se coloca em vários níveis de reconhecimento, como indicado por Bobbio na sua representação diacrônica da absorção do costume pelo direito legislativo.[313] Giannini também levantou o problema de conciliar a teoria de

---

306 Massimo Severo Giannini, Sulla consuetudine. In: *Rivista internazionale di filosofia del diritto*, 1947, p.89-96; não está incluído nas resenhas, mas sim na seção "Note e discussioni".
307 Bobbio, *La consuetudine come fatto normativo*, op. cit., p.90.
308 Ibid., p.90-1.
309 Giannini, Sulla consuetudine, op. cit., p.93.
310 Bobbio, *La consuetudine come fatto normativo*, op. cit., p.95.
311 Ibid.
312 Ibid., p.96.
313 A referência a Bobbio está presente também nas edições sucessivas à primeira edição de 1978: Losano, *I grandi sistemi giuridici. Introduzione ai diritti europei ed extraeuropei*, terceira edição aumentada. Roma-Bari: Laterza, 2000. No capítulo "La consuetudine e il diritto", p.257-323, em

Bobbio com um costume extraeuropeu: "Em qual categoria colocaremos o instituto do direito muçulmano que é a *sunnah*?".[314]

Um ensaio de Pierluigi Chiassoni reorganiza criticamente a visão de Bobbio sobre o costume e, em particular, sobre a *opinio iuris* com os instrumentos da filosofia analítica e, portanto, "com uma terminologia, e em uma ordem expositiva não bobbiana", individuando quatro argumentos: o semântico, o genealógico, o lógico e o epistemológico. Essa análise leva à conclusão de que "a noção de Bobbio de norma consuetudinária aparece viciada por uma profunda indefinição, que se projeta fatalmente sobre a experiência social e jurídica observada a partir dessa"; em suma, "do caldeirão da concepção tradicional, repleto de dificuldades, acabamos no fogo de uma concepção louvável na *pars destruens*, mas inadequada na *pars construens*".[315]

Enfim, em 2012, o romanista Filippo Gallo retornava a Bobbio, ao examinar a gênese das mais recentes formas contratuais, como o *leasing*, à luz do costume explicado em termos históricos e, precisamente, de história do direito romano. Referindo-se à tripartição de Bobbio sobre o fundamento do costume – segundo a doutrina tradicional, segundo a Escola Histórica e segundo a doutrina moderna ou de Lambert –, Gallo sublinha a falta de aprofundamento histórico-romanista em Bobbio e conclui que o costume é o fundamento das novas figuras contratuais, entre as quais o *leasing*, independentemente do reconhecimento do juiz (considerado, por sua vez, essencial por Lambert). Como em Bobbio, costume e legislação são colocados no mesmo nível.[316]

Como lembramos no começo deste tópico, o volume sobre o costume é totalmente antipositivista, embora Kelsen – definido "o mais original e o mais audacioso dos juristas contemporâneos"[317] – seja lembrado uma dúzia

---

que na p.312 e nas p.315-7 a obra de Bobbio retomada é, pela sua concisão, o verbete Consuetudine da *Enciclopedia del diritto* (Milão: Giuffrè, 1963, v. IX).

314 Giannini, Sulla consuetudine, op. cit., p.95.

315 Pierluigi Chiassoni, Tre buoni filosofi contro i cattivi costumi. (Giurisprudenza analitica e teoria della consuetudine). In: Silvia Zorzetto (org.). *La consuetudine giuridica. Teoria, storia, ambiti disciplinari*. Pisa: ETS, 2008, p.63-107; os trechos citados estão nas p.71 e 83. Os "três bons filósofos" são Norberto Bobbio, Giorgio Lazzaro e Bruno Celano, autores das "contribuições justeóricas mais significativas que, sobre a questão do costume tenham sido elaboradas na cultura jurídica ocidental do século XX" (p.65).

316 Filippo Gallo, *Consuetudine e nuovi contratti. Contributo al recupero dell'artificialità del diritto*. Turim: Giappichelli, 2012, p.64-81 (em particular, tópico 5: *Errore di prospettiva segnalato dal Bobbio nella elaborazione scientifica della consuetudine*).

317 Bobbio, *La consuetudine come fatto normativo*, op. cit., p.8.

de vezes,[318] e não sempre para se distanciar dele. Na análise jurídica do conceito de revolução, Bobbio visa "ao conteúdo do direito" e pergunta a si mesmo "o que é o direito?" (ou seja, "quais fatos levam em si mesmos a razão da sua juridicidade"?) e não, formalística e kelsenianamente, "o que vale como direito na esfera de domínio daquela determinada norma fundamental".[319] Partindo dessa posição, o normativismo não o convence:

> A doutrina normativista é um produto da concepção de que o direito pertença à esfera do dever ser e do preconceito que o dever ser seja uma esfera totalmente separada da do ser, e que entre as duas não exista uma passagem. Agora, o que pertence ao dever ser não é o direito, mas a ideia de justiça, a qual, aliás, não está tão longe assim dos fatos a ponto de não estar presente imediatamente, mas apenas presumível nestes.[320]

Porém, nas observações críticas se abrem brechas de reconhecimento que anunciam a "conversão" de 1949:

> A doutrina pura do direito, que representa o que de mais maduro produziu a ciência jurídica na Alemanha, recebeu um sustento muito escasso pelo pensamento filosófico, inclusive pelo neokantismo do qual Kelsen se descobriu, retrospectivamente, continuador e discípulo ou, pelo menos, recebeu desse influxos genéricos e benefícios discutíveis, sendo que essa doutrina se formou em uma tradição francamente jurídica, purificada e esclarecida exclusivamente pela forte personalidade do seu autor.[321]

Essas aberturas de 1942 anunciam, em Bobbio, a futura aceitação crítica da doutrina pura do direito a partir do pós-guerra. Mas, antes de chegar até isso, Bobbio investiga outro território filosófico com o escrito extemporâneo *A filosofia do decadentismo*, de 1944, já citado anteriormente (cf. tópico 3.4). Esse texto marcou "o divisor de águas entre a primeira e a segunda fase da vida"[322] de Bobbio e concluiu a "pré-história" da sua atividade intelectual.

---

318 Kelsen é citado nas p.7, 8, 9, 15, 16 e nota, 18, 34 (norma fundamental); 35-6 (princípio de efetividade); 50 em nota, 56 em nota, 61, 73 (coerção).
319 Bobbio, *La consuetudine come fatto normativo*, op. cit., p.35-6.
320 Ibid., p.37-8.
321 Ibid., p.9, nota 5.
322 Bobbio, *O tempo da memória. De senectude*, op. cit., p.149.

4.6. Bobbio e o positivismo jurídico de Hans Kelsen

"Se tivesse que fixar uma data de início das obras da maturidade", escreve Bobbio, "escolheria 1949, ano em que publiquei, na Itália, uma análise e um comentário à *Teoria geral do direito* de Francesco Carnelutti".[323] Essa data marca também a "conversão" de Bobbio ao normativismo, porque ele tomou posição a favor da teoria normativista de Kelsen, criticada justamente por Francesco Carnelutti. Esse importante jurista e advogado ensinou em Pádua de 1915 a 1936, enquanto Bobbio foi chamado para essa universidade em 1938, quando Carnelutti já tinha ido para a Universidade Estatal de Milão: os dois não tiveram, portanto, um contato direto. Porém, em 1946, Carnelutti tinha publicado a "segunda edição inteiramente nova" da sua discutida teoria geral do direito, que chamou a atenção de Bobbio.[324] Em sua análise sobre Carnelutti, Bobbio criticou a sua doutrina imperativista do direito, enquanto se pronunciou a favor da teoria pura do direito: por isso o seu ensaio de 1949 sinaliza a sua "conversão" a Kelsen.

O pensamento de Kelsen era conhecido na Itália desde a década de 1920.[325] Entre 1929 e 1931, uma revista ligada ao movimento fascista – *Nuovi studi di diritto, economia e politica* [Novos estudos de direito, economia e política], dirigida por Ugo Spirito e Arnaldo Volpicelli – tinha publicado a tradução de alguns de seus ensaios sobre a democracia, que em 1930 foram reunidos

---

323 Bobbio, Prólogo a la edición española. In: Alfonso Ruiz Miguel (org.), *Contribución a la teoría del derecho*, op. cit., p.10. Uma reconstrução precisa do pensamento teórico-jurídico de Bobbio se encontra na apresentação a esse volume: Ruiz Miguel, Bobbio y el positivismo jurídico italiano, p.15-58, e, sobretudo, no livro que faz de Alfonso Ruiz Miguel o "bobbiologo" *en titre* não apenas na Espanha: *Filosofía y derecho en Norberto Bobbio*. Madri: Centro de Estudios Constitucionales, 1983, 509p.

324 Francesco Carnelutti, *Teoria generale del diritto*. Roma: Foro Italiano, 1946, VII-388p.; Bobbio expressou a sua preferência pela teoria de Kelsen no âmbito de uma análise geral dessa obra: Francesco Carnelutti, teorico generale del diritto. In: *Giurisprudenza Italiana*, 1949, col. 113-27; no ano seguinte, Bobbio voltou à sua concepção da teoria geral do direito, limitando a referência a Carnelutti à primeira e à última página do ensaio Filosofia del diritto e teoria generale del diritto. In: *Scritti in onore di Francesco Carnelutti*. Pádua: Cedam, 1950, v. 1, p.43-69. Estes dois ensaios – que podem ser considerados complementares – estão também em Bobbio, *Studi sulla teoria generale del diritto*, op. cit., p.1-26 e 27-52.

325 Sobre esse primeiro contato de Kelsen com a Itália, cf. Mario G. Losano, Reine Rechtslehre in Italien. In: *Der Einfluß der Reinen Rechtslehre auf die Rechtstheorie in verschiedenen Ländern*. Viena: Manz, 1978, p.151-79; retomado em La fortuna di Hans Kelsen in Italia. In: *Quaderni fiorentini per la storia del pensiero giuridico moderno*, 1979, n.9, p.465-500, e em Mario G. Losano, *Forma e realtà in Kelsen*. Milão: Comunità, 1981, p.179-212.

em um volume.[326] Esse é o primeiro livro de Kelsen publicado na Itália, mas, de fato, foi esquecido até a reedição em 2012,[327] no prefácio da qual reconstruo o ambiente político e cultural no qual tomou forma a colaboração entre o democrático Kelsen e os fascistas peculiares da Universidade de Pisa, acusados depois de comunismo pelos fascistas ortodoxos, devido a sua concepção anticapitalista de corporativismo. A revista foi fechada pelas autoridades em 1934 e os dois responsáveis foram removidos da universidade.

Para se afastar dessa primeira colocação desviante, em 1933, Kelsen insistiu com Giorgio Del Vecchio para que o ensaio que sintetizava sua teoria pura do direito fosse publicado na Itália na *Rivista internazionale di filosofia del diritto* [Revista internacional de filosofia do direito]. Em 1933, de fato, Kelsen se preparava para o segundo exílio (que o teria levado de Colônia a Genebra) enviando aos colegas estrangeiros mais importantes uma síntese magistral da sua teoria jurídica, na esperança de que esta contribuísse para lhe abrir as portas de uma universidade em que ele pudesse encontrar acolhimento.

Dessa forma, o manuscrito de Kelsen chegou às mãos de Del Vecchio, que confiou a sua tradução a Renato Treves, já que este último tinha encontrado pessoalmente Kelsen em sua viagem de estudo à Alemanha, em 1932, com Bobbio e Ludovico Geymonat (cf. tópico 2.7.1). Esse manuscrito constitui a primeira edição da obra fundamental de Kelsen e essa tradução se tornou, em 1933, a primeira edição italiana da *Dottrina pura del diritto* [Doutrina pura do direito].[328] A Bíblia do positivismo jurídico mais rigoroso entrava, assim, na Itália, em estrito contato com a Escola de Turim. "Pode-se fazer começar o sucesso de Kelsen na Itália a partir de Treves", escreverá Bobbio no prefácio à coletânea de seus ensaios kelsenianos.[329] Bobbio

---

326 Hans Kelsen e Arnaldo Volpicelli, *Parlamentarismo, democrazia e corporativismo*. Roma: Stabilimento Tipografico Garroni, 1930, 103p.

327 *Parlamentarismo, democrazia e corporativismo*. Turim: Aragno, 2012, 296p. O meu prefácio – Tra democrazia in crisi e corporativismo in ascesa: il primo libro italiano di Hans Kelsen – está nas p.7-79.

328 Primeiramente como artigo: La dottrina pura del diritto. Metodo e concetti fondamentali. In: *Archivio Giuridico Filippo Serafini*, 1933, p.121-71 (que circulou também como excerto, Modena, 1933, 53p.); depois como volume: Turim: Einaudi, 1952, 204p. Visto que, enquanto isso, eu tinha publicado a segunda edição de 1960 (*La dottrina pura del diritto*. Turim: Einaudi, 1966, CIII-418 p.) para evitar uma duplicação do título, concordei depois com Hans Kelsen em modificar o título da primeira edição em *Lineamenti di dottrina pura del diritto* (Turim: Einaudi, 1967, 227 p.). Até hoje ambos os volumes continuam sendo reimpressos com os dois títulos diferentes: cf. Bersier Ladavac (org.), *Con esattezza kelseniana*, op. cit., XIV-98p.

329 Bobbio, *Diritto e potere*, op. cit., p.5.

também contribuiu muito com esse sucesso, sobretudo a partir de 1954. Seus estudos jusfilosóficos anteriores, como vimos, de fato abordavam assuntos estranhos ao positivismo kelseniano (como a analogia) ou assumiam posições antipositivistas (como na análise do costume).

A "conversão" de 1949 coincidiu também com a necessidade de renovação que invadiu a Itália depois do fim da guerra e com a insatisfação de Bobbio em relação à filosofia puramente especulativa, à qual contrapunha a filosofia positiva de Carlo Cattaneo.[330] Começava assim o período – destinado a durar cerca de trinta anos – em que Bobbio se aproximou criticamente do positivismo jurídico de Kelsen e contribuiu de forma decisiva na difusão da teoria pura do direito na Itália.

Na crítica a Carnelutti, Bobbio esclarece, em primeiro lugar, a sua visão das relações entre filosofia do direito e teoria geral do direito, voltando assim para os temas presentes na sua reflexão desde a tese com Gioele Solari. Mas já haviam passado uns vinte anos desde essa tese e se percebe o amadurecimento científico de Bobbio: enquanto na tese seguia o idealismo dominante, aqui procura um caminho seu e o encontra no normativismo kelseniano. Portanto, traçando uma biografia cultural de Bobbio, é agora relevante reconstruir o que ele entendia por teoria geral do direito e por filosofia do direito, deixando de lado as críticas a Carnelutti, que, mesmo sendo interessantes, focam-se em uma obra já entregue ao passado.

Na coletânea de ensaios que marcam a passagem para o normativismo, é possível individuar a arquitetura fundamental das concepções de Bobbio filósofo do direito, que ele foi aprimorando a vida toda, mesmo não querendo reuni-las em um único "sistema". No volume de 1955 sobre a teoria geral do direito, a posição de Bobbio vai tomando forma por contraste com as doutrinas de outros teóricos do direito: primeiramente com a de Carnelutti e, depois, com as de Alessandro Levi, de Paul Roubier, de Jean Dabin e de Jean Haesaert, enquanto o ensaio sobre "A teoria pura do direito e os seus críticos" (publicado em 1954 e republicado também na abertura do volume *Direito e poder*, de 1992) marca a definitiva consolidação das suas concepções em direção juspositivista.

---

330 "Falo de 'conversão', porque somente assim explico, por um lado, o esquecimento em que deixei afundar os meus escritos jurídicos anteriores, por outro lado, a confissão feita, várias vezes, segundo a qual à ruptura violenta com o passado acontecida na história do nosso país entre 1944 e 1946, correspondeu uma fratura durante a minha vida privada e pública, intelectual e moral. *Incepit vita nova*" (ibid., p.7, já mencionado no Capítulo 3).

Entre 1949 e 1950, esclarecendo as linhas gerais da própria visão do mundo jurídico, Bobbio assim definia sua posição: "Nós sustentamos que a teoria geral seja uma disciplina formal, apesar de ela ser uma disciplina científica"; portanto, esta "pertence à ciência e não à filosofia", e, além disso, "não é pesquisa de conteúdos, mas investigação formal". Uma "ciência formal do direito" (como propõem Roguin, Somló ou Kelsen) "não é nada mais que o que normalmente se chama de teoria geral do direito".[331] Em conclusão, "sendo investigação dos elementos constitutivos estruturais do direito, a teoria geral é uma teoria do direito positivo e vale no âmbito de um determinado sistema".[332] Portanto, "pode-se falar de uma teoria geral do direito italiano, do direito internacional etc.". E, eventualmente, desse remontar a "um estudo sistemático do ordenamento jurídico em geral", ou seja, a uma "teoria geral do ordenamento jurídico e, neste caso, e apenas neste caso, a denominação de teoria geral terá o mesmo significado que na expressão teoria geral do Estado".[333]

Em relação a essa definição, são dois os possíveis "desvios" da teoria geral do direito: ou em direção às disciplinas jurídicas particulares, "das quais acabaria sendo apenas uma generalização ou uma tipificação" (conforme se atribua ao termo "geral" o significado de "universal" ou de "ideal-típico"); ou em direção à filosofia do direito (pretende se indicar um valor ao qual o direito deve se inspirar, isto é, como qualquer filosofia, "contém uma tomada de posição do homem diante do mundo").[334] Para Bobbio, a teoria geral de Carnelutti é uma "teoria geral do direito positivo italiano", que, entretanto, desvia "exclusivamente na direção da filosofia".[335] Carnelutti tinha até dedicado a essa sua concepção filosófica do direito (a qual teria como tarefa introduzir a ética na economia) uma específica exposição na "Introdução" à primeira edição da sua obra, mas depois – diante das críticas quase unânimes – esta foi abolida na segunda edição.[336] Todavia, esses princípios filosóficos continuavam a constituir o fundamento da obra inteira.

---

331 Bobbio, *Studi sulla teoria generale del diritto*, op. cit., p.33 e 37.
332 Ibid., p.40.
333 Ibid., p.8-9.
334 Ibid., p.7.
335 Ibid., p.10.
336 Carnelutti, *Teoria generale del diritto*, op. cit., p.55-7; essas considerações filosóficas, às quais Carnelutti estava particularmente apegado, foram reelaboradas e publicadas "em um livrinho em separado, publicado há mais de dois anos atrás e, por isso, em relação ao meu pensamento, envelhecido rapidamente" (Ibid., p.VI). Carnelutti se refere à sua *Introduzione allo studio del diritto*.

Além disso, entre as várias teorias do direito, Carnelutti se posiciona a favor do direito como um complexo de comandos, ou seja, a favor da teoria imperativista, que, segundo Bobbio, "identifica-se logicamente com a teoria estatista do direito": "as duas teorias se implicam reciprocamente" e são dois aspectos que refletem "o processo de formação do Estado moderno".[337] Para ambas, a única fonte do direito é o Estado. A teoria imperativista é, por isso, historicamente condicionada, ou seja, não tem valor absoluto, e, portanto, não explica todos os fenômenos jurídicos. Em particular, Bobbio analisa as deficiências da teoria imperativista em relação ao direito internacional e ao costume. Porém, neste ponto, mais que sobre a teoria aceita por Carnelutti, convém nos determos sobre a nova teoria que chama a atenção de Bobbio.

A teoria normativista, "relegando o momento do comando entre os fenômenos psicológicos ou sociológicos", concentra-se "sobre o que propriamente recai sob a investigação do jurista, ou seja, a regra" e tende

> a remediar os inconvenientes da teoria imperativista já relevados, fixando a própria atenção sobre o que é comum aos diferentes territórios da experiência jurídica, mas não sobre o que os divide, e pondo as bases para ultrapassar definitivamente, com um nítido corte, a fonte histórica e ideológica de todos os inconvenientes e as ambiguidades: a identificação entre direito e Estado.[338]

É nesse ponto, já na parte final do ensaio de 1949, que Bobbio toma posição a favor da teoria pura do direito.

Carnelutti, a quem certamente não faltava autoestima, livra-se do normativismo com um reconhecimento genérico, mas sem uma verdadeira crítica. Nas poucas páginas em que aborda explicitamente a teoria normativista, o tom é veladamente mais polêmico que construtivamente crítico, a partir do momento em que, na introdução, atribui a hostilidade contra a própria teoria geral ao fato de não levar "o selo da escola de Viena ou de Berlim".[339]

Para Carnelutti, uma teoria deve ser construída tanto sobre a análise da natureza do dado, objeto do seu estudo, quanto, em um momento sucessivo, sobre a síntese dos resultados alcançados. Essa concepção é muito diferente da de Kelsen, contrastada por Carnelutti, que afirma:

Roma: Foro Italiano, 1943, 88 p.: "mais de um capítulo desta teoria, especialmente quase no final, deveria ser refeito" (*Teoria generale del diritto*, op. cit., p.5, na nota).
337 Bobbio, *Studi sulla teoria generale del diritto*, op. cit., p.15.
338 Ibid., p.20.
339 Ibid., p.V.

Certas vertentes e certos períodos do pensamento jurídico são caracterizados pela tendência ao predomínio da análise, que esconde em si um grave perigo para o desenvolvimento da ciência do direito. Este é, em particular, o defeito de uma moderna escola jurídica, que conquistou uma grande fama, em boa parte pelos seus verdadeiros méritos; essa mesma se deu o nome de *teoria pura do direito*; o seu caráter reside em um poderoso esforço analítico e a sua fórmula fundamental na distinção entre a *ciência* e a *política* do direito.[340]

Essa teoria é "uma contribuição muito séria ao conhecimento do dado", mas "o seu erro metodológico consiste em um desequilíbrio entre o momento analítico e o momento sintético da investigação". O predomínio da análise "com certeza beneficiou a profundidade, mas afetou a integridade do conhecer".[341]

Para Bobbio, essa referência sumária ao "esforço analítico" e à "distinção entre a ciência e a política do direito" é "claramente genérica e inadequada para individuar uma escola e não outra".[342] Nem parece mais convincente o outro trecho de Carnelutti que individua um "erro da concepção normativa do direito"[343] na confusão entre norma e lei jurídica. Bobbio "tem a sensação de que a citação seja inadequada, ou de qualquer forma fora de propósito, a não ser que se reduza esse contraste a uma simples questão de palavras".[344] Carnelutti responderá a essas críticas, em 1951, no prefácio à terceira edição da sua *Teoria geral do direito* e, a estas, Bobbio fará seguir uma breve réplica, em 1955.[345]

Nesse debate, Bobbio focou a fecundidade científica da teoria pura do direito:

> Se tivesse que definir brevemente o significado da teoria pura do direito do ponto de vista metodológico, diria que ela nos ensinou, sobretudo, uma coisa: que a ciência jurídica se torna cada vez mais ciência rigorosa, ou seja, resolve-se em um sistema de saber que tem validade teorética quanto mais consiga

---

340 Carnelutti, *Teoria generale del diritto*, op. cit., p.3. Grifo de Carnelutti.
341 Ibid.
342 Bobbio, *Studi sulla teoria generale del diritto*, op. cit., p.21.
343 O texto de Bobbio remete a Carnelutti, *Teoria generale del diritto*, op. cit., p.83; porém, o trecho citado por Bobbio não se encontra nessa página.
344 Bobbio, *Studi sulla teoria generale del diritto*, op. cit., p.22.
345 Respectivamente, Carnelutti, *Teoria generale del diritto*, terceira edição corrigida e aumentada. Roma: Foro Italiano, 1951, p.XV ss.; Bobbio, *Studi sulla teoria generale del diritto*, op. cit., p.25-6.

expulsar da sua pesquisa os problemas *cientificamente sem solução* e os problemas *juridicamente irrelevantes*.[346]

Os primeiros são os que não se resolvem com o procedimento científico, mas, por exemplo, recorrem ao pensamento mágico ou místico, enquanto os segundos usam o procedimento científico, específico, porém, de uma ciência diferente do direito. À teoria pura do direito Bobbio atribui, por isso, o mérito de ter introduzido na ciência jurídica o cientificismo (ou seja, a eliminação dos elementos não científicos) e a purificação (ou seja, a eliminação dos elementos não jurídicos).

A partir de 1949, Bobbio aderiu à teoria formal de Kelsen e, em um artigo de 1954,[347] ele tomou "calorosamente, diria quase audaciosamente, a defesa [dela] contra seus detratores",[348] que são, sobretudo, os sociólogos e os jusnaturalistas. A esse panorama das críticas à teoria pura do direito seguiu, em 1973, uma reconstrução dessa teoria,[349] porque nesse ano a morte de Hans Kelsen levou Bobbio a traçar um balanço crítico da teoria pura do direito,[350] em que Bobbio associa o conceito de *estrutura* ao de *função*: o próximo capítulo é dedicado a essa complementação e superação da recepção kelseniana em Bobbio.

Todavia, o positivismo kelseniano inspirou Bobbio também a produzir uma obra unitária, uma "teoria geral do direito", que, entretanto, conheceu o curioso percurso editorial já mencionado anteriormente (cf. tópico 3.8.2). Nos anos 1950, Bobbio ministrou dois cursos ("repetidos outras vezes por mim") sobre a teoria da norma[351] e sobre a teoria do ordenamento,[352] "que

---

346 Ibid., p.23. Grifo de Bobbio.
347 Bobbio, La teoria pura del diritto e i suoi critici. In: *Rivista trimestrale di diritto e procedura civile*, VIII, 1954, p.356-77.
348 Bobbio, *Diritto e potere*, op. cit., p.8. Essa formulação é citada na Prefazione de agosto de 1993, que coincide somente em parte com a da edição em espanhol.
349 Bobbio, Hans Kelsen. In: *Rivista internazionale di filosofia del diritto*, 1973, p.425-49.
350 O ensaio anterior é retomado (com o título "Struttura e funzione nella teoria del diritto di Kelsen") em Bobbio, *Dalla struttura alla funzione* (1977), op. cit., p.187-215; (2007), p.160-85); e em Bobbio, *Diritto e potere*, op. cit., p.65-87; cf. mais detalhadamente o Capítulo 5, nota 1.
351 Bobbio, *Teoria della norma giuridica*. Turim: Giappichelli, 1958, 245p.; apostilas mimeografadas, sem data na folha de rosto; o *colophon* indica: "impressão concluída em 25 de junho de 1958".
352 Bobbio, *Teoria dell'ordinamento giuridico*, lições recolhidas pelos estudantes L. Borgi, C. V. Sarasso, G. Witzel. Turim: Giappichelli, 1955, 246p. (litografado). Volume mais vezes reimpresso; o exemplar que possuo é: Bobbio, *Teoria dell'ordinamento giuridico*. Turim: Giappichelli, 1960, 218p.; apostilas mimeografadas sem data na folha de rosto, mas o *colophon* indica: "impressão concluída em 16 de setembro de 1960".

justamente foram definidos de evidente inspiração kelseniana".[353] Em Bobbio, o fruto mais significativo do período kelseniano foi a visão do direito não como norma, mas sim como ordenamento de normas, que ele apresentou nos cursos dos anos acadêmicos de 1957-1958 e 1959-1960. Neles, a teoria da norma é resolvida na teoria do ordenamento, seguindo a concepção kelseniana: aliás, afirma Bobbio, "talvez indo além do próprio Kelsen".[354]

Os ensaios de Bobbio sobre a teoria pura do direito apresentam um andamento cronológico peculiar. Bobbio reuniu em um volume os ensaios sobre Kelsen publicados entre 1954 e 1986: esse volume se abre, de fato, com o ensaio de 1954 em que Bobbio analisa os críticos de Kelsen (excluindo, portanto, a já mencionada crítica a Carnelutti de 1949), ao qual seguem, porém, mais de dez anos de silêncio sobre temas kelsenianos.[355] Em 1967, um ensaio sobre "ser e dever ser" marca o começo da sua revisão crítica da teoria pura do direito, ao qual segue, em 1971, um ensaio sobre as fontes do direito em Kelsen. Já em 1981-1982 saíram sucessivamente três ensaios sobre o problema do "poder" na concepção kelseniana.

O poder é o assunto com o qual o Bobbio filósofo da política volta para o Bobbio filósofo do direito[356] e, na teoria kelseniana, é um ponto crucial na separação entre o mundo da realidade e o mundo da normatividade, entre o ser e o dever ser. Não por acaso, portanto, a relação entre direito e poder dá o título não apenas à parte central, mas também ao volume inteiro, depois dedicado a Kelsen por Bobbio.

Justamente o tema do poder demonstra como os interesses jurídicos e os políticos sempre foram presentes no pensamento de Bobbio: já em 1966 tinha ministrado um curso sobre o poder do ponto de vista da ciência política, no âmbito do curso de graduação em Ciências Políticas (que originariamente

---

353 Bobbio, *Diritto e potere*, op. cit., p.8.

354 Ibid., p.9.

355 No longo intervalo entre os dois artigos, Kelsen está presente no ensino de Bobbio, em particular, nos dois cursos sobre a teoria da norma e do ordenamento, que, em 1992, quando o seu período kelseniano tinha acabado faz tempo, confluíram depois no volume *Teoria generale del diritto* (cf. tópico 3.8.2).

356 "A teoria jurídica e a teoria política se integram e se completam reciprocamente, a primeira se concentrando no conceito de 'norma' e a segunda no de 'poder'" (Bobbio, Prólogo. In: Greppi, *Teoría e ideología en el pensamiento político de Bobbio*, op. cit., p.10). "O amplo e documentado estudo" de Greppi (assim o define o próprio Bobbio) analisa por várias vezes "o nexo entre teoria política e teoria jurídica", tema que não é possível desenvolver aqui. Em particular, sinalizo as páginas sobre "Elementos del neo-positivismo y de la filosofía analítica durante los años Cinquenta", p.93-101.

não era autônomo, mas fazia parte da Faculdade de Jurisprudência).[357] Os últimos ensaios incluídos no volume de 1992, enfim, comparam o pensamento de Kelsen com o do sociólogo Max Weber e com a teoria da argumentação de Chaïm Perelman. O volume de 1992 não é, portanto, unitário – nem poderia sê-lo uma coletânea de ensaios que são distribuídos ao longo de mais de trinta anos, de 1954 a 1986 –, mas exatamente por esse motivo permite acompanhar a evolução do pensamento de Bobbio sobre o positivismo kelseniano.

4.7. O DIREITO COMO ORDENAMENTO JURÍDICO: UMA TEORIA GERAL

Os estudos setoriais de teoria geral do direito vistos até agora expressam uma visão geral, que Bobbio, porém, nunca quis sistematizar, nem em um manual ("um pesadelo", para ele), nem em uma obra geral. Todavia, existe uma *Teoria geral do direito* com uma curiosa gênese colombiana (cf. tópico 3.8.2). Publicada também na Itália em 1993, quando já fazia vinte anos que Bobbio se dedicava predominantemente à filosofia política, o seu "Prefácio" refaz a gênese do volume e, em particular, expressa a resistência de Bobbio em se apresentar como autor de uma "teoria geral do direito": "Aceitando o pedido recente de alguns colegas e atendendo a um antigo desejo do editor Giappichelli, permiti a republicação" em volume único das duas apostilas para os estudantes dos cursos de 1957-1958 e de 1958-1959, respectivamente sobre a norma[358] e sobre o ordenamento,[359] as quais, em 1987, foram publicadas conjuntamente na tradução colombiana. Os primeiros passos nessa direção remetem, porém, ao curso do ano acadêmico 1954-1955 e à respectiva apostila para os estudantes.[360]

---

357 *Il problema del potere. Introduzione al corso di scienza della politica*, lições do Prof. Norberto Bobbio reunidas por Iliana Secchieri. Turim: Cooperativa Libraria Universitaria Torinese, 1966, 91p. Bobbio distingue aqui a ciência da política da filosofia política e, entre numerosos autores citados, está mencionado não Kelsen, mas Carl Schmitt (p.75), nos anos em que este último estava banido dos estudos sociais e jurídicos. Essa coletânea de "notas" é menos elaborada que as outras apostilas de Bobbio: talvez por isso, esse volume não tenha sido republicado em seguida.
358 Bobbio, *Teoria della norma giuridica*. Turim: Giappichelli, 1958, 245p. (litografado).
359 Bobbio, *Teoria dell'ordinamento giuridico*. Turim: Giappichelli, 1960, 218p. (litografado).
360 Bobbio, *Teoria dell'ordinamento giuridico*. Lições reunidas pelos estudantes L. Borgi, C. V. Sarasso, G. Witzel. Turim: Giappichelli, 1955, 246p. (litografado).

Uma explicação para a resistência de Bobbio pode se encontrar, talvez, no fato de que esses cursos estivessem voltados para os estudantes do primeiro e do segundo ano, e, portanto, deviam recorrer a simplificações que Bobbio aceitava na didática, mas hesitava em transferir para um livro, que necessariamente também seria direcionado aos especialistas. Todavia, ele mesmo, nas primeiras linhas da parte sobre a teoria do ordenamento, lembra que os dois cursos dos anos de 1950 "formam, um junto do outro, uma *Teoria do direito* completa, principalmente sob o aspecto formal".[361]

Lendo o volume de 1993 devemos, primeiramente, ter em conta que ele reproduz os textos dessas apostilas dos anos de 1950 e, portanto, reflete as ideias de Bobbio de trinta anos antes. No seu "Prefácio" de 1993, Bobbio resume em poucas linhas a sua trajetória cultural inteira:

> Esses dois cursos [...] constituem a síntese e, de certa forma, a conclusão do período de estudos dedicado predominantemente à teoria do direito, durante uns vinte anos, que vão do primeiro pós-guerra, em que realizei minha aprendizagem, comentando alguns entre os mais conhecidos tratados de teoria geral do direito e tomando audaciosamente a defesa de Kelsen contra alguns dos seus detratores, até, mais ou menos, o famigerado 1968, quando os pregadores da imaginação no poder recusavam desdenhosamente a sua razão sem poder, e eu me direcionei, de forma cada vez mais assídua, para estudos de filosofia política e passei, em 1972, para a nova faculdade de ciências políticas para ensinar filosofia política até a aposentadoria, em 1979.[362]

As duas apostilas e, portanto, o volume de 1993, se colocam na fase kelseniana de Bobbio, que reivindica pontualmente essa ascendência. Kelsen é o seu "autor *princeps*", e prossegue, ele "nunca escondeu que os dois cursos sejam de inspiração kelseniana": "kelseniana é, para começar, a distinção entre teoria da norma (individual) e teoria do ordenamento (conjunto estruturado de normas),"[363] mesmo que a definição de direito seja buscada nas características distintivas do ordenamento, seguindo "a doutrina italiana da instituição".[364] Kelseniano é também o individuar a característica do direito no ordenamento, e não na norma, como já ficava claro "na distinção

---

361 Bobbio, *Teoria generale del diritto*, op. cit., p.159. Grifo de Bobbio.
362 Ibid., p.VII. O trecho citado se encontra na *Prefazione* de agosto de 1993, que coincide somente em parte com a da edição em espanhol.
363 Ibid., p.VIII.
364 Ibid., p.IX.

kelseniana entre sistema estático próprio da moral e sistema dinâmico próprio do direito".[365]

Esse volume constitui o coroamento do pensamento teórico-jurídico de Bobbio e seria, portanto, temerário tentar uma síntese dele. A exposição a seguir se limita, por isso, a evocar alguns pontos nodais. Dada a natureza institucional do curso do qual se origina o volume, Bobbio inicia a teoria da norma jurídica expondo várias teorias do direito e conectando-se, aliás, também com os autores encontrados no ensaio sobre o costume, de 1942, em particular, com Santi Romano e com o institucionalismo. Este último, justamente, integra a visão normativista de Bobbio, porque a formulação de um grupo (instituição) move-se paralelamente à emanação de regras de conduta: portanto, "a teoria da instituição não exclui, mas sim *inclui*, a teoria normativa do direito".[366] Além disso, "a teoria da instituição teve o grande mérito [...] de colocar em destaque o fato de que se pode falar de direito somente onde se tenha um conjunto de normas que formam um ordenamento, e que, então, o direito não é norma, mas um conjunto ordenado de normas", ou seja, "um sistema normativo".[367]

Bobbio se propõe a estudar a norma jurídica do ponto de vista formal, ou seja, "independentemente do seu conteúdo, isto é, na sua estrutura", entendida como "estrutura lógico-linguística". Manifesta-se aqui o seu interesse pela análise linguística e pelas "questões de palavras",[368] destinado a fazer escola nos anos seguintes com a abertura para a filosofia analítica da linguagem. Aqui Bobbio define o formalismo jurídico em sentido estrito (o direito não é "o que cada um de nós tem que fazer", mas sim a forma, e não o conteúdo, dessa prescrição), distinguindo-o do formalismo ético ("é correto o que está em conformidade com a lei") e do formalismo científico (o conjunto de regras para a construção de uma ciência jurídica somente declarativa).[369] Do ponto de vista formal, a norma é uma proposição, que pode ter uma função descritiva, expressiva ou prescritiva. Abre-se, portanto, o problema do direito como proposição prescritiva e das relações entre as proposições prescritivas e a descritivas, com as consequentes distinções entre

---

[365] Ibid.
[366] Ibid., p.14.
[367] Ibid.,. p.15.
[368] Ibid., p.IX. Visto que a crítica de Kelsen à concepção imperativista da norma se funda "em uma definição restrita de 'comando'", Bobbio comenta: "Mais uma vez se observe quanta importância têm, nessas controvérsias, as definições iniciais e, portanto, o quanto essas questões são questões de palavras", Ibid., p.106.
[369] Bobbio, *Teoria generale del diritto*, op. cit., p.46-7.

imperativos categóricos e hipotéticos, entre comandos e conselhos. Depois de ter classificado as normas jurídicas entre os comandos (ou imperativos), a imperatividade é elevada a caráter distintivo do direito pelas teorias jurídicas que tomam o nome, justamente, de imperativistas e que são rejeitadas por Bobbio.

A norma jurídica é um imperativo direcionado para determinar um comportamento: põe-se, portanto, o problema do destinatário da norma, que "se tornou agudo quando um jurista da autoridade de Jhering, em polêmica com o que tinha afirmado, poucos anos antes, Binding, sustenta que os destinatários da norma jurídica não são os cidadãos, mas sim os *órgãos judiciários encarregados de exercer o poder de coação*".[370] A tese de Jhering foi aceita por Kelsen também na sua distinção entre normas primárias, dirigidas aos cidadãos, e secundárias, dirigidas aos órgãos do Estado. Essa concepção é particularmente apreciada pelos juristas que acentuam o caráter estatista e coercivo do direito. Bobbio, pelo contrário, seguindo as suas propensões institucionalistas também, formula algumas críticas a propósito, dado que os órgãos estaduais não podem ser os "únicos" destinatários da norma: um ordenamento jurídico se dirige tanto aos cidadãos quanto aos órgãos do Estado. A tese de Jhering deve ser, portanto, temperada, mas contém "um núcleo de verdade".[371]

As teorias imperativistas do direito concebem a norma como julgamento hipotético ("se..., então você deve"); mas "um julgamento, segundo as regras da lógica clássica, não é um comando". Bobbio segue essa vertente, que está em harmonia com a sua construção: de fato, "a doutrina anti-imperativista se identifica geralmente com a doutrina kelseniana" porque os argumentos de Kelsen "pareceram decisivos para alguns", desde os *Hauptprobleme*, de 1911.[372] Em particular, a concepção da norma jurídica como julgamento hipotético permite a Kelsen distinguir a norma jurídica da norma moral (que é, pelo contrário, comando) e da lei natural, introduzindo a diferença entre lei de imputação (própria do direito) e lei de causalidade (própria do mundo natural). Bobbio analisa a fundo a posição de Kelsen, chegando à conclusão de que "a teoria de Kelsen, segundo a qual a norma jurídica se resolve em um julgamento hipotético, não é uma teoria contrária à tese da norma jurídica

---

370 Ibid., p.93. Grifo de Bobbio.
371 Ibid., p.95.
372 Ibid., p.106.

como prescrição, porque o julgamento em que a norma se expressa é, mesmo assim, um julgamento hipotético prescritivo e não descritivo".[373]

Ao determinar as características diferenciais da norma jurídica em relação às de outros ordenamentos, a atenção de Bobbio se concentra na sanção, definida como "resposta à violação" da norma jurídica.[374] Entretanto, os vários ordenamentos recorrem a sanções diferentes: morais (internas e, portanto, escassamente eficazes), sociais (não institucionalizadas) e jurídicas, que são, ao contrário, externas e institucionalizadas. Essas duas qualificações caracterizam a sanção jurídica como elemento essencial da norma jurídica. As que são chamadas de normas não sancionadas remetem, na verdade, a outras normas sancionadas, frequentemente em uma corrente infinita, até quando se chega à norma última, que não é sancionada, mas que é respeitada por consenso ou adesão. Bobbio, todavia, mantém essa constatação histórico-empírica ("não há Estado tão despótico que não conte também com o consenso")[375] separada da análise teórica, que, em vez disso, considera sincronicamente o ordenamento jurídico compreendido no seu conjunto (e, portanto, admite que ele possa conter uma norma não sancionada, desde que o ordenamento seja sancionado no seu conjunto).

Dentro da categoria das normas juridicamente sancionadas, várias distinções são possíveis. Algumas têm que ser deixadas às disciplinas jurídicas individuais, como a distinção entre normas substanciais e processuais, consuetudinárias e legislativas, estaduais e internacionais. Do ponto de vista teórico geral, no entanto, Bobbio distingue as normas gerais e individuais, afirmativas ou negativas, categóricas ou hipotéticas, apelando para o fundamento formal da distinção individual, ou seja, "exclusivamente para a *estrutura lógica* da proposição prescritiva".[376] A análise da norma jurídica se conclui, portanto, com argumentações lógicas obtidas da distinção entre proposições afirmativas e negativas, "distinção tradicional da lógica clássica, que pode ser aplicada às proposições jurídicas".

Aqui Bobbio extrai do lógico Blanché uma série de esquemas gráficos, com base nos quais, "partindo de uma proposição qualquer, obtém-se dela outras proposições com o uso diferenciado do signo *não*".[377] Esse exercício

---

373 Ibid., p.109.
374 Ibid., p.123.
375 Ibid., p.143.
376 Ibid.,. p.146. Grifo de Bobbio.
377 Ibid., p.151. Os esquemas lógicos são retirados de Robert Blanché, "Opposition et négation". In: *Revue philosophique*, 1955, p.187-217.

combinatório, complexo, conclui a análise formal da norma jurídica e permite, a Bobbio, passar da análise da estrutura da norma jurídica individual à análise da estrutura do conjunto de normas jurídicas, organizadas sistematicamente no ordenamento jurídico.

O ordenamento jurídico também é analisado do ponto de vista formal: como as normas não existem isoladamente, mas sim em conjuntos, nos quais essão conectadas por relações específicas, a análise de Bobbio se concentra nessas relações. O estudo da estrutura do ordenamento jurídico não podia exaltar uma tradição antiga como a do estudo da norma jurídica e Bobbio, portanto, sublinha "a característica experimental desse curso". Até os teóricos da instituição, as teorias jurídicas tinham considerado a norma como elemento primário do direito e, portanto, tinham visto no ordenamento "um conjunto de muitas normas, mas não um objeto autônomo de estudo".[378]

Embora já em 1917 Santi Romano tenha intitulado o seu livro *L'ordinamento giuridico* [O ordenamento jurídico], apenas com Kelsen aconteceu "o isolamento dos problemas do ordenamento jurídico dos problemas da norma jurídica, e o tratamento autônomo dos primeiros como uma parte de uma teoria geral do direito".[379] Ponto de referência para Bobbio é a *Teoria generale del diritto e dello Stato* [Teoria geral do direito e do Estado] de Kelsen, publicada na Itália em 1952,[380] que, na parte dedicada ao direito, distingue a "Nomoestática" (sobre a norma jurídica) da "Nomodinâmica" (sobre o ordenamento jurídico). Essa teoria de Kelsen exerceu uma influência decisiva em Bobbio, que declara: "O meu curso se conecta diretamente à obra de Kelsen, do qual constitui ora um comentário, ora um desenvolvimento".[381]

Na teoria da norma, Bobbio tinha definido a norma jurídica como caracterizada pela sanção externa e institucionalizada; e exatamente este último termo indica que, "para que exista direito, precisa existir uma organização, grande ou pequena, ou seja, um sistema normativo completo".[382] O sistema normativo também é analisado do ponto de vista formal, investigando quais são as relações ou nexos que associam, entre eles, uma pluralidade de normas, fazendo destas um ordenamento ou sistema. A teoria do ordenamento

---

378 Bobbio, *Teoria generale del diritto*, op. cit., p.160.
379 Ibid., p.161.
380 Hans Kelsen, *Teoria generale del diritto e dello Stato*, tradução de Sergio Cotta e Giuseppino Treves. Milão: Comunità, 1952, 528p. O original foi publicado apenas em inglês: *General Theory of Law and State*, translated by Anders Wedberg. Cambridge (MA): Harvard University Press, 1945, XXXIII-516p.
381 Bobbio, *Teoria generale del diritto*, op. cit., p.161.
382 Ibid., p.166.

intersecta, portanto, a dos sistemas, e as características formais do sistema, em geral, valem também para o sistema jurídico: unidade, coerência e completude constituem, por isso, as três características do ordenamento jurídico enquanto sistema de normas. Bobbio dedica a cada uma dessas características um capítulo de sua exposição, que aqui é comentada de modo sintético.

A teoria da *unidade* do ordenamento implica uma *hierarquia* das normas. Voltamos então à teoria das fontes jurídicas, já abordada na teoria da norma também. Porém, no ordenamento, as normas individuais se distribuem em vários níveis: e aqui Bobbio adota "a teoria da construção gradual do ordenamento jurídico, elaborada por Kelsen" para explicar a "unidade de um ordenamento jurídico complexo".[383]

O comentário sobre a estrutura hierárquica do ordenamento conduz Bobbio a discutir o seu fundamento ulterior, ou seja, a norma fundamental: norma que lhe confere unidade, mas que é também objeto das críticas mais severas. De fato, com essa norma não estabelecida, mas sim pressuposta, "saímos da teoria do direito positivo, à qual nos ativemos até agora, e entramos na discussão secular sobre o fundamento ou, melhor, a justificativa em sentido absoluto do poder".[384] A historicidade da visão de Bobbio lhe permite essa referência à "Górgona do poder" como fundamento último (embora extrajurídico) do ordenamento jurídico. Essa solução, no entanto, é vedada a Kelsen pela rígida divisão entre ser e dever ser, entre mundo da natureza e mundo das normas, que lhe proíbe colocar o fundamento do sistema jurídico (pertencente ao mundo do dever ser) no poder factual (pertencente ao mundo do ser).

A teoria da *coerência* implica a ausência de contradições entre normas, ou seja, de *antinomias*. A unidade do ordenamento, até aqui examinada, deve ser também uma unidade sistemática, entendendo como sistema uma "totalidade ordenada", os entes constitutivos da qual estejam "em relação de compatibilidade entre eles".[385] Retorna aqui a distinção de Kelsen entre sistema estático, próprio da moral ("as normas são conectadas umas com as outras como as proposições em um sistema dedutivo"), e dinâmico, próprio do direito ("as normas derivam umas das outras por meio de delegações de poder sucessivas").[386] Bobbio duvida que o ordenamento jurídico possa ser definido um sistema dinâmico, porque o critério formal da delegação do

---

383 Ibid., p.182.
384 Ibid., p.193.
385 Ibid., p.201.
386 Ibid., p.202.

poder de emitir normas pode produzir normas em contraste entre elas: "mas um ordenamento que admita, dentro de si, entes em contraste entre eles, pode-se ainda chamar de 'sistema'?".[387] Para ele, pelo contrário, "um ordenamento jurídico constitui um sistema porque não podem coexistir nele normas incompatíveis".[388]

O problema da determinação das antinomias e dos seus tipos diferentes é abordado por Bobbio segundo critérios lógico-formais, recorrendo às tábuas da verdade e aos esquemas de Blanché. O problema da sua solução (no caso em que a antinomia em exame seja solucionável) prevê vários critérios (cronológico, hierárquico, da especialidade), que podem, todavia, entrar em conflito entre si. Em suma, "a coerência é uma exigência, mas não uma necessidade".[389] Bobbio chega à conclusão de que "duas normas incompatíveis, do mesmo nível e contemporâneas, são ambas válidas", mas não são ambas eficazes, "no sentido de que a aplicação de uma ao caso concreto exclui a aplicação da outra".[390] Único remédio, nesse caso, é a ab-rogação legislativa de uma das duas normas.

Enfim, a teoria da *completude* implica que o ordenamento inclua "uma norma para regulamentar qualquer caso",[391] ou seja, a ausência de *lacunas*. A plenitude é necessária se o juiz deve emitir uma sentença sobre todos os casos a ele submetidos, e se é obrigado a julgá-los com base em normas incluídas nesse ordenamento. Na ausência de uma dessas duas condições, um ordenamento pode existir mesmo quando incompleto. O "dogma" da completude é próprio da concepção estatista do ordenamento, visto que se é direito somente o promulgado pelo Estado, o juiz não pode integrar a ausência de uma norma recorrendo, por exemplo, à equidade. A crítica ao dogma da completude – para a qual Bobbio faz referência a Ehrlich[392] e ao Movimento do Direito Livre – comporta, porém, a abertura a formas de julgamento que colocam em perigo a certeza do direito. Nesse contexto, retorna também um tema já abordado por Bobbio, o da analogia que, com os princípios gerais do direito, oferece um instrumento para a autointegração do ordenamento incompleto.[393]

---

387 Ibid., p.204.
388 Ibid., p.208.
389 Ibid., p.239.
390 Ibid., p.234.
391 Ibid., p.237.
392 Eugen Ehrlich, *Die juristische Logik*. Tübingen: Mohr, 1925, VII-337p.
393 Bobbio, *Teoria generale del diritto*, op. cit., p.265-66.

As três características do ordenamento jurídico até agora examinadas – unidade, coerência e completude – nascem de problemas *internos* ao ordenamento. A análise de Bobbio se conclui com o exame dos problemas que são *externos* ao ordenamento, cuja solução é remetida ao direito internacional ou ao direito eclesiástico.

Os dois volumes publicados ao começo da década de 1990 – *Direito e poder*, de 1992, e *Teoria geral do direito*, de 1993 – parecem selar definitivamente a fase kelseniana de Bobbio, de fato já concluída uns vinte anos antes. Esse ponto final vale, porém, somente para o Kelsen teórico do direito. De fato, já fazia anos que Bobbio tinha encontrado no Kelsen teórico do Estado e da democracia também uma fonte do seu pensamento político:

> Na sua teoria do Estado emergem dois assuntos fundamentais, e com a discussão destes, especialmente nos últimos anos [anteriores a 1992], tirei inspiração, mesmo sem ter isso como objetivo, do pensamento kelseniano, a democracia e a paz: a democracia, entendida como um conjunto de regras destinadas a permitir, a um conjunto de indivíduos, tomar decisões coletivas com o máximo de consenso; a paz, em prol daquela forma de pacifismo que chamo de "institucional", ou seja, usando uma fórmula tipicamente kelseniana, a paz por meio do direito.[394]

Nesse ponto, o presente discurso sobre Bobbio se move para duas direções diferentes: o discurso sobre o Bobbio teórico do direito se detém na sua reviravolta para o funcionalismo (Capítulo 5), enquanto o discurso sobre o Bobbio cientista político aborda os temas da democracia e da paz (Capítulo 6) e do laicismo (Capítulo 7).

4.8. Positivismo e jusnaturalismo em Norberto Bobbio

Na minha opinião, a essência da visão do positivismo jurídico em Bobbio está contida em três cursos universitários e em dois volumes que reúnem os escritos que Bobbio dedicou a esse assunto.

Os três cursos aconteceram em 1958, em 1959 e em 1960 e a eles correspondem as apostilas intituladas *Teoria da norma jurídica*, *Teoria do ordenamento jurídico* e, por fim, *O positivismo jurídico*. São as etapas de um itinerário

---

[394] Bobbio, *Diritto e potere*, op. cit., p.11-2.

que explora as diferentes teorias sobre esses temas e se conclui com a aceitação crítica do positivismo jurídico de Hans Kelsen. Os dois volumes são as coletâneas de ensaios *Jusnaturalismo e positivismo jurídico*, de 1965, e *Da estrutura à função*, de 1977: constituem uma reflexão sobre o positivismo jurídico, que se enriquecem inserindo neles também a função do direito.

Nos três cursos, Bobbio explorou "a experiência jurídica [como] experiência normativa",[395] o "sistema de normas que constitui o ordenamento normativo"[396] e, por fim, o positivismo jurídico tanto na sua evolução histórica quanto na sua problematicidade teórica, chegando, assim, "ao coração dessa vertente jurídica", porque "a teoria do ordenamento jurídico é a contribuição original do positivismo jurídico à teoria geral do direito".[397] Nesse ponto, ele dispõe do material histórico e analítico para individuar sete modos para definir o positivismo jurídico (que aqui são apenas enunciados):

- do ponto de vista da *abordagem* do direito, o positivismo jurídico examina o direito como fato, e não como valor; portanto, o direito é válido não porque considerado bom, mas sim porque produto de modo formalmente correto (teoria formalista do direito);
- do ponto de vista da *definição* do direito, o positivismo individua o direito por meio do elemento da coerção, porque uma norma sem sanção seria ineficaz (teoria da coatividade do direito);
- do ponto de vista das *fontes* do direito, o positivismo considera a legislação como fonte predominante do direito, reduzindo ao mínimo a relevância do costume (teoria do normativismo legislativo);
- do ponto de vista da *teoria da norma jurídica*, o positivismo concebe o direito como comando, que pode ser direcionado aos consociados ou aos juízes (teoria imperativista do direito);
- do ponto de vista da *teoria do ordenamento jurídico*, o positivismo concebe o direito como um sistema completo e coerente, ou seja, sem contradições e lacunas (teoria sistemática do direito);
- do ponto de vista do *método científico-jurídico*, o positivismo limita a atividade do jurista à pura interpretação declarativa ou mecânica da norma, excluindo a função criativa do juiz, ou seja, o *judge made law* ou *Richterrecht* (teoria da interpretação não criativa);
- do ponto de vista da *sujeição* ou vínculo à lei, o positivismo prescreve a obediência estrita ou até absoluta à lei (teoria da obediência

---

395 Bobbio, *Teoria della norma giuridica*, op. cit., p.3.
396 Bobbio, *Teoria dell'ordinamento giuridico*, op. cit., p.3.
397 Bobbio, *Il positivismo giuridico*, op. cit., p.253.

incondicional). Justamente esta última concepção expôs o positivismo à acusação de ter favorecido a aceitação passiva das normas promulgadas pelas ditaduras.[398]

Nos anos do pós-guerra, com alguma esquematização, podemos dizer que o jusnaturalismo foi contraposto ao positivismo jurídico, acusado de conivência com as ditaduras. Gustav Radbruch, por exemplo, havia indicado o positivismo como causa da submissão dos juristas às ditaduras. Em seguida, compreendeu-se que as suas atitudes respondiam a condicionamentos sociais anteriores às próprias ditaduras, mas o debate era irrefreável. Na literatura jurídica desses anos os temas mais frequentes foram, sem dúvida, a crise do positivismo jurídico e o ressurgimento do jusnaturalismo.

Em Bobbio, também o tema do positivismo jurídico é sempre associado ao do jusnaturalismo, porém em uma tensão que não se resolve em favor de nenhum dos dois, mas que se mantém presente na sua consciência – como na de muitos juristas desses anos – como uma dilaceração: por um lado, o positivismo jurídico como expressão da exigência de austeridade científica e, por outro, o jusnaturalismo como exigência de liberdade moral. Por meio da comparação dos dois, tornam-se mais claras as características de um e do outro: *"contraria juxta se posita magis elucescunt"*.

Nas duas coletâneas de ensaios, *Jusnaturalismo e positivismo jurídico*, de 1965, e *Da estrutura à função*, de 1977, encontra expressão essa crise do positivismo jurídico (que, em Bobbio, é acompanhada, todavia, por uma crítica ao jusnaturalismo *desses anos*) e um crescente interesse pela função do direito na sociedade. Enquanto o funcionalismo será examinado no capítulo seguinte, a dilaceração entre positivismo jurídico e jusnaturalismo se torna clara em dois trechos retirados de um escrito pouco conhecido de Bobbio: a "Introduzione a un'opera che non ho mai scritta" [Introdução a uma obra que nunca escrevi].[399]

Esse escrito se abre com estas palavras:

---

398 Losano, *Sistema e struttura nel diritto*, v. II: *Il Novecento*, op. cit., p.194-201.
399 Bobbio, Introduzione a un'opera che non ho mai scritta. In: *Miscellanea per le nozze di Enrico Castelnuovo e Delia Frigessi*. Turim: Einaudi, 1962, p.7-9: impossível de encontrar, livro não comercializado escrito pelos *"einaudianos"* para dois *"einaudianos"*. Essas páginas de Bobbio retornam na "Introduzione" de março de 1965 ao *Giusnaturalismo e positivismo giuridico*, op. cit., p.11-3; diferentemente da "Introduzione", a *Miscellanea* contém um acréscimo inicial e um final, incluídas por mim neste parágrafo. Portanto, unindo essas duas citações ao texto da "Introduzione" de 1965, o leitor pode reconstruir o texto integral publicado no *Miscellanea*, de 1962, esgotado.

O contraste entre jusnaturalismo e positivismo jurídico se apresenta, ora como natural alternância histórica de escolas, ora como antítese entre duas concepções opostas e inconciliáveis do direito, ora como dilaceração íntima entre a nossa educação científica e as nossas exigências morais. Qualquer estudioso da minha geração, em um país como a Itália, vivenciou profundamente o contraste em todos esses aspectos.[400]

Os escritos de Arturo Carlo Jemolo e de Piero Calamandrei, de Guido Fassò e de Giuseppe Capograssi expressam consternação pela arbitrariedade das leis ditatoriais e a tentativa de ultrapassar a "injustiça legal" recorrendo a um "direito supralegal".[401] Ou seja: ao jusnaturalismo.

A posição de Bobbio não está ligada a uma escolha de campo, mas sim à convicção de que cada escolha de campo está condicionada pelo momento histórico que o indivíduo está vivendo:

> Justamente por ter vivido a fundo as razões do contraste entre positivismo jurídico e jusnaturalismo, nunca acreditei poder me colocar categoricamente de um lado ou de outro. Se demonstrei simpatias jusnaturalistas, fiz isso na época do positivismo triunfante; assim como mostrei simpatias positivistas (da defesa de Kelsen até a procura de argumentos contrários ao direito natural) nestes últimos anos de jusnaturalismo renovado. Em vez de me colocar de um lado ou de outro, preferi, *nas páginas seguintes*, esclarecer a complexidade dos termos do contraste; a impossibilidade de reduzir o problema das suas relações a uma alternativa só; e, definitivamente, mostrar as razões pelas quais se colocar de um lado ou do outro é, frequentemente, mais fruto de uma escolha irracional que de uma reflexão meditada.[402]

"Nas páginas seguintes": Bobbio respeita a ficção enunciada no título sobre o "livro que nunca escreveu" e que, portanto, remete às páginas que deveriam seguir esse prefácio. Na verdade, embora na forma de coletânea de ensaios, esse livro nunca escrito veio à luz poucos anos depois – *Jusnaturalismo e positivismo jurídico*, de 1965 – em um contexto que permitiu a Bobbio retomar esses assuntos e usar como premissa ao volume também a parte central desse improvisado e solitário prefácio.

---

400 Bobbio, Introduzione a un'opera che non ho mai scritta, op. cit., p.7.
401 Gustav Radbruch tinha publicado o artigo "Gesetzliches Unrecht und übergesetzliches Recht" na *Süddeutsche Juristenzeitung*, de 1946; o ensaio foi depois retomado na sua *Rechtsphilosophie*, organizada por Erik Wolf: Stuttgart: Koehler, 1956, p.347-57.
402 Bobbio, Introduzione a un'opera che non ho mai scritta, op. cit., p.9. Grifo meu.

4.9. A REVISÃO DO POSITIVISMO JURÍDICO

Os cursos sobre a norma e sobre o ordenamento marcam, escreve Bobbio, "a conclusão do período de estudos que dediquei, predominantemente, à teoria do direito", durante o qual tinha também tomado "audaciosamente a defesa de Kelsen".[403] Esse período intensamente kelseniano vai, portanto, mais ou menos, do pós-guerra até o "famigerado 1968", ano a partir do qual os interesses culturais de Bobbio se deslocam da filosofia jurídica para a filosofia política e se materializam também na sua transferência, em 1972, para a Faculdade de Ciências Políticas.

Até 1967, Bobbio aceitou a concepção kelseniana que distinguia o direito, por um lado, e a ciência do direito, por outro. Dessa distinção resulta o caráter prescritivo das normas jurídicas e o caráter descritivo das proposições com as quais a ciência jurídica comenta as normas. Renovando a sua própria terminologia original, Kelsen falava de "norma jurídica" (*Rechtsnorm*) no primeiro caso e de "proposição jurídica" (*Rechtssatz*) no segundo, e se manteve sempre fiel a essa distinção conceitual e terminológica. Bobbio, por sua vez, em 1967 afastou-se parcialmente desse modelo, afirmando que a ciência jurídica de Kelsen também tinha um caráter prescritivo, visto que dizia ao jurista *como* fazer ciência jurídica: ou seja, prescrevia-lhe o que descrever.[404] De fato, o modelo descritivo kelseniano contém também as regras para construir o próprio modelo, e isso explica a presença de uma linguagem ora descritiva, ora prescritiva, na teoria pura do direito.[405] Tratava-se, em suma, de indicar onde se encontravam os limites entre realidade e normatividade, entre mundo do ser e mundo do dever ser, entre os quais – afirmava Kelsen – não devia existir nenhuma relação.

---

403 Bobbio, *Teoria generale del diritto*, op. cit., p.VII. O trecho citado se encontra na "Prefazione" de agosto de 1993, que coincide somente em parte com a da edição em espanhol.
404 Bobbio, *Giusnaturalismo e positivismo giuridico*, op. cit., 241p.
405 Nesse mesmo período, eu tinha acabado de publicar a tradução italiana da segunda edição da *Doutrina pura do direito* e, em 1968, em Paris, sob a influência de Bobbio, falei várias vezes desse problema com o filósofo lógico Georges Kalinowski, que tinha analisado criticamente a comunicação de Bobbio no congresso de Gardone (como este último lembra em *Diritto e potere*, op. cit., p.41, nota). Apenas dez anos depois, publiquei os resultados finais desses encontros, que o Maio parisiense tinha interrompido abruptamente: Mario G. Losano, Sulla presenza di un linguaggio ora descrittivo ora prescrittivo nella dottrina pura del diritto. In: *Materiali per una storia della cultura giuridica. Momenti e figure della teoria generale del diritto*, VIII, 1978, n.1, p.211-9, retomado depois em *Forma e realtà in Kelsen*, op. cit., p.117-51.

Nesses anos, o tema neokantiano das relações entre ser e dever ser estava no centro do debate filosófico-jurídico, tanto que a esse tema foi dedicado o congresso da Internationale Vereinigung für Rechts und Sozialphilosophie (IVR) de setembro de 1967, em Gardone Riviera, onde Bobbio apresentou uma comunicação sobre ser e dever ser em Kelsen. "Nós, turinenses", tínhamo-nos preparado para esse congresso com um colóquio sobre o mesmo tema, em março de 1967.[406]

Esse congresso de Gardone foi também ocasião de memoráveis encontros pessoais, destinados a durar por décadas e a fazer circular o pensamento de Bobbio: eu conheci Miguel Reale, que direcionaria depois muitas das minhas pesquisas sobre o Brasil, e Junichi Aomi, ao qual devo a minha descoberta do Japão; Elías Díaz encontrou Bobbio pela primeira vez.[407] Todavia, independentemente dessas ocasiões de encontro e de confronto, o positivismo kelseniano estava há tempos no centro dos estudos individuais de muitos de nós e tinha marcado tanto o começo das nossas carreiras acadêmicas quanto as nossas primeiras impostações teóricas.

De fato, para Bobbio, os anos 1960 foram os anos de aprofundamento da teoria pura do direito e, especialmente, de sua natureza sistemática. Nessa análise foram envolvidos também os discípulos mais próximos, cujos trabalhos podem ser vistos como aprofundamentos de aspectos individuais das sete acepções do positivismo jurídico enunciadas no tópico anterior: é suficiente citar o volume de Amedeo G. Conte sobre a plenitude dos ordenamentos jurídicos (1962), o estudo de Giorgio Lazzaro sobre a interpretação sistemática (1965) e o meu volume sobre a noção de sistema e de estrutura no direito desde a origem até a Escola Histórica do direito (1968). Em suma, para usar as palavras do próprio Bobbio, os anos 1960 são dedicados "ao aprofundamento da análise estrutural, do ventre fecundo da qual nasceu até uma disciplina nova e encantadora, a lógica deôntica".[408]

---

406 No colóquio de Turim, do qual participavam os jovens filósofos do direito, eu apresentei a comunicação *Per un'analisi del "Sollen" in Hans Kelsen*, publicada depois com as outras contribuições na *Rivista internazionale di filosofia del diritto*, 1967, p.546-68.

407 Elías Díaz lembra esse encontro desta forma: "Quem me apresentou [Bobbio], com grande efusão e carinho, foi Renato Treves, o grande amigo e mestre, sempre tão próximo e preocupado com as pessoas que vinham da Espanha, dessa Espanha que tinha aprendido a conhecer e a amar, fazendo amizade com os exilados republicanos na América Latina, quando ele estava lá, exilado pelo fascismo italiano" (Elías Díaz, Norberto Bobbio: una filosofía política para la izquierda. In: Díaz. *Los viejos maestros. La reconstrucción de la razón*. Madri: Alianza, 1994, p.128).

408 Bobbio, *Dalla struttura alla funzione. Nuovi studi di teoria generale del diritto*. Milão: Comunità, 1977, Prefazione, p.8. A nova rota está indicada no título, enquanto o subtítulo distingue esse livro do volume anterior *Studi per una teoria generale del diritto*, op. cit.

A esta, eu adicionaria também a informática jurídica, à qual cheguei passando da lógica formal (cuja abstração me parecia inconciliável com a função prática do direito) à lógica da programação, que dava então os primeiros passos. Mas, nesses anos, a "cibernética" era ainda uma disciplina oscilante entre as aplicações práticas da informática e as construções teóricas da cibernética social. Esta última se adaptava bem à teoria funcional do direito: Bobbio considerava "correto definir o direito, do ponto de vista funcional, como forma de controle e de *direção* social",[409] remetendo a "ciência da direção social" (que hoje em dia chamaríamos de *"management"*) ao que eu tinha escrito em 1969, sobre cibernética e direito.[410]

Visto que a teoria de Kelsen é uma teoria estrutural do direito, Bobbio também fazia referência à importância de examinar a construção de Kelsen à luz do estruturalismo, à época em seu apogeu entre linguistas e antropólogos.[411] Por isso, ele propôs à editora Einaudi traduzir o livro de Raymond Boudon, que aplicava o estruturalismo às ciências humanas.[412] Porém, na cultura francesa, as ciências humanas não incluem o direito. Por esse motivo, não me limitei só a traduzir a obra, mas também a completei, investigando o que tinha sido escrito sobre "estruturalismo jurídico".

Os resultados – publicados no apêndice ao volume de 1970 – demonstravam que os juristas não iam além da *intenção* de aplicar o estruturalismo ao direito. Como não existia um estruturalismo jurídico comparável ao estruturalismo linguístico, preferi falar de "estruturalismo e direito" (ou seja, indicando que, nesse momento, os dois âmbitos de pesquisa se intersectavam, mas não se fundiam) tanto no subtítulo do livro traduzido, quanto na publicação de meu breve escrito na *Rivista di diritto processuale* [Revista de direito processual].[413]

---

409 Bobbio, *Dalla struttura alla funzione* (1977), op. cit., p.88 (ed. de 2007, p.70), no ensaio *Verso una teoria funzionalistica del diritto*, cujo processo editorial está exposto abaixo, tópico 5.2.

410 "Parece-me muito significativo que, nas novas tendências da teoria jurídica soviética, o direito esteja incluído no âmbito mais amplo da 'ciência da direção social'", escreve Bobbio, e remete ao meu *Giuscibernetica*. Turim: Einaudi, 1969, p.119 ss. (*Dalla struttura alla funzione*, 1977, op. cit., p.88, nota 28).

411 Em 1973, Bobbio escrevia: "A tendência que nasce com Kelsen em direção a uma teoria do direito como sistema de normas em relação interna entre elas, não pode não trazer sugestões esclarecedoras por meio da comparação com a virada saussuriana na linguística" (agora em *Diritto e potere*, op. cit., p.78); e pouco depois: "É inegável que a tendência de Kelsen a considerar o direito como um universo estruturado responde à mesma exigência da qual começaram as pesquisas estruturais em linguística e em antropologia" (p.79).

412 Boudon, *Strutturalismo e scienze umane*, op. cit.

413 Losano, Strutturalismo e scienza giuridica contemporanea. In: *Rivista di diritto processuale*, XXV, 1970, n.3, p.465-76, publicação propiciada por Giovanni Conso, que foi meu professor na

Sistema, estrutura, estruturalismo: com o ano de 1970, o panorama do mecanismo interno do ordenamento jurídico podia ser considerado concluído. Mas desse reconhecimento as exigências teóricas de Bobbio não saíam satisfeitas. De fato, a visão jurídica de Kelsen (como afirmava este último) era a continuação do positivismo jurídico do século XIX, e essa visão jurídica (como constatava Bobbio) tinha sido levada por Kelsen até um nível não superado de afinação e de perfeição. No entanto, a sociedade que cercava Bobbio e a sua escola não era mais aquela do século XIX: por isso, desde a metade da década de 1960, o olhar de Bobbio foi cada vez mais ultrapassando a visão puramente estrutural do direito, isto é, o positivismo normativo de marca kelseniana.

A insatisfação intelectual de Bobbio nascia da constatação de que o Estado social moderno já tinha permeado tão a fundo a sociedade, que o próprio direito enquanto regulador dessa sociedade se mostra transformado. Em particular, à sua função repressiva dos comportamentos indesejados foi se adicionando de modo crescente uma função promocional, que se manifestava nos incentivos com os quais o Estado estimula os comportamentos desejados. Nas teorias jurídicas estruturais, a função do direito era limitada à ameaça ou à aplicação da sanção: era o "Estado punitivo" de Thomas Paine. Entretanto, o Estado tinha se transformado também em pagador e em promotor: a teoria sistemática do direito não bastava mais.

Cada vez mais frequentemente nos escritos de Bobbio, a concepção sistemática de Kelsen é contraposta à sociológica do segundo Jhering, em que a função promocional do direito tem uma posição particularmente importante.

O crescente interesse por uma concepção funcional do direito tinha induzido Bobbio a propor à editora Einaudi que se traduzisse *O fim no direito*. A editora, por sua vez, confiou-me a tradução. Várias vezes tínhamos discutido juntos sobre o termo com o qual verter "Lohnrecht" – cunhado por Jhering em oposição a "Strafrecht", direito penal – e, enfim, pareceu-nos adequado o neologismo "direito premial", que usei no texto de Jhering e que Bobbio usou em seus ensaios sobre a função do direito.[414] Esse interesse turinense

---

Universidade de Turim. Sobre esse tema, cf. agora o capítulo Strutturalismo e diritto, em Losano, *Sistema e struttura nel diritto*, v. III: *Dal Novecento alla postmodernità*, op. cit., p.117-92.

414 Rudolf Jhering, *Der Zweck im Recht*, Band I. Wiesbaden: Breitkopf & Härtel, 1904, reimpressão anastática Hildesheim-Nova York: Olms, 1970, p.141; *Lo scopo del diritto*. Turim: Einaudi, 1972, p.140; no volume *Dalla struttura alla funzione*, op. cit., de 1977, republicado em 2007, Bobbio cita Jhering pelo menos umas vinte vezes. O termo *Lohnrecht* é um neologismo também para Jhering, o qual sublinha que "o direito premial" é um "conceito desconhecido para nós". No volume de

pelas normas premiais teve também, por sua vez, uma "função promocional", enquanto encontrou reflexo em uma tese milanesa, que orientei sob indicação de Renato Treves,[415] em um livro de Alessandra Facchi,[416] ao qual remeto também para a literatura sobre o tema até então publicada.

Aceitar a função como elemento essencial do direito não implica, todavia, a recusa de uma visão estrutural. Trata-se não de um repúdio, mas sim de uma complementação: a explicação estrutural do direito mantém intacta a sua força heurística, mas deve ser completada com uma explicação funcional do direito, que falta em Kelsen porque este tinha seguido com rigor a escolha metodológica de se concentrar sobre o aspecto estrutural do direito, e não sobre o funcional.

As duas visões do direito são complementares para Bobbio, mas claramente distintas: "Não acredito que seja necessário insistir sobre o nexo muito estreito entre teoria estrutural do direito e ponto de vista jurídico, por um lado, e entre teoria funcional do direito e ponto de vista sociológico, por outro: basta pensar na expulsão do ponto de vista sociológico na teoria pura do direito de Kelsen".[417] A formulação é ainda mais clara no prefácio à edição colombiana da sua *Teoria geral do direito*: "Os elementos deste universo [do direito] evidenciados pela análise estrutural são diferentes dos que podem ser evidenciados pela análise funcional. Os dois pontos de vista não apenas são perfeitamente compatíveis, mas também se integram reciprocamente e sempre de modo útil".[418] O percurso teórico de Bobbio, portanto, acabava convergindo com o do amigo Treves, que nesses anos estava introduzindo a sociologia do direito na Itália.

Já está na hora de concluir esta sintética parábola do pensamento jurídico-teórico do Bobbio filósofo do direito. Ela inicia com o positivismo

---

1977, Bobbio, a partir da tradução então recente de Jhering, atualizou o seu artigo de 1969 citando dessa, justamente a frase: "Em Roma, correspondia um direito premial ao direito penal" (Bobbio, *Dalla struttura alla funzione*, 1977, op. cit., p.20, nota 11, que remete à p.139 de *Lo scopo del diritto*). Cf. Mario G. Losano, Norberto Bobbio e il positivismo giuridico. In: AA. VV. *Giornata Lincea in ricordo di Norberto Bobbio*, op. cit., p.55-78.

415 A tese de Paola Mora, *Sanzioni positive*, foi apresentada por Renato Treves no ano acadêmico 1972-1973, na Faculdade de Jurisprudência da Universidade Estatal de Milão e foi lembrada também por Bobbio, quando republicou o ensaio "Le sanzioni positive", na coletânea de 1977. Falta a referência, obviamente, no original desse ensaio, publicado em 1971, nos *Studi dedicati ad Antonio Raselli*. Milão: Giuffrè, 1971, v. I, p.229-49.

416 Alessandra Facchi, *Diritto e ricompense. Ricostruzione storica di un'idea*. Turim: Giappichelli, 1995, XIV-198p.

417 Bobbio, *Dalla struttura alla funzione* (1977), op. cit., p.90.

418 Bobbio, *Teoría general del derecho*, op. cit., p.IX-X.

normativo de marca kelseniana, atravessa um positivismo, por assim dizer, crítico[419] e chega a uma visão tanto estrutural quanto funcionalista do direito: mas não uso o adjetivo "estrutural-funcionalista" porque poderia induzir a uma aproximação indevida entre Bobbio e Parsons. Os esclarecimentos trazidos por Bobbio também à concepção funcional do direito indicam, ainda hoje, um amplo campo de investigação tanto aos teóricos quanto aos sociólogos do direito, como veremos no próximo capítulo.

---

419 O próprio Bobbio define "interpretação crítica do positivismo jurídico" a segunda parte – justamente aquela dedicada ao positivismo – do seu *Giusnaturalismo e positivismo giuridico*, op. cit., p.17 (Premessa).

5
Bobbio: da estrutura à função do direito

5.1. A fase pós-positivista: em direção a uma visão funcional do direito

Em 1973, a morte de Hans Kelsen levou Bobbio a traçar um balanço da doutrina kelseniana.[1] Esse balanço aprecia os resultados alcançados pelo positivismo jurídico e, ao mesmo tempo, projeta os objetivos que, após esse balanço, deve perseguir uma teoria do direito que deseje se manter em dia com os tempos.

De fato, Bobbio havia anunciado a sua abertura ao funcionalismo jurídico com o ensaio de 1969, sobre a função promocional do direito, inspirado

---

[1] Na *Rivista internazionale di filosofia del diritto*, o ensaio de Bobbio é publicado como necrológio, com o título "Hans Kelsen" e com uma breve nota editorial omitida nas reedições seguintes; no volume de 1977, *Dalla struttura alla funzione*, op. cit., o ensaio é publicado novamente com o título "Struttura e funzione nella teoria del diritto di Kelsen" (p.187-215; entre as fontes, na p.12, aparece indicação como retirado da *Rivista internazionale di filosofia del diritto*, 1973, p.426-49 [onde, entretanto, o 426 deve ser lido como 425]); no volume de 1992, *Diritto e potere*, o mesmo escrito é retomado com o mesmo título (p.65-87; e entre as fontes, na p.215, é indicado como retirado da *Rivista internazionale di filosofia del diritto*, 1973, porém, erroneamente, nas p.187-215). Concluindo, *Dalla struttura alla funzione* traz a fonte de modo correto (salvo aquele 426 em vez de 425); o volume *Diritto e potere*, 1992, traz a fonte mudando, entretanto, o número das páginas da revista pelo do volume de 1977 (isto é, indica p.187-215, em vez de p.425-49). Impecável, Carlo Violi, na sua bibliografia de Bobbio, indica o número correto de páginas da *Rivista internazionale di filosofia del diritto*: p.425-49.

também pelo escrito do argentino Genaro R. Carrió.[2] O Estado industrial não se limita mais a exercitar um "controle social", mas intervém cada vez mais na gestão da sociedade e, em particular, da economia, com um poder de direcionamento que é reforçado pelos incentivos. O Estado industrial não se limita mais a punir os comportamentos indesejados, recorrendo a uma sanção aflitiva, mas tende a obter os comportamentos desejados recorrendo a uma sanção positiva, a um incentivo, a um prêmio: ao lado do direito "penal" se coloca um direito "premial". É um tema que Bobbio considera "fundamental" para uma teoria geral do direito renovada, mas é também um tema ao qual o positivismo jurídico havia dado e podia dar apenas uma limitada contribuição.

Por outro lado, o positivista Kelsen tinha se distanciado explicitamente do problema da função do direito. Os pontos de partida de Hans Kelsen – relativismo ético, irracionalidade dos valores, neutralidade da ciência – levaram-no a evitar se ocupar dos objetivos que o direito pode perseguir: para ele, o direito é uma técnica de controle social que busca o objetivo que, de tempos em tempos, lhe é atribuído por quem detém o poder coercitivo, ou seja: o Estado. Por consequência, na construção progressiva da sua teoria pura do direito, Kelsen havia se concentrado cada vez mais sobre a estrutura do ordenamento, enquanto reduzia ao mínimo toda referência à sua finalidade.

Se na *General Theory of Law and State* [Teoria geral do Direito e do Estado] (1945), Kelsen afirmava que o objetivo do direito é a paz, na segunda edição da *Dottrina pura del diritto* [Teoria pura do direito] (1960), substituía o conceito de paz pelo de "segurança coletiva", que é um vago ideal-limite, não um fim preciso a se perseguir. Essa atitude explica por que o positivismo kelseniano se concentra sobre a estrutura do direito e descuida, ou melhor, evita, uma análise da sua função. Trata-se de uma autolimitação explícita, que não invalida a teoria pura do direito, mas restringe o seu âmbito. Para Bobbio, os resultados alcançados pelo positivismo kelseniano na descrição da estrutura jurídica são indiscutíveis: "O que Kelsen disse em relação à estrutura do ordenamento permanece perfeitamente de pé, mesmo após os desenvolvimentos mais recentes da análise funcional. A construção do direito como sistema normativo dinâmico não é prejudicada minimamente pelas revelações que se referem à finalidade do direito".[3] Bobbio quer seguir adiante.

---

2 Genaro R. Carrió, Sul concetto di obbligo giuridico. In: *Rivista di filosofia*, 1966, n.2, p.141-55.
3 Bobbio, *Dalla struttura alla funzione* (1977), op. cit., p.215 (ed. 2007, p.185).

Em 1969, como se disse, Bobbio tinha publicado o ensaio "Sulla funzione promozionale del diritto" [Sobre a função promocional do direito], que marcava a passagem de uma análise puramente estrutural do direito a uma visão *também* funcional. Nesse mesmo ano, o seu amigo fraterno, Renato Treves, conseguiu, depois de muitos esforços, instituir a cátedra de Sociologia do Direito na Universidade Estatal de Milão.[4] Essa coincidência é um sinal da mudança dos tempos: de fato, recolhendo os próprios artigos sobre a concepção funcional do direito, Bobbio adverte que, em quase todos, "sente-se que a sociologia do direito bate às portas".[5] A análise do direito como sistema fechado em si, concluiu-se, portanto, e se concluiu com um rico sucesso intelectual; agora, ela deve ser associada à mais vasta análise do direito como sistema entre os sistemas, isto é, como um dos subsistemas que formam o sistema social.

Seria natural aqui uma referência a Parsons, em cuja teoria do sistema se insere perfeitamente o subsistema jurídico kelsiano. Bobbio observa, ao invés, que, "em uma obra como a de Parsons, que mesmo concedendo tanto espaço ao problema do controle social, falta uma referência ao direito e não se vê traços, apesar das muitas ocasiões, de um empréstimo qualquer da ciência jurídica". Em particular, a *General Theory of Law and State* de Kelsen é publicada nos Estados Unidos em 1945, ou seja, poucos anos antes de *The Social System* [O sistema social] de Parsons (que é de 1951): "mesmo assim Parsons não demonstra ter a mínima ideia sobre Kelsen, de um autor que, entre outras coisas, deveria ser-lhe congenial".[6] Aliás, hoje podemos constatar que aconteceu o contrário: a teoria de Parsons entrou na ciência jurídica por meio do "pensamento (inutilmente) complicado do teórico e sociólogo do direito"[7] Niklas Luhmann e mediante um processo de recepção em que o direito (e, em particular, o positivismo jurídico) é pouco

---

4 Essa foi a primeira cátedra de Sociologia do Direito na Itália, como relembra o escrito com o qual se abre o primeiro número da revista fundada por Renato Treves: "Ensino que, se não estivermos errados, teve início no ano acadêmico 1969-1970 na Faculdade de Jurisprudência da Universidade de Milão e que hoje está presente em dezenas de faculdades" (Presentazione, *Sociologia del diritto*, I, 1974, n.1, p.VIII). Sobre os casos de Renato Treves e da sociologia jurídica, remeto ao meu volume *Renato Treves, sociologo tra il Vecchio e il Nuovo Mondo*, op. cit.

5 Bobbio, *Dalla struttura alla funzione* (1977), op. cit., Premessa, p.9.

6 Bobbio, *Dalla struttura alla funzione* (1977), op. cit., p.60; o ensaio é intitulado "Diritto e scienze sociali" nessa coletânea, mas foi publicado em 1971, com o título Diritto no volume de Albino Babolin (org.), *Le scienze umane in Italia, oggi*. Bolonha: Il Mulino, 1971, p.259-77.

7 Bobbio, *Dalla struttura alla funzione* (1977), op. cit., p.120, nota 38.

presente.[8] Essa dificuldade de contatos entre juristas e sociólogos foi um dos traços característicos daqueles anos: segundo Bobbio, mais por culpa dos sociólogos que dos juristas.

Com a finalidade de ajudar esses contatos, indispensáveis para o afirmar-se da sociologia do direito, Treves fundou, em 1965, uma coleção de livros e, em 1974, a revista *Sociologia do direito*: ambas examinadas no item a seguir. Nessas atividades, pôde contar com a contribuição de Bobbio, que estava aprofundando o tema do funcionalismo jurídico.

a) A coleção Diritto e Cultura Moderna [Direito e Cultura Moderna]

A contínua interação entre Bobbio e Treves havia feito com que a coleção Direito e Cultura Moderna – com a qual Renato Treves pretendia promover as novas correntes de pensamento teórico-jurídico e, em particular, a sociologia do direito – fosse inaugurada em 1965 pelo volume que continha os ensaios de Bobbio sobre o jusnaturalismo e o positivismo jurídico.[9] A editora também se aproximava das posições desses dois autores: as Edições de Comunità eram um dos frutos do empreendedor iluminado Adriano Olivetti, próximo dos ideais do Partido de Ação e apoiador de uma cultura laica e tolerante, em muitos aspectos coincidente com a de Bobbio e de Treves.[10]

Bobbio, certamente, participou da elaboração do programa da coleção, na qual se reflete a situação espiritual daqueles anos, dividida entre as teorias jurídicas refinadas, mas distantes da realidade, e tentativas de superá-las, porém com apelos a doutrinas "fechadas e dogmáticas". Para associar

> [...] os estudos jurídicos a uma cultura mais empenhada e aberta – se lê no programa da coleção – três vias parecem mais seguras que as outras. A via da sociologia: considerar e explicar as estruturas do direito e as funções do jurista nos contextos sociais aos quais pertencem. A via da metodologia e da análise da linguagem: fazer o universo jurídico participar do esforço de esclarecimento e reconstrução racional dos métodos e da linguagem, que é uma das formas mais avançadas e incisivas da filosofia de hoje. A via da crítica dos valores: focalizar

---

8 Para essa recepção, indico o capítulo "Il sistema autopoietico del diritto". In: Losano, *Sistema e struttura nel diritto*, v. III: *Dal Novecento alla postmodernità*, op. cit., p.237-348.

9 Bobbio, *Giusnaturalismo e positivismo giuridico*, op. cit., 241p.

10 As Edições de Comunità foram fundadas por Adriano Olivetti, em 1946. Após várias vicissitudes, a marca voltou, em 2010, à Fundação Adriano Olivetti (http://www.edizionidicomunita.it/).

as escolhas e os fins correspondentes às diversas técnicas jurídicas e iluminar suas implicações.[11]

Essa coleção se iniciou em 1965, com o já citado livro de Bobbio sobre o positivismo jurídico, e acolheu, em 1977, como 18º volume, o livro de Bobbio que reunia seus ensaios sobre a visão funcional do direito: os dois volumes dessa coleção encerram, portanto, a evolução do pensamento de Bobbio da estrutura à função do direito, ou seja, a evolução completa do Bobbio como filósofo do direito. De fato, sobre a base já adquirida de uma precisa visão do ordenamento jurídico como sistema, Bobbio passava a analisar o mecanismo com o qual o Estado direciona os cidadãos por meio das normas premiais, isto é, por meio dos incentivos.

B) A REVISTA *Sociologia do direito*

Bobbio batizou não apenas a coleção de Comunità, mas também a revista *Sociologia do direito*, fundada por Treves, em 1974. Nas primeiras páginas do primeiro número, Bobbio ressaltava a distinção entre a teoria geral do direito e a sociologia jurídica, e esclarecia as relações entre as duas disciplinas desta forma:

> Parece-me, em suma, que ao dizer que existe um modo de fazer da sociologia do direito que resulta ou ultrapassa a teoria geral do direito, seja preferível o dizer que [...] [os sociólogos do direito] têm a tendência a formular teorias gerais do direito que por certas características [...] podem ser consideradas, com boas razões, teorias *sociológicas* do direito. Toda a história da teoria geral do direito nestes últimos cem anos, ao menos de Jhering em diante, é a história de uma contínua contraposição entre as teorias sociológicas e teorias não sociológicas do direito.[12]

Portanto, a sociologia do direito tem a tarefa de ajudar "a teoria tradicional do direito em relação ao problema das funções do direito", porque "o progresso dos estudos de teoria geral do direito depende hoje, mais do que nunca,

---

11 O programa inteiro da coleção está impresso na capa traseira de cada volume. Seria interessante reconstruir a gênese e também a evolução editorial dessa coleção: mas, infelizmente, quando as Edições de Comunità foram adquiridas pela editora Mondadori, o arquivo completo de Comunità foi destruído com uma rapidez bárbara: assim, perdeu-se um arquivo que teria permitido acompanhar a gênese das ciências sociais na Itália do pós-guerra.
12 Bobbio, Teoria sociologica e teoria generale del diritto. *Sociologia del diritto*, I, 1974, n.1, p.9-10.

do uso que o teórico do direito sabe fazer dos instrumentos que lhe são oferecidos pelas ciências sociais".[13]

Então, nos anos em que tinha já se realizado a sua passagem da teoria sistemática à teoria funcional do direito e, em termos ainda mais gerais, da filosofia jurídica à filosofia política, a posição do Bobbio teórico do direito é clara: a teoria geral do direito, justamente por ser *geral*, deve oferecer uma explicação *também* da "função promocional" do direito, que constitui o aspecto mais recente da evolução do Estado. Pode fazê-lo apenas englobando, nas suas construções teóricas, os conhecimentos empíricos provenientes da sociologia do direito, sem, todavia, se identificar com ela, permanecendo uma teoria sociológica do direito.

Nessa mesma revista, já no ano seguinte, Bobbio retorna ao estudo da função do direito.[14] Primeiramente, examina os autores do passado para iluminar o escasso interesse deles pela finalidade do direito; depois, examina como a função do direito muda progressivamente na sociedade industrial; por fim, examina três dificuldades que são obstáculos à análise funcional do direito.

A primeira dificuldade pode ser sintetizada na pergunta: "Coloca-se o problema [sobre] qual seria a função do direito em relação à sociedade como totalidade, ou então em relação aos indivíduos que fazem parte dela?".[15] A segunda dificuldade pode ser sintetizada na pergunta: o jurista funcionalista está consciente que as funções por ele individuadas "não se colocam sempre no mesmo nível, mas representam graus ou momentos diversos da influência do direito sobre a sociedade?".[16] A terceira dificuldade, por fim, pode ser sintetizada na pergunta: se as respostas às perguntas anteriores podem ter esclarecido o significado do termo "função", "na expressão 'função do direito' o que se entende especificamente por 'direito'?".[17] A esse terceiro quesito, Bobbio responde com uma série de distinções úteis e complexas, que agora não é possível examinar, mas que é indispensável ter presente, porque "o conceito de direito é tão vasto que torna escassa a utilidade de uma análise funcional que não proceda às devidas distinções".[18]

---

13 Ibid., p.14-5.
14 Bobbio, Intorno all'analisi funzionale del diritto. In: *Sociologia del diritto*, II, 1975, n.1, p.1-25, retomado com o título L'analisi funzionale del diritto: tendenze e problemi. In: Bobbio, *Dalla struttura alla funzione* (1977), op. cit., p.89-121.
15 Bobbio, *Dalla struttura alla funzione* (1977), op. cit., p.111.
16 Ibid., p.113.
17 Ibid., p.115.
18 Ibid., p.117. Um comentário a todo o campo sobre esta fase do pensamento de Bobbio se encontra in: Patrizia Borsellino, Bobbio e l'accostamento funzionalistico al diritto. In: Ferrajoli; Di Lucia,

Uma dezena de anos depois desse artigo, em uma conferência de 1983, o próprio Bobbio traça um balanço da sua proximidade em relação a uma visão funcionalística ou sociológica do direito. Publicada no ano seguinte, a conferência repassa o itinerário cultural inteiro, elenca os autores que teria sido necessário considerar (que não figuravam nos primeiros ensaios sobre a teoria funcional do direito) e, por fim, discute as críticas direcionadas à sua visão pós-positivista do direito.[19]

É desse ensaio de 1984 que futuramente deverá partir quem desejar reconstruir a fase funcionalística da teoria jurídica de Bobbio: ali, ele olha para a sua visão estrutural do direito como para uma estação intelectual que considerava já encerrada. Na realidade, também a abordagem funcionalística chamava cada vez menos a sua atenção, cada dia mais polarizada em relação à filosofia política.

Bobbio considerava esse último retorno à função premial do direito "em parte, uma visita de circunstância" porque – esclarecia – sem o convite para essa conferência "não teria encontrado outra ocasião para voltar ao tema"; aliás, essa era também "em parte, uma visita de despedida, porque, tendo modificado nestes últimos anos a direção dos meus estudos, outros temas me atormentam".

Aos novos prementes temas da filosofia política, Bobbio, aos 75 anos, acrescentava agora outra preocupação: "As estações da colheita são, ainda, presumivelmente, poucas".[20]

5.2. Bobbio diante do desenvolvimento pós-bélico da Itália

"A história dos intelectuais" é vista por Norberto Bobbio "como a história da consciência que os produtores e agitadores de ideias têm do próprio tempo":[21] este pode ser o ângulo de visualização do qual examinar *Da estrutura à*

Diritto e democrazia nella filosofia di Norberto Bobbio, op. cit., p.109-29, em particular o tópico 2: I molteplici significati di "funzione" e di "analisi funzionale", p.110-4.

19 Bobbio, La funzione promozionale del diritto rivisitata. In: *Sociologia del diritto*, XI, 1984, n.3, p.7-27. Trad. bras.: "A função promocional do direito revisitada". Trad. Erica Salatini. Rev. Rafael Salatini. In: Rafael Salatini; César Mortari Barreira (orgs.), *Democracia e direitos humanos no pensamento de Norberto Bobbio*, Marília, SP: Oficina Universitária; São Paulo: Cultura Acadêmica, 2017.

20 Bobbio, La funzione promozionale del diritto rivisitata, op. cit., p.7.

21 Bobbio, *Profilo ideologico del Novecento*, op. cit., p.209.

função, obra de Bobbio publicada em 1977, que resume e conclui a sua travessia da filosofia jurídica, travessia da qual os capítulos precedentes traçaram um mapa lacunar.

A sua viagem pelo positivismo jurídico havia encontrado uma forte ancoragem na teoria pura do direito de Hans Kelsen, com a qual a atenção dos juristas tinha se movido da norma jurídica para o ordenamento, isto é, para o sistema jurídico. Sua atenção tinha se direcionado para as relações do positivismo jurídico com a sua doutrina antagonista, o jusnaturalismo, e seus ensaios do período entre 1956 e 1964 dedicados a esse confronto foram coligidos em um volume em 1965.[22] Por fim, havia ampliado o horizonte do positivismo jurídico e da concepção estrutural do direito, agregando a este a análise funcional do direito, à qual dedicou vários ensaios entre 1969 e 1975.

Estes foram reunidos em um volume em 1977,[23] dispostos segundo uma ordem em parte cronológica e em parte sistemática. Os primeiros dois capítulos abordam imediatamente a sanção positiva como elemento caracterizante da função promocional do direito. Um núcleo central de cinco capítulos analisa a gênese da teoria funcionalista do direito em um confronto constante com a teoria estrutural do direito (que, porém, Bobbio não abandona, mas coloca ao lado da sua nova concepção). Por fim, o volume é concluído com três capítulos dedicados a alguns juristas que anteciparam, de alguma forma, a teoria funcional do direito. Esse volume representa, para Bobbio, a conclusão de seus estudos de teoria geral do direito, pois, quando o publicou, já predominava havia cinco anos seu interesse por filosofia política.

Neste ponto, é necessário um esclarecimento sobre o ensaio "Verso una teoria funzionalista del diritto" [Em direção a uma teoria funcionalista do direito], incluído como quarto ensaio no volume de 1977, e que contém um confronto articulado entre a doutrina de Kelsen e a concepção funcionalista, da qual Bobbio estava se aproximando. "O artigo", esclarece Bobbio, "escrito originariamente para um volume em memória do filósofo do direito argentino Ambrosio Gioja, foi publicado pela primeira vez neste volume."[24]

---

22 Bobbio, *Giusnaturalismo e positivismo giuridico*, op. cit., 241p.

23 Bobbio, *Dalla struttura alla funzione* (1977), op. cit., 278p. Esses estudos são apresentados como "novos estudos" em relação aos volumes precedentes de Bobbio: *Studi sulla teoria generale del diritto* (1955), op. cit., 167p.; *Studi per una teoria generale del diritto* (1970), op. cit., 202p. (cf. tópico 4.7).

24 Bobbio, *Dalla struttura alla funzione* (1977), op. cit., p.89, nota 1 (ed. 2007, p.71, nota 1). A escola de Cossio já havia se ocupado do tema: Mario Alberto Copello, *La sanción y el premio en el derecho*. Buenos Aires: Losada, 1945, 77p., em que criticava os escritos de Angelo De Mattia. Merito e ricompensa. In: *Rivista internazionale di filosofia del diritto*, 1937, p.608-24.

Na realidade, esse ensaio conheceu complexos fatos editoriais, cujo esclarecimento devo à cortesia de Oscar L. Sarlo, o filósofo do direito da Universidade da República de Montevidéu.

O volume argentino, na realidade, foi projetado em homenagem – e não "em memória", como afirmava Bobbio – de Ambrosio L[ucas] Gioja (1912-1971), porque deveria ter sido publicado em 1972, pelos 60 anos do filósofo argentino. As contribuições foram solicitadas em 1970, mas – como adverte o organizador do volume, Genaro Carrió – Ambrosio L. Gioja faleceu repentinamente aos 59 anos, "no início de 1971". O título do volume argentino não pôde ser modificado e conservou, portanto, o subtítulo *Homenaje a Ambrosio L. Gioja*.[25] Entre a morte de Gioja e a publicação desse volume, passaram-se, portanto, cinco anos: de fato, o colofão adverte que a impressão aconteceu "na segunda quinzena do mês de julho de 1976".

Bobbio teve notícia da morte de Gioja, mas provavelmente não recebeu o volume (ou, ao menos, não o recebeu antes de publicar o seu livro de 1977): daí a sua convicção de que o artigo fosse ainda inédito em 1977 e que o volume argentino fosse "em memória" de Gioja. Na verdade, o ensaio de Bobbio está incluído no volume argentino publicado em 1976.[26]

Voltando aos três ensaios colocados como conclusão do volume de Bobbio, aqui examinado, o primeiro deles é dedicado a Kelsen e retorna ao núcleo do livro, porque, neste, a análise da natureza sistemática ou estrutural do ordenamento jurídico constantemente faz um contraponto à teoria funcionalista, como, de resto – nos outros ensaios sobre a função do direito –, são frequentes as referências a Kelsen como o maior teórico da teoria estrutural do direito oposta.

O ensaio sobre Santi Romano foi escrito em 1975 – é, portanto, o mais tardio entre os incluídos no volume. Ele reconstrói o dualismo entre teoria do direito como instituição (que se contrapõe à teoria normativa, e, portanto, ao seu corifeu Hans Kelsen) e a teoria pluralista dos ordenamentos jurídicos (que se contrapõe à doutrina monista, para a qual a única fonte do direito é o Estado). Essa segunda teoria também opõe Romano a Kelsen. Em

---

25 Genaro R. Carrió (org.), *Derecho, filosofía y lenguaje. Homenaje a Ambrosio L. Gioja*. Buenos Aires: Astrea, 1976, XVI-236p.

26 Bobbio, Hacia una teoría funcional del derecho. In: Carrió, *Derecho, filosofía y lenguaje*, op. cit., p.9-30. A já citada *Bibliografia degli scritti di Norberto Bobbio*, organizada por Carlo Violi, situa corretamente no ano de 1976 o artigo argentino (n.7620), remetendo também à publicação em italiano de 1977 (n.7710). Esse título em espanhol é citado com um erro material desviante (*fundamental* em vez de *funcional*) no Prólogo a la edición castellana. In: Bobbio, *Teoría general del derecho*, op. cit., p.IX, nota. Ulteriores explicações em Losano, *Norberto Bobbio e il positivismo giuridico*, op. cit.

sua introdução, Bobbio menciona apenas esse ensaio amplo sobre Romano, mesmo porque, em relação aos outros incluídos no volume, ele está apenas indiretamente conectado ao tema da teoria funcional do direito.

O ensaio conclusivo é dedicado a Tullio Ascarelli, um estudioso de direito comercial, cujos interesses estavam bem além daqueles da disciplina que ensinava. Seu contato com um ramo do direito em constante transformação, de acordo com o qual o Estado pode intervir apenas em certa medida, faz dele um dos primeiros juristas italianos – se não for o primeiro – a ter proposto uma teoria funcional do direito. Esta, escreve Celso Lafer, "tem sua origem no estudo do direito comercial, no contato profissional de Ascarelli com os problemas da sociedade capitalista em transformação e na clareza conceitual que ele tinha da função econômica do direito".[27]

Nos anos atuais, em que é habitual considerar a Itália em um estado permanente de decadência, é instrutivo e quase emocionante descobrir, nas cartas citadas por Bobbio, o entusiasmo com o qual Ascarelli fala do desenvolvimento econômico italiano do pós-guerra. Eram os anos do "milagre econômico" italiano, que durou desde o final do Plano Marshall, em 1951, até a primeira crise petrolífera, em 1973.[28] A intervenção estatal – com entes como o Istituto per la ricostruzione industriale (IRI), o Ente nazionale idrocarburi (ENI) e a Cassa del Mezzogiorno –, de 1952 a 1962, tinha contribuído com o crescimento de 47% da renda *per capita* dos italianos. Nesse contexto, a função promocional do direito no Estado industrial não poderia certamente escapar aos juristas mais atentos.

A evolução de Bobbio da estrutura à função é também o reflexo dos eventos históricos vividos por ele naqueles decênios. Nos vinte anos que se seguiram ao fim da Segunda Guerra Mundial, caracterizados pelo "milagre econômico", o positivismo jurídico tinha garantido a certeza do direito, que havia faltado nos vinte anos da ditadura precedente. Finalmente existia uma constituição democrática e uma crescente legislação correspondente (mesmo com dificuldade) aos ideais da Resistência contra o nazifascismo. O novo ordenamento jurídico havia contribuído também com o renascimento material da Itália nos anos do "milagre econômico". Portanto, o

---

27 Celso Lafer, Apresentação à edição brasileira, in Norberto Bobbio, *Da estrutura à função. Novos estudos de teoria do direito*. Prefácio à edição brasileira de Mario Losano e apresentação de Celso Lafer. Barueri: Manole, 2007, p.LVI.

28 Valerio Castronovo, *L'Italia del miracolo economico*. Roma-Bari: Laterza, 2010, 149p. Sobre as datas do milagre econômico, os pareceres discordam: cf., por exemplo: Antonio Cardini (org.), *Il miracolo economico italiano, 1958-1963*. Bolonha: Il Mulino, 2006, 307p.

respeito ao Estado como única fonte do direito e o respeito às normas individuais como expressão de um ordenamento democrático eram as exigências compreensíveis de quem rejeitava um direito aplicado de acordo com princípios externos a este: portas abertas ao positivismo jurídico, portanto, e não ao jusnaturalismo, qualquer forma que este assumisse.

Também para Bobbio, a ruptura do equilíbrio pós-bélico inicia com o 1968, com a contestação estudantil, com a instabilidade dos governos, com o início dos "anos de chumbo", marcado pelo atentado na praça Fontana, em 1969, com a tentativa de golpe de Estado de Valerio Borghese, em 1970, com o terrorismo da extrema esquerda, e assim por diante. O suceder-se desses eventos acabou por provocar uma mudança de perspectiva no âmbito da sua visão do direito.

Além disso, na história cultural italiana e, em particular, na história da cultura jurídica, 1969 marca, entre outras coisas, o início institucional do ensino da sociologia do direito. A sociologia geral tinha chegado à Itália na onda do entusiasmo pós-bélico pelos Estados Unidos. Em 1951, tinha sido publicado o primeiro número dos *Quaderni di Sociologia* [Cadernos de Sociologia]. Como se viu, a sociologia do direito era defendida, na Itália, por Renato Treves, na sua volta do exílio argentino. Essa disciplina, todavia, afirmou-se com dificuldade na universidade: apenas em 1969, de fato, a Universidade de Milão confiou essa cátedra a Treves, que a tinha preparado com assídua atividade.

É nesse clima tanto social quanto pessoal que o interesse de Bobbio foi se movendo do estudo da estrutura ao estudo da função do direito: é de 1969, de fato, seu artigo "Sobre a função promocional do direito". Naqueles anos, relembra Bobbio, "tinha se começado a discutir sobre o papel do sociólogo e, por consequência, da função da ciência empírica da sociedade e de todas as técnicas de pesquisa que lhe são próprias, na política de desenvolvimento de um país em rápida transformação".[29] As tensões sociais foram aumentando e culminaram nas greves do "outono quente" de 1969.[30]

Essa transição de Bobbio pode ser resumida com duas datas simbólicas: o fim do "milagre econômico", em 1973, coincidiu com a passagem de Bobbio, em 1972, da teoria do direito à da política, enquanto a sociedade italiana era

---

29 Bobbio, *Profilo ideologico del Novecento*, op. cit., p.232.
30 Claudia Magnanini, *Autunno caldo e anni di piombo. Il sindacato milanese dinanzi alla crisi economica e istituzionale*. Milão: Franco Angeli, 2006, 184p.; Bruno Trentin, *Autunno caldo: il secondo biennio rosso 1968-1969*. Entrevista de Guido Liguori. Roma: Editori Riuniti, 1999, 172p. O primeiro "Biênio vermelho" (1919-1920) teve Antonio Gramsci como um de seus protagonistas.

dirigida, pela primeira vez, por um governo de centro-esquerda que anunciava uma mudança de política econômica. Portanto, pode ser útil acenar a um aspecto de Bobbio até agora deixado na sombra: sua relação com a economia.

De fato, a economia prática, por um lado, estava transformando a sociedade ao redor de Bobbio, incitando os juristas a colocar os refletores sobre a função do direito, transformado em instrumento pela promoção da economia; por outro lado, a economia como ciência se revelava um ingrediente de primeiro plano na política, seja prática ou teórica, sobre a qual ia se concentrando a atenção de Bobbio, como cientista político e como filósofo militante.

5.3. LIBERALISMO ECONÔMICO E ESTATISMO ENTRE ECONOMIA E POLÍTICA

Em geral, Bobbio aborda o pensamento econômico do ponto de vista político. Em Luigi Einaudi, por exemplo, ele analisa os aspectos políticos de seu liberalismo econômico,[31] detendo-se nas páginas em que Einaudi se questiona se e em qual medida o Estado pode intervir na economia. O ser "estatista", isto é, favorecer essa intervenção, era a acusação que os liberais direcionavam aos socialistas e comunistas naqueles anos: acusação que também no novo milênio, após a ascensão dos governos neoliberais, continuou a ser direcionada à esquerda italiana, cada vez mais enfraquecida, quando defendia o que restava do Estado social. Na realidade, é necessário que entendamos tanto o termo "liberal" quanto o termo "estatista".

Para o liberal Einaudi, a política social do Estado é necessária para conter os monopólios, que anulam a concorrência, e para fornecer um ponto de partida igual a todos os cidadãos, que se diferenciariam por capacidade e sorte. "A igualdade de pontos de partida", comenta Bobbio, pode ser alcançada "por meio de instrumentos jurídicos que vão dos impostos sobre a herança à educação oferecida a todos indistintamente". Bobbio ressalta como Einaudi, repetida e energicamente, afirma que o verdadeiro liberal não é contrário à legislação social, isto é, à intervenção do Estado na economia a favor dos mais fracos.

Para Bobbio, de fato, "existem dois modos de conceber a intervenção do Estado, que permite distinguir o liberal do não liberal", de acordo com uma

---

31 Bobbio, Il pensiero politico di Luigi Einaudi. In: Bobbio et al., *Luigi Einaudi. Ricordi e testimonianze*. Florença: Le Monnier, 1983, p.31-65 (originariamente in: *Annali della Fondazione Luigi Einaudi*, v. VIII, 1974, p.183 ss.).

distinção que se funda "sobre instrumentos jurídicos empregados para obter o resultado desejado". O liberal é favorável a uma lei-moldura, "que estabelece apenas os limites entre os quais o operar econômico deve se desenvolver"; ao contrário, o não liberal acredita em uma lei-diretiva, "que estabelece, desde os particulares mais minuciosos, o que os operadores econômicos devem fazer".[32]

Essencialmente, conclui Bobbio, Einaudi e von Hayek são favoráveis "a um direito cuja *função* seja apenas reguladora e não também diretiva":[33] e sobre o termo "função", nesse contexto, voltaremos daqui a pouco. Aqui convém nos separarmos da exegese que Bobbio faz dos textos einaudianos, exegese que visa estabelecer até que ponto o primado da economia sobre a política não exclui, para o economista piemontês, o primado do político sobre o economista quando se trata de "questões da vida coletiva".[34] Devemos, porém, deixar de lado esse tema, mais que nunca atual nos tempos presentes de crise econômica, para seguir não as concepções econômicas de Einaudi, mas as jurídicas de Bobbio.

De fato, na frase de Bobbio que acabamos de citar, com a palavra "função" aflora o problema de teoria jurídica que – já em 1969 – tinha marcado uma reviravolta na sua análise: a existência de uma função diretiva ou promocional do direito,[35] ao lado da tradicional função repressiva. Pode-se dizer que a sua visão do direito, aceitando a concepção estrutural de Kelsen, ressalta majoritariamente o polo oposto da função.

Já na crítica a Carnelutti de 1949,[36] Bobbio enunciava a distinção entre estrutura e função no direito, mas negava que a análise da função fosse de competência do jurista:

> O problema da função, caso se deva entender essa palavra no seu significado normal, é um daqueles tipos de problemas extradogmáticos que não podem ser resolvidos senão em uma sede diferente daquela em que se coloca o jurista, ou seja, em sede filosófica, do momento em que toda solução do problema implica

---

32 Bobbio, Il pensiero politico di Luigi Einaudi, op. cit., p.46-7. O ensaio de Einaudi que Bobbio considera exemplar para os fins dessa distinção é: Intorno al contenuto dei concetti di liberalismo, comunismo, interventismo. In: Benedetto Croce; Luigi Einaudi, *Liberismo e liberalismo*. Org. Paolo Solari. Milão-Nápoles: Ricciardi, 1957, sobretudo p.171-2 (originariamente publicado in: *Argomenti*, 1941, p.18-34).
33 Bobbio, Il pensiero politico di Luigi Einaudi, op. cit., p.47. Grifo meu.
34 Ibid., p.47.
35 Bobbio, *Dalla struttura alla funzione*. cit.
36 Cf. tópico 4.6.

uma tomada de posição ideológica (a função do direito, por exemplo, de acordo com um seguidor do materialismo histórico é diferente daquela em que se inspira um espiritualista).[37]

Com base nesse raciocínio, inicialmente Bobbio se ocupou sobretudo da estrutura, seguindo o pensamento de Hans Kelsen, que havia trazido a estrutura do ordenamento jurídico ao centro das considerações de teoria do direito. Naquele contexto, a função desenvolvida pela norma individual ou pelo ordenamento jurídico inteiro é um elemento extraestrutural e, portanto, extrajurídico, que a doutrina pura do direito rejeita levar em consideração, por coerência com os próprios pressupostos metodológicos. A função do direito poderá ser objeto, por sua vez, de outras disciplinas científicas – por exemplo, da sociologia do direito[38] – mas não de uma teoria kelseniana do direito.

Diante dessa escolha inicial de campo, surge espontaneamente uma questão: o que levou Bobbio a superar a doutrina estrutural kelseniana, não negando-a, mas completando-a com uma consideração funcional do direito?

5.4. Genaro Carrió e a "gravíssima doença reducionista" da teoria jurídica

Bobbio recebeu o primeiro impulso a rever a concepção estrutural do direito de um filósofo do direito argentino, Genaro Carrió (1922-1997). Em setembro de 1965, Herbert L. A. Hart, Alessandro Passerin d'Entreves e o próprio Norberto Bobbio tinham organizado, em Bellagio, um seminário sobre a noção de *"obbligo"*: termo italiano de difícil tradução em inglês, em que *obligation* pode exprimir seja o dever (moral), seja a obrigação (jurídica). A escolha do tema estava ligada aos escritos de Hart, de quem Mario Cattaneo havia pouco traduzira para a editora Einaudi *The Concept of Law* [O conceito de direito]. Nessa última obra, um parágrafo inteiro é dedicado à noção de dever.[39]

---

37 Bobbio, *Studi sulla teoria generale del diritto*, op. cit., p.11; o termo "ideologia" é definido assim por Bobbio: "À filosofia está ligada uma tomada de posição do homem diante do mundo. Daqui deriva o seu caráter que eu chamo *ideológico*, e que a distingue essencialmente da pura teoreticidade própria das ciências" (Ibid., p.7. Grifo de Bobbio).

38 Sobre o aspecto sociológico-jurídico da "função", cf. Vincenzo Ferrari, *Funzioni del diritto. Saggio critico-ricostruttivo*. Roma-Bari: Laterza, 1991, XVI-231p.

39 Hart, *Il concetto di diritto*, op. cit., XXII-308p.; o parágrafo sobre o dever está nas p.98-108. A esse tema Hart já havia dedicado o ensaio Legal and Moral Obligation, in: Abraham I. Melden (org.), *Essays in Moral Philosophy*. Seattle: University of Washington Press, 1958, XII-216p.

Na ocasião do congresso de Bellagio, Hart tinha feito circular preliminarmente um ensaio seu, "The Concept of Obligation" [O conceito de obrigação], que tinha servido como ponto de partida para as discussões seguintes. Participou daquele seminário também Genaro Carrió, que havia traduzido para o espanhol o livro de Hart sobre o conceito de direito.[40] Os trabalhos apresentados nesse congresso foram publicados em um fascículo da *Revista de Filosofia*,[41] à qual remeto para aprofundamento sobre a conexão entre a noção de dever e a de sanção, posto que um dos nós das discussões era justamente o problema se o dever, necessariamente, deveria ser acompanhado de uma sanção.

A contribuição de Genaro Carrió a esse seminário foi publicada em italiano naquele fascículo da revista[42] e foi incluído, em espanhol, em um livro dedicado à noção de dever.[43] O artigo de Carrió (provavelmente junto do debate em Bellagio) induziu Bobbio a levar em consideração a noção de "função" do direito e aprofundar esse aspecto da teoria do direito. É, portanto, oportuno examinar os pontos essenciais do raciocínio de Carrió.

Baseando-se no modelo kelseniano,[44] Carrió afirma que "não se pode definir 'dever jurídico' sem recorrer à noção de força socialmente organizada (sanção)" e que "a noção de dever jurídico, caracterizada dessa maneira, é fundamental"[45] para construir uma teoria geral do direito moderna. Esta última, segundo Carrió, é caracterizada pela rejeição ao jusnaturalismo e, portanto, pelo reconhecimento do direito positivo como único direito; pela construção de uma ciência desse direito positivo; pela distinção rigorosa do direito pelos

---

40 Herbert L. A. Hart, *El concepto de derecho*. Buenos Aires: Abeledo-Perrot, 1963, XIII-332p. (2.ed., 1992).

41 A ordem das contribuições publicadas na *Rivista di Filosofia*, 1966, n.2, está ligada ao desenvolvimento do congresso: o fascículo se abre com o artigo de Hart, Il concetto di obbligo, p.125-40; portanto, (escreve a direção da revista, p.124) "seguem três artigos que se ligam imediatamente à relação introdutória": Genaro R. Carrió, Sul concetto di obbligo giuridico, p.141-55. Alessandro Passerin D'Entrèves, Intorno all'obbligo politico, p.156-64; Giacomo Gavazzi, In difesa (parziale) di una concezione predittiva dell'obbligo giuridico, p.165-74; seguem três artigos que "desenvolvem temas novos": Peter Hacker, Sull'uso di 'dovere', p.175-92; Martin Kriele, L'obbligo giuridico e la separazione positivistica fra diritto e morale, p.193-213; Giovanni Tarello, "Obbligo" e "conflitto di obblighi", p.214-34. Norberto Bobbio tirou as conclusões do congresso sob o modesto título Considerazioni in margine, p.235-46. O ensaio de Uberto Scarpelli "em muitos aspectos, conclusivo", é anunciado para o fascículo seguinte da revista, mas, na realidade, não foi publicado.

42 Carrió, Sul concetto di obbligo giuridico, op. cit.

43 Carrió, *Sobre el concepto de deber jurídico*. Buenos Aires: Abeledo-Perrot, 1966, 57p.

44 O modelo kelseniano de Carrió é deduzido a partir das fontes indicadas na p.145, nota 3.

45 Carrió, *Sobre el concepto de deber jurídico*, op. cit., p.147.

outros ordenamentos sociais;[46] pela convicção de que a função do direito consista em comandar ou proibir coercitivamente certos comportamentos.

Resumindo, os teóricos modernos do direito são "tomados por uma gravíssima doença reducionista"[47] porque visam reduzir a explicação do direito a um número reduzido de elementos. Fechados nessa estreita camisa de força, os teóricos fornecem uma explicação do direito e do Estado que coincide cada vez menos com a realidade do direito e, em consequência, perdem progressivamente o contato com os juristas práticos, condenando a própria disciplina a um isolamento estéril.

Nesse ponto, Carrió elenca as maiores "mudanças extraordinárias no contexto social" que se verificaram após a enunciação dessas teorias gerais do direito e que permaneceram, portanto, excluídas delas. Vale a pena se deter sobre essas considerações de Carrió porque elas chamaram a atenção de Bobbio e o induziram a associar essa visão funcional àquela estrutural do direito. Deve ser sublinhado que o discurso de Carrió aqui muda radicalmente de registro: ele passa da teoria jurídica à realidade econômica, justamente porque os reflexos jurídicos desta última, até então, não tinham sido levados em consideração pela teoria geral do direito tradicional.

> Hoje o Estado regulamenta a economia nos seus aspectos mais minuciosos. As suas armas são a direção da política fiscal e monetária, o controle dos câmbios e do crédito, a regulamentação do comércio exterior. Muitos serviços públicos principais, se não até mesmo a maior parte deles, estão nas suas mãos ou sob o seu controle imediato; numerosas empresas nacionalizadas ou de economia mista agem nas esferas que são reservadas aos órgãos privados. Existem atividades subsidiadas ou facilitadas; outras, ao invés, são taxadas de forma discriminatória para impedi-las. Todo um complexo sistema de contingenciamentos, de licenças, de rateios, de permissões preventivas etc., condiciona a atividade produtiva nas suas fases mais importantes.
>
> As poderosas organizações sindicais e os poderosos organismos dos empregadores estipulam contratos coletivos de trabalho que obrigam também aqueles que não aderiram e nem são filiados aos organismos contraentes. [...] Existem vários sistemas de segurança social, de assistência médica, de pensões, etc., que concedem benefícios aos quais não se pode renunciar.
>
> Foi criada uma imensa burocracia que colabora com a prestação dos múltiplos serviços que o Estado oferece e com o controle daqueles que promove,

---

46 Carrió, *Sul concetto di obbligo giuridico*, op. cit., p.147, nota 10.
47 Carrió, *Sobre el concepto de deber jurídico*, op. cit., p.149.

regulamenta ou, simplesmente, controla. [...] Todas essas atividades são submetidas a uma extensa regulamentação. As autoridades utilizam, além disso, diversas técnicas e métodos de persuasão. [...] O Estado deseja controlar meios poderosos de comunicação de massa e se vale destes para promover os próprios objetivos. Essas atividades também são submetidas a normas *sui generis*.[48]

Se essa era a real situação da vida social e econômica na metade dos anos 1960, ou seja, se o Estado tinha entrado na vida econômica e ditava as regras desta, tornava-se necessário proceder a uma radical revisão da teoria do direito, que ia se modelando sobre uma situação já superada. Diante da intervenção estatal, Carrió se pergunta "por que não devemos chamar jurídicas as regras que governam essa atividade incessante e multiforme?".[49] E, simetricamente, "não é concebível que o aparato conceitual, elaborado pela teoria geral do direito, permaneça inalterado diante de mudanças tão radicais", do momento em que "muitos conceitos gerais usados pelos juristas (propriedade, responsabilidade, contrato) não têm o mesmo significado que tinham no final do século passado",[50] ou seja, no final do século XIX. Resumindo, "o direito é usado hoje como um instrumento para alcançar os fins mais diversos".[51]

Visto que essas considerações eram desenvolvidas no contexto do congresso sobre a noção de dever jurídico, Carrió retorna ao conceito de dever jurídico à luz das novidades que indicou. Bobbio, ao contrário, colhe o significado geral das observações de Carrió, tanto que – tratando da função do direito – cita literalmente o convite do filósofo argentino a inovar a teoria do direito. De fato, ao resumir conclusivamente as suas teses, Carrió tinha formulado esta peremptória proposta:

> A teoria geral do direito deve rever, urgentemente, o próprio aparato conceitual e também suas premissas. Ao invés de se fechar em um recinto hermético de pré-conceitos (ou de pré-juízos), os teóricos gerais do direito devem descer à arena em que os juristas, com maior ou menor habilidade e sorte, estão, dia após dia, às voltas com os mais difíceis problemas da nossa sociedade. Impõe-se uma nova tarefa de esclarecimento que, sem abandonar a orientação analítica, mesmo usando métodos mais refinados, nos mostra como os juristas,

---

48 Carrió, *Sobre el concepto de deber jurídico*, op. cit., p.150-1.
49 Ibid., p.151.
50 Ibid.
51 Ibid., p.152.

investidos das preocupações e das necessidades do presente, foram introduzindo importantes modificações, ainda que não suficientemente percebidas, no seu aparato conceitual.[52]

Seguindo esse incitamento, Bobbio iniciou a colocar-se o problema da função promocional do direito e da natureza não só penal, mas também premial, da sanção. Ao seu redor, o Estado também tinha se transformado de guardião noturno em empreendedor. O Estado não se limitava mais a tomar consciência das solicitações que lhe chegavam da sociedade, mas pretendia ele próprio direcionar a sociedade; não reprimia apenas os comportamentos reprováveis, mas promovia também aqueles recomendáveis; o que não se podia obter com o chicote da repressão, tentava obter com a cenoura de incentivo; cada vez mais, a sanção negativa se colocava ao lado da sanção positiva ou, para usar a expressão de Jhering, à sanção penal se associava também a sanção premial.[53]

À atmosfera do tempo acrescentava-se também, para Bobbio, a aproximação intelectual do amigo Treves e da sua campanha pela afirmação da sociologia do direito: com a chegada dos anos 1970, como já dito, nos artigos de Bobbio sobre a concepção funcional do direito "se sente que a sociologia do direito bate às portas".[54]

As considerações de Bobbio partem do questionamento de fundo do congresso de Bellagio (existe ou não um dever sem sanção?) e afirmam que as normas jurídicas de incentivo, típicas do Estado intervencionista, são assistidas por uma sanção positiva, isto é, por uma sanção não mais penal, mas sim premial. O congresso de Bellagio e a referência a Jhering explicam por que, em 1969, Bobbio tenha dedicado um importante ensaio à função promocional do direito e, em particular, por que o publicara em uma revista dedicada aos juristas práticos.[55] Desse teve origem, depois, o livro – e o título do livro – que marcou uma reviravolta metodológica na pesquisa jurídica de Bobbio: *Da estrutura à função*.

---

52 Ibid., p.154-5. Carrió indica os germes desse futuro desenvolvimento na obra de Hart, que "constitui um passo decisivo na direção indicada" (p.155).
53 Jhering, *Der Zweck im Recht*, op. cit. (reimpressão tipográfica Olms, Nova York: Hildesheim, 1970, p.141); *Lo scopo nel diritto* (1972), op. cit., p.140; Jhering afirma que "o direito premial" (*Lohnrecht*) é um "conceito desconhecido por nós".
54 Bobbio, *Dalla struttura alla funzione* (1977), op. cit., Premessa, p.9.
55 Bobbio, Sulla funzione promozionale del diritto. In: *Rivista trimestrale di diritto e procedura civile*. XXIII, 1969, p.1312-29.

Tanto seu ensaio de 1969 quanto o livro que este abre ligam-se desde a primeira linha ao colóquio de Bellagio e à comunicação de Genaro Carrió:

> A propósito de uma discussão sobre o conceito de dever – que até agora foi considerado um conceito-chave da teoria do direito – Genaro R. Carrió observou que grande parte da teoria geral do direito europeia é prisioneira de um conceito de direito que pressupõe "a imagem simplista do Estado que estabelece as regras do jogo e institui um árbitro". A preponderância dada ao conceito de dever e à explicação de dever em termos de sanção e de coação seria o principal e não mais o desejável efeito daquela imagem.[56]

Bobbio liga diretamente a própria análise ao texto de Carrió:

> Partindo dessa observação, proponho-me a examinar um dos aspectos mais relevantes [...] das novas técnicas de controle social, que caracterizam a ação do Estado social dos nossos tempos e a distinguem profundamente daquela do Estado liberal clássico: o emprego cada vez mais difuso das técnicas de encorajamento, em acréscimo a, ou em substituição daquelas tradicionais de desencorajamento.[57]

Daqui parte o ensaio que constrói uma teoria do direito que considere também a sanção positiva como característica do Estado social, o *Welfare State*. Em consequência, encontramo-nos diante não mais de uma teoria positivista do direito, mas de uma teoria que apresenta *também* uma ligação precisa com a realidade social e, em particular, econômica do Estado social.

Pode-se afirmar que a transformação econômica da Itália e o afirmar-se da sociologia tenham induzido Bobbio a "descobrir" a função promocional do direito por meio do ensaio de Carrió, acrescentando, assim, uma nova visão funcional do direito à estrutural precedentemente seguida. Ao lado da renovação econômica da Europa e da Itália, uma sacudida nas velhas concepções vem também das já relembradas mudanças políticas internas que acompanharam o final dos anos 1960, do Maio parisiense ao início dos "anos de chumbo".

Todavia, ao lado dos eventos macroeconômicos e macropolíticos, naqueles anos, também a vida acadêmica e as amizades pessoais empurravam Bobbio em direção a uma concepção do direito menos kelseniana "pura" e mais jheringuianamente "sociológica".

---

56 Bobbio, *Dalla struttura alla funzione* (2007), op. cit., p.3.
57 Ibid., p.4.

O que vimos até aqui, em linhas gerais, foram os impulsos que induziam Bobbio a uma revisão da teoria estrutural do direito: justamente esses tinham feito com que Bobbio fosse particularmente tomado pela chamada de Carrió sobre a natureza incentivadora (e não punitiva) do Estado social. Esse conjunto de influências pode contribuir para explicar a mudança de paradigma em Bobbio; ao mesmo tempo, porém, apresenta-se uma nova questão: por que justamente do argentino Carrió deveria vir o impulso decisivo para a mudança de paradigma? Por que, dessa vez, não a idolatrada América do Norte, mas a frequentemente esnobada América do Sul, agia sobre a velha Europa?

Tentar responder essas perguntas significa analisar também, em relação a Carrió, o contexto social e econômico em que fincava suas raízes a análise funcional do direito que o argentino havia submetido aos colegas europeus no seminário de Bellagio.

5.5. A FUNÇÃO PROMOCIONAL DO DIREITO E O DESENVOLVIMENTISMO SUL-AMERICANO

Voltamos para o ponto central da argumentação de Carrió, sintetizado na frase: "Hoje em dia o Estado regulamenta a economia nos seus aspectos minúsculos". A constatação desse dado de fato era certamente verdadeira nos anos em que escrevia Carrió, mas está longe de ser inquestionável do ponto de vista da teoria econômica: aliás, os últimos trinta anos foram vividos sob a égide do lema: "menos Estado, mais mercado". De resto, a ligação entre a noção de "obrigação" e a de "função" no direito não é imediata. Pode, portanto, ser útil explicar por quais caminhos Carrió chegou às afirmações referidas.

Sobre ele recai seja a influência do ensinamento específico da escola jusfilosófica então dominante na Argentina, seja a atmosfera geral latino-americana desses anos.[58] Examinamos separadamente essas duas influências.

A escola jusfilosófica argentina, dominante nos primeiros três quartos do século XX, remetia a Carlos Cossio (1903-1987), que afirmava uma "teoria egológica do direito", fundada na interação entre sujeitos e, portanto, sobre a

---

58 Apresentei minhas suposições embrionárias sobre as relações entre Carrió e o desenvolvimentismo ao colega de Montevidéu, Oscar Sarlo, que me forneceu uma série de preciosas indicações, pelas quais agradeço vivamente.

ação humana.[59] Nesta, um dos temas recorrentes era justamente o da sanção e, em particular, do "prêmio": ou seja, o tema da função premial ou promocional do direito. Muito antes do seminário de Bellagio, um aluno de Cossio tinha dedicado uma monografia a esse argumento.[60] O jovem Carrió também fazia parte do *entourage* de Cossio, então docente na Faculdade de Jurisprudência da Universidade de La Plata, onde Carrió se graduou, em 1944. Carrió era, portanto, "sensível" ao problema das sanções premiais.

Além disso, esses fermentos teórico-jurídicos se encaixavam em um clima político geral que, agora, é oportuno examinar, visto que ele dominou a economia teórica e prática da América Latina por trinta anos, entre 1950 e 1980.

Nos anos 1950, afirmou-se na América do Sul inteira um movimento orientado a desenvolver a economia para melhorar as condições sociais: pela insistência na noção de "desenvolvimento", o movimento recebeu o nome de "desarrollismo", na América hispânica, e de "desenvolvimentismo", no Brasil. Em extrema síntese, esse movimento econômico constatava o atraso do continente sul-americano, associava esse atraso a um desequilíbrio do comércio internacional entre centro industrializado e periferia agrária e, portanto, propunha uma industrialização dos países subdesenvolvidos, graças à qual se pudesse equilibrar o comércio internacional, saindo assim do subdesenvolvimento.[61]

Esses economistas não visavam economias planificadas de tipo socialista, mas queriam que o Estado ditasse as regras para um desenvolvimento industrial não subordinado aos interesses oligárquicos ou estrangeiros. Portanto, o desenvolvimentismo atribuía ao direito uma função propulsora, porque ele podia acelerar a afirmação de um determinado modelo (capitalista) de desenvolvimento.

---

59 A obra de Cossio foi traduzida para várias línguas, mas na Europa esse estudioso é conhecido, sobretudo, pela sua polêmica com Hans Kelsen: cf. o parágrafo Una polemica sudamericana: il volume di Kelsen e Cossio. In: Umberto Campagnolo, *Conversazioni con Hans Kelsen*, op. cit., p.25 ss.; também em Mario G. Losano, Anno 1930: una dimenticata edizione italiana di Hans Kelsen. In: *Rivista internazionale di filosofia del diritto*, 2009, p.193-208.

60 Cf. nota 24 deste capítulo. Copello, *La sanción y el premio en el derecho*, op. cit., em que criticava os escritos de De Mattia, Merito e ricompensa, op. cit., e do uruguaio Juan Llambías de Azevedo. *Eidética y aporética. Prolegómenos a la filosofía del derecho* (Buenos Aires: Espasa-Calpe, 1940, 134p.), favoráveis a associar uma sanção premial à sanção penal.

61 Como primeiro contato, pode-se ver, por exemplo, Celso Furtado, *Desenvolvimento e subdesenvolvimento*. Rio de Janeiro: Fundo de Cultura, 1961, 268p.; Raúl Prebisch, *Nueva política comercial para el desarrollo*. México: Fondo de Cultura Económica, 1964, 148p.

Na Argentina, o desenvolvimentismo caracterizou os governos de Arturo Frondizi, desde 1958, e de Arturo Illía, deposto, em 1966, pelo golpe de Estado ("Revolución Argentina") que impôs o governo militar destinado a durar até 1973. Embora Carrió não tivesse cargos nesses governos (foi subsecretário no Ministério do Interior, mas em 1956-1957), escreveu o seu ensaio sobre a obrigação durante a vigência do governo Illía, ou seja, em plena atmosfera desenvolvimentista.

A esses esforços internos para sair do subdesenvolvimento se juntaram os estímulos externos, provenientes dos Estados Unidos. Para contrastar a afirmação do modelo revolucionário cubano, em 1962, John F. Kennedy proclamou a Aliança pelo Progresso, um programa de auxílios ao desenvolvimento para a América do Sul. Alguns projetos específicos visavam modernizar o ensino do direito, cujo atraso era considerado pelos Estados Unidos uma das causas do subdesenvolvimento sul-americano. No âmbito desses programas, Carrió foi um dos professores visitantes que frequentaram as universidades norte-americanas.

Esses contatos pessoais favoreceram também uma intensa troca de publicações. Oscar Sarlo chamou a atenção sobre a Colección Filosofia y Derecho – iniciada em 1968 pelo Centro Editor de América Latina (CEAL) e dirigida, entre outros, por Carrió – cujo programa editorial expressa uma clara orientação desenvolvimentista:

> A Colección Filosofia y Derecho tem como objetivo principal contribuir à teoria do direito com contribuições aptas a tornar mais fecunda a atividade dos juristas. [...] A atitude conservadora dos juristas é proverbial. Ela se manifesta também no âmbito da teoria do direito e pode chegar a criar um deplorável divórcio entre a atividade dos juristas e as exigências da sociedade complexa de hoje em dia; [a coleção tem, portanto] o propósito de contribuir para "modernizar", digamos assim, o aparato conceitual e a problemática dos juristas, [visto que] hoje o direito constitui sem dúvida a mais importante técnica de controle social. Um maior domínio dos seus aspectos teóricos pode contribuir para um uso mais inteligente e mais justo dessa técnica.[62]

---

62 Nesse texto, contido no final do primeiro volume da coleção, Oscar Sarlo vê justamente "todo um programa de política jurídica desenvolvimentista". A Colección Filosofía y Derecho era dirigida por Jorge Baqué, Eugenio Bulygin, Genaro Carrió e Ernesto Garzón Valdés; os autores publicados foram Wesley N. Hohfeld, Karl Olivecrona, Jerome Frank, George Nakhnikian, Herbert Fiedler, Alf Ross e Hans Kelsen: vislumbram-se nessa "as fontes", comenta Sarlo, "daquela que então se chamava Escola Analítica de Buenos Aires".

Em suma, o direito como instrumento promocional era visto como o instrumento pelo qual o Estado podia realizar a política de desenvolvimento que levaria, no plano externo, a uma maior independência das potências estrangeiras e, no plano interno, a uma maior justiça social. Além das elaborações autônomas de importantes intelectuais sul-americanos – os argentinos Aldo Ferrer e Raúl Prebisch, os brasileiros Celso Furtado e Fernando Henrique Cardoso, o chileno Aníbal Pinto, o mexicano Victor Urquidi, para citar só alguns –, era inevitável a referência ao sucesso das políticas social-democratas europeias, primeiramente à *soziale Marktwirtschaft*, a "economia social de mercado" alemã.

No entanto, a história do desenvolvimentismo não acabou com o renascimento dos *"animal spirits"* do livre mercado nos anos 1990:[63] na passagem do milênio, a América Latina estava vivendo um renascimento do Estado social (ou, segundo alguns, socialista), sobre o qual, porém, não é possível nos deter agora. Em conclusão, voltando para os anos do desenvolvimentismo, os trinta anos entre 1950-1980 foram a época dos "milagres econômicos", tanto na América Latina quanto na Europa: por isso, o convite de Carrió à renovação dos estudos teórico-jurídicos – nascido no contexto sul-americano do desenvolvimentismo – encontrava em Bobbio um terreno já preparado pelo milagre econômico italiano.

5.6. A função do direito entre Estado social e neoliberalismo

O ponto de partida do raciocínio de Bobbio era a mudada relevância do direito nas sociedades industriais avançadas. Ele não estava mais no centro da atenção do filósofo, como em Kant ou em Hegel, mas – depois das críticas de Saint-Simon, Comte e Marx – era visto como um fenômeno marginal, útil, sobretudo, para o controle social. Por meio de dicotomias sutis – o jurista como conservador ou inovador de regras; o jurista que opera em um sistema jurídico aberto ou fechado, estável ou instável, autônomo ou integrado em

---

63 Depois do eclipse total do desenvolvimentismo durante o decênio de neoliberalismo, inspirado na Escola de Chicago, no novo milênio o neodesenvolvimentismo ganhou novamente terreno com os governos progressistas latino-americanos, por exemplo, com o Programa brasileiro de Aceleração do Crescimento (PAC): João Sicsú; Luiz Fernando De Paula; Michel Renaut (orgs.), *Novo-desenvolvimentismo: um projeto nacional de crescimento com equidade social*. Barueri-Rio de Janeiro: Manole-Fundação Konrad Adenauer, 2005, LXII-426p.

relação à sociedade – Bobbio constatava como a ciência jurídica das sociedades industriais se interessou, cada vez mais, pela função criativa do juiz, pelas fontes extraestaduais do direito e pela função diretiva do Estado. Por esse caminho, chegava a individuar a característica do Estado assistencial, cujos fins "são tais, que para alcançá-los é necessária uma contínua obra de estimulação de comportamentos considerados economicamente vantajosos".[64]

O direito da sociedade industrial agora se movia fora dos limites rígidos do positivismo: era necessário adicionar ao sistema de normas jurídicas fechado, coerente e completo, outras dimensões, sintetizadas pela metáfora da rede.[65] Essa metáfora, tornada hoje atual pela informática, encontra-se antecipada em Bobbio: surpreendido pela falta de interesse dos sociólogos em relação aos conceitos jurídicos que, pelo contrário, poderiam enriquecer a análise sociológica, ele afirma que o jurista seria capaz de acrescentar à sociologia o conhecimento aprofundado próprio "daquelas *redes* de regras em que se movem os membros de qualquer grupo social".[66]

A esse ensaio sobre as duas disciplinas sociais – direito e sociologia –, que correm paralelas sem quase encontrar pontos de contato, segue (tanto logicamente, quanto na estrutura do volume de 1977) uma descrição articulada do que diferencia uma teoria funcionalista do direito da tradicional teoria estrutural ou sistemática do direito.[67] Tal ensaio retoma a concepção sistemática do direito e, em particular, Kelsen, ou seja, o representante mais rigoroso do positivismo jurídico.

Também em Kelsen, constata Bobbio, as normas premiais são consideradas marginais, enquanto, na verdade, o Estado opera cada vez mais também com prêmios (para quem já realizou uma atividade louvável) e com incentivos (para quem realizará uma atividade louvável). A tradicional função repressora é exercida sobretudo por meio da força, enquanto a função promocional recorre mormente à economia: é exatamente o aumento da

---

64 Bobbio, *Dalla struttura alla funzione* (1977), op. cit., p.55 (ed. 2007, p.41).

65 Sobre a noção de sistema, remeto ao meu *Sistema e struttura nel diritto*, op. cit. Sobre a superação da noção de sistema e sobre a noção de "rede", cf. François Ost; Michel Van De Kerchove, *De la pyramide au réseau. Pour une théorie dialectique du droit*. Bruxelas: Facultés Universitaires Saint Louis, 2002, 597 p., e o meu escrito (além da literatura indicada neste) Diritto turbolento. Alla ricerca di nuovi paradigmi nei rapporti fra diritti nazionali e normative sovrastatali. In: *Rivista internazionale di filosofia del diritto*, 2005, p.403-30.

66 Bobbio, *Dalla struttura alla funzione* (1977), op. cit., p.60 (ed. 2007, p.46). Grifo meu.

67 O ensaio "Verso una teoria funzionalistica del diritto" (publicado em 1977), foi escrito em 1970-1971, para um volume em homenagem ao argentino Ambrosio L. Gioja, mas conheceu as travessias ilustradas no tópico 5.2, cf. sobretudo as notas 24-26.

presença pública na economia o que oferece ao Estado o instrumento para aumentar as sanções positivas.

Mas essa atividade promocional aumentada provoca uma transformação dentro do ordenamento jurídico, transformação que, por sua vez, deve encontrar um reflexo também na teoria jurídica: esse reflexo consiste no *associar-se* de uma teoria funcional do direito a uma teoria sistemática do direito. Para Bobbio, como já foi dito, a visão funcional e a visão sistemática ou estrutural do direito são diferentes, mas interdependentes; complementares, mas não coincidentes: de fato, a mesma estrutura do direito pode exercer várias funções e, vice-versa, a mesma função do direito pode ser exercida por estruturas normativas diferentes. O teórico do direito deve, portanto, estudar tanto a estrutura, quanto a função do direito.

Devemos sublinhar que Bobbio se ocupa somente do aspecto teórico da função promocional do Estado e das normas de promoção. Outro problema, no entanto, é o das funções ou disfunções concretas das normas promocionais, isto é, o questionar-se se alcançaram ou não o fim visado por essas normas, ou se alcançaram um fim diferente. Para estudar esses aspectos, é necessário analisar os modelos políticos que o Estado pretende favorecer; ou examinar a eficácia concreta das normas de promoção (*implementation*); ou exercer uma crítica econômica ou política do uso anormal que, concretamente, uma classe política fez desses aspectos. Exatamente naqueles mesmos anos, por exemplo, Ernesto Rossi atacava a privatização do dinheiro público feita pelo Estado incentivador, dominado pelos partidos políticos.[68] Desde a época do fascismo, esse "irresistível e cáustico espírito florentino" lutava "contra o mau hábito, o mau governo, os privilégios, os monopólios, as ingerências dos entes privados e dos partidos na coisa pública, a intromissão clerical, os espiões do regime":[69] batalha que lhe custou nove anos de prisão, o confinamento e o exílio.

Esses aspectos *substanciais* não são, porém, levados em consideração por Bobbio, porque ele se propõe a focar os aspectos *formais* das normas de promoção, até então negligenciadas. Os seus pontos de referência são, portanto, os teóricos do direito, não os práticos da economia ou os críticos da política. A sua linguagem é a da teoria geral do direito, da qual ele sublinha a ligação predominante com a sanção negativa e que ele procura, portanto, adaptar à

---

68 A partir da ampla bibliografia de Ernesto Rossi (1897-1967) foram organizadas as antologias sobre o entrelaçamento entre política e negócios *Contro l'industria dei partiti*. Milão: Chiarelettere, 2012, XXVIII-99 p., e *Capitalismo inquinato*. Roma-Bari: Laterza, 1993, XXI-252p.

69 Galante Garrone, *I miei maggiori*, op. cit., p.253.

nova situação com uma análise linguística minuciosa e com distinções teóricas sutis.

Na leitura do ensaio, escrito em torno de 1971, para o volume em homenagem a Gioja, algumas expressões podem suscitar incertezas no leitor. Quando Bobbio fala de uma "consideração *instrumental* do direito" em Kelsen,[70] pode surgir a dúvida de que se trate – para uma homogeneidade com asserções anteriores –, na verdade, de uma consideração *estrutural* do direito. Ou seja, podemos nos perguntar se não seria um erro material de transcrição ou de tradução.

Na verdade, como se deduz pelo contexto, Bobbio se refere à concepção kelseniana do direito como meio, e não como fim: para Kelsen, o direito é um instrumento de organização social independentemente do fim que pretende alcançar. As perplexidades aumentam, todavia, quando lemos: "Enquanto Kelsen nunca abandonou completamente o ponto de vista *funcional*, inclusive, *a única definição de direito que se encontra em Kelsen é de tipo funcional*, Hart [...] levou até as últimas consequências a abordagem estrutural".[71] Essa formulação pode parecer em contraste com o que o próprio Bobbio tinha escrito no começo do mesmo ensaio: "Na obra de Kelsen, não apenas análise funcional e análise estrutural estão declaradamente separadas, mas esta separação é a base teórica sobre a qual Kelsen funda a exclusão da primeira [a análise funcional] em favor da segunda", ou seja, da análise estrutural.[72]

Em relação a esses textos e a dúvidas parecidas que podem surgir durante a leitura, é necessário resolver, em primeiro lugar, um problema filológico e, em segundo, um problema analítico. A filologia nos obriga, primeiramente, a perguntar se Bobbio escreveu efetivamente essas palavras; o exame analítico nos obriga, depois, a verificar como essa afirmação filologicamente averiguada se coloca na construção teórica de Bobbio. A comparação com a tradução em espanhol feita pelo próprio Gioja confirma que o texto italiano não contém erros materiais. Por razões de brevidade, contudo, é necessário omitir aqui um exame analítico do texto de Bobbio: de fato seria necessário verificar se o seu texto apresenta verdadeiras ambiguidades, ou, em vez disso, apenas dificuldades de interpretação.[73] Nos dois casos, o discurso se tornaria demasiado longo e complexo.

---

70 Bobbio, *Dalla struttura alla funzione* (1977), op. cit., p.84 (ed. 2007, p.68). Grifo meu.
71 Ibid., p.87 (ed. 2007, p.69-70). Grifo meu.
72 Ibid., p.64 (ed. 2007, p.49).
73 Sobre essas dúvidas, comparei as minhas opiniões com as de dois colegas estrangeiros. A ambos devo a comparação filológica do texto italiano de Bobbio com a tradução para o espanhol de

Em 1975, Bobbio retomou a discussão sobre a relação entre sistema e função no direito com um artigo publicado na revista que, naquele ínterim, Renato Treves tinha fundado: *Sociologia do direito*. Bobbio constatava quão rapidamente tinha-se difundido o interesse científico pela função promocional do direito, mas convidava também a esclarecer os termos e os conceitos dos quais frequentemente se fazia um uso indiferenciado. De fato, muitos especialistas de diferentes disciplinas falavam de "função" e de "direito", mas frequentemente faziam referência a coisas diferentes sob uma mesma designação.

Bobbio acrescentava às considerações anteriores três indicações analíticas: sobre o objeto da função (o direito pode desempenhar a sua função em relação à sociedade inteira ou em relação aos indivíduos que a compõem); sobre o nível da função (o direito pode ter funções interconectadas, mas de nível diferente: a segurança individual, a solução de conflitos, a organização do poder); e, enfim, sobre o direito da função da qual se fala: fala-se da função do direito repressivo, conservador, ou da função do direito distributivo, inovador? Fala-se do direito público ou do privado, das normas primárias ou das secundárias (Hart), das normas de conduta ou das normas de organização? Quase todas as indicações que resultarem dessas três ordens de distinção não são contrapostas, mas sim complementares; todavia, afirma Bobbio, é oportuno esclarecê-las preliminarmente, para evitar discussões fundadas não sobre a diversidade das concepções, mas sim sobre equívocos terminológicos.

Ao precisar a noção de direito à qual se refere a análise funcional do direito, Bobbio faz referência à "grande dicotomia" entre direito público e direito privado. Nesses mesmos anos, de fato, ele tinha analisado o tema das grandes dicotomias no direito em dois ensaios que, no volume de 1977, concluem, portanto, os capítulos dedicados a especificar as características da análise funcional do direito. Em ambos são retomadas e aprofundadas as distinções entre normas jurídicas, mencionadas antes, mas dispostas em um quadro teórico geral que as enriquece de referências às grandes dicotomias sociológicas e histórico-filosóficas. No primeiro ensaio, a dicotomia

---

Gioja. Sobre a análise desses trechos de Bobbio, Alfonso Ruiz Miguel, da Universidade Autônoma de Madri, considera "bastante plausível a interpretação que Bobbio dá da teoria kelseniana como em parte estrutural e em parte funcional-instrumental"; ao contrário, Oscar L. Sarlo, da Universidade da República de Montevidéu, escreve: "Considero justificadamente que existe ambiguidade por parte de Bobbio ao manejar as categorias epistêmicas (estrutural, funcional etc.), ou pelo menos em relação ao uso que Kelsen faz delas", e conclui que "deveria desenvolver una análise mais detalhada do problema". A discussão está aberta, mas essa exegese textual, sem dúvida interessante, deverá ser desenvolvida em outro lugar.

entre normas de conduta e normas de organização é inferida pelo economista liberal Friedrich Hayek; além disso, são examinadas as recaídas sobre a concepção de direito das clássicas dicotomias de Tönnies entre comunidade e sociedade; de Spencer entre sociedades militares e sociedades industriais; e de Durkheim entre solidariedade mecânica e solidariedade orgânica. A tais dicotomias se une, no segundo ensaio, a "fatídica distinção"[74] entre direito natural e direito positivo, que reaparece de modo multiforme em qualquer teoria do direito e que retorna nas lições, nas apostilas e nos escritos de Bobbio.

No âmbito dos assuntos até agora apresentados, Bobbio aborda a função promocional do direito em dois ensaios: visto que o primeiro, de 1969, tinha sido retomado no segundo ensaio com alguns acréscimos em 1971, os dois podem ser comentados conjuntamente, já que o próprio Bobbio tinha incluído no volume de 1977 apenas as partes do segundo ensaio que integravam o primeiro. O ponto de partida é a constatação de que o Estado assistencial – a começar pela tentativa de remediar a crise econômica mundial de 1929 – não pode usar apenas a repressão para proteger os valores que considera positivos, mas deve promovê-los também com o incentivo. É necessário, portanto, precisar e inovar a terminologia jurídica tradicional.

Em primeiro lugar, a distinção entre normas negativas e positivas (ou seja, entre proibições e comandos) não coincide conceitualmente com a entre sanções negativas e positivas (ou seja, entre castigos e prêmios), embora se possa, de fato, verificar todas as quatro combinações possíveis: comando assistido por prêmio; comando assistido por castigo; proibição assistida por prêmio; proibição assistida por castigo. Uma pesquisa empírica em diferentes ordenamentos jurídicos positivos poderia fornecer exemplos dessas quatro categorias analíticas.

Tradicionalmente nos limitamos a identificar o ordenamento jurídico como um conjunto de proibições acompanhadas por castigos e, consequentemente, o termo "sanção" é geralmente entendido como "sanção negativa", ou seja, pena ou castigo. Mesmo que em 1885 Rudolf von Jhering tenha inserido harmonicamente as sanções positivas, ou seja, o direito premial, na sua arquitetura finalista do ordenamento jurídico, esse tema se manteve à margem da teoria jurídica até a metade do século XX.

Visto que o Estado assistencial intervém cada vez mais no mundo econômico, é justamente um economista, o teórico austríaco Friedrich Hayek, a chamar a atenção sobre o fato (para ele lamentável) de que as normas de

---

74 Bobbio, *Dalla struttura alla funzione* (1977), op. cit., p.163 (ed. 2007, p.138).

conduta sejam cada vez mais substituídas por normas de organização: ou seja, de organização do invasivo aparato estatal. Partindo da análise crítica de Hayek, Bobbio constrói um sistema de tripartições que individuam a ação do Estado moderno: por um lado, um ordenamento repressivo visa – com medidas *diretas* – tornar impossível, difícil ou desvantajosa uma ação; por outro, um ordenamento promocional visa, pelo contrário – com medidas indiretas –, torná-la necessária, fácil, vantajosa.

A matéria das leis promocionais ou de incentivo, portanto, é organizada por Bobbio em duas dicotomias. Na primeira, ele distingue o ordenamento repressivo tradicional do ordenamento promocional moderno em relação aos fins (o primeiro reprime as ações indesejadas; o segundo induz às desejadas) e em relação aos meios (o primeiro recorre ao desincentivo; o segundo ao incentivo). Na segunda, Bobbio distingue a estrutura e a função que são específicas das medidas de desincentivo e de incentivo: aqui os termos "estrutura" e "função" não se referem mais a ordenamento no seu conjunto, mas às sanções (positivas e negativas) presentes no próprio ordenamento. A estrutura da norma de desincentivo é a ameaça, enquanto a estrutura da norma de incentivo é a promessa de uma vantagem. Resulta ampliada, assim, a visão tradicional do ordenamento jurídico, que se concentrava quase exclusivamente na sanção negativa.

Como conclusão, considerando o que se disse, resulta que a referência à função do direito é sobretudo uma referência à função *social* do direito. Ou seja, o Estado intervém a favor do "bem comum" travestido de Estado assistencial, ou Estado de bem-estar, ou *Welfare State*. Dado que a partir das últimas décadas do século XX se pregou (e praticou também) a drástica redução do Estado assistencial, é legítimo perguntar-se até que ponto uma teoria funcional do direito seja compatível com um Estado não mais "intervencionista", ou seja, um Estado mais espectador que regulador da ação do mercado.

As teorias neoliberais pedem, de fato, menos função promocional do Estado e mais função seletiva do mercado, segundo a fórmula "menos Estado e mais mercado". Se a sociedade está em crise, afirmava Ronald Reagan, "o Estado não é a solução, é o problema". Na verdade, uma visão neoliberal também não exclui a intervenção do Estado, mesmo tendendo a limitá-la.

Dos governos neoliberais se critica a redução da intervenção do Estado nas despesas sociais, isto é, no apoio aos vulneráveis, e de favorecer, em vez disso, o neodarwinismo social, que favorece sobretudo as empresas sem bandeira, típicas da economia globalizada. Na verdade, o neoliberalismo, protestam os seus críticos, não pretende reduzir o Estado, mas sim redirecionar a sua despesa; não quer menos Estado, mas outro Estado. De fato, a crise fiscal do Estado impõe escolher a quem atribuir os recursos, ou seja, decidir não *se* o Estado deve intervir, mas sim *como* deve intervir. Em outras palavras, a política deve escolher quais liberdades financiar e quais não. E a crise mundial iniciada em 2008 demonstrou como os neoliberais pediram uma maciça intervenção do Estado a favor dos bancos, realizando uma enorme transferência de recursos dos cofres públicos, ou seja, dos contribuintes, para os órgãos privados.

Aqui se abriria um debate que nem é possível mencionar. Basta lembrar, porém, que justamente da Escola de Chicago – a que defendeu também a análise econômica do direito – vem um alerta sobre o caráter irrevogável da intervenção estatal em qualquer sociedade evoluída: "As liberdades individuais implicam custos que recaem sobre todos".[75] Porém, apenas o Estado pode realizar a tributação e decidir a alocação dos recursos e, consequentemente, também em uma sociedade complexa, como a pós-industrial, a redistribuição deve recorrer às normas de incentivo.

Nesse novo contexto, a distinção entre teorias estruturais e teorias funcionais do direito não perde a sua relevância prática e mantém intacto o seu valor teórico.

5.7. A FUNÇÃO DO DIREITO: UM TEMA À ESPERA DE APROFUNDAMENTOS

A abertura de Bobbio para uma teoria funcional do direito coincide com os anos do seu crescente interesse pela política, tanto como estudo teórico quanto como atividade acadêmica. No conjunto das obras de Bobbio, o ensaio sobre a função do direito tem, portanto, uma relevância muito menor que a dos seus escritos sobre a teoria estrutural do direito: de fato, o estudo da função do direito se apresenta como um caminho aberto por Bobbio, mas não ulteriormente alimentado por ele.

Talvez os anos que seguirão a crise econômica atual possam se mostrar promissores para um aprofundamento dos estudos sobre a função promocional do direito, visto que um coro quase unânime pede hoje uma robusta intervenção do Estado para consertar os danos produzidos pelo excesso de neoliberalismo. Mas a atual situação econômica e social é comparável à dos

---

[75] Stephen Holmes; Cass R. Sunstein, *Il costo dei diritti. Perché la libertà dipende dalle tasse*. Bolonha: Il Mulino, 2000, p.231 (ed. original *The Cost of Rights: Why Liberty Depends on Taxes*. Nova York: Norton, 1999).

anos de 1960-1980 do século passado? Quais distorções um incentivo estatal pode produzir em uma economia já não mais predominantemente industrial, mas predominantemente financeira?[76] Que sentido tem a intervenção promocional do Estado nacional em um mundo globalizado?

De fato, a globalização tem quase eliminado as fronteiras nacionais, que para o jurista constituíam um limite, mas também uma certeza. O direito se apresenta agora como um direito global, todavia, sem Estado.[77] Os autores do volume *Raum und Recht* [Espaço e direito] redefinem a noção de espaço em quase todos os setores jurídicos.[78] Outros autores falam de "direito sem fronteiras",[79] de "espaço jurídico global",[80] de "retirada do Estado",[81] e assim por diante, até às *"leges praeter legem"*,[82] formulação que leva ao desespero qualquer juspositivista ortodoxo. Para muitos desses autores, na sociedade globalizada o direito parece ter esgotado também a sua função promocional e é tratado, portanto, como um obstáculo a eliminar. Está aberto o conflito entre a moderna *soft law* e a obsoleta *hard law*: e o objeto da disputa é, justamente, a função do direito na sociedade de hoje.

Bobbio abriu um caminho, que outros deverão desenvolver. Provavelmente o aumento da atenção pela função implicará uma maior concentração sobre os aspectos reais do direito e levará para uma teoria jurídica mais sociológica que estrutural, ou seja – como foi mencionado neste capítulo –,

---

76 Sobre esse último tema, cf. Luciano Gallino (1927-2015). I confini flessibili tra politica ed economia. In: *Teoria Politica*, n.s., I, 2011, p.107-12 (cf. http://revistas.marcialpons.es/fichaarticulo.php?id_articulo=2067). As últimas obras desse importante sociólogo do trabalho analisam o controle da finança sobre a democracia: *Il colpo di stato di banche e governi. L'attacco alla democrazia in Europa*. Turim: Einaudi, 2013, VI-345p.; *Il denaro, il debito e la doppia crisi spiegati ai nostri nipoti*. Turim: Einaudi, 2015, VI-200p.

77 Gunther Teubner (org.), *Global Law without a State*. Aldershot: Dartmouth, 1997, XVII-305p.

78 Horst Dreier; Hans Forkel; Klaus Laubenthal (orgs.), *Raum und Recht. Festschrift 600 Jahre Würzburger Juristenfakultät*. Berlim: Duncker & Humblot, 2002, VIII-771p.

79 Maria Rosaria Ferrarese, *Diritto sconfinato. Inventiva giuridica e spazi nel mondo globale*. Roma-Bari: Laterza, 2006, 224p.: esse livro analisa o direito transnacional e o direito supranacional, que são justamente direitos "sem fronteiras". Cf. também Laura Ammannati e Paola Bilancia (orgs.). *Governance multilivello regolazione e reti*. Milão: Giuffrè, 2008, VI-360p.

80 Sabino Cassese, *Lo spazio giuridico globale*. Roma-Bari: Laterza, 2006, 198p. (2.ed.). No primeiro capítulo, o ensaio define o "espaço jurídico global", depois se concentra no direito comunitário europeu e, dentro deste, no direito administrativo.

81 Susan Strange, *The Retreat of the State: The Diffusion of Power in the World Economy*. Cambridge: Cambridge University Press, 2009, XVII-218p.; é a 12.ed. Em italiano, com o título *Chi governa l'economia mondiale? Crisi dello Stato e dispersione del potere*. Bolonha: Il Mulino, 1998, 305p.

82 Hans-Joachim Mertens, *Leges praeter legem*. In: *Die Aktiengesellschaft*, 1982, p.29-41.

para uma transição do modelo piramidal para o reticular. Inevitavelmente nos afastaremos da visão de Bobbio. Porém, a ele restará o crédito de ter associado uma perspectiva realista à visão estrutural-kelseniana, que Bobbio não quis desenvolver, mas que confia a quem vier e desejar:

> Foste o viandante que ao anoitecer
> leva o seu lume às costas, que não presta
> para si, mas sim pra quem atrás vier.[83]

---

[83] Alighieri, *A Divina Comédia: Purgatório*. Canto XXII, 67-9. Tradução e notas de Ítalo Eugenio Mauro. Edição bilíngue. São Paulo: Editora 34, 2007, p.145.

Terceira parte
Bobbio e a filosofia da política

6
Os temas políticos fundamentais de Bobbio

6.1. A definição da política e a lição dos clássicos

Neste capítulo abandonamos os temas jurídico-filosóficos e enfrentamos alguns dos grandes temas políticos, não mais segundo uma ordem predominantemente histórica, mas segundo um critério predominantemente analítico. A visão de Bobbio da filosofia política, da democracia, do socialismo, dos direitos humanos, da guerra, da paz, do federalismo e do berlusconismo será exposta, ou melhor, evocada resumidamente nos itens seguintes, com o objetivo único de indicar algumas perspectivas para aprofundar em pesquisas específicas.[1]

Bobbio teve oprtunidade de se deter na definição de filosofia política, sobretudo no começo dos anos 1970, quando a refundação da Faculdade de Ciências Políticas suscitou, na Itália, um debate sobre as disciplinas ali ministradas.[2] A disciplina Doutrina do Estado, muito prejudicada politicamente, foi substituída por Filosofia da Política, ao lado de História das Doutrinas Políticas, Ciência da Política e outras. Portanto, tornava-se necessário

---

1 Este parágrafo sobre a noção de filosofia política faz referência aos temas contidos na Primeira Parte de Bobbio, *Teoria generale della politica*, op. cit., p.1-39, volume no qual, por sua vez, Michelangelo Bovero reúne e reelabora quarenta ensaios publicados entre 1971 e 1990 (cf. Capítulo 1, nota 165).
2 Falo de "refundação" porque as faculdades instituídas na época fascista tinham sofrido as modificações já expostas no tópico 3.1.

delimitar o âmbito dessas disciplinas do ponto de vista didático e, sobretudo, conceitual.

Primeiramente, as disciplinas teórico-formais devem ser mantidas separadas das disciplinas empíricas. Estas últimas, segundo Bobbio, têm caráter científico se satisfazem três condições: a verificabilidade empírica dos resultados alcançados, a consecução de um fim cognoscitivo-explicativo e, por fim, a neutralidade avaliativa, ou seja, a omissão de juízos de valor. No âmbito dos estudos de ciências políticas, a "ciência política" – se quiser se apresentar como ciência – deve, portanto, respeitar todos esses três requisitos e, nesse caso, apresenta-se como uma disciplina homogênea.

Um primeiro passo no esclarecimento do conceito de ciência política foi dado já em 1965, por Renato Treves, que em um colóquio em Paris tinha descrito o que se entendia então na Itália por filosofia política.[3] Em 1970, o tema foi retomado tanto por Alessandro Passerin d'Entrèves quanto por Bobbio no colóquio sobre Tradizioni e Novità della Filosofia della Politica [Tradições e Novidades da Filosofia da Política].[4] Na complexa definição de Bobbio confluíram a concepção de Treves (filosofia da política como metodologia da ciência política) e a de d'Entrèves, cuja formação inglesa fazia que ele visse a filosofia política como o estudo dos limites do poder, ou seja, da obrigação política. Bobbio identifica quatro significados de filosofia política.

Em primeiro lugar, a filosofia política pode ser a teoria do modelo ideal de Estado, teoria que pode também se apresentar *ex negativo*, apontando para o péssimo modelo de Estado como modelo que se deve naturalmente evitar. Essa acepção propõe uma política como deveria ser, não como é: ela tem uma função prescritiva e é, portanto, declaradamente avaliativa. A ciência política, por sua vez, se propõe a descrever a política assim como ela é. Entre as duas disciplinas existe, portanto, uma relação tanto de separação quanto de divergência.

Em segundo lugar, a filosofia política pode ser a teoria da legitimidade do poder, indicando por que se deve obedecer, ou em quais casos é lícito não

---

[3] Renato Treves, La notion de philosophie politique dans la pensée italienne. In: AA.VV. *L'idée de philosophie politique*. Paris: Puf, 1965, p.97-115.

[4] Alessandro Passerin D'Entrèves. "Il palchetto assegnato agli statisti". (Riflessioni sulla varietà delle dottrine politiche e sul loro rapporto colla filosofia). In AA.VV. *Tradizione e novità della filosofia della politica. Atti del I Simposio di Filosofia della Politica*. Bari: Laterza, 1970, p.7-21, seguido pelo ensaio de Bobbio, Dei possibili rapporti tra filosofia politica e scienza politica, Ibid., p.23-9 (também em Bobbio, *Teoria generale della politica*, op. cit., p.5-16), completado pelo próprio Bobbio com uma Relazione orale, p.29-37.

obedecer. Essa distinção de Bobbio faz referência à já lembrada contribuição de d'Entrèves e, portanto, ao pensamento político inglês. Aqui a filosofia política se entrelaça à ciência política, visto que é difícil separar a análise realista do poder (própria da ciência política) da análise da sua legitimidade (própria da filosofia política). Porém, a filosofia política entendida nesse sentido não procura o conhecimento, mas sim a justificação: e esta última é possível somente recorrendo aos juízos de valor, ou seja, renunciando à neutralidade avaliativa. Entre as duas disciplinas existe, portanto, uma relação de separação, mas também de convergência.

Em terceiro lugar, a filosofia política pode ter por objeto a individuação da categoria da "política", ou seja, a distinção entre política e moral, entre economia e direito. Ou seja, aspira definir o conceito de "política" e, frequentemente, faz referência a uma filosofia idealista. Em 1970 esta era, para Bobbio, a acepção predominante na Itália. Ela prevê uma conexão estrita entre filosofia política e ciência política: a filosofia política trabalha por meio da abstração sobre os dados empíricos da ciência política, enquanto esta última delimita o seu campo de investigação na base de um conceito de política; no fundo, não se consegue estabelecer onde acaba uma e onde começa a outra. Porém, a investigação sobre a categoria (ou seja, sobre a essência ou natureza) da política opera em um contexto em que não é possível nenhuma avaliação empírica dos resultados. Segundo essa acepção, pode-se entender a filosofia política como uma "teoria geral da política" e Bobbio vê nisso um paralelismo com a relação entre a teoria geral do direito e a ciência jurídica no sentido estrito. Nesse terceiro sentido, entre a filosofia política e a ciência política há, portanto, uma relação de continuidade.

Em quarto lugar, a filosofia política pode se questionar, perguntando-se quais são as condições para a sua verdade e para a sua objetividade ou neutralidade avaliativa. Com essa concepção inspirada pela filosofia analítica (e mediada, em Bobbio, pelo já lembrado escrito de Treves) deixa-se a pesquisa empírica sobre os comportamentos políticos e coloca-se em um nível superior, investigando os critérios com os quais foi conduzida a pesquisa de nível inferior. Nesse sentido, a ciência política se apresenta como uma metaciência, ou seja, como um discurso sobre o discurso do filósofo político. Entre as duas disciplinas existe, portanto, uma relação de integração recíproca.

Não obstante o seu interesse pela filosofia analítica, Bobbio não aprofunda, todavia, esta última definição de filosofia política, porque o exame da literatura filosófico-política revela que se trata mais de um desejo que de uma prática. Sua atenção se concentra, por isso, nas três definições anteriores, que se tornam as diretrizes também para sua observação da cotidianidade política italiana.

6.2. Os vinte anos de Mussolini e a democracia reconquistada

Desde os anos do fascismo, Bobbio tinha tomado posição a favor da democracia parlamentar. Nos seus escritos de ciência política, portanto, pode-se notar uma descrição dos fatos cotidianos direcionada pelos três princípios próprios da ciência política (verificabilidade dos resultados, finalidade cognitiva, neutralidade avaliativa) e, ao lado dessa descrição, uma reflexão crítica sobre esses fatos no marco geral de uma filosofia política. Filosofia política que se coloca, então, no primeiro dos tipos individuados pelo próprio Bobbio: uma filosofia política que assinala na democracia representativa a forma da "ótima República" e que, portanto, "está orientada segundo valores e tem uma característica nítida e conscientemente prescritiva: não é não avaliativa e não pretende sê-lo".[5]

A quem critica, nessa posição, a eliminação da característica científica da neutralidade avaliativa, Bobbio opõe a distinção entre desejabilidade e possibilidade da neutralidade avaliativa, que são, respectivamente, um juízo de valor e um juízo de fato. Esses dois aspectos devem ser mantidos separados: a desejabilidade (juízo de valor) é uma aspiração, enquanto a possibilidade (juízo de fato) é um dado efetivo. O que é desejável é quase sempre difícil de realizar: "Sei bem que é difícil despir-se das próprias preferências, mas justamente aqui reside a nobreza do cientista. A neutralidade avaliativa é a virtude do cientista, assim como a imparcialidade é a virtude do juiz: ninguém pensaria em sugerir a um juiz que, sendo difícil ser imparcial, é melhor não sê-lo".[6] Um paralelo análogo pode ser constituído a partir da saúde: é desejável, mesmo que ninguém seja completamente saudável; aliás, quanto menos saudável for, mais se deseja a saúde. Portanto, a neutralidade avaliativa é uma meta alcançável apenas em parte: mas, justamente por isso, não se pode renunciar a se chegar o mais próximo possível dela.

A democracia representativa, nascida com o individualismo do Iluminismo, é a forma de governo que melhor se adapta aos Estados modernos. A favor dessa "democracia dos modernos", Bobbio abandona com prazer a

---

5 Bobbio, *Teoria generale della politica*, op. cit., p.12-3.
6 Ibid., p.14.

"democracia dos antigos", isto é, a democracia direta. A diferença entre as duas é radical: na *polis* grega, os cidadãos se reuniam para decidir sobre questões específicas; nos Estados modernos, os cidadãos se reúnem para escolher quem decidirá por eles.

Hoje a democracia direta pode contar com novos apoiadores: os movimentos como o Movimento 5 Stelle,[7] na Itália, os vários "Piratas" na Alemanha e nos Estados escandinavos, os "Indignados" espanhóis. A informática e as redes oferecem uma instrumentação inédita para sondar diretamente e para agregar as vontades individuais, mas suscitam problemas pelo menos iguais às expectativas. De qualquer forma, é significativo que a nova Constituição islandesa, após a dramática crise econômica, tenha nascido com a colaboração direta dos cidadãos, que, porém, são apenas 300 mil, e quase todos informaticamente aculturados. Bobbio não exclui, de qualquer forma, a possibilidade de democracia direta ao lado daquela representativa, ao menos sob a forma de referendo.

Além disso, Bobbio se propõe a especificar o núcleo mínimo da democracia, isto é, algumas características indispensáveis para que um regime possa se definir democrático. Influenciado também "pela deformação profissional de quem ensinou por decênios em uma faculdade jurídica", concentra a atenção sobre o elemento formal das "regras do jogo": "por regime democrático se entende, primeiramente, um conjunto de regras de procedimentos para a formação de decisões coletivas, em que está prevista e facilitada a participação mais ampla possível dos interessados";[8] isto é, regras "que estabeleçam *quem* está autorizado a tomar as decisões coletivas e com quais *procedimentos*".[9] Essa concepção procedimental da democracia provém do Kelsen teórico da política.

A democracia se realiza se, ao lado de *quem* (número alto de cidadãos) e dos *procedimentos* (por exemplo, a regra de maioria), é garantida aos cidadãos a possibilidade de escolher entre alternativas precisas; em outras palavras, se os cidadãos gozam dos direitos de liberdade próprios do Estado liberal, sobretudo liberdade de opinião e de associação, mas também liberdade de expressão, de reunião, de imprensa, de religião etc. Consequentemente,

---

7 Movimento político que não se define como um partido italiano, fundado em 2009, por Beppe Grillo e Gianroberto Casaleggio, com a finalidade de deslocar os partidos tradicionais para colocar cidadãos comuns no poder e estabelecer uma democracia direta através do uso da internet. (N. T.)
8 No Prefácio de 1984 à coletânea de ensaios: Bobbio, *Il futuro della democrazia*. Turim: Einaudi, 1995, p.XXII-XXIII (essa edição não traz o subtítulo *Una difesa delle regole del gioco*).
9 No ensaio de 1984, *Il futuro della democrazia*. Agora in: Bobbio, *Il futuro della democrazia* (1995), op. cit., p.4.

"o Estado liberal é o pressuposto não só histórico, mas também jurídico do Estado democrático":[10] apenas as liberdades fundamentais garantem o exercício da democracia e apenas a democracia garante as liberdades fundamentais.

Nas democracias, as regras do jogo podem ser modificadas. As constituições modernas, de fato, preveem procedimentos para a modificação dos procedimentos. O problema se torna insolúvel se essa mudança não acontece por um impulso do seu próprio interior, *per intussusceptionem*, mas por impulsos extrassistêmicos.

As críticas dirigidas à democracia representativa, feitas pelos reformistas e pelos revolucionários, podem ser reconduzidas à revisão ou à supressão dessas regras do jogo. No caso da revisão, é necessário saber quais são as regras substituídas e quais regras as substituem, mas é necessário também se perguntar se um sistema articulado como o das regras democráticas possa ser modificado em parte sem ruir. Esse era o risco que se correu, na Itália, com a reforma constitucional reprovada pelo referendo de 4 de dezembro de 2016, a qual previa a modificação de 47 artigos de 139 da Constituição vigente. No caso da supressão revolucionária das regras do jogo, no entanto, é necessário saber qual sistema procedimental novo substituirá o velho. Quase sempre, enfim, as contrapropostas são insuficientes ou completamente ausentes: por exemplo, o marxismo-leninismo oferece um conjunto de regras para a tomada de poder, mas não para o exercício do poder.

6.3. Os direitos humanos, fruto da evolução histórica, não de um valor absoluto

Em 1951, Bobbio publicou o seu primeiro escrito sobre os direitos do homem,[11] mas se ocupou disso apenas mais tarde, quando a paz e a democracia tinham se consolidado na Europa: sem elas, de fato, o afirmar-se dos

---

10 Ibid., p.7.
11 Bobbio, La dichiarazione universale dei diritti dell'uomo. In: AA.VV., *La dichiarazione universale dei diritti dell'uomo*. Turim: Plinio Castello, 1951, p.53-70. Bobbio usa a expressão "direitos do homem", enquanto hoje é mais frequente a forma "direitos humanos" (que prefiro); porém, no presente texto usarei "direitos do homem" para não criar uma descontinuidade em relação às citações retiradas de Bobbio. Todavia, é necessário ao menos mencionar aqui a figura generosa e dramática de Olympe de Gouges (1748-1793), autora da *Déclaration des droits de la femme et de la citoyenne* (1791), trad. bras. *Os direitos da mulher e da cidadã* por Olímpia de Gouges. Tradução e introdução. Dalmo de Abreu Dallari. São Paulo: Saraiva, 2016, 176p.

direitos do homem é praticamente impossível.¹² No universo intelectual de Bobbio, portanto, o problema dos direitos do homem "está estritamente ligado ao da democracia e da paz": de fato, esses direitos "estão na base das constituições democráticas", enquanto a paz é "o pressuposto necessário para o reconhecimento e a efetiva proteção dos direitos fundamentais no interior de cada um dos Estados e no sistema internacional".¹³ Cada escrito de Bobbio sobre todos esses temas nasceu em diversos momentos, mas ele sempre os considerou estreitamente ligados, "tanto é assim que muitas vezes", escrevia em 1996, "me aconteceu apresentar a ligação que havia entre eles como meta ideal de uma teoria geral do direito e da política, que, aliás, nunca logrei escrever".¹⁴ "Direito do homem, democracia e paz" são "três partes de um único sistema": os direitos humanos "estão na base das constituições democráticas modernas", enquanto a paz os garante em nível nacional e internacional; "sem direitos do homem reconhecidos e garantidos não há democracia, sem democracia não há condições mínimas para a solução pacífica dos conflitos sociais".¹⁵

O problema dos direitos humanos se entrelaça ao problema do jusnaturalismo, visto que a pesquisa do seu fundamento impõe confrontar-se com um direito superior ao direito positivo. Pietro Rossi, constatando que o pensamento de Bobbio "é rico em reconsiderações declaradas e autocríticas", destaca a "passagem da adesão convicta ao positivismo jurídico, à implícita recuperação, por meio da doutrina dos direitos humanos, de uma impostação jusnaturalista".¹⁶ Bobbio, de fato, por um lado defende o relativismo filosófico, mas, por outro, defende os direitos humanos, mesmo quando estes não se tornaram (ainda) positivados. Neste ponto, o caminho de quem busca o fundamento dos direitos humanos se bifurca: o filósofo relativista renuncia a procurar o fundamento desses direitos, o jusnaturalista busca o fundamento desses direitos em um valor absoluto, como afirma Joseph Ratzinger na sua polêmica com Jürgen Habermas: "Existem, portanto, valores que valem por si mesmos, que provêm da natureza humana e por isso são

---

12 Esse tema é aprofundado em Bobbio, "I diritti dell'uomo e la pace". Conferência de 1982, agora in: Bobbio, *Il terzo assente*, op. cit., p.92-6.
13 Bobbio, *L'età dei diritti*, op. cit., p.VII. Cf. também Bobbio, *O tempo da memória. De senectute*, op. cit., p.164.
14 Bobbio, *O tempo da memória. De senectute*, op. cit., p.163-4
15 Ibid., p.164.
16 Rossi (org.), Introduzione. In: *Norberto Bobbio tra diritto e politica*. Roma-Bari: Laterza, 2005, p.XVII.

inatacáveis por todos aqueles que possuem essa natureza".[17] Bobbio, mesmo que marginalmente, também falou de um "direito natural vigente" ou de um "direito natural válido", descrito como "um complexo de princípios jurídicos essenciais à constituição da sociedade mundial dos homens".[18]

Das páginas de Bobbio sobre os direitos do homem, pode-se tentar reconstruir uma teoria dos direitos do homem mais circunscrita. Ela se abre com o quesito sobre a sua origem, ou seja, sobre os seus fundamentos, que Bobbio coloca na evolução histórica da humanidade, e não em um valor absoluto: posição típica do Bobbio relativista e crítico de toda forma de jusnaturalismo. Enquanto direitos históricos, os direitos dos homens não nascem todos juntos, são diversos entre si e, às vezes, até mesmo, estão em conflito: as condições políticas e materiais de cada época colocam exigências diversas e, assim, tomam formas várias gerações de direitos do homem. Em cada época, eles nascem como aspirações e tendem a se consolidar progressivamente como direitos positivos, isto é, reclamáveis em juízo.

Visto que a positivação dos direitos do homem aconteceu, primeiro, em nível interno a cada Estado e hoje está se afirmando em nível internacional, a sua tutela judiciária está se transformando de tutela nacional em tutela internacional. A verdadeira dificuldade consiste, porém, na efetiva realização desses direitos, o que não coloca questões de filosofia política, mas impõe decisões de política concreta. Em particular, já que a nossa é a idade dos direitos sociais, a realização deles está condicionada por duas visões distintas da sociedade: o liberalismo e o socialismo. O tema específico dos direitos do homem retorna assim ao âmbito dos temas gerais de filosofia política que Bobbio desenvolveu em outras ramificações da sua pesquisa.

Apresentada a estrutura dessa teoria dos direitos do homem de modo muito sintético, é oportuno agora ilustrar os núcleos particulares dos quais ela se compõe.

A crítica à pesquisa de um fundamento absoluto dos direitos do homem heterogêneos coincide com a crítica ao jusnaturalismo, que aqui não é possível discutir. Reconduzi-los a um "valor último" (mas qual?) é um ato de fé que não explica a sua heterogeneidade, verificável historicamente: "Não se vê como se possa dar um fundamento absoluto de direitos historicamente

---

17 Cf. Cattaneo, Giusnaturalismo e diritti umani nell'analisi critica di Norberto Bobbio. In: Punzi (org.), *Metodo, linguaggio, scienza del diritto*, op. cit., p.89; a passagem citada é retirada de Habermas e Ratzinger, *Ragione e fede in dialogo*. Veneza: Marsilio, 2005, p.67-8.

18 Bobbio, *L'analogia nella logica del diritto*, op. cit., p.50 e 87: sobre as passagens citadas, cf. tópico 4.5.

relativos".[19] De fato, existem direitos do homem incompatíveis entre si, no sentido de que, na evolução histórica, certos direitos se afirmam em detrimento de outros. Por exemplo, o direito de propriedade no século XVIII era quase absoluto já que constituía uma defesa contra o arbítrio do soberano absoluto, enquanto, nem dois séculos depois, esse direito era limitado prescrevendo o uso social da propriedade. A Constituição de Weimar evidenciava que a propriedade é fonte não apenas de direitos (individuais), mas também de deveres (sociais): "A propriedade obriga".[20]

À heterogeneidade diacrônica se associa às vezes a sincrônica: os direitos que proíbem a redução à escravidão ou a tortura permanecem sempre em vigor, enquanto muitos outros podem ser suspensos em casos excepcionais – por exemplo, em caso de guerra. Mas, se todos tivessem o mesmo fundamento absoluto, a sua restrição seria injustificável. Por fim, na evolução histórica, a realização dos direitos sociais implica uma restrição dos correspondentes direitos de liberdade de outros: se a propriedade está sujeita a um uso social, o proprietário deve renunciar a uma quota da sua liberdade sobre a disposição do bem. O direito social e o direito de liberdade, quando em conflito, não podem se apoiar sobre o mesmo fundamento absoluto: este último, nota Bobbio, "não é apenas uma ilusão; algumas vezes é também um pretexto para defender posições conservadoras".[21]

Rejeitado, assim, o fundamento absoluto, a explicação do formar-se dos direitos humanos deve ser buscada na sua gênese histórica, que se articula em três fases. Na primeira, os *direitos de liberdade* atribuem aos cidadãos algumas esferas de atividade, nas quais o Estado não pode se intrometer a não ser em parte (por exemplo, liberdade de movimento, de empresa etc.). Na segunda fase, os *direitos políticos* atribuem aos cidadãos uma esfera de autonomia em relação ao Estado (por exemplo, liberdade de associação, de voto etc.). Na terceira, enfim, os cidadãos obtêm maior igualdade e bem-estar por meio dos *direitos sociais* garantidos pelo Estado. Bobbio fala de liberdade *pelo* Estado, *no* Estado e *por meio* do Estado.

Uma outra tripartição especifica a progressão da eficácia dos direitos do homem. Na primeira fase, os filósofos enunciam o princípio de que os seres humanos têm, enquanto tais, por natureza, direitos invioláveis e inalienáveis. Essa nobre exigência, formulada pelos jusnaturalistas do século XVIII (Locke) em relação à humanidade inteira, vai contra, porém, a práxis política

---

19 Bobbio, *L'età dei diritti*, op. cit., p.10.
20 "Eigentum verpflichtet gegenüber der Gesamtheit" (art. 158, Constituição de Weimar).
21 Bobbio, *L'età dei diritti*, op. cit., p.14.

concreta. Esses direitos do homem são, portanto, universais pelo conteúdo, mas limitados pela eficácia. A segunda fase inicia com as revoluções norte-americana e francesa, que substituem o Estado absoluto por um Estado que encontra alguns limites nos direitos dos seus cidadãos. Os direitos do cidadão, portanto, cessam de ser nobres aspirações e se tornam direitos positivos: mas não são ainda universais porque, como nas constituições sucessivas, são titulares deles apenas os cidadãos do Estado que os reconhece. Começa assim a lenta evolução em direção à positivação dos direitos humanos que, iniciada com os direitos positivos nacionais, culmina com a Declaração Universal dos Direitos do Homem, de 1948: culmina, mas não se interrompe, porque a evolução social fará surgir novos direitos fundamentais, cada um dos quais deverá percorrer todo o caminho até aqui descrito. Os direitos codificados na Declaração de 1948 "não são os únicos e possíveis direitos do homem: são os direitos do homem histórico como se configurava na mente dos redatores da Declaração após a tragédia da Segunda Guerra Mundial".[22]

"Depois dessa declaração, o problema dos fundamentos perdeu grande parte do seu interesse"[23] porque agora o fundamento dos direitos humanos não deve ser mais buscado em concepções filosóficas controversas, mas se identifica com um preciso texto jurídico que a maioria dos governos do mundo considerou justo aprovar. Buscar o fundamento desse fundamento não acrescentaria nada ao texto em vigor. A atenção se move, por isso, sobre a efetiva realização desses direitos. Se um Estado não tutela juridicamente um direito sancionado pela sua constituição ou por um tratado assinado, ao cidadão não resta mais que o antigo direito de resistência.

Nas relações entre os Estados e uma organização internacional, esta última pode exercitar apenas vários tipos de persuasão extrajurídica a favor dos direitos do homem. A sua única tutela efetiva é a coercitiva exercida por meio de um tribunal internacional. A Convenção Europeia para a Salvaguarda dos Direitos do Homem e das Liberdades Fundamentais, que entrou em vigor em 1953, instituiu em 1959 a Corte Europeia dos Direitos do Homem, à qual o cidadão pode se dirigir após ter exaurido os recursos previstos pelo direito nacional. Essa tutela vale apenas para os 47 Estados membros do Conselho da Europa, mas é já um resultado notável, mesmo que no panorama internacional seja mais uma exceção que uma regra. Concluindo, "pode-se falar, com razão, de tutela internacional dos direitos do homem apenas quando uma jurisdição internacional conseguirá se impor e

---

[22] Bobbio, *L'età dei diritti*, op. cit., p.28.
[23] Ibid., p.15.

se sobrepor às jurisdições nacionais, e se realizará a passagem da garantia *dentro* do Estado – que caracteriza ainda predominantemente a fase atual – à garantia *contra* o Estado".[24]

Bobbio expunha esta sua visão em 1968, quando não tinha se colocado ainda dramaticamente o problema das relações com os Estados islâmicos. Ele via na descolonização "um dos fenômenos mais interessantes e vistosos do crescimento do problema dos direitos do homem"[25] e prefigurava uma progressiva aproximação aos modelos democrático-ocidentais por parte dos Estados ex-coloniais, mesmo daqueles com população predominantemente islâmica. Na realidade, a falta nesses países de uma burguesia e de um pluripartidarismo eficaz levou ao predomínio de organizações militares ou religiosas, ambas propensas mais à autocracia que à realização dos direitos do homem. Em particular, no Islã, a conversão a uma outra religião (ou a nenhuma) constitui o crime de apostasia, que é punida com penas graves, até mesmo a de morte.[26] Nessa direção, a afirmação dos direitos do homem está sofrendo um revés.

A Declaração de 1948, em seu artigo 18, sanciona "a liberdade de mudar religião ou credo"; desde então, já se recusaram a assiná-la o Afeganistão, o Iraque, a Arábia Saudita e a Síria. Em 1981, outros Estados preferiram redigir uma Declaração Islâmica de Direitos do Homem,[27] cuja formulação não coincide, porém, com a Declaração de 1948. Em 2010, nos Estados das "primaveras árabes", o debate sobre os direitos humanos retomou o seu caminho da primeira fase, isto é, da asserção teórica da sua desejabilidade. Na já indicada progressão em direção à sua eficácia, a sua positivação é impedida pelo crescente radicalismo islâmico. Um exemplo disso é a concepção da mulher (ou seja, dos seus direitos) no Estado Islâmico, documentado por um

---

24 Ibid., p.37.
25 Ibid., p.30.
26 Desenvolvi esse tema in Revolución en el Mediterráneo: ¿hacia un Islam democrático? El problema de la libertad de religión, *Derechos y Libertades. Revista del Instituto Bartolomé de Las Casas* (Madrid), época II, jan. 2012, n.26, p.15-43, trad. it. Dopo la primavera araba: il problema della libertà di religione, *Materiali per una storia della cultura giuridica*, XLIII, 2013, n.1, p.193-222.
27 A situação desses textos é complexa: a Unesco aprovou, em 1981, a Declaração Islâmica Geral dos Direitos do Homem, à qual seguiu, em 1990, a Declaração do Cairo dos Direitos Humanos do Islã, que não parece coincidir com a de 1981 (texto em francês disponível *on-line*, https://d1.islamhouse.com/data/fr/ih_articles/fr-Islamhouse-DHL16-DeclarationDroitdeLHomme-Cheha.pdf, retirado de: Abdurrahman Al-Sheha, *Les Droits de l'Homme en Islam: Halte aux Préjugés!*). Cf. também Sami Awad Aldeeb Abu-Sahlieh, *Les Musulmans face aux droits de l'homme*, Bochum: Winkler, 1994, 610p.

"manifesto" difuso também na internet.[28] Essa involução não era previsível no momento em que Bobbio escrevia, enquanto hoje a realização geral dos direitos do homem (e, sobretudo, sociais) parece comprometida pelo extinguir-se primeiramente do socialismo árabe (esperado após a descolonização), depois dos movimentos populares no Brasil, na Bolívia e em Salvador e, por fim, das "primaveras árabes".

Chega-se assim ao último elemento dessa teoria dos direitos do homem. Na sociedade atual, os direitos de liberdade e os sociais estão frequentemente em conflito. A realização dos direitos sociais exige limitações dos de liberdade, e vice-versa: concretamente, é necessário encontrar formas de compromisso socialmente aceites. Pense-se no direito à saúde: pode-se relegá-lo inteiramente ao cidadão, que poderá decidir se e como tutelar-se (ou não tutelar-se); ou, então, pode-se instituir um sistema sanitário nacional e obrigatório, que intervém sobre escolhas do indivíduo, impondo-lhe determinados ônus e percursos. No primeiro caso, quem não quer se tutelar (mas também quem não pode) permanecerá sem cobertura médica; no segundo caso, quem não tem os meios para tutelar a própria saúde é curado por meio da solidariedade dos outros consociados. Nesse ponto, o contraste entre os diversos direitos do homem é apenas o reflexo de duas visões contrastantes de organização social. "Esta distinção entre dois tipos de direitos humanos, cuja atuação total e contemporânea é impossível, é consagrada, de resto, pelo fato de que também no plano teórico se encontram diante e se enfrentam duas concepções diversas de direito do homem, a concepção liberal e a socialista."[29]

6.4. O SOCIALISMO LIBERTÁRIO E AS ESQUERDAS UNIDAS: UMA ASPIRAÇÃO NÃO REALIZADA

A formação política de Bobbio iniciou com o liberal-socialismo de Rosselli, ao qual se seguiu a militância no Partido de Ação e apenas mais tarde a no Partido Socialista. Com a passagem da Primeira à Segunda República nos anos entre 1992 e 1994, o senador vitalício Norberto Bobbio, com mais de 80 anos, era um observador cada dia mais crítico da política governamental

---

28 Losano, *La Rete e lo Stato Islamico. Internet e i diritti delle donne nel fondamentalismo islamico*. Milão: Mimesis, 2017, 169p.
29 Bobbio, *L'età dei diritti*, op. cit., p.41.

italiana e cada dia mais horrorizado pela irresponsabilidade, pela inconsistência e pela vulgaridade que ia caracterizando os novos protagonistas.

A elaboração teórica de Bobbio durante esse arco de tempo pode ser subdividida aqui em três fases: a fase da esperança pós-bélica, quando a consecução da liberdade parecia tornar realizáveis as teorias democráticas e federalistas, antes apenas imaginadas; a fase da ação democrática, atravancada pela Guerra Fria e pelas dificuldades das esquerdas, laceradas pelas tensões entre comunistas e socialistas e pelas muitas e numerosas cisões entre socialistas e social-democratas; por fim, a fase do desconforto de fato, em Bobbio, a análise das ideias políticas da esquerda e a sua crítica à política italiana inteira continuou com o advento dos governos Berlusconi, mas em declínio: não apenas pelo avanço da idade, não apenas pelo aventureirismo dos novos atores políticos, mas também pela inconclusividade da fraca oposição de esquerda às políticas governamentais certamente não baseadas em refinadas elaborações teóricas. Por isso, no tópico 6.4.3 veremos o que pensava Bobbio sobre as esquerdas no contexto populista, deixando para o tópico 6.7 a reação de Bobbio diante dos governos Berlusconi.

6.4.1. O LIBERAL-SOCIALISMO

O fascismo combatia tanto o liberalismo quanto o comunismo; diante disso, tomou forma na Itália uma peculiar aproximação crítica entre os dois movimentos perseguidos. O liberal Piero Gobetti, antes de fundar a sua revista *Rivoluzione liberale* [Revolução liberal], colaborava com o *Ordine Nuovo* [Ordem Nova] de Antonio Gramsci. O "socialismo liberal" de Carlo Rosselli fazia referência ao trabalhismo inglês, conjugando democracia liberal e socialismo não marxista. Entre as duas posições se colocava o "liberal-socialismo" de Guido Calogero e de Aldo Capitini, este último, depois, também teórico da não violência. São alguns dos mestres e companheiros que influenciaram diretamente Bobbio.[30] Tais movimentos confluíram, em 1942, no Partido de Ação, cujo programa projetava conciliar o liberalismo político com uma economia mista, bem diferente, portanto, do liberalismo econômico.

Nos anos férvidos entre o final da ditadura e o início da democracia, floresceram então hibridações generosas, mas caducas, como o comunismo liberal, o socialismo liberal, o liberal-socialismo, a revolução liberal: movimentos que hoje têm uma relevância apenas histórica para explicar a gênese

---

30 Sobre Rosselli, cf. Bobbio, *Maestri e compagni*, op. cit., 299p.

da Itália democrática. Em relação à díade direita-esquerda (dicotomia exauriente expressa por termos antitéticos e, portanto, excludente de terceiro), Bobbio considera essas posições como uma tríade (posições não exaurientes expressas por termos complementares, isto é, por um terceiro incluído): o socialismo liberal ou liberal-socialismo "é uma típica expressão do pensamento do terceiro incluído", que tende a nascer "no seio de uma crise, portanto do temido exaurimento da vitalidade histórica de uma antítese", ou seja, a de direita e esquerda. Esse pensamento inclusivo "apresenta sempre uma forma um pouco paradoxal, porque busca manter juntos dois sistemas de ideias opostos":[31] eis por que o liberal-socialismo foi definido como um "oximoro" por Bobbio ou um *"hircocervus"* por Croce.

O projeto político ao qual Bobbio aderiu ainda nos anos do fascismo se associava ao socialismo liberal de Carlo Rosselli,[32] que inspirava os dois movimentos dos quais Bobbio participou ativamente: Justiça e Liberdade na Resistência e o Partido de Ação, no pós-guerra. Essa teoria elitista tentava unir dois elementos aparentemente em contraste: um liberalismo com mais igualdade e um socialismo com mais liberdade. O fato de que uma conciliação qualquer das duas posições fosse possível na teoria não significava, porém, que fosse realizável na prática. Eram "construções doutrinais e artificiais muito abstratas, mais verbais que reais", comentava Bobbio no final de uma reconstrução do pensamento liberal-socialista também fora da Itália: "parece-me que se caminha com os pés um pouco mais no chão se, em vez dos dois 'ismos', se falar de liberdade e de igualdade".[33]

No final de 2000, Bobbio percorreu os eventos do Partido de Ação em um esclarecedor colóquio, que é oportuno retomar de forma bem ampla:

> O Partido de Ação era um partido de intelectuais. Era um partido que tinha diversas componentes: de uma direita que olhava em direção a uma esquerda até uma verdadeira esquerda. Pense apenas no fato de que havia filósofos como Foa, mas também personagens como Omodeo, Salvatorelli, De Ruggiero, que

---

31 Bobbio, *Destra e sinistra*, op. cit., p.11.
32 Rosselli, *Socialismo liberale*. Organização John Rosselli. Introdução Norberto Bobbio. Turim: Einaudi, 1979, XLII-149p. (NUE); a tradução do italiano foi publicada durante o exílio: *Socialisme liberal*. Paris: Librairie Valois, 1930, 195p.
33 Bobbio, Sul liberalsocialismo, in: *Teoria generale della politica*, op. cit., p.320. Esse escrito é a Introdução ao volume *I dilemmi del liberalsocialismo*, organizado por Michelangelo Bovero, Virgilio Mura, Franco Sbarberi. Roma: La Nuova Italia Scientifica, 1994, p.45-59. Cf. também Bobbio, Socialismo e liberalismo, *Quaderni del Circolo Rosselli*, 1986, n.1, p.111-8; Id., Socialismo liberale, *Il Ponte*, XLV, 1989, n.5, p.158-167.

eram liberais de esquerda. No meio, havia La Malfa. Você sabe muito bem como ocorreu a ruptura no primeiro congresso. O Partido de Ação se reuniu antes da Constituinte e no seu primeiro congresso se dividiu em dois partidos. *Um partido que, já pequeno, se divide antes das eleições para a Constituinte.* Resultado: sete deputados no Partido de Ação e dois na Concentração republicana.

Mas essa derrota em nível nacional teve também profundas repercussões pessoais em Bobbio, mesmo sendo ele consciente que "um partido de intelectuais não pode ser mais que um partido de minoria" e que "os partidos de elite, na democracia, têm dificuldades para sobreviver".

Nas primeiras eleições, o Partido de Ação, lembro-me bem porque foi a única campanha eleitoral que fiz, em 1946, pela Constituinte, não teve nem mesmo um voto. Teve sete deputados retirados do que, naquela lei, eram os "restos". Sete deputados diante dos 104 do Partido Comunista, dos 207 da Democracia Cristã. Pense o que significa uma experiência desse tipo para uma pessoa como eu que apenas começava na vida política (em 1945, eu tinha 36 anos), que viu que o seu partido politicamente não conta nada.[34]

Quando a parábola política do Partido de Ação já tinha se encerrado, em 1951, a revista *Il Ponte* [A Ponte] promoveu uma "Pesquisa sobre o Partido de Ação", em que Bobbio contribuiu com uma análise sem reticências sobre as razões daquele insucesso prático:

[Os membros do Partido de Ação que estavam] nas posições morais, de fato, claros e muito firmes, naquelas políticas se tornavam sutis e dialéticos e, portanto, extremamente móveis e instáveis, continuamente em busca de uma "inserção" na vida política italiana que não conseguiam encontrar. E permaneceram sem raízes na sociedade italiana daqueles anos. A quem se dirigiam? Moralistas *d'abord* ansiavam por uma *restauratio ab imis* da vida política, começando pelo costume. Mas afirmavam que para fazer essa *restauratio* não era necessário fazer a revolução. Assim começaram a ser rejeitados pela maior parte da burguesia que não queria a *restauratio* e pela maior parte do proletariado que não queria renunciar à revolução. Encontraram-se, no entanto, cara a cara com a pequena burguesia que era a classe menos adequada a segui-los. E não foram seguidos. Aliás, foi um espetáculo mais que penoso ver esses *enfants terribles* da cultura italiana em contato com os grupos mais perplexos e mais apagados [...]

---

34 Bobbio; Viroli, *Dialogo intorno alla repubblica*, op. cit., p.116-7.

Por todo o tempo que o Partido de Ação – líder sem exército – desenvolveu a sua função de movimento político, a pequena burguesia – exército sem líder – foi indiferentista.[35] Imaginem se podiam se casar.[36]

Ao mesmo tempo, porém, as sementes jogadas naquela estação radiosa deram frutos no percurso inteiro da obra de Bobbio: a conciliação de ideais diversos exige a compreensão e o diálogo, e o regime que se funda sobre o diálogo e sobre a alternância no poder é a democracia parlamentar, por sua vez indissoluvelmente conectada aos direitos fundamentais e à paz. Com essa bagagem, a filosofia militante de Bobbio enfrentava a reconstrução moral e material da Itália pós-bélica.

6.4.2. AS ESQUERDAS DIVIDIDAS

Já se passaram mais de setenta anos desde o final da guerra e a atmosfera daqueles tempos hoje é difícil de imaginar, especialmente para os jovens. Na guerra de Liberação, a contribuição dos comunistas e dos socialistas foi predominante; no momento da Liberação, os operários haviam ocupado as fábricas para impedir o desmantelamento por parte dos alemães em retirada; a União Soviética, ainda que stalinista, havia contribuído para a derrota do nazifascismo pagando um preço muito alto; os partidos marxistas italianos, saídos da clandestinidade, eram guiados por líderes reconhecidos e dispunham de uma robusta organização, consolidada em anos de oposição clandestina e de luta também armada. Isto explica por que os intelectuais daqueles anos, de Bobbio a Kelsen, tenham criticado o marxismo e a União Soviética com um rigor nunca separado do respeito. Respeito que provocava fortes reações em um Ocidente conservador, no qual o antissovietismo da Guerra Fria era tão exasperado que fazia conservadores e reacionários perdoarem boa parte dos pecados cometidos sob os regimes ditatoriais recém-caídos.

Na Itália, a purga dos ex-fascistas aconteceu de forma branda. Em particular, muitos juristas como "técnicos" viveram frequentemente situações

---

35 O termo "qualunquista" (seguidor do "Partito dell'uomo Qualunque", fundado e desaparecido logo após a guerra) foi traduzido dessa forma por Michel Lahud, em *A vida clara: linguagens e realidades segundo Pasolini*. São Paulo; Campinas: Companhia das Letras; Ed. Unicamp, 1993, p.133. (N. T.)

36 Inchiesta sul Partito d'Azione, *Il Ponte*, VII, 1951, n.8, p.906-7; reimpresso com o título (que retoma uma expressão de Bobbio) Quei "lividi" azionisti, *Nord e Sud*, 1992, n.2, p.49-51. A pesquisa da *Ponte* oferece um variado quadro de opiniões: *Il Ponte*, VII, 1951, n.7, p.769 ss.; e no n.8, p.901-15 (esse último fascículo contém a resposta de Bobbio, p.906-7).

salvificamente ambíguas sob o fascismo. Atesta o fato, o perturbado entrincheiramento sobre o tecnicismo, de Arturo Carlo Jemolo, que contrapõe o corajoso Ruffini aos "menos corajosos":

> Fomos aqueles que nos limitamos a aproveitar sem economia da liberdade que nos era deixada de criticar, nas revistas jurídicas, a legislação – com a condição de não ser muito claros ao atacar a sua base política. Em geral, pode-se dizer que a posição dominante foi a da impassibilidade; [...] a impassibilidade foi uma defesa. Não foi a posição mais heroica, mas foi ainda uma posição de resistência.[37]

Sob a ditadura, "ainda era uma posição digna a de quem se fechava na torre de marfim da construção científica, da pura técnica".[38] Essa "impassibilidade" da maior parte dos juristas (que, na verdade, era passividade) levava Calamandrei a concluir: "O fascismo, quando tinha necessidade de estudiosos sérios, tinha que ir mendigá-los entre os antifascistas";[39] o que não era completamente verdade, como demonstra a adesão ao regime de juristas de peso, como Santi Romano ou Alfredo Rocco. Em muitos casos, portanto, as posições eram não ambíguas, mesmo que "técnicas".

Exemplar é a parábola de Giacomo Acerbo, autor da lei que atribuiu aos fascistas a maioria absoluta no Parlamento, relator, em 1938, da lei que substituiu o Parlamento pela Camera dei Fasci e delle Corporazioni [Câmara dos *Fasci* e das Corporações], e presidente do Conselho Superior pela Demografia e a Raça. Condenado à morte no final da guerra, graças a uma série de recursos judiciários, foi reintegrado na sua Faculdade de Economia em Roma e, em 1962, recebeu do presidente da República, Antonio Segni, a medalha de ouro pelos "beneméritos da escola".[40]

---

37 Jemolo, *Confessioni di un giurista*. Milão: Giuffrè, 1947, p.13-5. O fascículo de 35 páginas contém o texto da conferência realizada por Jemolo em 26 de fevereiro de 1947.
38 Jemolo, *Confessioni di un giurista*, op. cit.
39 Calamandrei, *Lettere 1915-1956*, organizadas por Giorgio Agosti e Alessandro Galante Garrone. Florença: La Nuova Italia, 1968, v. 2, p.450. Sobre a situação dos juristas sob o fascismo e, em particular, sobre a carta de Calamandrei a Luigi Preti, que continha a passagem citada no texto, cf. Losano, Tra democrazia in crisi e corporativismo in ascesa: il primo libro italiano di Hans Kelsen, op. cit., p.16, nota 34.
40 Acerbo, *I fondamenti della dottrina fascista della razza*. Roma: Azienda Tipografica Editrice Nazionale Anonima, 1940, 96p.; sobre a vida de Acerbo, cf. Raggi, *Baroni di razza. Come l'università del dopoguerra ha riabilitato gli esecutori delle leggi razziali*. Roma: Editori Riuniti, 2012, p.21-37, 167-8.

Igualmente exemplar foi a parábola de Gaetano Azzariti, "técnico de vocação governamental" (Tranfaglia), magistrado já antes do fascismo, depois, a partir de 1939, presidente da Comissão conhecida como "Tribunal da Raça", dentro da Direção Geral pela Demografia e a Raça, comissão cujos trabalhos eram secretos (e, portanto, não deixaram documentação) e sobre o parecer do qual o Ministério do Interior podia declarar o "não pertencimento à raça judaica mesmo em deformidade das conclusões dos atos de estado civil",[41] isto é, podia facultativamente "arianizar" determinadas pessoas que agradavam ao regime. Mas, depois, de fato sem interrupções, em 1943 Gaetano Azzariti tornou-se ministro da Justiça do governo Badoglio, na fascista "Repubblica Sociale Italiana"; depois da guerra operou no Ministério de Graça e Justiça dirigido por Palmiro Togliatti; enfim, em 1955, tornou-se juiz da Corte Constitucional da República nascida da Resistência e, a partir de 1957, seu presidente, até a sua morte em 1961.

Em um contexto desse gênero, mesmo apenas abrir o colóquio com os comunistas era considerado um ato subversivo: Bobbio passava por criptocomunista, e o católico Giorgio La Pira – do qual está em curso a beatificação desde 1986 – era insultado como "o peixe vermelho na pia de água benta".

As forças políticas posicionaram-se, sobretudo nos dois partidos-igreja, ou seja, na Democracia Cristã, recolhedor dos moderados e dos conservadores, e no Partido Comunista Italiano, o mais forte do Ocidente. Esse bipartidarismo era imperfeito, porém, porque o veto dos Estados Unidos impedia o acesso do Partido Comunista ao governo. Impensável, portanto, uma coalizão política governativa entre os dois maiores partidos italianos: em 1948, tinha se tornado irrepetível a colaboração política entre as forças antifascistas do mediato pós-guerra, que se seguiu à unidade na luta partigiana da Resistência. De fato, o secretário-geral do PCI, Palmiro Togliatti, foi vice-presidente do Conselho dos Ministros, de 1944 a 1945, depois ministro da Graça e Justiça, de 1945 a 1946, e membro da Assembleia Constituinte, mas, a partir de 1948, o seu partido passou à oposição dos governos democrata-cristãos que se sucederam por quinze anos, até o primeiro governo de centro-esquerda de Aldo Moro, em 1963 (do qual participaram, porém, os socialistas, mas não os comunistas). Nesse contexto, Bobbio iniciou um diálogo com ambas as partes políticas, exortando a introduzir mais liberdade na esquerda e mais solidariedade na direita. Porém, os seus interlocutores

---

41 Assim, a disposição normativa, citada in: Felice, *Storia degli ebrei italiani sotto il fascismo*. Turim: Einaudi, 1961, p.348. Sobre a carreira de Gaetano Azzariti, cf. Raggi, *Baroni di razza*, op. cit., p.14-6, 47-8.

eram sobretudo os comunistas, força a conquistar ou, ao menos, a aproximar da democracia parlamentar; e talvez, também, os mais dispostos a ouvi-lo, mesmo que não a segui-lo.

A anomalia política da Itália é sintetizada em um breve escrito de Bobbio, de 1987, que percorre os acontecimentos da relação entre comunistas e socialistas até quase as vésperas do processo Mãos Limpas, de 1992:

> Hoje [em 1987], na Itália, o Partido Socialista é diferente de todos os outros partidos socialistas da Europa ocidental porque o Partido Comunista Italiano é, ele próprio, diferente de todos os outros partidos comunistas. [...] Não existe, na Itália, uma questão socialista: existe uma questão socialista e comunista, ou, caso se queira, uma questão da esquerda, da qual o Partido Comunista e o Socialista são os dois componentes principais.

O Partido Comunista tinha deixado de ser "um Partido Comunista no sentido histórico da palavra" no pós-guerra, desde quando Togliatti compreendeu "que a grande escolha diante da qual se encontrava o país, após a queda do fascismo, não era entre fascismo e comunismo, mas entre fascismo e democracia".[42] O Partido Socialista, que, após 1919, foi, durante muito tempo, o partido de maioria relativa, sofreu numerosas cisões, além daquela capital do Partido Comunista de 1921, tanto que "a história da decomposição, recomposição, nova decomposição da esquerda italiana nestes quarenta anos" pareceu a Bobbio como "uma história que inclui até mesmo o grotesco".[43]

Em síntese, o Partido Comunista estava adquirindo as características ideológicas e a posição política de um partido social-democrata europeu, e isto empurrava o Partido Socialista em direção ao centro, isto é, em direção a uma aliança com o partido católico. "É verdadeiro", concluía Bobbio, "que o hábito faz o monge. Obrigado, por causa da grande força que se formou a sua esquerda, a uma posição de terceira força, o PSI está se tornando um partido de terceira força também nas ideias, nas propostas, na mentalidade."

Não podendo ser um partido de massa, transformou-se em um partido de quadros ("as pessoas que contam no partido não são mais que uma dúzia e as que decidem são ainda menos") e de opinião ("opiniões sugestivas

---

42 Bobbio, L'abito fa il monaco, p.34-5, in AA.VV., *La questione socialista. Per una possibile reinvenzione della sinistra.* Organizado por Vittorio Foa e Antonio Giolitti. Turim: Einaudi, 1987, X-210p.

43 Ibid., p.41.

jogadas de modo contínuo sobre espectadores adormecidos ou distraídos"), com uma propensão à falta de escrúpulos que levará o partido à catástrofe das condenações por corrupção no processo Mãos Limpas: um partido "inescrupuloso, ora em sentido bom, tanto que se possa permitir conduzir por meio do presidente do conselho [Craxi] uma política externa menos servil que aquela dos governos precedentes, *ora em sentido não tão bom no que se refere à questão moral*, que ocupa sempre um espaço muito pequeno nas declarações dos líderes mais autorizados".[44] Nos anos da Guerra Fria, essas eram, portanto, a situação de partida e as linhas de desenvolvimento dos partidos de esquerda – e, sobre estes, Bobbio tomou posição em um debate de intensidade alternante que durou décadas.

O debate sobre a esquerda teve início entre intelectuais de tendências diversas, mas foi envolvendo um público crescente. Em 1954 – um ano depois da morte de Stálin, mas dois anos antes que o relatório de Kruschev, no XX Congresso do PCUS, chegasse à estação do "degelo" –, a revista *Novos Argumentos* distribuiu um questionário sobre "Comunismo e Ocidente", ao qual Bobbio respondeu com o artigo "Democracia e ditadura". Relido hoje, de cada linha desse escrito transparece a lembrança de como a ditadura fascista pode subverter o regime liberal-democrático. Por outro lado, certas afirmações de Bobbio que hoje podem parecer adquiridas e óbvias encontravam, então, uma oposição radical ou à direita, ou à esquerda.

Bobbio propõe "tanto aos liberais quanto aos comunistas" verificar "se a identificação dos conceitos de Estado e ditadura, que é muito cômoda aos ditadores, seja historicamente aceitável e entre quais limites":[45] a referência à ditadura do proletariado da doutrina marxista-leninista é clara. De fato, caso se considere "que também os Estados liberal-democráticos sejam formas veladas de ditadura [da burguesia], existem Estados que são mais ditaduras e Estados que o são menos".[46] Mas eis o ponto crucial da argumentação de Bobbio: "Se o Estado burguês se exprime em regimes liberais e regimes ditatoriais, não se vê por que não possa fazer de modo análogo o Estado proletário".[47] Em outras palavras, por que a ditadura do proletariado não pode evoluir em direção a formas liberais? De fato, o aparato estatal é um instrumento e o Estado liberal, em particular, é um instrumento que garante mais

---

44 Bobbio, L'abito fa il monaco, p.44-5. Grifo meu.
45 Ibid., p.149.
46 Ibid., p.151.
47 Ibid., p.153.

liberdade e segurança em relação "à forma que os liberais e comunistas estão de acordo em chamar ditadura".[48]

A divisão dos poderes, por exemplo, não é uma superestrutura burguesa: é uma conquista civil. Certamente não basta "a proclamação do princípio da divisão dos poderes para garantir a imparcialidade"; porém, basta negá-lo "para que seja excluída toda forma de imparcialidade".[49] Aqui, Bobbio contrapõe Evgeni Pachukanis a Kelsen (e curiosamente aproxima este último de Andrey Vyshinsky)[50] para afirmar que o "direito é uma técnica da organização social que serve aos interesses das classes dominantes",[51] seja burguesa ou proletária. O Partido Comunista Italiano parece ter compreendido essa natureza técnica do direito, porque "defende das violações não pouco frequentes, dos abusos e dos ataques, a nossa atual Constituição que instituiu um governo democrático e parlamentar sobre bases liberais", como prova de "uma validade funcional e da relevância histórica deste tipo de regime".[52]

A argumentação de Bobbio, até aqui conduzida com firme clareza, conclui-se com serena severidade: "O contraste entre regime soviético e regimes ocidentais não é um contraste entre democracia e não democracia, ou entre maior e menor democracia, mas entre regime ditatorial e regime liberal".[53] A diferença entre os dois tipos de regime deve ser buscada não na maior ou menor democraticidade, mas na maior ou menor liberdade. O comunismo deveria se mover nessa direção, elaborando "uma teoria, que até agora é faltosa, sobre a inserção da experiência comunista no desenvolvimento da civilização liberal (da qual o comunismo é certamente filho, mesmo que ainda não seja, com todo direito, o herdeiro)".[54]

O filósofo marxista Galvano della Volpe opôs uma crítica pontual a essas teses de Bobbio,[55] vendo nelas um regresso ao liberalismo do século XIX de Benjamin Constant. Justamente da paráfrase do título de uma célebre obra

---

48 Ibid., p.154.
49 Ibid., p.155.
50 Evgeni Bronislávovitch Pachukanis – provavelmente o mais importante teórico do direito soviético – em 1937 foi vítima dos expurgos de Stálin. O seu adversário, Andrey Yanuaryevic Vyshinsky, mais que como importante jurista e político, é lembrado pela sua feroz atividade como procurador-geral nos processos durante os expurgos stalinistas.
51 Bobbio, L'abito fa il monaco, p.155.
52 Ibid., p.156.
53 Ibid., p.158-9.
54 Ibid., p.159.
55 Volpe, Comunismo e democrazia moderna. *Nuovi Argomenti*, 1954, n.7, p.131-42.

do filósofo francês (*De la liberté des anciens comparée à celle des modernes*), a tréplica de Bobbio empresta o título.[56]

Bobbio subdivide as argumentações de Della Volpe em três pontos. Em primeiro lugar, segundo Della Volpe, as liberdades civis são valores da classe burguesa, por isso, derrotada essa classe, também os seus valores desaparecem. Na realidade, observa Bobbio, a doutrina liberal é caracterizada pela "luta contra os abusos de poder", qualquer que seja o Estado que os cometa: "Ainda hoje, contra os abusos de poder, por exemplo, na Itália, os comunistas invocavam a Constituição", baluarte desses direitos de liberdade "que constituem a conquista mais preciosa da burguesia na luta contra a monarquia absoluta". O fato de que essas liberdades "invocadas pela classe burguesa contra os abusos da monarquia" sejam agora "invocadas pelos representantes do proletariado contra os abusos da classe burguesa" demonstra a bondade da instituição "para além do uso ou do bom uso que estão fazendo dela os seus criadores".[57]

Em segundo lugar, Della Volpe se refere ao democratismo puro, à democracia direta inspirada em Rousseau, e afirma que, realizada uma sociedade sem classes, o indivíduo não tem mais necessidade de que a sua pequena liberdade seja tutelada, porque todo o povo dispõe de grande liberdade para determinar o próprio destino. Bobbio faz uma síntese dos argumentos a favor da limitação material do poder estatal (liberdade em sentido liberal como não impedimento da ação do cidadão e liberdade em sentido democrático como autonomia da vontade do cidadão) e a favor da limitação formal, isto é, da divisão dos poderes. Segundo "os democráticos que são também marxistas",[58] o povo como "massa orgânica" (Vyshinsky) não tem mais necessidade da divisão dos poderes porque esta espelha a divisão social em classes. Mas, observa Bobbio, "a universalidade, nas sociedades burguesas não menos que naquelas proletárias, é, se desejamos, uma ideia-limite", que "não é e não pode se tornar" uma realidade efetiva.[59]

Ora, por separação dos poderes Bobbio não entende o governo misto que reparte os *poderes* entre rei, nobreza e povo, mas a organização estatal que confia as várias *funções* a diversos órgãos. Quando os marxistas falam de "massa orgânica" se referem à homogeneidade do povo que exercita o poder, não às funções. Portanto, a divisão dos poderes pode garantir os princípios

---

56 Bobbio, La libertà dei moderni comparata a quella dei posteri. *Nuovi Argomenti*, 1954, n.11, p.54-86; também in: Bobbio, *Politica e cultura*, op. cit., p.160-94.
57 Bobbio, *Politica e cultura*, op. cit., p.171.
58 Ibid., p.179.
59 Ibid., p.180.

de legalidade e de imparcialidade também em uma sociedade comunista. O quesito em torno do qual gira a polêmica inteira é, portanto, o seguinte: "É ou não é o Estado soviético um Estado de direito, ou seja, um Estado em que existem instrumentos aptos a assegurar o princípio de legalidade e o de imparcialidade?".[60] Della Volpe responde que, mudado o fundamento da autoridade da burguesia para o proletariado, mudam também os meios. "Não", rebate Bobbio, "os meios mudam se mudam os fins, e não o fundamento. Mas quem teria a coragem de afirmar que os fins, isto é, legalidade e imparcialidade, foram mudados", ou seja, que estes "não são mais fins apreciáveis pelo cidadão do novo Estado proletário?".[61]

O terceiro e último argumento de Della Volpe admite que a crítica sobre a liberdade presente no Estado soviético pode ser fundamentada, mas declara que a liberdade final é possível apenas com o Estado proletário, que conduz à extinção do Estado. Isto é, anota Bobbio, admite-se o fim positivo da liberdade, mas se critica o meio para alcançá-lo: não o Estado burguês, mas o proletário conduz a ela. Para a doutrina marxista, até que exista o Estado não existe liberdade; para a doutrina liberal, ao invés, o Estado é condição da liberdade. Bobbio lembra que a liberdade assim entendida é uma ideia-limite, que a tarefa política consiste em "conciliar liberdade e violência em uma determinada situação histórica".[62] "Acredito", – afirma Bobbio, "que o governo soviético, para propiciar uma maior liberdade, não aguardará o tal dia do desaparecimento do Estado"[63] e funda essa convicção sobre numerosas mudanças de rota que iam sofrendo algumas teorias soviéticas. Bobbio via os sinais de uma progressiva liberalização no aceitar da lógica formal, do direito como técnica social, da linguística, e concluía: "Não passarão muitos anos – permitam-me esta inocente profecia – que voltaremos a aplaudir como uma novidade, nos manuais jurídicos soviéticos, a reaparição do Estado de direito".[64] Infelizmente, essa foi uma das raras vezes em que Bobbio pecou por otimismo.

Àquela altura, o próprio Togliatti entrou no debate, publicando um artigo em uma revista do Partido Comunista sob o pseudônimo usual de Roderigo di Castiglia.[65]

---

60 Ibid., p.183-4.
61 Ibid., p.184.
62 Ibid., p.188.
63 Ibid. p.188.
64 Ibid. p.189.
65 Roderigo di Castiglia, In tema di libertà. *Rinascita*, XI, 1954, n.11-12, p.733-6.

A réplica de Bobbio a Togliatti conclui a polêmica (e fecha também o volume *Política e cultura*)[66] voltando aos principais temas do artigo de resposta a Della Volpe. Para além das inevitáveis escaramuças polêmicas, o tema central do debate é "se verdadeiramente existe contraste entre liberalismo econômico e comunismo, e de que natureza é esse contraste".[67] Togliatti afirma que as liberdades do regime liberal nascem de uma evolução histórica e que o regime socialista pretende suprimir essas liberdades que se tornaram privilégios. Bobbio aceita esses dois argumentos, mas acrescenta que eles não esgotam os significados do termo "liberdade", que ele mesmo se propõe a analisar "à custa de ser considerado, ao procurar complicações, um reincidente" (esta era, de fato, a acusação que o político Roderigo dirigia ao filósofo Bobbio).

Os comunistas sustentam que a liberdade dos liberais é apenas formal, enquanto a dos socialistas é substancial: a primeira atribui "a faculdade de fazer ou não fazer", a segunda "o poder de fazer". Retorna, assim, a distinção já vista entre liberdade (liberal) como não impedimento e liberdade (democrática) como autonomia, ou seja, a "liberdade da", *freedom from*, e a "liberdade de", *freedom to*.

> Para quem entende por liberdade um estado de não impedimento, introduzir maior liberdade significa *diminuir os vínculos* e, portanto, ótimo é o ordenamento em que a esfera de legalidade seja a maior possível. Para quem, ao invés, entende por liberdade o poder de agir, introduzir maior liberdade significa *aumentar as oportunidades*, e, portanto, ótimo é o ordenamento em que maiores e mais amplas são as providências a favor dos cidadãos.[68]

O problema intrínseco no pedido de mais liberdade é que, não distinguindo os dois significados do mesmo termo, indicam-se medidas diferentes e frequentemente incompatíveis. Em particular, Togliatti usa "liberdade" apenas no sentido de "poder", o que o impede de refutar a doutrina liberal que o usa no sentido de "faculdade". O liberal pede que "seja garantida uma certa liberdade por parte do Estado (ou da Igreja, ou do Superestado, ou do partido organizado)"[69] e a garantia dessa liberdade reside em certas instituições

---

66 Bobbio, Libertà e potere. *Nuovi Argomenti*, 1955, n.14, p.1-23; também in: *Politica e cultura*, op. cit., p.269-82.
67 Bobbio, *Politica e cultura*, op. cit., p.271.
68 Ibid., p.274. Grifos de Bobbio.
69 Ibid., p.276.

do próprio Estado. O risco é que a liberdade formal seja uma liberdade sem poder, enquanto a substancial seja um poder sem liberdade: uma coisa é ser "*livres* para publicar um jornal" (isto é, ter o poder para isso), outra coisa é o "poder publicá-lo *livremente* (no sentido de não ser impedidos de manifestar as próprias ideias)".[70] A máxima liberdade para o cidadão se realiza, portanto, no Estado que consegue mesclar as duas formas de liberdade.

O Estado liberal criou uma organização que tutela a "liberdade individual contra os regimes absolutistas"; a esta se acrescentaram depois outras estruturas democráticas; por fim, "esperamos que outras técnicas defendidas por outros movimentos, como os socialistas, sejam acolhidas e colocadas em função". Em conclusão, "defendemos um núcleo de instituições que fizeram um bom experimento e gostaríamos, isso é tudo, que se transplantassem também no Estado socialista. Gostaríamos que aqueles que serão destinados a governar em nome de novas camadas mais dignas que as que estão para morrer não se esquecessem de uma lição que dura três séculos".[71] Bobbio via em mais liberdade (formal e substancial) o antídoto para o enfraquecimento da revolução soviética: "As revoluções se institucionalizaram e, esfriando-se, transformam-se em uma crosta maciça, as ideias se condensam em um sistema de ortodoxia, os poderes em uma forma hierárquica" e o "que pode dar nova vida ao corpo enrijecido é apenas o ar da liberdade".[72]

Quando escrevia essas linhas, Bobbio sentia no mundo comunista esse ar de liberdade como "súplica dos direitos do indivíduo e dos grupos contra o poder esmagador das hierarquias", como "súplica de limites ao poder estatal que antes não existiam".[73] Não ter sabido interpretar essas súplicas teria levado, em 1989-1991, à implosão e ao desaparecimento dos Estados comunistas europeus. Em 1955, Bobbio sentia que estava se levantando o vento da desestalinização, destinado a tomar corpo no *Relatório Kruschev* do ano seguinte.

Justamente no ano desse Relatório, no XX Congresso do PCUS, que também na Itália abriu o debate sobre o stalinismo, a revista *Novos Argumentos* enviou a vários intelectuais de esquerda um questionário com "Nove perguntas sobre o stalinismo". Bobbio respondeu com uma crítica tanto do marxismo entendido no comunismo real como única ciência social, quanto do princípio de autoridade que regia essa sociedade: de fato, a crítica do abuso de poder durante o stalinismo foi formulada por parte de quem era legitimado a

---

70 Ibid., p.278. Grifos de Bobbio.
71 Ibid., p.290.
72 Ibid., p.280.
73 Ibid., p.281.

fazer essa crítica justamente por esse mesmo poder.[74] Nasceu disso uma forte polêmica, sobretudo com Valentino Gerratana e Franco Fortini.

Nos vinte anos que seguiram, Bobbio se dedicou aos seus estudos e voltou à intervenção militante apenas quando as eleições de junho de 1976 marcaram o maior sucesso das esquerdas no pós-guerra. Naquele mesmo ano, Bettino Craxi se tornou secretário do Partido Socialista. Parecia próximo um governo das esquerdas, mas, ao mesmo tempo, o Partido Socialista atravessava uma grave crise interna: nos trinta anos transcorridos após o final da guerra (1946-1976), o Partido Comunista passou dos 19% a quase 35% dos votos, enquanto o Partido Socialista tinha caído dos 20% para 10%. Essas mudanças radicais produziram um vasto debate interno, do qual Bobbio participou ativamente, mantendo a relação de abertura – "Questão socialista e questão comunista" – no congresso organizado por *Mondoperaio* sobre "A questão socialista após 20 de junho", isto é, após as eleições antecipadas de 20 de junho de 1976.[75] No mesmo período, a sua intervenção em *La Stampa* abria o debate sobre o pluralismo, esse também já aqui lembrado, enquanto alguns ensaios eram publicados no volume *Qual socialismo?*[76]

Também essa segunda fase de escritos militantes, depois de *Política e cultura*, está centrada no problema das relações entre liberdade, democracia e socialismo: um problema tão vasto e articulado que torna impossível seguir aqui as minuciosas críticas feitas por Bobbio a todos aqueles que fizeram intervenções no debate. Em relação ao pós-guerra, os tempos tinham mudado: "Hoje a conjugação da democracia com o socialismo está de novo inscrita no programa dos grandes partidos do movimento operário no mundo ocidental".[77] Os partidos comunistas do Ocidente estavam se destacando da

---

[74] Bobbio, Ancora sullo stalinismo: alcune questioni di teoria. *Nuovi Argomenti*, 1956, n.21-2, p.1-36, também in: Bobbio, *Né con Marx né contro Marx*. Organizado por Carlo Violi. Roma: Editori Riuniti, 1997, p.27-56.

[75] Bobbio, Questione socialista e questione comunista, op. cit.: com este artigo se abre o debate sobre o pluralismo (Bobbio, *Diário de um século. Autobiografia*, op. cit., p.191), cujos principais textos (não só os de Bobbio, mas também de outros intelectuais) foram recolhidos no volume Bobbio, *Il marxismo e lo Stato. Il dibattito aperto nella sinistra italiana sulle tesi di Norberto Bobbio*, op. cit., que contém três ensaios depois retomados também em *Quale socialismo?*, de 1976. No mesmo ano, Bobbio publicava *Gramsci e la concezione della società civile*, op. cit., 63p.

[76] Bobbio, *Quale socialismo?*, op. cit. (três ensaios desse volume se encontram também in: *Il marxismo e lo Stato*, op. cit.); e dez anos depois in: AA.VV., *La questione socialista*, op. cit., inclui o ensaio de Bobbio, L'abito fa il monaco, p.14-46. (Ed. bras. Qual socialismo? – Debate de uma alternativa. Trad. Iza de Salles Freaza. Rio de Janeiro: Paz e Terra, 1983. 111p.).

[77] Bobbio, Quali alternative alla democrazia rappresentativa?. In: *Quale socialismo?*, op. cit., p.52.

sujeição à União Soviética e iniciava a estação do "eurocomunismo",[78] que unia os partidos comunistas da França, Itália e Espanha em um esforço de democratização, enquanto o partido português de Cunhal, firme em seu apego à ditadura do proletariado, era visto por Bobbio como "um fantasma do passado".[79] Voltava-se assim à distinção entre a liberdade (burguesa) do cidadão e a liberdade (socialista) do produtor: "Mas não existirá democracia nenhuma, se a liberdade do produtor não for acompanhada e sustentada pela liberdade do cidadão". Portanto, "os perigos que ameaçam a democracia em uma sociedade capitalista são os mesmos que ameaçam ou ameaçarão o processo de democratização em uma sociedade socialista".[80]

Por fim, Bobbio tinha feito referência a sua concepção de "democracia formal como um conjunto de procedimentos, seguido por um elenco de regras"[81] e havia reiterado que, para ele, "entre democracia direta (entre as várias formas de democracia direta) e democracia representativa não existe um corte nítido",[82] mas, aliás, "passa-se de uma a outra gradativamente";[83] e nesse *continuum* se coloca também a democracia dos conselhos (ou *soviet*), "que é a extensão do poder democrático, isto é, do poder do baixo".[84] Resumindo, entre democracia representativa (liberal) e democracia direta (socialista) não existe contraposição, mas apenas uma diferente colocação ao longo de uma linha de desenvolvimento ideal.

A natureza de Bobbio, filósofo da dúvida, percorre todos os ensaios desse volume e encontra expressão em uma peculiaridade que não escapou ao próprio autor:

> Todos os escritos incluídos neste livrinho [que se intitula justamente *Qual socialismo?*] têm um título com um ponto de interrogação. Não fiz de propósito. O título em forma de pergunta está na própria natureza dos temas tratados e no modo em que os tratei. São temas em si mesmos problemáticos, sobre os quais eu pessoalmente não tenho nenhuma resposta para dar. Tenho apenas

---

78 Na vasta literatura sobre o eurocomunismo: Bonanate, *Appunti sull'eurocomunismo*. Turim: Giappichelli, 1978, 62p.; Salvadori, *Eurocomunismo e socialismo sovietico. Problemi attuali del PCI e del movimento operaio*. Turim: Einaudi, 1978, XXVII-161p.; Mandel, *Critica dell'eurocomunismo*. Poggibonsi: Lalli, 1981, 221p.
79 Bobbio, Quali alternative alla democrazia rappresentativa?, op. cit., p.52.
80 Bobbio, Democrazia socialista?. In: *Quale socialismo?*, op. cit., p.20
81 Bobbio, Quale socialismo?. In: *Quale socialismo?*, op. cit., p.96.
82 Ibid., p.98.
83 Ibid., p.100.
84 Bobbio, Prefazione. In: *Quale socialismo?*, op. cit., p.XVIII.

algumas perguntas (que faço continuamente antes de tudo a mim mesmo) a colocar a quem, estando mais dentro das coisas da política do que eu, é capaz de entrever sóis do amanhã lá onde eu vejo apenas alguma centelha (que poderia ser de incêndio).[85]

Em 1994, Bobbio publicou *Direita e esquerda*[86] e as quinze mil cópias da primeira edição se esgotaram em dois dias. O afortunado volume se coloca ao lado de *Política e cultura*, de 1955, e a *Qual socialismo?*, de 1976, completando aquela que Bobbio chama a "minha trilogia de escritos de polêmica política".[87] Esse livro não é uma coletânea de ensaios, mas um único ensaio unitário, em que Bobbio se coloca as questões: "Direita e esquerda existem ainda? E se existem ainda, e se mantêm em campo, como se pode dizer que perderam completamente o seu significado? E se têm ainda um significado próprio, qual é?". Na sua resposta, Bobbio traça primeiramente um rápido panorama da evolução histórica dos dois conceitos e o conclui com a análise do "que, no meu parecer, é o núcleo irredutível, ineliminável e, como tal, sempre renascente, conjunto ideal, histórico e existencial, da dicotomia".[88]

Bobbio terminou de escrever o seu livro em fevereiro de 1994, às vésperas das eleições políticas de 27-28 de março de 1994, que marcaram a passagem da Primeira à Segunda República. De fato, nos anos precedentes a corrupção nos partidos e o consequente processo Mãos Limpas haviam desacreditado a classe política inteira. O Partido Socialista estava em total decadência e o seu secretário Bettino Craxi, condenado por corrupção e financiamento ilícito do seu partido, havia fugido para a Tunísia: de líder a foragido. Um grande grupo financeiro-televisivo tinha perdido assim o seu protetor político e arriscava sofrer a bancarrota, de modo que o seu proprietário – Silvio Berlusconi – decidiu "descer a campo" fundando um partido (Forza Italia) e propondo-se como futuro presidente do Conselho dos Ministros, oficialmente pelo bem do país, mas na realidade pelo próprio bem, criando o "conflito de interesses" que pesou sobre os vinte anos sucessivos da política italiana.

---

85 Ibid., p.100.
86 Bobbio, *Destra e sinistra*, op. cit.; para um aprofundamento do debate sobre a crise da esquerda deve ser sinalizado o apêndice de Polito, *Ripensare la sinistra. Primi orientamenti bibliografici (1980-1994)*, p.91-100. No ano anterior, tinha sido publicado Bobbio, *Sinistra punto zero*, organizado por Giancarlo Bosetti. Roma: Donzelli, 1993, 164p. Entre as discussões que o seguiram, cf. Erbani (org.), *La sinistra nell'era del karaoke*. Roma: Reset-Donzelli, 1994, 63p. (cf. tópico 6.4.3).
87 Bobbio, *De senectute*, op. cit., p.167; Id. *Direita e esquerda*, op. cit.
88 Bobbio, *Destra e sinistra*, op. cit., p.VIII e X.

As eleições aconteciam com regras novas (Lei Mattarella). O velho Partido Comunista, nesse meio-tempo, tinha se tornado Partido dos Democratas de Esquerda (PDS), a velha Democracia Cristã se chamava agora Partido Popular, os velhos neofascistas não militavam mais no Movimento Social Italiano (MSI), mas na Alleanza Nazionale [Aliança Nacional]. Nessa mistura, mais de nomes que de pessoas, uma parte do eleitorado teria passado de um ao outro desses partidos, ou teria se dirigido em direção à Liga Norte e ao novo partido de Berlusconi, Força Itália.[89] Consequentemente, as velhas etiquetas de partidos de direita ou esquerda se tornavam confusas, e a atribuição a uma ou a outra dessas áreas servia mais como acusação instrumental que como identificação ideológica. Nesse clima, tão aceso quanto confuso, Bobbio se propunha a dar um "juízo histórico" sobre a evolução dos dois termos (mesmo na campanha eleitoral que estava se concluindo), deixando de lado as "opiniões pessoais, mesmo que não faça mistério, enfim, sobre a qual parte me sinto mais próximo".[90]

A crise teórica da dicotomia direita-esquerda foi o fruto da queda fática dos regimes comunistas europeus e da consequente dissolução dos partidos comunistas ocidentais. Visto que uma dicotomia se sustenta sobre a oposição dos seus dois elementos, a dissolução da tradicional esquerda levava a declarar obsoleta e extinta a própria dicotomia. Surgiam partidos transversais ou monotemáticos (*one-issue parties*), como os de ecologia (os Verdes), e tomava forma uma galáxia de movimentos e partidos nem de esquerda nem de direita. Enfim, Bobbio não pôde assistir à explosão de baixo de movimentos como os "Piratas", na Escandinávia ou na Alemanha, o Movimento 15M [Movimiento 15 de Mayo de 2011], na Espanha (do qual nasceram os "Indignados" e "Podemos", terceiro partido espanhol), e o Movimento 5 Stelle, na Itália (que se tornou o segundo partido italiano). Da dicotomia direita-esquerda se passava à dicotomia extremistas-moderados: e estes últimos podem se colocar tanto à direita quanto à esquerda.

---

89 O núcleo organizador do partido berlusconiano nasceu em junho de 1993, como associação, não como partido: "Força Itália! Associação pelo Bom Governo". Nas eleições de 1994, Berlusconi se apresentou com a coalizão entre duas listas: o Polo da Liberdade (Força Itália e Liga Norte, na Itália setentrional) e o Polo do bom governo (Força Itália e Aliança Nacional, na Itália meridional). Essa divisão era por causa da incompatibilidade entre os elementos da coalizão: a Liga Norte apoiava de fato (então) a secessão da Itália setentrional, enquanto a Aliança Nacional, como herdeira dos neofascistas, era, ao invés, apoiadora do Estado nacional unitário. "Tempos de confusão geral", comentava Bobbio (*Destra e sinistra*, op. cit., p.35).

90 Ibid., p.X.

Essa reconfiguração dos grupos políticos levou também a uma reinterpretação de autores tradicionalmente associados à direita ou à esquerda: a esquerda reconsiderou Carl Schmitt (mas também Nietzsche e Heidegger) e a direita, Antonio Gramsci (mas por pouco tempo). Em uma entrevista que acompanhou a saída de *Direita e esquerda*, Bobbio expressou as suas dúvidas sobre essa reinterpretação de Nietzsche: "Provo uma grande admiração por esse filósofo. Mas tenho bem claro que um aspecto saliente do seu pensamento é a crítica da democracia e do socialismo, fundamentada sobre a distinção nítida entre a moral dos senhores e a moral do rebanho". Por exemplo, para Nietzsche, "o grande esplendor da civilização grega derivava do fato de que os cidadãos tinham abaixo deles os escravos. Isso permitia que os senhores – 'um número restrito de homens olímpicos' – se dedicassem à arte e ao pensamento. Diante de posições similares, a tentativa de deixar passar Nietzsche como um pensador de esquerda é, pelo menos, arriscada".[91]

Passando dos debates filosóficos para a campanha eleitoral de 1994, Bobbio constata que nessa também os partidos continuam se considerar de direita ou de esquerda, até mesmo se reinventando como "nova direita" e "nova esquerda", mas demonstrando assim que a dicotomia está muito viva, uma vez que "não dão absolutamente a impressão de usar palavras à toa, visto que entre eles se entendem muito bem".[92] No debate político esses termos têm, por um lado, um sentido descritivo ambíguo, porque o seu conteúdo depende dos interesses contingentes de quem os usa, mas, por outro, um sentido avaliativo preciso, porque, afirmando o valor positivo de um dos dois termos, qualifica-se imediatamente o outro como negativo. Justamente durante a sua crise, essa dicotomia foi analisada por diferentes autores, por sua vez examinados por Bobbio antes de chegar à sua proposta conclusiva.

Na opinião de Bobbio, o critério mais usado "para distinguir a direita da esquerda é a atitude diferente [...] diante do ideal da igualdade, que é, juntamente ao ideal da liberdade e o da paz, um dos fins últimos" buscados pela humanidade. Bobbio não pergunta a si mesmo se a igualdade seja preferível à desigualdade, ou vice-versa, mas analisa o conteúdo disso, indicando três variáveis que devemos ter em consideração: "os sujeitos entre os quais nós queremos dividir os bens; os bens que devem ser divididos; os critérios a partir dos quais dividi-los". Dessa sua combinação "deriva um número enorme de tipos diferentes de divisões igualitárias",[93] que tornam relativo o conceito

---

[91] Entrevista com Bobbio de Nello Ajello. Gli estremi nemici. *La Repubblica*, 6 mar. 1994, p.29.
[92] Bobbio, *Destra e sinistra*, op. cit., p.35.
[93] Ibid., p.71-2.

de igualdade, sendo que uma igualdade absoluta seria impossível na prática, além de não ser razoável, visto que as pessoas são desiguais.

Bobbio chama de "igualitários" os que, diante da diversidade das pessoas, dão importância maior ao que as torna iguais, e de "não igualitários", os que, ao contrário, dão importância maior ao que as torna desiguais. Além disso, na origem da desigualdade, os igualitários veem causas predominantemente sociais e, por isso, elimináveis; os não igualitários, por sua vez, consideram que essas causas são naturais e, portanto, predominantemente não elimináveis. "O igualitário tende a eliminar as diferenças, o não igualitário a reforçá-las"; concretamente, "a diferença entre os dois tipos ideais se traduz praticamente na avaliação contrastante do que é relevante para justificar ou não uma discriminação". O direito de voto foi negado às mulheres até quando se considerou que era relevante a diferença natural em relação ao homem; no direito censitário de voto se considerava que fosse relevante a diferença social entre a propriedade e a pobreza; o mesmo espírito igualitário inspira os direitos sociais, produto de um século de lutas da esquerda, que tem como característica "a tendência a tornar iguais os desiguais".[94]

Em vez disso, a aspiração à liberdade – o outro grande ideal humano ao lado da tendência à igualdade – não se identifica com a dicotomia direita-esquerda: "existem doutrinas e movimentos libertários e autoritários tanto à direita como à esquerda". Identifica-se, no entanto, com a dicotomia extremista-moderado: o extremista de direita ou de esquerda se diferencia do moderado de direita ou de esquerda pela atitude diferente em relação ao valor da liberdade.

O principal fator de desigualdade é a propriedade privada e, por isso, os movimentos libertários tendem a limitá-la (se moderados) ou a aboli-la (se extremistas). O comunismo utópico, do qual se fala desde a época de Platão, "entrou na história" com a Revolução de Outubro, mas essa "utopia igualitária se transformou no seu contrário". O olhar de Bobbio passa da disputa eleitoral contingente, que acontece em uma península litigiosa, na extremidade mediterrânea da Ásia, e se pergunta sobre a desigualdade do Terceiro e do Quarto mundo:

> O comunismo histórico faliu. Mas o desafio por ele lançado permaneceu. Se, para nos consolarmos, passamos a dizer que nesta parte do mundo, na Europa ocidental, demos vida à sociedade dos dois terços, não podemos fechar os olhos para a maior parte dos países onde a sociedade dos dois terços (ou

---

94 Ibid., p.77-9.

mesmo dos quatro quintos ou dos nove décimos) não é a da abundância, mas a da miséria. Diante dessa realidade, a distinção entre direita e esquerda, para a qual o ideal da igualdade sempre foi a estrela polar a ser contemplada e seguida, é claríssima. Basta deslocar os olhos da questão social interna dos estados singulares, da qual nasceu a esquerda no século passado, para a questão social internacional para se dar conta de que a esquerda não só não completou seu caminho como mal o começou.[95]

6.4.3. As esquerdas enfeitiçadas pelas forças da direita

Duas novidades caracterizaram as eleições de 1994: a formação – a partir das empresas de Silvio Berlusconi e ao longo de poucos meses[96] – de um partido-empresa capaz de ganhar as eleições e, contemporaneamente, uma campanha televisiva sem precedentes, conduzida, sobretudo, pelo conglomerado Mediaset, de propriedade do próprio Berlusconi. De forma mais geral, a disponibilidade de três redes nacionais por parte de seu proprietário, que ingressara na política, criava distorções inéditas: por exemplo, para ter espaços televisivos, os seus adversários deveriam pagar seu televisionamento, financiando, portanto, a campanha eleitoral do adversário. Visto que sobre essa traumática passagem da Primeira República para a Segunda já existe uma ampla literatura, para ser breve, limito-me a trazer aqui alguns dados tirados do livro que acabei contemporaneamente a essa eleição e que foi publicado em alemão.[97]

Direita e esquerda de Bobbio foi publicado em março de 1994, quase ao mesmo tempo que aconteceram as eleições, as quais não apenas anulavam as esperanças das esquerdas cautelosamente manifestadas nesse livro, mas colocavam interrogativos assustadores sobre a involução da democracia na Itália. Para discutir isso, a revista *Reset* promoveu logo um encontro entre Norberto Bobbio, o filósofo Gianni Vattimo e o diretor da revista, Giancarlo Bosetti, que formulava, dessa forma, os argumentos a debater: por um lado, "a necessidade que a esquerda consiga se livrar da posição conservadora que continua a ocupar no debate político com uma direita que tem o monopólio da iniciativa e aparece frequentemente, a propósito e a despropósito, mais

---

95 Ibid., p.85-6.
96 Observou-se várias vezes que, nesses poucos meses, a propaganda eleitoral de Berlusconi tinha encontrado um público preparado por doze anos de televisão comercial, que propagandeava estilos de vida homogêneos com essa mensagem política.
97 Losano, *Sonne in der Tasche. Italienische Politik seit 1992*, op. cit. As passagens aqui reportadas são retiradas do meu texto não publicado em italiano.

dinâmica"; por outro, "a televisão e as suas consequências".[98] Na discussão, entrelaçavam-se considerações contingentes sobre os apoios que a esquerda tinha perdido nas eleições e que devia reconquistar (mas Bobbio era pessimista a respeito disso), e considerações gerais sobre as relações entre direita e esquerda, que são as que interessam.

A esquerda tinha assumido uma posição conservadora porque tendia a conservar, isto é, tutelar, a Constituição de 1948 e a estrutura institucional da Primeira República em relação a uma direita agressiva que queria mudar a Constituição e questionava a unidade nacional. Bobbio explicava essa atitude primeiramente em nível psicológico: "O meu amadurecimento político aconteceu nos anos em que se deu a Resistência e em que foi elaborada a Constituição. Sinto-me muito ligado a essas experiências"; além disso, a ideia de uma Segunda República foi "apresentada por Bettino Craxi e por um grupo dirigente do PSI, pelos quais nunca tive muita simpatia". Esses argumentos, porém, "contam pouquíssimo para os fins da nossa discussão".[99]

O ponto crucial na defesa da Constituição não são as normas sobre a organização do Estado ("uma república presidencial não parece uma mudança chocante"), mas sim "as normas relacionadas aos direitos de liberdade e aos direitos sociais".[100] Diante de uma direita subversiva, a esquerda deve conservar a Constituição, ou seja, a democracia. Porém, as suas capacidades de mobilização são reduzidas, porque na sociedade dos dois terços, os dois terços estão satisfeitos com a sua situação e, portanto, não se engajam politicamente. Para Bobbio, o fato de "que o terceiro marginalizado não possa ganhar nunca é um fato gravíssimo", diante do qual a esquerda deveria "fazer uma dura oposição, obtendo disso alguns resultados, como soube fazer na primeira parte da história da República. A esquerda então soube condicionar o desenvolvimento do país. É graças a essa posição que a Democracia Cristã foi pressionada a instituir o Estado do bem-estar social. A esquerda não governou, mas com certeza influenciou para que na Itália não prevalecesse um liberalismo econômico selvagem, como o que corre o risco de se impor agora".[101] Mas o passado não se repete: a esquerda permaneceu fraca também nas décadas seguintes às eleições de 1994 e o "liberalismo econômico selvagem" foi favorecido também pela crise econômica iniciada em 2008.

---

98 O resumo desse encontro foi publicado em maio como suplemento ao n.6 de 1994 de *Reset*: Erbani. *La sinistra nell'era del karaoke*, op. cit., p.11.
99 Ibid., p.21.
100 Ibid., p.23.
101 Ibid., p.27-8.

Se o problema da esquerda é o de reconquistar consensos por meio da mobilização, o problema da organização – segundo Vattimo – deve ser colocado em primeiro lugar: o velho PCI era um partido aparelhado; tornando-se PDS, "perdeu a atenção pelas questões organizativas. Ora, se a rede inteira da comunicação política passa pelos *mass media*, de propriedade de quem conhecemos, pode-se com certeza prever que para a esquerda não existem muitas perspectivas".[102] O discurso passava, assim, para o duopólio televisivo italiano, em que três redes nacionais pertenciam a Berlusconi e as outras três ao Estado, que as tinha ocupado por meio dos partidos. O risco era que Berlusconi dominasse o conjunto inteiro das redes nacionais, por um lado como proprietário e, pelo outro, como presidente do Conselho: coisa que aconteceu depois da sua vitória nas eleições de 1994. Bobbio já em 1994 tinha as ideias claras sobre a questão:

> Pensem nisso, ainda no Natal [de 1993], em uma discussão entre pessoas de esquerda que falam do futuro do país, o nome do ex-presidente da Fininvest não é sequer pronunciado. O que devemos refletir, portanto, antes de nos perguntar se a esquerda errou e onde, é sobre este fenômeno absolutamente sem precedentes. Berlusconi, explorando as ramificações do seu poder econômico na Itália inteira, conseguiu se tornar, em três meses, o protagonista das eleições, e conseguiu vencer completamente. Se existe hoje um governo de direita é porque Berlusconi conseguiu juntar duas partes que podiam parecer absolutamente incompatíveis: a Liga, que quer a divisão da Itália, e os fascistas que são ultranacionalistas. Por que aconteceu tudo isso? Eu acredito que a televisão foi decisiva, porém, não no sentido que Berlusconi tenha aparecido em vídeo mais que os outros, mas sim porque a sociedade criada pela televisão é uma sociedade *naturaliter* de direita.[103]

O perigo era, portanto, a difusão da televisão, que exigia um controle. Em 1964, Umberto Eco foi um dos primeiros a analisar criticamente a televisão no famoso *Apocalípticos e integrados*,[104] contrapondo "a intimidade crítica do leitor" à "rendição passiva", à "forma de hipnose" induzida pela televisão. Em 1994, Eco se perguntava novamente: pode a televisão chegar sem regras e gratuitamente a todas as casas? Se as torneiras de casa distribuíssem

---

102 Ibid., p.33.
103 Ibid., p.35-6. Essa conversação está em Paul Ginsborg; Vittorio Foa; Sandro Bartolomeo (orgs.), *Le virtù della Repubblica. Conversazione a Formia*. Milão: Il Saggiatore, 1994, 94p.
104 Eco, *Apocalípticos e integrados*. São Paulo: Perspectiva, 1970.

bebidas alcoólicas em vez de água, não seria necessária uma regulamentação em defesa da saúde pública?[105] Originariamente, Vattimo era menos restritivo,[106] pensando que uma oferta televisiva ampla e pluralista teria facilitado a difusão das ideias. Porém, no debate pós-eleitoral, repensou as suas posições e propôs "uma impostação ecológica", uma regulamentação como em relação à "poluição atmosférica": "Propus limitar por lei os horários de transmissão das televisões, porque é necessário garantir um nível de qualidade e não apenas limitar a influência política", ou seja, "garantir a liberdade individual de não ser atacados pela TV".[107]

A regulamentação proposta por Vattimo tendia a garantir a igualdade entre os cidadãos. Bobbio, porém, fazia notar que a polêmica eleitoral contra a esquerda tinha se focado não sobre a dicotomia igualdade-desigualdade, mas sim sobre a dicotomia liberalismo econômico-estadismo: e a regulamentação da televisão reforçaria a acusação de estatismo tradicionalmente direcionada contra a esquerda, transformando-se em "um argumento fortíssimo para os adversários" (sobretudo se estes eram proprietários de televisões).

A parte conclusiva do debate se concentra sobre o fato de que, segundo Vattimo, "os eleitores tenham premiado a direita como portadora de valores de eficiência".[108] Bobbio discorda: "Eu não acredito que a direita tenha ganhado tanto em nome da eficiência, quanto da liberdade contra as regras, contra o estatismo. Eles afirmaram, contra a ideia de alcançar a meta da igualdade por meio de intervenções profundas do Estado, uma linha política inspirada em princípios do liberalismo econômico. Mas, e escrevi isso também em *Direita e esquerda*, contraponho à igualdade não a liberdade, mas sim a desigualdade".[109]

O relato desse colóquio provocou uma série de comentários desfavoráveis, que Bobbio passa em revista começando assim: "Não acontece todos os dias apoiar uma tese que seja imediatamente rejeitada seja pela direita, seja pela esquerda". Mais do que as argumentações dos adversários, em geral bastante fracas, que reforçam as ideias já examinadas, é útil lembrar aqui a sua conclusão do colóquio, formulada quase vinte anos atrás e ainda atual:

---

105 Entrevista de Umberto Eco a Eugenio Scalfari. In: *La Repubblica*, 2 mar. 1994.
106 Gianni Vattimo, *La società trasparente*. Milão: Garzanti, 1989, 99p. (trad. port. *A sociedade transparente*. Lisboa: Relógio d'Água, 1992.)
107 Erbani, *La sinistra nell'era del karaoke*, op. cit., p.39-40.
108 Ibid., p.43.
109 Ibid., p.50.

O que eu ignoro, mas não sei quantos outros saibam disso, é se os teledependentes são, no nosso país, a maioria ou a minoria dos cidadãos. Se fossem a maioria, e se, como maioria, tivessem o peso que tem uma maioria qualquer em um sistema democrático, o destino da nossa sociedade, não apenas da italiana, seria marcado. Seria a sociedade dos "servos contentes". Mas esta é apenas uma hipótese cruel, admito, que, aliás, a esquerda faria bem em levar a sério.[110]

Em 2000, Bobbio voltou ao tema do controle público da televisão, em um breve escrito para comentar o documento que deveria ser submetido ao congresso nacional dos Democráticos de Esquerda:

> A esquerda deve se defender da acusação de estatismo. O problema da relação entre direita e esquerda, então, com ou sem razão, torna-se, de fato, o assunto do relacionamento entre Estado e mercado, menos Estado e mais mercado, ou, vice-versa, entre a extensão maior ou menor da esfera pública em relação à privada. O que distingue ainda e sempre distinguirá a esquerda da direita será, por um lado, a afirmação dos limites do mercado, que são limites não apenas econômicos, mas também éticos, a contestação da teoria ou ideologia da mercantilização universal; por outro, uma avaliação mais ponderada da importância da esfera pública, em poucas palavras, que não deveríamos nos escandalizar pela intervenção do Estado. [Em suma] é realmente verdade que a intervenção pública é sempre, por natureza, nefasta?[111]

A discussão se concluía repelindo os ataques da direita contra os intelectuais, predominantemente de esquerda, que cultivam o pensamento geral, ou seja, a filosofia. "O fim da filosofia seria o fim da democracia", de modo que "permaneceriam apenas ciências especiais, as dos técnicos", conclui Vattimo; "o desprezo da direita pelos intelectuais de esquerda alude a isso também: ao primado que a filosofia tem sobre os saberes. Eles querem uma democracia de especialistas. Mas a democracia de especialistas não é democracia".[112] Na esquerda circulava uma anedota falsamente reconfortante: "A arca de Noé foi construída por um artesão, o Titanic por técnicos".

---

110 Bobbio, Luoghi comuni dei servi contenti. *Reset*, 1994, n.8, p.4-6; também nas p.117-23, em Gruppo di Resistenza Morale, *Argomenti per il dissenso. Nuovo, non nuovo*. Turim: Celid, 1995, 134p.
111 Commento di Norberto Bobbio. In AA.VV. *Progetto per la sinistra del Duemila*. Apresentação de Walter Veltroni. Roma: Donzelli, 2000, p.85-6.
112 Erbani, *La sinistra nell'era del karaoke*, op. cit., p.58.

6.5. Paz e guerra: o pacifismo pode derrotar a guerra?

A geração que estava saindo da Segunda Guerra Mundial devia encontrar uma resposta para uma dupla questão: como evitar o repetir-se de uma outra catástrofe bélica e como preservar a paz conquistada por um preço tão alto? A resposta se tornava ainda mais árdua e urgente pelo fato de que a Segunda Guerra tivesse se concluído com o aparecimento da bomba atômica no cenário estratégico e político: um desafio sem precedentes na história da humanidade. Paz e guerra se tornaram, portanto, dois temas centrais e recorrentes no pensamento e na militância de Bobbio, que via a humanidade posta diante de uma terrível alternativa: "ou os homens conseguirão resolver os seus conflitos sem recorrer à violência", ou "a violência os eliminará da face da Terra".[113] Essa ameaça o levou a militar pela paz com paixão "erasmiana" (cf. Capítulo 7, nota 10).

A reflexão de Bobbio sobre a guerra e sobre a paz se inicia em 1961, com o prefácio ao livro de Günther Anders sobre a guerra atômica (sobre o qual voltaremos daqui a pouco), continua em 1966, com a tomada de posição contra a guerra no Vietnã, assume novas articulações em 1991, com a primeira guerra ("justa") do Golfo e, em 1999, com a guerra ("humanitária") na Sérvia. Nesse ínterim, Bobbio toma diferentes posições, de acordo com cada contexto. Um quadro histórico geral e sistemático dessa evolução do pensamento de Bobbio se encontra reconstruído no volume de Giovanni Scirocco, que se baseia não apenas nos textos publicados por Bobbio, mas também na documentação inédita conservada no Centro Gobetti de Turim.[114] No geral, entre os intérpretes de Bobbio sobre o tema da guerra parece prevalecer "a tese da descontinuidade, defendida seja pelos pacifistas, seja pelos antipacifistas; os primeiros viram no último Bobbio um desvio, os segundos um arrependimento", por causa da "polaridade entre ética e política (e direito), entre realismo e utopia, entre pessimismo e otimismo", presente em todo o pensamento de Bobbio.[115]

O próprio Bobbio, em 1996, indica dois de seus livros como resumos do seu ponto de vista sobre toda a temática: *Il problema della guerra e le vie della pace* [O problema da guerra e as vias da paz] de 1979, e *Il terzo assente* [O

---

113 Bobbio, *Il problema della guerra e le vie della pace*, op. cit., p.26-7.
114 Scirocco, *L'intellettuale nel labirinto. Norberto Bobbio e la guerra giusta*, prefácio de Pietro Polito. Milão: Biblion, 2012, 123p.
115 Pietro Polito, Prefazione. In: Scirocco, *L'intellettuale nel labirinto*, op. cit., p.7.

terceiro ausente], de 1989.[116] Ambos os volumes são coletâneas de textos, mas os dez anos que os separam não devem dar a impressão de que os ensaios reunidos façam referência a dois momentos sucessivos do pensamento de Bobbio. Na verdade, o primeiro volume compreende artigos publicados entre 1966 e 1975, enquanto *O terceiro ausente* compreende escritos que vão de 1966 a 1988 (e não apenas ensaios, mas também discursos e artigos do diário *La Stampa*). Consequentemente, os ensaios do primeiro volume devem ser integrados com os escritos do segundo.

Considerada globalmente, a reflexão teórica de Bobbio parte das teorias tradicionais sobre a guerra e refuta as justificativas que foram dadas sobre a guerra na época das guerras tradicionais, visto que essas não se sustentam na comparação com a guerra atômica. Duas análises críticas antecedem a conclusão segundo a qual o único caminho hoje viável é o pacifismo: a crítica das teorias clássicas que justificam a guerra (no todo ou em parte) e a crítica do conceito de paz. No interior do pacifismo, Bobbio opta ainda pelo pacifismo "institucional", que delega a um ente supraestatal a solução dos conflitos entre os Estados, e "ativo", que opera sobre as pessoas para gerar uma consciência do perigo irreparável inerente à guerra nuclear, ou seja, uma "consciência atômica". Entre os instrumentos com os quais o pacifismo pode se opor ao belicismo indica, por fim, a "não violência". Esse itinerário não aparece, todavia, desenvolvido sistematicamente em um dos volumes de Bobbio anteriormente citados, mas está espalhado nos diferentes textos das duas coletâneas (e não apenas nesses), textos que aprofundam em momentos diferentes os aspectos particulares da concepção integral de Bobbio sobre a paz e a guerra.

"Meus textos sobre a paz nasceram nos anos do equilíbrio do terror, da constatação de que as novas armas termonucleares ameaçavam a vida, pela primeira vez, [...] de toda a humanidade." A uma "guerra exterminadora" desse tipo não se podiam aplicar mais "as tradicionais justificativas que foram dadas sobre os conflitos entre os Estados, em particular a teoria da guerra justa".[117] Era necessário, portanto, proceder a "uma revisão da filosofia da história tradicional", que sempre foi "mais justificadora que justiceira"

---

116 Cf. Bobbio, *De senectude. O tempo da Memória*, op. cit., p.159-61. As primeiras edições dos dois volumes são: *Il problema della guerra e le vie della pace*. Bolonha: Il Mulino, 1979, 209p.; *Il terzo assente. Saggi e discorsi sulla pace e sulla guerra*, organizado por Pietro Polito. Turim-Milão: Sonda, 1989, 236p. Ambos conheceram várias edições, o primeiro com algumas variações no conteúdo.
117 Ibid., p.160.

da guerra.[118] Bobbio, portanto, percebe o aspecto filosófico da passagem da guerra quente para a guerra fria, e da reflexão teórica retira linhas-guia para a ação política.

O problema da guerra atômica era difusamente sentido no pós-guerra, e Bobbio falou sobre isso também em diferentes ocasiões nas rádios. Em 1966, reuniu as suas ideias sobre o assunto em um amplo ensaio[119] cujo título dá o nome à primeira coletânea e marca o começo de uma série de reflexões que durarão até os anos de 1990. O fim do mundo comunista, em 1991, acabou com o equilíbrio (bipolar) do terror, mas não cancelou o pesadelo da guerra atômica, visto que a multiplicação dos detentores dessa arma (detentores não sempre confiáveis) aumentou o risco de uma catástrofe nuclear. Além disso, o uso dessas armas dependia de sistemas informáticos cada vez mais sofisticados e, portanto, potencialmente vulneráveis: não se podia, portanto, excluir que uma guerra nuclear surgisse por erro.[120] Os diferentes "escudos espaciais" não eram isentos de erros: a rede militar Arpanet gerou a rede civil internet, e hoje constatamos diariamente como esta, muito mais evoluída, tem suas falhas, que são aproveitadas para uma nova forma de guerra, a guerra cibernética ou *cyberwar*.[121]

A evolução dessa guerra ligada às tecnologias em rápido progresso e a transformação veloz de um mundo político cada vez mais planetário se reflete nos prefácios que Bobbio colocou nas primeiras quatro edições de seu livro, "porque cada uma representa a situação e a ocasião histórica em que a reimpressão aconteceu".[122] Em 1966, era necessário plasmar uma "consciência atômica" e indicar como se opor ao perigo do conflito nuclear (por meio do pacifismo, como veremos). Em 1984, a tensão entre as duas potências tinha gerado um "equilíbrio do terror", ao qual não faltava quem justificasse

---

118 Bobbio, *Il problema della guerra e le vie della pace*, op. cit., p.21.
119 Bobbio, Il problema della guerra e le vie della pace. *Nuovi Argomenti*, 1966, p.29-90.
120 Losano, Guerra nucleare da equivoco informatico. *Zerouno*, jun. 1984, n.29, p.21-5. Bobbio faz referência a esse aspecto tecnológico da guerra atômica, sobre o qual conversamos várias vezes: "Não falamos da eventualidade, da qual se falou muito e a qual se deve levar em conta, em que a ruptura do equilíbrio [do terror] aconteça por erro, por acaso ou por loucura" (Bobbio, *Il problema della guerra e le vie della pace*, op. cit., p.52). Hoje em dia, o *electronic warfare* se juntou à guerra atômica, e talvez esteja destinado a substituí-la em parte ou talvez no todo: mas esses problemas não se colocavam quando Bobbio escrevia as páginas aqui citadas.
121 Sobre essas novas formas de guerra remeto à literatura citada em Losano, Guerre ibride, omicidi mirati, droni: conflitti senza frontiere e senza diritto. In: Forni; Vettor (orgs.), *Sicurezza e libertà in tempo di terrorismo globale*. Turim: Giappichelli, 2017 [2018], p.19-38.
122 Bobbio, *Il problema della guerra e le vie della pace*, op. cit., p.VII.

a guerra atômica. Em 1991, as esperanças suscitadas pela queda do Muro de Berlim, em 1989, eram ofuscadas pela primeira guerra do Golfo, sobre a qual voltaremos na conclusão deste item; mas Bobbio, confiante na intervenção indireta da ONU, declarava-se a favor do pacifismo institucional, ou seja, da paz por meio do direito, e este último deveria se fazer respeitar – entre os Estados também – por um terceiro *superpartes*: este terceiro, infelizmente, ausente, que dá título ao outro volume sobre a paz e a guerra. A partir desse momento, os dois volumes convivem: ao *Terceiro ausente*, impresso em 1989, acrescenta-se, em 1997, a quarta edição de *O problema da guerra e as vias da paz*. Entre essas duas datas se colocam o desaparecer da Iugoslávia e uma atroz guerra civil, as guerras étnicas na África, o terrorismo internacional e a ininterrupta sequência de guerras no Oriente Médio: porém, mesmo diante desses eventos, Bobbio reafirma o seu pacifismo: "Melhor morrer como Abel que viver como Caim".[123]

Se a guerra atômica conduz à extinção do gênero humano, ela não pode mais constituir a solução para as tensões entre Estados, mas se torna uma "via interditada", ou seja, impraticável. Mas a impraticabilidade é um juízo de fato ou de valor? Em outras palavras, a guerra se tornou de fato um instrumento inutilizável, e, como tal, está destinada à extinção como os dinossauros, ou se tornou um instrumento que não encontra mais justificativas, e, como tal, a humanidade deve abandoná-la, se quiser sobreviver? Em outras palavras, a guerra é impossível ou injustificável? A partir da resposta a essas interrogações derivam duas atitudes antibelicistas diferentes: se a guerra for um instrumento objetivamente ultrapassado, devemos apenas esperar a sua extinção; se, em vez disso, for um instrumento eticamente inaceitável, é necessário lutar contra ela. A essas duas atitudes Bobbio dá o nome, respectivamente, de "pacifismo passivo" e de "pacifismo ativo". O pacifismo passivo é filho do século XIX, quando se acreditava que a guerra estivesse "destinada a desaparecer, ou a morrer de morte natural e não violenta, na evolução da sociedade".[124] No século XX, do pacifismo passivo nasceu o equilíbrio do terror, típico dos anos da Guerra Fria, que "ao tradicional, instável equilíbrio de potência" substituía "uma nova, mais estável, forma de equilíbrio, que é o equilíbrio de impotência (terror paralisante)".[125] Uma "apologética lúgubre" pregava que "uma conflagração entre potências atômicas acabaria sem vencedores e vencidos, e, portanto, tornaria a guerra, cujo fim é a vitória sobre o

---

123 Ibid., p.X.
124 Ibid., p.113.
125 Ibid., p.38.

inimigo, totalmente inútil, até contraproducente".[126] Do pacifismo ativo, por sua vez, nasceram os movimentos que querem gerar uma "consciência atômica" generalizada, ou seja, convencer os fautores da guerra, ou os indiferentes, do inevitável risco total inerente à guerra nuclear e, portanto, da sua impraticabilidade: "desenvolver uma consciência atômica própria significa entender que a paz não é um processo inelutável, mas sim uma conquista".[127]

No campo oposto ao dos pacifistas ativos militam os "realistas", segundo os quais a guerra atômica é uma guerra particularmente destrutiva, mas no fundo qualitativamente não diferente da tradicional. Eles não veem na guerra atômica o "salto de qualidade" que a torna diferente de todas as outras e, portanto, consideram-na praticável de acordo com cálculos cínicos sobre quantos morreriam e quantos sobreviveriam. Bobbio concentra a sua atenção sobre estes últimos, porque a atitude realista "não impede a competição dos armamentos", mas, pelo contrário, acaba "favorecendo, hoje, a corrida armamentista atômica": olhando "para os últimos vinte anos", Bobbio constatava – em 1966 – que "há razão para considerar que o ritmo se torne cada vez mais acelerado", até chegar à "arma absoluta".[128]

Comparando esses medos com os sentimentos generalizados no terceiro milênio, deve-se constatar que não apenas não nasceu a "consciência atômica" desejada também por Bobbio, mas que, aliás, se espalhou uma habituação atômica, no sentido em que a opinião pública (mas também o grupo dos clérigos, dos *maîtres à penser*) aceita em silêncio a proliferação das ogivas nucleares e pouquíssimos, fora do círculo dos profissionais do setor, ocupam-se do aumento do número e da potência das armas atômicas. Mas Bobbio, na década de 1960, prefigurava o aumento do "risco da destruição total" devido aos "meios que o progresso técnico possibilita preparar daqui a dez, vinte, cem anos"[129] e pedia, portanto, aos realistas que reconsiderem a sua posição, visto que o equilíbrio do terror é apenas o inseguro prorrogar-se de uma trégua, que a qualquer momento pode precipitar em uma guerra total.

Quem quiser evitar a guerra deve praticar o pacifismo passivo ou ativo. O pacifismo passivo se baseia em premissas consideradas científicas (e é típico de autores da época positivista como Comte e Spencer): este *explica*, a partir de *fatos*, por que não teremos mais guerras. O pacifismo ativo se baseia, por sua vez, em uma ética e impõe o compromisso individual para

---

126 Bobbio, *Il terzo assente*, op. cit., p.59.
127 Bobbio, *Il problema della guerra e le vie della pace*, op. cit., p.56.
128 Ibid., p.45-6.
129 Ibid., p.46.

realizar determinados valores: este *justifica*, a partir de *valores*, a razão pela qual não deverão existir mais guerras. À análise do pacifismo ativo Bobbio antepõe, portanto, uma crítica das justificativas da guerra invocadas pelos apoiadores das outras posições. Existem os que justificam todas as guerras, quem não justifica nenhuma delas e quem diferencia entre guerras justas e guerras injustas.

As filosofias da história do século XIX e o darwinismo social justificam as guerras como a realização de um desenho divino ou racional que domina os fatos empíricos. Em particular, se o destino da humanidade é um contínuo progresso, é bom tudo o que a faz progredir no caminho do progresso: portanto, a guerra também, que pode parecer um mal, mas que, na verdade, é um mal necessário ou aparente, por meio do qual se realiza o desenho inerente à história. O ponto 9 do *Manifesto do futurismo* proclama esse e outros ideais pouco recomendáveis: "Nós queremos glorificar a guerra – única higiene do mundo –, o militarismo, o patriotismo, o gesto destruidor dos libertários, as ideias lindas pelas quais se morre e o desprezo da mulher".

Essas concepções justificam todas as guerras, ou seja, são teorias belicistas. Pelo contrário, outras teorias justificam apenas algumas dessas concepções, distinguindo entre guerras justas e injustas. Enquanto as teorias belicistas e pacifistas são claras porque radicais (a guerra é boa ou é má), as teorias da guerra justa individuam diferentes justificativas da guerra: entre os seus apoiadores "se encontraram os mais rigorosos, que tocavam de leve o pacifismo, e os mais permissivos, que acabavam se confundindo com os belicistas".[130] A posição mais difusa aceitava como guerra justa a de defesa, a de reparação de uma injustiça e a punitiva; em substância, a guerra como sanção contra uma injustiça sofrida.

O cerne da questão é constituído pelas guerras de ofensa, e não pelas guerras de defesa. Especificar a justa causa em uma guerra de ofensa é a mesma coisa que se perguntar quem está certo e quem está errado em uma disputa, como acontece em um procedimento judicial. Todavia, a guerra não é um processo e a substituição do jusnaturalismo pelo positivismo jurídico colocou em crise a teoria da guerra justa. Se, para o jusnaturalismo, direito e justiça coincidem, para o positivismo jurídico existe apenas a norma estabelecida: portanto, "o direito internacional positivo não regulamenta a causa da guerra, mas regulamenta a sua conduta, independente da causa".[131]

---

[130] Ibid., p.102. Em 1965, Bobbio tinha dedicado um ensaio ao problema da quádrupla relação entre guerra e direito: "Diritto e guerra", incluído depois no volume aqui citado.
[131] Bobbio, *Il problema della guerra e le vie della pace*, op. cit., p.64.

Por essa razão, ao longo do tempo, o paralelismo entre guerra e processo se revelou insustentável. Como processo de cognição, a guerra não apresenta as características de certeza e imparcialidade que são exigidas de um julgamento, visto que a avaliação dos fatos dos quais resulta a guerra é conferida às partes interessadas. Em geral, ambas as partes consideram justa a própria guerra e, portanto, é impossível estabelecer *uma* justa causa. Como processo de execução, também o paralelismo entre guerra e processo resulta fraco: a guerra pode ser justificada como processo de execução contra um direito violado, porém essa violação é verificada por uma parte interessada, e não por um juiz terceiro. Em suma, a teoria da guerra justa foi "a primeira a ser posta em crise com a aparição da guerra moderna. O desencadear da guerra atômica deu a ela somente o golpe de misericórdia".[132]

Na verdade, a guerra atômica abalou completamente a guerra também no âmbito jurídico das regras de conduta: na guerra atômica, a arma usada tem todas as características das armas proibidas pelas convenções internacionais; a declaração de guerra por parte do Estado que começa as hostilidades perdeu qualquer sentido; a conduta da guerra não faz distinção entre beligerantes e populações civis, nem os objetivos militares dos civis. "A guerra atômica é, no mais preciso sentido da expressão, *legibus soluta*" e "volta a ser, como na representação de Hobbes do estado de natureza, a antítese do direito".[133]

Com a guerra atômica se alcança um salto de qualidade. De fato, "quando uma instituição se tornou tão poderosa que não se consegue mais limitá-la, tende-se a eliminá-la".[134] Essa constatação vale não apenas para a guerra: "Guerra, propriedade, Estado podem ser aceitos na sua realidade também cruel, como uma necessidade".[135] A partir da aceitação passiva dessas realidades nasce a visão da guerra como sempre boa, da propriedade como direito intocável e ilimitado, do Estado como potência soberana absoluta. Se, em vez disso, essas realidades são aceitas apenas parcialmente, tenta-se corrigi-las, limitando-as: o Estado será orientado em direção ao Estado de direito; à propriedade será imposta uma finalidade social; entre as guerras será justificada apenas a guerra justa. Enfim, pode-se considerar que o Estado, a propriedade e a guerra não possam ser modificados na sua essência, ou seja, que continuem constituindo um perigo para o indivíduo e para a sociedade mesmo

---

132 Ibid., p.57.
133 Ibid., p.65-6; cf. também p.112.
134 Ibid., p.112.
135 Ibid., p.78.

quando são postos limites a eles: nascem, então, as teorias que pregam não a limitação, mas sim a negação do objeto.

Por isso, ao lado das teorias que justificam todas as guerras e das teorias que justificam apenas algumas, tomam forma as teorias que não justificam nenhuma destas: as teorias pacifistas. A anarquia, com a abolição do Estado, tende ao máximo de liberdade; o comunismo, com a abolição da propriedade privada (dos meios de produção), tende ao máximo de igualdade e o pacifismo ativo, com a abolição da guerra, tende ao máximo de paz no mundo, ou seja, à paz perpétua. "Pacifismo, comunismo, anarquia", conclui Bobbio, "são soluções radicais que propõem uma renovação no plano da história, e tendem a impor ao caminho da humanidade uma direção completamente nova. São, no sentido pleno da palavra, teorias revolucionárias".[136]

A última finalidade do pacifismo é a paz: porém, não a paz que seja apenas uma trégua entre duas guerras, mas sim a paz que Bobbio chama "de satisfação", ou seja: aquela "entre partes que não têm mais reivindicações recíprocas a fazer".[137] Essa noção de paz aparecia também nas reuniões da Société Européenne de Culture, cujo fundador pregava, justamente, uma paz que não tivesse como alternativa a guerra.[138] De fato, apenas esse tipo de paz é esperançosamente durável e potencialmente universal. Para os pacifistas, a paz é um bem não absoluto, mas instrumental: a paz é, de fato, a condição preliminar para realizar a liberdade.

Três objetivos podem dirigir a ação do pacifismo ativo rumo à paz de satisfação, e são objetivos compatíveis, ou seja, podemos persegui-los contemporaneamente sem que as ações pacifistas individuais se tornem contraditórias. Visto que a guerra se faz com as armas, um primeiro objetivo mínimo consiste em reduzir ou abolir os armamentos presentes e futuros, ou em induzir a não os usar, alcançando os fins desejados com meios diferentes da guerra. O caminho do desarmamento é "a mais viável, mas é também a menos eficaz".[139] Nesse pacifismo instrumental, Bobbio distingue o desarmamento da não violência, que são medidas diferentes, mas complementares.

---

136 Ibid., p.79.
137 Ibid., p.139. Bobbio distingue a paz "de potência" (exercida com a força: a *pax romana* ou *americana*), "de impotência" (típica do equilíbrio do terror, em que cada uma das partes – duas, na verdade – pode aniquilar a outra) e "de satisfação" (fundada sobre a confiança recíproca, como na Europa pós-bélica) (p.136 e ss.). Bobbio deduz essa distinção a partir de Aron, *Paix et guerre entre les nations*. Paris: Calmann-Lévy, 1962, 794p.
138 Campagnolo, La paix, une idée révolutionnaire. In: *Comprendre*, 1968, p.106.
139 Bobbio, *Il problema della guerra e le vie della pace*, op. cit., p.91.

De fato, o desarmamento não pode ser total, tendo em vista também uma guerra de defesa.[140] É necessário então encontrar meios pacíficos para alcançar os resultados que se alcançariam com a guerra: esses meios são indicados pelas teorias da não violência.

A violência "é tão permeada na História que é impossível prescindir dela".[141] O problema ético consiste em perguntar-se se ela é justificável e o problema prático em perguntar-se se o seu objetivo pode ser alcançado com outros meios: em particular, afirmam os pacifistas, com meios não violentos. Os conflitos entre Estados podem ser resolvidos por um Superestado que faça respeitar o *jus belli*; mas a violência interna ao Estado, ou seja, a violência revolucionária pode ser substituída pelo quê? "A única tentativa de responder a essa pergunta é aquela feita pelos apoiadores da não violência, que se inspiram direta ou indiretamente na teoria e na prática de Gandhi."[142] Porém, o caminho da não violência se apresenta repleto de dificuldades: boicote, sabotagem e desobediência civil põem em dificuldade o adversário, mas não o derrotam.[143] A não violência, em suma, não é resolutiva: portanto, é possível ver nela "uma verdadeira alternativa" à violência? "Admito", conclui Bobbio, "que a experiência histórica me sugere uma resposta mais negativa do que positiva."[144] Por sinal, "a justificação da violência revolucionária comporta a justificação da violência contrarrevolucionária. E o círculo se fecha."[145]

---

140 O problema da guerra de defesa está presente nas constituições dos três Estados derrotados na Segunda Guerra Mundial: Losano, Il rifiuto della guerra nelle costituzioni postbelliche di Giappone, Italia e Germania, in: Moita; Pinto (org.), *Espaços económicos e espaços de segurança*. Lisboa: Observare/Universidade Autónoma de Lisboa, 2017, [751p.], p.71-87 [texto resumido]; texto completo nas p.71-125 (http://observare.autonoma.pt/images/stories/obras_publicadas/Espacos-economicos-e-espacos-de-seguranca.pdf). O tema foi ampliado in: Losano, *Le tre costituzioni pacifiste. Il rifiuto della guerra nelle costituzioni di Giappone, Italia e Germania*. Max-Planck-Institut für Europäische Rechtsgeschichte, Frankfurt a.M. 2020, 399p. [Nota acrescentada pelo autor].

141 Ibid., p.150.

142 Ibid., p.159.

143 Alessandro Passerin d'Entrèves, em *Obbedienza e resistenza in una società democratica*. Milão: Comunità, 1970, p.213-31, lembra de oito atitudes do cidadão diante da lei: obediência consensual, obséquio formal, evasão oculta, obediência passiva, objeção de consciência, desobediência civil, resistência passiva, resistência ativa; a elas faz referência Bobbio também em *Il terzo assente*, op. cit., p.86.

144 Bobbio, *Il problema della guerra e le vie della pace*, op. cit., p.159.

145 Ibid., p.160. O capítulo "La nonviolenza è un'alternativa?" surge de um colóquio sobre *Marxismo e nonviolenza*, em 1975; nele, a dúvida de Bobbio sobre a eficácia da não violência é temperada por uma avaliação positiva: "A história do movimento operário foi uma lição contínua e paradigmática", visto que as greves "foram as maiores manifestações de não violência coletiva que foram

Na busca pela paz, pode-se prestar atenção, para além dos instrumentos necessários, à guerra, e apontar as causas que levam a esta. Caso se veja no Estado a causa das guerras, será necessário intervir previamente sobre ele, repetindo em âmbito internacional o caminho percorrido pelos indivíduos na passagem do Estado de natureza às primeiras formas de Estado. Como os indivíduos delegaram o uso exclusivo da força a uma entidade superior, assim os Estados também devem delegar a uma entidade supraestatal a solução pacífica dos contrastes interestatais. Esse é o caminho indicado pelo *pacifismo institucional* e, em particular, jurídico, visto que indica no desenvolvimento do direito internacional e supranacional o caminho para resolver os conflitos entre Estados. O remeter ao juízo de uma entidade superior (e não ao juízo das armas) é um processo ainda em curso, cujo objetivo último é a instituição de uma *civitas maxima* em que reinará a paz perpétua. São termos que aparecem também em Kelsen, defensor da paz por meio do direito.[146] Como todas as soluções evolutivas, o pacifismo institucional "é mais viável, mas menos eficaz que o pacifismo finalista" (que examinaremos daqui a pouco), todavia, "é mais eficaz, mas menos viável que o instrumental".[147]

Ao lado do pacifismo jurídico, Bobbio, em 1966, lembrava também um "pacifismo social", ou seja, um pacifismo que vê a causa das guerras não em todos os Estados, mas sim no Estado capitalista. Essa concepção estava ligada ao internacionalismo revolucionário próprio, sobretudo do marxismo-leninismo soviético: quando todos os Estados tivessem se tornado comunistas, não haveria mais guerras. Porém, visto que a teoria marxista prevê a decomposição e o desaparecimento do Estado, o pacifismo social acabava fazendo coincidir o fim das guerras com o fim dos Estados. Com a dissolução do bloco comunista e o fim do bipolarismo caiu também a teoria do pacifismo social.

Todavia, a história demonstra que a reforma das instituições sozinha (ou seja, do pacifismo institucional) não basta para garantir a paz. É necessário intervir também sobre as pessoas, visto que, afinal de contas, são as pessoas as que combatem nas guerras. O *pacifismo finalista* se propõe a induzir as pessoas a não participar das guerras, segundo um ditado dos objetores de consciência: "Pensa um pouco, tem guerra, e ninguém vai lutar". Esse caminho "é,

---

experimentadas até agora", portanto, "não existe nexo necessário nenhum entre marxismo e violência: o marxismo é uma teoria da revolução social e não apenas da política, e de consequência é uma justificação da violência somente enquanto seja necessária para os fins da revolução" (p.161-2).

146 Kelsen, Peace through Law. *Journal of Legal and Political Sociology*, 1943, p.52-67.
147 Bobbio, *Il problema della guerra e le vie della pace*, op. cit., p.92.

com certeza, mais eficaz que o primeiro [o pacifismo instrumental, ou seja, o desarmamento], mas é, ao mesmo tempo, menos viável".[148] Bobbio está convencido que a transformação antibelicista da natureza humana esteja ligada, até agora, a estímulos ético-religiosos, mais que a razões psicológicas ou psicanalíticas: "A prática da objeção de consciência é uma testemunha real da conquista da paz por meio de uma reforma moral".[149] Portanto, o pacifismo finalista se vale dos meios da pedagogia para realizar o objetivo da paz.

Porém, depois das distinções filosóficas e das avaliações morais, vem o momento das escolhas concretas. E Bobbio não escapa disso:

> Quando eu digo que a minha escolha é a de não deixar nenhum meio de promoção para a formação de uma consciência atômica, e que a filosofia que hoje não se dedica a esse caminho é um ócio estéril, não faço previsões. Limito-me a deixar entender o que, com todas minhas forças, queria que não acontecesse, embora no fundo da minha consciência tenha o pressentimento obscuro que acontecerá. Mas a aposta é muito alta para que não tomemos posição, cada um pela sua parte, embora as probabilidades de ganhar sejam muito pequenas.[150]

Infelizmente, a ocasião de tomar posição não demoraria a chegar. De fato, tinha passado apenas um ano da publicação do *Terceiro ausente* quando, no dia 2 de agosto de 1990, o Iraque invadiu o Kuwait, começando a primeira guerra do Golfo Pérsico. No dia 15 de janeiro de 1991 – dia em que expirava o ultimato do Conselho de Segurança da ONU que impunha ao Iraque retirar-se do Kuwait –, Bobbio foi entrevistado na televisão. Dois dias depois confirmava em uma entrevista ao *Corriere della Sera* a sua definição de "guerra justa" para essa guerra em curso, definição criticada por Zolo em *L'Unità*.[151]

Foi uma das muitas críticas mais uma vez baseadas em um mal-entendido: Bobbio tinha afirmado com precisão que com "guerra justa" entendia uma guerra legalmente justificada, enquanto os seus críticos entendiam o termo "justo" como "moralmente justo", operando, portanto, em um nível diferente. Repetia-se, aqui, a incompreensão que, cinquenta anos atrás, tinha acompanhado o debate sobre a noção de analogia, definida por Bobbio, em

---

148 Ibid.
149 Ibid., p.90.
150 Ibid., p.97.
151 Depois do artigo de Bobbio no *Corriere della Sera*, de 17 de janeiro de 1991, Danilo Zolo colocou a questão Una guerra giusta?, no jornal *Unità*, de 22 de janeiro de 1991, ao qual Bobbio respondeu com um outro interrogativo: Ci sono ancora guerre giuste?, no mesmo jornal e no mesmo dia: cf. Zolo, *L'alito della libertà*, op. cit., p.154, nota 22.

sentido estrito, no seu livro de 1938, enquanto os seus críticos a entendiam no sentido extensivo (cf. tópico 4.4).

Em uma carta a Zolo, Bobbio voltou a precisar a sua posição sobre a guerra justa:

> Eu mesmo reconheço que foi um erro de minha parte usar a palavra "justo", sem me dar conta de que podia ser interpretada de um jeito diferente de como eu a tinha entendido: simplesmente como guerra "justificada", enquanto resposta a uma agressão [...] Irritou-me o fato de que eu tenha me tornado o alvo fácil de todos os pacifistas de meia-tigela. Porém, acredito ter o direito de pretender que também os que continuaram acreditando na alternativa diplomática demonstrassem a mesma perplexidade que eu mostrei várias vezes em relação à opção da guerra. Em relação às suas considerações sobre a ONU e sobre as guerras da ONU concordo totalmente com você. De resto, o próprio secretário-geral disse que se tratou de uma guerra autorizada pela ONU e, apenas por isso, legal. (Aliás, "legal" é, desde Aristóteles, um dos dois significados de "justo".) Que, aliás, a ONU foi desautorizada durante o percurso, é absolutamente verdadeiro.[152]

Em geral, a tomada de posição de Bobbio suscitou uma série de polêmicas, fundadas predominantemente sobre mal-entendidos. De fato, ele julgava a situação do ponto de vista da sua teoria até agora examinada, mas quem o ouvia interpretava os termos "guerra justa", "legalidade", "eficácia", não a partir da teoria de Bobbio, mas, na melhor das hipóteses, segundo os seus esquemas mentais (ou segundo os seus preconceitos políticos). Bobbio pretendia sublinhar como "o único pacifismo verossímil fosse o institucional"; em vez disso, "nasceu disso um debate, em que a maior parte dos participantes afirmou que eu estava errado".[153]

Aqui sentimos concretamente também o problema da relação difícil entre intelectuais e política. A teoria de Bobbio sobre a paz e a guerra é uma reconstrução teórica cuidadosa, na qual os termos são definidos com precisão e, depois, analisados e subdivididos em categorias e subcategorias. Se o interlocutor parte de definições diferentes desses mesmos termos, a incompreensão recíproca está garantida. Se a essa consideração de fundo se adiciona a brevidade da comunicação televisiva, o calor do momento, ligado

---

[152] Norberto Bobbio a Danilo Zolo, Turim, 25 fev. 1991, ibid., p.154.
[153] Prefácio à quarta edição, de 15 de junho de 1997, p.VIII, de Bobbio, *Il problema della guerra e le vie della pace*, op. cit.

ao precipitar dos acontecimentos, e a clara divisão política entre apoiadores e adversários da intervenção militar direta no Iraque, nos damos conta das razões extracientíficas que levaram a interpretar mal a terminologia cuidadosa de Bobbio.

Na entrevista televisiva de 15 de agosto de 1990, o discurso de Bobbio era ainda teórico porque as tropas da aliança dirigida pelos Estados Unidos entraram no Iraque apenas em 17 de janeiro de 1991. Bobbio usou as dicotomias "guerra justa e injusta", além de "guerra eficaz e não eficaz", elaboradas nos anos anteriores. Fez referência ao fato de que a guerra do Golfo era justificada ("justa" no sentido jurídico) pelo fato de que constituía uma legítima defesa, aprovada pela ONU, contra a invasão de um Estado soberano como o Kuwait, e concentrou a sua análise sobre a eficácia duvidosa da eventual intervenção militar. Bobbio falava de guerra justa em termos jurídicos, enquanto os seus comentadores interpretavam esse juízo em termos éticos. Surpreendido por críticas acesas e distanciamentos cautelosos, Bobbio tentou precisar a sua posição em uma entrevista ao *Corriere della Sera*, contra a qual, entretanto, tomaram posição alguns docentes da Universidade de Turim com uma carta aberta. Os jornais italianos falavam já do "caso Bobbio", que foi retomado pelo *The Guardian*, com o artigo "Between Evils", de 25 de janeiro de 1991, e pela *Folha de S.Paulo*, com um comentário de Celso Lafer – que se proclama um "militante da difusão do pensamento de Bobbio" e que em 1992 se tornaria ministro das Relações Exteriores do Brasil – e com uma entrevista com Bobbio.[154]

Entretanto – enquanto estava terminando rapidamente aquela que era então a maior campanha militar depois da Segunda Guerra Mundial (acabaria de fato em 28 de fevereiro de 1991) –, Bobbio publicou, em 1º. de fevereiro, o artigo "La grande tragedia", "no qual escrevi que a controvérsia sobre a guerra justa, que tinha gerado muitas discussões exclusivamente doutrinais, tinha já se tornado inconclusiva diante da 'escolha trágica' da guerra". Os principais escritos dessa polêmica foram reunidos por Bobbio, com uma

---

154 A *Folha de S.Paulo* tinha publicado, em 22 de janeiro de 1991, um amplo artigo de Celso Lafer comentando a entrevista de Bobbio ao *Corriere della Sera*, de 17 de janeiro. Por sua vez, Bobbio tinha concedido a esse jornal uma entrevista sobre o artigo de Lafer, publicada em 29 de janeiro de 1991, que tinha aprofundado depois o tema no *Jornal do Brasil*, de 3 de fevereiro de 1991. Alguns desses textos se encontram agora em Celso Lafer, *Norberto Bobbio, trajetória e obra*. São Paulo: Perspectiva, 2012, 256p. (cf. especialmente p.77-84 e 88-92, com as cartas trocadas entre Lafer e Bobbio sobre esse tema).

introdução novamente explicativa e com um amargo comentário conclusivo: "Nunca senti como nessas horas a inutilidade de muitas palavras".[155]

6.6. Federalismo entre iguais: paz duradoura e liberdades democráticas

Na história da Unificação da Itália, a concepção centralizadora e monárquica vencedora foi acompanhada por uma vertente minoritária republicana e federalista vigorosa, mesmo que derrotada. Bobbio tinha se aproximado dessa concepção, sobretudo no final da guerra, com a leitura das obras de Carlo Cattaneo, recebidas em 1943 de Gioele Solari como presente de casamento.

Na ordem democrática que seguia a guerra, Bobbio afirmava um federalismo dúplice. A "força do Estado unitário centralizado", ou seja, a soberania nacional clássica era considerada, então, a causa da Segunda Guerra Mundial, e Bobbio propunha desmantelar essa causa por meio de um dúplice federalismo, por um lado europeu, e pelo outro, interno, instituindo aquelas regiões que a Constituição (então ainda em projeto) regulamentaria em 1948, mas que seriam realizadas apenas em 1970.[156] Essa visão de Bobbio antecipava temas que acompanhariam a política italiana por, pelo menos, cinco décadas sucessivas: para compreender o quanto Bobbio estava adiantado em relação ao seu tempo, basta pensar que – enquanto Bobbio propunha federalismos europeus e regionais, não implementados nem com os referendos de 2017 –, justamente ao lado do seu artigo, o jornal anunciava que as quatros potências ganhadoras tinham começado oficialmente o regime quadripartidário da Alemanha e que, em Berlim, talvez tivesse sido encontrado o cadáver de Hitler.

Em 1946, Bobbio esclarece o tipo de república que o Partido de Ação desejava instaurar. Recusa a república "parlamentar e centralizadora", como a francesa, porque a incerteza do apoio parlamentar torna o executivo fraco, e propõe para a Itália "uma república presidencial e autonomista". Nessa, "o

---

155 Bobbio, Una guerra giusta? Sul conflitto del Golfo, op. cit. As frases citadas estão na p.35. A entrevista de Marco Augusto Gonçalves (Bobbio discute a dimensão trágica da guerra. In: *Folha de S.Paulo*, 29 jan. 1991) está traduzida com o título "Certezze e congetture" nas p.67-75.
156 Em 1970 foram instituídas as regiões com estatuto ordinário. Quatro regiões com estatuto especial tinham sido instituídas já em 1948, enquanto a região do Friuli-Venezia Giulia foi instituída em 1963. Era apenas o começo de uma longa polêmica: ainda em 22 de outubro de 2017, as regiões Lombardia e Veneto organizaram um referendo de consulta para pedir uma maior autonomia.

chefe de Estado, que é também chefe de governo, é eleito diretamente pelo povo, e ele mesmo nomeia os ministros", os quais são responsáveis em relação a ele, e não ao Parlamento. Porém, "os poderes certamente consideráveis do presidente deverão ser limitados validamente pela reforma autonomista do Estado, reforma que constitui o outro ponto não menos essencial da reforma constitucional". Em conclusão, "nós consideramos que com uma república presidencial e autonomista teremos uma democracia mais estável e mais duradoura".[157]

Essa visão do federalismo dúplice deriva de Cattaneo, "um dos derrotados do Ressurgimento": nele, "ao lado da visão vertical do poder, na qual consiste a separação clássica dos poderes [...] aparece a divisão horizontal, ou seja, a divisão entre o poder estadual, o regional, o comunal".[158] Em relação à organização institucional italiana, Bobbio abandonou esse projeto de marca cattaneana logo depois, porque a Constituição, entrada em vigor em 1948, realizou uma república parlamentar, em que as autonomias locais tiveram um desenvolvimento tardio. Em alguns casos, a aspiração à autonomia local foi animada até mesmo por um anseio separatista, como no Movimento Independentista Siciliano, de 1943 a 1950, ou na Liga Padana, de 1982, que depois se tornou a Liga Norte.

Já antes da Libertação, formas federativas para a Europa tinham sido propostas, na convicção de que o vazio de poder, que viria depois da queda das ditaduras, teria enfraquecido os nacionalismos e favorecido a criação de estruturas supranacionais. Projetos de constituições federativas europeias foram escritos já antes da conclusão da guerra por Duccio Galimberti, morto pelos fascistas, em 3 de dezembro de 1944, e por Umberto Campagnolo, animador da Sociedade Europeia de Cultura, na qual nasceu *Política e cultura*, de Bobbio.[159]

Incentivos suplementares chegaram a Bobbio também pelos autores ingleses: como *A sociedade aberta e seus inimigos*, de Karl Popper,[160] tinha

---

157 Bobbio, Quale repubblica?. *Repubblica* (Giustizia e Libertà – Partito d'Azione), 12 maio 1946, p.1. Esse jornal era impresso pela Federação do Partido de Ação de Pádua e distribuído nesse colégio eleitoral.

158 Bobbio, Carlo Cattaneo, uno spirito laico. *PER. Periodico politico-culturale dei giovani repubblicani*, fev. 1979, p.14.

159 Galimberti; Rèpaci, *Progetto di costituzione confederale europea ed interna*, op. cit. (escrito entre 1942 e 1943); Campagnolo, *Verso una costituzione federale per l'Europa. Una proposta inedita del 1943*, op. cit.

160 Popper, *The Open Society and Its Enemies*. Londres: Routledge, 1945, 2v. (trad. bras: *A sociedade aberta e seus inimigos*. Belo Horizonte: Itatiaia, 1987).

revelado a Bobbio os mecanismos da democracia, assim, "quanto ao federalismo, descobri os escritores ingleses que fizeram várias propostas de superação da Sociedade das Nações e de constituição de um sistema federal internacional",[161] como Lord Lothian[162] e Lionel Robbins.[163] "Falo de 'descobertas' porque começava a defrontar-me com a tarefa do democrático e do pacifista militante, partindo do estado de ignorância, ao qual nos havia relegado o fascismo".[164]

A essas fontes temos que adicionar também o *Manifesto por uma Europa livre e unida*, de 1941, chamado também de *Manifesto de Ventotene*, que levava o nome da ilha em que o seu principal autor, Altiero Spinelli (1907-1986), cumpria o confinamento, ao qual tinha sido condenado pelo fascismo.[165] Esse texto era conhecido por todos os antifascistas e, continuando a tradição iluminista, via na afirmação das constituições republicanas a condição para uma ordem internacional pacífica, regida por estruturas federais. Visto que a soberania nacional (com o seu acompanhamento de *arcana imperii* e razão de Estado) é a causa das guerras, apenas o federalismo democrático poderia garantir uma paz duradoura, aliás, kantianamente perpétua.

Para alimentar o debate político em direção federalista, que fervia na Itália com a queda do fascismo, Bobbio publicou, em 1945, uma antologia de escritos de Cattaneo, cujo título – mesmo não presente em Cattaneo – exercia uma forte influência no imaginário social desses anos em que a Itália saía da guerra civil e da divisão entre o Norte, ocupado pelos nazistas, e o Centro-Sul, sob tutela dos aliados democráticos: *Stati Uniti d'Italia* [Estados Unidos da Itália].[166] Antes das páginas de Cattaneo, Bobbio colocou uma verdadeira

---

161 Bobbio, *De senectude. O tempo da memória*, op. cit., p.165.
162 Philip Henry Kerr, 11º marquês de Lothian (1882-1940), diplomata e político, autor de numerosos escritos (não confundi-lo com o atual romancista escocês Philip Kerr).
163 Durante a guerra, Ernesto Rossi tinha traduzido para a editora Einaudi o livro de Lionel Robbins, *Le cause economiche della guerra*. Turim: Einaudi, 1944, 119p., autor que Bobbio retoma no trecho citado.
164 Bobbio, *De senectude. O tempo da memória*, op. cit., p.165.
165 Cananzi (org.), *L'Europa dal Manifesto di Ventotene all'Unione dei 25*, com um ensaio de Norberto Bobbio, posfácio de Romano Prodi. Nápoles: Guida, 2004, 230p. O texto está disponível *on-line*, em <http://it.wikisource.org/wiki/Manifesto_di_Ventotene>. Outros documentos sobre o manifesto em <http://www.altierospinelli.org/manifesto/it/manifestoit_it.html> (sites consultados em 15 jan. 2018).
166 Cattaneo, *Stati Uniti d'Italia*, organizado por Norberto Bobbio. Turim: Chiantore, 1945, 344p. Depois de inúmeras reimpressões parciais do prefácio, o volume foi republicado com o nome dos dois autores: Carlo Cattaneo e Norberto Bobbio, *Stati Uniti d'Italia. Scritti sul federalismo democratico*, prefácio de Nadia Urbinati. Roma: Donzelli, 2010, 148p.

monografia de uma centena de páginas, que naquela época, com o seu típico *understatement*, intitulou simplesmente de "Introdução", mas que em seguida definiu "um dos meus escritos ao qual estou mais apegado".[167] No imediato pós-guerra, esse manifesto do federalismo de Bobbio foi acompanhado também pelos seus artigos sobre o federalismo, publicados no jornal do Partido de Ação, *Giustizia e Libertà* [Justiça e Liberdade], enquanto, nos anos sucessivos, o mesmo manifesto foi várias vezes retomado, no todo ou em parte.

Por meio de Cattaneo, Bobbio se insere na tradição dos grandes reformadores, do iluminismo italiano de Verri e Beccaria a Romagnosi, que foi o mestre de Cattaneo. O federalismo que Bobbio lê e aprende em Cattaneo se pode sintetizar em três pontos.

Em primeiro lugar, fiel à sua preferência pela democracia indireta (própria dos modernos) em comparação com a direta (de raiz rousseauniana), Cattaneo escolhe um federalismo que multiplique as formas de autogoverno, com um Estado respeitoso das autonomias locais e com uma federação respeitosa das autonomias nacionais. É um modelo de independência na interdependência, cuja abertura facilita os contatos entre as entidades e os níveis diferentes. O modelo rousseauniano, por sua vez, é um conjunto de pequenas democracias centralizadas. O primeiro modelo pode corresponder à federação, o segundo, à confederação. Na última década de sua vida, Bobbio teve que enfrentar o assim chamado "federalismo" da Liga Norte: um federalismo espúrio, excludente e ressentido, muito pouco aberto à interação, sobre o qual voltaremos no final deste item.

Em segundo lugar, a federação de Cattaneo é um programa político, não uma resposta de *Realpolitik* à situação da Europa na metade do século XIX. O seu projeto invertia o esquema existente da legitimidade política, ou seja, da soberania: o fundamento não era mais o Estado soberano, mas sim o conjunto das autonomias locais que – federadas de forma piramidal – reorganizavam de baixo as estruturas políticas preexistentes. A esse desenho revolucionário de *federação* se contrapunha, na Itália do século XIX, um desenho conservador de *confederação* entre os Estados existentes na península: cada um ficava fechado em si mesmo e delegava à confederação o mínimo possível de soberania. Tal projeto permitia conservar o Estado pontifício, cuja presença foi um problema espinhoso de política internacional que pesou sobre o processo inteiro de unificação (e muito além): o

---

167 Bobbio (*Tra due repubbliche*, op. cit., p.102) esclarece que essa Introdução a Cattaneo foi escrita "em 1944, nas horas de liberdade que me deixava o empenho de militância do Partido de Ação clandestino".

neoguelfismo[168] de Vincenzo Gioberti colocava o papa na presidência da confederação projetada.

Em terceiro lugar, Cattaneo via na república, e não na monarquia, a forma estatal que permitiria a federação na Itália e na Europa. Na posição de Cattaneo, Bobbio distingue os elementos direcionados ao passado daqueles direcionados ao futuro. Começando pelo dado histórico da Itália dividida em Estados monárquicos ou ligados às monarquias, "se o conjunto político italiano deveria se desmanchar", não se entendia por qual razão, "recompondo-se, não tivesse que ceder lugar a um Estado unitário", a uma "grande república". Mas aqui se revelava também o aspecto inovador de Cattaneo: o federalismo é, para ele, "a mais válida garantia da liberdade civil e da política", enquanto o Estado unitário é "inevitavelmente opressor, porque nivelador das diferenças; despótico, porque centralizador". Consequentemente, "o antídoto era a multiplicidade dos centros, autônomos não apenas administrativamente, mas também legislativamente".[169]

Em conclusão, Cattaneo fornece a linfa ao federalismo de Bobbio e, segundo Nadia Urbinati, "o federalismo ao qual faz referência Bobbio é, então, um federalismo como teoria da liberdade reinterpretada à luz das lutas dos séculos XIX e XX, para a inclusão na cidadania das mulheres e das classes trabalhadoras, para a emancipação da pobreza e da subordinação, seja dentro dos Estados, seja no mundo".[170] Por meio de Cattaneo, Bobbio busca um modelo de federalismo que, partindo dos Estados Unidos da Itália, abre o caminho para os Estados Unidos da Europa: "Federalismo europeu e federalismo no âmbito de cada um dos Estados nacionais são, pode-se dizer, o ponto de partida e o ponto de chegada do liberalismo de Cattaneo".[171]

Na Itália unida, a autonomia regional (reconhecida já na Constituição de 1948, mas realizada somente em 1970) não foi nem apresentada, nem sentida como uma transição rumo ao federalismo por parte do Estado unitário italiano, centralizado desde a sua origem. Enquanto a partir de 1950 a Itália participava da progressiva unificação da Europa, o federalismo, digamos assim, "interno", tornou-se um tema de atualidade política na Itália apenas a partir de 1989, quando alguns movimentos locais da Itália setentrional se unificaram em um partido chamado de Movimento Liga Norte, que, com algumas

---

168 Movimento cultural e político que se afirmou na Itália nas primeiras décadas do século XIX entre os católicos liberais. (N. T.)
169 Bobbio, Introduzione. In: Cattaneo; Bobbio, *Stati Uniti d'Italia*, op. cit., p.51-2.
170 Urbinati, *La federazione come politica di unità*, ibid., p.XVIII.
171 Bobbio, Introduzione, ibid., p.18.

mudanças no nome, participou da vida política italiana das décadas sucessivas ao lado das formações partidárias de Silvio Berlusconi. Objetivo da Liga Norte era o "federalismo" das regiões da Itália setentrional, identificadas em uma "Padania", de enigmática realidade geopolítica.

Na verdade, a Padania imaginária servia simplesmente para expressar a desunião da Itália, ou seja, o fato de que a Itália tinha sido feita, mas não os italianos. Já encontramos teorizada essa Padania, em 1846, pelo general Giacomo Durando, que propõe organizar futuramente a península como Eridania (ou seja, a Padania, a região do rio Pó, com os seus diferentes nomes clássicos), Itália dos Apeninos e Itália insular.[172] A proposta precursora de Durando expressava a consciência da dificuldade intrínseca na tarefa ainda a ser levada à realização: aquela federação italiana inicial, em sua opinião, não poderia ser realizada durante o século XIX.

A abordagem da Liga Norte é totalmente diferente. Partindo de um Estado unitário como a Itália, o seu projeto de federalismo mascarava, na verdade, uma secessão, cuja inviabilidade prática obrigou esse movimento a voltar prudentemente ao pedido de um federalismo fiscal, fundado no "etnonacionalismo": os impostos dos lombardos ficam com os lombardos. Em um primeiro momento, essas posições políticas se inspiravam nas doutrinas de Gianfranco Miglio (1918-2001), discípulo de Alessandro Passerin d'Entrèves e, depois, professor na Universidade Católica de Milão.[173] Eleito para o Senado como independente da Liga Norte, afastou-se dela em 1994, decepcionado pela aliança com Berlusconi: "Para Bossi", declarou sobre o secretário da Liga, "o federalismo foi apenas instrumental para conquistar e manter o poder. O seu último *exploit* foi o de ter conseguido tirar de Berlusconi cinco ministros".[174] Não é este o local para acompanhar os acontecimentos governamentais desse federalismo improvisado e instrumental; é importante, em vez disso, ver como Bobbio reagiu a isso.

---

172 *Della nazionalità italiana*, ensaio político-militar de Giacomo Durando de Mondovì, Lausanne: S. Bonamici e Compagni Tipografi-Editori, 1846, 449p. O mapa intitulado *Italia divisa nelle sue tre regioni Eridania, Appennina e Insolare* é um verdadeiro mapa geopolítico, reproduzido em Losano, *La geopolitica del Novecento*, op. cit., p.115 (sobre Durando, p.120-7) e Losano, Alle origini della geopolitica italiana. Il generale Giacomo Durando (1807-1894) dal '2º Regimento da Rainha' al Risorgimento italiano. *Estudos Italianos em Portugal*, n.s., 2011, n.6, p.47-64.
173 Miglio, Vocazione e destino dei lombardi. In AA.VV. *La Lombardia moderna*. Milão: Electa, 1989, republicado in Miglio, *Io, Bossi e la Lega. Diario segreto dei miei quattro anni sul Carroccio*. Milão: Mondadori, 1994, 96p.
174 Gianluigi Rold, Miglio: Con Bossi è un amore finito. *Corriere della Sera*, 17 maio 1994, p.4.

Em 1996, quando a Liga Norte propôs "eliminar todos os professores meridionais das escolas do Norte" e declarar "a independência da Padania", Bobbio escreveu um artigo que tinha um tom não habitual a ele, o tom do desabafo: "Estou horrorizado pela pobreza dos argumentos desses personagens e pela vulgaridade da sua linguagem. [...] Tendo falado todo o mal possível contra a Liga desde o começo, retomo o discurso mesmo que possa ser pela última vez". Esses organizadores de um "movimento subversivo" se dão conta – pergunta-se – de que "a Padania se prepara para tornar-se um Estado racial?". Além disso, o que é a "Padania"? Nem os chefes da Liga concordam na indicação dos seus limites; e como determinar, portanto, os habitantes? "Se não se estabelece quem e quantos são os cidadãos do novo Estado, quem tem o direito de votar em um eventual plebiscito?". Mas os argumentos racionais não influenciaram a "irresponsabilidade" dos *leghistas*, cujo objetivo é "desfazer a Itália. Desfazê-la como? Tem alguém que entendeu isso?".[175] Bobbio recorre a esse tom fustigante, que lhe é incomum, porque o interlocutor não oferece argumentos racionais para uma discussão, mas sim recorre apenas a um uso instrumental da terminologia federalista para alcançar o poder. Alguns anos antes, como acabamos de ver, Gianfranco Miglio, ideólogo da Liga, mas não inculto, também tinha chegado à mesma conclusão.

A partir de 1994, o defensor da secessão mascarada de federalismo e o *manager* televisivo passado à política para tutelar os seus interesses dominarão a cena política italiana. Anos depois, os retratos que Bobbio delineou deles, com dureza incomum, são realistas, mas (à luz dos sucessivos eventos que lhe foram poupados) quase benevolentes: "Bossi me parece uma pessoa vulgar, ignorante e, em seu comportamento em relação aos diferentes, também racista. Inventou a Padania, um país que nunca existiu nem histórica, nem geográfica, nem culturalmente, que não se sabe onde nasce e onde acaba. Nem mesmo ele sabe." [176] O líder padano será, por anos, o parceiro do *tycoon* televisivo:

> Berlusconi, inteligente e obstinado, inescrupuloso, é um homem de poder que, após ter conquistado o poder econômico, voltou-se, com sucesso, para a

---

175 Bobbio, Voglio restare italiano (Sulla "secessione" padana). In: *Il dubbio e la ragione*, op. cit., p.93-5, artigo publicado em *La Stampa* de 14 de setembro de 1996.
176 Bobbio, "Sconcertato e sconfortato", entrevista concedida a Alberto Papuzzi. In: *La Stampa*, 22 abr. 2000, p.59-60. (Trad. bras.: "Desconcertado e desconsolado". In: *Contra os novos despotismos. Escritos sobre o berlusconismo*. Trad. Erica Salatini. São Paulo: Editora Unesp/Instituto Norberto Bobbio. 2016, p.79.)

conquista do poder político. Sofre ou, se preferir, goza de um soberbo complexo de superioridade: lembram-se de quando se apresentou pela primeira vez na ribalta da política como o ungido do Senhor, que é, para quem não sabe, Jesus Cristo? Tem uma infalível capacidade de dar a entender, de um lado, que ele é perseguido, do outro, que sua tarefa é a de livrar a Itália do comunismo. [177]

A clamorosa derrota eleitoral da centro-esquerda, em 2000, deixou Bobbio "desconcertado e desconsolado": "estou mortificado de ver os italianos se entregarem inertes a dois personagens como Berlusconi e Bossi".[178]

6.7. Os vinte anos de governo Berlusconi e a democracia ofendida

Os vinte anos de governo de Silvio Berlusconi duram desde a sua entrada na política, em 1993, até a sua candidatura, em 2012, para as eleições políticas de 2013, quando aspirava ao seu quinto mandato como premier.[179] Podemos falar de vinte anos, embora tenham sido interrompidos pelos dois governos chefiados por Romano Prodi, o primeiro em 1996-1998 e o segundo em 2006-2008,[180] porque esses governos de centro-esquerda se revelaram incapazes de ter um impacto sobre a arquitetura do poder de Berlusconi, de modificar ou revogar as leis *ad personam*, de intervir sobre a lei eleitoral definida "uma porcaria" pelo seu próprio autor e, sobretudo, de regulamentar o conflito de interesses de Berlusconi, devido ao seu poder econômico e midiático, associado ao seu poder político. Para Berlusconi, o ano de 2013 foi o ano da derrota eleitoral e da condenação de terceiro grau por fraude fiscal, com o correspondente confisco do cargo de senador (baseada na Lei Severino, votada em seu governo anterior) e a prestação de serviços sociais como alternativa à prisão ou à prisão domiciliar por causa da sua idade avançada. Todavia, mesmo com essas desventuras, Berlusconi continuou sendo uma figura central da política italiana.

---

177 Ibid.
178 Ibid., p.78
179 Foi presidente do Conselho dos Ministros em 1994 (XII Legislatura), em 2001-2005 e em 2005-2006 (XIV Legislatura) e em 2008-2011 (XVI Legislatura).
180 A esses devemos adicionar os governos técnicos, de breve duração e nascidos não por meio de eleições, mas sim pela designação do presidente da República, para enfrentar situações de emergência: governos Amato (1992), Ciampi (1993), Dini (1994), Monti (2012). Antes destes, o único governo técnico tinha sido o de Giuseppe Pella, em 1953.

Já foi lembrada aqui a posição alarmada de Bobbio quanto a esse "partido fantasma" com um estatuto impossível de encontrar e cheio de lacunas (cf. Capítulo 3) e com o descontrolado liberalismo econômico desses governos. Na última década de sua vida, Bobbio confirmou a sua desconfiança em relação aos governos de centro-direita, chefiados por Berlusconi, em alguns escritos que serão aqui lembrados sinteticamente. Esses se conectam com escritos teóricos anteriores, dos quais constituem uma aplicação, mas raramente um aprofundamento, porque o filósofo está diante de situações politicamente extremas, mas culturalmente inconsistentes. O próprio tom de seus escritos se torna diferente, quase agressivo.

Em um artigo na primeira página de *La Stampa*, retorna a defesa da divisão dos poderes, já encontrada na análise de *Política e cultura*. Bobbio retoma um artigo anterior de Zagrebelsky (e a análise de Michael Walzer) que sublinhava o perigo inerente à concentração dos poderes econômico, político e cultural (ou seja, televisivo) na pessoa de um chefe de governo que proclamava a si mesmo como liberal-democrata:

> Faz tempo que alguns homens políticos, em primeiro lugar, o fundador da Fininvest, estão garantindo que será sua tarefa abrir, na Itália, também uma área liberal-democrata. Para reforçar essa promessa, sustentam que a Itália foi, até agora, um país de "socialismo real", como se esses campeões da liberdade tivessem sido submetidos, nesses anos, a quem sabe quais persecuções, encarceramentos, enviados para campos de concentração, exilados, e não tivessem gozado, ao contrário, descaradamente das vantagens do regime.[181]

Bobbio se refere aqui às leis promulgadas pelo governo Craxi em favor das televisões de Berlusconi.

Essa identificação da Itália pré-Berlusconi como submetida a um imaginário governo comunista tem seu objetivo concreto, que Bobbio individua na posição hiperliberalista do grupo de Berlusconi, hostil não apenas a qualquer forma de intervenção, mas também de controle por parte do Estado:

> Acredito que Força Itália tenha uma ideologia. Talvez seja uma ideologia apenas negativa, a ideologia do antiestatismo em contraposição ao estatismo que Berlusconi atribui a toda a esquerda. Uma ideologia antiestatista em nome do mercado que, mesmo se negativa, consegue se difundir, mesmo porque

---

[181] Bobbio, Berlusconi e i tre poteri. Separazione come arte liberale. *La Stampa*, 10 fev. 1994, p.1 e 10; também em: Quattro riflessioni sulle vicende italiane, op. cit., p.101.

Berlusconi identifica o estatismo com o comunismo e conseguiu convencer que a Itália, que já foi estatista, foi comunista. O que significa que, para libertar a Itália do comunismo, é necessário libertá-la também do estatismo.[182]

No dia seguinte a esse artigo de Bobbio, uma longa carta de Berlusconi explicava: "Eu fiz um corte radical com o meu papel de empresário e de editor", como se tivesse colocado as suas empresas em um *blind trust*. Depois defendia a TV comercial (ou seja, a sua), sem a qual "a Itália seria hoje o único país no mundo, além da Romênia, com uma informação de Estado em regime de monopólio" e confirmava a sua "batalha pela liberdade de mercado e de empresa, em uma sociedade livre e solidária".[183]

Afirmações pelo menos imprudentes, e os jornais se lançaram em uma caça aos erros. Bobbio também participou disso,[184] e a ele, todavia, não interessavam os erros políticos, mas sim os estritamente doutrinais, provocados pela leveza com a qual o governo lançava afirmações pesadas, como o direito do governo de ocupar as posições-chave do Estado (*spoil system*), a contínua substituição do conceito de Estado com o de governo ou a polêmica contra os "poderes fortes" que dificultariam a atividade do novo governo. Um ministro ex-neofascista indicou até a Corte Constitucional como um desses "poderes fortes" que deveriam ser silenciados, ou aos quais se deveria amordaçar: por isso foi chamado de "fascista" por Giorgio Galli della Loggia no *Corriere della Sera* – comentarista e jornal não suspeitos de esquerdismo.

Bobbio considera que "na base de todos esses erros de gramática esteja um verdadeiro erro de sintaxe": o erro consiste em querer agir fora do âmbito das leis em vigor, ou seja, fora do Estado de direito, entendido como o Estado em que "todos os cidadãos, e mais ainda os governantes, são submetidos a leis cujo objetivo é limitar o seu poder". Sobre esse assunto, o grupo de Berlusconi nunca mudou de opinião e nos seus diferentes governos, quando lhe foi possível, modificou as leis que não combinavam com os planos políticos ou, pior, com os interesses econômicos ou judiciários do presidente do Conselho. Nesse primeiro governo estava acontecendo um choque frontal sem uma tentativa de acordo – a essência da democracia – que em Bobbio suscitava o medo de uma saída já experimentada pela Itália: "O muro contra muro, de

---

182 Bobbio, *Contra os novos despotismos*, op. cit. p.98; diálogo por sua vez retirado do volume Bobbio; Viroli, *Dialogo intorno alla repubblica*. Roma-Bari: Laterza, 2001.
183 Berlusconi, Vi spiego perché non sono un despota. *La Stampa*, 11 fev. 1994, p.5.
184 Bobbio, I poteri e le leggi. *La Stampa*, 15 ago. 1994, p.1-2; também em: *Quattro riflessioni sulle vicende italiane*, op. cit., p.107-9.

1922 e de 1948, acabou do jeito que acabou, com um regime. Fique bem claro que não me passa pela cabeça colocar no mesmo plano o regime fascista e o democrata-cristão, mas ambos foram longos governos sem alternativas".[185] Uma previsão destinada a se realizar, visto que outros governos chefiados por Berlusconi seguiram o criticado por Bobbio.

Porém, esse primeiro governo – que, em 10 de maio de 1994, tinha se apresentado como "o novo que está avançando" – caiu, já em 17 de janeiro de 1995, e parecia que tivesse voltado a época da Primeira República. Bobbio delineia um balanço relâmpago:

> Resumindo: muitos partidos, portanto governos de coligação; governos de coligação, portanto instáveis; governos instáveis, portanto de curta duração. O novo está onde? [...] Sim, tem o novo e é a interpretação que o presidente do Conselho [...] fornece da Constituição, continuando a afirmar, não obstante o aviso cortês, mas firme do presidente da República, que o Parlamento, tendo retirado a confiança concedida a ele após as eleições, é (apenas por isso?) deslegitimado. Mas não se dá conta que se trata de um verdadeiro erro de gramática? No artigo 94 da Constituição, se lê: "Cada uma das Câmaras concede ou revoga a confiança..." ao governo que "deve ter a confiança das duas Câmaras"; em suma, é o Parlamento que tira a confiança do governo, e não o contrário.[186]

Parece ouvir novamente, em versão italiana, essa *Buckover Elegie*, de Bertolt Brecht, intitulada *La soluzione* [A solução]. Quando, depois da revolta de 17 de junho de 1953, na República Democrática Alemã foi distribuído um folheto filogovernista, no qual se lia que "o povo tinha perdido a confiança no governo, e podia reconquistá-lo apenas trabalhando em dobro", Brecht propunha: "Mas não seria mais simples se o governo dissolvesse o povo e elegesse um outro?".[187]

---

185 Bobbio, La democrazia gracile. *La Stampa*, 20 nov. 1994, p.1 e 4; também em: Quattro riflessioni sulle vicende italiane, op. cit., p.110-2.

186 Bobbio, Il vecchio che torna. *La Stampa*, 6 jan. 1995, p.1 e 6; agora também em: *Verso la Seconda Repubblica*, op. cit., p.81-3.

187 "Nach dem Aufstand des 17. Juni / Ließ der Sekretär des Schriftstellerverbands / In der Stalinallee Flugblätter verteilen / Auf denen zu lesen war, daß das Volk / Das Vertrauen der Regierung verscherzt habe / Und es nur durch verdoppelte Arbeit / Zurückerobern könne. Wäre es da / Nicht doch einfacher, die Regierung / Löste das Volk auf und / Wählte ein anderes?" Bertolt Brecht, *Ausgewählte Werke in sechs Bänden*, Band 3: *Gedichte*. Frankfurt am Main: Suhrkamp, 1997, p.404 ["Após a insurreição de 17 de junho / O secretário do Sindicato dos Escritores / Mandou distribuir folhetos na avenida Stálin / Declarando que o povo / Se tornara indigno da

As tomadas de posição de Berlusconi não contêm análises sutis: por exemplo, "argumenta-se", escreve Bobbio, que "o sistema parlamentar acabou. Mas como? Em uma constituição rígida, como a nossa, não é suficiente uma reforma eleitoral para abolir uma norma fundamental como o artigo 94", que regulamenta o sistema de confiança das duas Câmaras ao governo. De qualquer forma, depois da queda do governo, era necessário constituir outro, e aqui Bobbio expressa a sua aversão total a um futuro governo Berlusconi:

> Todavia me pergunto se confiar outra vez o governo a Berlusconi não devolva um imerecido favor a quem, nestes meses, se caracterizou por ter feito o que absolutamente não deveria fazer, como pôr as mãos sobre a RAI [rádio-televisão de Estado] ou atrapalhar os juízes de Mãos Limpas, e, pelo contrário, não cumpriu o seu primeiro dever, que era o de providenciar uma reforma eleitoral, pretendida por todos os partidos, e sem a qual não era possível [...] realizar novas eleições.[188]

Ao primeiro governo Berlusconi seguiu o governo técnico de Lamberto Dini, que manteve o cargo de 17 de janeiro de 1995 a 17 de maio de 1996. Os ataques da direita contra esse governo foram violentos e Bobbio os criticou em um breve escrito, datado de 27 de abril de 1995.[189] O texto de Bobbio abre mão das argumentações politológicas diante da arrogância de Berlusconi, que tinha se definido "ungido do Senhor" ("a insolência de Berlusconi ultrapassou todos os limites"), e ao servilismo dos seus seguidores ("um bando de grupos muito diversos entre si, unidos apenas pela corrida pelo poder"). Diante do governo técnico de Dini, Berlusconi afirmava que na Itália não existia mais democracia (argumento que voltou também em 2011 contra o governo Monti), enquanto Bobbio fazia observar, obviamente, que o governo Dini tinha sido instalado segundo as regras constitucionais. A verdadeira anomalia democrática, reforça Bobbio, a partir também das críticas da Comissão Europeia *antitrust*, "é o fato sem antecedentes, que um homem comece a carreira política possuindo meios de comunicação de massa excepcionais".

---

confiança do governo / E só à custa de trabalho dobrado / Poderia recuperá-la. Não seria / Mais simples então que o governo / Dissolvesse o povo e / Elegesse outro?"]
188 Bobbio, Il vecchio che torna, op. cit., p.6.
189 Bobbio, Prima e dopo le elezioni, p.125-30 (texto anteriormente inédito). In: Nuove riflessioni sulle vicende italiane, p.113-30. In: Gruppo di Resistenza Morale. *Argomenti per il dissenso. Nuovo, non nuovo*, op. cit.

Até o fim dos seus dias, Bobbio manteve a fé na sua posição expressa em 1995. Por isso, esse exame da sua análise da política italiana desses anos pode ser concluído com o juízo, sem apelação, formulado nesse mesmo ano pelo amargurado filósofo, já com 86 anos:

> Estou preocupado com a ideia de que um personagem sem muitos princípios, mas com muitíssimos interesses, que eu considero nefasto para a educação moral e civil dos italianos, possa se tornar, novamente, democraticamente, o chefe político do país. Democraticamente, quer dizer, com o consenso da maioria, mesmo que apenas relativa, dos eleitores.[190]

Em linhas gerais, esses eram os temores nos quais se baseava a polêmica de Bobbio contra os governos Berlusconi. Essa polêmica ocupou os últimos anos da sua vida e encontrou um reflexo em vários escritos, entre 1994 e 2001, parcialmente reunidos em um pequeno volume de 2008. A sequência de artigos, não apenas em *La Stampa*, demonstra o quanto Bobbio acompanhou, de perto, os acontecimentos políticos de Berlusconi, até quase os 92 anos.[191] Os artigos publicados em 2001 estão entre os últimos escritos por Bobbio, se não forem os últimos mesmo.[192] Alberto Papuzzi, que o entrevistava em abril de 2000, observa: "Por mais que [Bobbio] continue a seguir de perto a vida pública e mantenha o hábito de escrever cartas, o autor de *Direita e esquerda* que, em outubro, completará 91 anos, tende a se considerar agora um observador mais distante da cena política".[193]

---

190 Bobbio, Prima e dopo le elezioni, op. cit., p.128.
191 La Stampa: Separatismo liberal, 10 fev. 1994; Aquela Itália modelo Berlusconi, 20 mar. 1994; A esquerda assusta a Itália, 30 mar. 1994; O partido fantasma, 3 jul. 1994; O direito de fazer perguntas, 9 jul. 1994 (e também: *L'Unità*, entrevista: "Insisto: quem financia Força Itália?", 9 jul. 2001); Os poderes e as leis, 15 ago. 1994; A democracia precária, 16 abr. 1995; O derrotismo de Bertinotti, 27 abr. 1995; Limites entre a política e o poder da TV, 21 maio 1995; O conflito e seu verdadeiro nó, 28 maio 1995; A lição dos doze *referendum*, 13 jun. 1995; A regra da democracia, 17 abr. 1996; entrevista: "Desconcertado e desconsolado", 22 abr. 2000; Loucura itálica, 22 out. 2000; entrevista: "Esta direita não é liberal", 27 out. 2000; Um político pode se denominar "ungido pelo Senhor"?, 26 abr. 2001. A esses artigos devem ser adicionados: *La Repubblica*, entrevista: "Autoritário ou inexperiente?", 9 jun. 1994; *L'Unità*, O fim da esquerda, 9 out. 1997. Todos esses artigos estão em Bobbio, *Contra os novos despotismos*, op. cit.
192 Um político pode se denominar "ungido do Senhor"?, *La Stampa*, 26 abr. 2001, e Vence com a publicidade, *Reset*, 2001, n.64. Ambos em: Bobbio, *Contra os novos despotismos*. op. cit., p.95-6 e 91-2.
193 Bobbio, *Contra os novos despotismos*, op. cit., p.77.

É surpreendente descobrir como, alguns anos depois desses artigos de jornal ou dessas entrevistas, seja hoje difícil reconstruir em detalhe os eventos individuais aos quais Bobbio fazia referência, frequentemente de forma implícita: eram acontecimentos do dia, presentes na mente dos leitores ou até na mesma página em que Bobbio publicava o seu comentário. Hoje é possível reconstruir esses acontecimentos voltando ao jornal, cujo acervo digitalizado facilita esse aprofundamento. Um instrumento útil de orientação são também as cinquenta páginas de cronologia dos acontecimentos políticos italianos entre 1989 e 1996,[194] incluídas no apêndice de uma coletânea de artigos de Bobbio que seguem em detalhe os fatos desses anos.

Nos vinte anos de governo de Berlusconi os argumentos do populismo se mantiveram inalterados, e inalteradas se mantiveram as críticas de Bobbio. Seria, portanto, minucioso demais acompanhar os escritos militantes de Bobbio, mesmo nos focando nos escritos reunidos em vários volumes.[195] A sucessão dos acontecimentos não fazia mais que confirmar as críticas de fundo que Bobbio tinha formulado até a aparição de Berlusconi na cena política. Para concluir esse aspecto da análise política de Bobbio, é útil deter-nos em um escrito mais aprofundado, embora breve: de fato, a essência das críticas de Bobbio ao berlusconismo agressivo, mas também aos seus fracos adversários, já está presente em 1994, em um artigo publicado em *Il Ponte*.

A ocasião para esse balanço veio dos cinquenta anos da fundação de *Il Ponte*, a revista fundada no final da guerra por Piero Calamandrei. O jurista de Florença tinha feito desenhar também o que hoje chamaríamos de "logo", do qual a revista recebe o nome, e ao qual Bobbio faz referência: uma ponte arruinada, reduzida a duas arcadas destruídas, unidas por um eixo sobre o qual passa um homenzinho com uma enxada no ombro. Esse logo deveria representar simbolicamente a vontade de reconstruir – material e moralmente – o que o fascismo tinha destruído.

Cinquenta anos depois, Bobbio se pergunta: "Mas como é? O homenzinho está ainda no mesmo ponto desse eixo vacilante, ainda não passou para o outro lado, a ponte ainda não foi reconstruída?". Assim, o logo de *Il Ponte* se torna o símbolo da república que permaneceu inacabada. "Fechou-se um ciclo histórico que durou meio século, exatamente como tinha durado meio século o período passado entre a Unificação [da Itália] e o advento do

---

[194] Rovero, La politica in Italia 1989-96. Cronologia dei principali avvenimenti. In: Bobbio, *Verso la Seconda Repubblica*, op. cit., p.149-98.

[195] Bobbio, *Verso la Seconda Repubblica*, op. cit.; Id., *Contra os novos despotismos*, op. cit.; Bobbio; Viroli, *Dialogo intorno alla repubblica*, op. cit.

fascismo. Recomeçar, claro, mas de onde?".[196] E logo depois tomam forma os temores de Bobbio, que em 1994 tinha presente o processo de Mãos Limpas, que cancelou o Partido Socialista da cena política italiana e acabou com a Primeira República. Bobbio é homem da Primeira República nascida da Resistência e pensa nela quando escreve essa dura opinião:

> A república, a "nossa república", acabou mal, embora não na violência das facções opostas, como frequentemente tinha nos ocorrido temer. Acabou na desonra, e não diante do Tribunal da História, como acabaram as grandes épocas, no bem e no mal, mas, um caso sem antecedentes, acredito, diante de um tribunal de homens, de carne e osso, onde juízes e advogados brigam pela aplicação deste ou daquele artigo do código penal. Acabou da pior forma, pior até do que os mais severos detratores já previram.

Em 1994, Bobbio não podia ter sob os olhos os crimes não apenas comuns, mas também hediondos, que nos vinte anos seguintes teriam prejudicado também a Segunda República, mas, mesmo assim, escrevia este duro julgamento dos homens que, sob o signo do populismo, estavam tomando o controle do Estado. A comparação com a própria Primeira República e com os seus pais – Parri, Einaudi, De Gasperi, Nenni, Togliatti, La Malfa – é arrasadora.

> Mas se chegamos até este ponto, mesmo tendo cumprido os primeiros passos guiados por uma classe dirigente digna deste nome, pergunto-me com bastante preocupação para onde acabaremos, começando o novo caminho muito mais embaixo. Não da terra, mas do subsolo, parece-me que saiu o encantador plebeu, o qual é acompanhado pelos grandes demagogos e os grandes oportunistas em nome da, ouçam!, liberal-democracia. A única esperança que nos resta é que mais para baixo disso não podemos ir, e que, uma vez chegados até o fundo, e ainda não chegamos até ele, seja possível subir de novo, cumprindo durante a Segunda República o caminho oposto ao da primeira.[197]

Vinte anos depois dessa veemente constatação retorna à mente uma – temo que profética – charge de Tullio Altan, publicada na época do processo de Mãos Limpas: "Chegamos ao fundo, e aqui estamos muito bem".

---

[196] Bobbio, Cinquant'anni e non bastano, Il Ponte, 1, 1994, n.1, p.8. Esse artigo é reproduzido (às p.245-6) com todos os outros artigos de Bobbio publicados em Il Ponte em: Cinquant'anni e non bastano. Scritti di Norberto Bobbio sulla rivista "il Ponte" 1946-1997 [...] Fondazion Monte dei Paschi di Siena, Firenze, 2005, 280p.
[197] Bobbio, Cinquant'anni e non bastano, op. cit., p.10.

7
Democracia e laicidade em Bobbio, homem da razão e não da fé

7.1. Bobbio e a tradição italiana do laicismo

O laicismo italiano tem uma história mais intensa que a dos movimentos europeus equivalentes, por causa da presença de um amplo Estado pontifício no centro da península. Com o Ressurgimento, a formação do Estado unificado impunha, portanto, a confrontação e, possivelmente, a eliminação do Estado pontifício, ou seja, do poder temporal dos papas. O liberalismo italiano do século XIX foi, portanto, laico; inclusive, diante da inevitável resistência do poder temporal, foi também anticlerical e, em certa medida, maçônico. Na esteira dessas tradições nascem, ainda hoje, desconfianças e mal-entendidos diante de qualquer movimento que se declare laico. Daí as constantes tomadas de posição da Igreja católica contra o laicismo (e também contra o "relativismo", atitude intelectual que acompanha inevitavelmente o laicismo).

O laicismo turinense deve ser colocado no contexto desse longo conflito social, político e religioso, que explodiu no Ressurgimento e encontrou uma solução provisória apenas com a Concordata de Mussolini com o Vaticano, em 1929. Revendo brevemente a história do laicismo, percebe-se como o laicismo de Bobbio continua uma tradição que remonta ao Estado piemontês pré-unificação: separação entre Estado e Igreja, respeito pelas religiões, desconfiança em relação aos padres.

7.1.1. A EVOLUÇÃO DO CONCEITO DE LAICISMO

A história do laicismo tem raízes antigas, visto que "laico" deriva do termo *laikòs*, com o qual a Grécia clássica indicava o "povo" (diferente de *demos*). Por meio do latim de Tertuliano, o termo entrou na linguagem da Igreja cristã, para indicar quem, nela, não fazia parte do clero. A dupla original de antônimos era, portanto, *clericus/laicus*, e nesse sentido dura ainda hoje.

O contraste entre Igreja e Império, entre governo eclesial e governo civil do povo atravessa os séculos e os marca com lutas sangrentas. Temos o clericalismo (ou confessionalismo) quando uma Igreja institucional intervém em âmbitos da sociedade civil que esta última considera não religiosos. E a sociedade civil, laicamente, reage. Por outro lado, o laicismo reivindica a autonomia de qualquer atividade e, portanto, a Igreja faz referência a ele também quando exclui a ingerência do Estado no âmbito religioso. O laicismo não é, portanto, uma característica da sociedade civil, mas sim um princípio geral a partir do qual qualquer atividade deve ser realizada sem interferências de regras externas. O uso do mesmo termo, partindo de posições diferentes e opostas gera mal-entendidos e obscuridade, como veremos.

A formação de uma ampla oposição à ingerência das igrejas na vida do Estado começou com o Iluminismo e com a Revolução Francesa. Assim, o laicismo foi entendido como uma doutrina filosófica, que recusava as verdades reveladas pelas religiões e se baseava cada vez mais em verdades demonstradas pelas ciências, ou como doutrina política, que pretendia reduzir ou excluir a ingerência das igrejas nos assuntos do Estado.

O clericalismo gerou reações de luta e de intervenção do Estado contra a Igreja. Com o século XIX, o anticlericalismo tomou um significado cada vez mais polêmico.[1] Pense-se nas medidas "laicas" dos ministérios Waldeck-Rousseau e Combes na Terceira República francesa ou no *Kulturkampf* de Bismarck;[2] ou na revista *L'Avenir* de Lamennais, que fazia referência ao princípio "Igreja livre no Estado livre", estabelecido na Bélgica em 1830, e adotado também por Cavour na luta pela unificação da Itália. Esse debate

---

1 Faguet, *L'anticléricalisme*. Paris: Société Française d'Imprimerie et de Librairie, 1906. 381p.; Weill, *Storia dell'idea laica in Francia nel secolo XIX*. Bari: Laterza, 1937. 363p. (ed. orig.: *Histoire de l'idée laïque en France au XIX siècle*. Paris: Alcan, 1929. 376p.). Cf. também Pena-Ruiz, *Dieu et Marianne. Philosophie de la laïcité*. Paris: PUF, 2001, 378p.; Baubérot, *Histoire de la laïcité en France*. Paris: PUF, 2013, 127p. (6.ed.).
2 Uma lista dessas medidas anticlericais está no fim do verbete "Anticlericalismo". In: Bobbio; Matteucci; Pasquino (orgs.), *Dicionário de Política*, op. cit.

é tipicamente europeu (ou melhor, ocidental) e seria dificilmente pensável em contextos regidos por religiões diferentes do cristianismo, como o islã, o budismo ou o xintoísmo.[3]

O laicismo (ou anticlericalismo) de Estado assumiu aspectos diferentes nos diferentes Estados europeus, mas em todos eles expressou a relação difícil entre modernidade europeia e a tradição cristã e, em particular, católica.[4] Na Alemanha, o laicismo foi designado como "secularização" (*Säkularisation* ou *Säkularisierung*)[5] e na Inglaterra, como *Secularism*,[6] e expressou mais um movimento político que uma atitude de pensamento contrária às verdades reveladas e, portanto, absolutas. Em 1922, Carl Schmitt observava que "todos os conceitos incisivos da doutrina moderna do Estado são conceitos teológicos secularizados".[7]

---

3 Para uma comparação com a situação ocidental cf. por exemplo: Kajon, *Ebraismo laico. La sua storia e il suo senso oggi.* Assisi: Cittadella, 2012, 183p.; Cardia, *Le sfide della laicità: etica, multiculturalismo, Islam.* Cinisello Balsamo: San Paolo, 2007, 202p.; Asad, *Formations of the Secular: Christianity, Islam, Modernity.* Stanford: Stanford University Press, 2003, 269p.; Yared, *Secularism in the Arab World, 1850-1939.* Londres: Saqi Books, 2002, 251p.; Gahrana, *Right to Freedom of Religion: A Study in Indian Secularism.* Denver: Academic Books, 2001, XI-195p.; Barth, *Buddhismus und Christentum vor der Herausforderung der Säkularisierung.* Schenefeld: EB-Verlag, 2004, 195p.

4 Verucci, *L'Italia laica prima e dopo l'Unità (1848-1876). Anticlericalismo, libero pensiero e ateismo nella società italiana.* Roma-Bari: Laterza, 1981, 945p.; Pivato, *Clericalismo e laicismo nella cultura popolare italiana.* Milão: Franco Angeli, 1990, 270p.; Fernández, *Laicismo, educación y represión en la España del siglo XX (Ourense 1909-1936/39).* Sada (La Coruña): Ed. do Castro, 1993, 317p.; Forni, *La laicità nel pensiero dei giuristi italiani: tra tradizione e innovazione.* Milão: Giuffrè, 2010, XIV-335p.

5 A forma em alemão de "secularização dos bens eclesiásticos" ("*Weltlichmachung von kirchlichem Gut*") se encontra em Christoph Martin Wieland, em 1791; cf. também em *Staats-lexikon*, com bibliografia. Além disso: Lübbe, *La secolarizzazione. Storia e analisi di un concetto.* Bolonha: Il Mulino, 1970, 130p. (ed. orig.: *Säkularisierung. Geschichte eines ideenpolitischen Begriffs.* Freiburg im Breisgau-Munique: Alber, 1965, 135p.). Zabel, Säkularisation – Säkularisierung (in: Brunner et al. (orgs.). *Geschichtliche Grundbegriffe. Historisches Lexikon zur politisch-sozialen Sprache in Deutschland.* Stuttgart: Klett-Cotta, 1984, v.5, p.789-829) distingue dois significados de secularização: o "*kirchenrechtlicher*" do "*geschichtsphilosophischer Begriff*", ou seja, o conceito de direito eclesiástico do histórico-filosófico. A esse conceito se associam diretamente os ingleses com a liberal Secular Society de Londres, fundada em 1846.

6 Martin, *A General Theory of Secularization.* Oxford: Blackwell, 1978, 353p.

7 Schmitt, *Politische Theologie.* Munique-Leipzig: Duncker & Humblot, 1922, p.37 (também idem, *Politische Theologie II.* Berlim: Duncker & Humblot, 1970, p.101, nota): "Alle prägnante Begriffe der modernen Staatslehre sind säkularisierte theologische Begriffe"; cf. também Kelsen, *Religione secolare. Una polemica contro l'errata interpretazione della filosofia sociale, della scienza e della politica come moderne "nuove religioni"*, edição italiana organizada por Paolo Di Lucia e Lorenzo Passerini Glazel. Milão: Cortina, 2014, XXXVI-391p.

Na Itália, o anticlericalismo político e o laicismo cultural assumiram características peculiares porque, na península italiana, o poder temporal do papa entrava em conflito institucional e geográfico com a unificação nacional: conflito institucional, porque a casa Savoia tinha como objetivo um Estado laico, enquanto o papado aspirava a um Estado confessional; mas também conflito geográfico, porque o Estado pontifício, colocado maciçamente no centro da península, impedia a unificação territorial da Itália; consequentemente, a eliminação do Estado pontifício era necessária para completar a unificação nacional e para levar para Roma a capital do novo Estado unitário. Esta é a essência da "Questão romana" que atormentou o Ressurgimento inteiro e que ainda hoje não está totalmente resolvida.

Gregório XVI (com a encíclica *Mirari vos*, de 1832), condenava a ruptura entre *imperium* e *sacerdotium*, entre *regnum* e *Ecclesia*: propunha, portanto, uma volta ao modelo medieval e antimoderno de Estado. Por sua vez, o reino de Piemonte-Sardenha, como motor da unificação italiana, assumiu no século XIX atitudes laicas, ou seja, tolerantes: no âmbito religioso, basta lembrar o reconhecimento dos direitos civis e políticos para os judeus e os valdenses, em 1848.

Na Itália do Ressurgimento, portanto, o laicismo se apresentou sempre ligado ao problema do poder temporal do papa. Mesmo depois da Unificação da Itália em 1861, depois da tomada de Roma, em 1870, e da "Legge delle Guarentigie" [Lei das Garantias] de 1871 (que regulamentava as relações entre o Reino da Itália e o Vaticano), a vida política italiana foi caracterizada constantemente pelo conflito entre clericais e laicos (incluindo entre estes últimos também os católicos liberais, que eram "laicos" por serem favoráveis à separação entre Estado e Igreja).

Estabelecido um Estado italiano unificado, em linhas gerais não confessional, o laicismo procurou um contato com a população religiosa que a Igreja tinha isolado da política. De fato, depois da tomada de Roma, o papa se considerava prisioneiro do novo Estado italiano e – com o *non expedit* pontifício, de 1868 – proibia os católicos de participar das eleições. Essa situação durou até o Tratado de Latrão, isto é, até a Concordata assinada em 1929 por Mussolini e pelo Vaticano: o fascismo não foi, de fato, anticlerical. A Concordata de 1929 representou, portanto, um retrocesso, visto que "reuniu e transmitiu para a Itália republicana grande parte daquilo que, administrativa e culturalmente, a política dos governos liberais [do século XIX] tinha separado".[8]

---

8 Tortarolo, S.V. Laicismo. In: *Enciclopedia delle scienze sociali*. Roma: Istituto dell'Enciclopedia Italiana, 1996, p.161.

Nesses anos, o laicismo italiano se associou de forma dupla ao antifascismo, porque o fascismo (seja italiano ou ibérico) usava a religião como *instrumentum regni* e porque o fascismo, como regime autoritário, apresentava-se como depositário de uma única e inquestionável verdade: nos muros se encontrava a escrita "Mussolini tem sempre razão".

Bobbio sintetiza assim a sua posição: "Por laicismo, entendo o conjunto das ideias e dos movimentos que, no final das guerras religiosas, guiaram, contribuíram para a criação de Estados não confessionais". Simetricamente, os Estados não confessionais "são os Estados que renunciam a ter, ou a apoiar, uma determinada concepção religiosa, ao serviço da qual se põem como braço secular", ou seja, "colocam como fundamento da livre convivência dos seus cidadãos o princípio da liberdade religiosa".[9] Consequentemente, a "essência do espírito laico é a luta contra qualquer forma de intolerância, de exclusivismo, em uma palavra, contra qualquer espécie de fanatismo. Tal luta tem ainda a sua função, independentemente do que se pense disso, porque não me parece que a estirpe ruim dos fanáticos tenha desaparecido totalmente deste mundo".[10]

7.1.2. O LAICISMO: DA DITADURA AO NOVO MILÊNIO

Depois da Segunda Guerra Mundial, o laicismo se associa à tradição iluminista e liberal, para contornar o mito da cristandade proposto como meio para alcançar uma direção católica do Estado através da presença política de fortes partidos católicos.[11] Esse laicismo renovado luta até os dias de hoje pela escola pública não confessional, o divórcio, o aborto, o testamento biológico, o casamento entre homossexuais, as adoções fora da família tradicional

---

9 Campolieti (org.), *Voci dal mondo laico*. Bari: Dedalo, 1992, p.50.
10 Ibid., p.55. A *Querela pacis* de Erasmo de Roterdam, na época das guerras de religião, foi "o primeiro escrito na história da literatura europeia dedicado exclusivamente ao tema da guerra e da paz" (p.9). Stefan Zweig, em 1935, sublinhava várias vezes que Erasmo "odiou uma única coisa na terra enquanto contrária à razão: o fanatismo" (p.144), a pior forma de *"stultitia"* humana. A condenação do fanatismo e a procura da paz fazem de Stefan Zweig e de Norberto Bobbio dois "erasmianos": um paralelismo fascinante sobre o qual não é possível se deter aqui. Os trechos citados acima se encontram em: Erasmo Von Roterdam, *Die Klage des Friedens*, mit einem Vorwort von Brigitte Hannemann und einem Nachwort von Stefan Zweig, Zurique: Diogenes, 2017, 169p.; o posfácio é retirado de Zweig, *Triumph und Tragik des Erasmus von Rotterdam*. Frankfurt am Main: Fischer, 1981, 187p.
11 Miccoli, *Fra mito della cristianità e secolarizzazione. Studi sul rapporto Chiesa-Società nell'età contemporanea*. Casale Monferrato: Marietti, 1985, VI-510p.

e ainda outros direitos. Ele se propõe a redefinir a esfera pública como respeitosa com *todos* os cidadãos. O laicismo da segunda metade do século XX herda, então, a parte construtiva do anticlericalismo do século XIX: herança positiva, não no sentido de "positivista", mas sim no sentido de "não negativa". Esse é o contexto cultural da primeira metade do século XX em que atuou a geração de Norberto Bobbio: uma geração em que o laicismo já havia se libertado do anticlericalismo e da irreligiosidade.

Da Resistência, Bobbio levava consigo uma plêiade de valores éticos e políticos, uma constelação de valores cuja estrela polar era a igualdade (à qual o neoliberalismo hoje opõe a "liberdade", mal-entendida em um sentido sobre o qual voltarei daqui a pouco). Na década de 1950, na época da dura luta política entre Democracia Cristã e partidos laicos (comunistas, socialistas, republicanos), Bobbio proclamava os valores da tolerância, do diálogo e da compreensão recíproca.

Os fundamentos teóricos dessas posições políticas se organizavam em uma rede de conceitos. A democracia parlamentar era o hábitat natural do novo Estado e, em 1949, a "conversão" kelseniana levou Bobbio a aprofundar uma teoria laica da democracia, visto que a tolerância, própria do laicismo, se afirma quando "a convicção religiosa não é forte o suficiente para conseguir derrotar a inclinação política".[12] De fato, a democracia parlamentar se baseia no relativismo dos valores, o que não significa que os valores sejam indiferentes, mas sim que todos têm a mesma dignidade; que devem ser entendidos e discutidos, antes de se escolher um. Na democracia não existem, portanto, valores absolutos: voltamos assim à raiz do próprio laicismo. O relativismo é, por sua vez, o fundamento da liberdade individual, visto que nenhum valor prevalece sobre os outros, e, portanto, cada um é livre na medida em que a sua liberdade não entra em colisão com a dos outros. Essa concepção do relativismo e da liberdade é a única compatível com a igualdade, valor republicano sobre o qual se funda a democracia: de fato, a essência da democracia é constituída pela alternância no poder de partidos que representam valores contrastantes, mas paritários.

Na segunda metade do século XX, os laicos lutavam para afirmar esses valores, pressionados, de um lado, pelos partidos católicos (e, portanto, clericais no sentido definido antes) e, por outro lado, pelos partidos marxistas (eles também depositários de valores absolutos). Não foi "um período bom

---

12 Kelsen, I fondamenti della democrazia. In: *La democrazia*. Bolonha: Il Mulino, 1955, p.195. Kelsen dedica o segundo dos três capítulos à relação entre democracia, relativismo e religião: "Democrazia e religione".

para os direitos civis": de um lado, registros e repressões na fábrica; por outro, repressões das "manifestações artísticas não alinhadas aos cânones conformistas"; em resumo, "os valores da laicidade e da liberdade de consciência eram sacrificados no altar de um confessionalismo que impregnava qualquer tipo de lugar social e institucional".[13] Já encontramos dois exemplos disso: o processo de atentado ao pudor contra Giulio Einaudi, em 1947, como editor de *O muro* de Sartre (cf. tópico 3.5) e, em 1949, a remoção lembrada por Calamandrei de um cartaz que representava a Vênus de Botticelli, considerado *contra bonos mores* (cf. tópico 3.6). Mas, ainda em 1958, a Itália ficou abalada, durante dois anos, pelo processo contra o bispo de Prato, que do púlpito indicou como "concubinos públicos", chamando-os pelo nome, dois jovens que tinham se casado apenas pelo rito civil. Processado pelos esposos e depois de uma polêmica que da imprensa tinha chegado até o Parlamento, o bispo foi condenado por difamação: em protesto "três dias depois, o papa Pacelli suspendia a Festa da Virgem Coroada por causa das 'condições de amargura, tristeza e ofensa à Igreja'. E poucos meses depois, em outubro, o Tribunal de Apelação absolvia o bispo"; na véspera do Concílio Ecumênico Vaticano II "podemos dizer que esta foi a Itália dos anos de 1950. E, em parte, a sua magistratura".[14]

Em reação a esse clima e sob a direção dos nossos mestres de laicidade, no final dos anos de 1950 a geração à qual eu também pertencia lia as obras sobre o laicismo,[15] fundava centros dedicados à Gaetano Salvemini, estudava os livros de Ernesto Rossi e discutia sobre o relativismo de Hans Kelsen. Como os padres deviam ler diariamente o "breviário" (o *Breviarium Romanum* abolido pelo Concílio Vaticano II),[16] assim, aos laicos também foi proposto um

---

13 Roppo, I diritti civili. In: Pasquino (org.), *La politica italiana. Dizionario critico 1945-1995*. Roma-Bari: Laterza, 1995, p.40.
14 Garrone, *Il mite giacobino*, op. cit., p.38.
15 Os títulos que seguem são representativos das diferentes vertentes presentes na ampla literatura, sobretudo dos anos 1950: Carabellese et al., *Laicismo e non laicismo*. Milão: Comunità, 1955, 249p.; os estudantes católicos dedicaram um congresso ao *Catolicismo e laicismo*, Atas do XIV Congresso nacional estudantil da Juventude Italiana de Ação Católica. Tivoli: Chicca, 1957, 139p.; Bedeschi, *Geografia del laicismo*. Roma: UCCIIM, 1957, 96p.; Salvemini, *Clericali e laici. Cattolicesimo e democrazia, diritto canonico e diritto civile, censura ecclesiastica, totalitarismo vaticano, libertà religiosa, clerocrazia e liquidazione del laicismo. Saggi e polemiche*. Florença: Parenti, 1957, 168p.; D'Entrèves, Senso e limiti del laicismo. In: *Protestantesimo*, 1959, p.195-206; Morra (discípulo e colaborador de Bobbio), s.v. Laicismo. In: *Novissimo Digesto Italiano*. Turim: UTET, 1962, 23p. (extrato); Pavan, *Laicismo d'oggi*. Roma: Studium, 1962, 65p.; Calogero, *Filosofia del dialogo*. Milão: Comunità, 1962, 441p.
16 Agora disponível *on-line*: www.officiumdivinum.org.

exercício diário de laicidade por meio da leitura dos textos reunidos no *Breviario dei laici* [Breviário dos laicos].[17] No que se refere ao laicicismo, a época era tão madura que a um primeiro e pesado breviário dos laicos se seguiram outros dois, também pesados.[18]

Gradual e laboriosamente, portanto, iam se afirmando os princípios fundamentais de uma sociedade laica: ou seja, democrática e livre. Em 1970, entrou em vigor na Itália a lei do divórcio (e em 1974, fracassou o referendo para revogá-la); em 1970, os direitos no lugar de trabalho foram fixados no "Estatuto dos Trabalhadores"; em 1975, a reforma do direito de família tutelou os sujeitos frágeis (mulheres e menores) dentro de uma relação tradicionalmente autoritária e machista; em 1978, foi aprovada a lei do aborto (e em 1981, não teve sucesso o referendo para revogá-la). Mas os "anos de chumbo" do terrorismo bloquearam esse processo.[19]

Na década de 1980, a roda da história pareceu girar para trás, com os *Chicago Boys* nos Estados Unidos e a *Dama de Ferro* na Grã-Bretanha, que proclamavam as *mirabilia* do neoliberalismo. Na Conservative Party Conference de 1986, Margaret Thatcher anunciava o novo credo: *"Privatization is on the move"*.[20] Mas, sobretudo, libertava os *animal spirits* do individualismo: *"There's no such thing as society. There are individual men and women and there are families"* [Não existe essa coisa de sociedade. Há homens e mulheres individuais e há famílias]. Resultado: três milhões de desempregados e o colapso da economia mundial na passagem para o novo milênio.

A roda da história parecia realmente girar para trás, sobretudo na Itália. Se o ano de 1968 tinha sido o ano da politização do privado na onda dos acontecimentos do maio parisiense, trinta anos depois, em 1998, a privatização da política típica da era de Berlusconi já era aceita, embora não tivesse ainda chegado aos seus desenvolvimentos extremos. O neoliberalismo econômico se afirmava paralelamente ao desaparecimento do socialismo real, que levou ao fim da Guerra Fria e à atrofia das ideologias de esquerda. O espaço social

---

17 Rusca (org.), *Il Breviario dei laici*. Milão: Rizzoli, 1957, 1207p.; chegou à 7.ed. em 1970 e republicado em dois volumes de bolso em 1990, com um prefácio de Dante Isella.

18 Rusca (org.), *Il secondo Breviario dei laici*. Milão: Rizzoli, 1961, 1162p.; Rusca (org.), *Il terzo Breviario dei laici*. Milão: Rizzoli, 1965, 1199p.

19 A atmosfera italiana desses anos, além de inúmeras obras históricas e memorialistas, encontra-se em Montanelli, *L'Italia degli anni di piombo (1965-1978)*. Milão: Rizzoli, 2012, VII-347p. (3.ed.); Valle, *Parole opere omissioni. La Chiesa negli anni di piombo*. Milão: Rizzoli, 2008, 262p.; e no filme *Anos de chumbo*, de Trotta (1981) sobre o grupo Baader-Meinhof na Alemanha.

20 Parker, *Official History of Privatisation*, v. 1: *The Formative Years 1970-1987*. Londres: Routledge, 2009, 598p.; cit. na p.448.

assim libertado foi ocupado pelo renascimento de crenças místicas e pela imperiosa afirmação das religiões, em formas integralistas que provocaram (e provocam ainda hoje) conflitos no Oriente Médio e na África, na Irlanda, e na Ásia meridional.

A religião católica, em particular, voltava a ter uma forte influência na sociedade, justamente no momento em que os desenvolvimentos científicos permitiam escolhas, impensáveis poucas décadas antes, sobre a procriação, sobre o nascimento, sobre a vida e sobre a morte. Sobre os temas da bioética a Igreja católica entrava, cada vez mais, em contraste com o Estado, que com as suas leis entendia delimitar, alargando essas novas fronteiras. Cada vez mais a Igreja católica tentava impor as suas concepções ao Estado, provocando fortes resistências laicas. Voltavam, portanto, os conceitos de mais ou menos meio século antes, ou seja, os da "devota década de 1950", à qual se fez referência pouco antes. Basta de "a cada um segundo os seus méritos ou o seu trabalho"! A relação se inverte: "quem ganha mais é bom", e não: "quem for bom, ganha mais".

Bobbio assistia ao progressivo transformar-se e atrofiar-se dos valores pelos quais a Resistência tinha lutado: o trabalho era substituído pela renda; a solidariedade pela competição; a frugalidade pelo hiperconsumo; a produção industrial pelo lucro financeiro; a igualdade pela "liberdade". Porém, no contexto das transformações vistas agora, liberdade significava liberdade de ação do mais forte, sem encontrar um limite na liberdade dos menos fortes tutelada por normas gerais: era a liberdade da raposa no galinheiro. Com o ano de 2000, a liberdade tinha se tornado até um *slogan* publicitário, tanto que o partido populista e neoliberal do empresário Berlusconi recebia o nome de "Povo das Liberdades".

A Turim laica continuava a tradição de Bobbio: lá nascia, em 2005, a Consulta Turinense para a Laicidade das Instituições, e lugares similares foram abertos desde então em diferentes cidades italianas. Desde 2010 essa Consulta publica os *Quaderni Laici* [Cadernos laicos], cujo número "zero" – intitulado *Costituzione, laicità, democrazia* [Constituição, laicidade, democracia] – possibilita fazer o balanço sobre a não feliz situação do laicismo na Itália.[21] Em 2010, a Igreja valdense tinha promovido uma discussão sobre

---

21 Além da Introdução de Carlo Augusto Viano, contém: Salvadori, Considerazioni sulle radici storiche della debolezza dello spirito di laicità in Italia; Bellini, Dallo Statuto [del 1848] al Concordato del 1984; Zagrebelsky, Il problema della laicità nella Costituzione; Rodotà, Laicità e nuovi diritti; Giovine, Laicità e democrazia; Sbarberi, Calamandrei: processo democratico, Costituzione, Parlamento.

"Le religioni e la laicità" [As religiões e a laicidade], apresentando-a com estas palavras:

> Ser laico significa distinguir entre a esfera de competência do Estado e a dimensão que se refere à fé. Ou seja, significa que o âmbito das decisões públicas cabe às instituições civis, e não às comunidades de fé, que devem, porém, ser garantidas na sua autonomia. Mas esse princípio de base não é suficiente para dar vida a uma estratégia concreta e compartilhada. Na Europa e na América, de fato, encontramos modelos operacionais diferentes de laicidade, com formas de aplicação também contrastantes entre eles. Em relação à Itália, a confusão é maior: tanto que ultimamente se afirmou uma distinção entre uma "laicidade saudável" – que, de fato, reintroduz elementos de clericalismo – e um "laicismo" que seria "ruim" pelo simples fato de querer manter uma distinção nítida entre Estado e religião. Enquanto no plano legislativo e aplicativo nenhum modelo concreto foi elaborado até agora.[22]

De fato, na Itália, os clericais distinguem entre laicidade (boa) e laicismo (ruim), entre laicos (bons) e laicistas (ruins), tanto que "quem hoje, na Itália, comece a raciocinar sobre laicidade, laicismo e laicos tem que fazer as contas com um uso degradado da linguagem, que parece adequado definir enlouquecido".[23] A laicidade "boa" é a que permite à Igreja moldar a sociedade civil, porque a Igreja é depositária da verdade. O laicismo "ruim" é o que não reconhece essa única verdade, mas admite uma pluralidade de verdades.

Bobbio é, sem dúvida, um filósofo laico. Mas, para o católico Lombardi Vallauri, parece, e não sem razão, "que do Bobbio, símbolo laico, permaneceu um perfil ainda na sombra": o do Bobbio que "tem uma filosofia geral e uma espiritualidade próprias, ambas, inequivocamente, paradigmaticamente, laicas, não irrelevantes para completar o seu retrato e entender melhor a sua supervisibilidade". De fato, Bobbio "se tornou um símbolo, um ícone, da atitude laica em geral". Lombardi Vallauri analisa, com originalidade, o laicismo e a religiosidade em Bobbio do ponto de vista religioso, e constitui, portanto,

---

22 Do convite da Igreja valdense de Milão para a conferência de 27 de fevereiro de 2010, de Massimo Chiara, advogado, e de Daniele Garrone, decano da Faculdade Valdense de Teologia de Roma: *Le religioni e la laicità: etica individuale ed etica pubblica*.

23 Salvadori, Considerazioni sulle radici storiche della debolezza dello spirito di laicità in Italia. In: *Quaderni Laici*, 2010, n.o, p.17. Um enlouquecimento similar se vê também no uso dos termos "peronismo" e "justicialismo", este último usado no sentido de "uso político da justiça", e não no sentido correto de "doutrina do peronismo".

um interessante contraponto da aceitação, quase sempre não argumentada, do laicismo em Bobbio.[24]

Quase todos os autores que se ocuparam de laicismo tentaram esclarecer esses termos – laicidade e laicismo; laicos e laicistas – aparentemente parecidos, mas contraditórios no uso, com resultados, no caso individual, razoáveis, mas em seu complexo, ineficazes, pois cada autor usa depois esses termos à sua maneira. Para compreender melhor o laicismo de Bobbio é iluminador abandonar, como Goethe, a cinzenta teoria e se direcionar para a árvore verde da práxis.

7.1.3. Laicismo em ação: cartas a um jovem democrata cristão e a um velho comunista

Bobbio tinha acabado de publicar *Política e cultura* quando recebeu, de um jovem militante democrata cristão, um ensaio que examinava criticamente a posição de Bobbio em relação às ideologias. Iniciava, assim, uma correspondência que duraria até a década de 1990,[25] na qual ambas as partes discutem, laicamente, as enraizadas (e divergentes) convicções políticas. Os conceitos que giram em torno dos termos evasivos dos quais nos ocupamos até agora encontram, portanto, uma aplicação prática nas 26 cartas que, entre 1956 e 1963, o filósofo turinense trocou com o jovem de Brescia. Sandro Fontana (1936-2013), estudante, no começo da correspondência e graduado depois, na Universidade Católica de Milão em História do Ressurgimento, torna-se assistente de Ettore Passerin d'Entrèves;[26] porém, à carreira universitária, Fontana uniu uma intensa atividade política, que o verá senador e também ministro da Universidade no governo Amato.

---

24 Vallauri, La filosofia generale e la spiritualità di Norberto Bobbio. In: Punzi (org.), *Metodo, linguaggio, scienza del diritto*, op. cit., p.249-50. "Supervisibilidade": "Bobbio ainda hoje 'é' quase a filosofia jurídica e política, alcançou uma visibilidade talvez superior à de todos os seus colegas juntos" (ibid.).

25 "O diálogo entre Bobbio e Fontana se desenvolve da metade dos anos 1950 até os anos 1990; decidimos, porém, em acordo com a família, dar relevo ao período que culmina com a publicação do denso artigo que Fontana dedica às posições de Bobbio, exemplificadas no famoso livro de 1955, *Política e cultura*": Poggio (org.), *Sandro Fontana storico e político*. Brescia: Fondazione Luigi Micheletti, 2017, 118p. (a passagem citada está nas p.7-8; a correspondência entre Fontana e Bobbio, 1956-1963, está nas p.67-96 e desse volume foram retiradas as citações no texto).

26 D'Entrèves (1914-1990) foi professor de história moderna na Universidade Católica de Milão e depois na de Turim. Era sobrinho de Alessandro Passerin d'Entrèves: Angelo Bianchi e Bartolo Gariglio (orgs.), *Ettore Passerin d'Entrèves. Uno storico "eretico" del Novecento*. Brescia: Morcelliana, 2017, 408p.

Fontana tinha escrito um ensaio em que reivindicava a sua posição de intelectual "orgânico" no movimento católico e examinava criticamente as posições de Bobbio.[27] A resposta de Bobbio revela essa disponibilidade total para com os jovens que, em 1968, demonstrará também para com os opositores de esquerda (cf. tópico 3.2): "Gosto de estar, de vez em quando, diante de novos interlocutores. E um jovem católico de 19 anos, que demonstra maturidade e seriedade de propósitos, é um interlocutor realmente novo".[28] Em uma carta posterior, Bobbio explica por que considera "ter bastante a aprender no contato com os jovens, que veem e põem novos problemas e veem e põem os antigos com espírito novo". A que Bobbio relembra é uma geração que foi, "durante os anos da maturação, condenada à impotência pela persistência da ditadura; e no isolamento, mantida longe da vida política, invocou ideais abstratos que a condenaram; retomada a liberdade, foi condenada a uma segunda, mesmo que diferente e talvez mais amarga, impotência": dessa descrição transparece, em filigrana, a parábola dos intelectuais do Partido de Ação na sociedade do pós-guerra. Portanto, de Fontana o atraem "as ideias dos jovens como o senhor, enraizados em uma sociedade determinada, que trazem a experiência pessoal diretamente da sociedade em que vivem e da qual tentam expressar as necessidades e os ideais".[29] Por isso, "gosto da sinceridade com a qual o senhor afirma se considerar um intelectual empenhado [...] [no] movimento católico".[30]

De fato, Fontana tinha se filiado, no ano anterior, ao partido Democracia Cristã. Para Bobbio, parecia difícil conciliar "a exigência crítica" com a militância de intelectual "orgânico": "Penso que o senhor deveria fazer um esforço a mais de esclarecimento". O discurso se desenrola, então, entre o esclarecimento de Fontana (que vê organicidade na relação "entre intelectuais católicos e massas camponesas") e as dúvidas de Bobbio, o qual considera que, desse jeito, a função do intelectual não seja mais crítica, mas "simplesmente receptiva". E mais: "A tradição católica dos camponeses merece realmente este privilégio?".[31] De fato, para Bobbio, não existem "situações privilegiadas diante das quais o intelectual possa renunciar ao seu espírito crítico".

---

27 Fontana, "La polemica anti-ideologica di Norberto Bobbio". *Stato Democratico*, VII, 1963, n.2, p.92-110; agora in: Poggio (org.), *Sandro Fontana*, op. cit., p.97-110. "Parece-me que o senhor diz coisas interessantes e que merecem ser discutidas" (mesmo que os elogios iniciais "pareçam-me francamente exagerados". Bobbio a Fontana, Turim, 28 set. 1963, p.96).
28 Bobbio a Fontana, Turim, 16 mar. 1956, p.67.
29 Bobbio a Fontana, Turim, 30 set. 1958, p.80.
30 Bobbio a Fontana, Turim, 16 mar. 1956, p.67.
31 Bobbio a Fontana, Turim, 16 mar. 1956, p.68.

Eu, por exemplo, acredito que na assim chamada tradição católica dos camponeses existam muitos elementos que dificultam o seu desenvolvimento cultural e, portanto, social; e que, infelizmente, faz parte geralmente da bagagem cultural dos camponeses católicos uma enorme quantidade de preconceitos e de superstições que é dever do homem de cultura (também do católico, acredito) combater, se quiser que eles alcancem um nível superior de civilização (e, portanto, de humanidade). Mantenhamos sempre, por favor, diante dos nossos olhos, o regime espanhol, um dos mais miseráveis do mundo atual.[32]

Fontana expõe a Bobbio os seus projetos para o futuro, em particular o aprofundamento do estudo da questão meridional. Embora um artigo seu tenha sido "'estigmatizado' pelo cardeal Roncalli", contava em voltar sobre o tema: "viajei pelo Sul (geralmente de carona) e, após um artigo de resenha, fui hóspede de [Gaetano] Salvemini por cinco dias, em Sorrento". Além disso, pedia para Bobbio aconselhá-lo sobre uma revista na qual publicar esse artigo: "Desconfio [...] em publicá-lo em revistas declaradamente católicas, em que prosperam intelectuais talvez demasiado... orgânicos e dogmáticos, para os quais Salvemini é pimenta nos olhos".[33] Bobbio se detém longamente nesse artigo que não o convence por causa da "pressa jornalística" e da informação "fragmentária": "Não gaste o seu talento com coisas apressadas", encoraja-o, "mantenha como alvo a contribuição específica e deixe de lado as sínteses gerais. Isso o senhor fará depois".[34]

Seguem dois anos de silêncio, em que Fontana (além de prosseguir "com as disciplinas universitárias") trabalha com o mundo camponês, publica artigos na revista *Ponte* e prepara um trabalho mais amplo que apresenta a Bobbio: nada de folclore ou mitos, mas sim "dimensões históricas e político-culturais precisas" e abertura com "o clericalismo, o ativismo tecnicista, o Estado-beneficência".[35] Bobbio considera "de extremo interesse" essa

---

32 Bobbio a Fontana, Turim, 8 maio 1956, p.69.
33 Fontana a Bobbio, Collebeato, 20 dez. 1956, p.70-1.
34 Bobbio a Fontana, Turim, 25 dez. 1956, p.72.
35 Fontana a Bobbio, Collebeato, 15 set. 1958, p.73. Fontana havia publicado a "estupenda requisição contra os intelectuais" de um arrendatário de Collebeato, desorientado "pelo choque de civilização": "De um lado, a civilização camponesa, densa de valores, mas fechada e insuficiente; do outro, a nova civilização industrial e voluntarista" (p.1809-10): Vita di "Cico" mezzadro regressista, *Il Ponte*, XIII, 1957, n.12, p.1809-17. As fábulas "recolhidas nas estalas de Berlingo", na região da baixa Brescia, são "fragmentos de literatura oral camponesa"; nessas, Fontana coloca em evidência "a tendência (sempre latente nas massas católicas) ao integralismo, ao fanatismo ideológico e ao fechamento cultural" (p.1280-1): Sette fiabe contadine, *Il Ponte*, XIV, 1958, n.10, p.1280-89.

investigação: "Não posso deixar de encorajar o senhor a continuar e terminar". Ao mesmo tempo assinala que "deverá prestar atenção na qualidade do estilo", tomando possivelmente como modelo a *Inchiesta a Palermo* [Inquérito em Palermo] de Danilo Dolci. Mas, no conjunto, "minha impressão foi muito boa", porque esse escrito pode lançar alguma luz sobre um mundo que "é, em grande parte, ainda desconhecido".

> Estou convencido, e já faz tempo, que as elites laicas (que foram, por um período determinado da nossa história, também elites políticas) tiveram um conhecimento muito superficial do mundo católico, considerado e rejeitado como um mundo inferior destinado a desaparecer com a chegada dos *lumi* [luzes]. Eu pertenço, por educação e por vocação, ao mundo laico: para nós o catolicismo sempre foi uma espécie de religião popular, destinada a durar até quando duraria o atraso dos campos e a ignorância plebeia. A nossa atitude diante do catolicismo dos campos (o único sério, porque o catolicismo das classes burguesas entre as quais vivo é um lamaçal) não foi muito diferente da atitude própria da elite culta romana diante do politeísmo pagão. Hoje nos damos conta que o catolicismo, além de ter raízes muito profundas, é também um formidável instrumento de potência política (e econômica). É bom, é ruim? Não é este o lugar para responder a essas perguntas. É claro que o conhecimento que nós temos do mundo católico não é igual à influência que esse mundo corre o risco de exercer sobre o nosso futuro. Por isso, parabéns pela sua pesquisa que, aliás, me parece que não tenha antecedentes de grande relevância.[36]

Essa abertura autobiográfica de Bobbio leva Fontana a explicar também as suas raízes ("minha educação também é essencialmente laica") e a sua convicção católica, analisando as relações entre laicismo e catolicismo com um longo raciocínio que o leva a concluir: "É por isso que nós, católicos modernos, devemos ser laicos: para que a Igreja retome a sua missão eterna e religiosa".[37] Em 1956, Fontana publicou um artigo sobre o Concílio Vaticano II, o qual Bobbio julgou "muito sério, cheio de consciência histórica e de análises agudas". Bobbio aproveitou o ensejo desse artigo para expor as suas dúvidas sobre a Igreja católica – e para expô-los a alguém que estava "demonstrando que, na Itália, também a cultura católica saía do fechamento":

---

36 Bobbio a Fontana, Turim, 23 set. 1958, p.75.
37 Fontana a Bobbio, Collebeato, 25 set. 1958, p.77-8; a longa carta (p.76-80) ilustra o problema do laicismo do ponto de vista de um católico de esquerda.

Já fora da Igreja, não crente, perguntei-me, várias vezes, com surpresa e com indignação, por que a Igreja não entendia e não fazia certas coisas. Dois ou três pontos abordados pelo senhor me parecem importantes: o tomismo ressuscitado e sempre benevolente (incluindo também o renascimento eterno do direito natural, que para um intelectual moderno não significa absolutamente nada); a crise da paróquia na passagem da civilização camponesa para a industrial; o uso indiscriminado dos instrumentos (é verdade: o menor dos meus filhos que frequenta o oratório salesiano do nosso bairro consegue uma redução de 10 liras no preço do ingresso para o cinema, frequentando a missa, a qual, portanto, é equivalente a um quinto do filme!); as tarefas enormes dos leigos para renovar as formas do apostolado e do ensino (os meus filhos maiores leram na escola os textos clássicos, Cícero e Dante, Platão e Manzoni, mas não têm entre os seus livros a Bíblia, mesmo tendo frequentado a aula de religião na escola: nenhum padre lhe pediu para comprá-la!); uma compreensão mais madura e menos desdenhosa das estruturas e das exigências de um Estado liberal e democrático, a cuja construção, a Igreja não deu, a partir da idade moderna, *nenhuma contribuição* etc.[38]

Essa troca de ideias continuou por mais de vinte anos: mas os trechos até agora citados permitem avaliar tanto a disponibilidade de Bobbio para com os interlocutores mais jovens, quanto os problemas concretos que um leigo devia enfrentar na Itália católica das décadas de 1950 e 1960.

O laicismo em ação de Bobbio pode ser ulteriormente ilustrado por uma referência à sua correspondência com o amigo pintor Gabriele Mucchi (1899-2002), comunista duro e puro que começou a sua carreira artística na Itália, participou da guerra *partigiana* nas Brigadas Garibaldi do Vale Ossola e, desde 1956, morava na República Democrática Alemã, ensinando na Hochschule für Bildende Kunst, depois Akademie der Künste de Berlim Leste, cidade na qual tinha um estúdio desde 1928. Nascido em Turim e amigo de Bobbio (aliás, o professor Annibale Pastore, com o qual Bobbio se graduou em filosofia, era tio de Gabriele Mucchi), manteve com ele uma longa correspondência que contém – fato por fato, da década de 1960 até a queda do Muro de Berlim – o contraponto de Bobbio a posições comunistas rigorosamente ortodoxas: uma correspondência que, em relação aos temas políticos, desenrola-se laicamente entre "consensos

---

[38] Bobbio a Fontana, Turim, 9 dez. 1962, p.90. Bobbio faz referência ao artigo de Fontana, La Chiesa e le insufficienze della cultura cattolica, *Questitalia*, jul.-set. 1962.

declarados e divergências nunca escondidas",[39] mas que, frequentemente, abre-se para temas de arte. Uma perspectiva, portanto, que revela um Bobbio incomum.[40]

Mucchi era um comunista ortodoxo, mas não obtuso, e teve, portanto, as suas dificuldades na Berlim Leste dominada pelo realismo socialista, com o qual o seu realismo livre se conciliava com dificuldade. Desde o começo, resultou-lhe "complexo" (embora superável) "o encontro com a orientação cultural geral do novo país, nesses anos ainda preso a dogmatismos apoiados por políticos de cultura limitada, os mesmos que levaram o país ao seu fracasso, em 1989; orientação corroborada na arte por meio de péssimos exemplos de *verismo*, que era chamado de 'realismo socialista'".[41]

O tom do debate entre os dois transparece nas três cartas de Bobbio que antecedem as memórias de Mucchi. Essas memórias atravessam "a história de cem anos, contada quase por inteiro apenas por uma pessoa, que a percorreu com o seu trabalho e com as suas paixões desde o princípio até quase o fim".[42] Nestas, a política não é predominante porque, nota Bobbio, "além de autobiográfico, este livro acabará se tornando também uma reflexão continuada e imediata de um artista muito dinâmico e militante sobre as vertentes artísticas do seu tempo. E poderá servir como fonte primária para os futuros historiadores de arte".[43]

Um dos lugares de encontro entre Mucchi e Bobbio foi a Sociedade Europeia de Cultura, "sobre a qual", escreve Bobbio, "não compartilho a [sua] opinião que se tornou, com o passar do tempo, cada vez mais severa, a meu ver, injustamente". Mucchi, de fato, é "o amigo de muitos encontros e de muitas discussões, conduzidas sem esconder os nossos contrastes,

---

39 Norberto Bobbio a Gabriele Mucchi, Turim, 20 dez. 1992. In: Mucchi, *Le occasioni perdute. Memorie 1899-1993*. Prefácio de Norberto Bobbio. Milão: L'Archivolto, 1994, 651p. O prefácio é constituído de três cartas de Norberto Bobbio a Gabriele Mucchi: Cervinia, 5 ago. 1987; Turim, 26 out. 1987; Turim, 20 dez. 1992, p.9-13; cit. a p.13. Sobre Mucchi, cf. Guidali, *Il secolo lungo di Gabriele Mucchi. Una biografia intellettuale e politica*. Milão: Unicopli, 2012, 339p.

40 No Arquivo Norberto Bobbio, no Centro de Estudos Gobetti, de Turim, a parte intitulada "Gabriele Mucchi" contém uma ampla correspondência na seção "Epistolário" e três fascículos de documentação, predominantemente, mas não apenas, sobre a redação de *Le occasioni perdute*, op. cit.

41 Mucchi, *Le occasioni perdute*, op. cit., p.531. As cartas com as diversas posições de Bobbio e Mucchi sobre os "Partigiani della pace" estão publicadas in: Losano, *Le tre costituzioni pacifiste. Il rifiuto della guerra nelle costituzioni di Giappone, Italia e Germania*. Max-Planck-Institut für Europäische Rechtsgeschichte, Frankfurt a.M. 2020, p.284-303.

42 Ibid., p.11.

43 Ibid., p.10.

mas sem animosidade, por meio de uma densa correspondência". A de Mucchi é uma

> [...] vida de comunista em um Estado comunista, de um comunista que, mesmo não ignorando os vícios graves do sistema, sobretudo a falta da liberdade de expressão, julga-os, porém, "em parte, determinante, à dureza da luta conduzida pelo Estado capitalista contra o socialista", como você nota. São também os anos, repito, excepcionais, em que você assistiu pessoalmente à queda do Muro de Berlim, que, quando erigido, em agosto de 1961, você tinha definido "angustiante", mas "necessário", e cujo colapso repentino e imprevisível põe-lhe hoje perguntas sérias (mas não desesperadas) sobre o futuro desse ideal ao qual você dedicou com sinceridade, com confiança inabalável e, é necessário dizer em sua homenagem, com absoluto desinteresse, a sua vida inteira. [...]
>
> A sua convicção sobre a superioridade da sociedade comunista "vocacionada, pela sua essência, à eliminação dessa exploração do homem pelo homem", que você considera ineliminável na sociedade capitalista, onde o dinheiro é a medida de todas as coisas, sempre o deixou irremovível diante das minhas críticas, e hoje também, pouco propenso a aceitar a lição da história, inclusive quando você teve que se perguntar por que, "quando caiu o Muro de Berlim, não se encontrou um herói para defender o comunismo". Mas eu respeito as suas certezas mesmo conservando integralmente todas minhas dúvidas.[44]

Para avaliar a inabalável flexibilidade de Bobbio na troca de ideias com o jovem estudante democrata cristão e com o velho pintor comunista, será necessário estudar futuramente, de forma integral, a documentação e as correspondências de Bobbio tanto com Fontana quanto com Mucchi. Os acervos pessoais – depois dos falecimentos de Mucchi em 2002, de Bobbio em 2004 e de Fontana em 2013 – são hoje mantidos, o de Sandro Fontana,[45] pela família Fontana, em Brescia, e também pelo Centro de Estudos Gobetti de

---

[44] Ibid., p.11-2.
[45] A correspondência entre Norberto Bobbio e Sandro Fontana é conservada, em parte, pela família Fontana, em Brescia, e em parte pelo Centro de Estudos Gobetti de Turim: correspondência com anexos e minutas manuscritas e datilografadas, e cartas de Bobbio, originais e fotocopiadas; recortes de jornal (2399, cartela 379, *Fontana Sandro*). A minuta de Bobbio, de 21 nov. 1992, está publicada com o título *Tornare a Sturzo? Sì, ma ci vogliono i fatti, Corriere della Sera*, 11 jan. 1993, p.17. Cf. também Bobbio, Una lettera a Fontana. *Corriere della Sera*, 12 jan. 1993, p.2.

Turim; o de Norberto Bobbio,[46] pelo Centro de Estudos Gobetti de Turim, e o de Gabriele Mucchi[47] pela Universidade de Milão.

7.2. O LAICISMO: DIFÍCIL DE DEFINIR, AINDA MAIS DIFÍCIL DE PRATICAR

O conceito de laicismo, como vimos, é fugidio porque o usamos com significados diferentes. Do ponto de vista filosófico, isso é o que de mais abrangente se possa conceber, justamente porque o laico se aproxima com curiosidade e respeito de qualquer ponto de vista diferente do seu. Pelo contrário, o laico que entra no cerne de uma específica discussão política deve, inevitavelmente, confrontar-se com quem não é laico e, consequentemente, o laicismo acaba assumindo seu significado mais restrito e polêmico. Neste último caso, os adversários acusarão o laico de não ser laico, mas sim um "laicista".

Examinamos, primeiramente, a definição mais geral de laicismo do ponto de vista filosófico por meio das palavras do filósofo Guido Calogero: não é arbitrário recorrer a ele para definir também o laicismo de Bobbio, porque o próprio Bobbio o lembra como "mestre de democracia e de laicismo, de cuja lição em tempos difíceis eu mesmo me sinto devedor".[48] Em seguida, examinando o laicismo em algumas batalhas políticas de Bobbio, tornam-se claras as duas acepções do termo: a filosófica, mais ampla, e a política, mais específica.

Para Guido Calogero, o laicismo "é a defesa de todo homem da invasão dos maus Estados e das más Igrejas".[49] E são "maus" os Estados e as Igrejas que se apropriam de tarefas que não são suas. Isso acontece quando a

---

46 No Arquivo Norberto Bobbio, no Centro de Estudos Gobetti, estão conservados escritos sobre Mucchi (cf. nota 40 deste capítulo) e sobre Sandro Fontana (cf. nota anterior). Sobre esse arquivo e sobre a biblioteca de Bobbio, cf. também tópico 3.8.5.

47 O arquivo de Gabriele Mucchi (e, em particular, a sua correspondência) está conservado na Universidade de Estudos de Milão, Arquivos da Palavra, da Imagem e da Comunicação Editorial (APICE), Arquivo Gabriele Mucchi, Correspondência fascículo Bobbio Norberto, 188 cartas (das quais 65 são de Bobbio para Mucchi e 123 de Mucchi para Bobbio), 1969-1999. Outras cartas entre Bobbio e Mucchi se encontram em outros fascículos: sempre nesse Arquivo Gabriele Mucchi está assinalado um grupo de 24 documentos (APICE, Arquivo Gabriele Mucchi, *Le occasioni perdute*, Correspondência, fascículo 21 Bobbio Norberto, 24 documentos, 1987-1998).

48 Bobbio, Libertà nella scuola e libertà della scuola. *Belfagor*, XL, 1985, n.3, p.356, remetendo a Calogero, *Le regole della democrazia e le ragioni del socialismo*. Roma: Edizioni dell'Ateneo, 1968.

49 Calogero, *Filosofia del dialogo*, op. cit. Esse volume reproduz, na primeira parte "Logo e dialogo. Saggio sullo spirito critico e sulla libertà di coscienza" (1950, p.13-170). A passagem citada no texto se encontra no capítulo "Laicismo, chiesa e stato", p.125. A segunda parte ("Dialogo,

Igreja se faz Estado, regulando âmbitos da vida civil, e quando o Estado se faz Igreja, prescrevendo valores, aos quais o cidadão tem obrigação de obedecer: "Então, temos o regime temporal, em que os sacramentos se tornam meios de governo, e o regime autoritário, em que são imperativas também as verdades".[50] Essa rígida distinção de tarefas é necessária porque a Igreja e o Estado são ontologicamente diferentes: o elemento que "diferencia a estrutura de cada Estado da estrutura de cada Igreja é o uso da força":[51] o Estado, por meio da polícia, persegue a ordem social, e, portanto, a comunidade estatal é uma comunidade de obrigados. A Igreja, por meio do púlpito, persegue a difusão de uma doutrina e, portanto, a comunidade eclesial é uma comunidade de persuadidos. De uma Igreja, se não estou convencido, saio com a apostasia. De um Estado, pelo contrário, não podemos nos livrar: se eu declarar minha indisponibilidade em pagar os impostos ou para prestar o serviço militar obrigatório, a força pública intervém.

Na década de 1960, estava se desenvolvendo um diálogo entre católicos e comunistas: "bom sinal", alegrava-se Bobbio, em um jornal estudantil, "é sinal que uma instituição como a Igreja está se tornando menos *política*, e uma instituição política como o Partido Comunista está se tornando menos *teológica*", e desejava que essa "ventania de espírito laico" não se revelasse depois "um zéfiro fraco".[52]

No Estado, são possíveis níveis diferentes de laicidade. A simples tolerância sem diálogo impõe uma hierarquia entre quem tolera e quem é tolerado:[53] é o reino do dogmatismo. Se nos colocarmos em um plano de igualdade e "admitirmos" o outro (era este o regime dos "cultos admitidos" de 1929),[54] não existe fanatismo, nem dogmatismo, mas sim indiferença; enfim, chegamos a uma atitude "laica" apenas se animados por "sincera curiosidade" pelo

---

laicismo, coscienza") é uma coletânea de ensaios: em relação a estes últimos, nas citações, encontra-se referido o título de cada ensaio e o ano da sua primeira publicação.

50 Calogero, Intorno ai rapporti tra Stato e Chiesa (1947). In: *Filosofia del dialogo*, op. cit., p.215. Estado ético é "o que Hegel e Gentile chamaram daquele modo e que, na realidade, era apenas o Estado autoritário": In: Religione e laicismo (1957). In: *Filosofia del dialogo*, op. cit., p.281.

51 Calogero, *Filosofia del dialogo*, op. cit., p.125.

52 Bobbio, Lo spirito laico. *Libera critica. Mensile di studenti medi e universitari*, VI, 1965, n.3, p.3 (número especial).

53 "A Religião Católica, Apostólica e Romana é a única Religião do Estado. Os outros cultos ora existentes são tolerados conforme as leis" (art. 1 do Estatuto Albertino, 1848). Os cultos tolerados eram o judaico e o valdense.

54 Lei de 24 de junho de 1929, n.1159: Disposições sobre o exercício dos cultos admitidos no Estado e sobre o matrimônio celebrado diante dos ministros dos próprios cultos (*Gazzetta Ufficiale*, 16 jul. 1929, n.164).

outro, embora a curiosidade não implique a adesão.[55] Por isso, não é justificável o laicismo diante dos teólogos que colocam a Igreja em uma posição que chamam de "supereminente". É difícil discutir laicamente se uma das partes concebe a própria intervenção como uma contribuição que "ajude o difícil e urgente discurso sobre a laicidade a tomar a direção certa, que não é, evidentemente, a sugerida pelo mundo, mas a indicada pela palavra de Deus".[56]

Para Guido Calogero, "apenas o laicismo possui a universalidade e a absolutez completas que cada uma dessas crenças pretende atribuir a si"; o seu imperativo é "a lei do diálogo",[57] ou seja, o "não pretender para si uma liberdade mais ampla que aquela que se é disposto a reconhecer a qualquer outro".[58] Calogero afirma que "a ética do laicismo não é apenas a mais estável e incondicional de todas as morais possíveis, mas também a mais universal",[59] porque no laicismo "tudo pode ser discutido, exceto o direito de discutir, na medida em que não se pode discutir sobre ele, sem, com isso mesmo, reafirmá-lo".[60]

No final da década de 1950, em *Il Mondo* ou *La Stampa*, intervieram na polêmica sobre o laicismo o republicano Ugo La Malfa e o socialista Francesco De Martino, mas sempre do ponto de vista político, isto é, fazendo referência a problemas específicos. Calogero, por sua vez, resume a sua visão geral propondo remontar ao princípio geral do laicismo: "O princípio do laicismo não é nada mais que o princípio da democracia, ou seja, em conclusão, o princípio ético de qualquer convivência civil".[61] Consequentemente, "se essa liberdade estiver ameaçada, se a prepotência de alguns, indevidamente, invadir a esfera de autonomia de outros, nós sentimos a obrigação de defender essa liberdade ameaçada, pertença a qualquer um, laico ou eclesiástico que seja".[62] Do ponto de vista filosófico, em conclusão, o laicismo não é uma doutrina, mas sim "uma regra de comportamento diante das doutrinas dos outros", isto é, uma "regra de convivência para todas as doutrinas e para todas as religiões".[63]

---

55 Calogero, *Filosofia del dialogo*, op. cit., p.114.
56 Università Cattolica. *Laicità nella Chiesa*. Milão: Vita e Pensiero, 1977, p.14-5.
57 Calogero, Religione e laicismo (1957). In: *Filosofia del dialogo*, op. cit., p.282.
58 Ibid., p.283.
59 Ibid., p.284.
60 Ibid., p.285.
61 Calogero, Il principio del laicismo (1959). In: *Filosofia del dialogo*, op. cit., p.303.
62 Ibid., p.300.
63 Ibid., p.304.

Também para Bobbio "o espírito laico não é por si mesmo uma nova cultura, mas sim a condição para a convivência de todas as possíveis culturas. A laicidade expressa mais um método que um conteúdo".[64] Essa ideia muito ampla de laicismo retorna na sua entrevista de 1992, citada no início deste capítulo: nessa entrevista, Bobbio lembra que o laicismo inspira os Estados não confessionais, que "colocam o princípio da liberdade religiosa como fundamento da livre convivência dos seus cidadãos".[65] A conclusão à qual chega Bobbio merece ser repetida:

> A essência do espírito laico é a luta contra toda forma de intolerância, de exclusivismo, em uma palavra: contra toda espécie de fanatismo. Tal luta tem ainda a sua função, independentemente do que se pense sobre isso, porque não me parece que a estirpe ruim dos fanáticos tenha desaparecido totalmente deste mundo.[66]

Em Bobbio – filósofo sim, mas do direito e da política –, a atitude geral da tolerância se concretiza também com tomadas de posição mais específicas: no direito, a tolerância gera o relativismo de valores que Bobbio recebe de Kelsen e que o leva a se opor a todo jusnaturalismo; na política, no relativismo dos valores se funda o princípio democrático da alternância no poder entre maioria e minoria.

Tolerância, relativismo, laicismo são vocábulos de contornos imprecisos que todos tendem a redefinir também implicitamente, gerando, portanto, mal-entendidos e incompreensões no confronto com outros discursos que usam definições diferentes. O "relativismo" pode ser indicado como um valor positivo (por exemplo, quando é expresso no direito ou na política) ou como valor negativo (por exemplo, quando a Igreja católica o marca como atitude antirreligiosa). No termo "laicismo", essa valência dupla se manifesta também em uma diferenciação terminológica, quando ao "laicismo" se contrapõe a "laicidade".

Infelizmente, a distinção não é usada de forma unívoca, e acaba gerando confusão. De fato, alguns contrapõem ao "laicismo" do "laico" (como

---

64 Bobbio, Cultura laica: una terza cultura? In: AA.VV., *Colloquio a Torino. Cattolici, laici, marxisti attraverso la crisi*. Turim: Stampatori, 1978, p.28-42; cit. na p.39-40.
65 Cf. notas 9 e 10 deste capítulo; Giuseppe Campolieti (org.), *Voci dal mondo laico*. Bari: Dedalo, 1992, p.50.
66 Campolieti, *Voci dal mondo laico*, op. cit., p.55. Sobre a "estirpe ruim dos fanáticos", cf. também nota 10 deste capítulo.

virtude) a "laicidade" do "laicista" (como defeito). Porém, um grande laico como Alessandro Galante Garrone reverte essa especificação. Para ele, o "laicismo acaba resultando em uma crença oposta a outras crenças", enquanto "a laicidade, da qual me sinto realmente partícipe, é uma atitude não partidária, muito mais independente, acima das partes"; um Estado laico "nunca visará inculcar uma crença em oposição a outras crenças",[67] como fazia o "laicismo de Estado" da Terceira República francesa, que confiava à escola pública a tarefa de inculcar determinados princípios. Vittorio Strada, por sua vez, distingue "laicismo de laicidade" e vê na laicidade um "sinal de maturidade, de civilização", e no laicismo "uma extremização da laicidade, em contraposição não a uma crença religiosa, eclesial ou o que seja, mas sim ao clericalismo, isto é, a uma forma muito específica de domínio e intervenção temporal por parte de uma Igreja", de modo que o laicismo "pode assumir as mesmas formas dogmáticas, condenadas e recusadas no seu adversário".[68] Ou, como escreve um jornal católico: "A verdadeira 'laicidade', a que se baseia na razão, [...] deu lugar ao laicismo, que é coisa diferente da laicidade".[69]

Bobbio, enfim, respondia assim a uma entrevista:

> Considero certo manter a distinção entre os dois termos "laicismo" e "laicidade". O primeiro é usado geralmente com uma conotação negativa, quando não de desprezo, para designar uma atitude de intransigência e de intolerância em relação às crenças e às instituições religiosas. Mas isso é justamente o contrário do espírito laico ou, se quisermos, da "laicidade" corretamente entendida, cuja característica fundamental é a tolerância.[70]

Todavia, depois, em outro artigo, apresenta-se tanto o "laicismo" do Partido de Ação (enquanto fórmula que evidencia melhor a sua identidade) quanto a "laicidade": "Nós, do Partido de Ação, [...] proclamamos a laicidade da nossa política", mas, agora, "se laicismo significa espírito crítico", devemos "praticá-lo no nosso próprio corpo" – "nem clérigos, nem mercadores:

---

[67] Ibid., p.84.
[68] Ibid., p.189.
[69] Liverani, Bobbio, l'anima laica. *Sì alla vita*, fev. 2004, p.48, que reproduz também a entrevista de Bobbio ao *Corriere della Sera* de 8 de maio de 1981.
[70] Bobbio, Laicità alla prova. *Laicità. Trimestrale del Comitato Torinese per la Laicità nella Scuola*, 3 jun. 1991, p.1-2: assim citado na bibliografia de Violi, no n.9176. Na realidade, o texto de Bobbio é a longa entrevista – com o título L'Intervista. Risponde il prof. Norberto Bobbio, p.1 e 3 – publicada ao lado do artigo Laicità alla prova, de Carlo Ottino (autor também, no mesmo fascículo, de *Laicità della scuola: una bibliografia*).

este é o dever que o nosso laicismo nos impõe".[71] Surge a dúvida se se trata de hesitações do autor ou de intervenções do entrevistador. Todavia, em vista desses usos oscilantes, frequentemente acaba-se por usar os dois termos "laicismo" e "laicidade" como sinônimos.

O único uso unívoco parece derivar da oposição originária entre *clericus* e *laicus*, que produziu também um adjetivo específico: quem for excluído do clero é "reduzido ao estado de laico";[72] e por "laico" se entende o conjunto dos laicos que operam em uma Igreja institucional.

No período que vai do pós-guerra até a década de 1990, ou seja, até a última década da sua vida, Bobbio voltou várias vezes ao tema do laicismo. Vamos nos debruçar sobre os escritos que se ocupam especificamente de laicismo, caso contrário, deveríamos examinar quase inteiramente a produção de Bobbio, visto que a noção de laicismo transparece nos seus escritos sobre a tolerância, sobre a serenidade, sobre a democracia. Ela corresponde à atitude "dialogante" e "titubeante" fundamental para a cultura inteira de Bobbio.

Como na maioria dos seus escritos políticos, o discurso sobre o laicismo também se origina a partir dos acontecimentos da política italiana, sobre os quais Bobbio intervém e reflete. Todavia, da sua singular intervenção até hoje se passaram décadas e, portanto, para compreender melhor os seus argumentos, será oportuna também uma sintética descrição dos fatos aos quais ele faz referência.

7.2.1. O imediato pós-guerra e o laicismo da República italiana

No final da guerra, nos meses que antecederam o referendo institucional de 2 de junho de 1946, Bobbio publicou no jornal do Partido de Ação quatro artigos sobre a estrutura que deveria assumir o novo Estado italiano nascido da Resistência. Escolhas fundamentais incumbiam: monarquia ou república, centralização ou autonomias locais, laicidade ou partidarismo.

O primeiro artigo veio à luz um ano antes do referendo institucional e, depois, foi republicado pelo Partido de Ação em ocasião desse referendo. No artigo, Bobbio enfrenta o tema do federalismo, já examinado no tópico 6.6. Nele, Bobbio vê "o princípio mais profundamente inovador da idade contemporânea", o "novo fermento de uma regeneração radical e total da sociedade

---

71 Bobbio, Politica laica. In: *Giustizia e Libertà*, 2 fev. 1946, p.1.
72 Originariamente, na hierarquia católica, o pertencimento ao clero parecia atribuir um nível eclesial superior ao leigo. Também por esse motivo, a expressão do Código Canônico de 1917 ("reduzir ao estado de leigo") é substituída hoje por "demissão do estado clerical".

civil europeia"; concretamente, "o processo de atuação do federalismo dentro de um Estado deve proceder paralelamente ao processo idêntico fora dos Estados singulares: caso contrário, se falhar um, vai falhar o outro também".[73]

No debate pré-eleitoral, o artigo sucessivo de Bobbio visava esclarecer a natureza laica do Estado democrático, proposto pelo Partido de Ação e apresentado nos artigos anteriores. O artigo está todo concentrado na definição de laicismo, a partir do título, "Stato laico" [Estado laico], e do *incipit*: "O Partido de Ação defende uma política laica", até a última linha: "Qualquer pessoa que se importe com a liberdade religiosa deve se importar ainda mais com a laicidade do Estado".[74] A campanha era conduzida com tons ásperos pelos dois partidos de massa, o democrata cristão e o comunista, e, para Bobbio, esse tipo de confronto era inimigo da democracia recém-nascida:

> É claro que colocar os problemas políticos – que são problemas de interesses concretos, por sua natureza conciliáveis – ao nível de discussão ideológica ou até teológica, em que as partes opostas não têm possibilidade nenhuma de acordo mútuo, significa sepultar esse acordo, esse compromisso, essa transação entre as partes em conflito, que é a única coisa que torna possível a conservação de um regime democrático. Entre um operário e um empreendedor é possível, nesse âmbito de concessões recíprocas que é o âmbito político, um acordo, embora provisório e destinado, com o passar do tempo, a ser revisado. Entre um materialista e um espiritualista, entre um ateu e um católico um acordo não é possível no plano teórico, ainda menos no plano político. Qualquer política que não seja laica no sentido esclarecido transforma inevitavelmente a luta política, que é disputa de interesses, em luta de religião: e a luta de religião torna instável e ameaça qualquer regime político, e torna até mesmo impossível a forma democrática de governo.[75]

Orientado pela Constituição de 1948, o parlamento republicano iniciava a sua navegação, pressionado por dois partidos de massa, conhecidos também como partidos-igreja, porque se referiam a visões de mundo globais e inconciliáveis. Nesse mundo político, o "compromisso" pregado pela cultura laica encontrava espaços exíguos para se realizar.

---

73 Bobbio, Le due facce del federalismo. *Giustizia e Libertà*, 7 jun. 1945, p.1.
74 Bobbio, Stato laico. *Repubblica* (Giustizia e Libertà – Partito d'Azione), 19 maio 1946, p.1.
75 Ibid.

7.2.2. ÉTICAS LAICAS E ÉTICA CATÓLICA

Nas décadas seguintes ao pós-guerra, para delimitar o âmbito da moral laica, Bobbio desenvolve um amplo discurso que parte da afirmação, então difusa, segundo a qual a época em que ele escreve (ou seja, a década de 1980) era uma época de crise.[76] Bobbio, porém, discorda: "eu ouvi falar de crise em todas as épocas da minha vida",[77] e não existem dados a partir dos quais avaliá-la. Se essa crise em que ele vivia era uma crise de valores morais, o que dizer então das crises passadas, na época das guerras de religiões, da escravidão, do extermínio de índios e peles-vermelhas? Na verdade – devido "à extraordinária ambiguidade da história do homem"[78] –, o bem e o mal convivem e a avaliação do momento histórico depende do ponto de vista tomado pelo observador. Da atitude não otimista de Bobbio ("não hesito em afirmar que o mal sempre prevaleceu sobre o bem"),[79] resulta a questão de fundo que floresce em muitos dos seus escritos: por que o mal? E como se concilia o mal com a existência de Deus?

Limitando o campo à moral, é fundamental a resposta que damos à questão sobre a existência de Deus, porque tradicionalmente a violação das regras morais está ligada ao castigo divino. Deus é, portanto, fundamental para a eficácia das normas morais. Em vários ensaios, Bobbio evoca a atitude de Locke diante do ateísmo: "Não devem ser tolerados, de modo nenhum, os que negam a existência de uma divindade", porque não respeitam nem pactos, nem juramentos: "eliminado Deus, mesmo que apenas no pensamento, todas essas coisas caem".[80] Em outras palavras, os ateus podem conhecer as leis morais, mas, sem "temor a Deus", não estão vinculados ao respeito a elas.

Com a secularização, a liberdade de religião se torna também liberdade de não ter religião nenhuma e se admite que as regras morais possam ser respeitadas também sem remeter a Deus. Nascem as morais laicas, que Bobbio reconduz a quatro vertentes do pensamento:

---

76 Arturo Carlo Jemolo, *Crisi morale e crisi delle istituzioni*. Intervenções de Norberto Bobbio, Arturo Carlo Jemolo, Alessandro Galante Garrone, *Nuova Antologia*, 1981, p.3-19. Sobre Jemolo, no mesmo fascículo: Bobbio, *Un maestro e un amico*, p.60-4; Silvio Ferrari, *Scritti di Arturo Carlo Jemolo (1963-1980)*, p.92-109.
77 Bobbio, *Pro e contro un'etica laica*. *Il Mulino*, 1984, n.2, p.159-72 (cit. a p.160): é um dos ensaios mais amplos sobre o tema e retoma uma conferência de 1983. Nesse ensaio sobre os fundamentos da moral, o tópico 4 ilustra os quatro tipos de moral laica, p.164-8.
78 Ibid., p.161.
79 Ibid.
80 Locke, *Lettera sulla tolleranza*. Turim: UTET, 1977, p.172.

1. o jusnaturalismo moderno, no qual os preceitos morais são conformes à natureza humana (respeita-se a regra moral "mesmo se não existisse Deus", segundo Grócio, Prolegômenos ao *De jure belli ac pacis*);
2. o costume, ou seja, normas fundadas no comportamento generalizado (mas quão generalizado?);
3. a teoria kantiana ou formalista, segundo a qual é necessário agir segundo uma máxima que possa se tornar lei universal;
4. o utilitarismo, entendido uma vez como escolha da norma mais útil para o indivíduo e, hoje, como escolha da norma mais útil para a sociedade (utilitarismo de regra).

Mas cada uma dessas vertentes suscita dúvidas, de modo que "parece que qualquer tentativa de fundamentar racionalmente os princípios morais esteja destinada ao fracasso" e, por isso, "da problematicidade das éticas racionais renasce constantemente a exigência de fundar a ética na religião".[81] Porém, o racionalista não fica satisfeito. Um determinado comportamento é moral porque Deus quer (voluntarismo teológico); ou o preceito se funda não na vontade, mas sim na natureza boa de Deus, que pode mandar apenas coisas boas. Mas quais provas temos da vontade ou da bondade de Deus? Na verdade, a referência à religião "não se encontra tanto na exigência de fundamentar a moral, quanto na exigência muito mais importante de favorecer a sua observância".[82] A partir desse ponto de vista, Deus não é considerado mais como legislador, mas como juiz. Em prática, a norma moral não deve ser bem fundamentada (sobre qualquer coisa), mas sim deve ser desvantajoso infringi-la: assim, entra em cena o direito.

Como conclusão, porém, Bobbio se confessa "hesitante ao entrar na grande selva da disputa filosófica sobre as relações entre fé e razão" e "o não crente deve honestamente reconhecer os limites do racionalismo ético". Em suma, para esclarecer as relações entre moral laica e moral religiosa "somente a razão não basta (por motivos que são obscuros para mim)".[83] Mas, para ele, isso não significa renunciar a uma visão racional (ou seja, laica) da moral, mas sim aceitá-la com a consciência dos seus limites.

---

81 Bobbio, Pro e contro un'etica laica, op. cit., p.168.
82 Ibid., p.170.
83 Ibid., p.172; o texto de 1919 ao qual Bobbio se refere é Erminio Juvalta, *I limiti del razionalismo etico*. Organizado por Ludovico Geymonat. Turim: Einaudi, 1945, XV-445p. (republicado em 1991 com uma premissa de Salvatore Veca).

Se a laicidade é um conjunto de regras formais, é legítimo se perguntar se existe uma ética laica contraposta, por exemplo, à católica. Quando Bobbio afirma: "Que se possa falar de uma ética laica, eu sempre tive as minhas dúvidas",[84] faz referência à existência de uma única ética laica, compacta como a católica. Na verdade, para ele existem várias "éticas laicas, como o jusnaturalismo, o utilitarismo ou o formalismo kantiano",[85] cujos ditames nascem da razão ou da experiência, enquanto em uma ética religiosa esses ditames são mandamentos divinos. Pelo contrário, não aceita a distinção entre ética católica rigorista e ética laica laxista, porque em ambas existem áreas de laxismo e rigorismo: a ética católica é rigorista no sexo e laxista na ditadura, enquanto a ética laica se coloca em posições opostas.[86]

Uma vez estabelecido que em um determinado momento histórico existe uma determinada ética laica (ou espírito laico, ou atitude laica), Bobbio se coloca em guarda contra a abstração da moral laica, que, por isso, é "desarmada"; e aqui passa da teoria à aplicação prática de uma moral laica. Os princípios morais devem ser não apenas enunciados, mas também acompanhados de meios para aplicá-los, que são "a persuasão, a pressão social e a coação", meios personificados, respectivamente, pelo mestre ou pelo padre, pelos consociados ou pelo gendarme, "o mais eficaz".[87]

Só levando em conta essa diversidade entre a enunciação das regras morais e a sua observância se compreende a diferença entre moral laica e moral religiosa. Elas podem ser iguais no enunciado (ambas prescrevem, por exemplo, "não matar"), mas diferem nos meios que garantem a realização desse enunciado. Bobbio não indica uma solução prática – mesmo porque os meios para realizar um preceito laico mudariam conforme o conteúdo do preceito –, mas sim critica a abstração dos racionalistas, que se preocupam em enunciar preceitos morais, mas esquecem depois os meios com os quais torná-los eficazes. A regra da moral religiosa é diferente daquela da moral laica "porque é provavelmente mais eficaz", pelo menos "até quando os homens serão dominados mais pelas paixões que pela razão":

> O que muda na passagem de uma ética religiosa para uma ética laica é que falta nesta última o apelo ao temor a Deus, que é substituído pelo apelo à natureza (que, entre outras coisas, é interpretável de forma variável); à conveniência

---

84 L'Intervista. Risponde il prof. Norberto Bobbio. *Laicità*, 3 jun. 1991, p.1-2.
85 L'etica disarmata. *La Stampa*, 23 abr. 1988, p.1; subtítulo: Quale forza per la morale laica?.
86 L'Intervista. Risponde il prof. Norberto Bobbio, op. cit., nota 83.
87 L'etica disarmata, op. cit., nota 84.

(cujo cálculo é tão complicado que dá resultados diferentes conforme quem o faz); à racionalidade (que pode contar apenas com o consenso de homens racionais, que são, em qualquer sociedade, uma minoria exígua). Agora, o temor a Deus é um argumento que não tem a ver com a enunciação da regra, mas sim com a sua observância. Em outras palavras, não podemos dizer que uma regra de uma moral religiosa seja diferente daquela de uma moral laica em relação ao seu enunciado. É diferente, até quando os homens serão dominados mais pelas paixões que pela razão, porque é provavelmente mais eficaz. Prova disso é o fato de a religião ter sido usada, em geral muito favoravelmente, pelos governos para obter obediência às suas leis.[88]

7.2.3. A CULTURA LAICA, A ÁREA LAICA, OS PARTIDOS LAICOS

No começo da década de 1980, Bobbio afirmava: "Acredito que a cultura laica tenha prevalecido agora na Itália" e indicava a causa dessa evolução:

> Na Itália também aconteceu esse processo de secularização que caracteriza todas as sociedades avançadas industrialmente. Parece-me indubitável que tanto o partido Democrata Cristão quanto o Comunista, o primeiro por meio do movimento de ideias do Concílio Ecumênico Vaticano Segundo, o outro por meio do abandono do marxismo dogmático da era de Stálin e o aprofundamento do marxismo crítico [...] tenham se tornado partidos mais laicos em relação a trinta anos atrás.

Uma das consequências do laicismo geral era o reformismo específico dos socialistas e de uma parte dos comunistas. Todavia, em relação aos dois partidos de massa, a área laica não conseguia se afirmar politicamente como "terceira força", e Bobbio via a causa disso "na dispersão, na falta de coordenação, na multiplicação das iniciativas".[89] A área laica era uma terceira força – expressão usada pelo secretário do Partido Socialista, Bettino Craxi, para designar a posição do seu partido – e não uma terceira via, ou seja, uma alternativa ao comunismo e ao capitalismo: "A terceira via não existe, mas a terceira força, sim".[90]

---

88 Ibid.
89 Bobbio, Discutiamo anche sui nostri principi. *Avanti!*, 28 mar. 1981, p.9.
90 Bobbio, Vita difficile per la "terza forza". *La Stampa*, 2 jan. 1979, p.1-2 (também em *Nuova Antologia*, 1979, p.325-8). Não menciona o laicismo, mas distingue a terceira via da terceira força.

Na área cultural, pelo contrário, a situação era diferente: "a laicidade na cultura não é a terceira força, mas a primeira".[91] De qualquer forma, para os laicos a vida não era fácil no bipartidarismo imperfeito da Primeira República, que tornava a colocação da terceira força laica um problema "complexo e confuso".[92]

"Primeiramente, o que se entende por 'terceira força'?", perguntava-se Bobbio; "Entende-se esse partido ou esses partidos que estão no meio entre os dois destacamentos maiores da esquerda e da direita, dos progressistas e dos conservadores". Porém, na Itália, apenas um dos grandes partidos tinha permanecido sempre no governo, o outro, nunca, o que tornava impossível para um partido da terceira força se aliar a um ou ao outro para formar um governo:

> Em uma situação deste tipo, o partido que se considere o partido de terceira força por excelência, como o republicano, pode constituir alianças apenas com um dos dois grandes partidos, e, consequentemente, por causa disso, foi fortemente reduzida a sua relevância política que, nos sistemas partidários normais, consiste, como se disse, na possibilidade de formar governos de coalizão tanto à direita quanto à esquerda.

Consequentemente, uma das maiores anomalias do bipartidarismo imperfeito italiano consistia no fato de que "o Partido Socialista, que por tradição e vocação deveria constituir a segunda força, é obrigado, pela sua colocação, entre um Partido Comunista muito mais poderoso e um partido democrata cristão hegemônico, a se comportar como um partido de terceira força. Em suma, para ser breve, há uma terceira força de nome (o Partido Republicano) e uma terceira força de fato (o Partido Socialista)". Os dois partidos laicos eram, "por isso, permanentemente, minoritários", o que tornava minoritário o laicismo político também.

Anos depois, um jornal próximo do mundo laico constatava que "sessenta anos depois do nascimento da democracia, os laicos são a única verdadeira minoria estável deste país", porém, "a sua cultura não é uma testemunha civil, não consegue ser traduzida em política, não se torna uma característica da República, não exerce uma hegemonia. Em uma palavra, a laicidade na Itália não é uma cultura nacional, uma religião cívica e republicana".[93]

---

91 Bobbio, Discutiamo anche sui nostri principi, op. cit.
92 Bobbio, Vita difficile per la "terza forza", op. cit.
93 Editorial de Ezio Mauro, *La Repubblica*, 3 dez. 2003.

Na verdade, visto que o laicismo é mais um método que um princípio, mais que de partidos laicos seria necessário falar de cultura ou ética laica: aliás, seria "mais correto falar em espírito laico em lugar de cultura laica".[94] A cultura laica não é "um *tertium genus* entre cultura marxista e cultura católica",[95] porque a atitude laica pode se encontrar também em alguns marxistas e católicos: "Existem 'laicos' no sentido de defensores de uma cultura aberta [...] também nos dois partidos dominantes, o Democrata Cristão e o Comunista. Assim como podemos ter intelectuais não laicos nos partidos da área laica: são os 'clericais' do laicismo".[96] Inclusive, para Bobbio, justamente os apoiadores do laicismo como *tertium genus* são os clericais "das culturas laicas", enquanto os marxistas e os católicos que procuram o diálogo "são os laicos das duas igrejas".[97] No peculiar panorama político italiano, os partidos laicos (e sobretudo o Partido Socialista) são, em alguma medida, "um *tertium genus* entre o partido marxista e o partido dos católicos".[98] Mas o que vale para os partidos não vale para as culturas: as culturas marxistas e católicas, na Itália, inspiraram dois grandes partidos, enquanto, pelo contrário, "a cultura laica não pode ser considerada como força política", como, em vão, procurar-se-ia um "partido dos positivistas ou dos idealistas", cujas ideias "sempre foram consideradas uma a antítese da outra".[99]

Por isso, a cultura laica na Itália não deve ser considerada como uma "terceira cultura", assim como os partidos laicos são uma "terceira força" política: desse jeito, "um problema que não é político se traduz em termos exclusivamente políticos"[100] e, além disso, em termos de política italiana, porque na Itália coexistiam, naquela época, um grande partido democrata-cristão e um grande Partido Comunista, situação inexistente nas outras grandes democracias. De fato, Bobbio mantém separadas as esferas da cultura e da política "porque, mesmo quando uma forma de cultura tem um projeto político, este tem tempos e modos diferentes do programa do político que deve resolver problemas diariamente".[101] Essa separação impede que a cultura seja subordinada à política (como nos totalitarismos), ou que a política seja subordinada

---

94 Bobbio, Cultura laica: una terza cultura?, op. cit., p.38.
95 Ibid., p.28.
96 Bobbio. Discutiamo anche sui nostri principi, *Avanti!*, op. cit.
97 Bobbio, Cultura laica: una terza cultura?, op. cit., p.40.
98 Ibid., p.31.
99 Ibid., p.35.
100 Ibid., p.32.
101 Ibid.

a um sistema de ideias ou crenças (como no catolicismo reacionário, do qual o franquismo é "um exemplo comprovador").[102]

A cultura marxista e a católica são "dois sistemas de ideias e de valores, duas concepções de mundo que pretendem ter uma visão global e, enquanto global, exclusiva da sociedade e da história". A cultura laica recusa, ao invés, "o fechamento em um sistema de ideias e de princípios definidos de uma vez por todas": se aceitar esse fechamento, "a cultura laica se transforma em laicismo".[103] Na cultura laica, os princípios não são indiferentes, mas podem sempre ser revistos. Na verdade, o idealismo de Croce, "uma determinada forma de existencialismo e de positivismo, o pragmatismo e o neoidealismo, o empirismo e o neoiluminismo" procuraram refúgio "nos amplos braços da cultura laica", mas – visto que são vertentes de pensamento não podem ser reconduzidos a um denominador comum – não constituem um "terceiro polo" cultural. Nesses casos, falar em cultura laica "não significa nada se, com cultura laica, insistimos em entender um *tertium genus*, simplesmente porque um *tertium genus* para contrapor às outras duas não existe".[104]

7.2.4. O COMPROMISSO, VIGA MESTRA DA DEMOCRACIA

Quando, em 1984, foi publicada a coletânea de ensaios intitulada *O futuro da democracia*, Bobbio concedeu uma importante entrevista sobre a "democracia real" da Itália.[105] O termo, mais que fazer referência ao "socialismo real" da União Soviética, convidava a prestar atenção à democracia italiana assim como era, e não a seguir as quimeras de uma "democracia ideal". Aos mitos econômicos e sociais buscados pela esquerda, Bobbio propunha substituir um regime "caracterizado por um conjunto de regras de procedimentos (as assim chamadas regras do jogo) que permitem tomar decisões coletivas por meio de um livre debate e cálculo da maioria": esta era, para ele, uma realística "definição mínima de democracia",[106] em que retornam como elementos fundadores o diálogo e o compromisso entre as partes. Se o compromisso sobre os princípios é sempre desonroso, o sobre os interesses é frequentemente necessário. Nas democracias há um compromisso

---

102 Ibid., p.33.
103 Ibid. Aqui o termo "laicismo" é usado em sentido negativo e como exemplo Bobbio se refere ao idealismo de Croce. Sobre a ambiguidade do termo, cf. tópico 7.1.2 (a partir da nota 22).
104 Bobbio, Cultura laica: una terza cultura?, op. cit., p.34.
105 Giuliano Ferrara, Parla Norberto Bobbio – Il compromesso democratico. *L'Espresso*, 21 out. 1984, n.42, p.117-21.
106 Ferrara, Parla Norberto Bobbio – Il compromesso democratico, op. cit., p.119.

primário que se refere à aceitação das regras do jogo, e um compromisso secundário que se refere às decisões tomadas a partir dessas regras.[107] Com o "compromisso histórico", o PCI[108] tinha demonstrado aceitar essa concepção da democracia: nesse "compromisso histórico" Bobbio via "a solicitação de ampliar o âmbito dos participantes na prática do compromisso democrático".[109]

Em 1984, a Primeira República vivia o problema cotidiano da governabilidade, que depois da Primeira Guerra Mundial havia sido resolvido com o autoritarismo. Na década de 1970, projetava-se outro caminho: como "a democracia é o regime do compromisso", era necessário colaborar com o Partido Comunista italiano, que tinha "demonstrado ter aceitado, de fato, a concepção mínima do que é a democracia, mesmo sendo partido de pressupostos históricos muito distantes".[110] Uma proposta desse gênero levantava grande resistência, mas Bobbio tinha uma visão precisa da vida política de um país como a Itália, onde o partido católico estava no governo desde o final da guerra e onde a política internacional impossibilitava o acesso ao governo do outro partido de massa, porque este era comunista.[111] Nesse bipartidarismo imperfeito, Bobbio propunha a aplicação do espírito laico da tolerância, a técnica do diálogo, a procura do compromisso, para oferecer uma saída prática para a sua teoria da democracia processual, em relação

---

107 Bobbio, Compromesso a metà. In: *La Stampa*, 16 set. 1984, p.1-2.
108 O Partido Comunista italiano, de 1973 a 1979, elaborou uma teoria do "compromisso histórico" inspirada na colaboração com as forças democráticas católicas. O golpe de Estado contra o governo chileno de Unidad Popular havia induzido o secretário do partido, Enrico Berlinguer, a tentar essa aproximação: Zanfrognini, *Dal compromesso storico alla dittatura: il test del Cile*. Bolonha: Calderini, 1974, XI-170p.; Berlinguer, *Per un nuovo grande compromesso storico*. Roma: Castelvecchi, 2014, 89p.; Rodano, *Questione democristiana e compromesso storico*. Roma: Editori Riuniti, 1977, 362p.; Gruppi (org.), *Il compromesso storico*. Roma: Editori Riuniti, 1977, 345p. Entretanto, o "compromisso histórico" foi interrompido em maio de 1978, pelo rapto e assassinato do democrata cristão Aldo Moro, cauteloso apoiador dessa convergência. Sobre esse último evento, cf. Imposimato, *I 55 giorni che hanno cambiato l'Italia. Perché Aldo Moro doveva morire? La storia vera*. Roma: Newton Compton, 2014, 309p.
109 Bobbio, Compromesso a metà. *La Stampa*, 16 set. 1984, p.1-2.
110 Ferrara, Parla Norberto Bobbio – Il compromesso democratico, op. cit., p 119.
111 Bobbio observava com interesse o Partido Comunista italiano, enquanto naquela mesma entrevista dava um duro parecer sobre o "socialismo real": "Diante das reuniões do Soviete Supremo da URSS, não posso deixar de sentir um profundo turbamento": essas pessoas que "não discutem, não votam, ou votam somente na unanimidade, são indivíduos pensantes ou autômatos? É muito desconcertante esse espetáculo" (Ferrara, Parla Norberto Bobbio, op. cit., p.121).

à qual retoma explicitamente tanto o valor da tolerância (que reconhece uma pluralidade de valores sem que "exista um valor dominante"),[112] quanto Hans Kelsen, "talvez o maior teórico da democracia deste século":[113]

> Todas as decisões que afetam os mais diferentes interesses de uma sociedade pluralista dependem de níveis sucessivos de mediação. Depois de um primeiro nível (formação de uma maioria e de um programa de governo) alcança-se um segundo nível de mediação, o parlamentar, onde frequentemente o compromisso se dá entre maioria e minoria, e, depois, um terceiro nível ainda, se for verdade (como é, de fato) que em uma sociedade pluralista não é dito que, absolutamente, todas as decisões sejam tomadas por meio da maioria.[114]

A democracia real da Primeira República já se movia em um terreno "policrático", ou seja, fundado "na intermediação por obra de grupos e partidos"[115] e, portanto, estava longe do individualismo da cultura laica: esta última "é a inspiradora da doutrina democrática moderna", mas "é uma cultura que permaneceu minoritária".[116]

Essas asserções de Bobbio suscitaram várias críticas. Lucio Colletti temia um regime de "compromisso universal", enquanto Bobbio se limitava a constatar que, "de fato, as regras do jogo tornam possível também o compromisso entre maioria e minoria". Possível, mas não inevitável, no sentido de que o compromisso "de fato acontece caso a caso, uma vez sim, outra não":[117] um juízo *de fato* que Bobbio reforçava com uma ampla citação de Kelsen.

Giovanni Spadolini compartilhava do pessimismo de Bobbio sobre a natureza minoritária da área política laica em relação aos dois partidos-igreja existentes na Itália ("fenômeno tanto mais grave", explica Bobbio, se nós incluirmos "também o Partido Socialista que, em outros sistemas

---

112 Ferrara, Parla Norberto Bobbio, op. cit., p.121.
113 Ibid., p.119.
114 Ibid.
115 Ibid., p.117.
116 Ibid., p.121.
117 Bobbio, No, la cultura laica non è minoritaria. *L'Espresso*, 4 nov. 1984, p.18-9. Esse artigo conclui a polêmica iniciada com a entrevista de Bobbio concedida a Ferrara: Il compromesso democratico, op. cit., e depois continuada por Giovanni Spadolini: Il rischio del doppio Stato, e por Lucio Colletti: L'arte del non-governo, ambas em: *L'Espresso*, 28 out. 1984, n.43, respectivamente p.125-7 e 127-8. Na origem estão os artigos de Bobbio: C'è un doppio Stato. *La Stampa*, 9 ago. 1984, p.1-2, e Compromesso a metà. *La Stampa*, 16 set. 1984, p.1-2, depois retomados no volume *L'utopia capovolta*, op. cit.

políticos, representa, sozinho, a maioria do eleitorado"). Todavia, é necessário distinguir essa *área política* laica da *cultura* laica, que é, pelo contrário, "a cultura dominante das sociedades econômicas e tecnologicamente avançadas". A razão pela qual, na Itália, os dois aspectos do laicismo apresentam essa diferente relevância depende, para Bobbio, de uma única razão: "A cultura é sempre uma manifestação de *elite*; a política, em uma sociedade democrática, é um fenômeno de massa". Mas, enquanto existir na Itália uma convivência democrática, essa cultura minoritária não será "a cultura dos vencidos".[118]

7.2.5. A TOLERÂNCIA NÃO É INDIFERENÇA

A partir da constatação da pluralidade das morais laicas e religiosas "deriva o único princípio que talvez se possa considerar característico da ética laica: o princípio da tolerância".[119] A tolerância em relação a outras crenças faz surgir "a velha, muito velha, suspeita de que exista uma relação estrita entre tolerância e indiferentismo moral". O laico não é um cético, porque

> [...] a tolerância não implica absolutamente a renúncia às próprias sólidas convicções, mas nasce da ideia de que a verdade tenha tudo a ganhar suportando o erro dos outros, porque a perseguição, como a experiência histórica frequentemente demonstrou, ao invés de acabar com ele, reforça-o.[120]

Todavia, a tolerância pode ser entendida de várias formas. Se com "tolerância" entendemos o contrário "de rigor moral, de firmeza em defender as nossas ideias, da correta severidade de juízo", consequentemente se justifica a acusação de indiferentismo, isto é, "da não vontade de distinguir o bem do mal".[121] Pelo contrário, Bobbio entende por tolerância o contrário da intolerância, ou seja, do dogmatismo. Nesse sentido, a tolerância se torna

> [...] o princípio constitutivo da democracia como regime oposto a qualquer forma de despotismo. A democracia, de fato, pode ser definida como o sistema

---

118 Bobbio, No, la cultura laica non è minoritaria, op. cit., p.19.
119 Bobbio, Etica al plurale?, *Nuovo Progetto. Mensile a cura del SERMIG*, ago.-set. 1989, p.10.
120 Bobbio, Lode della tolleranza. *La Stampa*, 9 out. 1988, p.1 (também La polemica sulla cultura laica. *Nuova Antologia*, out.-dez. 1988, p.145-7).
121 Ibid.

de convivência em que as técnicas da argumentação e da persuasão são substituídas pelas técnicas da coação para solucionar os conflitos sociais.[122]

Por isso, a tolerância passa a ser a pedra fundamental do sistema democrático:

> Como o método da discussão e da persuasão é essencial para a forma de governo democrático, também o reconhecimento do direito que qualquer homem tem de acreditar e de manifestar a própria fé é a essência do Estado liberal. Historicamente já foi amplamente demonstrado que Estado democrático e Estado liberal formam uma unidade indissolúvel, tanto é verdade que, onde eles existem, estão juntos ou caem juntos. Neste último aspecto, a tolerância não é apenas mais um mal menor, não é apenas a adoção de um método de convivência, mas se torna a única possível defesa da liberdade de consciência e de opinião contra todas as tentativas feitas pelas Igrejas e pelos Estados de limitá-la ou suprimi-la.[123]

Em um contexto católico como o italiano, Bobbio sublinha que "Estado laico não significa irreligioso ou ateu, significa simplesmente Estado neutro na questão religiosa", ou seja, Estado garantidor da liberdade religiosa[124] – portanto, tolerante. A melhor despedida desses escritos do Bobbio teórico do laicismo é, na minha opinião, o seu panegírico do espírito laico:

> Historicamente o espírito laico produziu uma das maiores conquistas do mundo moderno, a tolerância religiosa da qual surgiu a tolerância das ideias em geral e, enfim, das opiniões políticas. Sem a tolerância não teria acontecido a revolução científica, ou seja, o processo incessante de um saber que nasce e se desenvolve por meio da mortificação do dogmatismo, e da capacidade de revisar continuamente os próprios resultados à luz da razão e à prova da experiência. Sem a tolerância não se teria conseguido começar esse processo de transformação profunda das relações de convivência que é a democracia, e que consiste primeiramente na invenção de procedimentos e de métodos tais, a fazer prevalecer nas relações entre indivíduos e entre grupos o método da persuasão ao da violência. Quem acredita que a tolerância nasça da indiferença, do desaparecimento da fé robusta que suportou por séculos o mundo civil, esquece que a

---

122 Ibid.
123 Ibid.
124 Bobbio, Stato laico. *Repubblica* (Giustizia e Libertà – Partito d'Azione), 19 maio 1946, p.1.

tolerância responde, em primeiro lugar, à exigência de reconhecer a fé religiosa e, portanto, a fé política ou filosófica como um fato de consciência que autoridade nenhuma pode impor e é, portanto, suportada pela convicção que uma fé sincera vive e prospera e dá os seus frutos apenas na liberdade. Não implica absolutamente uma renúncia em acreditar e em lutar pelo que se acredita, mas coloca as condições para que cada um possa acreditar nos próprios deuses.[125]

Ao traduzir esses princípios sublimes para a prática política cotidiana, o filósofo laico deve se transformar em filósofo militante, como aconteceu com Bobbio nas duas polêmicas que nesses anos incendiaram a Itália, sobre o ensino religioso na escola pública e sobre a legalização do aborto. Às duas polêmicas são dedicados os próximos dois parágrafos, que permitem detalhar melhor as argumentações a favor e contra o laicismo e que, portanto, oferecem um retrato preciso do Bobbio filósofo militante.

7.3. A HORA DA RELIGIÃO NA ESCOLA PÚBLICA: HORA IMAGINÁRIA, DE INCÔMODO, DE DERROTA

As ideias de Bobbio sobre o que deveria ser a escola pública em um Estado laico estão concentradas em uma comunicação, apresentada em 1985, em um simpósio de professores do ensino médio, em que expõe a distinção entre liberdade *na* escola e liberdade *da* escola.[126] Eram anos de polêmica sobre as relações entre escola pública e escola privada (chamada "livre" pelos seus defensores: *lucus a non lucendo*, comentava Bobbio) e sobre o financiamento das escolas privadas, incluído em duas propostas de lei da Democracia Cristã.[127] Ao dirigir-se para o simpósio, Bobbio tinha passado diante dos cartazes de grupos católicos que pediam "liberdade de educar os nossos filhos", como se essa liberdade estivesse ameaçada. Na verdade, o que se pedia era o financiamento público da escola privada, ou seja, confessional, isto é – em um país como a Itália –, majoritariamente católica.

---

125 Bobbio, Cultura laica: una terza cultura?, op. cit., p.39.
126 Bobbio, Libertà nella scuola e libertà della scuola, *Belfagor*, XL, 1985, n.3, p.353-62 (comunicação para o congresso "Stato e scuola oggi", 14-16 de março de 1985, publicada depois in: Bellini et al., *Stato e scuola oggi: l'opinione laica*. Napóles: ESI, 1986, p.13-21).
127 O financiamento das escolas privadas se choca com a Constituição: "Entidades e privados têm o direito de instituir escolas e institutos de educação, *sem ônus para o Estado*" (art. 33 da Constituição italiana de 1948). Nota acrescida pelo autor. Grifos do autor.

O raciocínio de Bobbio se concentra no esclarecimento dos dois termos da distinção. Enquanto "liberdade *na* escola" é imediatamente claro, na fórmula "liberdade *da* escola" a liberdade pode ser entendida em sentido negativo (liberdade da, *freedom from*) ou em sentido positivo (liberdade de, *freedom of*).

"Liberdade na escola" significa que "os professores e os alunos não devem ser obrigados ou, pior, coagidos, a aceitar uma crença, uma doutrina filosófica, uma ideologia exclusiva e imposta como exclusiva".[128] Essa escola é uma instituição aberta, típica dessa sociedade aberta que é a democracia, e garante a liberdade de ensino e de aprendizagem: essa dúplice liberdade favorece "a formação de um espírito crítico" e é, portanto, "a única escola possível em um Estado laico", isto é, em um Estado não confessional, nem ético,[129] mas tampouco irreligioso ou ateu. "A democracia é em primeiro lugar diálogo"[130] e a escola do Estado democrático deve praticar o diálogo, ou seja, a tolerância, o que exige, em seu interior, um sistema de regras parecido com as regras da democracia procedimental. O direito de deixar falar os outros deve prevalecer sobre o direito de falar.

A "liberdade *da* escola" significa, primeiramente, liberdade *de*, ou seja, autodeterminação, liberdade de escolher sem constrangimento, com base em várias alternativas. Liberdade da escola significa, portanto, diante de tudo, "liberdade de escolher a escola que represente melhor as próprias aspirações ideais e os próprios interesses":[131] portanto, o Estado laico não proíbe escolas diferentes das estatais. Além disso, "liberdade *da* escola" pode fazer referência a quem institui uma escola ou a quem frequenta uma escola. No primeiro caso, significa liberdade de instituir escolas diferentes das estatais. Portanto, o Estado laico permite tanto "a pluralidade de ensino dentro da única escola estatal, quanto a pluralidade das escolas e, portanto, a existência de escolas não estatais."[132] No segundo caso, para o cidadão individual sig-

---

128 Bobbio, Libertà nella scuola e libertà della scuola, op. cit., p.354.
129 Ibid. p.355. O fascismo foi um Estado não confessional, mas ético (como o definiu Gentile) porque impunha não uma religião, mas uma filosofia ou uma ideologia política. O decreto-lei de 24 de dezembro de 1925 atribuía ao governo o poder de licenciar os funcionários (e, portanto, também os professores) "em condições de incompatibilidade com as diretivas políticas gerais do governo" (sobre uma aplicação dessa norma, cf. Bobbio, Silvio Trentin e lo Stato fascista. *Belfagor*, XL, 1985, n.4, p.700-7).
130 Bobbio, Libertà nella scuola e libertà della scuola, op. cit., p.356.
131 Ibid., p.357.
132 Ibid.

nifica liberdade de escolher "uma escola diferente da estatal".[133] Obviamente, estas últimas duas liberdades são interconectadas: a liberdade de instituir escolas não estatais pressupõe que os cidadãos tenham a liberdade de escolher entre escola estatal e não estatal.

Entretanto, na liberdade *da* escola não está necessariamente incluída a liberdade dos professores, porque "um dos fins da instituição de uma escola diferente da estatal pode ser precisamente o de restringir ou de limitar a liberdade de ensino".[134] Coloca-se, portanto, o problema de reconhecer a liberdade de instituir escolas também a quem não reconhece a liberdade de ensino: "Pode-se reconhecer a liberdade da escola a quem não reconhece a liberdade *na* escola?".[135] Nesse ponto, Bobbio pende para uma interpretação literal do art. 33 da Constituição,[136] que lhe parece "claro" e "racional": "portanto, pode-se dizer que é um bom direito [e] o cidadão tem apenas um dever: respeitá-lo".[137]

> Isso deve ser interpretado, acredito, no sentido de que, em um Estado laico, no qual se entende por escola livre uma escola em que está garantida a liberdade de ensino e, respectivamente, a liberdade de aprendizagem, pode ser considerada uma verdadeira antinomia o reconhecimento de uma escola em que a liberdade de ensino não esteja garantida, ou seja, na qual quem ensina seja obrigado a professar uma determinada fé religiosa ou a uniformizar o seu ensino a uma determinada ideologia política.

Mais exatamente,

> Não é livre a escola, no sentido de liberdade na escola, em que, sendo todos os professores observantes de uma mesma religião ou seguidores de uma mesma

---

133 Ibid., p.358.
134 Ibid.
135 Ibid., p.359.
136 Eis o texto do art. 33 Cost.: "A arte e a ciência são livres e livre é o seu ensino. A República dita as normas gerais sobre a instrução e institui escolas estatais para todas as ordens e graus. Entidades e privados têm o direito de instituir escolas e institutos de educação, sem ônus para o Estado. A lei, ao fixar os direitos e as obrigações das escolas não estatais que requerem a paridade, deve assegurar a estas plena liberdade e aos seus alunos um tratamento escolar equivalente ao dos alunos de escolas estatais. É previsto um exame de Estado para a admissão às várias ordens e graus de escolas ou para a conclusão destas e para a habilitação ao exercício profissional. As instituições de alta cultura, universidade e academias têm o direito de se dar ordenamentos autônomos nos limites estabelecidos pelas leis do Estado".
137 Bobbio, Libertà nella scuola e libertà della scuola, op. cit., p.362.

ideologia política, não esteja garantido esse confronto de ideias, esse diálogo entre as diferentes doutrinas, que é, justamente, uma característica e, nós acreditamos, também um benefício, da escola livre.[138]

A solução desse dilema – que reproduz no contexto da escola o mais geral dilema da democracia diante dos partidos antidemocratas ou da tolerância diante dos intolerantes – depende da decisão individual. Para Bobbio, a liberdade *na* escola é "prioritária", ou melhor, essencial para "um Estado laico e social". O Estado que aceita a liberdade de instituir escolas, mas não a liberdade de ensino, seria "ainda um Estado laico, mas não seria mais um Estado social".[139] Os argumentos de Bobbio abrangem, dessa forma, o tema do debate geral da década de 1980 ("menos Estado e mais mercado"), porque quem negava o dever do Estado de financiar a escola privada era acusado de "estatismo", no qual se via a origem dos males da economia e, em geral, da sociedade civil. O fato de que o artigo 33 da Constituição previsse a liberdade de instituir escolas privadas "sem ônus para o Estado" era deixado de lado.

Um caso concreto de debate sobre como e quanto uma escola pública pudesse ser laica se apresentou com a introdução do ensino da religião católica na escola pública italiana.

As tensões entre Estado e Igreja sobre o ensino da religião católica na escola pública marcaram toda a vida do Estado unificado, da Lei Casati de 1859, passando pela Concordata de 1929, chegando até a nova Concordata de 1984, e prosseguindo. Bobbio também participou das polêmicas suscitadas pelas várias medidas de atuação desta última Concordata e, em particular, pelo acordo entre a ministra democrata cristã da educação, Franca Falcucci, e o cardeal Poletti, estabelecida pelo D.P.R. de 16 de dezembro de 1985, n.751.[140]

Um bom exemplo da concepção do laicismo de Bobbio se encontra na polêmica de 1986 com o vice-secretário do Partido Socialista, Claudio Martelli, sobre o ensino da religião católica na escola pública. A Concordata de 1929 tinha sido incorporada no artigo 7 da Constituição italiana de 1948,

---

138 Ibid., p.359.
139 Ibid., p.360.
140 Um quadro completo desse debate se encontra no volume de Catarsi (org.), *L'insegnamento della religione nella scuola italiana*. Milão: Franco Angeli, 1989, 323p., no qual os ensaios de vários autores sobre os antecedentes e sobre o ensino da religião são acompanhados por uma cronologia dos eventos (p.183-8), por um elenco dos artigos sobre os principais quotidianos italianos (p.189-234) e por uma vasta antologia das várias vozes que participaram do debate (p.235-323, entre os quais Bobbio: cf., notas 150-1).

embora não estivesse totalmente claro se as normas da Concordata tinham uma hierarquia constitucional.[141] Em 1984, Craxi tinha substituído essa Concordata pelo *Acordo entre a República Italiana e a Santa Sé*,[142] que, aliás, abolia a disposição de 1929, na qual o catolicismo era a "única religião do Estado", introduzindo, porém, como compensação, o ensino "facultativo" da religião católica nas escolas públicas. Muitos consideraram inconstitucionais algumas normas do *Acordo*, mas a Corte Constitucional confirmou com várias sentenças que o ensino da religião católica na escola pública era compatível com a laicidade da República italiana,[143] fazendo referência ao *Acordo* de 1984, segundo o qual "os princípios do catolicismo fazem parte do patrimônio histórico do povo italiano" (art. 9, c. 2).[144]

Já na década de 1980, na Itália, o número de imigrantes aumentava, tanto que, na escola obrigatória, a presença destes girava em torno de 30% dos alunos. Contestava-se, portanto, que o ensino apenas da religião católica discriminava um número crescente de alunos estrangeiros ou de outra religião, mas a esse questionamento se respondia que o conhecimento do catolicismo era indispensável para se integrar em uma sociedade na qual esse conhecimento, justamente, fazia "parte do patrimônio histórico".

A partir do *Acordo*, a Igreja católica tentou depois aumentar as suas vantagens: os professores de religião recebiam o salário do Estado, mas de fato eram nomeados pelos bispos (que podiam afastá-los também por razões exclusivamente confessionais); a nota de religião integrava a nota geral do aluno; o financiamento da Igreja era mais vantajoso que o da Concordata de 1929. Enfim, uma proposta de lei democrata cristã estabelecia um "vale

---

141 Duvida disso o constitucionalista Ainis, *Chiesa padrona. Un falso giuridico dai Patti Lateranensi a oggi*. Milão: Garzanti, 2009, 118p. Além disso, a Concordata pode ser considerada em contraste com os artigos 3 ("Todos os cidadãos têm a mesma dignidade social"), 7 ("O Estado e a Igreja católica são, cada um em sua própria ordem, independentes e soberanos") e 8 ("Todas as confissões religiosas são igualmente livres diante da lei") da Constituição de 1948.

142 O texto do *Accordo tra la Repubblica Italiana e la Santa Sede, de 18 de fevereiro de 1984*, está disponível *on-line* in: http://www.governo.it/Presidenza/USRI/confessioni/accordo_in-dice.html.

143 Corte Constitucional, Sentença 203/1989; Sentença 13/1991; Sentença 290/1992.

144 Eis o texto integral desta norma discutida: "A República italiana, reconhecendo o valor da cultura religiosa e levando em conta que os princípios do catolicismo fazem parte do patrimônio histórico do povo italiano, continuará a assegurar, no quadro das finalidades da escola, o ensino da religião católica nas escolas públicas não universitárias de toda ordem e grau. Em respeito à liberdade de consciência e da responsabilidade educativa dos genitores, está garantido a cada um o direito de escolher se valer ou não do dito ensino. No ato de inscrição, os estudantes ou os seus pais exercerão tal direito, sob requerimento da autoridade escolar, sem que a sua escolha possa dar lugar a qualquer forma de discriminação" (art. 9, c. 2 do *Acordo*).

escolar", ou seja, um financiamento estatal que o aluno podia usar para frequentar uma escola pública ou privada: mas, visto que na Itália as escolas privadas eram quase todas católicas, o "vale" se tornava um financiamento estatal da escola confessional.

A polêmica entre Bobbio e o representante socialista, Claudio Martelli, tinha como objeto justamente esse "vale escolar", que constitui uma evidente violação ao artigo 33 da Constituição, segundo o qual "entidades e privados têm o direito de instituir escolas e instituições educacionais, *sem ônus para o Estado*". Martelli afirmava que o "vale" financiava os alunos, e não as escolas. Outros defensores do "vale" distinguiam sutilmente entre a *instituição* de uma escola e o seu *funcionamento*: apenas a instituição deveria ser "sem ônus para o Estado", enquanto o "vale" fazia referência ao *funcionamento*. Embora fosse bizarro pensar que a instituição de uma escola privada não implicasse também o seu funcionamento, os socialistas apoiaram os democrata cristãos a favor do "vale escolar" e Bobbio acabou, mais uma vez, polemizando com eles.

Bobbio, laicamente, não se surpreende pelo fato de existirem defensores do "vale"; para ele, "a surpresa deriva do fato de que a proposta democrata cristã, pelo menos por ora, suspensa, tenha sido retomada e recolocada na ordem do dia pelo vice-secretário do Partido Socialista [Martelli], e deva, portanto, ser acolhida como uma proposta oficial do partido, embora pareça que os grupos parlamentares não tenham sido consultados":[145] ou seja, proposta oficial de um partido tradicionalmente laico, que na Assembleia Constituinte – por meio de Lelio Basso – tinha votado contra a inserção de um artigo sobre o ensino religioso, alegando que a questão tinha relevância privada ou eclesial, mas não constitucional. Na polêmica em curso, Bobbio escreve, "o Partido Socialista, como todos os partidos laicos, tinha, até agora, colocado uma recusa clara e firme à proposta democrata cristã".

Diante dessa incoerência, Bobbio convida a "colocar de novo os pingos nos 'is'" nesse debate que envolve "uma das liberdades fundamentais de um Estado democrático" e convida a distinguir a liberdade *da* escola da liberdade *na* escola:

> Liberdade da escola significa a possibilidade, por parte dos estudantes ou de seus pais, de escolher uma escola em vez de outra: corresponde à liberdade de ler um jornal em vez de outro, de professar uma religião em vez de outra.

---

145 Bobbio, Scuola degli equivoci. *La Stampa*, 4 mar. 1986, p.1 (artigo de fundo, com três colunas), em que retoma a distinção já exposta no ano anterior: Bobbio, Libertà nella scuola e libertà della scuola, op. cit. (comunicação no congresso "Stato e scuola oggi", 14-16 mar. 1985).

Liberdade na escola significa, por sua vez, que, dentro de uma escola, os professores são livres para ensinar e os estudantes são livres para receber ensinamentos inspirados por diferentes orientações religiosas, filosóficas, ideológicas. As duas liberdades devem ser distintas porque não coincidem. Pode-se imaginar um Estado em que exista apenas a escola de Estado e esta garante, conforme os princípios do Estado laico ou não confessional, internamente, a liberdade de ensino e de aprendizagem. Nesse caso, existe a liberdade na escola, mas não da escola. Podemos imaginar uma situação oposta: um Estado em que não exista nenhuma escola de Estado, mas existam apenas escolas privadas em livre competição entre elas. Neste caso está garantida, em grau máximo, a liberdade da escola, mas não a liberdade na escola, visto que não se pode excluir que cada escola se inspire em orientações religiosas, filosóficas, ideológicas específicas, ou diferentes, talvez opostas entre si.

A Itália republicana, reforça Bobbio,

> Garante tanto a liberdade da escola, porque permite a instituição de escolas não estatais, quanto a liberdade na escola, pelo menos na escola pública, visto que, como Estado laico, garante dentro das suas escolas a liberdade de ensino. Francamente não consigo ver qual outra obrigação caiba a um Estado laico e de direito, além do respeito destas duas liberdades. Não consigo ver por que temos que lhe atribuir também uma obrigação a mais: a de oferecer a sua ajuda financeira também para os alunos que preferem se inscrever em escolas não estatais, ou seja, a estudantes que, para exercer a liberdade da escola, renunciam à liberdade dentro da escola. A ninguém passaria pela cabeça pedir à rádio de Estado, depois que foi concedida a liberdade de antena, financiar também as rádios livres. O pedido de financiamento das escolas privadas corresponde exatamente a um pedido desse tipo.

Nesses anos de invocações constantes ao mercado livre justamente por parte dos partidos favoráveis à "bolsa", Bobbio concluía: "Parece-me que um sistema em que o poder público intervém para financiar iniciativas nascidas no setor privado seja muito mais estatista que aquele que se abstém de intervir. Se eu estiver errado, me corrija". Naturalmente, Claudio Martelli considerava que Bobbio estava errado, e interveio na hora para corrigi-lo, distinguindo "interpretações diferentes, se não modos diferentes de ser laico".[146]

---
146 Martelli, Laicismo cento anni dopo. *La Stampa*, 9 mar. 1986, p.2.

Martelli retoma a distinção entre liberdade da escola e liberdade na escola, faz referência a "'laicismos' diferentes" e nega que a liberdade na escola seja "garantida apenas na escola de Estado, que, por isso, Bobbio define pública e laica". Quando mudam, todavia, as definições dos termos sobre os quais se discute, chegam-se inevitavelmente a resultados incompatíveis. Os velhos intelectuais, segundo Martelli, entendem laico no sentido do Ressurgimento:

> Para Bobbio, "laico", "público", "estatal" constituem, ainda hoje, uma identidade histórico-conceitual que vive da oposição a privado, pluralista, autônomo, para não dizer confessional. Eu penso que depois de mais de cem anos [...] o significado de laico não pode não ter se ampliado, enriquecido, tornado mais preciso. Hoje em dia, na Itália e no mundo ocidental, laicos e crentes compartilham de uma concepção da liberdade mais empírica e concreta que se renova na responsabilidade e na autonomia das escolhas individuais.

Mas o que seria esse laicismo "ampliado, enriquecido, mais preciso"? Diante da nítida dicotomia do filósofo Bobbio entre liberdade *da* escola e liberdade *na* escola, o político Martelli contrapõe frases vagas que não explicam por que um partido laico possa decidir apoiar as escolas confessionais. A geração pós-Ressurgimento da qual Martelli se considera parte

> [...] sabe pensar a escola também economicamente porque a reconhece não como instrumento de uma ideologia particular (que de fato, como tal, nem sabe o que sugerir no lugar da aula da religião), mas pensa nela como um investimento comum e como um investimento individual em termos de saber, de cidadania consciente, de oportunidade de trabalho, de carreira e de estado social.

Na sua réplica a Martelli, Bobbio retoma os "dois 'significados de laico', um antiquado, o meu, um à altura dos tempos, o seu",[147] e aproveita a oportunidade para confirmar sinteticamente a sua visão do laicismo, visto que desde a época do Ressurgimento mudou não "o laicismo, mas sim o modo de aplicar os seus princípios":

> "Laico" significa sempre e somente "não confessional". Um Estado laico é aquele em que não existe uma religião de Estado. Escola laica é aquela em que o ensino não é inspirado por uma determinada confissão religiosa. Mais amplamente, espírito laico significa tolerância diante das diferentes crenças ou

---

147 Bobbio, Laici e no. *La Stampa*, 11 mar. 1986, p.1 (resposta a Martelli).

doutrinas ou ideologias. De acordo com os diferentes tempos e lugares, pode-se, contudo, mudar o modo de aplicar os princípios do laicismo no Estado, na escola, na sociedade em geral. Em uma sociedade na qual convivem tradicionalmente diferentes confissões religiosas, como nos Estados Unidos, a aplicação da liberdade da escola pode dar vida ao pluralismo escolar, desejado por Martelli. Na sociedade italiana, em que a religião católica é predominante, a liberdade da escola não pode ter outra consequência, como de resto aconteceu até agora, a não ser a instituição quase exclusiva de escolas católicas. E, portanto, a liberdade na escola pode ser garantida apenas nas escolas do Estado.

Mas, dada como certa a aula da religião, o problema se deslocava para onde colocá-la nas atividades didáticas e como substituí-las para os estudantes que pedissem a não participação nela. Depois da polêmica com Martelli, Bobbio constatava que, para os laicos, tinha chegado "a hora da derrota", visto que a lei republicana colocara o ensino da religião dentro do horário semanal. Nisso, admitia Bobbio, "a *Intesa* [Entendimento] retoma, quase literalmente, o *Protocollo addizionale* [Protocolo adicional] na expressão 'no quadro do horário semanal'".[148]

Alguns meses depois, a ministra da Educação Pública, Franca Falcucci, respondia a algumas interrogações no Senado, lembrando como Bobbio também considerava que ter incluído a aula de ensino religioso no horário normal não tinha violado o espírito da nova Concordata. Bobbio aproveitou a oportunidade para confirmar que a citação era correta: "mas a minha concordância acaba aqui", acrescentou imediatamente, porque – como a aula da religião era facultativa, isto é, diferente de todas as outras – teria sido necessário colocá-la fora do horário escolar, como "um serviço particular oferecido pelo Estado às famílias católicas".[149] Colocando-a, ao contrário, dentro do horário escolar, era necessário encontrar uma alternativa para quem decidia não frequentá-la.

Entretanto, a "única alternativa possível ao ensino de uma religião é o ensino de outra religião", ou o ensino da história das religiões, que seria útil para os católicos também. Em suma, a norma que prevê a possibilidade de não frequentar o ensino da religião católica contrasta com a que coloca essa aula dentro do horário escolar, suscitando o problema do ensino alternativo.

Para resolver o problema, a ministra da Educação Pública "não decidiu nada", delegando aos colegiados dos professores a tarefa de estabelecer as

---

148 Bobbio, Cari Amici laici, questa è l'ora della sconfitta. *Il Sole 24 Ore*, 2 abr. 1986, p.9.
149 Bobbio, L'ora del disagio. *La Stampa*, 16 jul. 1986, p.1.

"atividades culturais e de estudo alternativas". Estas últimas resultaram, em geral, tão vagas e insatisfatórias que "favoreceram a escolha quase plebiscitária do ensino religioso", certamente não por causa de "um sobressalto de espírito religioso". De fato, a força da tradição familiar e social, junto com a falta efetiva de uma verdadeira alternativa à aula da religião, levou, em 1986, cerca de 95% das famílias e dos alunos a votar pelo ensino religioso: isso em um país em que os bispos queriam "recristianizar" porque 70% dos eleitores tinha se pronunciado contra a abolição do divórcio, em 1974, e do aborto, em 1981.

À "hora do incômodo" e à "falta de escolha" de Bobbio, o cardeal Ersilio Tonini rebateu usando esse dado para afirmar que "agora são os pais, são os próprios garotos que pedem o ensino da religião católica dentro da escola pública" e concluía duramente: o fato de que Bobbio interprete esse sucesso como um "sobressalto religioso" ou uma escolha conformista demonstra "uma ousadia" que "tem gosto de transgressão espiritual, além de desprezo geral, exercido do alto de um pensamento superior".[150]

Nessa duradoura polêmica, Bobbio lembrou à titular do ministério quais são os deveres de um ministro da República: "A educação religiosa cabe às Igrejas e não ao Estado, e muito menos a um Estado constitucionalmente laico. Um Estado laico não apenas não tem nenhuma obrigação de providenciar a educação religiosa, mas, quando o faz, o faz erradamente".

Como prova dessa constatação, depois de mais de um ano, Bobbio admitiria: "É incrível como tem aumentado e se complicado cada dia mais uma questão relativamente pequena e simples como a da aula de religião".[151] De fato, uma nota do Vaticano interveio distorcendo o significado do termo "facultativo" que deveria caracterizar a aula de religião. Para o Vaticano, de fato, "o ensino da religião católica 'não poderia ser qualificado corretamente como facultativo', porque a República italiana se comprometeu a garantir nas escolas públicas o ensino da religião católica". Ora, "com base na carta da Concordata, ninguém contesta que o Estado italiano seja obrigado a garantir o ensino da religião católica nas escolas públicas", porém o uso que o Vaticano faz do termo "facultativo" é anômalo, e Bobbio se lança em esclarecimentos

---

150 Tonini, Bobbio e l'ora di religione. Caro Professore, questa non è democrazia. *L'Avvenire*, 20 jul. 1986, em resposta a *L'ora del disagio*. Também em: Catarsi. *L'insegnamento della religione nella scuola italiana*, op. cit., p.316-8.

151 Bobbio, L'ora immaginaria. *La Stampa*, 3 out. 1987, p.1. Também em: Catarsi, *L'insegnamento della religione nella scuola italiana*, op. cit., p.313-5, com a mencionada crítica do cardeal Ersilio Tonini, p.316-8.

que têm um gosto evidente de provocação à má-fé do Vaticano: "Quando se fala que a aula da religião é facultativa, não se pretende dizer que o Estado pode escolher não instituí-la, mas sim que o estudante pode escolher não segui-la", diferentemente da aula de matemática ou de italiano.

Pois bem, este estudante que não pode escolher a aula de matemática ou de história ou de italiano, pode escolher a aula de religião. Consequência lógica: a aula de religião é uma aula diferente de todas as outras e é diferente, porque as outras são obrigatórias e a aula da religião não é. Não ser obrigatória significa exatamente ser facultativa.

Para além desse momento sub-repticiamente didático, Bobbio retorna ao problema verdadeiro, que consiste em ter substituído a aula obrigatória da velha Concordata pela aula facultativa da nova Concordata, colocando-a, porém, dentro do horário de ensino. Com o velho sistema, o aluno fazia uma hora a mais, com o novo deveria fazer uma hora a menos. Mas, na verdade, tendo colocado a aula da religião junto com as outras aulas, criou-se o problema da atividade alternativa e "desse jeito o ensino religioso passa de facultativo, que se pode escolher ou não, para um ensino opcional, quer dizer: em um ensino que, quem não escolhe, tem obrigação de escolher outra coisa".

Enquanto Bobbio escrevia esse artigo, a Itália discutia, havia mais de um ano, sobre o conteúdo das atividades alternativas à aula da religião, e não se avistava ainda uma solução no horizonte. De fato

> [...] uma verdadeira alternativa ao ensino religioso não existe. A única alternativa simétrica a um ensino confessional é outro ensino confessional. Qualquer outra disciplina não é alternativa, mas é pura e simplesmente um artifício para não deixar os estudantes, que não escolheram a aula da religião, inativos, uma vez que esta tenha sido colocada dentro do horário escolar de modo a interromper a continuidade das aulas obrigatórias. Além disso, os estudantes que escolherem a aula de religião podem seguir a disciplina que escolheram. Os outros teriam a obrigação de seguir uma disciplina imposta. O que contrasta nitidamente com o texto da Concordata, que estabelece que a escolha dos estudantes "não deve dar espaço para nenhuma forma de discriminação".

7.4. O REFERENDO REVOGATÓRIO SOBRE O ABORTO E AS RAZÕES DE BOBBIO CONTRA O ABORTO

A segunda polêmica que é útil examinar detalhadamente, colocando-a lado a lado daquela da aula de religião, faz referência à lei de 1978, sobre a interrupção voluntária da gravidez, conhecida como "lei 194".[152] Essa lei foi submetida a referendo revogatório em 17 de maio de 1981, depois de uma violenta campanha eleitoral, na qual Bobbio tomou repetidamente posição contra o aborto, suscitando muitas polêmicas entre os laicos.

A lei 194 vigente previa a possibilidade de interromper voluntariamente a gravidez nas estruturas públicas, nos primeiros noventa dias a partir da concepção. Propunham-se dois posicionamentos diferentes, por meio do referendo, para intervir na lei vigente. O projeto de referendo do Partido Radical (pequeno partido laico e libertário) promovia uma ampliação dos parâmetros legislativos, enquanto o posicionamento católico do Movimento pela Vida promovia a restrição desses.

A posição dos católicos, expressada na Constituição conciliar *Gaudium et spes*, era unívoca: "O aborto como o infanticídio são delitos abomináveis". Pelo contrário, era hesitante a posição dos partidos de esquerda (ou seja, o Comunista e o Socialista) que, de fato, não apoiaram o referendo. A essas ausências deve ser adicionada a formulação obscura das longas perguntas dos referendos, necessária pelo fato de que a Constituição italiana prevê apenas o referendo revogatório: portanto, visto que o objeto do referendo era a *revogação* de partes da lei 194, os eleitores deviam responder "sim" se eram contrários à lei (ou seja, se queriam revogar as partes submetidas a referendo), e "não" se eram favoráveis (ou seja, se queriam mantê-las). Enfim, em 13 de maio de 1981, poucos dias antes do referendo, o papa João Paulo II sofreu um grave atentado, que não tinha nada a ver com o referendo, mas que contribuiu a aumentar a tensão. Por fim, a lei 194 foi mantida sem mudanças porque ambos os referendos foram rejeitados.

Entre as infinitas polêmicas desses meses é oportuno concentrar a atenção apenas nas argumentações nas quais Bobbio fundamentava a sua recusa

---

152 Lei 22 de maio de 1978, n.194, *Normas para a tutela social da maternidade e sobre a interrupção voluntária da gravidez*. A *ratio legis* é sintetizada no art. 1: "O Estado garante o direito à procriação consciente e responsável, reconhece o valor social da maternidade e tutela a vida humana desde o seu início. A interrupção voluntária da gravidez, da qual trata a presente lei, não é meio para o controle da natalidade. O Estado, as regiões e os entes locais, no âmbito das próprias funções e competências, promovem e desenvolvem serviços sociossanitários, bem como outras iniciativas necessárias para evitar que o aborto seja usado com fins de controle da natalidade".

do aborto. Uma atitude que surpreendeu muitos, laicos e não laicos, porque essa sua posição o colocava ao lado das esquerdas clássicas italianas e dos movimentos católicos, mas em contraste com o pequeno, mas combativo quinhão laico do Partido Radical.

Justamente poucos dias antes do referendo sobre a lei 194, a sua argumentada recusa do aborto, formulada em uma entrevista concedida a Giulio Nascimbeni, levava o entrevistador a lhe perguntar: "Toda a sua longa atividade, professor Bobbio, os seus livros, o seu magistério são a testemunha de um espírito fortemente laico. O senhor imagina que estas suas declarações serão uma surpresa para o mundo laico?". A resposta é a do laico que ouve as argumentações do outro, mas tem os seus princípios éticos aos quais não renuncia: "Gostaria de perguntar qual surpresa possa estar presente no fato de que um laico considere como válido, em sentido absoluto, como um imperativo categórico, o 'não mate'. E me surpreendo, ao contrário, que os laicos deixem aos crentes o privilégio e a honra de afirmar que não se deve matar".[153] Vale a pena examinar mais detalhadamente essa manifestação na contracorrente do laicismo de Bobbio, até porque ela suscitou inúmeras reações, tanto positivas quanto negativas.

Outro grande laico, o importante jornalista Giorgio Bocca, criticou Bobbio alegando, a favor do aborto, o fato de que essa era uma prática difusa e clandestina, e que, por isso, devia ser regulamentada.[154] Mas, para Bobbio, esse é "um argumento muito frágil", porque se baseia em uma confusão entre o juízo de fato e o juízo de valor. Do ponto de vista moral, é irrelevante o fato de que a prática seja difusa, enquanto é relevante a resposta que se dá à questão: "O aborto é um bem ou um mal?". A resposta de Bobbio é nítida, mas não absoluta: "Eu sou, por princípio, contrário ao aborto. Mas temos certeza de que o aborto seja ilícito em todos os casos?".[155]

De fato, Bobbio reconduz o problema do aborto à máxima "não mate", reconhecendo, porém, que esta possa admitir exceções. "Mas, justamente, para reconhecer e, eventualmente, estabelecer um acordo sobre as exceções, é necessário, antes de tudo, declarar a máxima. Aliás, quem admitir exceções deve esclarecer quais delas está disposto a admitir." Ora, Bobbio não aceita "a exceção ao mandamento de não matar a propósito do aborto, porque o

---

153 Bobbio, Laici e aborto. *Corriere della Sera*, 8 maio 1981, p.3 (entrevista concedida a Giulio Nascimbeni e retomada por Claudio Magris: Bobbio e l'aborto. *Corriere della Sera*, 19 fev. 2008).
154 Bocca, La morale di Bobbio. *La Repubblica*, 1 maio 1981, p.8; a essas críticas Bobbio responde com: Diritto alla vita e patto sociale. *La Stampa*, 15 maio 1981, p.5.
155 Bobbio, Etica al plurale?, op. cit., p.11.

fim que se pretende alcançar com o aborto, o controle da natalidade (porque disso se trata), pode-se alcançar com outros meios menos brutais".

Voltando para os direitos invioláveis garantidos pela Constituição, Bobbio se pergunta: "O direito à vida faz parte destes direitos? Bocca, no fundo, parece disposto a submeter essa pergunta à regra da maioria. Mas, então, qual razão teria para recusar a condenação do livre aborto, se eventualmente a maioria dos votos apoiasse, no futuro referendo, a proposta do Movimento pela Vida?". Em outras palavras, quem se limita a constatações factuais ou jurídicas sobre o aborto evita responder à questão moral se o aborto é um mal ou não.[156]

Submeter a aceitação do aborto ao voto da maioria se choca, para Bobbio, com o princípio teórico da indisponibilidade da vida (presente nos contratualistas, de Hobbes a Beccaria) e com a constatação jurídica de que a Constituição italiana preserva os direitos invioláveis da pessoa, um dos quais sendo

> [...] o direito fundamental do nascituro, esse direito de nascer, sobre o qual, para mim, não se pode transigir. É o mesmo direito em nome do qual sou contrário à pena capital. Pode-se falar de descriminalização do aborto, mas não se pode ser moralmente indiferente diante do aborto.

Bobbio desenha uma linha de demarcação precisa entre moral e direito:

> Considerou-se a proibição do aborto exclusivamente do ponto de vista jurídico, entendo dizer no direito positivo, como se a descriminalização, isto é, o fato de que o Estado não pretenda intervir perseguindo penalmente quem cumprir ou ajudar a cumprir o aborto, tivesse tornado isso moralmente indiferente. Como se, em outras palavras, a liberalização jurídica se traduzisse em si mesma na liberalização moral.[157]

A conclusão laica de Bobbio confia a decisão sobre a licitude do aborto à decisão humana, ou seja, racional, fundamentada em um equilíbrio de direitos e deveres:

---

156 Resposta de Bobbio (Diritto alla vita e patto sociale. *La Stampa*, 15 maio 1981, p.5) às críticas dirigidas a ele por Giorgio Bocca (*La morale di Bobbio*, op. cit.), reproduzido com outros textos em: Palini, Norberto Bobbio e il problema dell'aborto. *Nuova Umanità*, 2008, p.235-46 (disponível on-line, http://studylibit.com/doc/5463669/n.u.-176-empaginado).

157 Citado em: Palini, Norberto Bobbio e il problema dell'aborto, *Nuova Umanità*, XXX, v. 176, 2008, n.2, p.238.

Quanto a mim, por um lado, a sobrevivência da lei n.194 não mudará minha ideia sobre a ilicitude moral do aborto; por outro, a vitória do Movimento pela Vida reforçará minha convicção de que, para evitar a difusão do aborto, seja necessário estender os meios para prevenir a concepção, que o direito a "uma procriação consciente e responsável" (assim declara o art.1 da lei n.194) deve ser precedido por uma relação sexual consciente e responsável.

A entrevista concedida a Nascimbeni na véspera do referendo foi usada pelos católicos contra quem apoiava uma laicidade do Estado, errônea, na visão deles. Nessa entrevista, Bobbio aceita a importância social da lei 194 (se "fosse bem aplicada, poderia ser recebida como uma lei que resolve um problema humanamente e socialmente relevante"), mas a rejeita do ponto de vista moral: Stuart Mill afirma que "sobre si mesmo, sobre sua mente e sobre seu corpo, o indivíduo é soberano", porém, Bobbio esclarece que "o indivíduo é um, singular. No caso do aborto existe um 'outro' no corpo da mulher. O suicida dispõe da sua vida individual. Com o aborto se dispõe de uma vida alheia". Todas as consequências documentadas na entrevista derivam dessa posição.

A regulamentação do aborto suscita conflitos entre direitos e deveres: "Em primeiro lugar, o direito fundamental do nascituro, esse direito de nascer sobre o qual, para mim, não podemos transigir. É o mesmo direito em nome do qual sou contrário à pena capital". Ele é, porém, acompanhado por outros dois direitos: "o direito da mulher de não ser sacrificada para cuidar dos filhos que não quer. E existe um terceiro direito: o da sociedade. O direito da sociedade em geral e também das sociedades particulares de não ser superpovoadas, e, portanto, de exercer o controle da natalidade".

À primeira vista, trata-se de direitos inconciliáveis, mas Bobbio aponta um critério para decidir a qual desses conceder a preeminência:

> O primeiro, o do nascituro, é fundamental; os outros, o da mulher e o da sociedade, são derivados. Além disso, e este para mim é o ponto central, o direito da mulher e o da sociedade, que são geralmente usados para justificar o aborto, podem ser satisfeitos sem recorrer ao aborto, ou seja, evitando a concepção. Uma vez que acontecer a concepção, o direito do nascituro pode ser satisfeito apenas deixando-o nascer.

Retorna, portanto, o "direito à procriação consciente e responsável", invocado tanto pela lei 194 quanto pelo próprio Bobbio, que a esse direito conjuga um dever correspondente:

Esse direito tem razão de ser apenas se afirmado e aceito o dever de uma relação sexual consciente e responsável, ou seja, entre pessoas conscientes das consequências do seu ato e preparadas para assumir as obrigações que derivam disso. Adiar a solução para depois que a concepção tiver ocorrido, ou seja, para depois que as consequências que poderiam ter sido evitadas não o foram, parece-me não ir até o fundo do problema. Tanto é que, no próprio primeiro artigo da lei 194, está escrito logo depois que a interrupção da gravidez não é um meio para o controle da natalidade.[158]

Uma revista católica entrevistou Bobbio sobre essa distinção entre comportamentos imorais e comportamentos ilícitos: "O Estado laico não tem uma moral própria, não é um Estado ético, é um Estado de direito. O Estado pode tolerar comportamentos imorais por razões de interesse social ou simplesmente porque não pode impedi-lo". Mas, "a respeito da lei 194, mal-concebida e talvez aplicada da pior forma, tolerar corresponde a favorecer tais comportamentos imorais".[159] Essa argumentação – que não equivalia a assumir as posições dos católicos – foi retomada por outro jornal,[160] mas as entrevistas na imprensa, no clima superaquecido da luta do referendo, não era propício para aprofundamentos. A posição realmente laica de Bobbio permaneceu isolada e, sobretudo, incompreendida pela maioria das pessoas.

Quase trinta anos depois, quando o clamor do referendo tinha acabado, mas novamente se discutia sobre o aborto, Claudio Magris constatava que "a clareza de um Bobbio, com a sua extraordinária arte de distinguir as coisas e os âmbitos, seria preciosa, mas talvez não bem-vinda" e se perguntava por que poucos recordavam as "suas palavras de absoluta clareza, muito mais difíceis de dizer naquela época que hoje": talvez porque "faladas em tom pacato" como "convém à timidez piemontesa de pessoas como Bobbio ou Einaudi?"; ou "não se lembram dessas palavras de Bobbio em defesa do nascituro porque incomoda que tenha sido um não praticante, estranho ou, pelo menos, externo à Igreja católica, a pronunciá-las?".[161]

---

158 Bobbio, na entrevista a Giulio Nascimbeni, Laici e aborto, *Corriere della Sera*, 8 maio 1981, p.3 (cf. http://www.tempi.it/la-legge-194-sullaborto-compie-35-anni-sel-dice-che-e-inapplicata-per--colpa-degli-obiettori-voi-rilegettevi-bobbio#.WckeGfNJapo).
159 [Entrevista com Bobbio,] Il padre della cultura laica condanna la legge sull'aborto. *Il Sabato*, 9 maio 1981, p.5.
160 Bobbio, La legge 194 non serve a bloccare gli aborti clandestini. *La Stampa*, 7 maio 1981, p.7: reproduz em parte a entrevista citada na nota precedente.
161 Magris, Bobbio e l'aborto. *Corriere della Sera*, 19 fev. 2008.

7.5. O ENCONTRO COM A TEOLOGIA DA LIBERTAÇÃO

Um contato pouco conhecido de Bobbio com um representante brasileiro da teologia da libertação expressa claramente o seu interesse pela fé, mesmo sem compartilhá-la. No final de 1989, o Conselho da Faculdade de Ciências Políticas de Turim decidiu propor alguns importantes doutorados *honoris causa*, entre os quais, o de doutor para o teólogo da libertação, Leonardo Boff.[162] Uma personalidade conhecida, mas polêmica: conhecida também fora dos cenários religiosos porque muitos dos seus livros tinham sido traduzidos para o italiano;[163] questionada pelas suas críticas à hierarquia eclesiástica e pelas suas lutas a favor dos excluídos (que atribuíam traços marxistas à sua teologia).

Já em 1984, o então cardeal Ratzinger, como prefeito da Congregação para a Doutrina da Fé, tinha lhe imposto um ano de silêncio. Quando, em 1992, o papa João Paulo II o ameaçou com a imposição de outro ano de silêncio caso participasse da primeira conferência mundial sobre o meio ambiente do Rio de Janeiro (Eco 92), Boff preferiu abandonar a ordem dos franciscanos. É, portanto, compreensível tanto o interesse do mundo cultural turinense por Boff, quanto a oposição das autoridades eclesiásticas. Hoje, talvez, o papa que leva o nome de Francisco fosse mais compreensivo com o autor de um livro intitulado *São Francisco de Assis: ternura e rigor. Uma leitura a partir dos pobres*. O próprio Boff percebeu a queda dessas barreiras[164] e hoje o

---

[162] Jorge Semprún, Mário Soares, Leonardo Boff (motivação: p.9-12), Octavio Paz, Nelson Mandela: "Propostas de concessão de título de Doutor Honoris Causa. Deliberação do Conselho da Faculdade de Ciências Políticas de 15.11.1989" (Reitorado da Universidade de Turim: "Doutor Honoris Causa em História da América Latina, Padre Leonardo Boff e Jorge Semprún, em Sociologia, 26-11-1990, ASUT'"). Na verdade, a denominação correta do título de Boff é registrada na "Aprovação da deliberação do Conselho da Faculdade por parte do Ministro da Universidade e da Pesquisa Científica e Tecnológica, Roma, 18 de julho de 1990, título de Doutor Honoris Causa a Leonardo Boff em História do Pensamento Político Contemporâneo.

[163] Nos anos anteriores ao doutorado *honoris causa* foram traduzidos em italiano os seguintes volumes de Boff, *Francesco d'Assisi: una alternativa umana e cristiana. Una lettura a partire dai poveri*. Assis: Cittadella, 1982, 235p. (2.ed. 1985); *Il cammino della Chiesa con gli oppressi. Dalla valle di lacrime alla terra promessa*. Bolonha: EMI, 1983, 291p.; *Chiesa: carisma e potere. Saggio di ecclesiologia militante*. Roma: Borla, 1983, 277p.; *Vita secondo lo Spirito*. Roma: Borla, 1984, 217p.; *Una prospettiva di liberazione: la teologia, la Chiesa, i poveri*. Ensaio introdutório de Ernesto Balducci. Turim: Einaudi, 1987, XIX-220p.; *Incarnazione: l'umanità e la giovialità del nostro Dio*. Brescia: Queriniana, 1987, 64p.; *Trinità e società*. Assis: Cittadella, 1987, 308p.; *Padre nostro: preghiera della liberazione integrale*. Assis: Cittadella, 1989, 192p. (3.ed.).

[164] "Visto que o atual papa Francisco provém da América Latina, muitos se perguntaram se seria um adepto da teologia da libertação. A questão é irrelevante. O importante não é ser da teologia da

reconhecimento da faculdade turinense se revela como uma correta avaliação dos méritos culturais e políticos do ex-franciscano, assim resumidos no diploma: "A personalidade do Franciscano Leonardo Boff se destaca seja na pesquisa em ciências políticas e teológicas, seja no empenho ético e social. Os escritos e a reflexão de Padre Boff, altamente originais e movidos por paixão civil, estão no centro de um debate político e eclesiástico fervoroso no mundo contemporâneo".

Na véspera da cerimônia, prevista para o dia 26 de novembro de 1990, a Igreja oficial manifestou a sua desaprovação: "Alguns docentes que foram até a Cúria para convidar o arcebispo ou um representante seu para a aula que o padre Boff daria na terça-feira em Palazzo Nuovo, não foram recebidos pelo [arcebispo] Saldarini. Um impedimento ou uma clara mensagem aos promotores da condecoração?".[165] O movimento dos Católicos Populares ("netos, como se sabe, de padre Ratzinger")[166] afixou um manifesto em que alegava que Boff "goza dos favores de um poder filomaçônico" e criticava o reitor Dianzani:

> As condecorações para os dois [Boff e Semprún] se inspiram na concepção filosófico-moral de Bobbio, definido por Dianzani "a nossa consciência" durante a entrega do título. Mas nós não consideramos Bobbio nosso mestre e nem a nossa consciência. Erra, portanto, Dianzani por assim defini-lo, erra a universidade em premiar personagens impregnados pelas ideias do filósofo turinense.[167]

Na verdade, o filósofo turinense e o teólogo brasileiro se conhecem apenas por meio dos livros e se encontraram pela primeira vez na ocasião do título de *honoris causa*. Na cerimônia, a *laudatio* de Boff realizada pelo padre Maurilio Guasco – teólogo amigo de Leonardo Boff, há anos, e professor na Faculdade turinense de Ciências Políticas – explica que o seu "ângulo de visão é constantemente teológico, mas a teologia assume formas muito mais

---

libertação, mas pela libertação dos oprimidos, dos pobres e dos sem-justiça. E ele é, com indubitável clareza. Na verdade, este sempre foi o propósito da teologia da libertação. Em primeiro lugar vem a libertação concreta da fome, da miséria, da degradação moral e da ruptura com Deus" (Boff, *Papa Francesco e la teologia della liberazione*. Disponível em: http://www.sagarana.net/anteprima.php?quale=780).

165 Paglia, Padre Boff non merita quella laurea. I Cattolici Popolari sgridano l'università per l'onorificenza. *La Stampa*, 24 nov. 1990.
166 Também [o arcebispo] Saldarini contro Boff? *La Repubblica*, 24 nov. 1990.
167 Anselmo, Boff: La mia chiesa è il Vangelo. *La Stampa*, 27 nov. 1990, p.17.

amplas e abertas, até se tornar uma verdadeira provocação para a reflexão sociológica e política" por causa da sua proximidade aos condenados da terra. Boff, filho de emigrantes do Vêneto, lembrou do seu contato com a pobreza do Brasil, que o levou a descobrir "a lógica perversa do capitalismo" e a formular uma "teologia da libertação".[168]

Bobbio participou de todas as atividades como hóspede ilustre porque, já com mais de 80 anos, estava aposentado fazia anos[169] e ficou tão impressionado pela aula magistral de Leonardo Boff, que comentou com Maurilio Guasco: "Nós, de esquerda, devíamos esperar um padre para nos lembrar que os pobres são *sujeitos* da história!".[170] Os encontros seguintes e a conferência de Boff realizada alguns dias depois na universidade confirmaram o interesse de Bobbio por esse representante da teologia da libertação.[171]

A admiração era recíproca: alguns anos depois da atribuição do título de *honoris causa*, Leonardo Boff lembrava como religião e Igreja estavam presentes, mesmo que em colisão, na atitude de Bobbio:

> Em meio aos conflitos que, nas décadas de 1980 e 1990, envolveram a teologia da libertação, Bobbio foi um dos poucos pensadores europeus que entendeu imediatamente a importância desta teologia para uma democracia entendida como valor universal a ser vivido a partir da base e dos últimos. Entendeu a importância das comunidades eclesiásticas de base e da leitura popular da Bíblia, porque elas criam não apenas cristãos militantes, mas também agentes da transformação social. Tendo esses valores presentes, quis honrar o significado político disso fazendo com que a Universidade de Turim, onde era professor eminente, concedesse-me o título de doutor *honoris causa* em política, o que aconteceu no dia 27 de novembro de 1990. Lembro que o Vaticano e o cardeal de Turim exerceram pressões sobre a Universidade de Turim de modo a não conceder este título a um teólogo "amaldiçoado" como eu. O professor Bobbio protestou com veemência e fez valer a autonomia da universidade.
>
> Nessa ocasião, conversamos longamente no dia anterior à cerimônia e, no dia seguinte, participei de um debate público em uma sala da cidade. Com

---

168 Universidade de Estudos de Turim, *Notiziario*, VIII, jan. 1991, n.1: *Laurea ad honorem a Leonardo Boff*. Laudatio di Maurilio Guasco, p.3-5; Risposta di Leonardo Boff, p.5-8.

169 É divergente, portanto, o título do artigo de Guido Costa, "Con Boff e Semprún dottori della libertà. Il saluto di Norberto Bobbio", *La Repubblica*, 27 nov. 1990: na realidade, a saudação de Bobbio, anunciada no título, não ocorreu, nem foi mencionada no texto do artigo.

170 De um diálogo meu com Maurilio Guasco, 7 jul. 2014.

171 Em 27 de novembro de 1990, Boff proferiu, no Palazzo Nuovo da Universidade a conferência *Liberazione, teologia e politica. Caso latino-americano o ipotesi globale?*

perspicácia, ele foi direto para o núcleo da questão que era mais importante para ele e para mim: a importância específica que nós, teólogos da libertação, dávamos aos pobres. A maioria tem dificuldades para compreender este problema, mas ele tinha percebido a diferença específica disso.[172]

O Bobbio leigo olhava com interesse e preocupação para as religiões de hoje em dia e para os conflitos que estas suscitavam nos Bálcãs e no Oriente Médio. Entre as religiões, Bobbio desejava

[...] o fortalecimento de um princípio fundamentalmente laico, a regra da convivência laica por excelência, que é a tolerância. Se me perguntarem qual seria, para mim, um mundo melhor desejável no novo milênio, responderia que será apenas aquele em que triunfará o princípio laico, muito laico, da tolerância universal.[173]

Tolerância, relativismo dos valores, positivismo jurídico, sistema democrático, laicismo: *tout se tient*.

7.6. As dificuldades – não só semânticas – da "serenidade"

Bobbio proclamava os valores da tolerância, do diálogo e da compreensão recíproca. Esses valores exigem que se ouça o adversário, a não agressividade, em uma palavra: a serenidade, virtude cardeal do laico que pode parecer em contraste com a aspereza do filósofo militante. Mas essa aspereza tem o objetivo de afirmar valores positivos como a tolerância, a igualdade, a não violência, a serenidade na vida social. Por isso, um laico inflexível como o juiz Alessandro Galante Garrone era considerado, por um lado, "sereno e tranquilo" nas avaliações dos seus superiores (e, portanto, apto para ser mais um

---

[172] Boff, *O filósofo e os pobres*, 2004 (a passagem citada estava disponível no site www.triplov.com/ciber_novas, hoje não mais acessível). Um texto de Boff com o mesmo título se encontra disponível agora no site http://www.consciencia.net/2004/mes/01/boff-bobbio: mas se trata de um texto diferente daquele citado, mesmo que se refira ao título de *honoris causa* de Turim. De fato, chama a atenção para "os dois encontros que tive com ele em Turim" e conclui: "Ao convergirmos nas idéias, os olhos cansados do mestre brilhavam como os de uma criança".
[173] Bobbio, Quelle risposte scandalose che Dio e la fede mi obbligano a dare. *La Repubblica*, 2002. Do volume AA.VV. *Il Monoteismo*. Milão: Mondadori, 2002, 259p.

juiz que promotor),[174] mas, por outro, tinha sido chamado de "sereno jacobino" pelo seu rigor para com os princípios.[175]

A origem dessa feliz definição foi extemporânea. Em fevereiro de 1974, um desconhecido titular teve o *éclair d'esprit* de intitular uma entrevista de Galante Garrone, em *Il Giorno*, feita por Corrado Stajano, com um hendecassílabo: *Il mite giacobino non s'arrende* [O sereno jacobino não se rende]. Mas a pessoa serena não é alguém que desiste; é exatamentee o contrário: e Galante Garrone o reafirma nos doze versos do *Autosfottò del mite giacobino* [Poema autoirônico do sereno jacobino] que enviou para Stajano: "Os antifascistas vão embora, / mas o sereno jacobino não se rende. / Espalha-se o mal de Nápoles a Turim, /mas o sereno jacobino não se rende".[176]

O *Elogio da serenidade* de Bobbio foi publicado em 1993,[177] na esteira de um escrito do constitucionalista turinense Gustavo Zagrebelsky, *Il diritto mite* [O direito sereno].[178] Zagrebelsky contrapõe o rígido direito legislativo do passado ao direito constitucional fundamentado em princípios do presente, e chama este último de "sereno", porque oferece ao juiz o instrumento para se adaptar às situações concretas, evitando o rigor dos princípios positivistas como "a lei é lei", "*dura lex sed lex*", "*fiat iustitia et pereat mundus*".

A tradução brasileira do livro de Bobbio se intitula *Elogio da serenidade*; e assim se intitula também um artigo que faz referência a essa tradução.[179] Todavia tenho algumas dúvidas se de fato o termo "serenidade" possa traduzir o termo *mitezza*. Aliás, já em italiano o termo *mitezza* suscita algumas perplexidades também em Bobbio: "um adjetivo para definir uma concepção [...] que corresponda a uma concepção constitucionalista, e não apenas legislativa, do direito, não existe".[180]

O que significa para Bobbio (e para Zagrebelsky também) o termo "serenidade"? Bobbio esclarece:

---

174 Do fascículo pessoal de Galante Garrone, no arquivo da Corte de Apelação de Turim, in: Borgna. *Un paese migliore*, op. cit., p.132.
175 Garrone, *Il mite giacobino*, op. cit., 111p.
176 Ibid., p.30.
177 Bobbio, *Elogio della mitezza*. Milão: Linea d'ombra, 1993, 21p. (esgotado); retomado em: *Elogio della mitezza e altri scritti morali*. Milão: Linea d'ombra, 1994, 209p. e, com o mesmo título: Milão: Il Saggiatore, 2010, 211p. (nas p.29-47). As citações no texto foram extraídas desse último volume.
178 Zagrebelsky, *Il diritto mite. Legge, diritti, giustizia*. Turim: Einaudi, 1992, VII-217p.
179 Coelho, Elogio da serenidade. *Diário de Pernambuco*. 14 fev. 2004, p.A3, com referência à trad. bras. de Bobbio, *Elogio da serenidade e outros escritos morais*. São Paulo: Editora Unesp, 2000.
180 Bobbio, Della mitezza e delle leggi. *L'indice dei libri del mese*, 1993, n.3, p.5; desse escrito foram retiradas as citações que seguem.

"Algum tempo atrás em uma conferência sobre a 'serenidade', uma virtude que elegi, tinha colocado essa entre as virtudes fracas, como a modéstia, a moderação, a temperança, em oposição às virtudes fortes, como a coragem, a audácia, a bravura."

Em algumas frases de Zagrebelsky, "sereno" é sinônimo de "moderado". Bobbio observa que, antes de Zagrebelsky, o adjetivo "sereno" nunca tinha sido atribuído ao direito. Ou se atribuía esse adjetivo a uma personificação do direito: por exemplo, o direito internacional foi apresentado como "o civilizador sereno das nações".[181] A serenidade convém apenas ao momento da instituição ou da aplicação do direito: uma lei é serena, um juiz é sereno. A clemência é a virtude do juiz ou do legislador sereno. A "convivência serena" é a "pacífica", e desse jeito voltamos ao valor da democracia como composição dos conflitos, como tolerância, como caminho para a paz. A "serenidade da constituição" significa "banir qualquer atitude intransigente" ao interpretar os princípios múltiplos existentes hoje nas constituições modernas.

Bobbio não considera, além disso, que "equitativo" e "flexível" possam ser sinônimos de "sereno": o primeiro porque remete à noção de equidade como avaliação a partir de critérios pessoais; o segundo, porque é usado hoje para distinguir entre constituições rígidas e flexíveis. Em suma, essas tentativas de encontrar sinônimos ajudam a focar o que significa "serenidade" no contexto jurídico: "Afinal", conclui Bobbio, "o que nós entendemos por 'sereno' acaba se tornando claro, embora lexicalmente não totalmente satisfatório".

Nesse escrito de Bobbio, dois pontos podem ser particularmente interessantes, especificamente quando uma constituição não concorda com a legislação herdada por um passado não mais aceito.

Em primeiro lugar, o intérprete do direito – e, em particular, o juiz – deve ter em conta não apenas a lei, mas também os princípios presentes na Constituição; princípios que podem ser múltiplos, e não necessariamente homogêneos. Portanto, a aplicação do direito não pode ser rígida, mas – e aqui vem o problema terminológico – deve ser "serena", isto é, flexível, moderada, clemente.[182] Encontrei várias vezes, nas sentenças de todos os graus no Brasil,

---

[181] Koskenniemi, *Il mite civilizzatore delle nazioni. Ascesa e caduta del diritto internazionale 1870-1960*. Roma-Bari: Laterza, 2012, XXVIII-693p. O título original é *The Gentle Civilizer of Nations*.

[182] Para Bobbio, a contraposição entre interpretação mecânica e serenidade não é, afinal, tão frontal: 1. mesmo as normas estão sujeitas a mais de uma interpretação; 2. nenhum positivista, nem mesmo Kelsen, propõe, hoje, a aplicação mecânica da lei; 3. princípios e normas são proposições prescritivas com um grau diferente de precisão do conteúdo e, portanto, com um grau diferente de vinculatividade para o intérprete. Mas, conclui Bobbio, em nenhum grau a interpretação é mecânica.

esse uso dos princípios constitucionais para suavizar a aplicação da lei: basta pensar no Estatuto da Terra de 1964 (aprovado durante a ditadura militar) e na função social da propriedade sancionada pela Constituição democrática de 1988.[183]

Em segundo lugar, o Estado social reforçou os "princípios materiais de justiça" que, para Zagrebelsky, são a característica do direito atual. Esses se expressam nas constituições longas, que regulamentam matérias antes confiadas a outros setores do direito. "Já me perguntei", diz Bobbio incidentalmente, "se esta perspectiva não nos empurrará para constituições 'longuíssimas'".

O direito constitucional parece, hoje em dia, voltar para uma nova concepção de solidariedade, depois de um período de "forte subordinação da lógica dos direitos às exigências da política". Subordinação que "forçava um estudioso como Gustav Radbruch a recusar como uma *konventionelle Lüge*, uma mentira convencional, a tentativa das constituições 'longas' do primeiro pós-guerra em falar de uma 'função social' da propriedade". O discurso sobre a serenidade, portanto, envolve também a Constituição brasileira de 1988 e a sua influência sobre a legislação e sobre a jurisprudência do Brasil atual: tema que pode ser apenas evocado, porque de 1988 até hoje já foi escrita uma biblioteca inteira de textos constitucionais, sociológicos e políticos sobre a função social da propriedade.

Bobbio não era apenas um polemista urticante. Seu lado humano está ligado a essa serenidade – "uma virtude que elegi" – que parece quase oposta à inevitável aspereza do filósofo militante. Mas a sua serenidade é, na minha opinião, um modo de se manifestar da tolerância, que ele considerava a virtude fundamental para conservar a sociedade democrática.

Todavia, para evitar mal-entendidos, é oportuno nos deter ainda no significado do termo "serenidade". Basta lembrar brevemente que, justamente sobre esse termo (e por causa de um mal-entendido), acendeu-se uma polêmica com Giuliano Pontara, porque Bobbio identificou a "não violência" como sinônimo de serenidade. "Identifico o sereno com o não violento", escreveu Bobbio, e Pontara – um dos grandes teóricos da não violência – o repreendeu por não ter levado em conta a "não violência ativa" de Gandhi e de Capitini.[184] A polêmica entre os dois amigos dependia do uso dos mesmos

---

183 Sobre esses problemas, cf. Losano. *Il Movimento Sem Terra del Brasile*, op. cit., p.90-5.

184 Pontara, Il mite e il nonviolento. Su un saggio di Norberto Bobbio, seguido por Bobbio, Il mite e il nonviolento. Risposta a Pontara. *Linea d'ombra*, mar. 1994, p.67-70; seguido por Pontara, Sulla nonviolenza. Risposta a Bobbio. *Linea d'ombra*, maio-jun. 1994, p.71-3. Uma longa amizade unia

termos em sentidos diferentes, e boa parte da culpa recaía na imprecisão do termo "sereno".

Voltando para as considerações sobre a terminologia de Bobbio, a serenidade (ou moderação) é uma virtude do legislador ou do juiz, não uma qualidade do direito. Em português foi traduzida, como se viu, por *serenidade*. Os espanhóis, ao traduzir o livro, usaram outro termo que também se encontra em Bobbio: *templanza*, temperança. Uma das virtudes mais caras à Idade Média. Talvez "temperança" traduziria melhor o conceito de "serenidade" até agora apenas acenado.

Pessoalmente, preferiria falar de um direito "dúctil", ou seja, mais adaptável à realidade, flexível:[185] qualidade não necessariamente positiva, que nos leva novamente à jurisprudência dos interesses, ao direito livre e, depois, ao direito alternativo: teorias originadas em Jhering, que conheceram desenvolvimentos não necessariamente positivos.

Na América Latina, a avaliação positiva da criatividade do juiz foi associada a valores sociais de esquerda. Mas que esta fosse a orientação dos casos concretos levados em consideração, não deve nos fazer esquecer que o juiz criativo não é necessariamente apenas o de esquerda. Pode ser o "bom juiz Magnaud", mas pode ser também um juiz da Kieler Schule nacional-socialista: e a criatividade tomaria direções opostas.

Se – em nome de um valor – destacarmo-nos do direito positivo, hoje frequentemente percebido com suspeita, esquecemos que esse valor pode ser tanto de esquerda quanto de direita. E perdemos de vista, por isso, que em ambos os casos, quando se perde a certeza do direito, colocamos em jogo a liberdade, ou seja: a democracia.

A esse respeito, Bobbio tem as ideias muito claras e faz referência a Cesare Beccaria, o campeão da pena equilibrada, mas indefectível, e à sua "severidade inflexível que só é uma virtude no juiz quando as leis são brandas,"[186] ou seja, quando as leis são equilibradas. De fato, a clemência ou serenidade é a "virtude do legislador e não do executor das leis";

---

os dois: Bobbio havia escrito, em 1974, o prefácio ao volume de Giuliano Pontara: *Se il fine giustifichi i mezzi*. Bolonha: Il Mulino, 1974, p.VII-X.

185 Carbonnier, *Flexible droit. Pour une sociologie du droit sans rigueur*. Paris: Librairie Générale de Droit et de Jurisprudence, 1971, 316p.

186 Beccaria, *Dei delitti e delle pene*. Firenze: Le Monnier, 1945 (ed. em português aqui usada para as citações: Beccaria. *Dos delitos e das penas*. Ridendo Castigat Mores. Domínio Público. http://www.dominiopublico.gov.br/download/texto/eb000015.pdf), cap.XX, que Bobbio cita extensamente in: Bobbio; Viroli. *Dialogo intorno alla repubblica*, op. cit., p.56-8.

[...] devendo [esta] manifestar-se no Código e não em julgamentos particulares, se se deixar ver aos homens que o crime pode ser perdoado e que o castigo nem sempre é a sua consequência necessária, nutre-se neles a esperança da impunidade; faz-se que aceitem os suplícios não como atos de justiça, mas como atos de violência.[187]

7.7. Religião e religiosidade: as últimas polêmicas em nome da coerência

Bobbio foi um filósofo militante com as asperezas e as durezas que qualquer militância comporta: mesmo que a sua seja uma militância de ideias, e não partidária, ou de partido. Hoje, quando Bobbio não está mais aqui, existe o risco de que o seu laicismo seja transformado em uma atitude apaziguadora, em um crepúsculo ideológico no qual todos os padres são cinza.

Mas temo também a distorção contrária, isto é, que se lhe faça dizer o que ele nunca disse, que se faça de Bobbio um "clérigo" partidário, e não – como entendia ele por "clérigo" – um intelectual que milita ao lado da razão. Limito-me a lembrá-lo na áspera humanidade da sua militância democrática com um único exemplo.

No final de 2000, a Fundação Nenni organizou um simpósio para esclarecer o que deveria se entender por "revisionismo histórico", um movimento a partir do qual os partidos de centro-direita pretendiam reescrever, do seu jeito, a história da República e, sobretudo, a história da Resistência. Mas essa era também uma tomada de posição em relação ao estudo da história recente, e, por isso, nesse mesmo simpósio o tema do laicismo era associado, como antídoto, ao revisionismo histórico. O Bobbio militante publicou em *La Stampa* um artigo que passou como lixa sobre os sorrisos de muitos políticos e intelectuais, suscitando uma tempestade de polêmicas. Examinemos separadamente os dois temas, o revisionismo e o artigo de Bobbio.

Outro artigo do mesmo ano, mais longo e mais filosófico, reafirma a sua posição que eu chamaria de "agnóstico racionalista", embora esteja consciente que Bobbio recusaria essa definição, porque afirmou várias vezes não ser agnóstico.[188] Todavia, acredito que – se nos entendemos em um núcleo

---

187 Beccaria. *Dos delitos e das penas*, op. cit.
188 "Não me considero nem ateu nem agnóstico", escreverá nos seus últimos desejos de 1999: cf. nota 207 deste capítulo.

terminológico e definidor comum – minha designação colha a substância da sua posição, como poderemos ver nas páginas seguintes (tópico 7.7.3).

7.7.1. Bobbio e o revisionismo histórico

A polêmica sobre o revisionismo histórico (que em alguns casos se tornou negacionismo, no sentido de que negava a existência em si do Holocausto) nasceu paralelamente à ascensão política das direitas, muito mais agressivas que os novos partidos de centro. Bobbio especificou os conceitos, depois entrou na luta.

> Diferentemente da revisão, o revisionismo é uma ideologia que, como todas as ideologias, tem uma função eminentemente prática. O objetivo prático de uma ideologia está em direcionar o juízo histórico para um sentido favorável ou desfavorável a uma parte política, não por meio da simples revisão dos fatos ou de interpretações, mas sim modificando e por vezes revertendo o juízo histórico consolidado. Justamente porque é uma ideologia, ao revisionismo convém a típica dicotomia entre direita e esquerda. [...] As duas operações revisionistas hoje dominantes são a reavaliação do fascismo e a depreciação ou denegação da Resistência. Da primeira, o episódio mais recente é a proposta de controle dos livros escolares, colocada por um dos líderes de Aliança Nacional, Francesco Storace. Em relação ao segundo revisionismo, esse também recente [ou seja, de dezembro de 2000] a tentativa de colocar no mesmo plano de "igual dignidade" a luta conduzida pelos *partigiani* pela libertação da Itália da ocupação alemã e a luta oposta dos soldados mais ou menos voluntários da República de Salò. [...] Mas essa dignidade é muito facilmente refutável. Como já escrevi em *La Stampa*, basta colocar a óbvia e elementar pergunta sobre quais seriam as consequências da vitória dos *repubblichini* [fascistas republicanos aliados dos alemães], ao invés da vitória dos *partigiani* combatentes ao lado dos aliados na guerra antinazista. Não teria sido a perpetuação, aliás, o fortalecimento, do domínio do nazismo sobre a Europa inteira?[189]

---

189 Bobbio, Le polemiche sulla storia. Se il Papa diventa revisionista. *La Stampa*, 2 dez. 2000 (disponível *on-line*: http://www.italialaica.it/news/editoria-li/32546). Na realidade, o título em *La Stampa* é diferente: Wojtyła, Papa della Controriforma. Destra e sinistra divise sui giudizi del filosofo. Essa diferença nos títulos contribuiu certamente para gerar as fortes reações a esse texto. Bobbio voltou às polêmicas suscitadas por esse artigo em: Chi sono io di fronte al Papa? *La Stampa*, 10 dez. 2000, em que o entrevistador, Alberto Papuzzi, recorda que "as suas opiniões sobre o Jubileu dos políticos e sobre um governo de Berlusconi agitaram o mundo católico e o político; no mérito dessa questão, fizeram-se ouvir vozes de conhecidos colunistas, desde Montanelli

A equiparação dos mortos da Resistência e dos mortos da República de Salò retorna ciclicamente: em 2017, também propuseram depor no cemitério de Milão uma única coroa de flores para os mortos de ambos os lados, como se hoje em dia as diferenças tivessem desaparecido.

De um trecho do artigo citado transparece a crítica, aliás, a agressividade de Bobbio para com a centro-direita, que considera uma ameaça para o ordenamento democrático, devido às suas posições intolerantes para com a oposição: o seu percurso conduz à retomada acrítica do passado, ou seja, à aplicação prática do revisionismo à vida política do presente:

> Silvio Berlusconi nos informou recentemente, falando aos jovens de Comunione e Liberazione [Comunhão e Libertação], que combater o comunismo é um dever moral. Mas, depois das vulgaridades de Storace e das bobagens constitucionais de Bossi, não seria talvez um dever moral ainda maior para nós usar todos os meios que a democracia nos permite para impedir o Polo [das Liberdades] de vencer as próximas eleições? A consequência dessa vitória seria inevitavelmente um governo com um presidente como Berlusconi, um vice-presidente como Fini, um ministro dos Assuntos Internos como Bossi ou Maroni. E, além disso, por que Storace não poderia se tornar ministro da Educação ou dos Bens Culturais?[190]

Aqui Bobbio foi profeta, porque em 2000 previu o que efetivamente aconteceria pouco depois no segundo governo comandado por Berlusconi: em 2008, Fini, ex-neofascista, tornou-se presidente da Câmara dos Deputados e Maroni (da Liga Norte separatista) ministro dos Assuntos Internos. Nesse mesmo governo, o defensor do separatismo do Norte, Umberto Bossi, era ministro das Reformas Constitucionais, ou seja, das reformas que, nos seus projetos, deveriam sancionar a dissolução do Estado unificado italiano. Nem o tradicional pessimismo de Bobbio tinha chegado até esse ponto.

Enquanto os separatistas entravam no governo, em 2011 se celebraram os 150 anos da Unificação da Itália. Para quem, como eu, tinha assistido em 1961 às manifestações pelo centenário dessa Unificação, foi desanimador e alarmante ver com quanto desinteresse, com quantas reticências, com quantas tentativas de colocar também uma reabilitação do fascismo ao lado de uma debilitação da Resistência, tenham se realizado os preparativos apáticos

---

a Panebianco, de Cossiga a Ferrara. Chegaram cartas e telegramas, de acordo e desacordo". *L'Avvenire*, o quotidiano dos bispos, "publicou um aflito artigo com o título 'Perché, Maestro?'".

190 Bobbio, Le polemiche sulla storia, op. cit.

e as manifestações obrigatórias. Por sorte, Bobbio foi poupado desse deprimente epílogo do Ressurgimento e da Resistência.

Por outro lado, Bobbio nunca se iludiu em relação à possibilidade de que os intelectuais fossem seriamente levados em consideração pelos políticos, ou seja, de que a razão pudesse ser uma bússola para a política. Era um tema que concluía frequentemente os nossos colóquios sobre a política italiana e que conclui também o seu livro que desenha o marco ideológico do século XX. Os problemas da Itália da década de 1990, para ele, deviam-se à "perda dessa tensão ideal da qual nossa república tinha nascido". Ele, o homem da dúvida, concluía dessa vez: "A minha resposta não é duvidosa. Mas é a resposta de um 'clérigo' e poderia ser uma prova desse contraste permanente entre os homens de ideias e os homens de ação, cuja constatação foi, nestas páginas, um tema constante de reflexão".[191]

7.7.2. O JUBILEU CATÓLICO DOS POLÍTICOS, EUTANÁSIA DA LAICIDADE?

A parte mais criticada do artigo fazia referência a uma entrada da Igreja no campo da política, que outros já tinham definido como a "eutanásia da laicidade" (Gian Enrico Rusconi). Com o "jubileu dos políticos", a Igreja tinha organizado um movimento em que os políticos eram colocados sob a proteção de um santo, e não de um santo qualquer, como veremos. Essa iniciativa havia trazido para Roma muitas figuras de destaque e representava a invasão da Igreja em um âmbito civil, contra a qual Bobbio tomou posição.

> No que diz respeito ao capítulo sobre o laicismo (que é o outro tema do simpósio da Fundação Nenni), limito-me a comentar a chegada de parlamentares do mundo inteiro para aderir à proposta de um santo protetor, feita pelo papa. Além da observação de que, com essa familiaridade para com os santos, João Paulo II demonstra ser um perfeito papa da Contrarreforma, o fato de que, para a eleição do santo protetor dos parlamentares, tenha sido evocado Thomas Morus, executado por decapitação por ter condenado o cisma de Henrique VIII, tem alguma coisa, se não de macabro, pelo menos de cínico. Thomas Morus foi um mártir da fé: não é possível entender qual modelo possa ser para homens políticos cujo compromisso está direcionado para tratar de outro tipo, muito diferente, de questões.[192]

---

191 Bobbio, *Profilo ideologico del Novecento*, op. cit., p.244.
192 Bobbio, Le polemiche sulla storia, op. cit.

Essa parte da entrevista suscitou muitas polêmicas, especialmente do lado católico, às quais Bobbio respondeu com outra longa entrevista, que deve ser lida levando em conta as observações iniciais sobre a religiosidade de Bobbio. A sua posição intelectual se torna particularmente nítida em relação à elevação de Thomas Morus como santo padroeiro dos políticos.

> Do meu ponto de vista, que é o de um laico, criar um santo padroeiro protetor dos governantes e dos políticos me parece um ato que evoca a Contrarreforma. Pode ser que eu não tenha muita familiaridade com os santos, como sugeriu o senador Andreotti, porém, é sabido que o Concílio de Trento, entre outras coisas, declarou legítimo, aliás, obrigatório, o culto dos santos, repudiado pela Reforma. Tempos atrás li no bom livro *Tribunali della coscienza* [Tribunal da consciência], que o historiador Adriano Prosperi publicou pela Einaudi, em 1996, como a Igreja confiou à Inquisição não apenas a luta contra a heresia, mas também a ratificação da santidade, para exercer um controle restrito sobre as formas de devoção popular.[193]

Bobbio não volta atrás nem mesmo na crítica ao futuro governo que, em 2000, anunciava-se no horizonte:

> [...] com essa frase ["talvez um dever moral ainda maior para nós etc.", citada na p.470] eu imitava Berlusconi, o qual tinha falado de "dever moral" de votar contra os comunistas. Em segundo lugar, uma coisa é um governo *com o Cavaliere*, outra, um governo *do Cavaliere*, associado a dois partidos como a Liga e a Aliança Nacional, em conflito entre si e que não têm uma tradição democrática por trás.

O resultado das eleições deveria, pouco depois, confirmar suas apreensões. Mas hoje, reconsiderando essa polêmica à distância de quase vinte anos, comove um aspecto não político nem militante, mas humano, escondido nas últimas linhas escritas por um Bobbio com 90 anos: esse pensamento constante da morte próxima que o acompanhou cada vez mais intensamente nos últimos anos.

> [O senador Cossiga] comentou minha intervenção falando que, se ele está chegando ao fim da sua temporada, o fim da minha já chegou. É exatamente

---

[193] Ibid.; Bobbio se refere ao livro de Prosperi, *Tribunali della coscienza. Inquisitori, confessori, missionari*. Turim: Einaudi, 1996, XXIV-708p.

isso. Mas quando chegamos à linha de chegada, não podemos parar de repente. Continuamos o caminho por um determinado trecho de estrada, por força de inércia. Até quando o impulso inicial se esgote. Hoje estou percorrendo este último trecho que, aliás, posso tranquilizar Cossiga, está destinado a durar pouco.

7.7.3. A RELIGIOSIDADE COMO SENTIDO DO MISTÉRIO

Além da entrevista até agora examinada, sobre a atitude de Bobbio diante da religião, dispomos de um documento ainda mais autêntico e estruturado. Em um artigo do começo de 2000,[194] ultrapassados os 90 anos, Bobbio faz um balanço das suas relações com a religião, deixando emergir aspectos humanos, filosóficos e políticos.

A síntese do seu pensamento sobre os problemas religiosos é expressa nas primeiras linhas:

> Eu não sou um homem de fé, sou um homem da razão e não confio em todas as crenças; porém, distingo a religião da religiosidade. Religiosidade significa para mim, simplesmente, ter o sentido dos próprios limites, saber que a razão do homem é uma pequena luz, que ilumina um espaço ínfimo com respeito à grandiosidade, à imensidade do universo. A única coisa da qual tenho certeza, sempre a partir dos limites da minha razão, [...] é, quando muito, que eu vivo o *sentido do mistério*, que, evidentemente, é comum tanto ao homem de razão quanto ao homem de fé.[195]

E um pouco mais adiante: "Tenho um sentido religioso da vida justamente por essa consciência de um mistério que é impenetrável. *Impenetrável!*".[196]

Quem procurar uma resposta para a razão da vida não a encontra racionalmente. Bobbio desaprova quem diz: "O juízo de Deus é imperscrutável" porque, continua, "torna-se difícil entender, para mim, como [...] o Incognoscível possa ser fonte do nosso conhecimento, o Insondável possa ser uma

---

194 Bobbio, Religione e religiosità. *Micromega* (Almanaque de filosofia), 2000, n.2, p.7-16; republicado na mesma revista em 2004, n.1, p.11-20, e 2010, n.2, p.122-30, no fascículo que contém "todas as contribuições que Norberto Bobbio realizou para *Micromega* nos anos (junto de uma reflexão de Carlo Maria Martini sobre o filósofo turinense)". Na breve nota dedicada a "Norberto Bobbio e il senso del mistero", p.131-2, o cardeal Martini afirma: "Não me sinto intelectualmente muito longe dele".
195 Bobbio, Religione e religiosità, op. cit., p.7.
196 Ibid., p.10.

sonda que nos permita chegar ao fundo das coisas"; em suma, "sobre o inefável, não se pode dizer nada".[197]

Diante do incognoscível, a razão sai humilhada; mas Bobbio não aceita escapar dessa humilhação recorrendo à fé: "Continuo sendo homem da razão, limitada – e humilhada".[198] A sua é a história de muitos, que desde a infância vivenciaram a fé por imitação, e depois, aos poucos, se afastaram dela.[199] Ao longo de sua formação cultural, o catolicismo foi para ele a origem de mil perguntas, que permaneceram, todavia, sem uma resposta racional: ele acabou, portanto, por se afastar dele porque "a fé não responde às perguntas, pode apenas evitá-las".[200]

Porém, renunciar às respostas "reconfortantes" da fé tem um preço:

> Um dos entrevistadores de ontem me perguntou no final: "Em que é que o senhor deposita suas esperanças, professor?". E eu lhe respondi: "Não tenho esperança alguma. Como leigo, vivo em um mundo onde a dimensão da esperança é desconhecida". Explico: a esperança é uma virtude teológica. Quando Kant afirma que um dos três grandes problemas da filosofia é "o que devo esperar", refere-se com esta pergunta à questão religiosa. As virtudes do laico são outras: o rigor crítico, a dúvida metódica, a moderação, o não prevaricar, a tolerância, o respeito das ideias alheias, virtudes mundanas e civis.[201]

Contra as respostas "reconfortantes" da fé, Bobbio passa em revista os grandes problemas que a razão não consegue explicar, e que a religião explica com argumentos que Bobbio aproxima dos "mitos" do mundo clássico: o pecado original e os milagres; a morte;[202] a imortalidade da alma; o "crescei e multiplicai-vos" e a superpopulação;[203] enfim, o sofrimento e o mal, "o problema mais difícil de superar para a fé".[204]

O magistério da Igreja católica em relação aos problemas da sociedade de hoje lhe parece voltado para o passado, ou voltado para refutar as teorias filosóficas contingentes, contrapondo-as à filosofia eterna da Igreja, isto é, à

---

197 Ibid., p.13.
198 Ibid., p.8.
199 "Eu também cresci, como quase todos neste país [isto é, na Itália], em uma família católica, e tive uma formação católica" (Ibid., p.9).
200 Ibid., p.11.
201 Bobbio, *O tempo da memória. De senectute*, op. cit., p.109.
202 Bobbio, Religione e religiosità, op. cit., p.9 e 10 respectivamente.
203 Ibid., p.11.
204 Ibid., p.12.

de São Tomás. Para Bobbio, em vez disso, a Igreja deveria voltar sua atenção para o progresso científico: "O processo de secularização nasceu não pela rebelião de Lutero, mas sim pelas descobertas de Galileu".[205] Decorre disso uma admissão não usual para um filósofo: "Eu acredito muito mais na razão científica do que na razão filosófica", porque "é o progresso técnico-científico que arrastou e arrasta as crenças tradicionais". As descobertas científicas "são coisas *desconcertantes*, às quais a fé não dá resposta nenhuma".[206]

7.8. O laicismo na vida privada de Bobbio: "Completei 90 anos"

O laicismo não deve fazer pensar no anticlericalismo, que, de qualquer forma, teve muito espaço na história da Itália unificada. Para Bobbio, o anticlericalismo era antilaico assim como a inflexibilidade religiosa ou ideológica: para ele não existia diferença entre padres vermelhos e padres pretos. Ser laico significava ser contrário aos excessos dos valores absolutos (quaisquer que fossem), e não ser contrário à religião contrapondo um valor absoluto a outro valor absoluto. Bobbio era um laico com um forte sentido religioso. Lemos isso nos seus últimos desejos:

> Acredito que nunca me afastei da religião dos padres, mas da Igreja, sim. Afastei-me dela já faz muito tempo para pensar em voltar às escondidas na última hora. Não me considero nem ateu, nem agnóstico. Como homem da razão e não de fé, sei estar mergulhado no mistério que a razão não consegue penetrar até o fundo, e as diferentes religiões interpretam de vários modos.[207]

Essa página – escrita em 4 de novembro de 1999, ou seja, poucos dias depois de completar os 90 anos, e reproduzida aqui em seguida por extenso – contém indicações práticas, mas revela também qual era o seu mundo particular. A página não tem título, mas, usando as próprias palavras de Bobbio, poderíamos intitulá-la: "Como homem da razão e não de fé". Dessa página transparecem dois elementos típicos do caráter dele: a sua relação de "dubitante"

---

[205] Ibid., p.14.
[206] Ibid., p.10. A relação entre fé e ciência retorna no comentário à encíclica *Fides et ratio*, de 1998, no apêndice ao artigo aqui citado: Bobbio, Lettera ad alcuni amici su 'Fides et Ratio', p.14-6.
[207] Bobbio, Últimos desejos, 4 nov. 1999: Comitê Nacional, *Ricordi e discorsi in occasione dell'apertura dell'anno bobbiano*, op. cit., p.13-4.

relativamente aos valores religiosos e a virtude, muito piemontesa, de não se levar demais a sério, de não exagerar: *"esagerôma nen"* [Não exageremos] era o seu *slogan* predileto. E, no fundo, o seu laicismo também volta para essa raiz, porque afirmar que uma verdade seja "absoluta" é um exagero.

Completei 90 anos em 18 de outubro. A morte deve estar próxima. Na verdade, eu a senti próxima a vida toda. Sinto-me muito cansado, não obstante os cuidados carinhosos que me rodeiam, da minha esposa e dos meus filhos. Acontece que, frequentemente, na conversação e nas cartas, uso a expressão "cansaço mortal". O único remédio para o cansaço "mortal" é o repouso da morte. *Requiem aeternam dona eis domine*. No último, belíssimo coral da *Paixão segundo São João* de Bach, o coral, logo após a morte de Cristo, canta: *"Ruhe wohl"* (descanse em paz).

Desejo funerais civis, em comum acordo com minha esposa e os meus filhos. Em uma nota de 10 de maio de 1968 (mais de 30 anos atrás) está escrito: Gostaria de funerais civis. Acredito que nunca me afastei da religião dos padres, mas da Igreja, sim. Afastei-me dela já faz muito tempo para pensar em voltar às escondidas na última hora. Não me considero nem ateu, nem agnóstico. Como homem da razão e não de fé, sei estar mergulhado no mistério que a razão não consegue penetrar até o fundo, e as diferentes religiões interpretam de vários modos. Funerais simples, privados, não públicos. Recomendo fortemente aos meus familiares este meu desejo. Tive na minha vida, também na ocasião dos meus 90 anos, reconhecimentos públicos, prêmios, várias formas de condecorações que aceitei mesmo sendo convencido que ultrapassassem os meus méritos.

À morte convém o recolhimento, a comoção íntima dos que estão mais próximos, o silêncio. Breve cerimônia em casa ou, se for o caso, no hospital. Nenhum discurso. Não tem nada de mais retórico e incômodo que os discursos fúnebres.

E, depois, o traslado até Rivalta, para ser sepultado na tumba da família. Na lápide apenas nome e sobrenome, data de nascimento e de morte, seguidos por esta única menção: "Filho de Luigi e de Rosa Caviglia". Gosto de pensar que na minha lápide o meu nome vai aparecer junto ao dos meus pais. Meu pai, de Alexandria, foi o precursor dos Bobbio de Turim; a tumba ele a fez construir no povoado, que muito amou, de sua esposa. O meu nome, unido ao dos meus pais, aliás, dá o sentido da continuidade das gerações.

A família dê a notícia da morte após a celebração dos funerais, com um obituário feito de palavras simples com as quais são geralmente escritos os obituários das pessoas comuns: É com pesar que anunciamos o falecimento de Norberto Bobbio/ Professor emérito da Universidade de Turim, Senador vitalício...[208]

As últimas páginas deste livro retomaram os aspectos pessoais deste documento. Aqui é importante, no entanto, recuperar a expressão da sua religiosidade laica, do seu respeito por quem acredita, o que, entretanto, não deve ser mal compreendido: em particular, não deve ser interpretado como uma aceitação dos valores religiosos, que igualmente foram próprios da existência juvenil de Bobbio; exatamente por isso, escrevia: "Afastei-me deles já faz muito tempo para pensar em voltar às escondidas na última hora".

Depois da morte de Bobbio e da leitura de seus últimos desejos, um jornalista entrevistou dom Maurilio Guasco, seu aluno e depois colega na Faculdade de Ciências Políticas, que evocou um colóquio seu com Bobbio, em 1997, sobre a fé e o além. Bobbio não era um "católico sem Igreja". Quando o jornalista lembra a dom Guasco que Bobbio "no testamento espiritual, disse não ter abandonado nunca a religião dos pais", a resposta de dom Guasco é clara:

> Refere-se à história comum, tecida pelas gerações das quais fazemos parte. É significativo que quis os nomes do pai e da mãe na sua tumba: considera a família como incluída em uma história que está mergulhada, por sua vez, na cultura cristã. Ele, portanto, sentia-se partícipe disso.[209]

Mas precisamos ter muito clara essa linha de separação: Bobbio sentia o cristianismo como cultura, não como fé, "admitia plenamente a possibilidade de procurar respostas para o mistério da vida e da morte por meio das várias religiões. Mas, para si, tinha escolhido, em vez disso, a razão, a racionalidade".[210] Era, como ele próprio escrevera em seus últimos desejos, um "homem da razão e não de fé": e por "fé" entendia qualquer crença absoluta, tanto religiosa quanto política.

---

208 Ibid. Grifo meu.
209 Fertilio, Il prete amico. Quando mi disse: "Non credo al Paradiso". *Corriere della Sera*, 13 jan. 2004.
210 Ibid.

8
Despedida de Bobbio

É difícil fechar este volume em que os livros se entrelaçam com as lembranças, enquanto sobre ambos ainda paira esta "impalpável *pietas*" que me impede de falar de Bobbio. *Pietas* que evoquei no Prólogo, cujo espírito retomo para concluir o périplo das obras e dos dias de Bobbio, lembrando-o como a pessoa a quem fiz referência em toda a minha vida, que moldou a minha formação cultural, que acompanhou meu percurso acadêmico e que, justamente por tudo isso, deixou em mim um vazio incomensurável.

Havia passado exatamente um mês da morte de Bobbio, quando, em 9 de fevereiro de 2004, eu o homenageava, no Brasil, na Academia Pernambucana de Letras do Recife.[1] Não queria falar do seu pensamento nem da sua influência sobre a vida cultural e política italiana; preferia me deter em Bobbio como pessoa, porque com ele desaparecia um mundo que era não apenas meu, mas também da minha geração. De fato existiam, entre mim e Bobbio, alguns pontos em comum – por assim dizer – "existenciais"; pontos em comum que não encontro mais na geração sucessiva à minha.

---

[1] Aquele texto não foi publicado na Itália: Recuerdo de un maestro: Norberto Bobbio (18 de octubre de 1909 – 9 de enero de 2004), *Sistema* (Madri), jul. 2004, n.181, p.109-16; também em: *Derechos y Libertades. Revista del Instituto Bartolomé de Las Casas* (Madri), 9, jan.-dez. 2004, n.13, p.177-87; *Prim@ facie. International Journal* (João Pessoa), II, jul./dez. 2003 [mar. 2004], n.3, p.5-15.

Uma geração são trinta anos, e trinta anos exatos me separavam de Bobbio, nascido em 1909: já no Prólogo sublinhei essa cadência de trinta anos. Mas a Turim da década de 1950 – os anos dos meus estudos – não era, no fundo, radicalmente diferente da Turim da década de 1930, a da juventude de Bobbio. Por sua vez, os anos que me separam dos colegas jovens, ou seja, os anos entre a década de 1960 e a de 1990 foram caracterizados por mudanças tão radicais que tornaram quase intransponível o fosso existencial entre as gerações. Por isso me pergunto frequentemente o que consegui transmitir, do mundo que foi meu, para quem veio depois de mim: dúvida que frequentemente me impediu de começar e, depois, de continuar estas páginas. Bobbio, do seu mundo, por sua vez, transmitiu-me muito.

O que tínhamos em comum, "existencialmente", Bobbio e eu? Tínhamos, por exemplo, a piemontesidade, entendida como senso das raízes em uma terra muito bem determinada, o que não nos impede absolutamente de estar abertos para o mundo.

É a magia da terra da infância, cuja lembrança dura para sempre: "Essa minha pequena aldeia se plantou dentro de mim", escreve Davide Lajolo: "Posso esquecer o que fiz ontem, mas desses anos passados entre a casa, esta estrada única e as vinhas, lembro de tudo, também dos detalhes". Mais ainda: "Dessas colinas misturadas com a terra, passadas pedaço por pedaço entre as mãos dos meus ancestrais camponeses, emanava um sentido humano, uma antiga, incorrupta sabedoria. Devolviam-me o calor da infância, a palavra serena, o grito justo".[2]

É a sensação de segurança que havia experimentado também o atormentado Cesare Pavese, o escritor amigo de Bobbio e animador da editora Einaudi, nascido quatro colinas adiante daquelas onde eu também nasci e onde agora está enterrado Bobbio. Escrevia Pavese:

> É necessário ter uma aldeia, nem que seja apenas pelo prazer de abandoná-la. Uma aldeia significa não estar sozinho; saber que nas pessoas, nas plantas, na terra há alguma coisa de nós, que, mesmo quando não se está presente, continua à nossa espera.[3]

Esse senso das raízes e da continuidade se encontrava nos nomes das famílias, que perpetuavam nos filhos e netos, os dos avôs e dos tios: o

---

2 Lajolo, *Il Voltagabbana*. Milão: Mondadori, 1963, 296p. Lajolo, oficial do exército italiano fascista na guerra da Espanha, depois comandante da divisão partigiana Garibaldi-Monferrato, abre (na p.13) e fecha (p.296) as suas memórias com essas frases.

3 Pavese, *A lua e as fogueiras*. Trad. Liliana Laganá. São Paulo: Berlendis e Vertecchia, 2002.

primeiro filho de Bobbio se chama Luigi, como o pai de Norberto Bobbio, que, por sua vez, tem o nome do avô materno. As colinas das quais partiram as famílias – recentemente ou no começo do século passado, para ir até Turim ou para a América ou para a Austrália – são também as colinas onde as famílias têm parentes e, frequentemente, uma tumba. São as colinas às quais se volta, vivos, para férias breves e, mortos, para o repouso eterno na terra dos antepassados, entre os familiares que nos antecederam. Um regresso sob o signo da continuidade: por isso Bobbio quis na sua tumba os nomes dos pais.

Já trouxe por extenso os últimos desejos de Bobbio escritos em 4 de novembro de 1999. "Homem de razão e não de fé", fazia exigências de extrema simplicidade, porque "à morte convém o recolhimento, a comoção íntima dos que estão mais próximos, o silêncio": "Nenhum discurso"; uma lápide com "o meu nome" e "o dos meus pais".

Assim foi feito. Por uma tarde e uma manhã, em Turim, o ataúde de Bobbio ficou exposto no salão nobre da Universidade, visitado por uma fila de turinenses que serpenteava pelo pórtico do primeiro andar, pela escadaria, pelo pátio e pela rua diante da reitoria. Depois, em uma manhã fria de janeiro, poucos carros partiram para as colinas de Alexandria, na direção de Rivalta Bormida, o povoado em que, quando garoto, Bobbio voltava para as férias de verão.

Esse povoado, em 15 de julho de 1995, nomeou Bobbio, então com 86 anos, cidadão honorário. Ele tinha chegado em um dia quente de verão, e fora acolhido pela fanfarra do povoado. Havia tirado seus papeizinhos habituais para fora – aqueles que passava em revista nas aulas, nas conferências, nos discursos públicos – e havia deixado fluir as lembranças de uma vida intensa que havia coberto o século quase por inteiro. Eram lembranças pessoais, começando pela fanfarra musical que esse dia tocava em sua homenagem e que ele, garoto, ouvia ensaiar não longe da sua casa.

A fanfarra que toca em sua homenagem: a maior honra imaginável no vilarejo. Talvez se lembrem do filme em que Don Camillo, deixando o seu vilarejo, parte de uma pequena estação vazia; mas o prefeito comunista, Peppone, e os concidadãos comunistas o esperam na estação seguinte para se despedir – e o esperam com a fanfarra. Em um vilarejo, com a fanfarra se pode expressar o que não se consegue dizer com um discurso.[4]

---

[4] O autor faz referência ao filme *Don Camillo*, de 1952, dirigido por Julien Duvivier e baseado no romance *Don Camillo* do escritor italiano Giovannino Guareschi. No Brasil, é conhecido com o título *O pequeno mundo de Dom Camilo*. (N. T.)

Depois da morte de Bobbio, um de seus filhos, Andrea – o que ensinava informática na Universidade de Alexandria quando eu também ensinava lá, e talvez o mesmo que (décadas antes) eu ouvia tocar a flauta doce no cômodo ao lado da sala de estudo de Bobbio – tinha encontrado esses papeizinhos e os tinha lido na mesma praça de Rivalta Bormida, onde, em um dia de agosto, nove anos antes, seu pai os tinha lido, naturalmente completando-os com lembranças e comentários. Andrea Bobbio os tinha lido, dessa vez, como a despedida do cidadão honorário de Rivalta que, no fundo, mudava apenas de casa: daquela que se encontrava no início do povoado, à direita da rua principal, para a tumba de família, no cemitério, no fundo dessa mesma rua.

Desses papeizinhos aparece outra face do filósofo agudo, do professor rigoroso, do pensador político que tinha conseguido ser a consciência civil da Itália saída de uma guerra destruída nos bens e devastada no espírito: a face amável de um homem das colinas ligado às suas raízes; de um homem que, mesmo quando evoca a sua infância, reforça os valores e as escolhas que o guiaram durante uma vida muito longa.

> Nunca me considerei um homem importante. Considero-me, sobretudo, um homem sortudo. Sortudo pela família em que nasci. Sortudo pela família que Valeria e eu construímos, mais por mérito da minha esposa que meu, pelos professores, pelos amigos e discípulos que tive e, por que não, por este povoado pacífico e trabalhador, no qual passei uma boa parte da minha vida. Sortudo porque passei incólume o período da terrível história do século XX. Incólume, quando muitos passaram por detenção e tortura. Sortudo também pelos anos até os quais cheguei um pouco abalado, mas ainda em condições de apreciar a música da fanfarra de Rivalta.

A senhora Valeria era, para nós estudantes e depois amigos, uma sucursal de Bobbio; para ele, era a porta de acesso para o mundo externo, no qual o ajudava e do qual também o protegia. Foi ela quem me contou da época em que eles estavam noivos, antes da guerra. As duas irmãs Cova foram convidadas para fazer excursões na montanha pelos dois noivos, Norberto Bobbio e Roberto Ago, professor de direito internacional. Eram muito chatos, dava uma piscadela, sorrindo, a senhora Valeria: caminhávamos na montanha por horas, eu e minha irmã atrás, enquanto Norberto e Roberto, na frente, discutiam sobre Kelsen. As duas irmãs tinham se casado em 1943 com os dois estudiosos de Kelsen. O cansaço em viver começou, para Bobbio, em 2001, quando a morte da esposa o deixou desorientado diante de um mundo que amava cada vez menos.

> Nunca me levei muito a sério. É necessário olhar também para si mesmo com desapego e ironia. Benedetto Croce, um mestre da nossa geração, dizia com muita sabedoria que é necessário amar as coisas, não a si mesmos, que quanto mais amamos as coisas, tanto mais conseguimos nos despregarmos de nós mesmos [...]. Este retorno a Rivalta abriu o caminho para as lembranças da infância [...], as lembranças da idade da inocência, do começo da grande jornada, da viagem para a descoberta do mundo protegido pelo calor dos afetos, [...] a família da minha mãe, a Primeira Guerra Mundial e a aquisição da casa em 1916, a festa de São Domingo, o jogo de futebol, as incursões para as colinas, o rio e as excursões de bicicleta, a Segunda Guerra Mundial, a ocupação alemã e os *partigiani*, a guerra civil.

Essa, sobretudo, é a parte do discurso que, provavelmente, falando na praça, Bobbio deve ter enriquecido de lembranças pessoais. São as lembranças que se concluem com a referência à guerra e às lutas dos *partigiani*: ou seja, se concluem com os eventos que, por sua vez, abrem as minhas lembranças de menino das colinas. São as lembranças que marcaram também a minha geração e que reencontro em intelectuais dessas terras, como os jornalistas e escritores Giorgio Bocca e Giampaolo Pansa, e muitos outros. São lembranças de um mundo que acabou para sempre, mas que nos deixou uma herança. Uma herança, acima de tudo, dentro de nós: uma firmeza, uma força à qual recorrer nos momentos mais duros.

Dos textos publicados dessas notas de 1995, falta, entretanto, uma frase que eu encontro em outro lugar e que é fundamental para revelar como a tensão moral, em Bobbio, nunca faltava: nem nos momentos de intimidade, como podia ser esse dia de verão, de 1995, em Rivalta Bormida.

Em 1995, estava acontecendo o amargo debate sobre o revisionismo histórico e, especialmente, sobre a revalorização dos mortos fascistas, dos mortos da República de Salò. Essa república, na verdade, hospedava um governo fantoche de Hitler e, no desmoronamento da Itália de Mussolini, tinha reunido o melhor e o pior dos fascistas: sob as suas bandeiras militava quem morria por coerência extrema a um ideal derrotado e quem morria porque não tinha mais nada a perder.

Em 1995, como hoje, havia quem quisesse colocar no mesmo nível os "garotos de Salò" e os *partigiani*, quem lutava pelo fascismo e quem lutava contra o fascismo. Indubitavelmente, no plano humano, esses homens mortos, frequentemente muito jovens – de um lado e de outro – merecem a mesma compaixão; mas no plano político é necessário saber distinguir. E nesse discurso de 1995, lembrando a "guerra civil", Bobbio acrescentou alguma coisa que não encontrei no jornal: "A Segunda Guerra Mundial, a ocupação alemã e os *partigiani*, a guerra civil. *Esquecemos, mas não confundimos, quem permaneceu do lado certo e quem permaneceu do lado errado, mesmo que quem tenha estado do lado certo tenha cometido injustiças*". Esta é a frase desaparecida no jornal. A escolha de campo não pode ser cancelada pela compaixão pela morte. Os mortos são iguais, as ideias pelas quais se morre, não: o que teria acontecido com a Itália, com a Europa, com o mundo se, ao invés dos *partigiani*, os "garotos de Salò" tivessem vencido?

La Stampa – o jornal com o qual Bobbio tinha colaborado por trinta anos – trazia essas palavras na página de 13 de janeiro de 2004, inteiramente dedicada aos funerais de Bobbio. Eliminou-as do texto das notas de 1995, mas as colocou em evidência no cabeçalho; porém, na manchete da página, dá esta versão distorcida: "Bobbio, a última mensagem: os justos também erraram". Bobbio tinha dito exatamente o contrário: havia dito que os justos também podiam ter cometido algumas injustiças, mas não por isso a parte dele era menos justa. Havia pedido para "não confundir": em vão.

As lembranças da infância retornam depois com força. Essas lembranças evocam o tempo circular do campo, em que se revezam as estações, as colheitas, as gerações; em que cada vida é um ciclo que se abre com os antepassados e se perpetua com os descendentes, os quais começam, por sua vez, um novo ciclo. Então, eu tenho a impressão de que hoje esse tempo circular do campo patriarcal, essa sucessão de ciclos – que une a experiência de vida de Bobbio e a minha, a nossa experiência de "gente das colinas" – tenha se interrompido. Que esse tempo circular tenha sido substituído pelo tempo linear da época pós-moderna, mergulhada em um eterno presente.

Mas sobre as raízes, deixemos a palavra a Bobbio:

> Para concluir: permitam-me fazer algumas considerações finais de caráter geral.
> 1. Convém manter as próprias raízes. Coitados dos desenraizados. As raízes se têm apenas no vilarejo de origem, na terra: não no concreto da cidade. 2. Apenas no vilarejo existe o próximo. Você não pode amar a todos, a não ser de forma muito abstrata. Pode amar apenas ao próximo. Em uma cidade não existe próximo. 3. Em Rivalta, eu brincava com as crianças do vilarejo que não sabiam falar italiano, andavam descalços, estavam vestidos com uma camisetinha e com calções amarrados com um cordão. Nunca senti diferença alguma entre nós, os senhores, e eles, os camponeses. Aprendi que os homens são iguais.
> São mais iguais que diferentes. Aprendi a dizer não a qualquer forma de racismo, de ódio de clã ou de raça, a doença que infesta o mundo. Aprendi que,

se uma mãe de uma tribo africana chora e se desespera pela morte do filho, chora da mesma forma que uma mãe italiana ou americana.

A parte final do discurso de 1995 leva Bobbio à conclusão da vida, ao pensamento da morte que, quatro anos depois, evocaria nos seus últimos desejos: a morte, "a vida toda a senti por perto": "Voltando ao começo: aprendi que não devemos nos gabar demais, mesmo quando a fanfarra tocar em sua homenagem. Você também é alguém para quem chegará a hora, como para todos os outros, em que tocará não a fanfarra, mas o sino".

Apenas as igrejas têm os sinos. E o sino que tocou por Bobbio volta a evocar a sua sofrida relação com a religião. Nos seus últimos desejos, lemos estas palavras: "Acredito que nunca me afastei da religião dos padres, mas da Igreja, sim". Em 1997, Bobbio tinha encontrado um velho amigo e colega, que ensinava na Faculdade de Ciências Políticas da Universidade de Alexandria: dom Maurilio Guasco. Discutiam sobre o paraíso, no qual, obviamente, dom Guasco acreditava. Diante da observação do amigo religioso: "Tinha entendido que, na sua opinião, o paraíso não existia", o Bobbio racional respondeu: "Sou apenas um titubeante". Por isso, dom Guasco alertava para não fazer dele um "crente anônimo" (esse estranho híbrido que os outros chamam de "ateu devoto"), não lhe atribuir uma religiosidade diferente da que Bobbio indubitavelmente tinha. A referência à "religião dos pais" também, nos seus últimos desejos, deve ser interpretada como referência

> [...] à história comum, tecida pelas gerações das quais fazemos parte. É significativo que quis os nomes do pai e da mãe na sua tumba: considera a família como incluída em uma história que está mergulhada, por sua vez, na cultura cristã. Ele, portanto, sentia-se partícipe disso.[5]

Em outras palavras, "admitia plenamente a possibilidade de procurar respostas para o mistério da vida e da morte por meio das várias religiões. Mas para si tinha escolhido, em vez disso, a razão, a racionalidade".[6] Era, como ele mesmo escrevera, um "homem de razão e não de fé", qualquer que fosse a crença religiosa ou política.

Essas eram, portanto, as raízes que uniam Bobbio ao Piemonte. Mas como respondia o Piemonte – e, especialmente, Turim – a esse seu apego? A minha sensação é que os turinenses de todas as classes e ideologias sentiram

---

5 Fertilio, Il prete amico. Quando mi disse: "Non credo al Paradiso", op. cit.
6 Ibid.

fortemente o falecimento de Bobbio por duas razões. Primeiramente, porque Bobbio, por meio das colunas do jornal da cidade, *La Stampa*, tinha sempre estado presente no debate político com posições racionais e sensatas. Era, portanto, uma presença constante na casa de muitos. Em segundo lugar, Bobbio era uma das glórias turinenses, uma figura que projetava mundo afora uma imagem positiva da cidade e da região, um severo contraponto em relação ao descrédito que as palhaçadas de Berlusconi jogavam sobre a Itália.

Além disso, em um ano os turinenses viram desaparecer três personagens centrais do século recém-acabado. Primeiramente havia falecido Gianni Agnelli, a encarnação do empreendedorismo piemontês, o rei republicano à frente de uma indústria que tinha dado a Turim o orgulho de ser a capital italiana do carro, compensando-a parcialmente do trauma, nunca superado, de não ser mais a capital política desde 1861. Em seguida, havia falecido Alessandro Galante Garrone, figura límpida de intelectual que, da magistratura havia passado para a cátedra de história, coetâneo e amigo íntimo de Bobbio e, ao lado deste, consciência crítica da vida política italiana. Essa também havia sido uma dura perda para mim e, enquanto eu estava no Recife, escrevi para Celso Lafer, em 2 de novembro de 2003: "Hoje, falando pelo telefone com minha mãe, soube que morreu Alessandro Galante Garrone, um amigo fraterno de Bobbio e um dos meus mestres dos anos universitários: foi Galante Garrone quem me abriu as portas da então mítica revista *Il Ponte*. Deveríamos nos encontrar depois do meu retorno do Brasil. Foi-se, assim, outra pessoa da tríade que, com Bobbio e Treves, dirigiu a minha juventude". Enfim, poucas semanas depois, falecia também Bobbio.

Acredito que, pelo menos para Turim, o falecimento dessas figuras tenha marcado a conclusão de uma época: a da guerra, da Resistência e do renascimento democrático e econômico. Com eles, foi embora não apenas o meu pequeno mundo particular, mas sim o mundo de uma geração. Com eles, fechava-se o século XX e uma época de paixões políticas também violentas, as quais, todavia, fizeram nascer o Estado democrático.

O novo século se abria em um clima de crise política e moral, em que não ressoavam mais as advertências austeras, que pareciam ter se apagado com Bobbio. A nova realidade política italiana tinha sido, para ele, uma constante preocupação. Em 1995, quando ele me deu o volume com a sua bibliografia preparada por Carlo Violi, escreveu esta dedicatória: "Com muitas lembranças e poucas esperanças".

Teria ainda muitas coisas a dizer. Mas talvez seja melhor encerrarmos a despedida nesse dia de janeiro de 2004, com as colinas nuas e a neve ao lado das estradas. Para o Bobbio "mortalmente cansado", a morte tinha chegado como uma libertação. Esse último cortejo era como ele havia desejado: a família, os amigos, o seu vilarejo. Pouca gente. O silêncio do campo. Eu via o curso da sua vida se refletindo nos versos de Hölderlin, o mais filósofo dos poetas: "E não é em vão que o nosso círculo/ Volta ao ponto donde veio!".[7]

---

[7] A poesia se intitula "Lebenslauf" (*Curriculum*, mas, etimologicamente, "curso da vida"): "Hoch auf strebte mein Geist, aber die Liebe zog / Schön ihn nieder; das Leid beugt ihn gewaltiger; / So durchlauf ich des Lebens / Bogen und kehre, woher ich kam". Hölderlin, Lebenslauf/Curso da vida. In: Hölderlin: *Poemas*. Organização e tradução Paulo Quintela. Coimbra: Atlântida, 1959.

Elenco de livros citados

Este elenco inclui apenas os livros citados mais de uma vez no texto, ou os particularmente relevantes. Não inclui, ao invés, os títulos dos artigos de jornais e de revista, ou os títulos dos livros citados marginalmente. Esse elenco se propõe a ajudar o leitor a reconstruir as indicações bibliográficas completas, nos casos em que uma obra é citada de forma abreviada após a primeira citação por extenso.

Os títulos estão organizados com base no sobrenome do autor e, embaixo do mesmo autor, em ordem alfabética da primeira palavra significativa do título. As várias edições da mesma obra estão em ordem da mais antiga à mais recente. Na presença de vários autores, o livro está citado com o nome do primeiro autor.

AA.VV. [Norberto] *Bobbio e l'Università di Camerino.* Nel settantesimo anniversario della sua docenza camerte (1937-1997). Camerino: Università degli Studi di Camerino 1997, 44p.

AA.VV. *Ein Buch wird verboten.* Bommi Baumann Dokumentation. Munique: Trikont, 1979, 137p.

AA.VV. Cattolicesimo e laicismo. In: CONGRESSO NACIONAL DE ESTUDANTES DA JUVENTUDE ITALIANA DE AÇÃO CATÓLICA, 14. *Atas do...* Tivoli: Chicca, 1957, 139p.

AA.VV. *Cinquant'anni e non bastano.* Scritti di Norberto Bobbio sulla rivista *"il Ponte"* 1946-1997. Introd. Massimo L. Salvadori e Michelangelo Bovero. Florença: Fondazione Monte dei Paschi di Siena, 2005, 280p.

AA.VV. *Colloquio a Torino*. Cattolici, laici, marxisti attraverso la crisi. Turim: Stampatori, 1978, 154p.

AA.VV. Convegno su Umberto Morra di Lavriano e l'opposizione etica al fascismo. "Anais da Scuola Normale Superiore di Pisa". *Classe di Lettere e Filosofia*, v.XIV, p.167-346, 1984.

AA.VV. Gioele Solari. 1872-1952. Testimonianze e bibliografia nel centenario della nascita. "Memorie della Accademia delle Scienze di Torino". *Classe di Scienze Morali, Storiche e Filologiche*, série IV, 1972.

AA.VV. *Gioele Solari nella cultura del suo tempo*. Milão: Franco Angeli, 1985, 313p.

AA.VV. *Giornata Lincea in ricordo di Norberto Bobbio*. Roma: Bardi, 2006, 137p. ("Atas dos Convegni Lincei", n.226.)

AA.VV. *La Lombardia moderna*. Milão: Electa, 1989, 303p.

AA.VV. *Miscellanea per le nozze di Enrico Castelnuovo e Delia Frigessi*: 24 ottobre 1962. Turim: [Einaudi], 1962, 108p.

AA.VV. *Il Monoteismo*. Milão: Mondadori, 2002, 259p.

AA.VV. *Progetto per la sinistra del Duemila*. Apres. Walter Veltroni. Roma: Donzelli, 2000, 120p.

AA.VV. *La Société Européenne de Culture e l'Enciclopedia Italiana*. A Norberto Bobbio per il 18 ottobre 1989. Roma: Istituto dell'Enciclopedia Italiana, 1989, 25p.

AA.VV. *Studi in memoria di Gioele Solari*. Turim: Ramella, 1954, 534p.

AA.VV. *Studi in onore di Franco Modugno*. Org. Marco Ruotolo. 4v. Nápoles: Editoriale Scientifica, 2011.

ACERBO, Giacomo. *I fondamenti della dottrina fascista della razza*. Roma: Azienda Tipografica Editrice Nazionale Anonima, 1940, 96p.

AGOSTI, Paola; REVELLI, Marco (orgs.). *Bobbio e il suo mondo*. Storie di impegno e di amicizia nel 900. Turim: Aragno, 2009, 223p.

AINIS, Michele. *Chiesa padrona*. Un falso giuridico dai Patti Lateranensi a oggi. Milão: Garzanti, 2009, 118p.

AIRAUDO, Giorgio. *La solitudine dei lavoratori*. Il diritto al lavoro e il caso fiat. Turim: Einaudi, 2012, 100p.

ALBINI, Pietro Luigi. *Elementi della storia del diritto in Italia dalla fondazione di Roma sino ai nostri tempi e nella monarchia di Savoia in particolare*. Turim: Tipografia di Enrico Mussano, 1847, VIII-316p.

_____. *Enciclopedia del diritto, ossia Introduzione generale alla scienza del diritto dell'Avv. e Prof. P. L. Albini*. Turim: Tipografia di Enrico Mussano, 1846, 224p.

_____. *Saggio analitico sul diritto e sulla scienza ed istruzione politico-legale*. Vigevano: Pietro Vitali e Comp., 1839, 360p.

ALDEEB, Abu-Sahlieh Sami A. *Les Musulmans face aux droits de l'homme*. Bochum: Winkler, 1994, 610p.

AMMANNATI, Laura; BILANCIA, Paola (orgs.). *Governance multilivello, regolazione e reti*. Milão: Giuffrè, 2008, VI-360p.

ANDERS, Günther. *Essere o non essere*. Diario di Hiroshima e Nagasaki. Pref. Norberto Bobbio. Turim: Einaudi, 1961, XVII-209p. (também: Milão: Linea d'Ombra, 1995, 248p.)

ANTONICELLI, Franco. *Ci fu un tempo*. Ricordi fotografici di Franco Antonicelli. Apres. Massimo Mila, introd. e textos Alberto Papuzzi. Turim: Regione Piemonte, 1977, 131p.

ARMELLINI, Serenella. *Gioele Solari. L'idealismo sociale tra scienza e filosofia.* Nápoles: ESI, 1997, 330p.
ARON, Raymond. *Paix et guerre entre les nations.* Paris: Calmann-Lévy, 1962, 794p.
ASAD, Talal. *Formations of the Secular*: Christianity, Islam, Modernity. Stanford: Stanford University Press, 2003, 269p.
AVALLE, Maria Clara (org.). *Da Odessa a Torino.* Conversazioni con Marussia Ginzburg. 2.ed. Pref. Norberto Bobbio. Turim: Claudiana, 2002, 138p.
AZEVEDO, Juan Llambías de. *Eidética y aporética.* Prolegómenos a la filosofía del derecho. Buenos Aires: Espasa-Calpe, 1940, 134p.
BABOLIN, Albino (org.). *Le scienze umane in Italia, oggi.* Bolonha: Il Mulino, 1971, 291p.
BARCELLONA, Pietro (org.). *L'uso alternativo del diritto.* v.1: *Scienza giuridica e analisi marxista.* Roma-Bari: Laterza, 1973, XXII-268p.
BARRÈRE UNZUETA, María Ángeles. *La escuela de Bobbio.* Reglas y normas en la filosofía jurídica italiana de inspiración analítica. Madri: Tecnos, 1990, 274p.
BARTH, Hans Martin. *Buddhismus und Christentum vor der Herausforderung der Säkularisierung.* Schenefeld: EB-Verlag, 2004, 195p.
BARTOLOMEI, Alfredo. *Le ragioni della giurisprudenza pura.* Prolusione letta il 29 gennaio 1912. Nápoles: Alvano, 1912, 41p.
BAUBÉROT, Jean. *Histoire de la laïcité en France.* 6.ed. Paris: PUF, 2013, 127p.
BAUMANN, Bommi. *Wie Alles anfing.* Amsterdã: Van Gennep, 1976, 141p.
_____. *Com'è cominciata.* Milão: La Pietra, 1977, 191p.
BECCARIA, Cesare. *Dei delitti e delle pene.* Org. Piero Calamandrei. Florença: Le Monnier, 1945, 387p. (ed. *facsímile*: Florença: Le Monnier, 1992, 395p.)
_____. *Dos delitos e das penas.* Ridendo Castigat Mores. Domínio Público. Disponível em: <http://www.dominiopublico.gov.br/download/texto/eb000015.pdf>.
BEDESCHI, Lorenzo. *Geografia del laicismo.* Roma: Uciim, 1957, 96p.
BELLINI, Piero et al. *Stato e scuola oggi.* L'opinione laica. Nápoles: ESI, 1986, 164p.
BERGBOHM, Karl. *Jurisprudenz und Rechtsphilosophie.* Kritische Abhandlung. Leipzig: Duncker & Humblot, 1892, XVI-566p.
BERLINGUER, Enrico. *Per un nuovo grande compromesso storico.* Roma: Castelvecchi, 2014, 89p.
BERSIER LADAVAC, Nicoletta. *Con esattezza kelseniana.* Precisazioni sulla *Dottrina pura del diritto* nelle lettere di Kelsen a Losano. Milão: Giuffrè, 2003, XIV-98p.
BERTINARIA, Francesco. *Sull'indole e le vicende della filosofia italiana.* Turim: Pomba, 1846, 105p.
BIAGI, Guido (org.). *Chi è?* Annuario biografico italiano. Roma: Romagna, 1908, LXXXII--227p.
BINDER, Julius. *La fondazione della filosofia del diritto.* Trad. Antonio Giolitti. Turim: Einaudi, 1945, XII-189p.
BOBBIO, Antonio. *Da Alessandria a Casale.* Impressioni e storiche reminiscenze. Alexandria: Botto, 1878, 159p.
_____. *Il critico al difensore dello Spencer prof. G. Toti.* Alexandria: Tipografia Sociale, 1888, 28p.
_____. *Esposizione critica esplicativa delle dottrine pedagogiche di Herbert Spencer, con appendici e note.* Turim: Tipografia dell'Unione dei Maestri, 1887, 336p.

BOBBIO, Antonio. *Il Manzoni nella vita e nell'arte*. Conferenza tenuta il 2 maggio 1920 al Politeama alessandrino. Alexandria: Tipografia Popolare, 1920, 33p.

_____. *Memorie*. Org. Cesare Manganelli. Pref. Norberto Bobbio. Alexandria: Il Piccolo, 1994, 173p.

_____. *La scienza dell'educazione secondo la mente di Roberto Ardigò*. Turim: Libreria Scolastica di Grato Scioldo, 1894, 71p.

_____. *Il vero, il bello e il buono, l'arte somma nei Promessi Sposi*. Studio critico. Florença: Bemporad, 1904, 290p.

BOBBIO, Giovanni. *La vita e le opera di Antonio Bobbio*. Roma: Tipografia delle Mantellate, 1923, 125p.

BOBBIO, Norberto. *L'analogia nella logica del diritto*. Turim: Istituto Giuridico della Regia Università, Torino 1938, 216p.

_____. *L'analogia nella logica del diritto*. Org. Paolo Di Lucia. Milão: Giuffrè, 2006, XXI--283p.

_____. *Autobiografia*. Org. Alberto Papuzzi. Roma-Bari: Laterza, 1997, 274p. [Ed. bras.: *Diário de um século*: autobiografia. Trad. Daniela Beccaccia Versiani. Rio de Janeiro: Campus, 1998, 261p.]

_____. *Compromesso e alternanza nel sistema politico italiano*. Saggi su "MondOperai",1975-1989. Roma: Donzelli, 2006, 244p.

_____. *La consuetudine come fatto normativo*. Pádua: Cedam, 1942, 92p.

_____. *Contributi ad un dizionario giuridico*. Turim: Giappichelli, 1994, XXIV-365p.

_____. *Contro i nuovi dispotismi*. Scritti sul berlusconismo. Premissa Enzo Marzo. Posf. Franco Sbarberi. Bari: Dedalo, 2008, 111p. [Ed. bras.: *Contra os novos despotismos*: escritos sobre o berlusconismo. Trad. Erica Salatini. São Paulo: Editora Unesp, 2016, 178p.]

_____. *De senectute e altri scritti autobiografici*. Org. Pietro Polino. Turim: Einaudi, 1996, VI-200p. [Ed. bras.: *O tempo da memória*: de senectute e outros escritos autobiográficos. Trad. Daniela Beccaccia Versiani. Rio de Janeiro: Campus, 1997, 205p.]

_____. *Destra e sinistra*. Ragioni e significato di una distinzione politica. Roma: Donzelli, X-100p. [Ed. bras.: *Direita e esquerda*: razões e significados de uma distinção política. Trad. Marco Aurélio Nogueira. São Paulo: Editora Unesp, 2001, 189p.]

_____. *Diritto e potere*. Saggi su Kelsen. Nápoles: ESI, 1992, 222p. [Ed. bras: *Direito e poder*. Trad. Nilson Moulin. São Paulo: Editora Unesp, 2008, 299p.]

_____. *Il dubbio e la ragione*. Introd. Marcello Sorgi. Turim: La Stampa, 2004, 191p.

_____. *Il dubbio e la scelta*. Intellettuali e potere nella società contemporanea. Roma: La Nuova Italia Scientifica, 1993, 231p. (também: Roma: Carocci, 2011, 231p.)

_____. *Elementi di politica*. Org. Pietro Polito. Milão: Einaudi Scuola, 1998, XVII-300p.

_____. *Elogio della mitezza*. Milão: Linea d'ombra, 1993, 21p. (esgotado.)

_____. *Elogio della mitezza e altri scritti morali*. Milão: Linea d'ombra, 1994, 209p. (também: Milão: Il Saggiatore, 2010, 211p.). [Ed. bras.: *Elogio da serenidade e outros escritos morais*. São Paulo: Editora Unesp, 2000.]

_____. *Elogio de la templanza y otros escritos Morales*. Madri: Temas de Hoy, 1997, 245p.

_____. *L'età dei diritti*. Turim: Einaudi, 1990, XXIV-252p. [Ed. bras.: *A era dos direitos*. Trad. Carlos Nelson Coutinho. Rio de Janeiro: Campus, 1992, 217p.]

_____. *Etica e politica*. Scritti di impegno civile. Introd. Marco Revelli. Milão: Mondadori, 2010, CXXXVI-1714p.

BOBBIO, Norberto. *Dal fascismo alla democrazia*. I regimi, le ideologie, le figure e le culture politiche. Org. Michelangelo Bovero. Milão: Baldini & Castoldi, 1997, 361p. [Ed. bras.: *Do fascismo à democracia*: os regimes, as ideologias, os personagens e as culturas políticas. Trad. Daniela Beccaccia Versiani. Rio de Janeiro: Elsevier, 2007, 293p.]

_____. *La filosofia del decadentismo*. Turim: Chiantore, 1944, 124p.

_____. *The Philosophy of Decadentism*: A Study in Existentialism. Oxford: Blackwell, 1948, VIII-60p.

_____. *La filosofía del decadentismo*. México: Fondo de Cultura Económica, 1949, 121p.

_____. *Una filosofia militante*. Studi su Cattaneo. Turim: Einaudi, 1971, XIV-217p.

_____. *Il futuro della democrazia*. Una difesa delle regole del gioco. Turim: Einaudi, 1984, 170p. [Ed. bras.: *O futuro da democracia*: uma defesa das regras do jogo. Trad. Marco Aurélio Nogueira. Rio de Janeiro: Paz e Terra, 2011, 207p.]

_____. *Il futuro della democrazia*. Turim: Einaudi, 1995, XXVI-220p.

_____. *Giusnaturalismo e positivismo giuridico*. Milão: Comunità, 1965, 241p. [Ed. bras.: *Jusnaturalismo e positivismo jurídico*. Trad. Jaime A. Clasen. São Paulo: Editora Unesp, 2016, 303p.]

_____. *Gramsci e la concezione della società civile*. Milão: Feltrinelli, 1976, 63p. [Ed. bras.: *Ensaios sobre Gramsci e o conceito de sociedade civil*. Trad. Marco Aurélio Nogueira e Carlos Nelson Coutinho. Rio de Janeiro: Paz e Terra, 1999, 137p.]

_____. *Una guerra giusta?* Sul conflitto del Golfo. Pádua: Marsilio, 1991, 90p.

_____. *Ideological Profile of Twentieth-Century Italy*. Princeton: Princeton University Press, 1995, XXXVIII-239p.

_____. *Le ideologie e il potere in crisi*. Pluralismo, democrazia, socialismo, comunismo, terza via e terza forza. Florença: Le Monnier, 1981, VII-229p. [Ed. bras.: *As ideologias e o poder em crise*: pluralismo, democracia, socialismo, comunismo, terceira via e terceira força. Trad. João Ferreira. Brasília: Editora UnB, 1994, 240p.]

_____. *L'indirizzo fenomenologico nella filosofia sociale e giuridica*. Turim: Istituto Giuridico della Regia Università, 1934, 157p. ("Memorie dell'Istituto Giuridico", série II, memória XXVIII.)

_____. *L'indirizzo fenomenologico nella filosofia sociale e giuridica*. Org. Paolo di Lucia. Turim: Giappichelli, 2018.

_____. *Italia civile*. Ritratti e testimonianze. Manduria: Lacaita, 1964, 325p.

_____. *Italia fedele*. Il mondo di Gobetti. Florença: Passigli, 1986, 270p.

_____. *Lezioni di filosofia del diritto*. Comp. Antonelli e G. Chiesura. Gruppo fascisti universitari. Pádua; Bolonha: La Grafolito, 1941, 267p.

_____. *Lezioni di filosofia del diritto*. Comp. Giulio Pasetti Bombardella. Pádua: Gruppo Fascisti Universitari, 1942, 189p.

_____. *Lezioni di filosofia del diritto ad uso degli studenti*. Turim: Giappichelli, 1945, 224p.

_____. *Lezioni sul positivismo giuridico*. Ano acadêmico 1963-64. Roma: [Istituto di Filosofia del Diritto], 1964, 63p.

_____. *Maestri e compagni*. Piero Calamandrei, Aldo Capitini, Eugenio Colorni, Leone Ginzburg, Antonio Giuriolo, Rodolfo Mondolfo, Augusto Monti, Gaetano Salvemini. Florença: Passigli, 1984, 299p.

_____. *Il marxismo e lo Stato*. Il dibattito aperto nella sinistra italiana sulle tesi di Norberto Bobbio. Pref. Federico Coen. *Mondoperaio*, suppl. n.6, XI-215p. [Ed. bras.: *O marxismo e o Estado*. Trad. Federica L. Boccardo e Renne Levie. Rio de Janeiro: Graal, 1979, 251p.]

BOBBIO, Norberto. *Né con Marx né contro Marx*. Org. Carlo Violi. Roma: Editori Riuniti, 1997, XXXVIII-252p. [Ed. bras.: *Nem com Marx, nem contra Marx*. Trad. Marco Aurélio Nogueira. São Paulo: Editora Unesp, 2006, 317p.]

_____. *La mia Italia*. Org. Pietro Polito. Florença: Passigli, 2000, 446p.

_____. *Origini del giusnaturalismo moderno e il suo sviluppo nel secolo 17*. Lezioni tenute dal professor Norberto Bobbio all'Università di Padova nell'anno scolastico 1945-1946. Pádua: Litografia Tagliapietra, 1946, 267p. (apostilas.)

_____. *Politica e cultura*. Turim: Einaudi, 2005, 282p. [Ed. bras.: *Política e cultura*. Org. Franco Sbarberi. Trad. Jaime A. Clasen. São Paulo: Editora Unesp, 2015, 424p.]

_____. *Il positivismo giuridico*. Lezioni di Filosofia del Diritto. Comp. Nello Morra. Turim: Cooperativa Libraria Universitaria Torinese, [1961], 324p. (apostilas.)

_____. *Il positivismo giuridico*. Lezioni di Filosofia del Diritto. Comp. Nello Morra. Org. Agostino Carrino. Turim: Giappichelli, 1996, 258p. (apostilas.) [Ed. bras.: *O positivismo jurídico*: lições de filosofia do direito. Trad. Márcio Pugliesi, Edson Bini e Carlos E. Rodrigues. São Paulo: Ícone, 2006, 239p.]

_____. *Il problema dell'azione e le sue diverse concezioni*. Milão: Bocca, 1943, 157p.

_____. *Il problema della guerra e le vie della pace*. Lezioni di Filosofia del Diritto tenute dal professor Norberto Bobbio nell'anno accademico 1964-65. Comp. Nadia Betti e Marina Vaciago. Turim: Cooperativa Libraria Universitaria Torinese, 1965, 276p. (apostilas.)

_____. *Il problema della guerra e le vie della pace*. Bolonha: Il Mulino, 1979, 209p. (2. ed.1984, 167p.; 3. ed.1991, 167p.; 4. ed.1997, XVI, 163p.) [Ed. bras.: *O problema da guerra e as vias da paz*. Trad. Álvaro Lorencini. São Paulo: Editora Unesp, 2003, 181p.]

_____. *Il problema del potere*. Introduzione al corso di scienza della politica. Lezioni del professor Norberto Bobbio. Comp. Iliana Secchieri. Turim: Cooperativa Libraria Universitaria Torinese, 1966, 91p. (apostilas.)

_____. *Profilo ideologico del Novecento*. Milão: Garzanti, 1969, p.121-228. (extraído de *Storia della letteratura italiana*. Org. Natalino Sapegno. v.9: *Il Novecento*, 1969; também: Turim: Einaudi, 1986, 190p.; Milão: Garzanti, 1990, 321p.)

_____. *Profilo ideologico del Novecento italiano*. Turim: Cooperativa Libraria Universitaria Torinese, 1972, 198p. (esgotado.)

_____. *Quale socialismo?* Discussione di un'alternativa. Turim: Einaudi, 1976, XVIII-109p. [Ed. bras.: *Qual socialismo?* Debate de uma alternativa. Trad. Iza de Salles Freaza. Rio de Janeiro: Paz e Terra, 1983, 111p.)]

_____. *Saggi sulla scienza politica in Italia*. Bari: Laterza, 1969, 254p. [Ed. bras.: *Ensaios sobre ciência política na Itália*. Trad. Maria Celeste F. Faria Marcondes. Brasília: Editora UnB; São Paulo: Imprensa Oficial, 2002, 320p. (também: *Ensaios sobre a ciência política na Itália*. Trad. Luís Sérgio Henriques. São Paulo: Editora Unesp, 2016, 361p.)]

_____. *Scienza e tecnica del diritto*. Turim: Istituto Giuridico della Regia Università, 1934, 53p. ("Memorie dell'Istituto Giuridico", série II, memória XXIX.)

_____. *Sinistra punto zero*. Org. Giancarlo Bosetti. Roma: Donzelli, 1993, 164p.

_____. *Stato, governo, società*. Frammenti di un dizionario politico. Turim: Einaudi, 1985, X-165p. [Ed. bras.: *Estado, governo, sociedade*: para uma teoria geral da política. Trad. Marco Aurélio Nogueira. Rio de Janeiro: Paz e Terra, 2000, 178p.]

BOBBIO, Norberto. *Dalla struttura alla funzione*. Nuovi studi di teoria generale del diritto. Milão: Comunità, 1977, 278p. [Ed. bras.: *Da estrutura à função*: novos estudos de teoria do direito. Trad. Daniela Beccaccia Versiani. Barueri, SP: Manole, 2007. 265p.]

_____. *Dalla struttura alla funzione*. Nuovi studi di teoria generale del diritto. Pref. Mario G. Losano. Roma-Bari: Laterza, 2007, XXII-250p.

_____. *Studi per una teoria generale del diritto*. Turim: Giappichelli, 1970, 202p. [Ed. bras.: *Estudos para uma teoria geral do direito*. Trad. Daniela Beccaccia Versiani. Barueri, SP: Manole, 2015, 203p.]

_____. *Studi sulla teoria generale del diritto*. Turim: Giappichelli, 1955, 166p.

_____. *Teoria della giustizia*. Appunti delle lezioni di Filosofia del Diritto a cura degli studenti. Turim: [s.n.], [1953?], 191p. (apostilas.)

_____. *Teoria della giustizia*. Lezioni di filosofia del diritto, 1953. Pref. Gregorio Peces-Barba. Turim: Aragno, 2012, XVII-143p.

_____. *Teoria della norma giuridica*. Turim: Giappichelli, 1958, 245p. [Ed. bras.: *Teoria da norma jurídica*. Trad. Fernando Pavan Baptista e Ariani Bueno Sudatti. Bauru, SP: Edipro, 2005, 192p.]

_____. *Teoria dell'ordinamento giuridico*. Comp. L. Borgi, C. V. Sarasso e G. Witzel. Turim: Giappichelli, 1955, 246p.

_____. *Teoria dell'ordinamento giuridico*. Turim: Giappichelli, 1960, 218p. [Ed. bras.: *Teoria do ordenamento jurídico*. Trad. Maria Celeste Cordeiro Leite dos Santos. Brasília: Editora UnB, 2006, 184p.]

_____. *Teoría general del derecho*. Bogotá: Temis, 1987, 269p.

_____. *Teoria generale del diritto*. Turim: Giappichelli, 1993, 297p. [Ed. bras.: *Teoria geral do direito*. Trad. Denise Agostinetti. São Paulo: Martins Fontes, 2008, 321p.]

_____. *Teoria generale della politica*. Org. Michelangelo Bovero. Turim: Einaudi, 1999, LXX-684p. (reimpressão 2007). [Ed. bras.: *Teoria geral da política* – A filosofia política e as lições dos clássicos. Trad. Daniela Beccaccia Versiani. Rio de Janeiro: Campus, 2000, 717p.]

_____. *Il terzo assente*. Saggi e discorsi sulla pace e sulla guerra. Org. Pietro Polito. Turim-Milão: Sonda, 1989, 236p. [Ed. bras.: *O terceiro ausente*: ensaios e discursos sobre a paz e a guerra. Trad. Daniela Beccaccia Versiani. Barueri, SP: Manole, 2009, 309p.]

_____. *Thomas Hobbes*. Turim: Einaudi, 1989, XVI-218p. [Ed. bras.: *Thomas Hobbes*. Trad. Carlos Nelson Coutinho. Rio de Janeiro: Campus, 1991, 202p.]

_____. *Tra due repubbliche*. Alle origini della democrazia italiana. Roma: Donzelli, 1996, VIII-151p. [Ed. bras.: *Entre duas repúblicas*: às origens da democracia italiana. Trad. Mabel Malheiros Bellati. Brasília: Editora UnB; São Paulo: Imprensa Oficial, 2001, 154p.]

_____. *Trent'anni di storia della cultura a Torino (1920-1950)*. Turim: Cassa di Risparmio di Torino, 1977, 131p.

_____. *L'utopia capovolta*. Turim: La Stampa, 1990, XVI-155p. [Ed. bras.: O reverso da utopia. In: BLACKBURN, Robin (org.). *Depois da queda*: o fracasso do comunismo e o futuro do socialismo. Trad. Maria Inês Rolim. Rio de Janeiro: Paz e Terra, 1992, p.17-20. [também como: Bobbio, A utopia. Trad. Suely Bastos. *Lua Nova*, n.21, 1990, p.141-4. [Disponível em: <http://www.scielo.br/pdf/ln/n21/a10n21.pdf>.]

_____. *Verso la Seconda Repubblica*. Turim: La Stampa, 1997, XVIII-203p.

BOBBIO, Norberto et al. *Luigi Einaudi*. Ricordi e testimonianze. Florença: Le Monnier, 1983, X-93p.

_____; MATTEUCCI, Nicola; PASQUINO, Gianfranco (orgs.). *Dizionario di politica*. Turim: Utet, 1976, XI-1097p. [Ed. bras.: *Dicionário de política*. Trad. Carmen C. Varrialle et al. 2v. Brasília: Editora UnB, 1992.]

_____; VIROLI, Maurizio. *Dialogo intorno alla repubblica*. Roma-Bari: Laterza, 2001, 122p. [Ed. bras.: *Diálogo em torno da república*: os grandes temas da política e da cidadania. Trad. Daniela Beccaccia Versiani. Rio de Janeiro: Campus, 2002, 130p. (também como: *Direitos e deveres na república*: os grandes temas da política e da cidadania. Trad. Daniela Beccaccia Versiani. Rio de Janeiro: Elsevier, 2007, 131p.)]

_____; ZINI, Carlo Lamberti. *Memoria in difesa di Einaudi Giulio ex artt. 528, 529 Codice Penale* (pubblicazioni oscene). Org. Antonio Armano. Turim: Aragno, 2016, 131p.

BOFF, Leonardo. *Il cammino della Chiesa con gli oppressi*. Dalla valle di lacrime alla terra promessa. Bolonha: EMI, 1983, 291p.

_____. *Chiesa: carisma e potere*. Saggio di ecclesiologia militante. Roma: Borla, 1983, 277p.

_____. *Francesco d'Assisi*: una alternativa umana e cristiana. Una lettura a partire dai poveri. Assis: Cittadella, 1982, 235p. (2.ed. 1985.)

_____. *Incarnazione*: l'umanità e la giovialità del nostro Dio. Brescia: Queriniana, 1987, 64p.

_____. *Padre nostro*: preghiera della liberazione integrale. 3.ed. Assis: Cittadella, 1989, 192p.

_____. *Trinità e società*. Assis: Cittadella, 1987, 308p.

_____.*Una prospettiva di liberazione*: la teologia, la Chiesa, i poveri. Ensaio introdutório de Ernesto Balducci. Turim: Einaudi, 1987, XIX-220p.

_____. *Vita secondo lo Spirito*. Roma: Borla, 1984, 217p.

BONANATE, Luigi. *Appunti sull'eurocomunismo*. Turim: Giappichelli, 1978, 62p.

BORGNA, Paolo. *Un Paese migliore*. Vita di Alessandro Galante Garrone. Roma-Bari: Laterza, 2006, XI-480p.

BORSELLINO, Patrizia. *Norberto Bobbio e la teoria generale del diritto*. Bibliografia ragionata 1934-1982. Milão: Giuffrè, 1983, 133p.

_____. *Norberto Bobbio metateorico del diritto*. Milão: Giuffrè, 1991, X-257p.

BOUDON, Raymond. *Strutturalismo e scienze umane*. Com um apêndice sobre *Strutturalismo e diritto* de Mario G. Losano. Turim: Einaudi, 1970, 212p.

BRECHT, Bertolt. *Ausgewählte Werke in sechs Bänden*. v.3: Gedichte. Frankfurt am Main: Suhrkamp, 1997.

BRENTANO, Franz. *La classificazione delle attività psichiche*. Con appendice dell'autore e con prefazione e note del traduttore Mario Puglisi. Lanciano: Carabba, 1913, 151p.

BRUNS, Hans-Jürgen. *Die Befreiung des Strafrechts vom zivilistischen Denkens*. Beiträge zu einer selbständigen, spezifisch strafrechtlichen Auslegungsund Begriffsbildungsmethodik. Berlim: Nicolai, 1938, X-341p.

BURATTI Andrea; FIORAVANTI, Marco (orgs.). *Costituenti ombra*. Altri luoghi e altre figure della cultura politica italiana (1943-1948). Roma: Carocci-Fondazione Olivetti, 2010, 503p.

CALAMANDREI, Piero. *Diario 1939-1945*. Org. Giorgio Agosti. Intr. Alessandro Galante Garrone. 2v. Florença: La Nuova Italia, 1997.

_____. *Lettere 1915-1956*. Org. Giorgio Agosti e Alessandro Galante Garrone. 2v. Florença: La Nuova Italia, 1968.

CALOGERO, Guido. *Filosofia del dialogo*. Milão: Comunità, 1962, 441p.
_____. *I fondamenti della logica aristotelica*. Florença: Le Monnier, 1927, XII-326p.
_____. *La logica del giudice e il suo controllo in Cassazione*. Pádua: Cedam, 1937, XII-305p.
_____. *La scuola dell'uomo*. Florença: Sansoni, 1939, VIII-258p.
CAMPAGNOLO, Umberto. *Conversazioni con Hans Kelsen*. Documenti dell'esilio ginevrino 1933-1940. Org. Mario G. Losano. Milão: Giuffrè, 2010, XIX-295p.
_____. *Verso una costituzione federale per l'Europa*. Una proposta inedita del 1943. Org. Mario G. Losano. Milão: Giuffrè, 2003, XV-229p.
CAMPANELLA, Tommaso. *La città del Sole*. Org. Norberto Bobbio. Turim: Einaudi, 1941, 213p.
CAMPOLIETI, Giuseppe (org.). *Voci dal mondo laico*. Interviste sul laicismo. Bari: Dedalo, 1992, 200p.
CANANZI, Raffaele (org.). *L'Europa dal Manifesto di Ventotene all'Unione dei 25*. Com um ensaio de Norberto Bobbio. Posf. Romano Prodi. Nápoles: Guida, 2004, 230p.
CAPITINI, Aldo. *Elementi di un'esperienza religiosa*. Bari: Laterza, 1937, 138p.
CARABELLESE, Pantaleo et al. *Laicismo e non laicismo*. Milão: Comunità, 1955, 249p.
CARBONNIER, Jean. *Flexible droit*. Pour une sociologie du droit sans rigueur. Paris: Librairie Générale de Droit et de Jurisprudence, 1971, 316p.
CARDIA, Carlo. *Le sfide della laicità*: etica, multiculturalismo, Islam. Cinisello Balsamo: San Paolo, 2007, 202p.
CARDINI, Antonio (org.). *Il miracolo economico italiano (1958-1963)*. Bolonha: Il Mulino, 2006, 307p.
CARDONA RUBERT, María Belén; CECATO BARONI, Maria Aurea (orgs.). *Ciudadanía y desarrollo*. Albacete: Bomarzo, 2013.
CARLE, Giuseppe. *Della condizione giuridica degli stranieri*. Turim: Tipografia di Giulio Speirani, 1864, 22p.
_____. *L'evoluzione storica del diritto pubblico e privato di Roma*. Prolusione all'insegnamento di Storia del Diritto pubblico e privato di Roma detto nella Regia Università di Torino il 12 gennaio 1886. Turim: Bocca, 1886, 23p.
_____. *La filosofia del diritto nello Stato moderno*. Turim: Utet, 1903, XIII-542p.
_____. *Genesi e sviluppo delle varie forme di convivenza civile e politica*. Prolusione all'insegnamento di Filosofia del Diritto nella R. Università di Torino per l'anno scolastico 1877-1878. Turim: Bocca, 1878, 40p.
_____. *Le origini del diritto romano*. Ricostruzione storica dei concetti che stanno a base del diritto pubblico e privato romano. Turim: Bocca, 1888, VIII-633p.
_____. *Il pensiero civile e politico di Vincenzo Gioberti*. Turim: Streglio, 1901, 36p.
_____. *Prospetto d'un insegnamento di filosofia del diritto*. Turim: Bocca, 1874, 234p.
_____. *Saggi di filosofia sociale*. Turim: Bocca, 1875, IV-78p.
CARLE, Giuseppe. *Saggio di una teorica [sic] di diritto internazionale privato applicata al fallimento*. Turim: Tipografia Legale, 1870, 85p.
_____. *La vita del diritto nei suoi rapporti con la vita sociale*. Studio comparativo di filosofia giuridica. Turim: Bocca, 1880, IX-664p.
_____; SOLARI, Gioele. *Lezioni di filosofia del diritto*. Ano acadêmico 1911-1912. Comp. Giuseppe Bruno e Francesca Guasco. Turim: La Cooperativa Dispense dell'ATU, 1912, 607-IXp.

CARNELUTTI, Francesco. *Introduzione allo studio del diritto*. Roma: Foro Italiano, 1943, 88p.

_____. *Teoria generale del diritto*. Roma: Foro Italiano, 1946, VII-388p. (3.ed. ampl. 1951, XX-431p.)

CARRIÓ, Genaro R. (org.). *Derecho, filosofía y lenguaje*. Homenaje a Ambrosio L. Gioja. Buenos Aires: Astrea, 1976, XVI-236p.

CARVALHO, Amílton Bueno de. *Direito alternativo na jurisprudência*. São Paulo: Acadêmica, 1993, 216p.

CASSESE, Sabino. *Le basi del diritto amministrativo*. Turim: Einaudi, 1989, 357p.

_____. *Lo spazio giuridico globale*. Roma-Bari: Laterza, 2006, 198p.

CASTRONOVO, Valerio. *L'Italia del miracolo economico*. Roma-Bari: Laterza, 2010, 149p.

CATARSI, Enzo (org.). *L'insegnamento della religione nella scuola italiana*. Milão: Franco Angeli, 1989, 323p.

CATTANEO, Carlo. *Stati Uniti d'Italia*. Org. Norberto Bobbio. Turim: Chiantore, 1945, 344p.

_____; BOBBIO, Norberto. *Stati Uniti d'Italia*. Scritti sul federalismo democratico. Pref. Nadia Urbinati. Roma: Donzelli, 2010, 148p.

CECCARELLI, Filippo. Ha messo in guardia dai pericoli della nuova politica. In: BOBBIO, Norberto. *Il dubbio e la ragione*. Turim: La Stampa, 2004.

CESARI, Severino. *Colloquio con Giulio Einaudi*. Roma-Nápoles: Theoria, 1991, 235p. (nova ed. Turim: Einaudi, 2007, 244p.)

CHABOT, Pascal. *Les Philosophes et la technique*. Paris: Vrin, 2003, 284p.

CHAMBERLAIN, Basil Hall. *Things Japanese*: Being Notes on Various Subjects Connected with Japan for the Use of Travellers and Others. 5.ed. Londres: John Murray, 1905, VI-552p.

CLIO. *Catalogo dei libri italiani dell'Ottocento (1801-1900)*. 19v. Milão: Bibliografica, 1991.

COLARIZI, Simona; GERVASONI, Marco. *La tela di Penelope*. Storia della Seconda Repubblica. Roma-Bari: Laterza, 2012, 276p.

COMITATO Nazionale per le Celebrazioni del Centenario della Nascita di Norberto Bobbio. *Ricordi e discorsi in occasione dell'apertura dell'anno bobbiano* (Rivalta Bormida, 9 gennaio 2009-Torino, 10 gennaio 2009). Turim: Aragno, 2009, 60p.

CONTE, Amedeo. *Saggio sulla completezza degli ordinamenti giuridici*. Turim: Giappichelli, 1962, XIV-248p.

CONTU, Alberto. *Questione sarda e filosofia del diritto in Gioele Solari*. Turim: Giappichelli, 1993, 121p.

COPELLO, Mario Alberto. *La sanción y el premio en el derecho*. Buenos Aires: Losada, 1945, 77p.

COTTINO, Gastone; CAVAGLIÀ, Gabriela (orgs.). *Amici e compagni*. Con Norberto Bobbio nella Torino del fascismo e dell'antifascismo. Milão: Bruno Mondadori, 2012, 246p.

CROCE, Benedetto; EINAUDI, Luigi. *Liberismo e liberalismo*. Org. Paolo Solari. Milão-Nápoles: Ricciardi, 1957, XII-207p.

DE CICCO, Cláudio. *Uma crítica idealista ao legalismo*: a filosofia do direito de Gioele Solari. São Paulo: Ícone, 1995, 252p.

DE FELICE, Renzo. *Mussolini il fascista*: La conquista del potere, 1921-1925. v.I. Turim: Einaudi, 1966, 802p.

_____. *Storia degli ebrei italiani sotto il fascismo*. Turim: Einaudi, 1961, XXXIX-697p.

DE GUBERNATIS, Angelo. *Dizionario biografico degli scrittori contemporanei*. suplemento, v.2. Florença: Le Monnier, 1879, XXXII-1276p.

_____. *Piccolo dizionario dei contemporanei italiani*. Roma: Forzani-Tipografia del Senato, 1895, VII-989p.

DE LUNA, Giovanni. *Storia del Partito d'Azione. 1942-1947*. Roma: Editori Riuniti, 1997, XXVI-436p.

DEL VECCHIO, Giorgio. *Storia della filosofia del diritto*. 5.ed. Milão: Giuffrè, 1946.

DÍAZ, Elías. *La filosofía social del krausismo español*. Madri: Debate, 1989, 243p.

_____. *Los viejos maestros*. La reconstrucción de la razón. Madri: Alianza, 1994, 173p.

D'ORSI, Angelo (org.). *La vita degli studi*. Carteggio Gioele Solari-Norberto Bobbio, 1931-1952. Milão: Franco Angeli, 2000, 233p.

DREIER, Horst; FORKEL, Hans; LAUBENTHAL, Klaus (orgs.). *Raum und Recht*. Festschrift 600 Jahre Würzburger Juristenfakultät. Berlim: Duncker & Humblot, 2002, VIII-771p.

ECO, Umberto. *Apocalípticos e integrados*. São Paulo: Perspectiva, 2015, 386p.

_____. *O super-homem de massa*. São Paulo: Perspectiva, 1991, 188p.

EHRLICH, Eugen. *Die juristische Logik*. Tübingen: Mohr, 1925, VII-337p.

EINAUDI, Giulio. *Frammenti di memoria*. Milão: Rizzoli, 1988, 195p.

EINAUDI, Luigi. *Cronache economiche e politiche di un trentennio, 1893-1925*. Turim: Einaudi, 1963, XVI-1029p.

EMANUELLI, Enrico. *La Cina è vicina*. Milão: Mondadori, 1957, 272p.

ERBANI, Francesco (org.). *La sinistra nell'era del karaoke*. Roma: Reset-Donzelli, 1994, 63p.

FACCHI, Alessandra. *Diritto e ricompense*. Ricostruzione storica di un'idea. Turim: Giappichelli, 1995, XVI-198p.

FAGUET, Émile. *L'Anticléricalisme*. Paris: Société Française d'Imprimerie et de Librairie, 1906, 381p.

FALASCHI, Giovanni (org.). *Giaime Pintor e la sua generazione*. Roma: Manifestolibri, 2005, 365p.

FAURE, Edgar. *Le Serpent et la tortue*. Les problèmes de la Chine populaire. Paris: Julliard, 1957, 239p.

FAURE, Lucie. *Journal d'un voyage en Chine*. Paris: Julliard, 1958, 229p.

FERNÁNDEZ SANTILLÁN, José (org.). *Norberto Bobbio*. El filósofo y la política. México: Fondo de Cultura Económica, 1996, 516p.

FERRAJOLI, Luigi. *La cultura giuridica nell'Italia del Novecento*. Roma-Bari: Laterza, 1999, 122p.

_____; DI LUCIA, Paolo (orgs.). *Diritto e democrazia nella filosofia di Norberto Bobbio*. Turim: Giappichelli, 1999, VI-294p.

FERRARESE, Maria Rosaria. *Diritto sconfinato*. Inventiva giuridica e spazi nel mondo globale. Roma-Bari: Laterza, 2006, 224p.

FERRARI, Vincenzo. *Funzioni del diritto*. Saggio critico-ricostruttivo. Roma-Bari: Laterza, 1991, XVI-231p.

FERRETTI, Gian Carlo. *L'editore Cesare Pavese*. Turim: Einaudi, 2017, XVII-216p.

FILIPPI, Alberto; LAFER, Celso. *A presença de Bobbio*. América Espanhola, Brasil, Península Ibérica. São Paulo: Editora Unesp, 2004, 174p.

FIRPO, Luigi. *Torino*. Ritratto d'una città. Turim: Tipografia Torinese, 1971, 138p.

FISHER, Herbert A. *Storia d'Europa*. 3v. Bari: Laterza, 1955.

FOA, Vittorio; GIOLITTI, Antonio (orgs.). *La questione socialista*. Per una possibile reinvenzione della sinistra. Turim: Einaudi, 1987, X-210p.

FORNI, Lorena. *La laicità nel pensiero dei giuristi italiani*: tra tradizione e innovazione. Milão: Giuffrè, 2010, XIV-335p.

FORTINI, Franco. *Asia maggiore*. Viaggio nella Cina. Turim: Einaudi, 1956, 289p.

FURTADO, Celso. *Desarrollo y subdesarrollo*. Buenos Aires: Eudeba, 1964, 247p.

GADDIS, John Lewis. *Strategies of Containment*: A Critical Appraisal of American National Security Policy During the Cold War. Oxford: Oxford University Press, 2005, XVI-484p.

GAHRANA, Kanan. *Right to Freedom of Religion*: A Study in Indian Secularism. Denver: Academic Books, 2001, XI-195p.

GALANTE GARRONE, Alessandro. *I miei maggiori*. Milão: Garzanti, 1984, 343p.

_____. *Il mite giacobino*. Conversazione su libertà e democrazia raccolta da Paolo Borgna. Roma: Donzelli, 1994, 111p.

GALIMBERTI, Duccio; RÈPACI, Antonino. *Progetto di costituzione confederale europea ed interna*. Com escritos de Lugi Bonanate, Gustavo Zagrebelsky, Lorenzo Ornaghi. Turim: Aragno, 2014, 206p.

GALLINO, Luciano. *Il colpo di stato di banche e governi*. L'attacco alla democrazia in Europa. Turim: Einaudi, 2013, VI-345p.

_____. *Il denaro, il debito e la doppia crisi spiegati ai nostri nipoti*. Turim: Einaudi, 2015, VI-200p.

GALLO, Filippo. *Consuetudine e nuovi contratti*. Contributo al recupero dell'artificialità del diritto. Turim: Giappichelli, 2012, 154p.

GASPARI, Domenico. *Vita di Terenzio Mamiani della Rovere*. Ancona: A. Gustavo Morelli, 1887, VIII-321p.

GENTILE, Giovanni. *Le origini della filosofia contemporanea in Italia*. v.I. Messina-Catania: Principato, 1917, IX-410p.

GÉNY, François. *Méthode d'interprétation et sources en droit privé positif*. Essai critique. 2v. Paris: Pichon, 1919.

GIERKE, Otto Von. *Giovanni Althusius e lo sviluppo storico delle teorie politiche giusnaturalistiche*. Contributo alla storia della sistematica del diritto. Org. Antonio Giolitti. Turim: Einaudi, 1943, XI-251p.

GINSBORG, Paul; FOA, Vittorio; BARTOLOMEO, Sandro (orgs.). *Le virtù della Repubblica*. Conversazione a Formia. Milão: Il Saggiatore, 1994, 95p.

GINZBURG, Carlo. *Il nicodemismo*. Simulazione e dissimulazione religiosa nell'Europa del'500. Turim: Einaudi, 1970, XVIII-223p.

GIOLITTI, Antonio. *Lettere a Marta*. Ricordi e riflessioni. Bolonha: Il Mulino, 1992, 245p.

GIOVANNINI, Giovanni (org.). *Torino metropoli d'Europa*. Turim: Aeda, 1969, 310p.

GOETZ, Helmut. *Il giuramento rifiutato*. I docenti universitari e il regime fascista. Florença: La Nuova Italia, 2000, XXIII-314p.

GOSSET, Pierre; GOSSET, Renée. *Terrifiante Asie*. 2v. Paris: Julliard, 1956. (v.I: *D'Istanbul à la mer du Japon*, 345p.; v.II: *La Chine rouge an VII*, 274p.)

GOUGES, Olympe de. *Dichiarazione dei diritti della donna e della cittadina*. Roma: Caravan, 2012, 44p.

GOZZANO, Guido. *I colloqui*. Liriche. Milão: Treves, 1911, 156p.

GRECO, Tommaso. *Norberto Bobbio*. Un itinerario intellettuale tra filosofia e politica. Roma: Donzelli, 2000, 272p.

GREPPI, Andrea. *Teoría e ideología en el pensamiento político de Bobbio*. Madri-Barcelona: Marcial Pons, 1998, 333p.
GRUPPI, Luciano (org.). *Il compromesso storico*. Roma: Editori Riuniti, 1977, 345p.
GRUPPO di Resistenza Morale. *Argomenti per il dissenso*. Costituzione, democrazia, antifascismo. Turim: Celid, 1994, 113p.
_____. *Argomenti per il dissenso*. Nuovo, non nuovo. Turim: Celid, 1995, 134p.
GUASTINI, Riccardo. *Distinguendo*. Studi di teoria e metateoria del diritto. Turim: Giappichelli, 1996, XIV-341p.
GUERRIERI, Osvaldo. *I Torinesi*. Vicenza: Neri Pozza, 2011, 360p.
GUILLAIN, Robert. *600 Millions de chinois sous le drapeau rouge*. Paris: Julliard, 1956, 290p.
GURVITCH, Georges. *L'Idée du droit social*. Paris: Sirey, 1931, IV-710p.
_____. *Le Temps présent et l'idée du droit social*. Paris: Vrin, 1932, XVI-336p.
HABERMAS, Jürgen; RATZINGER, Joseph. *Ragione e fede in dialogo*. Veneza: Marsilio, 2005, 93p.
HART, Herbert L. A. *El concepto de derecho*. Buenos Aires: Abeledo-Perrot, 1963, XIII-332p. (2.ed. 1992.)
_____. *Il concetto di diritto*. Org. Mario A. Cattaneo. Turim: Einaudi, 1965, XXII-312p.
HERMLIN, Stephan. *Ferne Nähe*. Berlim (Leste): Akademie-Verlag, 1954, 133p.
HERNÁNDEZ ARIAS, José Rafael. *Donoso Cortés und Carl Schmitt*. Eine Untersuchung über die staatsund rechtsphilosophische Bedeutung von Donoso Cortés im Werk Carl Schmitts. Paderborn: Schöningh, 1998, 275p.
HOBBES, Thomas. *Elementi filosofici sul cittadino*. Org. Norberto Bobbio. Turim: Utet, 1948, 446p.
HOHFELD, Wesley Newcomb. *Concetti giuridici fondamentali*. Org. Mario G. Losano. Introd. Walter W. Cook. Apêndice Manfred Moritz. Turim: Einaudi, 1969, LIII-235p.
HÖLDERLIN, Friedrich. *Poemas*. Orga. e trad. Paulo Quintela. Coimbra: Atlântida, 1959.
HOLMES, Stephen; SUNSTEIN, Cass R. *The Cost of Rights*: Why Liberty Depends on Taxes. Nova York: Norton, 1999, 255p.
_____. *Il costo dei diritti*. Perché la libertà dipende dalle tasse. Bolonha: Il Mulino, 2000, 246p.
ILLEMANN, Werner. *Husserls vorphänomenologische Philosophie*. Mit einer monographischen Bibliographie Edmund Husserl. Leipzig: Hirzel, 1932, VIII-88p.
_____. *Die vorphänomenologische Philosophie Edmund Husserls und ihre Bedeutung für die phänomenologische*. Mit einer monographischen Bibliographie Edmund Husserls. Emsdetten: Lechte, 1932, 85p.
IMPOSIMATO, Ferdinando. *I 55 giorni che hanno cambiato l'Italia*. Perché Aldo Moro doveva morire? La storia vera. Roma: Newton Compton, 2014, 309p.
INGRAO, Pietro. *Volevo la luna*. Turim: Einaudi, 2006, 371p.
JASPERS, Karl. *La mia filosofia*. Turim: Einaudi, 1946, XII-280p.
JEMOLO, Arturo Carlo. *Confessioni di un giurista*. Milão: Giuffrè, 1947, 35p.
JHERING, Rudolf Von. *L'Esprit du droit romain dans les diverses phases de son développement*. 5v. Paris: Maresq, 1877.
_____. *Der Zweck im Recht*. 2v. Wiesbaden: Breitkopf & Härtel, 1904, (reimp. Hildesheim--Nova York: Olms,1970.)
_____. *Lo scopo nel diritto*. Org. Mario G. Losano. Turim: Einaudi, 1972, CIII-419p. (reimp. Turim: Aragno, 2014, 407p.)

JUVALTA, Erminio. *I limiti del razionalismo etico*. Org. Ludovico Geymonat. Turim: Einaudi, 1945, XV-445p.
KAJON, Irene. *Ebraismo laico. La sua storia e il suo senso oggi*. Assis: Cittadella, 2012, 183p.
KANNEGIESSER, Karl Ludwig. *Abriß der Geschichte der Philosophie*. Leipzig: Brockhaus, 1837, VIII-168p.
_____. *Compendio di storia della filosofia*. Turim: Pomba, 1843, 330p.
KANT, Immanuel. *Kritik der reinen Vernunft*. Hamburgo: Felix Meiner, 1930, XVI-766p.
_____. *Scritti politici e di filosofia della storia e del diritto*. Trad. Gioele Solari e Giovanni Vidari. (ed. póstuma. Org. Norberto Bobbio, Luigi Firpo e Vittorio Mathieu). Turim: Utet, 1956, 692p.
KANTOROWICZ, Hermann. *La lotta per la scienza del diritto*. Milão: Sandron, 1908, 162p.
KELSEN, Hans. *La democrazia*. Bolonha: Il Mulino, 1955, 457p.
_____. *La dottrina pura del diritto*. Trad. Renato Treves. Turim: Einaudi, 1952, 204p.
_____. *La dottrina pura del diritto*. Org. e introd. Mario G. Losano. Turim: Einaudi, 1966, CIII-418p.
_____. *General Theory of Law and State*. Trad. Anders Wedberg. Cambridge: Harvard University Press, 1945, XXXIII-516p.
_____. *Hauptprobleme der Staatsrechtslehre entwickelt aus der Lehre vom Rechtssatze*. Tübingen: J. C. B. Mohr (Paul Siebeck), 1911, XXVII-709p.
_____. *Lineamenti di dottrina pura del diritto*. Trad. Renato Treves. Turim: Einaudi, 1967, 227p.
_____. *Il problema della giustizia*. Org. Mario G. Losano. Turim: Einaudi, 1975, XXXIX--133p.
_____. *Religione secolare. Una polemica contro l'errata interpretazione della filosofia sociale, della scienza e della politica come moderne "nuove religioni"*. Org. Paolo Di Lucia e Lorenzo Passerini Glazel. Milão: Cortina, 2014, XXXVI-391p.
_____. *Reine Rechtslehre. Studienausgabe der 2. Auflage 1960 unter Berücksichtigung von Kelsens Änderungen anlässlich der Übersetzung ins Italienische 1966*. Herausgegeben und eingeleitet von Matthias Jestaedt. Wien: Mohr Siebeck, 2017, XCV-825p.
_____. *Società e natura. Ricerca sociologica*. Trad. Laura Fuà. Turim: Einaudi, 1953, 586p.
_____. *Società e natura. Ricerca sociologica*. Com um ensaio de Renato Treves. Turim: Bollati Boringhieri, 1992, VIII-584p.
_____. *Lo Stato come integrazione*. Milão: Giuffrè, 2001, LXVII-182p.
_____. *Teoria generale del diritto e dello Stato*. Trad. Sergio Cotta e Giuseppino Treves. Milão: Comunità, 1952, 528p.
_____. *Teoria generale delle norme*. Org. Mario G. Losano. Trad. Mirella Torre. Turim: Einaudi, 1985, LXV-471p.
_____. *Teoria pura do direito*. Trad. João Batista Machado. 6.ed. São Paulo: Martins Fontes, 1998.
KELSEN, Hans; CAMPAGNOLO, Umberto. *Direito internacional e Estado soberano*. Org. Mario G. Losano. Trad. Marcela Varejão. São Paulo: Martins Fontes, 2002.
_____; VOLPICELLI, Arnaldo. *Parlamentarismo, democrazia e corporativismo*. Roma: Stabilimento Tipografico Garroni, 1930, 103p.
_____. *Parlamentarismo, democrazia e corporativismo*. Pref. e org. Mario G. Losano. Turim: Aragno, 2012, 296p.
KISCH, Egon Erwin. *China geheim*. Berlin: Reiss, 1933, 280p.

KNAPP, Viktor. *L'applicabilità della cibernetica al diritto*. Introd. Mario G. Losano. Trad. Libor Piruchta e Ermanno Bonazzi. Turim: Einaudi, 1978, XXXVII-238p.

KOSKENNIEMI, Martti. *Il mite civilizzatore delle nazioni*. Ascesa e caduta del diritto internazionale 1870-1960. Roma-Bari: Laterza, 2012, XXVIII-693p.

KREIS, Friedrich. *Phänomenologie und Kritizismus*. Tübingen: Mohr, 1930, 68p.

LAJOLO, Davide. *Il Voltagabbana*. Milão: Mondadori, 1963, 296p.

LAMBERT, Edouard. *La Fonction du droit civil comparé*. Paris: Giard & Brière, 1903, XXIV-927p.

LANCHESTER, Folco (org.). *Passato e presente delle Facoltà di Scienze Politiche*. Milão: Giuffrè, 2003, VIII-318p.

LANFRANCHI, Enrico. *Un filosofo militante*. Politica e cultura nel pensiero di Norberto Bobbio. Turim: Bollati Boringhieri, 1989, 258p.

LANNI, Sabrina; SIRENA, Pietro (orgs.). Il modello giuridico – scientifico e legislativo – italiano fuori dell'Europa. In: CONGRESSO NAZIONALE DELLA SIRD, 2. *Atti del...* Roma-Nápoles: ESI, 2014, XII-466p.

LASKI, Harold. *Democrazia in crisi*. Bari: Laterza, 1935, 240p.

_____. *La libertà nello Stato moderno*. Bari: Laterza, 1931, XIV-196p.

LASSALLE, Ferdinand. *Ueber Verfassungswesen*. Ein Vortrag, gehalten in einem Berliner Bürger-Bezirks-Vereini. Berlim: Jansen, 1862, 32p.

LEFEBVRE, Henri. *L'Existentialisme*. Paris: Sagittaire, 1946, 256p.

LIBEROVICI, Sergio; STRANIERO Michele L. (orgs.). *Canti della nuova resistenza spagnola*. Turim: Einaudi, 1962, 118p.

LOLLI, Franco. *Günther Anders*. Nápoles: Orthotes, 2014, 93p.

LOSANO, Mario G. I carteggi di Pietro Luigi Albini con Federico Sclopis e Karl Mittermaier (1839-1856). Alle origini della filosofia del diritto a Torino. "Memorie dell'Accademia delle Scienze di Torino". *Classe di Scienze Morali, Storiche e Filologiche*, série V, v.38, n.3, 304p, 2014.

_____. *Forma e realtà in Kelsen*. Milão: Comunità, 1981, 229p.

_____. *Función social de la propiedad y latifundios ocupados*. Los Sin Tierra de Brasil. Madri: Dykinson, 2006, 224p.

_____. *La geopolitica del Novecento*. Dai Grandi Spazi delle dittature alla decolonizzazione. Milão: Bruno Mondadori, 2011, 336p.

_____. *Un giurista tropicale*. Tobias Barreto fra Brasile reale e Germania ideale. Roma-Bari: Laterza, 2000, XII-322p.

_____. *Giuscibernetica*. Macchine e modelli cibernetici nel diritto. Turim: Einaudi, 1969, 205p.

_____. *I grandi sistemi giuridici*. Introduzione ai diritti europei ed extraeuropei. 3.ed. ampl. Roma-Bari: Laterza, 2000, XIX-550p.

LOSANO, Mario G. *Il Movimento Sem Terra del Brasile*. Funzione sociale della proprietà e latifondi occupati. Reggio Emilia: Diabasis, 2007, 280p.

_____. Alle origini della filosofia del diritto a Torino: Pietro Luigi Albini (1807-1863). Con due documenti sulla collaborazione di Albini con Mittermaier. "Memorie dell'Accademia delle Scienze di Torino". *Classe di Scienze Morali, Storiche e Filologiche*, série V, v.37, n.2, 104p, 2013.

_____. *Renato Treves, sociologo tra il Vecchio e il Nuovo Mondo*. Con il regesto di un archivio ignoto e la bibliografia di Renato Treves. Milão: Unicopli, 1998, VIII-210p.

LOSANO, Mario G. *La Rete e lo Stato Islamico*. Internet e i diritti delle donne nel fondamentalismo islamico. Milão: Mimesis, 2017, 169p.

_____. *Sistema e struttura nel diritto*: v.I: *Dalle origini alla Scuola Storica*. Turim: Giappichelli, 1968, XXXII, 313p. ("Memorie dell'Istituto Giuridico", série II, memória CXXXIV.)

_____. *Sistema e struttura nel diritto*. (Dalle origini alla Scuola Storica, v.I. Il Novecento, v.II. Dal Novecento alla postmodernità, v.III). Milão: Giuffrè, 2002.

_____. *Sonne in der Tasche*. Italienische Politik seit 1992. Munique: Antje Kunstmann, 1995, 230p.

_____. *Teoría pura del derecho*. Evolución y puntos cruciales. Trad. Jorge Guerrero R. Bogotá: Temis, 1992, XVI-267p.

LÜBBE, Herman. *La secolarizzazione*. Storia e analisi di un concetto. Bolonha: Il Mulino, 1970, 130p. (ed. or.: *Säkularisierung*. Geschichte eines ideenpolitischen Begriffs. Freiburg im Breisgau-Munique: Alber, 1965, 135p.)

MAGNANINI, Claudia. *Autunno caldo e anni di piombo*. Il sindacato milanese dinanzi alla crisi economica e istituzionale. Milão: Franco Angeli, 2006, 184p.

MAGNAUD, Paul. *Les Jugements du Président Magnaud*. Org. Henry Leyret. Paris: Stock, 1900, XLVII-346p.

MANDEL, Ernest. *Critica dell'eurocomunismo*. Poggibonsi: Lalli, 1981, 221p.

MARTIN, David. *A General Theory of Secularization*. Oxford: Blackwell, 1978, 353p.

MARX, Karl. *Scritti politici giovanili*. Org. Luigi Firpo. Turim: Einaudi, 1950, 535p.

MATTIROLO, Luigi. *Principii di filosofia del diritto*. Turim: Unione Tipografico-Editrice, 1871, 579p.

MAUTINO, Aldo. *La formazione della filosofia politica di Benedetto Croce*. Con uno studio sull'autore e la tradizione culturale torinese da Gobetti alla Resistenza di Gioele Solari. Org. Norberto Bobbio. Bari: Laterza, 1953, XII-286p.

MAZZARESE, Tecla (org.). *Teoria del diritto e filosofia analitica*. Studi in ricordo di Giacomo Gavazzi. Turim: Giappichelli, 2012, 246p.

MELDEN, Abraham Irving (org.). *Essays in Moral Philosophy*. Seatle: University of Washington Press, 1958, XII-216p.

MENICHETTI CORRADINI, Franca. *Giuseppe Carle*. La funzione civile della filosofia del diritto tra vichismo e positivismo. Pisa: ETS, 1990, 205p.

MICCOLI, Giovanni. *Fra mito della cristianità e secolarizzazione*. Studi sul rapporto Chiesa-Società nell'età contemporanea. Casale Monferrato: Marietti, 1985, VI-510p.

MIGLIO, Gianfranco. *Io, Bossi e la Lega*. Diario segreto dei miei quattro anni sul Carroccio. Milão: Mondadori, 1994, 96p.

MILA, Massimo. *Argomenti strettamente famigliari*. Lettere dal carcere 1935-1940. Turim: Einaudi, 1999, LXIII-792p.

MONTANELLI, Indro. *L'Italia degli anni di piombo (1965-1978)*. 3.ed. Milão: Rizzoli, 2012, VII-347p.

MONTI, Augusto. *I miei conti con la scuola*. Cronaca scolastica italiana del secolo XX. Turim: Einaudi, 1965, 379p.

MUCCHI, Gabriele. *Le occasioni perdute*. Memorie 1899-1993. Pref. Norberto Bobbio. Milão: L'Archivolto, 1994, 651p.

NITSCH, Carlo. *Renato Treves esule in Argentina*. Sociologia, filosofia sociale, storia. Con documenti inediti e la traduzione di due scritti di Treves. Turim: Accademia delle Scienze, 2014, 239p.

OMODEO, Vittoria. Passaporti e insegnanti, ovvero il padrone sono me. *Il Ponte*, XI, 1955, p.2159-60.

ORECCHIA, Rinaldo. *La filosofia del diritto nelle università italiane*. 1900-1965. Saggio di bibliografia. Milão: Giuffrè, 1967, XLIII-467p.

OST, François; KERCHOVE, Michel Van de. *De la Pyramide au réseau*. Pour une théorie dialectique du droit. Bruxelas: Facultés Universitaires Saint Louis, 2002, 597p.

OTTOLENGHI, Massimo; RE, Alessandro. *L'alveare della Resistenza*. La cospirazione clandestina delle toghe piemontesi, 1929-1945. Milão: Giuffrè, 2015, 204p.

OVERGAARD, Søren. *Husserl and Heidegger on Being in the World*. Dordrecht: Kluwer, 2004, IX-225p.

PARKER, David. *Official History of Privatisation*: The Formative Years 1970-1987. v.I. Londres: Routledge, 2009, 598p.

PARSONS, Talcott. *The Social System*. Londres: Tavistock, 1952, XVIII-575p.

PASQUINO, Gianfranco (org.). *La politica italiana*. Dizionario critico 1945-1995. Roma-Bari: Laterza, 1995, XV-565p.

PASSERIN D'ENTRÈVES, Alessandro. *Obbedienza e resistenza in una società democratica*. Milão: Comunità, 1970, 235p.

PASTERNAK, Boris. *Doutor Jivago*. Pref. Marco Lucchesi. Trad. Zoia Prestes. Rio de Janeiro: Record, 2002.

PASTORE, Baldassare; ZACCARIA, Giuseppe (orgs.). *Norberto Bobbio*. Gli anni padovani. Celebrazioni del centenario della nascita. Pádua: Padova University Press, 2010, VII-173p.

PAVAN, Pietro. *Laicismo d'oggi*. Roma: Studium, 1962, 65p.

PAVESE, Cesare. *A lua e as fogueiras*. Trad. Liliana Laganá. São Paulo: Berlendis e Vertecchia, 2002, 184p.

_____. *Saggi letterari*. Turim: Einaudi, 1968, 349p.

PAZÉ, Valentina (org.). *L'opera di Norberto Bobbio*. Itinerari di lettura. Milão: Franco Angeli, 2005, 174p.

PECES-BARBA, Gregorio. *La democracia en España*. Experiencias y reflexiones. Madri: Temas de Hoy, 1996, 365p.

_____. *Etica pubblica e diritti fondamentali*. Trad. e org. Michele Zezza. Prólogo Mario G. Losano. Milão: Franco Angeli, 2016, 168p.

PENA-RUIZ, Henri. *Dieu et Marianne*. Philosophie de la laïcité. Paris: PUF, 2001, 378p.

PERELMAN, Chaïm, OLBRECHTS-TYTECA, Lucie. *Trattato dell'argomentazione*. La nuova retorica. Pref. Norberto Bobbio. Turim: Einaudi, 1966, XIX-593p.

PICCARDI, Leopoldo. *Viaggio in Cina*. Florença: Parenti, 1960, 249p.

PIVATO, Stefano. *Clericalismo e laicismo nella cultura popolare italiana*. Milão: Franco Angeli, 1990, 270p.

PLEBE, Armando et al. *Augusto Guzzo*. 2.ed. Turim: Edizioni di "Filosofia", 1964, 127p.

POGGIO, Pier Paolo (org.). *Sandro Fontana storico e político*. Brescia: Fondazione Luigi Micheletti, 2017, 118p. (Studi Bresciani. *Cadernos da Fondazione Micheletti*, n.24, 2017: correspondência Fontana-Bobbio, 1956-1963, p.67-96.)

PONCHIROLI, Daniele. *La parabola dello Sputnik*. Diario 1956-1958. Org. Tommaso Munari. Pisa: Edizioni della Normale, 2017, 305p.

PONTARA, Giuliano. *Se il fine giustifichi i mezzi*. Bolonha: Il Mulino, 1974, X-344p.

POPPER, Karl R. *The Open Society and its Enemies*. 2v. Londres: Routledge, 1945,

_____. *La società aperta e i suoi nemici*. 2v. Roma: Armando, 1977.

PORTINARO, Pier Paolo. *Introduzione a Bobbio*. Roma-Bari: Laterza, 2008, 197p.

_____. *Il principio disperazione*. Tre studi su Günther Anders. Turim: Bollati Boringhieri, 2003, 179p.

PREBISCH, Raúl. *Nueva política comercial para el desarrollo*. México: Fondo de Cultura Económica, 1964, 148p.

PROSPERI, Adriano. *Tribunali della coscienza*. Inquisitori, confessori, missionari. Turim: Einaudi, 1996, XXIV-708p.

PUNZI, Antonio (org.). *Metodo, linguaggio, scienza del diritto*. Omaggio a Norberto Bobbio (1909-2004). Milão: Giuffrè, 2007, 396p.

RADBRUCH, Gustav. *Rechtsphilosophie*. Stuttgart: Koehler, 1956, 392p.

RAGGI, Barbara. *Baroni di razza*. Come l'università del dopoguerra ha riabilitato gli esecutori delle leggi razziali. Roma: Editori Riuniti, 2012, 216p.

RENARD, Georges. *Théorie de l'institution*. Essai d'ontologie juridique. Paris: Sirey, 1930, XXXVI-639p.

REYER, Wilhelm. *Einführung in die Phänomenologie*. Leipzig: Meiner, 1926, X-465p.

ROBBINS, Lionel. *Le cause economiche della guerra*. Turim: Einaudi, 1944, 119p.

RODANO, Franco. *Questione democristiana e compromesso storico*. Roma: Editori Riuniti, 1977, 362p.

RONCIGLI, Audrey. *Il caso Furtwängler*. Un direttore d'orchestra sotto il Terzo Reich. Varese: Zecchini, 2013, XI-306p.

ROSS, Alf. *Diritto e giustizia*. Org. Giacomo Gavazzi. Turim: Einaudi, 1965, XXII-365p.

ROSSELLI, Carlo. *Socialisme libéral*. Paris: Librairie Valois, 1930, 195p.

_____. *Socialismo liberale*. Org. John Rosselli. Introd. Norberto Bobbio. Turim: Einaudi, 1979, XLII-149p.

ROSSI, Ernesto. *Capitalismo inquinato*. Roma-Bari: Laterza, 1993, XXI-252p.

_____. *Contro l'industria dei partiti*. Milão: Chiarelettere, 2012, XXVIII-99p.

ROSSI, Pietro (org.). *Norberto Bobbio tra diritto e politica*. Roma-Bari: Laterza, 2005, XVI--181p.

RUIZ, Miguel Alfonso (org.). *Contribución a la teoría del derecho*. Valência: Torres, 1980, 405p.

_____. *Filosofía y derecho en Norberto Bobbio*. Madri: Centro de Estudios Constitucionales, 1983, 509p.

RUSCA, Luigi (org.). *Il Breviario dei laici*. Milão: Rizzoli, 1957, 1207p.

_____. *Il secondo Breviario dei laici*. Milão: Rizzoli, 1961, 1162p.

_____. *Il terzo Breviario dei laici*. Milão: Rizzoli, 1965, 1199p.

SAITTA, Armando. *Costituenti e costituzioni della Francia moderna*. Turim: Einaudi, 1952, 643p.

SALVADORI, Massimo L. *Eurocomunismo e socialismo sovietico*. Problemi attuali del PCI e del movimento operaio. Turim: Einaudi 1978, XXVII-161p.

SALVATORELLI, Luigi; MIRA, Giovanni. *Storia d'Italia nel periodo fascista*. Turim: Einaudi, 1962, 1142p.

SALVEMINI, Gaetano. *Clericali e laici*. Cattolicesimo e democrazia, diritto canonico e diritto civile, censura ecclesiastica, totalitarismo vaticano, libertà religiosa, clerocrazia e liquidazione del laicismo. Saggi e polemiche. Florença: Parenti, 1957, 168p.
SARTRE, Jean-Paul. *O muro*. Rio de Janeiro: Record, 2017, 336p.
SARTRE, Jean-Paul. *Réflexions sur la question juive*. Paris: Morihien, 1946, 198p.
SCARPELLI, Uberto (org.). *Diritto e analisi del linguaggio*. Milão: Comunità, 1976, 486p.
_____. *La teoria generale del diritto*. Problemi e tendenze attuali. Studi dedicati a Norberto Bobbio. Milão: Comunità, 1983, 444p.
SCHLESINGER, Rudolf. *La teoria del diritto nell'Unione Sovietica*. Trad. Maria Vismara. Turim: Einaudi, 1952, 373p.
SCHMITT, Carl. *Die Diktatur von den Anfängen des modernen Souveränitätsge-danken bis zur proletarischen Klassenkampf*. Munique: Duncker & Humblot, 1921, XV-211p.
_____. *La dittatura*. Dalle origini dell'idea moderna di sovranità alla lotta di classe proletaria. Roma-Bari: Laterza, 1975, XXX-288p.
_____. *La dittatura*. Org. Antonio Caracciolo. Roma: Settimo Sigillo, 2006, IV-338p.
_____. *Donoso Cortés in gesamteuropäischen Interpretation*. Vier Aufsätze. Köln: Greven, 1950, 113p.
_____. *Der Leviathan in der Staatslehre des Thomas Hobbes*. Sinn und Fehlschlag eines politischen Symbols. Hamburgo: Hanseatische Verlagsanstalt, 1938, 132p.
_____. *Politische Theologie*. Munique-Leipzig: Duncker & Humblot, 1922, 84p.
_____. *Politische Theologie II*. Berlim: Duncker & Humblot, 1970.
SCIROCCO, Giovanni. *L'intellettuale nel labirinto*. Norberto Bobbio e la "guerra giusta". Pref. Pietro Polito. Milão: Biblion, 2012, 123p.
SETTA, Sandro. *Profughi di lusso*. Industriali e manager di Stato dal fascismo alla epurazione mancata. Milão: Franco Angeli, 1993, 128p.
SICSÚ, João; PAULA, Luiz Fernando de; RENAUT, Michel (orgs.). *Novo-desenvolvimentismo*. Um projeto nacional de crescimento com equidade social. Barueri-SP; Rio de Janeiro: Manole; Fundação Konrad Adenauer, 2005, LXII-426p.
SMEND, Rudolf. *Verfassung und Verfassungsrecht*. Munique-Leipzig: Duncker & Humblot, 1928, VIII-178p.
SOLARI, Gioele. *Appunti di filosofia del diritto*. Ad uso degli studenti. 1931-1932. Turim [s.n.], 1932, 311p.
_____. *Filosofia del diritto privato*: Individualismo e diritto privato. v.I. Turim: Giappichelli, 1959, 352p.
_____. *Filosofia del diritto privato*: Storicismo e diritto privato. v.II. Turim: Giappichelli, 1971, 311p.
_____. *La filosofia politica*. Org. Luigi Firpo. v.I: *Da Campanella a Rousseau*; v.II: *Da Kant a Comte*. Roma-Bari: Laterza, 1974, XXXVIII-392p. e 361p.
_____. *La formazione storica e filosofica dello Stato moderno*. Turim: Giappichelli, 1962, 174p.
_____. *L'idea individuale e l'idea sociale nel diritto privato*. Parte I: L'idea individuale. Turim: Bocca, 1911, 343p.
_____. *Influenza delle odierne dottrine socialistiche sul Diritto Privato*. Prêmio Fondazione Pizzamiglio, Tema de 1906, 298p., 84p. de notas.
_____. *Lezioni di filosofia del diritto, tenute nell'Università di Torino nell'anno 1936 e seguenti*. Turim: Tipografia Torinese, [após 1949], 279p.

SOLARI, Gioele. *Socialismo e diritto privato*. Influenza delle odierne dottrine socialiste sul diritto privato (1906). Ed. póstuma org. Paolo Ungari. Milão: Giuffrè, 1980, 259p. (Filosofia del diritto privato, v.III.)

_____. *Studi rosminiani*. Org. Pietro Piovani. Milão: Giuffrè, 1957, XI-281p.

_____. *Studi storici di filosofia del diritto*. Pref. Luigi Einaudi. Turim: Giappichelli, 1949, XXI-455p.

_____. *Studi su Francesco Mario Pagano*. Org. Luigi Firpo. Turim: Giappichelli, 1963, 467p.

_____. *La vita e il pensiero civile di Giuseppe Carle*. Memorie della Reale Accademia delle Scienze di Torino, série II, v.LXVI, parte II, n.8, p.39-188, 1926 (também separadamente: Turim: Bocca, 1928, 191p.)

SOLARI, Paolo (org.). *Liberismo e liberalismo*. Benedetto Croce, Luigi Einaudi. Milão-Nápoles: Ricciardi, 1957, XII-207p.

SOMLÓ, Felix. *Juristische Grundlehre*. Leipzig: Meiner, 1917, IX-556p.

SQUELLA, Narducci Agustín (org.). *Norberto Bobbio*. Estudios en su homenaje. Valparaíso: Edeval, 1987, 437p.

_____. *Norberto Bobbio*. Un hombre fiero y justo. Santiago: Fondo de Cultura Económica Chile, 2005, 274p.

_____. *Presencia de Bobbio en Iberoamérica*. Valparaíso: Edeval, 1993, 84p.

STRANGE, Susan. *Chi governa l'economia mondiale?* Crisi dello Stato e dispersione del potere. Bolonha: Il Mulino, 1998, 305p.

_____. *The Retrait of the State*. The Diffusion of Power in the World Economy. Cambridge: Cambridge University Press, 2009, XVII-218p.

STUČKA, Pëtr I. *La funzione rivoluzionaria del diritto e dello Stato e altri scritti*. Introd. e trad. Umberto Cerroni. Turim: Einaudi, 1967, XLVI-545p.

TEIWES, Frederick C. *Politics at Mao's Court*: Gao Gang and Party Factionalism in the Early 1950s. Armonk: Sharpe, 1990, XVI-326p.

TERNAVASIO, Maurizio. *Crocetta*. Storia di un quartiere. Turim: Graphot, 2009, 155p.

TEUBNER, Gunther (org.). *Global Law without a State*. Aldershot: Dartmouth, 1997, XVII-305p.

TILLARD, Paul. *Le Montreur de marionnettes*. Paris: Julliard, 1956, 301p.

TRANIELLO, Francesco (org.). *L'università di Torino*. Profilo storico e istituzionale. Turim: Pluriverso, 1993.

TRENTIN, Bruno. *Autunno caldo*. Il secondo biennio rosso 1968-1969. Entrevista de Guido Liguori. Roma: Editori Riuniti, 1999, 172p.

TREVES, Renato. *Introduzione alla sociologia del diritto*. Turim: Einaudi, 1977, XII-308p.

_____. *Sociologia del diritto*. Origini, ricerche, problemi. Turim: Einaudi, 1987, XVIII-352p.

_____. *Sociologia e socialismo*. Ricordi e incontri. Milão: Franco Angeli, 1990, 268p.

TUMIATI, Gaetano. *Buongiorno Cina*. Milão-Roma: Edizioni Avanti!, 1954, 210p.

UHSE, Bodo. *Tagebuch aus China*. Berlim (Leste): Aufbau-Verlag, 1956, 175p.

UNIVERSITÀ CATTOLICA. *Laicità nella Chiesa*. Milão: Vita e Pensiero, 1977, 199p.

VALÍN FERNÁNDEZ, Alberto. *Laicismo, educación y represión en la España del siglo XX* (Ourense 1909-1936/1939). Sada (La Coruña): Castro, 1993, 317p.

VALLE, Annachiara. *Parole opere omissioni*. La Chiesa negli anni di piombo. Milão: Rizzoli, 2008, 262p.

VATTIMO, Gianni. *La società trasparente*. Milão: Garzanti, 1989, 99p.

VENEDIKTOV, Anatolij V. *La proprietà socialista dello Stato*. Trad. Vera Dridso e Rodolfo Sacco. Turim: Einaudi, 1953, 708p.
VENEZIANI, Marcello. *Destra e sinistra*. Risposta a Norberto Bobbio. Florença: Vallecchi, 1995, 181p.
VERUCCI, Guido. *L'Italia laica prima e dopo l'Unità (1848-1876)*. Anticlericalismo, libero pensiero e ateismo nella società italiana. Roma-Bari: Laterza, 1981, 945p.
VIOLI, Carlo (org.). *Norberto Bobbio*: 50 anni di studi. Bibliografia degli scritti 1934-1983. Bibliografia di scritti su Norberto Bobbio, org. Bruno Maiorca. Milão: Franco Angeli 1984, 274p.
_____. *Norberto Bobbio*: bibliografia degli scritti 1984-1988. Bibliografia di scritti su Norberto Bobbio, org. Bruno Maiorca. Milão: Franco Angeli, 1990, 73p.
_____. *Bibliografia degli scritti di Norberto Bobbio*. 1934-1993. Roma-Bari: Laterza, 1995, XLII-489p.
WEBB, Sidney; WEBB, Beatrice. *Il comunismo sovietico*: una nuova civiltà. Trad. Edoardo Manacorda e Guido Olivetti. 2v. Turim: Einaudi, 1950, 1655p.
WEDEKIND, Michael. *Nationalsozialistische Besatzungs und Annexionspolitik in Oberitalien, 1943 bis 1945*. Die Operationszonen "Alpenvorland" und "Adriatisches Küstenland". Munique: Oldenbourg, 2003, XII-526p.
WEILL, Georges. *Storia dell'idea laica in Francia nel secolo XIX*. Bari: Laterza, 1937, 363p. (or. francês: *Histoire de l'idée laïque en France au XIX siècle*. Paris: Alcan, 1929, 376p.)
WINTERHALTER, Cecilia. *Raccontare e inventare*. Storia, memoria e trasmissione storica della Resistenza armata in Italia. Berna: Lang, 2010, X-346p.
WUNDT, Wilhelm. *Ethik*. Eine Untersuchung der Tatsachen und Gesetze des sittlichen Lebens. Stuttgart: Enke, 1886, XI-577p.
WUST, Peter. *Die Auferstehung der Metaphysik*. Leipzig: Meiner, 1920, X-284p.
_____. *Ungewißheit und Wagnis*. Salzburgo-Leipzig: Pustet, 1937, 317p.
YARED, Nazik Saba. *Secularism in the Arab World, 1850-1939*. Londres: Saqi Books, 2002, 251p.
YOU-LAN, Fung [Yulan Feng]. *A History of the Chinese Philosophy*. 2v. Peiping: Vetch, 1934-53, (também: Princeton: Princeton University Press, 1952-1953.)
ZABEL, Hermann. Säkularisation – Säkularisierung. In: BRUNNER, Otto et al. (orgs.). *Geschichtliche Grundbegriffe*. Historisches Lexikon zur politisch-sozialen Sprache in Deutschland. v.5. Stuttgart: Klett-Cotta, 1984, p.789-829.
ZAGREBELSKY, Gustavo. *Il diritto mite*. Legge, diritti, giustizia. Turim: Einaudi, 1992, VII-217p.
ZANFROGNINI, Giancarlo. *Dal compromesso storico alla dittatura*: il test del Cile. Bolonha: Calderini, 1974, XI-170p.
ZARI, Pietro. Il passaporto degli insegnanti e il rispetto della costituzione. *Il Ponte*, XII, 1956, n.1, p.316.
ZOLO, Danilo. *L'alito della libertà*. Su Bobbio. Con venticinque lettere inedite di Norberto Bobbio a Danilo Zolo. Milão: Feltrinelli, 2008, 181p.
ZORZETTO, Silvia (org.). *La consuetudine giuridica*. Teoria, storia, ambiti disciplinari. Pisa: ETS, 2008, 174p.
ZÙCARO, Domenico. *Lettere di una spia*. Pitigrilli e l'ovra. Milão: Sugarco, 1977, IX-189p.

ÍNDICE ONOMÁSTICO

Abbagnano, Nicola 9
Accetto, Torquato 91n
Acerbo, Giacomo 361
Agnelli, Gianni 486
Ago, Roberto 482
Agosti, Giorgio 155, 155n, 207, 361n
Agosti, Paola 69n, 72n, 207n
Aimerito, Francesco 259n
Ainis, Michele 448n
Airaudo, Giorgio 151, 151n
Ajello, Nello 374n
Albini, Pietro Luigi 22-7, 110, 110n
Alfieri, Cesare 25, 28, 141
Alfieri, Vittorio 182
Alighieri, Dante 342n, 423
Allara, Mario 94
Al-Sheha, Abdurrahman 355n
Altan, Tullio 152, 408
Althusius, Johannes [Giovanni] 189, 190, 190n, 191
Amato, Giuliano 401n, 419
Amendola, Giorgio 152-3, 153n
Amiel, Henri-Frédéric 224-5, 225n
Ammannati, Laura 341n
Anders, Günther (pseud. de Günther Stern) 145, 145n, 381

Andreotti, Giulio, senador 472
Anselmo, Mauro 461n
Anti, Carlo 102
Antonelli, P., estudante 216
Antonicelli, Franco 52-3, 53n, 73n, 81, 120
Aomi, Junichi 305
Ardigò, Roberto 69
Arias, José Rafael Hernández 150n
Aristóteles 258, 258n, 392
Armellini, Serenella 44n, 50, 50n
Armano, Antonio 170n, 175n
Asad, Talal 411n
Ascarelli, Tullio 51, 320
Asís Roig, Rafael de 161n
Astuti, Guido 94
Atienza Rodríguez, Manuel 253n
Attlee, Clement 110n, 118, 118n, 119, 124, 128
Austin, John L[angshaw] 197, 197n
Avalle, Maria Clara 10n, 188n
Azevedo, Juan Llambías de 331n
Azzariti, Gaetano 362, 362n
Azzi, Azzo 88

Babolin, Albino 313n
Bach, Johann Sebastian 476
Badoglio, Pietro 103, 105, 362

Balbo, Cesare 155, 155n
Balbo, Felice 20n, 191
Baldini, Antonio 171, 171n
Balducci, Ernesto 460n
Baqué, Jorge 332
Baranelli, Luca 214n
Barbano, Filippo 95, 95n
Barcellona, Pietro 204n
Barrère Unzueta, María Ángeles 62n, 63
Barreto, Tobias 51, 51n
Barth, Hans Martin 411n
Bartolomei, Alfredo 230n
Bartolomeo, Sandro 378n
Basso, Lelio 449
Battaglia, Felice 97
Baubérot, Jean 410n
Bauman, Bommi 170-1n
Beccaria, Cesare 397, 457, 467, 467n, 468n
Bedeschi, Lorenzo 415n
Beling, Ernst von 200-1n
Bellini, Piero 417n, 444n
Benedicti, Ottavio 172
Bento XVI (Joseph Ratzinger), papa 351, 352n, 460-1
Bergbohm, Karl 227, 227n
Bergoglio, Jorge Mario, ver Francisco, papa
Berlinguer, Enrico 160, 440n
Berlusconi, Silvio 72, 81-2, 89, 144-5, 148, 154, 163-4, 164n, 165, 165n, 179, 215, 357, 372-3, 373n, 376, 376n, 378, 399-407, 416, 417, 469n, 470, 472, 486
Bersier Ladavac, Nicoletta 197n, 285n
Bertinaria, Francesco 28, 28n, 29, 29n, 30, 33, 33n
Betti, Nadia, aluna 217
Biagi, Guido 27n
Biggini, Carlo Alberto 101-2, 101n
Bilancia, Paola 341n
Binder, Julius 193n
Binding, Karl 295
Bismarck, Otto von 410
Bizet, Georges 122
Bizzarri, Dina 94
Blanché, Robert 296, 296n, 299
Bobbio, Andrea, filho de Norberto 482

Bobbio, Antonio, avô de Norberto 68-9
Bobbio, Cesare, tio de Norberto 69
Bobbio, Giovanni, tio de Norberto 69, 69n
Bobbio, Luigi, filho de Norberto 155, 481
Bobbio, Luigi, pai de Norberto 53, 69, 87-8n, 476, 477, 481
Bobbio, Valentino, tio de Norberto 69, 89
Bocca, Giorgio 456, 456n, 457, 457n, 483
Boff, Leonardo 460-3
Boggio, Pier Carlo 28
Bollati, Giulio 201
Bolzano, Bernard 243
Bombardella, Giulio Pasetti, estudante 216
Bonanate, Luigi 57n, 148n, 371n
Bonazzi, Ermanno 202n
Bon-Compagni, Carlo 28
Bonghi, Ruggero 35
Borghese, Junio Valerio 321
Borgi, L., estudante 217, 290n, 292n
Borgna, Paolo 10n, 70n, 80n, 81n, 99n, 104n, 105n, 113n, 155n, 464n
Borsellino, Patrizia 178, 178n, 253, 253n, 316n
Bosetti, Giancarlo 372n, 376
Bossi, Umberto 399, 399n, 400-1, 470
Bottai, Giuseppe 84, 87-8n, 89, 186
Botticelli, Sandro 174-5, 175n, 415
Boudon, Raymond 211, 211n, 306, 306n
Bovero, Michelangelo 57n, 58, 60, 60-1n, 61, 61n, 182n, 183, 183n, 187, 187n, 206n, 214, 217, 345n, 358n
Bozzoli, Tullio 86n
Bravo, Gian Mario 141n
Brecht, Bertolt 149, 404, 404n
Brentano, Franz 240, 240n, 243, 248n
Brunner, Otto 411n
Bruno, Giordano 31
Bruno, Giuseppe, aluno 38n
Bruns, Hans-Jürgen 263n
Bulferetti, Luigi 20n
Bulganin, Nikolaj Aleksandrovič 114
Bülow, Oskar von 273n
Bulygin, Eugenio 332n
Buratti, Andrea 207n

Cabiddu, Maria Agostina 248n
Calabri, Maria Cecilia 91n, 183n
Calamandrei, Franco 71n
Calamandrei, Piero 10n, 49n, 71n, 85, 118, 119n, 120, 120n, 125-30, 174, 175n, 181, 182-3n, 303, 361, 361n, 407, 415, 417n
Calogero, Guido 96, 96n, 100, 100n, 255, 255n, 357, 415n, 426, 426-7n, 428, 428n
Calzoni, Demetrio Giulio 35n
Campagnolo, Umberto 12, 19n, 21n, 46n, 146, 147-8, 148n, 178, 215, 215n, 331n, 388n, 395, 395n
Campanella, Tomás 31-2, 45n, 48, 48n, 97, 269, 269n
Campolieti, Giuseppe 413n, 429n
Cameron, Allan 57n
Cananzi, Raffaele 396n
Capitini, Aldo 10n, 96, 96n, 357, 466
Capograssi, Giuseppe 181, 303
Carabellese, Pantaleo 415n
Caracciolo, Antonio 189n
Carbonnier, Jean 467n
Cardia, Carlo 411n
Cardim, Carlos Henrique 65n
Cardini, Antonio 320n
Cardona Rupert, Maria Belén 151n
Cardoso, Fernando Henrique 333
Carrió, Genaro R. 312, 312n, 319, 319n, 324-33
Carle, Antonio 53
Carle, Giuseppe 23, 23n, 24, 26n, 27-39, 39n, 41-4, 50, 50n, 53, 53n, 54, 141n
Carnelutti, Francesco 167, 177, 209, 209n, 252, 284, 284n, 286-91, 323
Carones, Antonio 171
Carrino, Agostino 111n, 216, 216n, 217
Cartesio, *ver* Descartes, René
Carullo, Paolo 86n
Carvalho, Amílton Bueno de 250n
Carvalho, Salo de 250n
Casati, Gabrio 447
Cassese, Sabino 203, 203n, 341n
Cassola, Carlo 120
Castiglia, Roderigo di 147, 367, 367n
 ver também Togliatti, Palmiro
Castignone, Silvana 205n

Castronovo, Valerio 320n
Catarsi, Enzo 447n, 453n
Cattaneo, Carlo 56, 77, 77n, 93, 93n, 139, 156-7, 195n, 286, 394, 395-8
Cattaneo, Mario A. 195-7, 205, 324, 352n
Cavagliá, Gabriela 10n, 207n
Cavallera, Vindice 81
Caviglia, Rosa, mãe de Norberto Bobbio 70, 103, 103n, 476
Cavour, Camillo Benso, conde de 28, 410
Cecato Baroni, Maria Aurea 151n
Ceccarelli, Filippo 160n
Celano, Bruno 282n
Centini, Massimo 9n
Cerroni, Umberto 199, 199n
Cesari, Severino 202n
Cesarini Sforza, Widar 183, 189, 190
Chabot, Pascal 224n
Chamberlain, Basil Hall 225n
Chestov, Léon 242n
Chiang, Kai-shek 115, 117n
Chiara, Massimo 418n
Chiassoni, Pierluigi 282, 282n
Chiaudano, Mario 94
Chiesura, G., estudante 216
Chou En-Lai (Zhou Enlai) 125n
Ciampi, Carlo Azeglio 401n
Cianferotti, Giulio 95n, 96n, 97, 97n, 98n
Cícero 423
Civoli, Luigi Cesare 24, 24n
Coelho, Gilvandro 464n
Cognetti de Martiis, Salvatore 41
Colarizi, Simona 154n
Colletti, Lucio 441, 441n
Combes, Émile 410
Comte, Auguste 35, 45n, 51, 333, 385
Condorelli, Orazio 230-1n
Conso, Giovanni 306n
Constant, Benjamin 365
Conte, Amedeo G. 59n, 61n, 62, 210, 210n, 211, 267, 267n, 305
Contu, Alberto 43n, 50, 50n
Copello, Mario Alberto 318n, 331n
Corelli, Pietro 155n
Corradini, Franca Menichetti 39n

Cosattini, Luigi 181
Cosmo, Umberto 18n, 71, 73, 181
Cossiga, Francesco 469-70n, 472-3
Cossio, Carlos 318n, 330-1, 331n
Costa, Guido 462n
Cotta, Sergio 22, 297n
Cottino, Gastone 10n, 207n, 218n
Couture, Eduardo Juan 174, 175n
Cova, Valeria, esposa de Norberto Bobbio 103, 476, 482
Craxi, Bettino 153, 158-60, 163, 163n, 364, 370, 372, 377, 402, 436, 448
Croce, Benedetto 39, 41, 50n, 53, 56, 70, 85, 91n, 94, 181, 183n, 186, 228, 231, 238, 273, 323n, 358, 439, 439n, 483
Cunhal, Álvaro Barreirinhas 371

Dabin, Jean 209, 286
D'Amico, Elena 171
Davico Bonino, Guido 194n
Daviso, Brunone 23
De Benedetti, família 165n
De Bono, Emilio 89, 93
De Cicco, Cláudio 51, 51n, 52, 209n, 217
De Felice, Renzo 90, 190n 362n
De Gasperi, Alcide 408
De Gubernatis, Angelo 27n, 28n, 30n
Della Volpe, Galvano 187, 366-7, 368
Delle Piane, Mario 96n
Del Noce, Augusto 13
De Lorenzo, Giovanni 152
De Luna, Giovanni 107n, 108n
Del Vecchio, Giorgio 26, 26n, 42, 45-6, 46n, 95, 97, 111, 285
De Martino, Ernesto 196n, 198
De Martino, Francesco 158, 428
De Mattia, Angelo 318n, 331n
D'Entrèves, Alessandro Passerin 10, 20n, 47, 48, 54n, 141, 141n, 176, 182, 182n, 195, 195n, 196-7, 199, 324, 325n, 346, 346n, 389n, 399, 415n, 419n
D'Entrèves, Ettore Passerin 20n, 419, 419n
De Paula, Luiz Fernando 333n
De Ruggiero, Guido 358
Descartes, René 121, 169n, 243

Dewey, John 124n
Dianzani, Mario Umberto 461
Díaz, Elías 29-30n, 63, 64n, 305, 305n
Di Giovine, Alfonso 417n
Di Lucia, Paolo 60n, 79n, 83n, 95, 95n, 252n, 267, 267n, 316-7, 411n
Dini, Lamberto 401n, 405
Di Savoia, Carlo Alberto 29n
Dolci, Danilo 422
Donello, Ugo (Hugues Doneau) 257, 257n
Donoso Cortés, Juan 150, 150n
D'Orsi, Angelo 48, 48n, 49n, 53n, 67n, 74n, 78n, 79n, 85-6, 97n, 100n, 101n, 103n
Dreier, Horst 341n
Dridso, Vera 193n
Dubcek, Alexander 203
Durando, Giacomo 399, 399n
Durkheim, Émile 338

Eco, Umberto 81n, 378, 378n, 379n
Ehrlich, Eugen 299, 299n
Einaudi, Giulio 12, 20n, 39, 39n, 71, 73, 73n, 81, 101, 170, 170-1n, 171, 171n, 172n, 175, 188, 190n, 192, 192n, 193n, 194n, 195, 195n, 196, 196n, 201, 202, 202n, 415
Einaudi, Luigi 20, 20n, 21n, 27, 27n, 38n, 39-40, 39n, 40n, 41, 47, 47n, 54n, 85-6, 157n, 182-3n, 185, 185n, 322, 322n, 323, 323n, 408, 459
ver também Junius
Einaudi, Mario 20n
Ellwanger, Sigfried 64
Emanuelli, Enrico 116, 116n, 118
Erasmo de Roterdam 413n
Erbani, Francesco 372n, 377n, 379n, 380n
Erne, Ruth 197-8n
Esposito, Carlo 94

Fabre, Giorgio 81-2n
Facchi, Alessandra 308, 308n
Faguet, Émile 410n
Falaschi, Giovanni 10n, 91n, 112n, 183n, 189n, 190n, 191n
Falchi, Antonio 24n
Falcucci, Franca 447, 452

Fassò, Guido 303
Faure, Edgar 116, 116n
Faure, Lucie 116, 117n, 129
Feltrinelli, Giangiacomo 202
Fernández, Alberto Valín 411n
Ferrabino, Aldo 102
Ferrajoli, Luigi 58n, 60n, 83n, 252n, 264, 264n, 267n, 316-7n
Ferrara, Giuliano 186, 439n, 440n, 441n, 470n
Ferrarese, Maria Rosaria 341n
Ferrari, Paolo 106n
Ferrari, Silvio 433n
Ferrari, Vincenzo 324n
Ferrer, Aldo 333
Ferretti, Gian Carlo 76n
Ferri, Luigi 39n
Fertilio, Dario 477n, 485n
Fichte, Johann Gottlieb 123
Fiedler, Herbert 332n
Figari, Pedro 174, 175n
Filippi, Alberto 57n, 65n
Fini, Gianfranco 470
Fioravanti, Marco 207n
Fiorot, Dino 102n
Firpo, Luigi 20n, 27n, 32, 36n, 39-41, 43n, 44n, 45n, 47n, 49, 49n, 50n, 54n, 74, 77, 77n, 141n, 160, 193n
Fisher, Herbert A. L. 130n
Flora, Francesco 120, 120n
Foa, Vittorio 73n, 81, 90, 358, 363n, 378n
Fontana, Sandro 419-23, 425, 425n, 426n
Forkel, Hans 341n
Forni, Lorena 383n, 411n
Fortini, Franco 110, 115-6, 115n, 120, 121-4, 125n, 370
Francisco (Jorge Mario Bergoglio), papa 460-1n
Frank, Jerome 332n
Frondizi, Arturo 332
Funaioli, Giovan Battista 36n, 47n
Fung Yu-lan (Feng Yulan) 124, 124n
Furtado, Celso 331n, 333
Furtwängler, Wilhelm 93, 93n

Gaddis, John Lewis 115n
Gahrana, Kanan 411n
Galilei, Galileu 475
Galimberti, Duccio 148n, 395, 395n
Galli della Loggia, Giorgio 403
Galli, Carlo 190n
Gallino, Luciano 341n
Gallo, Filippo 282, 282n
Gandhi, Mohandas Karamchand 389, 466
Gangemi, Giuseppe 181n
Garbarino, Paolo 204n
Garin, Eugenio 71n
Garosci, Aldo 20n
Garrone, Alessandro Galante 10, 10n, 70, 70n, 71n, 86, 86n, 105, 105n, 207, 335n, 361n, 415n, 430, 433n, 463-4, 464n, 486
Garrone, Daniele 418n
Garrone, Mitì Galante 10
Gaspari, Domenico 29n
Gatta, Bruno 89n
Gavazzi, Giacomo 61n, 196, 196n, 205, 205n, 325n
Gazzotti, Piero 84
Genovesi, Antonio 26
Gentile, Emilio 142n
Gentile, Giovanni 29n, 46, 46n, 94, 100, 182-3n, 231, 238, 255, 268, 427n, 445n
Gény, Frangois 273, 274, 274n
Gerratana, Valentino 370
Gervasoni, Marco 154n
Geymonat, Ludovico 111, 111n, 285, 434n
Giannini, Massimo Severo 281-2, 281n
Gianquinto, Giovanni De Gioannis 33n
Gierke, Otto von 190n, 193n
Gilioli, Alessandro 164n
Giner de los Rios, Francisco 29
Ginsborg, Paul 378n
Ginzburg, Carlo 91n
Ginzburg, Leone 10, 10n, 71, 73n, 80-1, 188, 207
Ginzburg, Marussia (Maria) 10, 10n
Gioberti, Vincenzo 23, 30, 33, 33n, 35, 38, 38n, 42, 398
Gioja, Ambrosio Lucas 318, 319, 319n, 334n, 336, 336-7n

515

Giolitti, Antonio 70, 159, 171, 171n, 190-2, 193n, 363n
Giua, Michele 81
Giuriolo, Antonio (Toni) 10n, 181
Glazel, Lorenzo Passerini 411n
Gnoli, Antonio 112n
Gobetti, Piero 36n, 47, 48-9, 50n, 57, 57n, 70, 73, 96n, 137, 182, 182n, 217, 218, 357
Goetz, Helmut 85n, 86n
Gonçalves, Marco Augusto 394n
Gosset, Pierre 117n
Gosset, Renée 117n
Gouges, Olympe de 350n
Gozzano, Guido 69n, 72, 72n
Gramsci, Antonio 185, 321n, 357, 370n, 374
Greco, Tommaso 111n, 137n, 168n
Greppi, Andrea 206n, 291n
Grócio, Ugo 434
Grossi, Paolo 167n, 252n, 268, 268n, 272, 272n
Grosso, Giuseppe 94
Gruppi, Luciano 440n
Guasco, Francesca, aluna 38n
Guasco, Maurilio 461-2, 462n, 477, 485
Guastini, Riccardo 57-9, 61, 61n, 255n, 265, 265n, 268n
Guerrero R., Jorge 212n
Guerrieri, Osvaldo 75n
Guicciardini, Francesco 54
Guidacci, Margherita 120n
Guidali, Fabio 424n
Guillain, Robert 117n
Gurvitch, Georges 273, 274, 274n, 275n
Guttuso, Renato 96, 96n
Guzzo, Augusto 24, 24n, 36n

Habermas, Jürgen 351, 352n
Hacker, Peter 325n
Haeckel, Ernst Heinrich 51
Haesaert, Jean Polydore 209, 286
Hannemann, Brigitte 413n
Hart, Herbert L. A. 194-5, 195n, 196-7, 196n, 205, 208-9n, 324, 324n, 325, 325n, 328n, 336, 337
Hayek, Friedrich von 323, 338-9

Hegel, Georg Wilhelm Friedrich 43, 56, 123, 333, 427n
Heidegger, Martin 145n, 167, 169, 169n, 246n, 374
Helmholz, Richard 204n
Henrique VIII, da Inglaterra 471
Heritier, Paolo 252n
Hermlin, Stephan 117, 117n
Hitler, Adolf 93, 98, 113, 394, 483
Hobbes, Thomas 56, 56n, 60, 112, 112n, 175-6, 176n, 217, 387, 457
Hohfeld, Wesley Newcomb 199-200, 200-1n, 332n
Hölderlin, Friedrich 487, 487n
Holmes, Oliver Wendell 205
Holmes, Stephen 340n
Hu Feng 124, 125n
Hughes, Graham 213n
Hume, David 123
Husserl, Edmund 73, 74, 74-5n, 110, 145n, 166, 166n, 169n, 172, 196, 224, 225, 226, 233, 233n, 234, 235-6, 236-46, 247, 248n, 249

Illemann, Werner 241, 241n
Illía, Arturo 332
Imposimato, Ferdinando 440n
Ingrao, Pietro 70, 70n, 73, 73n, 186n
Isella, Dante 416n

Jannaccone, Pasquale 54n
Jaspers, Karl 167, 169, 169n, 172
Jemolo, Arturo Carlo 303, 361, 361n, 433n
Jestaedt, Matthias 11n, 197n
Jhering, Rudolf von 200n, 201, 201n, 230, 230n, 233-4, 295, 307, 307-8n, 315, 328, 328n, 338, 467
João XXIII (Roncalli, Giovanni), papa 421
João Paulo II (Józef Wojtyła, Karol), papa 455, 460, 469-70n
Junius (pseud. de Luigi Einaudi) 157n
Juvalta, Erminio 434n

Kajon, Irene 411n
Kalinowski, Georges 304n

Kallscheuer, Otto 57n
Kannegiesser, Karl Ludwig 28n
Kant, Immanuel 45n, 49, 49n, 56, 123, 227-8, 230-1, 237, 237n, 238, 242, 248, 260, 260n, 333, 474
Kantorowicz, Hermann 254n
Kao Kang (Gao Gang) 125, 125n
Kaufmann, Felix 247, 249
Kelsen, Hans 11, 11n, 12, 19, 19n, 21, 21n, 46, 46n, 56, 56n, 59, 59n, 71n, 109, 111, 134, 140, 148, 148n, 165, 167, 173, 177, 177n, 186, 186n, 193-8, 204-5, 205n, 209, 213, 213n, 225, 225n, 226, 229, 230-4, 247-9, 266-7, 267n, 269, 273-4, 274n, 277-8, 278n, 282-3, 283n, 284-92, 292n, 293, 294n, 295, 297-8, 300-1, 303-8, 311-3, 318-9, 323-4, 331n, 332n, 334, 336-7, 337n, 349, 360, 361n, 365, 390, 390n, 411n, 414n, 415, 429, 441, 465n, 482
Kennedy, John Fitzgerald 332
Kerr, Philip Henry, 11o marquês de Lothian 396n
Kisch, Egon Erwin 117, 117n
Knapp, Viktor 202-3n, 203
Koskenniemi, Martti 465n
Krause, Karl Christian Friedrich 29
Kreis, Friedrich 242, 243n
Kriele, Martin 325n
Kruschev, Nikita Sergêievitch 364, 369

Lafer, Celso 64, 65n, 320, 369n, 393, 393n, 486
Lajolo, Davide 480, 480n
La Malfa, Ugo 359, 408, 428
Lambert, Édouard 276, 276n, 282
Lamberti, Carlo Zini 170, 170n, 171, 172n
Lamennais, Félicité de 410
Lanfranchi, Enrico 93n, 137n
Lanni, Sabrina 175n
La Pira, Giorgio 362
Laski, Harold 113, 113n, 149n
Lassalle, Ferdinand 132, 132n
Latini, Micaela 145n
Laubenthal, Klaus 341n
Lazzaro, Giorgio 61n, 282n, 305
Lefebvre, Henri 169n

Leo, Pietro 87n
Leoni, Bruno 20n, 103
Levi, Alessandro 181, 209, 286
Leyers, Hans 106, 106n
Leyret, Henry 250n
Liberovici, Sergio 175n
Liebman, Enrico Tullio 51
Lilley, Sam 202n
Litt, Theodor 247
Liverani, Pier Giorgio 430n
Locke, John 56, 353, 433, 433n
Lolli, Franco 145n
Lombardi Vallauri, Luigi 418, 419n
Lombroso, Cesare 17
Loria, Achille 54n
Losano, Mario G. 19n, 25n, 26n, 29n, 36n, 40n, 46n, 51n, 56n, 60n, 61n, 64n, 69, 71n, 110n, 131n, 148n, 151n, 165n, 175n, 186n, 197-8n, 199n, 200n, 201n, 202n, 204n, 210n, 211n, 212n, 218n, 250n, 260n, 263n, 281n, 284n, 302n, 304n, 306n, 307n, 308n, 314n, 319n, 320n, 331n, 356n, 361n, 376n, 383n, 389n, 399n, 424n, 466n
Lothian, Lord, ver Kerr, Philip Henry
Lourenço de' Medici, o Magnífico 175
Lübbe, Hermann 411n
Luhmann, Niklas 313
Lu Hsun (Lu Xun) 117
Lutero, Martinho 475

Magnanini, Claudia 321n
Magnaud, Paul 250, 250n, 467
Magris, Claudio 456n, 459, 459n
Maiorca, Bruno 135n, 206, 206n
Mamiani della Rovere, Terenzio 28, 28n, 29, 29n
Manacorda, Edoardo 193n
Mancini, Pasquale Stanislao 28, 28n
Mandel, Ernest 371n
Mandela, Nelson 460n
Manganelli, Cesare 69n
Manzoni, Alessandro 69n, 423
Marchello, Giuseppe 20n, 39n
Marchesi, Concetto 100, 102

Marinotti, Franco 106
Maroni, Roberto 470
Martelli, Claudio 447, 449-52
Martin, David 411n
Martinetti, Piero 81, 85, 90, 166, 166n, 181
Martínez de Pisón, Ignacio 19, 19n
Martinez, Gregorio Peces-Barba 64n
Martini, Carlo Maria, cardeal 473n
Martini, Enrico, *ver* Mauri, comandante *partigiano*
Marx, Karl 11, 42, 150, 178, 193n, 217, 333, 370n
Marzo, Enzo 188n
Massignani, Alessandro 106n
Mathieu, Vittorio 49, 49n
Mattarella, Sergio 373
Matteotti, Giacomo 185
Matteucci, Nicola 180, 180n, 410n
Mattirolo, Luigi 23, 30, 30n
Mauri (pseud. de Enrico Martini), comandante *partigiano* 105
Maurizio (pseud. de Ferruccio Parri), comandante *partigiano*, *ver* Parri, Ferruccio
Mauro, Ezio 163n, 179n, 437n
Mautino, Aldo 47, 49-50, 50n
Mazzarese, Tecla 205n
Mazzocchi, Muzio 202
Melden, Abraham Irving 324n
Meneghetti, Egidio 100
Merkel, Adolf 230
Merkl, Adolf Julius 273n
Merlo, Felice 23
Mertens, Hans-Joachim 341n
Miccoli, Giovanni 413n
Miglio, Gianfranco 189, 190n, 399, 399n, 400
Mila, Massimo 10, 53n, 71, 73n, 81, 92, 92n, 207
Mill, John Stuart 458
Mira, Giovanni 86n
Mittermaier, Karl 25, 25n, 110
Mondolfo, Rodolfo 10n, 97, 182n
Montanelli, Indro 76, 76n, 416n, 469-70n
Monti, Augusto 10n, 18, 18n, 71, 71n, 73n, 113, 113n
Monti, Mario 401n, 405
Mora, Paola 308n

Morandi, Rodolfo 181
Moravia, Alberto 170, 170n, 175
Moritz, Manfred 199n
Moro, Aldo 148, 152, 158-9, 159n, 183n, 362, 440n
Morra, Nello 58n, 216n, 217, 415n
Morra, Umberto 96, 96n
Mosca, Gaetano 54n, 139
Moscon, Giorgio 175n
Mucchi, Gabriele 423-5, 426n
Munari, Tommaso 195n, 202n
Mura, Virgilio 358n
Musatti, Cesare 120
Mussolini, Benito 79-80, 81, 87, 87-8n, 89, 92-3, 102, 106, 144, 181, 190n, 191, 348, 409, 412-3, 483

Nakhnikian, George 332n
Napolitano, Giorgio 161
Narducci, Agustín Squella 63, 63n
Nascimbeni, Giulio 456, 456n, 458, 459n
Nenni, Pietro 152, 154, 155n, 408
Nicodemo, fariseu 91
Nietzsche, Friedrich 374
Nitsch, Carlo 87, 87-8n
Nuti, Romeo 87n

Olbrechts-Tyteca, Lucie 58n, 140n, 194n
Olivari, Alessandro 252n
Olivecrona, Karl 332n
Olivetti, Adriano 314, 314n
Olivetti, família 103
Olivetti, Guido 193n
Omodeo, Adolfo 358
Omodeo, Vittoria 174n
Opocher, Enrico 98, 100
Orecchia, Rinaldo 24n, 27n, 40n
Orlando, Vittorio Emanuele 85
Ornaghi, Lorenzo 148n
Ortega y Gasset, José 224
Ost, François 334n
Ottino, Carlo 430n
Ottolenghi, Massimo 105, 106n
Overgaard, Soren 246n

Pacelli, Eugenio Maria Giuseppe, *ver* Pio XII, papa
Pachukanis, Evgeni Bronislávovitch 365, 365n
Pagallo, Ugo 98n, 252n
Pagano, Antonio 39n
Pagano, Francesco Mario 27n, 31, 49, 49n
Paglia, Guido J. 461n
Paine, Thomas 307
Palini, Anselmo 457n
Panebianco, Angelo 469-70n
Papuzzi, Alberto 18n, 24n, 53n, 55n, 184n, 400n, 406, 469-70n
Pareto, Vilfredo 11, 56, 139
Parini, Giuseppe 171n
Parker, David 416n
Parri, Ferruccio 112, 118n, 120, 155, 408
Parsons, Talcott 309, 313
Pascal, Blaise 161, 281
Pasquino, Gianfranco 180, 180n, 410n, 415n
Pasternák, Boris 60n
Pastore, Annibale 73-4, 75n, 77, 111, 166, 166n, 236-7n, 238, 244, 244n, 423
Pastore, Baldassare 97n, 102n, 181n, 215n
Patetta, Federico 94
Pattaro, Enrico 61n, 205n
Pavan, Pietro 415n
Pavese, Cesare 69, 71, 73n, 76, 76n, 77, 81, 190, 191, 196n, 480, 480n
Pavone, Claudio 92n
Paz, Octavio 460n
Pazé, Valentina 65n, 137, 137n
Pella, Giuseppe 401n
Pena-Ruiz, Henri 410n
Perelli, Alfredo 81
Perelli, Giannotto 81
Perelman, Chaïm 58, 58n, 140, 140n, 194n, 196, 292
Pertini, Sandro 56, 160
Pescatore, Matteo 28
Petrone, Igino 43
Piccardi, Leopoldo 115n, 116, 116n, 118, 118n, 126, 126n, 129, 129n, 130n
Pichierri, Angelo 199n
Pinto, Aníbal 333

Pintor, Giaime 10, 10n, 91n, 112, 112n, 183, 183n, 189-92
Pintor, Luigi 183
Pio IX (Giovanni, Maria Mastai Ferretti), papa 29n
Pio XII (Pacelli, Eugenio Maria Giuseppe), papa 415
Piovani, Pietro 49, 49n
Piruchta, Libor 202n
Pischel, Enrica Collotti 120
Pitágoras 29
Pitigrilli (pseud. de Dino Segre) 80, 81n
Pivano, Silvio 86n
Pivato, Stefano 411n
Platão 375, 423
Plebe, Armando 24n
Poggio, Pier Paolo 419n, 420n
Poletti, Ugo, cardeal 447
Polito, Pietro 9n, 145n, 184n, 186, 214, 214n, 372n, 381n, 382n
Ponchiroli, Daniele 195, 195n, 198, 202, 202n
Pontara, Giuliano 466, 466-7n
Popper, Karl R. 114, 114n, 395, 395n
Portinaro, Pier Paolo 99n, 137n, 144, 144n, 145n
Prebisch, Raúl 331n, 333
Preti, Luigi 361n
Prodi, Romano 82, 396n, 401
Prosperi, Adriano 472, 472n
Puglisi, Mario 240n
Punzi, Antonio 98n, 252n, 352n, 419n

Radbruch, Gustav 111-2, 232-3n, 302, 303n, 466
Raggi, Barbara 361n, 362n
Raselli, Alessandro 86-7n
Ravà, Adolfo 98, 136
Re, Alessandro 106n
Reale, Miguel 51, 51n, 64, 305
Rech, Ernesto 130n
Reinach, Adolf 247, 248
Renard, Georges 274, 274n
Renaut, Michel 333n
Rèpaci, Antonino 148n, 395n
Revelli, Marco 57n, 69n, 72n, 135, 135n, 207n, 214, 214n

Reyer, Wilhelm 243, 243n
Robbins, Lionel 396, 396n
Robilant, Enrico di 22
Rocco, Alfredo 361
Rodano, Franco 440n
Rodotà, Stefano 417n
Roguin, Ernest 287
Romagnosi, Gian Domenico 35, 397
Romano, Santi 273, 294, 297, 319-20, 361
Romano, Silvio 10, 94
Roncalli, Giovanni, ver João XXIII, papa
Roncigli, Audrey 93n
Roppo, Vincenzo 415n
Rosa, Norberto 70
Rosmini, Antonio 23, 26
Ross, Alf 194, 196-7, 196n, 204-5, 205n, 208-9n, 332n
Rosselli, Carlo 70, 356, 357, 357n, 358, 358n
Rosselli, John 358n
Rossi, Adele 41
Rossi, Ernesto 335, 335n, 396n, 415
Rossi, Pietro 351, 351n
Roubier, Paul 209, 286
Rousseau, Jean-Jacques 45n, 56, 366, 410
Rovero, Metella 407n
Rovighi, Sofia Vanna 169n
Rozo Acuña, Eduardo 212
Rückert, Joachim 263n
Ruffini, Edoardo 94
Ruffini, Francesco 54n, 85n, 86, 86n, 101n, 361
Ruiz, Miguel Alfonso 136n, 212, 212n, 284n, 336-7n
Ruotolo, Marco 95n
Rusca, Luigi 416n
Rusconi, Gian Enrico 156n, 471

Sacco, Rodolfo 193n
Saint-Simon, Henri de 333
Saitta, Armando 193n
Saldarini, Giovanni, arcebispo 461, 461n
Salvadori, Massimo Luigi 371n, 417n, 418n
Salvatorelli, Luigi 81, 86n, 358
Salvemini, Gaetano 10n, 157, 157n, 415, 415n, 421

Sander, Fritz 248n
Santillán, José Fernández 214, 214n
Sapegno, Natalino 184n
Sarasso, C. V, estudante 217, 290n, 292n
Sarlo, Oscar Luis 319, 330n, 332, 332n, 337n
Sartori, Giovanni 142n
Sartre, Jean-Paul 169-73, 175, 415
Sbarberi, Franco 52n, 178n, 188n, 358n, 417n
Scalfari, Eugenio 379n
Scalfaro, Oscar Luigi 162
Scarpelli, Uberto 20n, 22, 22n, 46n, 61n, 267, 267n, 325n
Scelba, Mario 119n
Scheler, Max 169n, 247
Schiavone, Aldo 162n
Schieder, Wolfgang 190n
Schlesinger, Rudolf 193n, 198-9, 198n
Schlick, Moritz 111
Schmitt, Carl 112, 112n, 150, 150n, 176-7, 177n, 183, 186, 189-91, 292n, 374, 411, 411n
Schreier, Fritz 247, 249
Scirocco, Giovanni 381, 381n
Secchieri, Iliana, estudante 217, 292n
Segre, Arturo 18n, 181
Segre, Dino, ver Pitigrilli
Segre, Sion 80
Semprún, Jorge 460n, 461, 462n
Severino, Paola (Lei Severino) 401
Setta, Sandro 106n, 107n
Sicsú, João 333n
Sirena, Pietro 175n
Smend, Rudolf 247, 247n, 248
Soares, Mário 460n
Solari, Gioele 14, 19, 19n, 20, 20n, 21n, 23, 23n, 24, 24n, 26-7, 27n, 28n, 29, 29n, 31-2, 35, 36, 36n, 38, 38n, 39-56, 60, 67, 67n, 73-4, 77-9, 85-6, 88, 97, 97n, 101, 101n, 103-4, 104n, 107, 108, 111, 139, 141n, 165-6, 176, 181, 182, 226n, 227, 250, 286, 394
Solari, Paolo 323n
Somló, Félix 232-3n, 287
Sorgi, Marcello 56n, 162, 162n
Sorto, Fredys Orlando 204n

Spadolini, Giovanni 441, 441*n*
Speer, Albert 106*n*
Spencer, Herbert 35, 42, 51, 69, 69*n*, 338, 385
Spinelli, Altiero 396
Spinoza, Baruch 224
Spirito, Ugo 186, 284
Sraffa, Piero 85
Stajano, Corrado 464
Stálin (pseud. de Josef Vissariónovitch Djugashvili) 113, 114, 186, 364, 365*n*, 436
Stammler, Rudolf 229, 230
Storace, Francesco 469, 470
Strada, Vittorio 199, 430
Strange, Susan 341
Straniero, Michele Luciano 175*n*
Stučka, Pëtr Ivanovich 198-9, 199*n*
Sturzo, don Luigi 152, 152*n*
Sumner, Maine Henry 35
Sunstein, Cass Robert 340*n*
Sybel, Heinrich Karl Ludolf von 35*n*

Tabucchi, Antonio 19, 19*n*
Tagliavini, Carlo 120
Tarello, Giovanni 61*n*, 204, 204*n*, 205, 205*n*, 325*n*
Teiwes, Frederick Carle 125*n*
Temuralp, Takiyettin (Takiyettin Mengùgoglu) 169*n*
Ternavasio, Maurizio 73*n*
Tertuliano, Quintus Septimius Florens 410
Teubner, Gunther 341*n*
Thatcher, Margaret 416
Tillard, Paul 117*n*
Togliatti, Palmiro 56, 85, 145, 147, 182-3*n*, 187, 362, 363, 367, 368, 408
  ver também Roderigo di Castiglia
Tomás de Aquino, São 475
Tommissen, Piet 176*n*
Tonini, Ersilio, cardeal 453, 453*n*
Tönnies, Ferdinand 338
Tortarolo, Edoardo 412*n*
Tranfaglia, Nicola 362
Traniello, Francesco 141*n*
Trentin, Bruno 321*n*
Trentin, Silvio 181, 181*n*, 445*n*

Treves, Giuseppino 297*n*
Treves, Paolo 20*n*
Treves, Renato 20*n*, 36, 36*n*, 40, 40*n*, 43, 43*n*, 47, 56, 56*n*, 73, 74, 79, 79*n*, 87-8, 88*n*, 97, 97*n*, 111, 165, 196, 197, 197-8*n*, 201, 201*n*, 202*n*, 205, 211, 248, 285, 305*n*, 308, 308*n*, 313, 313*n*, 314, 315, 321, 328, 337, 346, 346*n*, 347, 486
Trotta, Margarethe von 416*n*
Tsé-Tung, Mao 116, 130, 131*n*, 134, 134*n*
Tucci, Giuseppe 119*n*
Tumiati, Gaetano 116, 116*n*, 117*n*, 118, 118*n*, 120, 129, 129*n*
Turati, Filippo 152*n*

Uhse, Bodo 117, 118*n*
Ungari, Paolo 42*n*, 43, 43*n*
Urbinati, Nadia 396*n*, 398, 398*n*
Urquidi, Victor 333

Vaccarino, Giorgio 20*n*
Vaciago, Marina, aluna 217
Valdés, Ernesto Garzón
Vallauri, Luigi *ver* Lombardi Vallauri, Luigi
Valle, Annachiara 416*n*
Valletta, Vittorio 104, 104*n*
Van de Kerchove, Michel 334*n*
Vanni, Icilio 51
Vassalli, Giuliano 252*n*
Vattimo, Gianni 376, 378, 379, 379*n*, 380
Veca, Salvatore 434*n*
Veltroni, Walter 380*n*
Venediktov, Anatolij V. 193*n*
Veneziani, Marcello 91, 91*n*
Verri, Pietro 397
Verucci, Guido 411*n*
Vettor, Tiziana 383*n*
Viano, Carlo Augusto 417*n*
Vico, Giambattista 23, 32, 33, 42, 52
Vidari, Giovanni 49*n*
Violi, Carlo 55*n*, 89*n*, 135, 135*n*, 136*n*, 137*n*, 177*n*, 178*n*, 180*n*, 206, 206*n*, 218, 311*n*, 319*n*, 370*n*, 430*n*, 486
Viroli, Maurizio 56*n*, 68-9*n*, 137*n*, 359*n*, 403*n*, 407*n*, 467*n*

Vismara, Maria 193n, 198n
Vittorio Emanuele II di Savoia 73
Volpicelli, Arnaldo 71n, 186, 284, 285n
Vyshinsky, Andrey Yanuaryevic 365, 365n, 366

Waldeck-Rousseau, Pierre 410
Walzer, Michael 163, 402
Webb, Beatrice 149n, 193n
Webb, Sidney 149n, 193n
Weber, Max 56, 140, 186, 292
Wedberg, Anders 297n
Wedekind, Michael 106n
Weill, Georges 410n
Wieland, Christoph Martin 411n
Windelband, Wilhelm 232-3n
Winterhalter, Cecilia 81-2n
Wittgenstein, Ludwig 196
Witzel, G., estudante 217, 290n, 292n

Wojtyła, Karol, *ver* João Paulo II, papa
Wolf, Erik 303n
Wundt, Wilhelm 42, 232-3n
Wust, Peter 237n

Yared, Nazik Saba 411n

Zabel, Hermann 411n
Zagrebelsky, Gustavo 148n, 402, 417n, 464-6
Zanfrognini, Gianfranco 440n
Zarfati, Laura 46n
Zari, Pietro 174n
Zezza, Michele 64n
Zini, Zino 18, 18n, 71, 75, 81, 181
Zolo, Danilo 55n, 89, 89n, 90n, 168n, 184n, 391, 391n, 392, 392n
Zorzetto, Silvia 282n
Zucàro, Domenico 81n, 122-3n
Zweig, Stefan 413n

ÍNDICE REMISSIVO

aborto, polêmica sobre 158, 413-4, 416, 444, 452-3, 455
    e Bobbio 455-9
Acordo, entre Itália e Igreja (1984), *ver* Concordata, entre Itália e Igreja, de 1984
agnosticismo e ateísmo, em Bobbio 468*n*, 475-6
    ver também religiosidade, em Bobbio
Alemanha 25, 78, 79, 93, 105, 109-10, 111, 137, 165, 176, 181, 189, 229, 230, 237, 238, 245, 247, 248, 251, 273, 283, 285, 349, 373, 394, 411, 416*n*
    Bobbio na 78-9, 109-12, 176, 237, 238-9, 250-1
    ver também cultura, alemã e Itália
Alexandria, e Bobbio 67-70, 481, 485
    ver também Rivalta Bormida, e Bobbio
Aliança Nacional, Partido 82, 373, 373*n*, 469, 472
América do Sul 29, 29*n*, 63*n*, 330-2
    ver também Brasil
análise da linguagem 58, 141, 314-5
    ver também filosofia analítica; teoria, analítica do direito

analogia, na lógica do direito 58, 60, 89, 93, 100, 167, 208-9, 225-6, 235, 251-67, 271-2, 285-6, 299, 391-2
"anos de chumbo" 158, 179, 321, 329, 416
    ver também terrorismo
anticlericalismo 409-13, 475
    ver também laicismo, laicista(s)
antifascismo, antifascista 18, 45-6, 47, 70-1, 73, 80-3, 85-6, 89-93, 96*n*, 98-100, 103, 104-7, 113, 130-1, 164*n*, 167, 268, 361, 362, 396, 413, 464
    ver também fascismo, e oposição ao
antinomia(s), no direito 59, 263, 298-9, 446
    ver também coerência no direito
apostilas universitárias, e Bobbio 44-5, 94-5, 135-6, 184, 184*n*, 209*n*, 212, 215-8, 290-4, 300-1, 337-8
Arábia Saudita 355
Argélia, independência da 114
Argentina 65*n*, 87*n*, 88, 97, 97*n*, 330, 332
argumentação(ões) 96, 129*n*, 172-3, 223-6, 252, 271-2, 296, 330, 364-6, 405, 418-9, 442-4, 455-6, 459
    teoria da 58, 140, 140*n*, 194*n*, 291-2

ver também Índice onomástico, Perelman, Chaïm
arte, obra de, *ver* atentado ao pudor
Assembleia
    Constituinte, Itália 107, 112, 362-3, 449
    nacional, China 126
    estudantil 155-6
Assietta, batalha de 68-9n
Associação Nacional pelos Bons Costumes 171
ateísmo, *ver* agnosticismo e ateísmo, em Bobbio
atentado ao pudor
    por Botticelli 174-5, 175n
    por Sartre e Bobbio 170, 171-2, 172n, 414-5
atentados 157-8, 179, 455
    de Bolonha 157-8
    da Praça Fontana em Milão 157-8, 321
    ver também "anos de chumbo"

Berlim 112, 114, 262, 288, 394, 423, 424
    Muro de 82, 146, 163, 384, 423, 425
Berlusconi, governo (berlusconismo) 72, 81-2, 148, 157, 188, 188n, 345, 373n, 401-8, 416-7
    ver também Força Itália; Índice onomástico, Berlusconi, Silvio
Bobbio
    como filósofo militante 54, 93, 93n, 98, 135-8, 162-3, 225, 257-8, 322, 360, 370, 395-6, 444, 463-4, 466-9
    e a sua biografia 12, 54-5, 56-8, 135, 137n, 178n, 186-7, 214, 218-9
        ver também Índice onomástico, Violi, Carlo
    e a sua biblioteca 218-9, 426n
        ver também Centro de Estudos Piero Gobetti
    no cárcere 55-6, 98
bôgianen
    e Bobbio 68, 68-9n
Brasil 11n, 51, 64, 65n, 137, 204n, 207n, 217n, 305, 331, 356, 393, 462, 465-6, 479, 481n, 486

e "desenvolvimentismo" 331
e direito alternativo 204-5, 250
e filosofia italiana do direito 50-1
e sua fortuna crítica 64, 137-8, 464, 479-80
    ver também Índice onomástico, Lafer, Celso
e a "teologia da libertação" 460, 461-2
    ver também Índice onomástico, Boff, Leonardo
Brigadas
    Garibaldi 423, 480n
    Vermelhas 159

celibato e leis demográficas do fascismo 83-4
Centro de Estudos Piero Gobetti 57, 57n, 137, 217, 218, 424n, 425-6
China 77, 110, 126-30, 132
    Bobbio na 108-9, 110n, 114-33
Círculo de Viena 111
clareza, em Bobbio 12, 56, 59, 120, 122, 150, 168, 223-6, 230, 248, 320, 365, 459, 460-1n
clerical(is), *ver* laicismo
cibernética e direito 202, 306
    ver também informática
Ciências Sociais, ensino das 30-1, 35-6, 37
Código
    Canônico 431n
    Civil alemão 43n
    Civil brasileiro (2002) 64
    Civil italiano (1865) 43n, 259
    Civil italiano (1942) 140
        ver também Pré-leis
    Comercial 261, 269
    Penal alemão (1935) 263-4
    Penal dinamarquês 262-3
    Penal italiano (1930) 172, 172n, 262, 266, 408
    Penal soviético (1927) 262
coerência, no direito 95, 297-300, 324
    ver também antinomia(s), no direito
Colégio Ghislieri de Pavia 59n
"combinações, instinto das" 11
Comissão italiana de armistício com a França 10

Comitê de Libertação Nacional (CLN) 126, 126n
completude do ordenamento jurídico 95, 140n, 235, 253, 266-7, 298-300
   ver também lacuna(s), no direito
compromisso 131-4, 356
   e democracia 130-1, 432, 439-42
   histórico (PCI) 439-40, 440n
   ver também diálogo, em Bobbio; tolerância
comunismo 18, 56, 70-1, 73, 80, 82, 88-9, 91, 99-100, 102, 107, 110, 111, 114-9, 120, 124-5, 127, 129, 130, 145, 147, 148-50, 152-3, 159, 163, 178, 183, 185, 202, 285, 322, 357, 359, 360, 362-71, 373, 375, 383, 388, 390, 401, 402-3, 414, 419, 423-5, 427, 432, 436, 437-8, 440, 455, 470, 472, 481
   ver China; Eurocomunismo; socialismo real; União Soviética
Concílio, Vaticano II 415-6, 422, 436
Concordata, entre Itália e Igreja
   de 1929 409, 412, 447-9, 454
   de 1984 447, 452, 453-4
Congresso do PCUS 114, 364, 369
"consciência atômica" 382-3, 385, 391
   ver também guerra, atômica
Constituição(ões) 82, 128-9, 130, 131, 132, 148, 151, 157n, 203, 263n, 279, 350, 351-2, 353-4, 395-7, 465-6
   do Brasil 466
   da China 110, 115, 119-25, 125-34
   da Irlanda 132
   da Itália 23n, 82-3, 126, 132, 140, 151, 157n, 161-2, 174, 182-3, 204-5, 320-1, 350, 365-6, 377, 394-5, 398-9, 404-5, 432, 445-8, 455-8
      ver também Estatuto Albertino
   da Islândia 349
   de Portugal 124
   da União Soviética 124
      ver também China; democracia(s), popular(es)
   de Weimar 131-2, 353, 353n
   federativa europeia, projeto 147-8, 148n, 395, 395n, 398-9

consuetude 154, 167, 171, 232, 251, 269, 271, 275-8, 280, 282, 296, 434
containment, doutrina americana 127
"conversão", kelseniana de Bobbio 173-4, 177, 208, 213, 231-2, 283-6, 414
corporativismo 132, 185-6, 285
   ver também direito Corporativo
Corte Constitucional italiana 140, 140n, 362, 403, 448
Crocetta, bairro de Turim 9, 10, 72, 73n, 80
cultura
   alemã e Itália 29, 77, 111, 169, 175-6
   americana e Itália fascista 76-7
   inglesa 77, 109-10, 113-5, 169-70, 204-5, 346, 395
   ver também trabalhismo, trabalhista

decadentismo 122, 167, 169-70, 173, 283
   ver também existencialismo
democracia(s) 61, 99, 107, 117, 127-8, 138, 145, 153-4, 169, 178, 181, 182-3, 186-7, 207, 214-5, 284-5, 345, 357-9, 360, 362-3, 373-4, 376-7, 380, 401, 409, 417, 420, 426, 428, 431-2, 437, 438, 444, 445, 462, 465, 467, 470
   direta 348-9, 366, 371
   em Bobbio 19, 100, 109-10, 112-4, 134, 159, 173, 177, 179-80, 213, 251, 300, 349-51, 363-5, 370-3, 394-7, 403-8, 414, 439-42, 447, 468-9
   e a Escola de Turim 21-2
   e Espanha 18-9, 63-4, 64n
   popular(es) 11, 110, 130-3
      ver também socialismo real
   ver também Constituição(ões); laicismo, laicidade; tolerância
desenvolvimento, "desarrollismo", desenvolvimentismo 330-3
   ver também direito(s), "premial"; função do direito
diálogo, em Bobbio 56, 97-8, 100, 146-7, 149, 156, 160, 163, 176-7, 223-5, 360, 362-3, 414, 427-8, 439-42, 445, 463-4
   ver também compromisso; laicismo, laicidade

direito(s)
    Agrário, e Bobbio 95
    alternativo 204-5, 250, 250n, 467
    constitucional 11, 94, 128-9, 129n, 131, 133, 151, 155, 464, 466
    Corporativo 83, 83n, 95
    das mulheres e da cidadã 350n, 458
    de liberdade 151, 178, 349, 353, 356, 366, 369, 377
        ver também liberdade de religião
    humanos (ou do homem) 61, 138, 179, 345, 350-6
        ver também eficácia no direito; fonte(s) do direito
    muçulmano 282
        ver também Islã
    natural 19, 233, 275, 303, 338, 423
        vigente 280, 352
            ver também jusnaturalismo
    "premial" 307, 307-8n, 312, 317, 328, 328n, 338
        ver também sanção positiva ou premial
    romano 31, 31n, 33-4, 36n, 37, 94, 276, 282
dissimulação honesta, e Bobbio 91, 96, 97-8, 100-1
distintivo do partido fascista, e Bobbio 90, 100, 100n
dogmática
    jurídica 32, 43n, 99, 226-32, 254, 273, 277
    livre 254
        ver movimento(s), do direito livre
dogmatismo, aversão ao 21, 55-6, 116, 149, 238-9, 314-5, 421, 424, 427-8, 429-30, 436, 442-3
doutrina pura do direito, *ver* positivismo jurídico; *ver também*, Índice onomástico, Kelsen, Hans

ecletismo 30, 33, 34-5
    ver também, Índice onomástico, Carle, Giuseppe
economia 20, 94, 130-1, 142, 186, 284, 287, 312, 322-3, 326, 330-1, 334-5, 336, 341, 347, 357, 361, 416-7

corporativa 185
direito da 273
política 35-6, 41
social de mercado 333
Editora
    Boringhieri 193, 196n, 198n
    Comunità, Edições de (Milão) 314, 314n, 315, 315n
    Einaudi 10, 11, 12, 19, 36n, 58, 62, 90, 114, 165, 183, 188-94, 197-8, 207, 208-9n, 211, 306-7, 324, 396n, 480
    Mondadori 165, 165n, 315n
    Temis (Bogotá) 212
eficácia no direito 235, 258-9, 276-9, 296, 299, 301-2, 335, 353-4, 355-6, 392, 433, 435-6
    ver também implementation; validade
eixo Roma-Berlim, 262, 267-8
    ver também fascismo
Einaudi, *ver* Editora
Enciclopédia jurídica, ensino da 24-7
    ver também princípios racionais do direito
epoché, de Husserl 241, 245-6
"*esagerôma nen*" [não exageremos] 55, 476
Escola
    de Chicago 333n, 340, 416
    de Turim 14, 17-24, 35, 35n, 36, 40, 47, 50, 62, 196, 200, 205, 285
    e ensino religioso, *ver* laicismo
    Histórica alemã 32, 276-7, 282, 305
Espanha 65n, 93, 305n, 371, 373
    Bobbio na 18-9, 63-4, 212-3, 284, 284n
    guerra civil na 117-8, 480n
    transição pós-franquista 19, 64n
    ver também franquismo; krausismo
estatismo, em economia, *ver* liberalismo
estatística 36
Estado
    comunista (ou soviético) 366-7, 425
        ver também socialismo real; União Soviética
    democrático 107, 350, 432, 443, 445, 449, 486
    de direito 44-5, 91, 163, 254, 263, 367, 387, 403, 459

ético 44-5, 425n, 459
liberal 329, 349-50, 364, 369, 423, 443
moderno 36-7, 45, 50, 273, 275, 288, 339
socialista 132, 369
Estados Unidos
   da América (USA) 20n, 115, 118, 124n, 149, 153, 213, 313, 321, 332, 362, 393, 416, 452
      ver também cultura, americana e Itália fascista
   da Itália 396-8
Estatuto Albertino (1848) 23, 23n, 76, 132, 174, 427n
"estratégia de tensão" 158
   ver também, "anos de chumbo", atentados
estrutura do direito 63, 208, 212, 235, 263, 287, 306-8, 312-3, 314, 317-8, 319, 324, 326, 330, 335-6, 340
   ver também função do direito
estruturalismo, estruturalista 211, 306
eufemismo piemontês [*understatement*] 45, 56, 252, 396-7
eurocomunismo 371, 371n
   ver também comunismo
existencialismo 167-70, 171, 173, 439
   ver também fenomenologia

Fábrica Italiana de Automóveis de Turim (Fiat) 73, 76, 104-6, 150-1
   e Bobbio 104n
Faculdade de Ciências Políticas (Turim) 11, 24n, 57, 108n, 141, 141n, 142, 143-4, 179, 210, 211, 213, 304, 345, 460, 460n, 461, 477
Faculdade de Jurisprudência (em Universidades)
   Milão 11, 308n, 313n
   Pádua 93, 181, 216
   Siena 93
   Turim 9, 10, 11, 25, 28, 54, 73, 84, 93n, 108n, 110, 140-2, 143, 170, 170n, 179, 205n, 226, 250, 292
   Universidade de la Plata 331
   Urbino 83, 84n, 191

Faculdade de Letras e Filosofia (Turim) 73, 236, 239, 246
Faculdade Valdense de Teologia (Roma) 418n
fanatismo, fanático(s), e Bobbio 150, 150n, 413n, 429, 429n
fascismo 47, 73, 109, 139, 152, 156, 164, 174, 182, 207, 412-3, 445n, 469
   adesão ao 45-6, 70-1, 106-7
   ascensão do 45, 70-1, 182, 364-5
   "dissidente" 185, 284-5
   e Bobbio 77-8, 80-3, 84-91, 100-3, 116, 137-8, 251, 262, 268, 348, 357, 396-7, 407
   e *fuoriusciti* 20n, 80, 80n, 88n, 305n
   e oposição ao 46-7, 52-3, 55-6, 92, 105-6, 185, 188, 395-6
   queda do 70-2, 80-1, 173, 182-3, 191-2, 360-1, 483-4
   ver também antifascismo, antifascista; neofascismo
federalismo 77, 77n, 83, 181, 345, 394-400, 431-2
fiscal 83, 399
   ver também, Constituição(ões); Liga Norte; *ver também*, Índice onomástico, Cattaneo, Carlo
fenomenologia 74, 111, 166, 167, 169, 224, 225, 235-6, 238-49, 268, 273
   ver também existencialismo
filosofia analítica 52, 136, 267, 282, 294, 347
   do direito 11, 52
      ver também teoria analítica do direito
filosofia da história 27, 28n, 29, 29n, 33, 34-5, 61, 179, 382
fonte(s) do direito 95, 177, 254, 269, 272, 279, 288, 291, 301, 319, 321
Força Itália, partido-empresa 82, 163-5, 179, 373, 373n, 376, 402, 406n
França 10, 80, 114, 116, 172, 229, 273, 371, 447, 452
   e Revolução Francesa 269, 410
franquismo 19, 63, 93, 439
função

do direito 38n, 62-3, 133, 199n, 207-8, 211-4, 234-5, 290-1, 300-1, 302, 307-35, 337-42
    ver também direito(s) "premial"; estrutura do direito
promocional do direito, ver direito(s) "premial"
social da propriedade 204n, 352-3, 465-6

golpe de Estado
    na Argentina 332
    no Chile 440n
    na Itália 152, 321
gravidez, interrupção da, ver aborto
Grundnorm e literatura 19, 19n
guerra 10, 20, 20n, 22, 23n, 24, 45, 49n, 60-1, 73, 75, 76-7, 79, 82, 88, 98-100, 102, 103, 105, 108, 110, 112, 113n, 132, 136, 137-8, 142, 145, 149, 150, 157n, 158, 167, 169, 173, 175-80, 186, 188-9, 189n, 191-2, 200, 215, 217, 226, 237, 251, 253, 266, 266n, 268, 283, 286, 293, 302, 304, 315n, 320, 345, 353, 358, 360-1, 362-3, 370, 381-94, 395-7, 407, 413, 413n, 420, 423, 431, 433, 466, 469, 483, 486
    atômica 114-5, 145, 169-70, 179, 381-5, 387-8
    católica 412-3, 433-4
    cibernética ou cyberwar 383
    civil
        China 115, 117, 126-7
        na Itália 105-6, 126, 182-3, 188, 396, 482
        na Iugoslávia 384
    da Abissínia 71n
    da Indochina 114
    da Espanha 118, 480n
    do Golfo 56, 180n, 266n, 381, 384, 391, 393
    Fria 56, 114, 119, 127, 145, 147-8, 176, 357, 360, 364, 384, 416
    justa 226, 266, 266n, 382, 386-7, 391-3
    na Sérvia 381
    no Vietnã 381

partigiana na Itália 106, 145, 183, 362, 423
    ver também Liberação, guerra de; Primeira Guerra Mundial; Segunda Guerra Mundial

hegelianismo 18, 33n, 44, 228, 238-9
    ver também neo-hegelianismo
História e Política Colonial, e Bobbio 108, 108n
Holocausto 65, 469
    atômico 215
        ver também guerra atômica
    ver também negacionismo, negacionista

idealismo 17, 27, 29, 32-3, 35, 39, 42-4, 46n, 51-2, 58, 94, 140, 177, 226, 226-7n, 228-9, 231, 239, 243, 268, 286, 347, 438-9, 439n
igualdade, "estrela polar" de Bobbio 61, 68, 89, 257-8, 322, 353, 358, 374-6, 379, 388, 414, 417, 463-4
Iluminismo, iluminista(s) 35, 52, 150, 187, 348, 396-7, 410, 413, 439
Il Ponte, revista 21n, 41n, 114n, 157n, 174-5, 358n, 407-8, 421n, 486
    sobre a China 118, 118n, 120, 120n, 122-3n, 125, 128
    sobre o Partido da Ação 359-60
    sobre Piemonte 49, 49n
implementation 335
    ver também eficácia no direito
incentivo(s), ver direito(s), "premial"
Indochina, guerra da 114
informática 306, 334, 349, 482
    ver também cibernética; internet
    bibliografia do Bobbio 56, 218-9
    jurídica 12, 202-3, 306
Inglaterra 109-10, 112-4, 128, 411
    ver também cultura, inglesa
Instituto Italiano para o Médio e o Extremo Oriente (Ismeo) 119, 130n
insurreição(ões) 404-5n
    de Berlim Leste 114
    Budapeste 114

Internationale Vereinigung für Rechts- und Sozialphilosophie (IVR) 199, 305
internet 57, 349n, 356, 383
 ver também, informática
interpretação, no direito 59, 95, 140n, 167, 229, 234, 254, 256-7, 259-62, 265-7, 272, 301, 305, 446, 465n
 ver também analogia, na lógica do direito
Iraque 355, 391, 393
 ver também guerra, do Golfo
Islã 355, 355n, 411
 ver, também direito(s), muçulmano

Jobs Act, 152
jubileu dos políticos 469-70n, 471-3
 ver também laicismo
judeu(s), hebreu(s) 74, 80, 97, 88, 145n, 169
 e direitos políticos 26, 362, 412, 427n
  ver também lei(s), raciais (1938)
juramento de fidelidade, ao fascismo 84-7, 166,
jurisprudência dos interesses 273, 467
jusnaturalismo 58-9, 216, 269, 300-3, 314, 318, 321, 325, 351-2, 386, 429, 434, 435
 ver também positivismo Jurídico
justiça 150, 157, 283, 418, 466, 467
 e direito 18-9, 19n, 44, 61, 94-5, 111-2, 197, 208, 257-8, 303, 386
 social 47, 108, 128, 333
Justiça e Liberdade, jornal do Partido da Ação 99n, 109, 113, 113n, 175, 397, 431n, 432n
Justiça e Liberdade, movimento antifascista 80-1, 97, 99n, 108n, 157, 358, 395n
justicialismo 418n

kantiano(a) 29, 230, 242, 396, 434, 435
 ver também neokantismo, neokantiano(a)
Kieler Schule 263n, 266, 467
 ver também nacional-socialismo
krausismo 29, 29-30n
Kuomintang (Partido nacional, China) 117, 117n

Kuwait 391, 393
 ver também guerra, do Golfo

lacuna(s), no direito 32, 59, 130n, 209n, 235, 240, 252-3, 299, 301, 402
 ver também completude do ordenamento jurídico
laicismo, laicidade 21, 56, 99, 223, 300, 409-32, 435, 436-9, 442-4, 447-8, 451-2, 456, 458, 463, 468, 471-3, 475-8
 ver também compromisso; diálogo, em Bobbio; tolerância
lâmpada votiva, e Bobbio 90, 100-2
lei(s)
 penal alemã (1935) e analogia 262, 263
 raciais (1938) 71n, 88-9, 97-8, 268
  ver também negacionismo, negacionista; Holocausto
Leva Fascista, e Bobbio 84-5
liberalismo, liberal(is) 23-4, 31, 34, 44-5, 98-9, 110, 131-4, 149, 163, 178, 185, 254, 260, 265, 322-4, 329, 338, 349-50, 352, 356, 357-9, 364-9, 371, 377, 379, 398, 398n, 402, 406n, 408, 409, 412, 413, 423, 443
 e estatismo 322-4, 379, 402-3, 447, 450
 e liberal-socialismo 96, 98-100, 356-8
 e neoliberalismo 82, 333-4, 339, 340, 414, 416
  ver também Escola de Chicago
liberdade 14, 31, 44-5, 54-5, 60, 61, 76, 86, 89, 93, 126-7, 128, 132, 134, 156-7, 178, 180-1, 279, 302, 340, 353-8, 361, 362-3, 364-71, 374-5, 377, 379, 388, 398, 402-3, 414-5, 417, 420, 428, 443-4, 467
 da/na escola 444-52
 de expressão 124-5, 349, 425
 de mercado 403
 de pensamento 151, 349-50
 de religião 349-50, 355, 413-4, 429, 432-3, 443, 447-9
  ver também direito(s), de liberdade
Libertação e Liberação 163, 395
 e revolução chinesa 117, 126-7
 Guerra de 19n, 74, 107, 360

Libertação, Guerra de, *ver* resistência
Liceu Massimo d'Azeglio (Turim) 10, 18-9, 53, 70-2, 181
Liga Norte, Partido 82-3, 164, 373, 373*n*, 395, 398-400, 470
    e o seu "federalismo" 397, 399
literatura
    e Bobbio 10-1
    e *Grundnorm* 19, 19*n*
"Littoriali de cultura" [competições culturais] 70-1, 73
lógica 58-9, 73, 100, 123-4, 130, 150, 228, 236, 242*n*, 243, 251-67, 268, 278*n*, 306, 367, 454, 462, 466
    clássica 295-6
    "da potencialização" 73
    da programação 306
    deôntica 59, 210, 267, 305

maio de 1968 56, 58, 152-3, 155-7, 179, 200-1, 202-3, 210, 293, 304, 321, 416-7, 420, 476
Manifesto do futurismo 386
"Mãos Limpas", processo 82, 153, 163, 179, 363, 372, 405, 408
Marrocos, independência do 114
marxismo, marxista(s) 17, 52, 82, 116, 118, 123-4, 128, 131, 133-4, 149-50, 153, 173, 185-6, 199, 350, 357, 360, 364, 365-7, 369, 389-90*n*, 390, 414, 436, 438-9, 460
"matéria bruta" 60
    ver também, Índice onomástico, Pasternak, Boris
México 65*n*, 118
Monferrato 70, 104, 480*n*
Movimento(s)
    5 Stelle (M5S) [Cinco Estrelas] 349, 373
    do direito livre 250, 254, 273, 299, 467
        ver também direito(s) alternativo
    estudantil 141, 155-7, 179, 186, 321
    Independentista Siciliano 395
    Indignados, M5S, Piratas, Podemos 349, 373
    pela Vida 455, 457-8
        ver também aborto

Social Italiano (MSI), partido 82, 373
sociais 17-8, 61, 132-3, 163-4, 186, 250, 262, 331, 355-6, 357-8, 368-9, 370-1, 373-5, 386, 389-90*n*, 398-9, 409, 411-2, 420-1, 455-8
música e nacional-socialismo 93

nacional-socialismo, nazismo 43*n*, 64, 93, 103, 106, 112, 118, 254, 262, 263*n*, 266, 396, 467, 469
    ver também Kieler Schule
não-violência 96, 357, 382, 388-9, 389-90*n*, 463, 466
    ver também violência
negacionismo, negacionista(s) 469
    ver também revisionismo histórico
neoconfuciana, filosofia 124*n*
neofascismo 158, 373, 373*n*, 403, 470
neoguelfismo 397-8
    ver também, Índice onomástico, Gioberti, Vincenzo
neo-hegelianismo 18, 228, 231
neo-idealismo 231, 239
neokantismo, neokantiano(a) 78, 79, 165, 167, 226-31, 238, 242-3, 248-9, 273, 283, 305
    ver também kantismo
neoliberalismo, neoliberalismo econômico, *ver* liberalismo
neopositivismo 136
nicodemismo 91
    ver também dissimulação honesta

objetivo no direito 200-1, 201*n*, 307-8, 402
    e Husserl 234-5
    ver função do direito; *ver também*, Índice onomástico, Jhering, Rudolf von
operação voluntária de repressão antifascista (Ovra) 80-1
opinio iuris 276-9, 281-2
    ver também consuetude
ordenamento, direito como 59, 95, 128-9, 177, 208-9, 212, 230-1, 235, 252-3, 256-7, 259-60, 265, 266-7, 269-70, 274-5,

280, 287, 290-302, 304, 307, 312, 315, 318, 319-21, 324, 335, 338, 368
Organização das Nações Unidas (ONU) 114, 127, 384, 391-3
    Forças de Paz da 114
otimismo 17, 52, 100, 134, 183, 367, 381, 433
    ver também pessimismo

pacifismo, pacifista(s) 169, 213, 300, 381-94, 396
    ver também não-violência
Padania 399-400
    ver também federalismo; Liga Norte
Partido(s)
    de Ação (PDA) 71, 82, 99, 99n, 100, 107-8, 113, 146, 147n, 158, 175, 181, 268, 314, 356-60, 394, 395n, 397, 397n, 420, 430-2
    Comunista Italiano (PCI) 70-1, 82, 111, 130, 145, 147, 149-50, 159, 163, 362-3, 365, 378, 440, 440n
    e suas transformações 378
        1991: Partido Democrático de Esquerda (PDS), dissolução do PCI 82, 373, 378
        1998: Democráticos de Esquerda (DS), dissolução do PCI 82, 380
        2007: Partido Democrático (PD), dissolução do PCI 82
    Comunista Soviético (PCUS) 114, 364, 369
    Democracia Cristã (DC) 107, 153, 359, 362, 373, 377, 414, 420, 444
    e suas transformações
        Partido Popular 152n, 373
    Nacional Fascista (PNF) 82, 84-5, 100, 102
    e suas transformações
        Movimento Social Italiano (MSI) 82, 373
        Aliança Nacional (AN) 82, 373, 373n, 469, 472
    Radical (PR) 118, 455-6

Socialista Italiano (PSI) 17, 82, 122, 148, 152-3, 158, 159n, 161n, 356, 363, 377, 408, 437-8, 441
Partido-empresa, ver Força Itália
Partido Socialista Italiano de Unidade Proletária (PSIUP) 153
    ver também Força Itália; Liga Norte; Movimento(s) 5 Stelle (M5S)
partigiano(s) [partigiani] 82-3, 103-7, 145, 155, 181, 183, 362, 423, 469, 480n, 483-4
    e "garotos de Salò" 103, 104-5, 483-4
    ver também resistência; revisionismo histórico
passaporte(s), e obstáculo(s) 119, 174
paz 60-1, 78, 137-8, 145, 179, 213-4, 215, 217, 251, 300, 312, 345, 350-1, 360, 374, 381-94, 394, 396, 413n, 465, 476
    ver também guerra
    e "erasmiana", "erasmianos" 381, 413n
"percevejo", ver distintivo do partido fascista
peronismo 418n
pessimismo 133-4, 168
    em Bobbio 52, 52n, 77, 122, 157, 168, 182n, 183, 187, 376-7, 381, 441, 470
Piemonte, raízes em 13, 49, 67-70, 71, 75-7, 185, 409, 412, 475-6, 480, 485-7
    mito das raízes 94, 106n, 155, 185, 485-6
    "Prússia da Itália" 75
política da cultura 146
    ver também Sociedade Europeia de Cultura; Índice onomástico, Campagnolo, Umberto
positivismo 17-8, 23, 27, 32-3, 34-5, 41-2, 44, 51, 69, 98, 173, 186, 225, 227-8, 240, 254, 273, 280, 329, 334, 385, 414, 438-9, 464, 465n
    jurídico 11, 52, 58-9, 97-8, 129-31, 177, 216-7, 223, 284-92, 300-3, 304-9, 311-2, 313-5, 318, 320-1, 334, 341, 351, 386, 463
    ver também, Índice onomástico, Kelsen, Hans
Pré-leis, Código Civil italiano 259-61
"primaveras árabes" 128, 355-6
Primeira Guerra

da Independência 23n, 77
do Golfo Pérsico 266n, 381, 384, 391
Mundial 45, 70, 77, 440, 483
Primeira República, Itália 144, 161, 179, 376-7, 404, 408, 437, 440-1
    Bobbio, homem da 165
Princípios
    gerais do direito 45-7, 58-60, 209n, 254, 259, 299
        ver também Pré-leis
    racionais do direito, ensino dos 22-3, 25
        ver também Enciclopédia jurídica
Prússia, e Itália 75
psicologia 32, 35, 37, 42, 196, 240-5, 247, 255, 288, 377, 391

questão social 17-8, 32, 35, 42, 44, 363, 370, 376

racismo 64-5, 74, 400, 484-5
    ver também lei(s) raciais; Holocausto
ratio legis 257-60, 455n
realismo socialista 424
referendo 349, 394, 394n, 406n
    constitucional (2016) 350
    contra o aborto 416, 455-9
    contra o divórcio 416
    institucional 107, 112, 162-3, 431
região(ões), na Itália 394, 394n, 398-9, 455n
    ver também federalismo
relativismo 134, 238, 244n, 312, 351-2, 409, 414, 414n, 415, 429, 463
    ver também laicismo, laicidade
religião(ões) 34, 84, 96, 99, 101, 163, 168, 196, 247, 349, 355, 391, 409-14, 417, 418, 422-3, 428-30, 432-6, 437, 442, 443-4, 445n, 446-55, 460, 462-3, 468-9, 473-7, 485
    católica, catolicismo 22, 84, 120, 152, 152n, 174, 186, 362, 363, 398n, 399, 409, 411-4, 415n, 417-23, 427, 427n, 429-30, 431n, 432, 435, 438-40, 440n, 443, 444, 447-9, 452-3, 455-6, 458-9, 461, 469-70n, 471-2, 474, 474n, 477
    e apostasia 355, 427

    ver também guerra católica; laicismo, laicidade; liberdade de religião
religiosidade, em Bobbio 418-9, 468, 472, 477, 485
    ver também religião(ões)
República de Salò, República Social Italiana (RSI) 46, 103, 104-6, 127, 181, 469-70, 483
    "garotos de Salò" e partigianos 483-4
    ver também revisionismo histórico
Resistência 19, 50n, 71n, 81-2n, 82, 106, 112, 126, 127, 151, 156, 157-8, 174, 179, 181, 183, 186, 320, 358, 362, 377, 408, 414, 417, 431, 468, 469-71, 486
    ativa e passiva 389n
        ver também pacifismo, pacifista(s)
    direito de 354
Ressurgimento 51, 76, 156, 395, 409, 412, 419, 451, 471
revisionismo histórico 82, 468, 469-71, 483
    ver também República de Salò
revolução 60-1, 77, 95, 110, 114, 116, 122, 127, 129-30, 263, 283, 357, 359, 369, 389-90n, 390
    científica 443
    cultural, China 124n
    Industrial 17
Rivalta Bormida, e Bobbio 48n, 67, 67n, 68, 78, 78n, 476, 481-5
Roma 160, 171, 174, 183, 189, 190, 217, 262, 361, 412, 471
    antiga 33-4, 60n, 307-8n, 422
    capital da Itália 26, 29n, 412
    Marcha sobre 190
        ver também fascismo

Salò, ver República de Salò
sanção(ões) 59, 209n, 277-8, 296-8, 301, 307, 325, 329, 338, 354-5, 386, 465-6, 470
    para os antifascistas 81, 83, 87-8, 90-1, 93, 102, 188
    positiva ou premial 312, 318, 328-9, 331, 331n, 334-6, 338-9
        ver também direito(s) "premial"

secularização, *ver* laicismo, laicidade
Segunda Guerra Mundial 20, 22, 24, 51, 75, 76-7, 82, 88, 98-100, 103-5, 110, 112, 114-5, 126*n*, 131-2, 138, 142, 145, 165, 167, 173, 176-8, 188, 191, 251, 267-8, 320-1, 354, 360, 361, 362, 370, 381, 393-5, 407, 413, 431, 482, 484, 486
Segunda República 154, 154*n*, 163, 164, 356, 372, 377, 408
    ver também Primeira República
Senador vitalício, Bobbio 56, 108*n*, 109, 160-2, 356-7, 477-8
"sentimento popular sadio" 263, 266
    ver também analogia, na lógica do direito
serenidade, em Bobbio 160-1, 431, 463, 466
    e direito 464-7
    e não-violência 466
        ver também não-violência
Síria 355
socialismo
    árabe 356
    real 152, 402, 416, 439, 440*n*
        ver também comunismo
socialismo, socialista(s) 17-8, 21, 34-5, 41-2, 44-5, 52, 82, 96, 98-9, 100, 107, 110, 114, 118-20, 126-8, 130, 131-2, 148, 152-4, 158, 186, 189, 254, 262-3, 266, 273, 322, 331, 333, 345, 352, 356-8, 360, 362-3, 368-72, 374, 402, 414, 416, 424-5, 428, 436, 439, 440*n*, 449, 467
Sociedade Europeia de Cultura (SEC) 146-8, 215, 395, 424
    ver também política da cultura
Sociologia 34-6, 37-8, 95, 143, 201, 208, 211, 271, 273, 308, 329, 334
    do direito 36, 56, 201, 208, 211, 308, 313-4, 315-6, 321, 324, 328, 337
    e ciências sociais 35, 37
    Trento, Faculdade de 142, 155-6

teoria
    analítica do direito 58, 61-2, 140, 199, 252, 327-8, 332*n*

        ver também análise da linguagem; filosofia analítica
    egológica do direito 330-1
        ver também, Índice onomástico, Cossio, Carlos
    geral do direito 22, 37*n*, 61-2, 79, 95, 97, 140, 167, 177-8, 204, 207-14, 216, 226-30, 251-2, 267, 271-2, 284, 286-7, 289, 290-1, 292-3, 297, 300-1, 308, 312, 315-6, 318, 325, 326-7, 329, 335, 347, 351
    geral da política 60-1, 60-1*n*, 214, 347
    geral das fontes 275
        ver também fonte(s) do direito
"terceira via", política 98, 153, 436, 436*n*
terrorismo 56, 158*n*, 321, 384, 416
    ver também "anos de chumbo"
tolerância 134, 314, 412, 414, 427, 429-31, 440-1, 442-4, 445, 447, 451-2, 463, 465-6, 474
    ver também laicismo, laicidade; relativismo
trabalhismo, trabalhista 110, 113, 114-5, 118-9, 128, 357
    ver também socialismo, socialista(s)
Tribunal
    da Raça 362
        ver também racismo
    especial, pela defesa do Estado 81, 92, 92*n*
Trieste, questão de 114
Tunísia 114, 372

União Soviética (URSS) 82, 110, 113, 132, 149, 149*n*, 198, 268, 360, 371, 439, 440*n*
Unificação da Itália 26, 31, 155, 394, 397-8, 407, 409, 410, 412, 470
Universidades (estrangeiras)
    Autônoma, Madri 336-7*n*, 389*n*
    Carlos III, Madri 65, 180*n*
    de Argel 116
    de La Plata, Argentina 331
    de Montevidéu, Uruguai 319, 336-7*n*
    de Paris 200
    da Pensilvânia 124*n*,
    de Xangai 123

    do Havaí 124n
    Externado, Colômbia 212
Universidades (italianas)
    Católica, Milão 399, 419, 419n
    de Alexandria 482, 485
    de Bari 102
    de Bolonha 34, 97
    de Cagliari 43, 102
    de Camerino 55, 83, 94-5, 191, 251
    de Gênova 28n
    de Milão (Estatal) 11, 102, 211, 284, 308n, 313, 313n, 321, 426
    de Pádua 93, 100, 104-5, 191, 216, 284
    de Pavia 24n, 102
    de Pisa 186, 285
    de Roma 45, 46n
    de Siena 86-7n, 93, 191
    de Turim 18-9, 21-6, 28n, 30n, 36, 40-1, 54n, 58, 73, 88n, 104n, 105n, 107, 109, 140n, 141n, 155, 173, 306-7n, 393, 460n, 462, 462n, 477, 481
    de Urbino 83-4, 84n, 191
"ungido pelo Senhor" 401, 405, 406n
    ver também, Índice onomástico, Berlusconi, Silvio
utilitarismo 44, 270, 434-5

valdense(s) 417, 418n
    e direitos políticos 26, 412, 427n
"vale escolar" 448-9
    ver também laicismo, laicista(s)
validade 88, 159, 270, 299
    no direito 59, 256, 264, 271-2, 275-8, 289, 365, 395, 398
    ver também eficácia no direito
Venezuela 65n
Vichy 10, 190
violência 157, 357, 367, 381-2, 389, 389-390n, 408, 443, 468
    ver também não-violência
Volksgesetzbuch 43n

SOBRE O LIVRO

Formato: 16 x 23 cm
Mancha: 28,8 x 45 paicas
Tipologia: Brioso Pro 12/14
Papel: Offset 75 g/m² (miolo)
Cartão Supremo 250 g/m² (capa)

1ª edição Editora Unesp: 2022

EQUIPE DE REALIZAÇÃO

Edição de texto
Marcelo Porto (Copidesque)
Jennifer Rangel de França (Preparação do original)
Tulio Kawata (Revisão)

Capa
Marcelo Girard

Editoração eletrônica
Sergio Gzeschnik

Assistência editorial
Alberto Bononi
Gabriel Joppert

Impressão e Acabamento
Bartiragráfica
(011) 4393-2911